한국사

7

삼국의 정치와 사회 3
신라, 가야

국사편찬위원회

자문위원

이 기 백　　황 수 영

편찬위원

노 태 돈　　신 형 식　　이 기 동

정 영 호

집필(삼국의 정치와 사회 Ⅲ-신라·가야)

김 은 숙　　김 태 식　　김 현 구

신 형 식　　심 봉 근　　이 기 동

이 우 태　　이 인 철　　전 덕 재

주 보 돈　　최 광 식

기획·편집

신 재 홍　　변 승 웅　　이 근 택

고 혜 령　　고 성 훈　　고 숙 화

나 애 자　　박 한 남　　윤 병 희

최 원 식

복간 간행 : 김 용 곤·장 득 진

한국사 간행취지

우리 겨레가 앞으로 어떻게 살아갈 것인가 하는 문제는 우리들은 물론 우리와 더불어 살아가는 세계인들의 관심사일 것이다. 이에 대한 해답은 과거에 어떻게 살아왔는가 하는 우리 역사에 대한 인식을 통해 찾을 수 있을 것이라고 생각된다.

본 위원회에서는 이미 1970년대에 『한국사』 25권을 간행하여 해방 이후 한국사의 연구성과를 집대성함으로써 한국사에 대한 인식을 새롭게 한 바 있다. 그 이후 한국사회는 놀라운 성장과 발전을 이루었고 역사학계도 상당한 연구성과를 축적하였다. 이러한 변화에 발맞추어 한국사학계는 새로운『한국사』 편찬의 필요를 느끼게 되었다.

이에 본 위원회는 일차적으로 한국사 연구지원비를 마련하여 역사학계로 하여금 1980년대 중반까지 연구성과가 미진하다고 생각되는 분야를 연구할 수 있도록 하였다. 이어서 1989년부터 1990년까지의 준비를 거쳐 1991년에는 '신편 한국사 편찬위원회'를 따로 구성하고 총 60권에 달하는 새로운 『한국사』를 편찬하기로 하였다. 그리고 다음과 같은『한국사』 편찬의 목표를 세웠다.

① 한국의 역사와 문화에 대한 객관적 인식의 토대를 제공할 수 있는 한국사를 편찬한다.

② 민족의 창조적 문화활동과 민족사의 내재적 발전을 드러내는 한국사를 편찬한다.

③ 최근까지의 연구성과를 체계화하고 새로운 영역을 개척함으로써 한국사 연구의 지평을 넓힌다.

④ 한국사 연구와 관련하여 고고학·인류학·사회학·경제학 등 인접학문의 연구성과를 수용하여 한국사 인식의 폭을 넓히는 데 기여한다.

새로운 『한국사』를 펴내면서 우리 모두가 바라는 바는, 민족의 통일에 대비해야 하고 급격히 변화하는 시대상황 속에서, 한국사 연구자의 깊이 있는 연구를 도와주고 독자들의 역사인식을 드높일 수 있는 길잡이 구실을 할 수 있었으면 하는 것이다.

국사편찬위원회 위원장

목 차

Ⅲ. 신라의 대외관계

Ⅳ. 신라의 정치・경제와 사회

Ⅴ. 가야사 인식의 제문제

VI. 가야의 성립

Ⅶ. 가야의 발전과 쇠망

Ⅷ. 가야의 대외관계

개　　요

I

삼한사회가 각기 맹주국을 중심으로 하여 정치적 통합을 달성한 결과 남한지역에 등장한 것이 百濟와 新羅 그리고 加耶였다. 즉 馬韓세력이 백제로, 辰韓세력이 신라로, 弁韓세력이 가야로 재편성된 것이다. 그런데 삼한 가운데서도 특히 진한과 변한은 여러 가지 측면에서 볼 때 매우 강한 종족적 및 문화적 친연성을 갖고 있었다. 사실 이 두 세력은 소백산맥 동쪽에 펼쳐진 영남지방을 남북으로 가로지르는 낙동강을 경계로 하여 서로 긴밀하게 접촉하면서 성장 발전했다. 3세기 후반에 쓰여진 《三國志》 魏書 東夷傳은 요동지방으로부터 한반도 남해안에 이르는 여러 韓族 국가들에 대한 民族誌的 기술로 유명한데, 이 책의 韓條 기사에 의하면 진한과 변한은 서로 뒤섞여 살았으며, 의복과 가옥, 언어·法俗이 서로 비슷했다고 한다. 그런 까닭으로 이 책에서는 진한과 변한을 굳이 구별하지 않은 채 종종 「弁辰」이라고 合稱하기까지 했다.

그런데 이 한조에는 진한 耆老들의 "우리들은 옛날에 망명해 온 사람으로 秦나라 때 苦役을 피해서 한국으로 오자 마한이 그들의 동쪽 땅을 우리에게 분할해 주었다"는 전승을 소개하고 있다. 한편 《三國史記》 新羅本紀 始祖 赫居世居西干조에는 신라 건국 前夜의 사정을 설명하여, 일찍이 고조선의 유민들이 경주평야로 이주하여 山谷 사이에 흩어져 여섯 촌락을 이루어 살았다고 했다. 현재 학계에서는 남한지역에서의 삼한사회의 성립을 소위 주민이동설에 입각하여 논하고 있다. 그리고 그같은 논자들 중에는 진한과 변한이 오랜 기간에 걸쳐 一團을 이루어 남쪽으로 이동한 끝에 영남지역에 정착한 것이라고 설명한다. 만약 이러한 견해가 大勢論的으로 볼 때 큰 잘못이 아니라면 진한과 변한은 서로 분리하여 논할 수 없는 존재임을 알 수가 있다. 더욱이 뒤에 변한의 후신인 가야 여러 나라는 온갖 우여곡절 끝에 마침내 6세기 중반경 신라에 의해서 모두 통합되기까지 했다. 그러므로 이 책에서 삼국통일 이전 시기까지의 신라 역사와 가야의 전 역사를 함께 다룬 것은 대략 이상과 같은 역사적 배경 및 전개과정을 고려한 때문이다.

Ⅱ

신라의 母胎는 진한 12國 중의 하나인 斯盧國이었다. 사로국은 오늘날의 慶州盆地에 있었던 6개 邑落의 연합에 의해서 형성된 듯하다. 다만 국가 형성의 시기와 초기의 발전과정을 둘러싸고 견해가 엇갈리고 있다. 그것은《삼국사기》신라본기 초기 기록이 중국측의《삼국지》위서 동이전 한조 기사와 현격한 차이를 보이고 있는 데다가 그 기술 자체가 매우 모호하게 되어 있기 때문이다. 특히 朴·昔·金 세 부족의 始祖신화와 그 후예들의 소위 3姓世系 및 紀年문제는 신라국가 형성사 연구에서 부닺치게 되는 첫번째 난관이라 할 수 있다.

3성 시조신화는 국가 형성시기 경주 6村사회의 모습과 上古 신라인의 관습, 신앙 및 종교의 한 단면을 전해 주는 문화사적 자료로서 매우 큰 가치를 지니고 있다. 그 중에서 朴氏 赫居世 신화는 신라의 건국신화이기도 한데, 이는 우리 나라 건국신화의 典型이라 할 수 있는 天降신화와 卵生신화의 요소를 모두 갖추고 있다. 또한 金氏 시조인 閼智 신화는 혁거세 신화와 서로 통하는 점이 없지 않다. 3성 시조신화 중에서 특이한 것이 昔氏 脫解 신화인데, 주인공이 바다를 표류한 끝에 동해안에 이르렀다는 이야기로 미루어 해양세력 출신일 것으로 보기도 하고 혹은 주인공이 본래 治匠이었다는 것으로 미루어 시베리아지방 내지 중국 북방의 유목민족 세력으로 보기도 한다.

전반적으로 3성 시조신화에는 다양한 계통의 신화 요소가 뒤섞여 있어 초창기 신라사회와 문화가 매우 복잡한 重層性을 띠고 있었음을 암시해 주고 있다. 그런데 이들 3성 세계와 그 실제 연대에 있어서는 거의 조정이 불가능할 정도로 견해가 엇갈리고 있다. 즉 신라본기에 繼起的인 것으로 기술되어 있는 3성 세계를 그 자체 竝列的인 것으로 수정해서 파악한다거나 또는 역대 왕의 在位 年數를 축소 조정하여 파악하려는 견해가 유력한 실정이다.

진한 12국 시대는 국가간에 영토의 확장을 목표로 자유로이 경쟁을 벌이던 때였는데, 사로국은 이 경쟁에서 실로 탁월한 능력을 발휘했다. 사로국은 인접한 小國들을 차례로 복속시켜 차츰 진한의 맹주국으로 位相을 확립해 갔다. 이 연맹왕국 형성은 대체로 2세기 말경부터 시작되어 4세기 중엽에 이르러 일단 완료된 것으로 짐작된다.

다만 연맹왕국을 완성하기까지의 사로국의 지배체제는 다소간 불완전한 것이었다. 왜냐하면 일단 복속된 소국들은 사로국에 貢物을 바치면서도 각기 고유의 지배영역에 대해 어느 정도의 독자성을 보유하고 있으면서 때때로 맹주국에 대해서 반발하기도 했기 때문이다.

4세기 중엽에 奈勿王(356~402)이 등장하면서 金氏 세습왕조가 성립되었다. 이 새로운 왕조는 종래의 尼師今이라는 王號 대신 최고의 首長이란 뜻을 가진 麻立干을 사용하기 시작했다. 이 칭호는 530년대 초에 漢式의 太王號로 바뀔 때까지 150년 이상 사용되었으므로 이 기간을 흔히 마립간시대로 부르고 있다. 이 시대에 역대 왕과 그 일족들은 積石木槨墳을 만들어 썼는데, 몽골지방에서나 볼 수 있는 이 특이한 墓制와 또한 거기서 출토되고 있는 북방 계통 유목민족 특유의 유물에 근거하여 일부 연구자들은 김씨왕조를 북방 유목민족 출신에 의한 정복왕조가 아닐까 주장하고 있을 정도이다. 이 마립간시대에 사로국은 일약 신라로 비약했는데, 사실 그 만큼 이 시대는 신라 역사상 보기 드문 격동기였다.

무엇보다도 신라는 이 시대에 본격적인 삼국항쟁의 대열에 뛰어들었다. 4세기에 들어와 고구려는 樂浪·帶方 兩郡을 일거에 멸망시키면서 한반도 중부지역에까지 그 세력을 뻗쳐 왔다. 마한세력을 통합함으로써 大國이 된 백제는 帶方郡 故地에 대한 영유권을 주장하면서 황해도 방면에서 자주 고구려와 군사적 충돌을 벌였다. 이와 동시에 백제는 신라에 대해 외교적 압박을 가해 왔다. 이에 신라는 고구려와 손잡고 난국을 타개해 갔다. 신라는 내물왕 25년(380)을 전후한 시기에 두 차례에 걸쳐 북중국의 覇者이던 前秦에 사신을 보냈는데, 이는 고구려 사신의 도움을 받아서 이루어진 것이었다. 그 뒤 내물왕 44년(399)에 신라는 백제가 끌어들인 倭兵이 국경 안으로 침입해 들어오자 고구려에 군사원조를 요청하여 위기를 모면하려고 했다. 〈廣開土王陵碑〉에서 보듯이 신라는 그 이듬해 고구려 동맹군과 함께 왜병을 추격하여 가야지방으로 쳐들어가 백제군 및 가야군과 연합한 왜병을 섬멸했다. 그러나 한편 고구려에 대한 군사적 예속은 신라의 자주적 발전을 저해하는 등 그 폐해가 적지 않았다. 더욱이 고구려가 長壽王 15년(427) 압록강 가의 集安에서 평양으로 천도하면서 한반도 남부지방을 넘보게 되자 신라는 이에 위협을 느끼고 백제와의 관계를 개선, 공동으로 대처하려고 했다. 433년 양국간에 友好관계가 성립된 이래 신라는 급속히 고구려의 영향권에서 벗어났고, 450년대 이후에는 백제와의 연합작전을 전개하는 등 羅濟攻守同盟體制로 발전하였다.

마립간시대를 통하여 신라의 지배체제도 눈에 띄게 강화되었다. 지배층의 세력기반으로 王都에 6부조직이 완성되었으며, 수도와 지방 사이를 연결하는 도로망 및 운송수단도 정비되기 시작했다. 그렇지만 이는 6세기의 대변혁을 위한 정지작업에 불과하였다. 智證王을 거쳐 法興王(514~540) 때에 들어오면서 신라는 국가체제 전반에 걸쳐서 거대한 전환을 맞게 되었다. 즉 법흥왕 7년을 기하여 律令이 반포되어서 국가의 지배체제는 종전의 무질서 상태를 청산하고 바야흐로 법제화·조직화의 시대로 돌입하였다. 또한 이와 거의 동시에 佛敎가 공인되어 새로운 시대에 알맞은 정신세계를 이끌어 갔다. 《三國遺事》의 저자는 신라의 전 역사를 세 시기로 나누면서 법흥왕 때로부터 654년 太宗武烈王이 즉위할 때까지의 140년간을 소위 「中古」라는 하나의 독자적인 시대로 설정했는데, 사실 이 시대에 신라의 기본적인 國制가 마련되었던 것이다.

소위 중고시대의 변혁은 다만 지배체제에 국한된 것이 아니었다. 왜냐하면 이 시기에 신라는 야심적인 정복사업을 추진하여 후일 삼국을 통일할 수 있는 기반을 확립했기 때문이다. 眞興王(540~576) 때에 본격화된 영토 확장사업은 눈부신 성공을 거두어 신라는 진흥왕 14년(553)에 한강유역을 모조리 차지했고, 다시 진흥왕 23년에는 가야 여러 나라를 전부 병합했다. 그렇지만 영토 팽창의 대가로 신라가 치른 희생도 적은 것은 아니었다. 120년간 동맹관계에 있던 백제는 이제 적대세력으로 등장하게 되었으며, 더욱이 고구려의 군사적 압력은 신라의 안전을 크게 위협했다. 특히 중고시대가 끝날 무렵이던 640년대부터 강화된 백제와 고구려 양국 군대의 대규모 국경 침입은 신라를 위기상황으로 몰아 넣었다. 하지만 그간 신흥 강국으로 대두한 신라는 온갖 시련과 난관을 극복해 가면서 唐과의 군사외교를 강화하여 삼국통일의 大業을 달성하게 되었다.

Ⅲ

신라의 국가체제는 6세기에 들어와 정비되기 시작했다. 사실 麻立干시대의 지배체제는 연맹왕국의 특성을 그대로 반영하듯 신라에 복속된 여러 소국들의 지배층이 어느 정도 독자적인 자율성을 갖고 있던 일종의 모자이크 형태를 띤 것이었다. 그러나 마립간시대를 통하여 왕권은 꾸준히 성장하여 6세기 초에 이르면 연맹왕국체제를 청산하고 중앙집권국가를 달성하게 되었다. 이처럼 중앙집권체제로 전환하면서 종전의 多元的인 지배방식으로부터 국왕을 중심으로 한 一元的인 지배체제로 재편성되었다.

통치제도의 기초가 된 것은 官等제도였다. 본래 관등은 연맹왕국시대 조정의 南堂회의에 참석하고 있던 여러 소국 지배층의 席次를 표시한 것이었다. 이는 동시에 관직의 요소도 내포하고 있었는데, 법흥왕 때 17등급으로 정비되었다. 다만 이 17개 관등은 왕도의 6부 사람만을 그 대상으로 했으므로 말하자면 京位制였다. 이 경위 관등의 高下에 따라 일정한 관직에 나아갈 수 있는 자격이 부여되었다. 그런 까닭으로 경위제도는 관직제도를 규제하는 기능을 갖고 있었다고 할 수 있다.

신라의 행정관부는 법흥왕 4년(517) 兵部 설치를 시작으로 하여 진흥왕 26년(565)에 租·調의 출납을 담당하는 稟主가 설치되고, 다시 眞平王代 초인

580년대에 관리의 인사를 담당하는 位和府와 의례 및 외교를 담당하는 禮部 등이 설치되었다. 처음에는 관원조직이 단순한 편이었으나, 진평왕 때에 이르면 주요 관부의 경우 4등관제로 확대되었다. 그 뒤 眞德女王 5년(651) 2월에 종래 왕실의 家臣的 성격이 농후했던 품주를 執事部로 개편하여 왕정의 기밀 사무를 맡게 하는 관제개혁을 단행했다. 이에 따라 그 장관인 中侍는 병렬적으로 놓여 있던 部·府 등 중앙의 제1급 행정관부를 사실상 유기적으로 통제하게 됨으로써 국가권력은 집사부를 통해서 국왕에 귀속하게 되었다. 더욱이 중시에게는 행정적인 失策뿐 아니라 국토를 기습적으로 강타한 천재지변의 발생에 대해서까지도 책임을 지게 함으로써 왕권의 안전판과도 같은 구실을 하게 되었다.

신라의 정치체제에서 주목되는 점은 이른바 和白회의의 존재이다. 중국측 역사서인《隋書》·《新唐書》신라전에는 나라에 큰 일이 있을 때면 여러 사람들과 의논하였는데, 이를 화백이라고 하였으며 단 한 사람이라도 異議가 있으면 그만두었다고 기술되어 있다. 이 화백회의의 기원은 마립간시대에 성립된 王京 6부의 대표자회의였던 것 같은데, 지증왕 4년(503)에 만들어진 〈迎日 冷水里 新羅碑〉나 법흥왕 11년(524)에 만들어진 〈蔚珍 鳳坪 新羅碑〉에는 葛文王이 6부 대표자들과 政務를 함께 논의·결정한 사실이 보인다. 그 뒤 律令이 공포되면서 6부 대표자회의는 大等회의로 개편된 듯하며, 법흥왕 18년(531)에 설치된 上大等이 이 대등회의를 주재한 것으로 짐작된다. 소위 中古시대를 통해서 대등회의는 때로는 국왕의 교체까지 결의하는 등 정치과정에서 중요한 역할을 행사했으나, 선덕여왕 16년(647) 정월 상대등 毗曇의 반란이 실패로 돌아가고 더욱이 4년 뒤 집사부가 설치되면서 그 권위에 크나큰 손상을 입고 차츰 약화되기 시작하였다.

신라는 6세기에 들어와 智證王 때 지방행정기구로 州·郡제도를 제정하여 국가권력이 지방의 촌락사회에까지 침투할 수 있는 발판을 마련하였다. 그 계기가 된 것은 5세기 후반부터 본격화된 고구려와의 전쟁이었다. 이 때 신라는 국경지대에 많은 山城을 쌓아 군대를 배치했으며 또한 王京으로 통하는 교통로를 개척하여 전국적인 물자의 유통뿐 아니라 신속한 병력 이동이 가능하도록 조치했다. 이에 따라 지금까지 半獨立的인 상태를 유지하고 있던 小國들의 해체작업이 현저히 촉진되었다. 이처럼 지방지배가 軍政的 성격을 띠었으므로, 주·군의 책임자인 軍主·幢主는 모두 군대지휘관으로 임명했다. 한편 진흥왕 18년(557)에는 새로운 점령지에 중앙의 사회조직이나 문화를 확산시키기 위한 목적으로 中原지방에 國原小京을 설치하여 王京 6부 사람들을 비롯한 加耶 사람들을 徙民시키기도 했다.

영토의 팽창에 따라 군사조직도 정비되어 갔다. 처음에는 6부민을 대상으로 하여 병력을 징발하다가 진흥왕 5년에는 상비군단으로 大幢을 편성했는데, 뒤에는 지방민까지 동원하여 순차적으로 6개의 군단으로 增編되었다. 그리고 삼국통일전쟁 때는 임시군단으로 行軍을 편성, 대규모의 병력을 징발 동원했다. 한편 군의 간부 요원을 양성 보충하기 위한 수단으로 半官半民단체의 성격을 띠는 花郞徒가 제정된 것은 주목되는 점이다. 화랑도는 진골 출신의 화랑을 수령으로 하여 6부민의 子弟로서 편성된 청소년집단이었는데, 3년간의 수련기간이 끝나면 군부대에 배속되어 활동을 시작했다. 특히 世俗五戒를 단체이념으로 하여 정신무장된 화랑도 출신들은 武士道의 權化로서 國難期의 시대정신을 이끌어 갔다.

연맹왕국에서 중앙집권국가로 전환하던 시기에 경제도 크게 발전했다. 경제의 주요한 기반은 농업이었는데, 이는 철제 농기구의 개량, 水田 및 牛耕의 보급에 따라 그 생산력이 급속히 향상했다. 또한 수공업 부문에서는 왕궁 혹은 관청에서 필요로 하는 물품을 생산 조달하는 宮中·관영수공업이 주축을 이루고 있었으나, 6세기에 들어와서는 민간수공업이 일부 분화하는 경향을 보이기 시작했다. 농업과 수공업 부문에서의 변화는 자연스레 교환경제의 발달을 촉진시켜 상업의 양상도 변화했다. 당시 교환수단으로는 종래의 鐵鋌 대신 布가 널리 사용되었고, 소지마립간 12년(490)에는 왕경에 공영시장이 개설되고 뒤에 이를 관리하는 관청인 東市典이 설치되기도 했다.

끝으로 신라의 정치·경제·사회를 논할 때 빼놓을 수 없는 것이 신분제도인 骨品제도이다. 이는 17등 관등제도가 성립되면서 왕경 6부민에게 부여할 관등을 조절하는 방편으로 제정되었는데, 왕족의 신분은 聖骨과 眞骨로 나뉘었고 일반귀족 및 평민의 신분은 6頭品에서 1頭品에 이르는 여섯 개의 등급으로 구분되었다. 이 골품제도는 관등제도를 규제한 결과 중앙의 제1급 관청인 部・府의 장관을 비롯하여 州의 장관, 그리고 將軍직은 진골 출신에 한정되었고, 6두품은 차관직에 오르는 것이 고작이었다. 또한 처음에는 1두품 이상이면 최하급 관직이라도 얻을 수 있었던 듯하지만, 뒤에는 이를 4두품 이상으로 제한한 결과 3두품 이하는 이를 세분할 의의를 잃게 되어 平人 혹은 百姓으로 불려졌다. 한편 지방 촌락에 사는 사람들은 비록 골품제도에는 포섭되지 않았으나, 11등급으로 나눠진 소위 外位를 부여받아 그 관등의 高下 혹은 有無에 따라 신분이 구별되었다.

Ⅳ

加耶의 역사는 문헌자료가 절대적으로 부족한 데다가 또한 종래 일본학계에서 끈질기게 주장해 온 이른바 「任那日本府說」의 그릇된 영향 때문에 오랜 동안 연구자들 사이에서 거의 放置되어 온 것이 사실이다. 1960년대부터 본격적으로 시작된 가야시대 유적에 대한 고고학적 조사・발굴성과는 비로소 가야사를 복원할 수 있는 실마리를 제공했다. 그리하여 고고학적 자료를 主軸으로 하여 이에 문헌자료를 종합하여 가야 여러 나라의 정치적 전개과정과 문화양상을 究明하는 연구방법론이 학계에 정착하게 되었다.

현재 학계의 유력한 假說에 따르면, 가야사는 400년경을 경계로 하여 크게 두 시기로 구분된다. 소위 前期 가야시대는 대체로 서기 1세기경에 성립되어 4세기까지 洛東江하류 주로 경남 해안지대를 무대로 활동했던 小國들이 주역이었고, 이는 金海의 駕洛國(金官가야 혹은 本가야)을 중심으로 하여 연맹관계를 맺었던 것으로 짐작된다. 가락국을 비롯한 해안지대의 소국들은 그 立地조건을 최대로 활용하여 이 지방에서 많이 산출되는 철을 樂浪・帶方 兩郡이나 倭國에 수출하는 등 해운 상업활동의 중심지로 크게 번성했다. 그러나 가락국은 4세기 초 낙랑・대방 양군이 고구려에 의해서 멸망됨에 따라 유력한 교역 상대를 잃은 데다가 400년에는 고구려 廣開土王의 낙동강 방면 원정에 의해서 큰 타격을 입게 되어 현저하게 약화의 길로 접어들었다고 생각된다. 그리하여 소위 後期 가야시대가 전개되는데, 이는 내륙 산간지대에서 그간 水稻作 농경을 배경으로 실력을 배양한 소국들이 주역이었고, 그 중 高靈의 大加耶가 연맹의 중심세력이었던 것으로 보인다.

전기 가야사는 많은 부분이 비밀의 장막에 가리워져 있는데, 그 성립의 역사적 배경으로 생각되는 것이 古朝鮮 멸망(B.C. 108) 이후의 流移民의 이동 정착이다. 어쩌면 이들에 의해서 제철기술이 이 지방에 전래되면서 국가 성립의 길이 열린 것이 아닐까 짐작된다. 《삼국유사》에는 金海의 가락국이 서기 42년에 건국되었다고 기술되어 있으나, 이는 대략 2세기경의 사실로 볼 수 있다고 한다. 당시는 아직 변한 12국 시대였다. 《삼국지》 위서 한조에는 3세기 중엽 현재 변한 소국들이 삼한의 연맹장이라고 하는 辰王에 속해 있었다고 되어 있는데, 이는 어디까지나 형식적·의례적인 것이었다고 생각되며 실제로는 이 무렵 가락국과 安邪國(일명 安羅, 현재의 咸安)을 중심으로 하여 느슨한 연맹체를 형성했던 것으로 짐작된다.

후기 가야사는 《日本書紀》 한국관계 기사와 고고학적 자료를 결합하여 복원되고 있다. 이 시기 가야 여러 나라는 백제와 신라 그리고 고구려 및 倭國이 개입되는 등 복잡한 국제관계 속에서 그 명맥을 유지해 갔다. 하긴 후기 가야의 주역인 대가야는 479년 남중국과 통교하는 한편 야심적인 영토팽창을 꾀하여 소백산맥 너머 南原郡 阿莫山城까지 그 세력을 뻗치기도 했다. 그러나 이는 곧 백제의 반격에 부딪쳐 6세기에 들어가면 팽창은 정지되고 수세에 몰리게 되었다. 더욱이 520년대 이후에는 신라가 가야 여러 나라에 침략의 손길을 뻗쳐 왔다. 532년 南加羅(금관가야)가 신라에 투항한 뒤 이에 위협을 느낀 가야 제국은 백제군을 끌어들여 신라의 진출을 억제해 보려고 했으나, 이는 남부지역 가야 小國들이 백제와 신라 양국에 분할 점령되는 결과를 초래했을 뿐이다. 더욱이 절박한 위기상황에서 가야 제국은 대가야와 安羅國의 二元체제로 분열되고 말아 마침내 신라에 의해 각개 격파당하는 형국이 되었다. 《일본서기》에는 530년을 전후한 시기에 안라국에 倭國과 일정한 관련을 가진 듯한 관료들이 등장하는데, 그 성격을 둘러싸고서 학자들간에 「왜국系 백제관료」 혹은 「親백제 왜인관료」로 견해가 엇갈리고 있다. 이는 이른바 임나일본부의 정체를 밝히는 데 있어서 실로 핵심이 되는 사항이다. 그것은 어쨌든 대가야는 562년 9월 마침내 신라에 멸망되었는데, 이와 전후하여 가야 10국은 모두 신라에 병합되어 가야사는 그 최종적인 막을 내리고 말았다.

최근 들어 가야시대 유적에 대한 발굴조사가 꾸준히 진전된 결과 적지 않은 물질자료를 확보하게 되었다. 이로써 가야시대 사람들의 생활모습을 어렴풋이 나마 짐작할 수 있게 되었다. 가야의 산업은 立地조건에 따라 다양한 발전을 이룩했다. 즉 남해안 일대에서는 풍요한 해산물을 바탕으로 어업이 발달했고, 안정적인 농업 입지조건을 갖춘 내륙지방에서는 농업과 길쌈(縑布)이 크게 발달했다. 그 밖에 가야는 철기 생산과 토기 제작에 있어서 탁월한 능력을 발휘했다. 한편 가야 사람들의 정신세계는 샤머니즘을 중심으로 한 토착신앙이 장기간 지배했던 듯하다. 그들은 태양과 산악을 숭배했고 占卜과 禊浴・殉葬의 습속을 갖고 있었으며 풍요한 생산을 빌기 위해 土偶를 만들기도 했다. 《삼국유사》에 실려 있는 《駕洛國記》에 의하면 452년 시조 首露王(世祖)과 許皇后의 명복을 빌기 위한 목적으로 김해에 王后寺를 창건했다고 하는데, 만약 이 기사를 그대로 믿을 수 있다면 가야사회에 불교가 수용되었던 것을 짐작할 수 있다.

〈李基東〉

Ⅰ. 신라의 성립과 발전

Ⅰ. 신라의 성립과 발전

1. 건국신화와 시조신화

신라의 神話로는 朴赫居世 신화·昔脫解 신화·金閼知 신화 등이 《三國史記》와 《三國遺事》 등에 실려 있다. 박혁거세 신화는 始祖神話이면서 建國神話이기도 하며, 석탈해 신화와 김알지 신화는 시조신화의 의미만 갖고 있다. 신화는 신들의 이야기이지만 인간들이 자기들의 필요성에 의해 만들어 낸 이야기이며, 역사적 사실과 관련된 신화는 역사적 의미를 갖고 있다. 따라서 신라의 신화는 신라의 역사적 발전과정을 잘 나타내고 있다. 특히 건국신화는 역사성이 농후하며 동시에 당시의 사회상황을 반영하는 것이어서, 상징적 측면과 아울러 역사적 측면을 강하게 가지고 있으므로 신화의 해석은 사회생활 연구와 함께 상호 보완되어야 한다.[1]

종래에는 신라의 신화를 식민사학의 영향으로 단지 허황된 이야기이거나 원시적인 신앙과 관련시켜 이해하였다. 또한 天降신화와 卵生신화를 가지고 북방문화와 남방문화로 나누는 도식적인 이해를 위한 자료로 이용되기도 하였다.[2] 또는 일률적으로 天神족과 地神족의 결합으로 이해하기도 하였다.[3]

그러나 1970년대 이후 고고학적 발굴성과와 인류학의 도입으로 고대사에 대한 이해가 새롭게 진전되면서 건국신화를 국가형성과 관련시켜 보게 되었다.[4] 물론 신화의 내용 모두를 긍정하고 신빙하자는 것이 아니라 일정한 역사적 반영으로서 이해하자는 것이다. 신화의 구조와 내용을 역사적 사실과

1) 金貞淑, 〈建國神話 研究와 外國理論의 導入〉(《新羅文化祭學術發表論文集》 11, 1990), 348쪽.
2) 三品彰英, 《三品彰英全集》 3(東京 ; 平凡社, 1971), 531쪽.
3) 金哲埈, 〈新羅上代社會의 Dual Organization〉 下(《歷史學報》 2, 1952), 95쪽.
4) 김영하, 〈삼국 및 남북국시기의 사회적 성격〉(《한국사》 3, 한길사, 1994), 62쪽.

관련시켜 신라의 형성과 발전과정을 이해하고자 하며 이를 통하여 신라문화의 특성을 살펴보고자 한다.

1) 박혁거세 신화

박혁거세 신화는《삼국사기》·《삼국유사》·《帝王韻紀》등에 실려 있는데, 그 내용은 대동소이하다. 먼저《삼국사기》의 내용을 살펴보면 다음과 같다.

> 高墟村長 蘇伐公이 陽山 기슭을 바라보니 蘿井 옆 수풀 사이에서 말이 꿇어앉아 울고 있으므로 가서 보니 홀연히 말은 보이지 않고 다만 큰 알이 있어 이를 가르니 어린아이가 나왔으므로 데려다 길렀다. 십여 세가 되자 뛰어나고 夙成하여 6部人이 그 탄생이 신이하였으므로 높이 받들었는데 이에 이르러 세워 임금을 삼았다. 辰人이 瓠를 朴이라 하므로 처음의 큰 알이 호와 같아 박을 姓으로 삼았다. 居西干은 辰言으로 王이다(혹은 貴人의 칭호를 이른다)(《三國史記》권 1, 新羅本紀 1, 始祖 赫居世居西干).

고허촌장 소벌공이 바라본 양산은 지금의 남산인데, 남산은 일찍부터 신라인들의 성스러운 장소였다. 불교가 수용된 후 특히 통일기 이후 많은 불교미술이 이곳에서 이루어진 것은 본래부터 이곳이 신라인에게 성스러운 곳이었기 때문이다. 불교가 대중화되면서 토착신앙의 성소였던 이곳에 불교적 조형물이 들어서게 된 것이다. 마치 이것은 天鏡林이나 神遊林에 興輪寺와 四天王寺가 들어선 것과 마찬가지 현상이다.[5)]

이 신화의 현장에는 우물이 있는데 이것은 閼英의 등장에도 나와 이로써 우리 고대사회의 井泉信仰을 알 수 있다.[6)] 또한 우물 옆의 수풀은 신라의 樹木信仰의 기원으로 볼 수 있다. 前佛七處伽藍의 천경림·神遊林,《삼국사기》祭祀志에 나오는 文熱林 등에서 보듯이 신라의 수목신앙은 매우 보편적이었다. 이는 김알지 신화에서도 볼 수 있는데 김알지가 태어난 곳이 바로 鷄林이다. 그리고 신라 金冠에 보이는 나뭇가지 모양 장식을 통해서도 알 수

---

5) 崔光植, 〈新羅 上代 王京의 祭場〉(《新羅文化祭學術發表會論文集》16, 1995), 71~73쪽.

6) 李丙燾, 〈韓國 古代社會의 井泉信仰〉(《韓國古代史硏究》, 博英社, 1976), 782쪽.

있다.[7] 신라 금관의 조형이 시베리아 샤먼의 관이라는 견해도 있다.[8]

여기서 신화의 현장이 된 산·우물·수풀은 모두 신라인들의 현실생활에 필요한 요소들이다. 그러나 더 중요한 것은 천신이 강림할 때 산의 나무를 통해 내려오는 샤머니즘적 세계관을 보이고 있는 것이다.[9] 桓雄이 내려온 太白山頂 神檀樹와 金首露王이 내려온 龜旨峰도 마찬가지이다.[10] 혁거세의 등장을 알리는 말은 천상과 지상을 연결하는 메신저의 역할을 하였으며, 말에 대한 이러한 사상은 신라의 마문토기·마형토기와 함께 신라 지배층의 문화적 성격의 일면을 나타내 준다.[11] 天馬塚의 天馬圖도 혁거세 신화와 관련시켜 보았으나 최근 그림의 동물이 말이 아니라 기린이라는 새로운 견해가 발표된 바 있다.[12] 여기서 말을 박씨 토템으로 보는 견해[13]가 있으나 말은 그야말로 메신저의 역할이지 그 자체가 신화의 주인공이 아님을 인식해야 할 것이다. 이러한 견해는 신라의 발전과정을 원시적인 단계로 보고 부족사회에 나타나는 토템으로서 박씨족의 말, 김씨족의 닭으로 인식한 것이다. 박혁거세 신화의 주인공은 하늘과 관계를 가진 존재였다.[14] 김알지 설화에서도 닭은 신화의 주인공이 아니라 주인공의 등장을 알리는 메신저 역할에 불과했음을 잊어서는 안된다. 이것은 오히려 부족사회의 단계를 극복한 모습을 보여 주고 있다.

신화의 주인공은 큰 알로서 이는 흔히 난생신화로 보아 남방문화의 신화로서 이해하기도 하였다. 천강신화는 北方型 신화이며 난생신화는 南方型 신화라는 것이다.[15] 그러나 부여와 고구려의 신화도 난생신화의 요소가 있으며, 신라와 가야의 신화도 천강신화의 요소를 갖고 있다. 우리 나라의 건국

---

7) 朴普鉉, 〈樹枝形 立華飾冠 型式分類 追補〉(《大丘史學》 32, 1987), 1쪽.
8) 張籌根, 〈神話學에서 본 韓國文化의 起源〉(《文化人類學》 2, 1969), 16쪽.
9) 이필영, 《샤마니즘의 종교사상》(한남대 출판부, 1988), 89쪽.
10) 龜旨峰은 굿을 하는 봉우리인 굿峰을 한자로 음차(구지=굿)한 것이다.
11) 張志勳, 〈建國神話에 대한 一考察－高句麗·新羅를 中心으로〉(《釜山史學》 19, 1990), 15쪽.
12) 李在重, 〈三國時代 古墳美術의 麒麟像〉(《美術史學硏究》 203, 1994), 21~25쪽.
13) 金哲埈, 〈新羅 上代社會의 Dual Organization〉 上(《歷史學報》 1, 1952), 27쪽.
14) 金和經, 〈新羅建國說話의 硏究〉(《民族文化論叢》 6, 嶺南大, 1984), 4쪽.
15) 三品彰英, 앞의 책, 531쪽.

신화는 천강신화와 난생신화의 요소를 모두 갖고 있는 것이다. 천강신화의 요소만이 있는 것은 단군신화로서 지역적인 차이가 아니라 시대적 차이가 있는 것이다. 즉 천강신화적 요소가 앞선 시기에 나타나고 난생신화적 요소가 보다 늦은 시기의 것으로 보는 것이 순리적일 것이다.

어린아이가 태어나 데려다 길렀는데 십여 세에 이르자 뛰어나고 숙성하여 6부인이 그 탄생의 신이하였으므로 받들어 임금으로 삼았다는 것을 볼 때 유이민세력과 토착세력 사이의 일정한 관계 속에서 국가가 형성되고 임금이 되었다는 것을 알 수 있다. 그리고 이 신화의 천강적 요소와 난생적 요소의 신이함이 바로 왕이 될 수 있었던 기반이 되었던 것이다. 사실 혁거세를 추대한 6부인들의 조상들도 모두 천강신화를 가지고 있다.[16] 閼川 楊山村長 謁平은 瓢巖峰에, 突山 高墟촌장 蘇伐都利는 兄山에, 茂山 大樹촌장 俱禮馬는 伊山에, 觜山 珍支촌장 智伯虎는 花山에, 金山 加利촌장 祗沱는 明活山에, 명활산 高耶촌장 虎珍은 金剛山에 내려왔다. 이와 같이 6부의 시조는 모두 하늘에서 내려왔다고 되어 있다. 그런데 이들은 자제들을 거느리고 閼川가에 모여 덕이 있는 자를 임금으로 삼고 나라를 세우고자 한 것이다. 혁거세가 이들과 다른 점은 난생이라는 점이다. 그 성을 박으로 삼은 것도 그 큰 알의 모습이 표주박과 같았기 때문이었다. 6부의 시조들도 천강신화를 갖고 있으나 혁거세는 천강적 요소와 난생적 요소를 모두 갖고 있다. 또한 그 신이함을 말이 증명하였으며, 새와 동물들이 따라오며 춤을 추었다.

혁거세의 신이함을 더해 주는 것이 알영의 등장과 神聖婚이다.[17]

> 5년 춘정월에 용이 閼英井에 나타나 오른쪽 갈빗대에서 여자아이가 태어나 老嫗가 보고 이상히 여겨 데려다 길렀는데 이름은 우물 이름을 따서 閼英이라 하였다. 자라자 德容이 있어 始祖가 이를 듣고 들이어 왕비로 삼으니 어질고 내조를 잘하였으므로 당시인들이 二聖이라 불렀다(《三國史記》 권 1, 新羅本紀 1, 始祖 赫居世居西干).

16) 이에 대한 자세한 내용은 《三國遺事》 권 1, 紀異 2, 新羅始祖 赫居世王조에 나타나 있다.

17) 金烈圭, 《韓國神話와 巫俗硏究》(一潮閣, 1977), 53쪽.

혁거세의 왕비가 된 알영이 춘정월 용의 갈빗대에서 태어났다는 사실도 매우 신이한 것이다. 또한 용이 알영 우물에 나타났다고 하는데 혁거세의 탄생의 경우도 양산의 나정 우물과 관련이 있어 공통점을 보이고 있다. 용과 우물은 물과 관련이 있는데 이는 농경생활을 의미한다고 하겠다.[18] 혁거세 17년(B.C. 41) 왕이 6부를 순행하였는데 왕비 알영이 따랐으며 農桑을 장려하고 땅의 이로움을 다하도록 하였다고 하였다.

알영을 이상히 여기고 데려다 길른 노구는 단순한 할머니가 아니라 무당이었다.[19] 석탈해를 데려다 기른 해변의 노구 阿珍義先도 마찬가지로 무당이었으며 이 노구는 왕실과 관련된 중요한 일에 관여하는 존재였다. 이러한 신이한 존재인 알영을 들이어 왕비를 삼음으로써 혁거세의 신성성은 더욱 높아져 이 두 사람을 二聖으로까지 부르게 되었다. 알영에 대해서는 다음의 기록이 자세하다.

> 당시 사람들이 다투어 축하하며 지금 天子가 내려오셨으니 마땅히 덕이 있는 여자를 찾아 배필로 삼게 하겠다고 말하였다. 이 날 沙梁里 閼英井가에 鷄龍이 나타나서 왼쪽 갈빗대에서 어린 여자아이가 탄생했는데 그 자태와 용모가 수려하였으나 입술이 닭의 부리 같음으로 月城 북쪽 냇가에서 목욕을 시키니 그 부리가 떨어졌으므로 그 내를 撥川이라 불렀다. 宮室을 남산 서쪽 기슭에 조영하고 二聖의 아이들을 받들었다. 사내아이는 卵生으로 알이 박(瓠)과 같았다. 鄕人들은 박을 朴이라 하는 까닭에 그 성을 朴이라 하였고, 여자아이는 그가 나온 우물 이름으로써 이름을 삼았다. 二聖이 13세에 이르자 五鳳 元年 甲子에 사내아이는 왕이 되어 여자아이로 왕후를 삼고 국호를 徐羅伐로 하였다(《三國遺事》 권 1, 紀異 2, 新羅始祖 赫居世王).

여기서는 계룡이 나타나서 왼쪽 갈빗대에서 여자아이가 탄생한 것으로 되어 있으며 입술이 닭의 부리 모양이라 하여 닭과의 관련성이 강조되어 있다. 또한 그 부리를 월성 북천에서 제거하였으므로 내와의 관련성을 갖고 있다. 궁실을 남산 서쪽 기슭에 조영하였는데 一然은 이를 昌林寺로 비정하고 있다. 二聖이 13세에 이르자 왕과 왕비로 삼았다고 하는데 이 나이는 바로 成

18) 張志勳, 〈農耕文化와 彌勒信仰〉(《三國時代 彌勒信仰 硏究》, 高麗大 博士學位論文, 1994), 114쪽.

19) 崔光植, 〈三國史記 所載 老嫗의 性格〉(《史叢》 25, 1981), 22쪽.

人이 될 수 있는 나이이다. 五鳳 갑자년(B.C. 57)에 왕위에 오르고 국호를 徐羅伐로 함으로써 국가가 건국되었다. 혁거세가 갑자년에 즉위하고 갑자년에 사망한 것으로 되어 있어 이를 사실로 받아들이지 않는 견해도 있다.[20] 《삼국사기》 시조 혁거세거서간조에는 혁거세가 前漢 孝宣帝 오봉 원년 갑자 4월 병진에 즉위하고 거서간이라 칭하고 이 때 나이를 13세라 하여 위의 기록과 일치하고 있다. 주석에는 정월 15일이라는 설도 소개하고 있는데 이 때는 정월 대보름이며 새해가 시작되는 날로서 〈蔚珍 鳳坪 新羅碑〉[21]에도 갑자년 정월 15일로 되어 있다. 정월 15일은 무언가 새로운 것을 시작하는 의미가 크다고 하겠다. 혁거세의 신성성은 그의 죽음에서도 나타나 있다.

> 나라를 다스린 지 61년에 왕이 昇天하였다. 7일 후에 遺體가 땅에 떨어졌으며 왕후 또한 죽었다. 國人들이 합하여 장례를 치르고자 하였으나 큰 뱀이 따라와서 방해하여 五體를 각각 장례를 지내어 五陵으로 하고 巳陵이라 하였는데 曇嚴寺 북쪽의 능이 그것이다(《三國遺事》 권 1, 紀異 2, 新羅始祖 赫居世王).

혁거세는 죽어 하늘로 다시 올라갔으며 7일 후에 유체가 땅에 떨어졌고 왕비도 죽었다. 그의 죽음 또한 보통사람과 다른 신이함을 보이고 있다. 큰 뱀이 합장하는 것을 방해하였는데 그 이유에 대해서는 잘 모르겠다. 5체를 각각 장례를 지내어 오릉으로 하여 그 이름을 사릉이라 한데서도 뱀과의 관련이 나타나 있다. 이 오릉은 박혁거세·알영·南解王·儒理王·婆娑王의 능묘로 보고 있다. 그러나 이와 비슷한 시기의 고분인 조양동·다호리·양동유적은 원형 봉토분이 완연하지 않다.[22] 지금과 같은 원형 봉토는 후대에 조성한 것임을 알 수 있다. 이것은 五廟制가 시행되면서 조성된 것으로 보아야 할 것이다. 김씨 왕실에서 5묘제를 시행하면서 박씨들도 5묘를 만들었는데 무덤에 사당을 만들어 5릉을 5묘로 한 것이다.[23] 이는 《삼국유사》 味鄒王 竹葉軍條에서 미추왕릉을 大廟라 표현한 데서도 알 수 있다.

---

20) 末松保和, 〈新羅上古世系考〉(《新羅史の諸問題》, 東洋文庫, 1954), 115쪽.

21) 韓國古代史硏究會, 《韓國古代史硏究》 2－蔚珍鳳坪新羅碑 特輯號(知識産業社, 1989), 92쪽.

22) 崔鍾圭, 〈무덤에서 본 三韓社會의 構造 및 特性〉(《韓國古代史論叢》 2, 韓國古代社會硏究所, 1991), 157~158쪽.

23) 崔光植, 앞의 글(1995), 75~76쪽.

시조 혁거세를 숭배하여 시조묘를 세워 4시로 제사를 지냈다.

제2대 남해왕 3년 봄에 비로소 시조 혁거세묘를 세워 4시로 제사를 지냈는데 친누이 阿老로서 제사를 주재하게 하였다(《三國史記》 권 32, 志 1, 祭祀).

이 시조묘 제사는 소지왕대 신궁이 설치되기까지 신라의 국가제사로서 가장 중요한 제사였으며 임금의 즉위의례도 시조묘에서 거행하였다.[24] 또한 신궁을 시조가 탄생한 곳인 나을에 세웠으며 신궁이 설치된 이후에도 시조묘에 대한 제사는 신라의 멸망 때까지 끊이지 않았다.[25] 시조묘의 제사를 친누이 아노가 맡았다는 데서 당시 여성 사제의 역할이 주목된다.[26] 이 제사는 중국적 유교적 제사가 아닌 우리 고유의 제사이며 샤머니즘적 제의임을 알 수 있다. 이러한 전통이 원화의 존재를 가능하게 하였다. 또한 신라는 불교의 수용단계에서부터 여승들이 나타난다. 이러한 사실들을 통하여 신라의 종교상에 있어서 여성의 역할이 지대하였음을 알 수 있다.

2) 석탈해 신화

신라 제5대 임금인 昔脫解는 제4대 임금인 儒理王을 이어 즉위하였다. 그는 昔氏의 시조로서 그의 탄생에 대한 이야기도 신이함을 바탕으로 신화로서 전하고 있다. 그의 신화는 《삼국사기》와 《삼국유사》에 실려 있다. 먼저 그의 탄생에 대해 알아보면 다음과 같다.

탈해는 본디 多婆那國 소생이다. 그 나라는 倭國 동북쪽 1천 리에 있다. 처음에 다파나 국왕이 女國의 왕녀를 들이어 처를 삼았는데 임신하여 7년 만에 큰 알을 낳았다. 왕은 사람이 알을 낳은 것은 상서롭지 못하다 하여 버리려고 하였다. 그녀가 참을 수 없어 알을 비단으로 싸서 보물과 함께 함에 넣어 바다에 띄워 그 가는 바에 맡겼다(《三國史記》 권 1, 新羅本紀 1, 脫解尼師今).

---

24) 崔光植, 위의 글, 81쪽.
25) 崔光植, 〈新羅 神宮設置에 대한 新考察〉(《韓國史硏究》 43, 1983), 69쪽.
26) 羅喜羅, 〈新羅初期 王의 性格과 祭祀〉(《韓國史論》 23, 서울大, 1990), 82쪽.

탈해는 다파나국 소생이라고 하였으나 다파나국의 위치는 왜국의 동북쪽 1천 리에 있다는 것밖에는 정확히 알 수 없다. 다만 임신하여 7년 만에 알을 낳았다는 사실로서 난생신화임을 알 수 있다. 보통사람은 임신하여 10개월이면 출산을 하며, 胎生인데 대하여 난생을 하였다는 것에서 박혁거세 신화와 같이 그의 신성성을 엿볼 수 있다. 또한 탈해를 바다에 띄어 보낸 것을 볼 때 그는 바다와 관련된 해양세력으로 볼 수 있다.[27] 탈해를 북쪽에서 남하해 온 북방세력으로 보는 견해[28]도 있으나 무리한 해석이라 하겠다. 탈해가 처음 이르는 곳이 金官國 해변이며 나중에 도착하는 곳이 辰韓의 阿珍浦口이기 때문이다.

> 처음에 金官國 해변에 이르니 金官人들이 괴이히 여겨 취하지 아니하다. 다시 진한 아진포구에 이르렀는데 이 때가 시조 혁거세 재위 39년이다. 이 때 해변의 노모가 끈으로 당겨 해안에 매고 함을 열어보니 한 어린아이가 있었다. 노모가 데려다 길렀는데 자라서 신장이 9척이나 되었고 풍채가 신이하고 빼어났으며 아는 바가 보통사람을 능가했다. 혹자가 이르기를 이 아이는 성씨를 모르므로 처음에 함이 왔을 때 까치 한 마리가 날아 울며 따라왔으므로 鵲자를 생략하여 昔을 氏로 삼고 또 넣어져 있던 함을 풀고 나왔으므로 그 이름을 脫解로 하자고 하였다(《三國史記》 권 1, 新羅本紀 1, 脫解尼師今).

탈해가 처음에 금관국에 도착하였을 때 금관국 사람들은 괴이하게 여겨서 이를 취하지 않았다고 되어 있다. 한편 《삼국유사》 탈해왕조에는 수로왕이 臣民과 더불어 북을 치며 맞이하여 머무르게 하려고 하였으나 나는 듯이 달려 계림 동쪽 下西知村 아진포에 이르렀다고 기록되어 있다. 그러나 《삼국유사》에 실려 있는 《駕洛國記》에는 탈해가 김수로왕과 둔갑술을 가지고 겨루게 되자 도망한 것으로 되어 있다. 이 기사는 가락국의 입장에서 서술된 것이고 《삼국사기》 탈해니사금조와 《삼국유사》 탈해왕조는 신라의 입장에서 서술한 것이므로 관점의 차이가 내재되어 있는 것이다. 하여튼 탈해는 금관국과는 인연이 닿지 않아 신라의 아진포구에 다다랐다. 해변의 노모가 함을 열어보니 알이 이미 사람으로 변해 사내아이가 되어 있었다. 이 노모는 《삼국유

27) 李炯佑, 《新羅 初期國家 成長史 硏究》(建國大 博士學位論文, 1993), 160쪽.
28) 千寬宇, 〈三國志 韓傳의 再檢討〉(《震檀學報》 41, 1976), 25~26쪽.

사》 탈해왕조에는 노구로 기록되어 있는데 무당으로서 새 생명을 탄생시켰다. 알영을 데려다 기른 노구와 같은 존재로서 왕실의 여러 가지 문제에 관여하여 어려운 문제를 해결하는 해결사이다. 탈해의 신이함은 체구와 지식에서 보통사람을 능가하였다. 탈해의 등장을 알리는 메신저로서 까치의 존재를 유의해야 한다. 까치가 울며 날아왔으므로 노모는 탈해가 이른 것을 알았으며 끈을 당겨 잡아매고 함을 열어 사내아이를 얻을 수 있었던 것이다. 최근 발견된 고성 동외리 패총에서는 제1단 제4유구에서 큰새 2마리를 중심으로 모두 42마리의 새가 조각되어 있는 鳥紋靑銅器가 발견되었다.[29] 이러한 까치의 존재는 혁거세의 등장을 알리는 말 우는 소리와 같은 효과라 하겠다. 신이한 이의 등장에는 그것을 알리는 동물의 소리가 있다는 것이 공통점임을 알 수 있다. 김알지의 등장을 알리는 것은 닭이었다. 탈해는 고기잡이를 업으로 하여 노모를 봉양하였다.

> 탈해는 처음에는 고기잡이를 업으로 하여 노모를 봉양하였는데 게으른 표정이 일찍이 없었다. 노모가 이르기를 너는 비상한 사람으로 骨相이 뛰어나니 마땅히 학문을 좇아 공명을 세우라 말하였다. 이에 학문에 정진하고 겸하여 지리를 익혔다. 楊山 아래를 바라보니 瓠公宅이 吉地이므로 거짓 꾀를 내어 취하고 거기에 거하였다. 그 땅이 뒤에 月城이 되었다(《三國史記》 권 1, 新羅本紀 1, 脫解尼師今).

탈해의 신화는 혁거세 신화보다 매우 사실적이다. 고기잡이를 업으로 하고 학문과 지리를 익혀 자기의 노력을 통하여 실력을 과시하였다. 물론 탄생의 신이함과 골상이 비상한 점 등은 신화적 요소를 지니지만 그의 노력은 매우 인간적이다. 親母도 있고 養母가 있는 점도 인간적 묘사라고 하겠다. 또한 거짓 꾀를 내어 호공의 집을 취하는 대목은 매우 사실적으로 보인다. 이에 대한 보다 자세한 내용은 다음과 같다.

> 말을 마치자 어린아이가 지팡이를 끌고 노비 둘을 데리고 토함산에 올라 돌무더기를 쌓고 7일간 머물렀다. 城中에 살 만한 곳을 바라보니 한 봉우리가 초승달 같은 형세로 오래 살 만한 곳이므로 내려와 찾아보니 호공댁이었다. 이에

---

29) 국립진주박물관, 〈고성 동외리 패총 설명자료〉, 1995, 2쪽.

거짓 꾀를 내어 숫돌과 숯을 몰래 그 옆에 묻었다. 다음날 아침 문에 이르러 이르기를 이는 우리 할아버지대의 집이라 말하니 호공이 아니라 하므로 다툼이 해결되지 않아 관에 고하였다. 관에서 이르기를 어떤 근거로 이 집이 너희 것이라 하느냐고 물으니 어린아이가 이르기를 나는 본디 冶匠으로 잠시 가까운 마을에 나갔었는데 다른 사람이 취하여 살고 있으니 땅을 파서 조사해 보기를 청합니다 하여 그대로 하니 과연 숫돌과 숯이 나왔으므로 이에 그 집을 취하여 살게 되었다(《三國遺事》 권 1, 紀異 2, 第四脫解王).

《삼국사기》 탈해니사금조에는 고기잡이를 업으로 하고 학문과 지리를 익힌 다음 호공댁을 취한 것으로 되어 있는데 반하여 여기서는 아진포구에 도착하자마자 토함산에 오른 것으로 되어 있는 점이 다르다. 토함산은 탈해와 매우 관련이 깊은 곳으로 나중에 탈해는 토함산의 산신이 되어 東岳神으로서 국가제사의 中祀에 편제되었다. 石塚을 쌓고 7일간 머무른 것은 새로운 계획을 세우고 실천하기 위한 기도행위라고 볼 수 있다. 여기서 숫자 7에 유의할 필요가 있다. 탈해의 어미가 임신한 후 7년 만에 알을 낳았으며 석총에서는 7일간 머물렀다. 단군신화에서는 곰이 삼칠일 금기하여 사람이 되었다. 우리 민속에서는 아이를 낳고 삼칠일을 금기하고 있다. 하여튼 그의 눈에 들어 온 집은 양산 아래 나중에 월성이 된 호공의 집이었다. 탈해는 이미 풍수지리에 능숙한 전문가가 되어 있었다. 이 신화에서 주목을 받은 부분은 그가 야장이라는 점과 숫돌과 숯을 이용하고 있다는 점이다. 시베리아 샤머니즘에서는 샤먼이 야장을 겸하고 있다. 그리고 야장에게 가장 중요한 물건이 바로 숯과 숫돌인 것이다. 따라서 이 점을 가지고 탈해를 북방세력으로 이해하였다. 그러나 이것은 거짓 꾀인 것이지 사실이 아니라는 점이다.

남해왕 5년에 이르러 그 현명함을 듣고 그 딸로서 처를 삼게 하고 7년에 이르러 大輔로 등용하여 정사를 맡겼다. 유리왕이 죽으면서 이르기를 先王의 顧命에 내가 죽은 후 아들과 사위를 막론하고 나이가 많고 현명한 자로서 왕위를 잇게 하라 하여 寡人이 먼저 왕위에 올랐으니 지금은 마땅히 왕위를 전하노라 하였다(《三國史記》 권 1, 新羅本紀 1, 脫解尼師今).

남해왕은 탈해를 사위로 삼고 대보로 등용하여 중책을 맡겼으며, 마침내는 유리왕의 뒤를 이어 왕위에 오르게 되었다. 탈해는 현명함으로써 왕의 사위가 될 수 있었으며 중책을 맡게도 되었고 왕위에까지 오르게 된 것이다. 탈해의 신성성은 遙乃井의 고사에서도 볼 수 있다. 탈해가 죽은 후 疏川丘에 장례를 지냈는데 神이 뼈를 묻어라 명령하여 다시 장례를 지냈다.

> 建初 4년 己卯에 崩御하자 소천구 중에 장례를 지냈는데 神詔가 있기를 조심해서 내 뼈를 매장하라 하였다. 그 해골의 둘레가 3尺 2寸이며 身骨의 길이가 9척 7촌이고 이빨은 엉겨 하나가 된 듯하고 골절은 모두 연결되어 소위 천하무적의 力士의 뼈였다. 이것을 빻아서 궐내에 안치하니 또 신조로서 나의 뼈를 東岳에 安置하라 하므로 동악에 안치하였다(《三國遺事》 권 1, 紀異 2, 第四脫解王).

탈해의 뼈는 크고 신이하였으며 또한 신조로서 동악에 안치하였으므로 토함산인 동악과의 관계가 긴밀하게 나타나 있다. 주석에는 '붕어한 후 27世 文武王代 調露 2년 庚辰 3월 15일 辛酉 밤에 太宗의 꿈에 노인의 모습으로 나타나서 나는 탈해인데 토함산에 나의 塑像을 동악에 안치하라 하므로 왕이 그 말을 따랐으며 그리하여 지금까지 국가제사가 끊이지 않았으니, 곧 동악신이라' 하였다. 통일전쟁을 전후하여 노구나 노모가 보이지 않고 노옹이나 노인으로 나타난다. 탈해는 토함산에 올라 양산을 바라보고 호공의 집을 취하였으며 요내정에서 白衣의 충성을 시험하였으며 문무왕대부터는 동악신으로서 국가제사의 대상이 되어 그 제사가 고려시대까지도 끊이지 않았다.

3) 김알지 신화

김씨의 시조 金閼知에 대한 신화는《삼국사기》와《삼국유사》에 실려 있다. 김알지의 신화도 신성성이 농후하다.

> 9년 봄 3월에 왕이 밤에 金城 서쪽 始林 나무 사이에서 닭이 우는 소리를 들었다. 날이 밝기를 기다려 호공을 보내어 보니 금색의 조그만 함이 나뭇가지에 걸려 있고 흰 닭이 그 아래에서 울었다. 호공이 돌아와서 고하니 왕이 사람을 시켜 함을 취하여 열게 하였더니 조그만 사내아이가 그 중에 있었는데 모습이 매우 뛰어났다. 임금이 기뻐 좌우에 이르기를 이는 어찌 하늘이 나에게

자손을 내린 것이 아니겠는가 하였다. 이에 데려다 길렀는데 자라면서 총명하고 지략이 많았다. 이름을 알지라 하고 금함에서 나왔으므로 성을 김씨라 하고 시림을 고쳐 계림으로 명하였는데 인하여 이로써 국호를 삼았다(《三國史記》 권 1, 新羅本紀 1, 脫解尼師今).

탈해왕 9년(65) 3월에 왕이 밤에 금성의 서쪽 시림 나무 사이에서 닭이 우는 소리를 들었다. 여기서도 박혁거세 신화와 마찬가지로 신화의 현장은 숲이다. 또한 알지의 탄생을 알리는 데 닭의 우는 소리가 난 것은 혁거세의 탄생을 알린 말 우는 소리와 그 구조가 같다. 알지의 모습을 처음으로 본 사람은 호공인데 호공은 바로 석탈해에게 집을 빼앗기고 탈해왕 2년(58) 정월에는 대보에 오른 자이다. 금색의 조그만 함이 나뭇가지에 걸려 있다고 한 것은 신이 나뭇가지를 통해서 내려왔다고 유추할 수 있다. 함 안에 사내아이가 있었다는 것은 탈해가 난생이 아니라 태생이라는 것을 알려준다. 금으로 된 함은 매우 귀중하다는 점을 말하므로 금함 안에 있다는 것으로 귀하고 신성하다는 것을 나타내고자 하였다. 이것은 난생신화보다 인간적이며 사실적이다. 그렇기 때문에 알지라 하였는데 알지는 곧 아기라는 뜻이다. 이것을 난생으로 생각하여 알로 파악한 것[30]은 명백히 잘못된 것이다. 시림은 계림이라고 하였는데 이는 鳩林이라고 하는 견해도 있다.[31]

《삼국유사》에는 보다 자세한 기록이 다음과 같이 실려 있다.

永平 3년(60) 庚申 8월 4일 호공이 밤에 月城 西里를 지나다 시림 중에서 큰 광명을 보았다. 붉은 구름이 하늘로부터 땅으로 드리워졌고 구름 중에는 황금궤가 나뭇가지에 걸려 있고, 빛이 궤에서 나왔으며, 또 흰 닭이 나무 아래에서 울고 있으므로 그 상황을 임금에게 아뢰었다. 왕이 그 숲에 행차하여 궤를 열어 보니 어린 사내아이가 누워 있다가 일어난 즉 혁거세의 故事와 같았으므로 그 말로 인하여 알지라 이름하였는데 알지는 鄕言에 어린아이를 칭하는 것이다. 안아서 싣고 대궐에 돌아오니 새와 짐승들이 서로 따르고 기뻐 날뛰고 깡충깡충 뛰었다. 왕은 길일을 택하여 태자에 책봉하였으나 뒤에 婆娑에게 양보하여 왕위에 오르지 않았다. 금궤에서 나왔으므로 성을 김씨라 하였다. 알지는 熱漢을 낳고, 열한은 阿都를 낳고, 아도는 首留를 낳고, 수류는 郁部를 낳

30) 三品彰英, 앞의 책, 530쪽.

31) 박은용, 〈시림 표기의 원어 측정〉(《한국전통문화연구》 창간호, 1985), 77쪽.

고, 욱부는 俱道를 낳고, 구도는 未鄒를 낳고, 미추가 왕위에 오른 즉 신라 김씨는 알지로부터 비롯한 것이다(《三國遺事》 권 1, 紀異 2, 金閼智 脫解王代)

《삼국유사》의 기록은 《삼국사기》의 기록과 다른 점이 여러 가지 있다. 먼저 연대가 다른데 《삼국사기》에는 탈해왕 9년(65)으로 되어 있으며 《삼국유사》에는 탈해왕 4년으로 되어 있다. 또한 여기서는 왕이 먼저 들은 것이 아니라 호공이 월성 서리를 지나다 먼저 보고 왕에게 상황을 보고한 것으로 되어 있다. 그리고 왕이 직접 행차하여 궤를 열고 사내아이를 얻어 대궐로 돌아온 것으로 되어 있다. 또한 새와 짐승들이 기뻐 날뛰고 좋아하는 모습은 축제를 연상하게 한다. 여기서는 택일하여 태자로 책봉한 사실과 왕위를 파사에게 양보한 사실까지 전하고 있다. 그리고 그 이후의 世系를 서술하고 미추왕이 왕위에 오른 사실까지 기록함으로써 김씨가 왕위에 올랐다는 점을 은연중 강조하고 있다. 그러나 파사에게 왜 양보하였는지 하는 점과 미추왕 이전에 왜 왕이 될 수 없었는지에 대한 점에 대해서는 아무런 기록이 없다. 그러나 〈文武王陵碑〉를 비롯한 금석문 자료에는 김씨 왕실의 시조를 星漢이라 하여, 이를 알지로 보는 견해[32]와 미추로 보는 견해[33]가 있다. 위의 世系에서 역사적 인물은 구도로서 그는 8대 阿達羅尼師今에서부터 9대 伐休尼師今 때까지 활약한 인물이며, 미추왕 2년(263)에 葛文王으로 추봉되었다.[34]

4) 신라 신화의 특징

종래의 한국 고대의 건국신화와 시조신화에 대한 연구는 대개 천강신화와 난생신화의 이분법적 인식에서 진행되었다. 천강신화는 북방신화이며 난생신화는 남방신화라는 틀 속에서 연구가 이루어졌던 것이다. 그러나 신화를 자세히 검토하여 보면 천강신화와 난생신화가 복합되어 있는 것을 알 수 있다. 그리고 종래는 여러 신화의 공통점만을 중요시하는 관점에서 연구가 진행되

---

32) 今西龍, 《新羅史硏究》(近澤書店, 1933), 492쪽.
33) 前間恭作, 〈新羅王の世次と其名につきて〉(《東洋學報》 15-2, 1925), 56쪽.
34) 木下禮仁, 〈新羅始祖系譜の構成－金氏始祖を中心として〉(《朝鮮史硏究會論文集》 2, 1966), 54쪽.

었기 때문에 각 신화가 갖는 역사적 성격이 부각되지 못하였다. 각 신화는 공통적인 요소도 있지만 다른 점들이 많으며 그것은 바로 그 신화가 갖는 독특한 성격과 역사적 과정의 단면을 보이고 있다는 것을 간과해서는 안되는 것이다. 이런 면에서 신라의 건국신화와 시조신화를 살펴본 바에 의하면 다음과 같은 결론을 내릴 수 있다.

박혁거세의 신화는 천강신화와 난생신화가 결합되어 있으며 그 신이한 등장을 말이 알려 주고 있다. 또한 혁거세의 신이함은 알영의 신이한 탄생과 신비감이 더욱 보강해 주고 있는 것이 특징이다. 알영의 탄생은 용·우물과 관련되어 있는데 이것은 물과의 관련을 의미하며, 결국 농경과 깊은 관련을 보이고 있는 것이다. 혁거세의 신성성은 그의 죽음에서도 나타나고 있는데 그는 죽어서 하늘로 승천했다가 다시 5체로 땅에 떨어져 오릉으로 되었다는 것이다. 혁거세는 사후 다음 왕인 남해왕대에 시조묘로 설치되어 신라가 멸망할 때까지 숭배되었다.

석탈해의 신화는 해양세력과 관련이 있으며 역시 난생신화이다. 혁거세 신화에는 알을 갈라 사내아이를 얻었는데 대하여 탈해 신화에서는 처음에 보냈을 때는 알이었는데 해변에서 阿珍義先이 발견했을 때는 사내아이가 되어 있었다. 탈해는 바다를 표류하면서 알에서 胎로 변화한 것이다. 그 바다는 바로 양수로서의 의미가 있는 것이다. 탈해가 야장이라고 한 점을 들어 그를 북방세력으로 이해한 견해가 있으나 자신을 야장이라 한 것은 거짓 꾀를 낸 것이었을 뿐이며 탈해의 활동영역을 보면 동해안이 중심을 이루고 있었다. 그는 사후에 토함산의 산신이 되어 동악신으로 숭배되어 中祀로서 국가제사가 고려시대까지도 이어졌다.

김알지 신화는 천강신화와 난생신화가 복합된 것으로 이해되어 왔다. 그러나 김알지는 胎生이었다. 그가 금함에서 나왔다고 되어 있을 뿐 알에서 나왔다는 기록은 없다. 알지의 신화는 매우 인간적이며 사실적이다. 석탈해의 신화와 마찬가지로 호공이 등장하고 있는데 이것은 정치세력과의 관련성을 의미하는 것이라 생각한다. 알지의 탄생과정에서 중요한 점은 그가 태어난 곳이 금함이라는 것이다. 따라서 알지 신화에서 중요한 의미는 발달한 철기와 제련기술이라고 할 수 있으며, 이것은 북방세력의 진출과 관련이 있는 것이다. 알지 신화의 사실성은 世系가 나타나 있는 것으로 알 수 있으며 신화로서는 후대적 표현이라고 생각된다.

혁거세 신화·석탈해 신화·김알지 신화는 각기 시대적 특징을 보여 주고 있다. 혁거세 신화는 농경생활, 석탈해 신화는 해양활동, 김알지 신화는 발달한 제철기술을 반영하고 있으며 각 신화는 시기적 발전과정을 보여 주고 있다. 이러한 여러 계통의 신화가 나타난 것은 고구려나 백제에는 볼 수 없는 것으로 신라의 특징이다. 이러한 여러 계통의 신화가 남아 있는 것은 신라문화의 복합성과 중층성을 보여 주고 있으며 이를 통해 신라문화의 다양성과 융합성을 알 수 있는 것이다.

〈崔光植〉

2. 성립과 발전

신라의 모체는 진한 12국 중의 하나인 斯盧國이었다. 이 사로국의 성립은 바로 신라의 성립이라고 할 수 있다. 그런데 사로국이 언제 어디에서 어떻게 성립되었는가 하는 문제에 대해서는 여러 가지 견해가 있다. 이는 무엇보다도 《三國史記》의 초기 기록을 어떻게 받아들이는가 하는 데서 기인한 것이다. 당시의 모습을 체계적으로 살펴볼 수 있는 거의 유일한 사료인 《삼국사기》의 편찬이 천여 년이나 뒤에 이루어졌던 까닭에, 그 연대나 사실성에 대해서 의심스러운 면이 많고 그 기록 또한 매우 단편적이기 때문이다. 따라서 《삼국사기》의 초기 기록들을 어떻게 볼 것인가에 대하여는 학자들 사이에 입장의 차이가 크다고 할 수 있다. 그 결과 신라의 성립과 발전과정에 대해서도 의견의 차이를 좁히기는 쉽지 않은 실정이다. 그러므로 여기에서는 신라의 성립과 발전과정을 설명하기 전에 먼저 《삼국사기》 초기 기록에 대한 연구자들의 견해를 먼저 소개하고자 한다. 그리고 이어 신라의 성립과정과 신라가 대내적인 결속력을 강화하여 인근의 소국들을 복속하고 영역국가로 성장하는 과정을 살펴보도록 하겠다.

1) 《삼국사기》 초기 기록의 문제점

《삼국사기》에 의하면 신라의 첫 왕인 赫居世는 기원전 57년에 즉위한 것으로 되어 있으나, 이에 관해서는 오래 전부터 의심하는 견해가 있었다. 고구려·백제에 비해 그 발전이 늦은 신라의 건국 연대가 가장 앞선 것으로 되어 있는 것은 아무래도 신라 중심의 우월주의의 영향을 받은 것으로 볼 수 있다는 것이다. 또 혁거세가 즉위한 기원전 57년은 간지로 甲子年에 해당되는데, 이는 특히 고조선이 멸망한 이후의 첫번째 갑자년에 해당하는 까닭에 이는 讖緯說의 甲子革命說에 입각하여 만들어진 것으로 볼 여지가 있다. 뿐만 아니라 赫居世居西干 다음의 南解次次雄이 즉위한 연대 또한 갑자년(A.D. 4)인 것은 이러한 추측을 뒷받침해 주는 증거라 할 수 있겠다.

이뿐만 아니라 《삼국사기》의 초기 기록에는 사실 그대로 믿기 어려운 부분이 상당수 존재하고 있음이 사실이다. 이를 신라본기에 한정해서 몇 가지 예를 들어보면 다음과 같다. 우선 신라본기에는 脫解尼師今代에 신라가 소백산맥 이북지역에서 백제와 전투를 하는 기록이 나오는데, 탈해는 57~80년 사이에 재위한 것으로 되어 있다. 이 시기에 신라가 소백산맥 이북에서 백제와 교전하였다는 것이 사실이라면, 당시 백제가 이미 이 지역을 석권하였으며 신라 또한 이 지역에까지 세력권을 확대한 것이 확인되어야 할 것이다. 그러나 3세기 전반의 한반도 상황을 전하는 중국의 《三國志》 魏書 東夷傳에 의하면 당시 한반도의 중남부에는 辰王이 다스리는 目支國이 가장 큰 세력으로 馬韓의 50여 국을 통솔하고 있었고, 伯濟國은 마한 소국들 중의 하나에 불과한 실정이었다. 사로국 또한 弁辰 소국들 중의 하나로 기록되었을 뿐 다른 소국들에 비해 아무런 우위를 설명할 만한 자료가 없다. 또 《삼국사기》의 기록에 의하면 비교적 신라에 가까운 지역에 위치했다고 생각되는 押督國(慶山)·伊西國(淸道) 등을 완전히 복속하지 못한 상태에서 百濟·樂浪·靺鞨·加耶 등과 치열한 전투를 전개하고 있는 것으로 나와 있다. 즉 압독국의 경우 《삼국사기》 地理志에는 祇摩尼師今 때에 伐取한 것으로 되어 있으나 신라본기에 의하면 婆娑尼師今 23년(102)에 항복하였다가 逸聖尼師今 13년(146)

에 모반한 것으로 되어 있으며, 이서국은 《삼국유사》에 의하면 儒理尼師今 19년(A.D. 42)에 일단 항복하였으나 그 뒤 儒禮尼師今 14년(297)에 金城을 공격하여 크게 위협한 것을 보면 이들 소국에 대한 복속이 완전하지 않았음을 알 수 있다. 그런데 탈해니사금대(57~79)의 백제와의 전투지역이 蛙山城(報恩)·狗壤城(沃川?, 槐山?)[1] 등으로 나타나고 있으며, 伐休·奈解尼師今代를 거쳐 味鄒尼師今代(262~283)까지 계속되고 있다.[2] 경주에서 비교적 가까운 이서국·압독국에 대한 지배조차 확실치 못한 상황에서 백제와의 전투를 위해 충청도지역까지 군대를 파견했다는 것은 잘 납득이 되지 않는다.[3]

또 탈해의 즉위에 관한 《삼국사기》 신라본기의 기록을 살펴보면, 그의 즉위 당시의 나이가 62세라고 하였는데, 같은 기사에서 그가 동해안의 阿珍浦에 도착한 것이 혁거세 재위 39년(B.C. 19)이라 하고 있다. 탈해가 즉위한 연도를 기준으로 그의 탄생년도를 찾아 보면 그가 즉위한 해가 서기 57년으로 되어 있으므로 그는 기원전 5년에 출생한 것이 된다. 그렇다면 그는 출생하기 14년 전에 이미 동해안에 도착한 것이 된다. 이는 단순한 기록상의 오기라고 볼 수도 있을지 모르나, 이 이외에도 초기의 기록을 그대로 믿을 경우 100년이 훨씬 넘는 수명을 가진 왕들이 다수 나타나게 되는 등의 모순이 발생하게 된다.[4] 또 초기에 보이는 靺鞨에 대한 기록은 말갈이란 종족 명칭이 6세기에 들어와서야 중국 문헌에 나타나고 그 거주지가 만주지역이므로 이를 기록 그대로 믿기는 어려우며, 유리니사금 32년(A.D. 55)에 6部의 명칭을 고치고 李·鄭·孫·裵·薛·崔 등의 姓을 하사하였다는 기록도 이 시기의 일로 볼 수는 없다는 것이 대다

1) 蛙山城을 충북 報恩으로 비정하는 것은 일반적인 견해이나, 狗壤城은 충북 沃川(李丙燾, 《譯註 三國史記》, 乙酉文化社, 1977, 12쪽), 또는 충북 槐山(千寬宇, 《古朝鮮史·三韓史硏究》, 一潮閣, 1989, 184쪽)으로 비정된다.

2) 백제와의 전투기록은 《三國史記》 新羅本紀의 脫解尼師今 8년(64)·10년·14년·18년·19년, 婆娑尼師今 6년(85), 阿達羅尼師今 14년(167)·17년, 伐休尼師今 5년(188)·6년·7년, 奈解尼師今 4년(199)·19년·23년·27년·29년, 沾解尼師今 9년(255), 味鄒尼師今 5년(266)·11년·17년·22년조에 보인다. 미추니사금 22년(283) 이후에는 백제와의 전투기록이 보이지 않다가 眞興王代(540~575)에 이르러 다시 나타난다.

3) 《三國遺事》 王曆에는 "제16대 乞(訖)解尼師今…의 왕대에 백제병이 처음 來侵하였다"고 하였는데, 이 기록이 사실에 가까울 것으로 여겨진다.

4) 姜鍾薰, 〈新羅 上古紀年의 再檢討〉(《韓國史論》 26, 서울大, 1991), 7~9쪽.

수의 견해이다.

과거 우리 역사를 이른바 실증적인 방법으로 연구하기 시작한 일인 학자들은 대부분 이와 같은 기록을 근거로 《삼국사기》 신라본기의 초기 기록 전부를 불신하는 태도를 취하였다.[5] 초기의 일본 학자 중에는 신라 말기에 神德·景明·景哀의 세 왕이 박씨 성을 칭한 까닭에 박씨를 김씨 왕통 이전에 존재한 것처럼 보일 필요가 있었으며, 여기에 다시 陰陽 三才사상에 입각하여 昔氏姓을 추가하여 3姓 세계가 만들어진 것으로 본 견해를 제시하기도 하였다.[6] 그 뒤에도 이러한 이론은 더욱 발달하여 법흥왕 이전의 22명의 왕 이름이 알(卵)·날(生)·불(火)로 분류되는 점과 특히 내물마립간 이전의 16명의 왕 이름이 대부분 내물왕 이후의 6명의 왕 이름과 밀접한 관련이 있다는 점을 근거로 내물마립간 이전의 신라본기의 기록을 허구로 보기도 하였다.[7]

이러한 일본 학자들의 견해에 대한 국내 학자들의 반박은 다양하게 진행되었는데, 중요한 관점을 두 가지로 정리해 볼 수 있겠다. 그 하나는 《삼국사기》의 초기 기록에 보이는 기록들은 紀年상의 문제점은 있으나 대체로 사실을 전하는 것으로 해석하려는 것이고, 다른 하나는 이 초기 기록을 대체로 믿을 수 있는 것으로 보는 것이다. 말하자면 《삼국사기》의 초기 기록을 불신하는 일본 학자들의 견해를 「불신론」 또는 「허구론」이라 한다면, 이에 반대하는 국내 학자들의 견해는 크게 「수정론」과 「긍정론」으로 나뉘어져 있다고 볼 수 있다.[8]

수정론에도 여러 가지의 견해가 있는데 우선 《삼국사기》 신라본기에 보이는 三姓世系를 계기적인 것이 아니라 병렬적인 것으로 파악한 견해가 있다. 이는 신라본기 초기 기록의 기년상의 문제점을 일단 인정하고 이의 합리적 해석을 통하여 사료적 가치를 높이려 하였다는 점에서 주목할 만한 것이었

---

5) 이 문제에 관한 일본학자들의 견해는 崔在錫, 《韓國古代社會史方法論》(一志社, 1987), 10~263쪽에 잘 정리되어 있다.

6) 前間恭作, 〈新羅王の世次と其名につきて〉(《東洋學報》 15-2, 1925), 56~82쪽.
池內宏, 〈新羅の骨品制と王統〉(《東洋學報》 28-3, 1941 ; 《滿鮮史硏究》 上世篇 2, 吉川弘文館, 1960, 557~561쪽).

7) 末松保和, 〈新羅上古世系考〉(《新羅史の諸問題》, 東洋文庫, 1954), 49~115쪽.

8) 李基白·李基東, 《韓國史講座》 古代篇(一潮閣, 1982), 143~147쪽.

다. 수정론의 선구적인 견해에 따르면《삼국사기》의 초기 기록에 계승적으로 되어 있는 박·석·김 3성의 세계는 실제로는 병렬적인 것으로, 부족연맹 시기에 실제 연맹장에 오르지 못한 자기 부족의 부족장들을 후대에 이들도 尼師今이었던 것처럼 인식하여 이사금의 대수가 늘어나게 되었다는 것이다. 그리고 훗날 史書의 편찬과정에서 奈勿 이후에도 그대로 계속된 金氏世系와 내물 직전까지 이사금들을 배출한 昔氏世系는 기년상의 위치를 비교적 원형 그대로 두고, 석씨·김씨와 병렬적인 朴氏世系를 그 이전으로 끌어올림으로써 전반적인 기년의 인상이 있었던 것으로 보았다. 따라서 3성 세계를 병렬적인 것으로 고치고, 실제 이사금이 아니었던 인물들을 세계에서 제외한다면 사실과 가까운 紀年을 복원할 수 있을 것으로 생각하였다. 그 결과 祇摩·逸聖·阿達羅·助賁·沾解·基臨尼師今 등을 제외하고, 언어학적인 해석을 통해 박씨 세계 속에 끼어 있는 탈해를 기록상 그의 손자로 되어 있는 벌휴와 동일인물이라고 보아 세계에서 제외시켰다.[9]

또 최근에는 3성 세계 자체는 인정하고 왕들의 재위 연수만을 수정할 것을 주장한 견해도 있다. 이에 따르면 백제와의 교전 기사가 탈해왕대부터 나온다는 사실에 주목하여 이를 사실로 받아들일 경우 기년의 조정이 필요함을 강조하고, 기존 연구에서 탈해를 3세기 전반에 위치시킨 문제점을 지적하고, 3성 족단의 계보를 출생시기를 중심으로 역추적하여 탈해를 약 250년대로, 파사니사금은 260~270년대에 해당하는 것으로 보고자 하였다.[10]

이에 반해「긍정론」의 입장에 서는 학자들은 신라 왕통에 있어 박·석·김 3성 교립은 사실로 인정되어야 하며, 그 밖의 일반적인 기사도 대체로

---

9) 金哲埈,〈新羅上古世系와 그 紀年〉(《歷史學報》17·18, 1962), 151~192쪽.
이와 유사한 견해를 가진 학자로는 金光洙가 있다. 그는 朴·昔·金 3성의 계기적 계승을 사실로 인정하였으나, 朴氏世系 가운데 있는 脫解와 昔氏世系 속에 끼어 있는 味鄒의 경우에는 世系상의 위치를 의심하였다. 그래서 탈해와 伐休를 세계에서 제외시키고, 미추의 위치를 奈勿 직전으로 끌어내림으로써 기년의 인하를 추구하였다. 또 奈解尼師今 초반의 12년과 미추니사금 초반의 10년, 訖解尼師今 후반의 36년을 제외시켜 전체적으로 70여 년의 기년을 인하시키고자 하였다(金光洙,〈新羅 上古世系의 再構成 試圖〉,《東洋學》3, 檀國大, 1973, 363~391쪽).

10) 姜鍾薰, 앞의 글, 1~58쪽.

파사니사금(A.D. 80~113) 이후는 그대로 믿을 수 있다는 견해이다. 이는 해방 이후의 고고학의 연구성과에 힘입어 나온 것이라 할 수 있다.[11] 긍정론의 대표적인 견해에 따르면 초기에는 朴氏系와 金氏系의 두 부족 집단이 서로 긴밀한 관계를 맺고 있는 상태에서 박씨계의 세습적인 首長權이 성립·발전하였는데, 이것이 일종의 冶匠의 성격을 갖고 있는 탈해니사금(A.D. 57~80)에 의해 한때 단절되었다고 한다.

탈해는 冶鐵의 능력을 가진 자였으나 족적인 기반이 약하여 그 일대로 끝났으며, 뒤에 탈해의 후손을 자처하는 석씨계의 벌휴니사금(184~196)이 박씨계를 대신하여 등장하였으나 이는 탈해의 후예가 아니라 실은 마한·백제세력에 밀려 한강 유역에서 忠州→報恩→小白山脈을 거쳐 마침내 경주에까지 이동해 온 이른바 진한세력으로 본다. 그리고 이 석씨계는 사로국의 지배권을 확보한 뒤 왕성한 정복력으로 영역을 확대하여 3세기 중엽에는 사로국이 진한의 전지역을 통일하게 되었다는 것이다. 그리고 탈해대에 보이는 신라와 백제 사이의 전투기록 또한 남하하는 진한세력과 백제세력 사이의 분쟁이 나중에 이렇게 기록된 것이라고 설명하고 있다.[12]

이상에서 살펴본 바와 같이 《삼국사기》의 초기 기록은 모든 사실을 그대로 믿을 수 있을 만큼 신뢰도가 높다고 보기는 어려운 실정이다. 대부분의 학자들이 《삼국사기》의 초기 기록들이 어느 정도 사실을 반영한 것으로 보는 것에는 대부분 동의하고 있으나, 특히 기년상의 문제에는 아직도 상당히 커다란 견해 차이를 보이고 있음을 알 수 있다. 대세론적으로는 수정론의 입장이 받아들일 만한 것으로 보이나, 이 또한 여러 가지 문제점을 내포하고 있다. 본서에서는 《삼국사기》의 초기 기록에 대해 대체적으로 이를 받아들이는 입장에서 서술하였으나 부분적으로는 절충론의 입장을 취하고 있음을 미리 밝혀 둔다.

---

11) 金元龍, 〈三國時代의 開始에 관한 一考察〉(《東亞文化》 7, 1967), 1~33쪽.

12) 千寬宇, 〈三韓의 國家形成〉 上(《韓國學報》 2, 1976), 18~46쪽. 이 이외에도 긍정론의 입장에 서는 학자로 李鍾旭이 있다. 그는 儒理王代 이후의 기록은 그 기년을 인정할 수 있고, 赫居世와 南解代의 기록들도 역사적 사실을 반영한 것으로 보고 신라 국가 형성기의 모습을 복원하고자 하였다(李鍾旭, 《新羅國家形成史硏究》, 一潮閣, 1982), 4~9쪽.

2) 성 립

(1) 사로 6촌의 위치와 성격

신라의 모체인 사로국은 사로 6촌이라 불리는 여섯 개의 촌락으로 구성되어 있었다. 즉 사로 6촌의 연맹에 의해 사로국이 성립된 것이라고 할 수 있다. 《삼국사기》와 《삼국유사》에는 사로지역에 閼川 陽山村·突山 高墟村·嘴山 珍支村·茂山 大樹村·金山 加利村·明活山 高耶村의 여섯 촌이 있었고, 이들 6촌에는 각각 촌장이 있었음을 전하고 있다. 《삼국유사》에 나오는 6촌의 명칭 등을 정리해 보면 다음의 〈표 1〉과 같다.

〈표 1〉 《三國遺事》에 보이는 斯盧 6村

村 名	村 長	始祖 誕降地	改定名 (儒禮王 9년)	更定名 (高麗 太祖)	位 置	姓氏	俗說
閼川陽山村	竭 平	瓢 嵓 峯	及梁部(梁部)	中 興 部	中 央	李	母
突山高墟村	蘇伐都利	兄 山	沙 梁 部	南 山 部	南 村	鄭(崔)	父
茂山大樹村	俱 禮 馬	伊 山	漸(牟)梁部	長 福 部	西 村	孫	
嘴山珍支村	智 伯 虎	花 山	本 彼 部	通 仙 部	東南村	崔(鄭)	
金山加利村	祗 沱	明 活 山	漢(韓)岐部	加 德 部	東 村	裵	女
明活山高耶村	虎 珍	金 剛 山	習 比 部	監 川 部	東北村	薛	子

사로 6촌의 위치에 관하여는 크게 세 가지 견해가 있다. 첫째는 경상도 일원으로 보는 견해이고,[13] 둘째는 경주분지 및 월성군 일대로 보는 견해이

13) 斯盧 6村의 위치를 경상도 일원에 비정하는 견해는 처음 金哲埈에 의해 제시되었는데, 그는 閼川 陽山村을 慶州에, 金山 加利村을 金泉과 星州 부근에, 茂山 大樹村을 淸風과 醴泉에, 突山 高墟村을 靑山과 尙州에, 明活山 高耶村을 경주와 永川에 비정하고 嘴山 珍支村은 불명이라 하였다(金哲埈, 〈新羅 上代社會의 Dual Organization〉上, 《歷史學報》 1, 1952, 29쪽). 그 후 千寬宇는 이 견해를 발전시켜 茂山을 淸風이 아닌 義城으로, 明活山을 慶山 방면으로 수정하였으며, 嘴山 珍支村은 寧海의 丑山과 蔚珍으로 보는 견해를 제시하였다(千寬宇, 앞의 글, 18~46쪽).

며,[14] 셋째는 그 범위를 경주분지 안에서 찾는 것이다[15]. 그런데 《삼국지》 위서 동이전에 의하면 사로국은 진한의 12개의 소국 중의 하나로 기록되어 있는데, 당시 진한의 영역이 경상도의 낙동강 동쪽 일대이므로 사로국을 구성하는 6촌을 경상도 일대에 비정한 견해는 아무래도 받아들이기 어렵다. 당시의 소국들은 몇 개의 읍락으로 구성되어 있었는데 이들은 비교적 가까운 곳에 인접하여 하나의 연맹체를 구성하고 있었다고 여겨진다. 대구의 경우 新川 유역의 범람원을 무대로 몇 개의 취락이 형성되었고 이들이 대구지역의 초기 국가를 형성하고 있었다고 하는데,[16] 사로국의 경우도 이와 비슷한 상황이었을 것이다. 그렇다면 사로 6촌은 경주분지 일대에 분포하고 있었다고 보는 것이 타당할 것이다.

이들 6촌인과 6촌의 지배세력인 6村長의 출자에 대하여 《三國志》 辰韓條에는 秦의 亡人이라 하였고, 《삼국사기》에는 고조선의 遺民이라고 하였으며, 《삼국유사》에는 진한 출신이라고 하였다. 그러나 신라의 건국 주체세력인 3성 집단이 모두 북쪽으로부터 남하한 이주민 세력이었다는 점을 감안한다면, 《삼국사기》의 기록에서 '이보다 앞서 조선의 유민들이 이곳에 와서 산골짜기에 흩어져 여섯 촌락을 이루었다'는 기록은 단순하게 보아 넘길 수 없다. 이는 아마도 고조선 멸망 이후 유이민들의 한반도 남부로의 유입을 말해 주는 것이라 생각된다. 《삼국유사》에서는 '진한의 땅에 옛부터 6촌이 있었다'고 하여 이들이 원래 진한지역 출신인 것처럼 기록하고 있으나, 6촌의 시조들이 모두 하늘에서 내려온 天降族 설화로 기록하고 있는 것은 이 또한 사로 6촌의 지배세력들이 북방으로부터의 유이민이었음을 말해 주는 것이라 생각된다. 따라서 사로국의 모체인 사로 6촌은 북방으로부터의 유이민 세력이 주축

---

14) 李鍾旭, 앞의 책, 22~25쪽 및 李炯佑, 《新羅 初期國家 成長史 硏究》(建國大 博士學位論文, 1993), 11~25쪽.

15) 李丙燾, 〈新羅의 起源問題〉(《震檀學報》 8, 1937 ; 《韓國古代史硏究》, 博英社, 1976, 596~604쪽).
李鍾恒, 〈新羅六部考〉(《國民大論文集》 1, 1969), 1~51쪽.
金元龍, 〈斯盧六村과 慶州古墳〉(《歷史學報》 70, 1976), 1~14쪽.
崔在錫, 〈新羅의 六村·六部〉(《東洋學》 16, 檀國大, 1986), 205~226쪽.

16) 尹容鎭, 〈大邱의 初期國家 形成過程〉(《東洋文化硏究》 1, 慶北大, 1974 ; 歷史學會 編, 《韓國史論文選集 古代篇》, 一潮閣, 1976, 231~243쪽).

이 되어 성립되었다고 할 수 있을 것이다.

이것은 최근의 고고학 계통의 연구 성과를 통해서도 설명될 수 있을 것이다. 지금까지의 연구 성과를 토대로 해서 본다면 경주분지에 정치적 지배계층의 묘제로 등장한 최초의 것은 지석묘라고 생각된다. 청동기시대의 묘제를 대표하는 지석묘는 기원전 7~2세기경에 축조된 것으로 생각되며,[17] 전국적으로 분포되어 있는데 경주분지도 예외는 아니다.[18] 지석묘 다음으로 경주에 등장한 묘제는 土壙墓인데, 시기의 선후에 따라 土壙木棺墓와 土壙木槨墓로 구분할 수 있다. 그리고 토광묘 다음으로는 積石木槨墳이 나타난다. 이 묘제들은 어느 정도의 차이는 있으나 대략 새로운 지배계층의 등장과 관련지어서 생각할 수 있다.

그런데 앞에서 말한 바와 같이 이들 6촌이 진한지역의 원주민과 북방으로부터의 유이민의 결합에 의해 성립된 것으로 본다면 그 연대는 아무래도 철기문화의 도입 이후가 될 것이며, 그들의 묘제는 청동기시대의 전통적인 묘제인 지석묘와는 다른 묘제가 등장하는 것과 관련이 있을 것이다. 그렇다면 경주 九政里나 入室里 등의 세형동검을 동반하는 초기 철기의 유적은 이러한 상황과 연관지어 생각할 수 있을 것이다.

아직 경주지역의 토광묘의 기원이나 편년에 대해 합치된 견해가 있는 것은 아니나, 이들이 한반도 서북부지역의 나무곽 무덤의 영향을 받은 것으로 보는 견해가 옳다면,[19] 이들은 이 지역에 새로운 유이민의 도래와 이에 따른 새로운 정치질서의 성립을 말해 주는 것으로 보아도 좋지 않을까 한다.[20] 즉

---

17) 金載元・尹武炳, 《韓國支石墓硏究》(國立博物館, 1967), 18~19쪽.

18) 경주분지에 분포하는 지석묘에 대한 정확한 보고는 없으나, 대략 경주군과 월성군 일대에 30여 개 정도의 支石墓群이 존재한다고 하며, 토함산 이동의 동해안 지역을 제외한 월성군 내에만도 100여 기의 지석묘가 존재한다고 한다(李鍾旭, 앞의 책, 31~32쪽 및 李炯佑, 앞의 책, 14~16쪽).

19) 崔秉鉉, 《新羅古墳硏究》(一志社, 1992), 82~90쪽.

20) 이 문제에 대해서도 학자들의 견해는 일치하고 있지 않다. 토광목곽묘의 주인공을 6촌의 지도자로 보는 견해가 있는가 하면(金元龍, 〈고분문화〉, 《慶州》, 열화당, 1984, 258쪽), 토광목관묘를 대개 기원전 2세기 말~1세기 초에 경주에 도달한 선발 유이민 세력 즉 박씨계의 묘제로 보고 토광목곽묘는 서기 2세기 후반에 남하한 후발 유이민 세력의 것으로 석씨계의 지배세력의 묘제였다는 견해도 있다(崔秉鉉, 위의 책, 80~109쪽).

고조선의 멸망과 이로 인한 북방의 정치적 변동에 따른 유이민의 波動은 남부지역에서의 소국 형성에 커다란 영향을 주었을 것이다. 또 진한인들이 낙랑지역의 주민들을 阿殘이라 부른 것을 당시의 중국인들이 「阿」를 「我」로 보아 '뒤에 남은 우리 족속'이란 뜻으로 풀이한 것이나, 辰韓을 혹은 秦漢이라고도 하는데 이는 '秦의 役을 피해 韓으로 간 종족'이라는 식의 중국인의 설명[21]은 고조선 멸망 이후 연속적인 남쪽으로의 유이민의 파동이 있었음을 인식한 바탕에서 나온 것이라 하겠다.

이들 사로 6촌의 촌장들은 각기 독자적인 정치조직과 통치영역을 갖고 있었다고 보인다. 이들이 비록 하나의 연맹체를 형성하고는 있었겠지만, 그 유대는 그렇게 강하지 못했을 것으로 생각된다. 이들은 느슨한 연맹체제를 형성하여 공동의 관심사가 있을 때 6촌의 지도자들이 모여 협의를 하기도 하였으나 아직 어느 한 촌락의 장이 다른 촌장들을 압도할 만큼 성장하지는 않았을 것으로 여겨진다.

(2) 사로국의 형성

6촌이 연맹체를 형성하여 사로국으로 발전하게 되는 것은 박혁거세로 대표되는 박씨족의 등장으로 말미암는 것이라 생각된다. 박씨족 이외에도 신라의 왕족에는 김씨족과 석씨족이 있는데, 이들 三姓 집단의 모두 또는 그 일부가 이주민 세력이었음에는 틀림없다. 그러나 이들 3성 집단과 6촌과의 관련에 대해서는 다양한 견해가 있다.

먼저 토착족으로서 김씨족이 먼저 경주에 先住하였고 그보다 뒤에 박씨족이 이동해 와서 二部體制를 형성하고 후에 사로국으로 발전하였으며, 탈해를 시조로 하는 석씨족은 경주의 동해변에서 온 이주민이라고 본 견해가 있다.[22] 또 이와 비슷하게 경주 最古의 선주민은 김씨족으로, 뒤에 박씨족이 도래하여 세습왕권을 잡아 김씨를 왕비족으로 하였다는 데에는 의견을 같이하나, 탈해는 북방의 흉노계의 인물로 후대의 석씨족과는 별개이며, 벌휴왕 이하의 석씨족은 반도 중부의 舊辰國에서 2세기 말경에 이르러 경주에 도래

---

21) 《三國志》 권 30, 魏書 30, 烏丸鮮卑東夷傳 30, 韓.
22) 金哲埈, 앞의 글(1952), 44~46쪽.

한 것으로 보는 견해도 있다.[23] 이들 연구에서는 3성 집단을 구체적으로 6촌이나 6부와 연결하여 설명하기도 하였다.[24]

그러나 이와는 달리 3성세력을 독자적인 세력으로서 시기와 위치를 달리하면서 각자의 소국을 세운 주체세력으로 파악하는 견해도 있다. 이들이 소국을 세운 곳은, 석씨족은 감포지역을 중심으로 한 동해안 일대이며, 박씨족은 상주를 중심으로 하여 沙伐國을 세웠고, 김씨세력은 경주지역을 근거지로 하여 鷄林國을 세웠으며, 6촌은 기본적으로 경주지역에 있었던 6개의 읍락이었으나 사벌국세력인 박씨세력이 경주로 이주하게 되면서 혁거세의 건국설화와 연결된 것으로 보기도 한다.[25]

신라의 건국설화를 보면 혁거세를 대표로 하는 박씨족은 최초로 경주지역에 등장한 사로국의 지배세력이며, 북쪽으로부터 남하한 유이민 세력임은 틀림없는 사실로 보인다. 그러나 이들 박씨족이 사로 6촌의 어느 한 촌락과 연결이 되는지 아니면 6촌세력과의 타협 속에 지배자로 등장하는지는 불분명하다. 그리고 김씨족은 흔히 이들보다 선주한 유이민 집단으로 생각하지만, 이들과 6촌세력과의 관계도 확실히 알 수 없는 실정이다.

어쨌든 이렇게 하여 성립된 사로국의 최초의 長인 혁거세의 칭호는 「居西干」이었다. 거서간의 구체적인 어원은 분명치 않으나 사로 6촌의 촌장들에 의해 추대된 부족장의 의미로 생각할 수 있을 것이다. 혁거세를 이어 사로국의 장이 된 南解를 「次次雄」으로 불렀는데, 차차웅은 慈充이라고도 하며 이에 대해 金大問은 "方言으로 巫를 일컫는다. 무당이 귀신을 섬겨 제사를 주관하므로 사람들이 이를 두려워하고 공경하여 마침내 尊長者를 칭하여 자충이라고 하였다"고 설명하였다.[26] 그러나 《삼국유사》에서는 "남해거서간은 또

---

23) 千寬宇, 앞의 글, 18~46쪽.

24) 李丙燾는 及梁部(閼川 陽山村)를 朴氏, 沙梁部(突山 高墟村)를 金氏, 本彼部(嘴山 珍支村)를 昔氏와 연관지었으며(李丙燾, 앞의 책, 1976, 605~607쪽), 金哲埈은 급량부가 김씨와 박씨의 2부체제로 이루어진 것으로 보고 석씨족은 漢岐部(金山加利村)와 관련있는 것으로 생각하였다(金哲埈, 앞의 글, 29쪽). 千寬宇는 급량부를 김씨, 사량부를 박씨로 보고 本彼部는 박씨 아니면 김씨나 혹은 별개의 씨족이고, 나머지 3부는 김씨에 예속된 것으로 보았다(千寬宇, 앞의 글, 22쪽).

25) 盧重國, 〈鷄林國考〉(《歷史教育論集》 13·14, 1989), 169~203쪽.

26) 《三國史記》 권 1, 新羅本紀 1, 남해차차웅 원년.

한 차차웅이라고도 한다"[27]고 거서간과 차차웅을 혼용하고 있음으로 보아, 거서간과 차차웅은 그 기능이나 성격이 유사하였음을 알 수 있다. 아마 당시의 사로국의 장은 어느 정도 제사장의 성격을 띠고 있었을 것이니, 이는 神政政治(Theocracy)的인 성격을 보여 준다고 생각된다.[28]

혁거세와 남해가 사로국의 지배자로 활약하고 있을 무렵 탈해로 대표되는 석씨계의 세력도 경주지역에 출현하였다.《삼국사기》신라본기에 전하는 그의 설화에 의하면 그는 원래 倭國의 동북 1천 리 되는 곳에 있었던 다파나국 출생으로 금관국을 거쳐 경주의 동쪽 해안에 이른 것으로 되어 있다. 그리고 瓠公의 집을 빼앗아 살다가 남해의 사위가 되어 大輔란 벼슬에 임명되었다고 한다.[29]

《삼국유사》에는 이보다 더 자세한 내용이 수록되어 있는데, 이에 의하면 탈해집단은 먼저 금관국으로 들어갔으나 거기에서 용납되지 못하므로 사로로 옮겼으며, 이들은 철기를 제련하는 冶鐵 기술을 가지고 있었던 것으로 나타난다.[30] 아마 이들은 먼저 이 지역에 도착한 박씨족에 비해 보다 발달한 철기제작 기술을 소유하고 이주한 집단이라고 생각되는데, 박씨족과의 제휴속에 새로운 지배계층으로 등장하는 것으로 여겨진다. 다만 설화에서 탈해를 해양세력으로 보는 것에 대하여는 의문의 여지가 없지 않다.

탈해의 성격이 冶匠적인 것이고 또《삼국사기》의 탈해왕대에 처음 騎馬전투가 보이는 까닭에[31] 이들은 북아시아의 기마민족의 계통으로 보는 것이 옳을 것이다. 다만 이들의 이주 경로가 한반도의 내륙지방을 관통한 것이 아

---

27)《三國遺事》권 1, 紀異 2, 第二南解王.

28) 尼師今時代의 이사금들 중에서도 巫的인 성격을 띠고 있는 이가 있으니, 탈해가 물을 떠오다 먼저 마신 白衣를 呪術로 혼냈다고 한 것이나(《三國遺事》권 1, 紀異 2, 第四脫解王), 伐休가 점을 잘 쳐서 그 해의 豊凶과 사람의 邪正을 미리 알았다는 것(《三國史記》권 2, 新羅本紀 2, 벌휴니사금 즉위년) 등이 그 예이다.

29)《三國史記》권 1, 新羅本紀 1, 탈해니사금 즉위년.

30)《三國遺事》권 1, 紀異 2, 第四脫解王.

31)《삼국사기》권 1, 新羅本紀 1, 탈해니사금 8년 8월. 또 탈해니사금대의 변방의 장수인 居道는 군사를 모아 놓고 말을 타고 노는 '馬叔'이란 행사를 통해 居柒山國과 于尸山國의 두 나라를 정벌했다고 하는데(《三國史記》권 44, 列傳 4, 居道), 여기서 마숙이란 주로 騎馬 기술을 겨루는 놀이라 생각된다. 이로 보아서도 당시에 이미 기마전투가 보급되었음을 확인할 수 있다.

니라, 바다로 남해안을 거쳐 경주의 동쪽 해안으로 상륙한 까닭에 이러한 설화가 생겨난 것이 아닐까 생각된다. 탈해가 재위기간 중에 토함산에 순행했다는 것이나,[32] 탈해가 죽은 뒤에 그의 뼈로 塑像을 만들어 토함산에 안치하고 東岳(吐含山)신으로 모셨다는 기록 등[33]은 모두 그의 이동 경로와 관련이 있는 것으로 생각할 수 있겠다.

탈해로 대표되는 석씨족은 혁거세의 박씨족에 비해 한층 발달된 철기문화와 기마전투의 기술을 갖고 있었다. 탈해왕대에는 인근지역과의 전투기록이 빈번하게 보이고, 于尸山國과 居柒山國의 두 나라를 정복했을 뿐 아니라 백제와의 교섭·전투 기사도 보이는데, 이 기록들은 그 연대에 관하여는 많은 의문이 있는 것은 사실이나 어쨌든 탈해니사금대에 신라는 소국의 단계를 벗어나 인근 지역에 대한 정복에 나서기 시작하는 등 발전의 계기를 마련했다고 볼 수 있을 것이다.

또 탈해니사금은 남해의 사위로 그 아들인 유리와 왕위를 다툴 때 유리가 이(齒)가 많아 먼저 왕위에 올랐다는 설화는[34] 연맹체의 부족장들이 모여 부족의 장을 선출하던 전통이 있었음을 말해 주는 것이라 하겠다. 이 경우 반드시 나이가 많은 사람을 연맹장으로 선임한 것은 아니겠지만, 대등한 후보자들 사이에서 연맹장을 선출할 때 年長者를 우선하였다고 보아진다. 이는 氏族社會 이래로 血緣關係에서 우위를 점하고 연령에 따른 풍부한 경험을 가진 자를 지도자로 선정하던 長老政治(Gerontocracy)의 성격이 남아 있었음을 말해 준다.

이사금시대의 왕위는 가장 유력한 부족의 출신 중에서도 일정한 요건을 갖춘 사람들 중에서 선임되었을 것이지만, 박·석·김 3성의 交立이나 벌휴니사금이나 나해니사금이 국인에 의해 共立되었다고 전해지는 것들은 이러한 선출과정이 지속되었음을 말해 주는 것이다. 초기의 사로국에서는 몇몇 유력한 부족의 우월성이 인정되기는 하였으나, 아울러 각 연맹체가 독자적인 세력 기반을 유지하고 있었던 것이다.

---

32) 《三國史記》 권 1, 新羅本紀 1, 탈해니사금 3년 3월.
33) 《三國遺事》 권 1, 紀異 2, 第四脫解王.
34) 《三國史記》 권 1, 新羅本紀 1, 유리니사금 즉위년.

3) 발 전

(1) 내부체제의 정비

《三國志》 魏書 東夷傳에 보이는 三韓의 小國들은 기본적으로 邑落으로 구성되었으며 읍락 중에서 가장 중심이 되는 읍락이 國邑이었다. 읍락과 국읍의 관계는 소국의 발전정도에 따라 달랐겠지만 초기에는 국읍의 정치적 실권은 미약한 것이었다고 보인다. 이러한 상황은 斯盧國에 있어서도 마찬가지였다. 따라서 사로국의 성장은 안으로 사로국 내부의 읍락들의 결속을 강화하는 한편 이렇게 모아진 힘으로 인근의 소국들에 대한 영향력을 증대시켜 이들을 차례로 복속시켜 나가는 과정이라고 할 수 있다.

사로국을 구성하는 읍락들 즉 후대의 6부가 된 집단들은 상당히 독자성이 강한 집단이었고 그 전통은 상당히 늦게까지 계속된다고 보이지만, 삼한 지역에서는 대개 2세기 말경부터 국읍을 중심으로 읍락사회가 통합되어 가는 현상이 나타나므로[35] 이 지역에서 가장 발전이 빨랐다고 생각되는 사로국에서는 이보다 이른 시기에 국읍을 중심으로 하는 읍락사회의 통합이 이루어졌다고 생각된다. 《삼국사기》에 보이는 다음의 기록들을 통해 읍락사회의 통합 과정을 살펴볼 수 있다.

A－① 脫解로서 大輔란 벼슬을 삼아 軍國政事를 맡기었다(《三國史記》 권 1, 新羅本紀 1, 남해차차웅 7년).

② 倭人이 兵船 백여 척을 보내어 해변의 民戶를 노략질하므로 六部의 精兵을 발하여 막게 하였다(《三國史記》 권 1, 新羅本紀 1, 남해차차웅 11년).

③ 6부의 이름을 고치고 이어 姓을 하사하니 楊山部를 梁部라 하고 그 姓을 李라 하고…(《三國史記》 권 1, 新羅本紀 1, 유리니사금 9년)

④ 박씨의 貴戚으로 국내의 州郡을 나누어 다스리게 하니 號를 州主·郡主라 하였다(《三國史記》 권 1, 新羅本紀 1, 탈해니사금 11년).

⑤ 使者 10명을 分遣하여 州·郡主로 公事에 게을리하여 田野를 많이 거칠게 한 자를 廉察하여 貶黜케 하였다(《三國史記》 권 1, 新羅本紀 1, 파사니사금 11년).

---

35) 李賢惠, 《三韓社會形成過程硏究》(一潮閣, 1984), 132~164쪽.

⑥ 波珍飡 仇道와 一吉飡 仇須兮를 拜하여 左右軍主를 삼아 召文國을 치니 軍主의 名은 이에서 시작된 것이다(《三國史記》 권 1, 新羅本紀 1, 벌휴니사금 2년).

위의 기록들은 《삼국사기》의 벌휴니사금대(184~195)까지의 기록들인데, 이를 통해 당시 사로국이 대내적으로 결속력을 강화하는 모습을 대략 살펴볼 수 있다. 먼저 A-①의 대보는 그 임무가 군국정사를 맡았다는 것으로 보아 사로 6부의 연합군대를 지휘하는 임무를 맡았던 것이 아닐까 생각된다. 대보라는 직명은 탈해니사금대에는 伊伐飡으로 바뀐다고 보이지만[36] 연합군의 통수권이 왕 자신이 아닌 관료에게 위임된다는 사실은 사로국에 있어서 연맹장인 왕의 지위가 그만큼 향상되었다는 것을 입증한다 하겠다. 대보 임명 기사의 4년 뒤의 기록인 A-②에서 6부의 정병을 동원하였다는 것은 앞서 살펴본 바와 같이 대보의 임무가 연합군의 통수에 있는 것임을 반증하는 동시에 당시 사로국의 발전 단계가 다른 소국에 비해 앞서 있었음을 말해 준다 하겠다. 즉 당시의 사로국은 이미 연맹장인 사로국의 왕이 연합군의 지휘자를 자신의 아래에 두고 6부의 군대를 동원해서 대외전투에 나설 정도가 되었음을 알 수 있다.

A-③의 6부 改名 및 賜姓의 기록은 그 사실성이 매우 의심스러운 기록이기는 하지만 유리니사금대에는 6부의 전신인 6촌사회를 어떠한 형태로든 재편했음을 암시하는 것으로 이해할 수 있을 것이다. 이런 의미에서 탈해니사금대(A.D. 57~79)와 파사니사금대(A.D. 80~111)에 州主와 郡主를 임명했다거나 이들을 감찰하였다는 A-④·⑤의 기록은 비록 주주·군주 등의 이름이 당시에 이미 사용된 것으로는 볼 수 없다 하더라도 경주를 중심으로 한 6부의 지역과 일부 복속지역에 대한 나름대로의 통치질서를 마련한 사실을 반영하는 것으로 볼 수 있을 것이다.[37] 그리고 A-⑥의 처음 軍主를 두었다

36) 《三國史記》 권 1, 新羅本紀 1, 탈해니사금 11년조에 順貞을 伊伐飡으로 삼아 政事를 맡겼다고 하였는데, 大輔라는 직명이 그 뒤에 보이지 않는 것으로 보아 대보의 직제는 이 때에 폐지되고 이벌찬이 그 임무를 대신한 것으로 보인다.

37) 《三國史記》 권 48, 列傳 8, 勿稽子에 "물계자는 奈解尼師今 때의 사람이다.… 이 때에 八浦上國이 함께 阿羅國을 칠 것을 모의하니 아라국의 사신이 와서 구원을 청하였다. 이사금이 王孫 奈音으로 하여금 近郡 및 6부의 군사를 거느리

는 기록도 智證王代(500~513)의 기록과 중복되는 까닭에 그 사실성을 인정받지 못하였으나,[38] 여기의 군주는 좌우군주로 표현되고 있으므로 지증왕대의 군주와는 그 성격을 달리하는 것으로 보지 않으면 안된다. 이 좌우군주는 慈悲麻立干 16년(473)에 "正月에 阿湌 伐智와 級湌 德智로 左右將軍을 삼았다"는 좌우장군과 그 성격이 같은 것이라고 생각된다. 그렇다면 이 때에 마련된 군사제도의 골격이 자비마립간대(458~478)까지 지속된다고 할 수 있는데, 이 기록의 좌우군주는 남해차차웅대의 대보의 전통을 이어받은 것으로 중앙의 六部兵을 지휘하는 책임자의 명칭으로 볼 수 있을 것 같다.[39] 이 때에 두 명의 군주를 두었다는 것은 그만큼 군대의 규모가 커졌다는 것으로도 볼 수 있겠지만, 그보다는 장군을 복수로 임명함으로써 병권이 한 사람에게 집중되는 것을 막고 상호견제케 하고자 하는 목적에서라고 추측된다. 그리고 이들로 하여금 召文國을 정벌하게 하였다는 것으로 보아 이제 사로국은 적극적으로 인근의 소국을 점령하기 위해 군대조직을 재편한 것으로 해석된다. 이와 같은 추측이 옳은 것이라면 대개 2세기 말경에 이르러 사로국은 국읍 중심의 내부단결을 바탕으로 적극적인 대외정벌에 나설 수 있게 된 것으로 보아도 좋을 것이다.

(2) 진한 소국의 복속

그러면 사로국이 인근의 소국들을 복속하는 과정을 살펴보기로 하겠다. 먼저 소국의 복속에 관한 사료들을 살펴보면 다음과 같다.

고 가서 구원케 하여 드디어 八國 군사를 격파하였다"고 하였는데, 여기서 동원된 군대가 '근군 및 6부의 군사'라고 한 표현에 유의할 필요가 있다. 이는 나해니사금대(196~229)에 동원된 군대는 단지 6부에서 동원한 6部兵뿐만이 아니라 인근 郡의 사람들도 동원한 것으로 볼 수 있기 때문이다. 따라서 이 당시에 사로국은 인근의 지역에 대한 지배력을 강화하여 군사를 동원할 정도가 되었음을 알 수 있다.

38) 《三國史記》 권 4, 新羅本紀 4, 지증마립간 6년조에 "2월에 왕이 친히 국내 州郡縣의 제도를 정하고 悉直州를 두어 異斯夫로 軍主를 삼으니, 군주라는 이름은 여기에서 시작되었다"고 하였다.

39) 6部兵에 관한 기록은 위의 A-② 이외에도 《三國史記》 권 1, 新羅本紀 1, 나해니사금 14년(209)조에도 보이는데, 이로 보아 2~3세기까지의 신라의 군대는 6부의 군대를 연합한 것이 주축임을 알 수 있다.

B-① 居道는 脫解尼師今 때에 벼슬하여 干이 되었다. 그 때 于尸山國·居柒山國이 이웃 지경에 介在하여 자못 나라의 근심이 되었는데…이에 병마를 출동하여 쳐들어가 두 나라를 멸하였다(《三國史記》 권 44, 列傳 4, 居道).

② 군대를 일으켜 音汁伐國을 치니 그 임금이 무리와 더불어 스스로 항복하였고, 悉直·押督의 두 나라 왕도 와서 항복하였다(《三國史記》 권 1, 新羅本紀 1, 파사니사금 23년).

③ 군사를 보내어 比只國·多伐國·草八國을 쳐서 아울렀다(《三國史記》 권 1, 新羅本紀 1, 파사니사금 29년).

④ 波珍飡 仇道와 一吉飡 仇須兮를 拜하여 左右軍主를 삼아 召文國을 치니 軍主의 名은 이에서 시작된 것이다(《三國史記》 권 1, 新羅本紀 1, 벌휴니사금 2년).

⑤ 伊飡 于老로 大將軍을 삼아 甘文國을 쳐 깨뜨리어 그 땅을 郡으로 삼았다(《三國史記》 권 2, 新羅本紀 2, 조분니사금 2년).

⑥ 骨伐國王 阿音夫가 무리를 거느리고 와서 항복하므로 邸宅과 田莊을 주어 安居케 하고 그 땅을 郡으로 삼았다(《三國史記》 권 2, 新羅本紀 2, 조분니사금 7년).

⑦ 尙州는 沾解王 때에 沙伐國을 취하여 州를 삼은 것이다(《三國史記》 권 34, 地理志 1, 상주).

먼저 B-①의 기록은 탈해니사금대(57~79)에 거도가 馬叔이라는 희락을 통해 우시산국과 거칠산국을 점령하였다는 것인데, 이보다 몇 세기 뒤인 지증왕대(500~513)에 異斯夫가 加耶를 공격할 때에도 똑같은 방법으로 가야를 멸망시켰다는 기록이 있을 뿐 아니라, 우시산국을 蔚山, 거칠산국을 東萊 근처로 비정하였을 때 탈해니사금대의 사실로 받아들이기는 어려운 점이 있다.[40] 또 두 나라를 병합한 중요한 사실이 거도열전에만 보이고 신라본기에는 보이지 않는 것도 이 일이 역사적 사실이 아님을 말해 주는 증거로 생각된다. B-②의 기록도 다분히 설화적인 요소가 짙은 것으로 파사니사금대의 사실로 보기 어려운 점이 있다. 특히 悉直國의 위치가 현재의 三陟 부근이고 음즙벌국을 安康 부근으로 비정할 경우 이 두 나라의 위치가 너무 떨어져 있어 양국 사이에 영토분쟁이 있었다는 것은 믿기 어려운 사실이며, 首露王

40) 李丙燾, 앞의 책(1976), 645쪽.
千寬宇, 앞의 책, 291~292쪽.

이 이 분쟁에 관여한다는 것도 사실로 보기 힘들다는 것이 종래의 지배적인 견해였다.[41] 그러나 실직국의 위치는 현재의 삼척 부근이 아니라 경주나 興海 부근으로 비정하는 견해도 있으며,[42] 《삼국사기》 지리지에도 음즙벌국과 실직국의 복속이 파사니사금대의 일로 기록되어 있을 뿐 아니라,[43] 신라본기에도 파사니사금대에 실직이 叛했다는 기록과 압독에 行幸했다는 기록이 있음으로 보아[44] 역사적 사실을 반영한 것으로 보아도 좋지 않을까 싶다.[45]

이상의 추측과 같이 파사니사금 23년의 기록이 역사적 사실을 반영한 것이라면 그 이후의 소국 병합의 기록도 모두 사실로 보아도 좋을 것이다. B-③의 비지국·다벌국·초팔국의 정벌 기사는 사실로 보는 것이 일반적인 견해이다.[46] 다만 그 위치에 대해서는 의문의 여지가 없는 것은 아니나,[47] 비지국을 昌寧, 다벌국을 大邱, 초팔국을 陜川郡 草溪面에 비정하는 것이 옳을 것이다. 그렇다면 당시의 사로국은 永川의 골벌국이나 義城의 소문국 등을 복속하기에 앞서 이보다 멀리 있는 대구·합천 등지를 점령하였다는 것이 되는데, 이는 사로국의 영토확장이 반드시 가까운 지역에서부터 차례로 복속시켜 나간 것은 아니고 또 복속이 곧 영토화를 의미하는 것이 아니었음을 말해 주는 것으로 해석한다면 이해될 수 있을 것이다.

B-④·⑤의 소문국과 감문국의 복속은 모두 군대를 동원한 본격적인 정복으로 나타나고 있는데, 소문국은 현재의 義城 부근으로, 감문국은 金泉市

---

41) 千寬宇, 위의 책, 292쪽.

42) 崔炳云은 悉直谷國을 月城郡 川北面 北部로 비정하고 있으며(崔炳云, 〈西紀 2世紀頃 新羅의 領域擴大〉, 《全北史學》 6, 1982, 17~49쪽), 李丙燾(李丙燾, 앞의 책, 1976, 17쪽)와 方龍安(方龍安, 〈悉直國에 대한 考察〉, 《江原史學》 3, 1987, 51~66쪽)은 安康 부근으로 보고 있는데, 안강읍과 천북면은 경계를 접하고 있는 곳이므로 이 부근을 실직곡국의 故地로 볼 수도 있지 않을까 한다.

43) 《三國史記》 권 34, 地理志 1, 義昌郡 및 권 35, 地理志 2, 三陟郡.

44) 《三國史記》 권 1, 新羅本紀 1, 파사니사금 25년·27년.

45) 다만 首露王이 이 분쟁에 간여하였다는 부분은 후대의 粉飾이라 생각된다.

46) 李丙燾, 앞의 책(1976), 17쪽.
千寬宇, 앞의 책, 292~295쪽.
李鍾旭, 앞의 책, 83~90쪽.

47) 李丙燾는 比只國을 昌寧, 多伐國을 大邱, 草八國을 陜川郡 草溪面에 비정하고 있으나, 千寬宇는 이들을 각각 安康邑과 迎日郡의 義昌邑·杞溪面에 비정하고 있어서 상당한 견해차를 보이고 있다(주 46) 참조).

開寧面 일대로 비정된다.[48] 즉 2세기 말인 벌휴니사금 2년(185)에 의성지방에 진출한 신라는 3세기 초인 조분니사금 2년(231)에는 金泉 부근까지 진출한 것으로 생각된다. B-⑦의 沾解尼師今代(247~261)의 사벌국 점령은 이러한 세력확장의 결과 낙동강 이서지역에까지 영향력을 행사하는 것이라 생각된다. 그렇다면 신라는 파사니사금대(80~111)에 安康·慶山을 획득하고 나아가 대구·창녕·합천군 초계면 등지에까지 영향력을 미친 것으로 볼 수 있고, 벌휴니사금대(184~195)에는 소문국을, 조분니사금대(230~246)에는 감문국과 골벌국을 그리고 첨해니사금대에는 사벌국을 복속하여 3세기 중엽까지는 경상북도 일원을 그 세력권 안에 넣은 것으로 보아도 좋을 것이다. 아달라니사금대(154~183)에 鷄立嶺과 竹嶺의 길을 개척하였다는 기록은[49] 계립령이나 죽령의 위치 및 그 연대에 대해 문제가 없는 것은 아니나 신라가 일찍부터 이 방면으로의 진출에 적극적이었음을 말해 주는 증거라 생각된다.

한편 경상남도 지역으로의 진출도 상당히 이른 시기부터 시도되었던 것 같다. 위의 B-①에서 탈해니사금대에 이미 우시산국과 거칠산국을 정복하였다는 것은 후대의 기록이 잘못 편입된 것이라 생각되지만 파사니사금대에 蔚州지역에까지 진출한 기록이 있음으로 보아[50] 이 지역으로의 진출에도 결코 소홀하지는 않았음을 알 수 있다. 비록 가야지역을 확보하는 것은 후대의 일이나 일찍부터 가야와의 전투기록이 빈번하게 보일 뿐만 아니라 낙동강 하류에 위치한 소국들이라 생각되는 浦上八國과의 전투는 이 지역으로 진출하고자 하는 사로국의 의지가 반영된 것이라 여겨진다.[51]

---

48) 《三國史記》 권 34, 志 3, 地理 1, 聞韶郡條에 "聞韶郡은 召文國인데 景德王이 개명하였다. 지금의 義城府니 領縣이 넷이다" 하였고, 開寧郡條에 "開寧郡은 옛날 甘文小國이다" 하였다.

49) 《三國史記》 권 2, 新羅本紀 2, 아달라니사금 3년·5년.

50) 《三國史記》 권 34, 志 3, 地理 1, 臨關郡條에 "河曲縣(河西縣이라고도 한다)은 婆娑王 때에 屈阿火村을 취하여 縣을 둔 것인데 景德王이 이름을 고쳤으니 지금의 蔚州이다"라고 하였다.

51) 浦上八國과의 전투기록은 《三國史記》 권 2, 新羅本紀 2, 나해니사금 14년조와 권 48, 列傳 8, 勿稽子傳에 보이는데, 구체적인 나라 이름은 물계자전에 骨浦·柒浦·古史浦의 세 나라만이 보인다. 포상 8국이라는 명칭이나 골포·칠포·고사포 등의 國名으로 보아 이들 나라가 강어귀나 해안에 위치하고 있었음은 틀

이상에서 살펴본 바와 같이 신라가 인근의 소국들을 복속하는 것은 파사니사금~첨해니사금대, 즉 2세기 초~3세기 중엽의 일로 기록되어 있고, 이 뒤에는 지증왕대의 于山國 歸服과 법흥왕대의 가야정복에 이르기까지 소국의 병합에 관한 기록이 보이지 않는 것으로 보아 경상북도 일원의 진한계 소국의 복속은 3세기 중엽에는 일단락된 것으로 보인다. 그런데 사로국은 경주에 가까운 이서국·골벌국보다 압독국·감문국·소문국 등을 먼저 복속시켰다. 이는 사로국의 발전이 꼭 경주에 가까운 지역에서부터 차례로 인근의 소국들을 복속시켜 나간 것이 아니라는 것을 의미한다. 그리고 당시의 복속이 곧 영토화를 의미하는 것은 아니었을 뿐더러, 복속 그 자체도 매우 불완전한 것이었음에 유의할 필요가 있다.

B-⑤·⑥·⑦에서는 복속한 감문국·골벌국·사벌국 등의 땅을 곧 郡이나 州로 편입된 것처럼 기록하고 있으나, 이는 이 지역들이 나중에 군이나 주로 편제되었다는 사실을 반영한 것으로 보지 않으면 안된다. 이는 신라 지방제도의 성립이 지증왕대에 와서야 가능했다는 것을 보아도 알 수 있는 사실이지만,[52] 《삼국사기》에 보이는 피복속 소국들의 반란 기록은 이러한 사실을 직접 증명해 준다 하겠다.

C-① 悉直이 叛하매 군사를 동원하여 討平하고 그 餘衆들을 南鄙로 옮기었다(《三國史記》 권 1, 新羅本紀 1, 파사니사금 25년).
② 獐山郡은 祗味王 때에 押梁小國을 쳐서 취하여 郡을 둔 것이다(《三國史記》 권 34, 志 3, 地理 1, 獐山郡).
③ 押督이 叛하므로 군사를 동원하여 쳐서 평정하고 그 나머지 무리들을 남쪽으로 옮겼다(《三國史記》 권 1, 新羅本紀 1, 일성니사금 13년).
④ 沾解王 때에 沙梁伐國은 이미 우리에게 복속하였으나 갑자기 배반하여

림없다고 할 수 있다. 李丙燾는 그 위치를 昌原郡(골포)·泗川郡(칠포)·固城郡(고사포)에 비정하고 있으나(李丙燾, 앞의 책, 1976, 701쪽), 이는 당시의 상황으로 보아 무리라고 생각된다. 당시의 신라가 가야의 요청을 받아 군대를 보낸 것이라면 포상 8국의 위치는 사로국과 가야 사이인 울주군이나 양산군 일대로 보는 것이 타당하지 않을까 한다.

52) 신라가 전면적인 州郡制를 시행한 것은 智證王代의 일로 보는 것이 일반적인 통설이며, 이는 옳은 것이라 생각한다(浜田耕策, 〈新羅の城·村設置と州郡制の施行〉, 《朝鮮學報》 84, 1978, 1~24쪽).

백제에 歸服하였으므로 于老가 군대를 거느리고 가서 討滅하였다(《三國史記》 권 45, 列傳 5, 于老).

⑤ 伊西古國이 金城을 공격하므로 크게 군사를 들어 막아도 물리치지 못하였다(《三國史記》 권 2, 新羅本紀 2, 유례니사금 14년).

위의 C-①의 기록은 파사니사금 23년(102)에 복속한 실직국이 2년 후에 반란을 일으키므로 이를 평정하였다는 것이고, C-③은 파사니사금 23년에 항복한 압독국이 40여 년 뒤인 일성니사금대에 와서 반란을 일으켰다는 내용이다. 그런데 압독국의 복속에 대해서는 C-②에서 보는 바와 같이 地理志에는 祇味王(祇摩尼師今)代에 복속한 것으로 나와 있어 파사니사금 23년조의 기록이 사실이 아닌 것으로 보는 근거가 되기도 한다. 그러나 이는 파사니사금대의 실직국이나 압독국의 복속이 완전하지 못했기 때문에 그 뒤에 두 나라 모두 반란을 일으키게 되는 것으로 보아, 지마니사금대의 압독국 복속 기사는 파사니사금대의 불완전한 복속상태를 개선하기 위해 재차 압독국으로 하여금 복속을 약속하게 했던 사실을 반영한 것이라고 여겨진다. 바꾸어 말하자면 파사니사금대의 압독국과 실직국의 복속이란 실질적인 영토의 병합을 의미하는 것이 아니라, 사로국의 위세를 두려워한 소국 지배자들의 복종의 서약에 불과한 것이었다고 여겨진다. 이러한 종류의 서약에 대해 사로국의 입장에서는 이를 '와서 항복하였다(來降)', 또는 '복속하였다'고 표현하였으나 실상은 복속이라기보다는 적대행위의 중지나 의례적인 조공의 약속 등에 불과한 것이었다고 봄이 옳을 것이다. 따라서 이들 소국의 내부적인 통치질서에는 커다란 변화는 없었을 것이고, 그 뒤 대내외적인 조건이 변화하게 되면 얼마든지 종전의 서약을 어기고 사로국에 대해 적대적인 행위를 할 수 있었던 것이다. C-④의 사벌국이 원래 신라에 복속하였으나 갑자기 배반하여 백제에 歸服하였다는 기록은 이러한 사정을 잘 말해 주는 것이라 하겠다.

이러한 예는 C-⑤의 伊西國의 경우를 살펴보면 더욱 확실히 알 수 있다. 이 기록에서 이서국을 이서고국이라 표현했으므로 당시의 이서국이 이미 신라에 복속되어 있었음을 알 수 있으나, 이서국이 언제 신라에 복속하였는가를 말해 주는 기록은 《삼국사기》에는 보이지 않는다. 그런데 이서국에 관한 기록은 《삼국유사》에 몇 차례 보이는데, 이 기록들에 의하면 이서국은 제3대 弩禮王 14년(A.D. 37)에 금성을 공격하였고, 그 4년 뒤인 노례왕 19년에는 신라에 복속되었으나, 제14대 유리왕대에 다시 금성을 대거 공격한 것으로 되어 있다.[53] 여기서 유리왕대에 이서국이 금성을 공격하였다는 기록은 《삼국사기》의 기록과 일치하므로 사실로 볼 수 있으나, 노례왕 14년에 이서국이 금성을 공격하였다는 것은 제14대 유례니사금대의 기록이 잘못 삽입된 것으로 봄이 옳을 것이다.[54] 그리고 노례왕 19년에 신라가 이서국을 정벌하였다는 《삼국유사》의 기록도 사실로 보기 힘들다.[55] 아마도 이서국 정벌의 기록은 어떤 착오가 있었음이 분명하다고 여겨지는데, 앞서 말한 바와 같이 《삼국사기》에서 '이서고국' 즉 옛 이서국이라 하였으므로 이서국은 유례니사금 14년(297) 이전에 일단 신라에 복속하였음은 틀림없는 사실이라 하겠다.[56] 그럼에도 불구하고 3세기 말에 이서국이 대규모의 군대를 동원하여 금성을 공격한 것을 보면,[57] 이서국은 비록 외형적으로는 사로국에 복속하였지만 실제

53) 《三國遺事》 권 1, 紀異 2, 伊西國·第三弩禮王條·味鄒王竹葉軍.

54) 이는 아마도 제3대 儒理尼師今과 제14대 儒禮尼師今의 왕명이 비슷한 데서 오는 착각이었을 것이다. 《삼국유사》에서는 제3대 유리니사금을 弩禮王이라 하였고 제14대 유례니사금을 유리왕이라 하였는데, 《삼국사기》의 제3대 유리와 《삼국유사》의 제14대 유리는 동일한 왕명이 된다. 이러한 왕명의 유사성에 대하여는 이미 《삼국사기》의 찬자도 의문을 제기하여, 《三國史記》 권 2, 新羅本紀 2, 儒禮尼師今 元年條에 "古記에는 제3·제14대 두 왕의 이름이 같아 儒理 혹은 儒禮라 하였으니 어느 쪽이 옳은지 알 수 없다"고 하였다. 또 《三國遺事》 권 1, 紀異 2, 第三弩禮王에도 "朴弩禮尼叱今은 儒禮王이라고도 한다"고 하여 《三國史記》의 기록을 뒷받침해 주고 있다.

55) 위에서 살펴본 바와 같이 사로국이 인근의 소국들을 복속시키기 시작하는 것은 적어도 2세기 이후의 일이라고 생각된다.

56) 三品彰英은 이서국 멸망의 기록은 조작된 것으로 보고, 《日本書紀》 권 17, 繼體紀 24년에 보이는 伊斯枳牟羅를 伊西國이라고 보아 실제 이서국이 신라에 병합된 것은 法興王 25년(538)의 일로 추정하고 있다(三品彰英, 《三國遺事考證》 上, 東京 ; 塙書房, 1975, 480~481쪽). 그러나 李炯佑는 이서국은 사로국의 대외 팽창이 본격적으로 개시되었던 2세기 초엽에 압독국 등과 함께 병합된 것으로 보고 있는데, 이는 타당한 견해라고 생각된다(李炯佑, 〈伊西國考〉, 《韓國古代史硏究》 1, 1988, 7~29쪽).

57) 이서국이 동원한 군대의 규모가 상당하였음은 신라가 대병을 동원하여 막으려 하였으나 물리치지 못하였고, 味鄒王의 陰助를 받아 간신히 퇴각시킬 수 있었다는 다분히 설화적인 내용의 기록을 통해서도 충분히 짐작할 수 있다(《三國

로는 그 독자성을 조금도 잃지 않고 국가체계를 유지하였을 뿐 아니라 꾸준히 그 세력을 성장시켜 갔으므로 3세기 말의 신라에 맞설 만한 군사력을 보유할 수 있었던 것임을 알 수 있다.

그렇다면 이렇게 복속된 소국이 그 지배층의 세력을 유지한 채 독립적인 상태를 유지하고 있었다면, 이 시기에 있어서 복속의 의미는 무엇이며 그 형태는 어떠했는가가 문제이다. 추측컨대 초기의 복속이란 진한 연맹주인 사로국에 대해 그 종주권을 인정하고 의례적인 공물을 납부하는 정도의 것이라 생각되는데, 다음의 기록들은 이러한 상황을 보여 준다고 하겠다.

D-① 8월에 貊國의 渠帥가 禽獸를 사냥하여 왕에게 바치었다(《三國史記》 권 1, 新羅本紀 1, 유리니사금 19년).
② 于山國이 귀복하여 해마다 土宜로써 조공하기로 하였다(《三國史記》 권 4, 新羅本紀 4, 지증왕 13년).

위의 두 기록은 비록 연대의 차이는 많으나 모두 복속한 소국으로부터 공납을 받고 있다는 점에서는 동일한 양상을 보이고 있다. D-①의 맥국이 지금의 어느 곳인지 또 언제 신라에 복속하였는지는 불분명하나 유리니사금 17년(A.D. 40)에도 華麗·不耐 두 현이 사로국을 침입하려는 것을 저지한 것을 보면 사로국의 북쪽 동해안 근처에 있었다고 생각된다. 그리고 맥국의 왕이 사냥한 짐승을 바쳤다는 것은 일종의 朝貢이었다고 보아도 좋을 것이다. D-②는 지증왕대의 이사부에 의한 우산국 정복의 기사인데, 이 때 복속한 우산국이 해마다 土宜(土産物)로써 조공할 것을 약속하였다는 것에 주목할 필요가 있다. 이는 마치 東沃沮가 고구려에 대해 租賦로 貊布와 魚鹽 등의 海中食物을 千里나 져서 날랐다는 기록과[58] 흡사한 것으로 복속의 의미와 그 구체적인 실상을 짐작할 수 있는 자료라 생각된다. 이상의 예로 미루어 보아 2~3세기에 사로국에 복속된 진한 소국들은 자신들의 생산품의 일부를 조공으로 바쳤으나, 정치적으로는 상당한 독자성을 유지하고 있었다고 짐작된다.

史記》 권 2, 新羅本紀 2, 유례니사금 14년 및 《三國遺事》 권 1, 紀異 2, 味鄒王 竹葉軍 참조).

58) 《三國志》 권 30, 魏書 30, 烏丸鮮卑東夷傳 30, 東沃沮.

(3) 복속 소국에 대한 통제의 강화

앞에서 살펴본 바와 같이 첨해니사금대의 사벌국 복속 이후 더 이상 소국의 병합기록이 보이지 않는 것으로 미루어 보아 인근 소국에 대한 복속은 3세기 중엽에 일단락지은 것으로 생각되는데, 이러한 복속지역을 州·郡으로 편제하는 것은 지증왕대인 6세기 초의 일이므로 양자 사이에는 약 250년간의 시차가 존재한다. 즉 대개 3세기 중엽까지 진한계 소국들의 명목상의 복속을 일단락지은 신라가 이들 지역을 영토화하는 데에는 약 2세기 이상의 기간이 필요했던 것으로 볼 수 있다.

신라의 복속 소국에 대한 지배는 지역이나 복속의 과정 등에 따라 달랐을 것으로 생각되지만, 대체적으로 초기에는 구소국 지배층의 독자성을 인정한 채 그들과의 타협을 통해 간접적으로 지배하는 방식이 채택되었을 것이며 이러한 방법은 상당히 오랜기간 동안 계속된 것으로 보인다. 이는 비록 후대의 일이기는 하나 복속한 金官國에 대한 처우나 報德國의 지배방식을 통해서도 간접적으로 유추할 수 있는 것이다. 먼저 금관국에 관한 기록은 다음과 같다.

E-① 金官國 왕인 金仇亥가 妃와 세 아들 즉 큰 아들인 奴宗, 가운데 武德, 막내인 武力과 함께 나라의 보물을 가지고 와서 항복하였다. 왕이 禮를 갖추어 대접하고 上等의 位를 주고, 本國을 식읍으로 삼게 하였다. 아들인 무력은 벼슬이 角干에 이르렀다(《三國史記》 권 4, 新羅本紀 4, 법흥왕 19년).

② 신라 제24대 진흥왕이 군사를 일으켜 공격해 오므로 왕은 친히 군사를 사용하여 막았으나 적의 수는 많고 이 편은 적어 마주 겨루어 싸워 감당할 수가 없었다. 이에 그의 형제인 脫知爾叱今은 본국에 남겨 두고 王子 上孫卒支公 등이 신라로 들어가 항복하였다(《三國遺事》 권 2, 紀異 2, 駕洛國記).

위의 두 기록은 모두 금관국 멸망 당시의 사정을 전하지만 약간의 차이를 보이고 있다. 그러나 복속한 소국과 그 지배자들에 대한 처리 방식을 엿볼 수 있다고 생각한다. 먼저 E-①의 《삼국사기》에서는 금관국의 왕인 구해에게 본국의 땅을 식읍으로 하사하여 그 지배권을 허용한 것처럼 보이지만, 실상은 ②의《삼국유사》의 기록에 보이는 대로 구해의 형제인 탈지에게 금관국의 지배를 맡기고 구해를 비롯한 그의 가족들을 경주로 이주시킨 것이 사실일 것이다. 명목상으로는 복속한 소국의 왕에게 본국을 食邑으로 하사한 것처럼 보이게 한 것은 대외적인 선전효과를 노린 것이었고, 실제 내용은 복속국의 지배층을 분산시켜서 원활한 지방지배를 꾀했던 것이다. 신라가 이러한 선택을 한 것은 복속 지배층의 일부만을 우대해 줌으로 인해서 그들을 본래의 지배기반으로부터 유리시켜는 한편 더 이상의 세력으로 존재하는 것을 허용하지 않으려는 의도에서라고 보인다. 이러한 방법은 금관국의 경우에서만이 아니고 조분니사금대에 복속한 골벌국의 왕 阿音夫에게 第宅과 田莊을 하사하여서 경주에 머무르게 하였던 것도 동일한 방법을 적용한 예라고 생각된다.

이상의 방법은 신라가 적극적으로 구소국 지배층의 세력을 약화시키는 것으로 비교적 그 세력이 약한 소국을 대상으로 한 지배방식이 아니었는가 생각된다. 이는 아마도 복속된 지역이 금관국과 같이 무력으로 정벌한 지역이거나 골벌국과 같이 경주에 아주 가까운 지역이기 때문에 지배계층을 강제로 이주시키는 것이 가능했다고 생각한다. 이러한 통치원리는 唐이 백제와 고구려를 멸망시킨 뒤 그 왕족을 비롯한 상당수의 지배계층을 본국으로 송환한 것과 같은 원리라 생각된다.

이보다 강한 결집력을 지닌 소국에 대해서는 報德國의 지배방식과 같은 방법을 사용했을 것이다. 고구려의 유민이 세운 보덕국의 高延武는 大將軍이라는 관직과 太大兄이라는 고구려 관등을 갖고 있었으며,[59] 首德皆는 小兄이란 고구려의 관등을 사용하고 있었다.[60] 또 보덕국에서 일본에 갔던 사신들도 고구려의 고유한 部名과 관등을 사용하고 있는데,[61] 이는 보덕국을 반독

---

59)《三國史記》권 7, 新羅本紀 7, 문무왕 23년에 報德國王 安勝이 보낸 表의 말미.
60)《三國史記》권 8, 新羅本紀 8, 신문왕 원년 8월 13일.
61) 報德國 使臣들의 일본 왕래에 관한 기록은 村上四男, 〈新羅國と報德國安勝の小高句麗國〉(《朝鮮學報》37·38, 1966;《朝鮮古代史硏究》, 東京;開明書院, 1978, 267~277쪽)에 年表로 잘 정리되어 있는데, 이에 의하면 일본에 갔던 보덕국의 사신들은 신라의 사신과 함께 동행한 기록도 자주 보이며, 前部·後部 등의 部名과 主簿·大兄 등의 고구려 관등을 소지하고 있는 경우가 많다.

립적인 국가로 인정해 주는 조처였던 것으로 보인다.[62] 이러한 보덕국의 통치방법은 상고기에 있어서 대부분의 복속 소국들에 대한 초기의 통치방법과 동일했을 것으로 보이는데, 앞서의 이서국이나 사벌국의 경우에도 이러한 통치방식이 상당히 오랜기간 적용되었을 것이다. 물론 때로는 C-①·③의 실직국이나 압독국의 경우처럼 무력을 사용한 정벌을 행하고 그 餘衆을 다른 곳으로 옮기는 극단적인 방법도 동원되었겠지만, 이 경우에도 徙民의 대상이 되었던 것은 일부 반란의 주동자에 한정되었을 것이다. 押督國의 故地인 慶山 林堂洞 古墳에서 5세기대의 금동관이 출토되는 것은 압독국의 지배세력이 여전히 온존하고 있었음을 보여 주는 증거라 할 수 있기 때문이다.

이와 같이 반독립적인 세력을 유지하고 있는 복속된 소국에 대한 통제를 강화하기 위해 신라는 여러 가지 방법을 취하였다. 먼저 주목되는 것은 경상도 일원에서 발견되는 5세기 말까지의 金銅冠의 존재이다. 경상북도 일원에서 발견된 금동관은 그 수는 많지 않으나 義城 塔里, 慶山 林堂洞, 大邱 飛山洞, 善山郡 海平面 洛山里 등지에서 발견된 예가 보고되어 있으며, 이 이외에 당시 가야의 영향권 안에 있었다고 생각되는 東萊·昌寧·梁山·高靈·星州 등지에서도 발견되었다.[63] 이 중 특히 의성 탑리, 경산 임당동, 대구 비산동 등은 이를 각각 소문국·압독국·다벌국 등의 소국과 연관시켜 볼 수 있는데, 이 금동관들이 발견된 고분의 연대는 의성 탑리 고분이 5세기 이전, 경산·선산·대구 등지의 것은 5~6세기 초로 추측되고 있다.

이러한 금동관들은 대개 5세기를 경계로 해서 그 이전의 것을 古式, 그 이후의 것을 出字形으로 구분할 수 있는데, 5세기 이후에 발견되는 금동관들 중 경주에 가까운 경상북도 지역의 것들은 대개 출자형으로 형식이 통일되

---

62) 특히 文武王 20년에는 金銀器와 비단 100단을 보내고 왕의 妹를 보덕국왕 安勝과 혼인케 하는 등 적극적으로 회유하고 있다(《三國史記》 권 7, 新羅本紀 7, 文武王 20년 3월).

63) 金載元·尹武炳, 《義城塔里古墳》(國立博物館, 1960).
尹世英, 〈韓國古代冠帽考-三國時代 冠帽를 中心으로-〉(《韓國考古學報》 9, 1980), 23~44쪽.
鄭永和, 〈林堂洞古墳發掘概報〉(《韓國考古學年報》 10, 1983), 23~26쪽.
尹世英, 〈裝身具〉(《韓國史論》 15, 國史編纂委員會, 1985), 391~409쪽.
——, 《古墳出土 副葬品 硏究》(高麗大 民族文化硏究所, 1988), 62~76쪽.

는 현상을 보이고 있다. 이러한 현상에 관해 진한 맹주국이었던 신라가 그들과 연관관계를 맺고 있던 정치세력에게 금동관을 분배한 데서 연유하는 것이라 보는 견해와[64] 그러한 金工品을 생산하는「工人集團」을 신라세력이 직접 통제·장악한 결과에서 연유하는 것이라는 견해가 있다.[65]

그런데 금동관의 형식이 5세기 이후에 획일화된다고 하지만 이는 어디까지나 전체적인 형태면에서 그렇다는 것이지 세부적으로는 다양한 형태가 나타나기 때문에[66] 후자의 견해가 더 설득력이 있는 것으로 보인다. 다만 금동관의 형식상의 통일은 공인집단을 신라가 직접 통제함으로써만 가능했다고는 생각되지 않는다. 공인집단이 아니라 그보다 상층부의 지배세력에 대한 압력이나 통제를 통해서도 가능한 일이 아니었을까 생각된다. 왜냐하면 금동관 이외에도 土器가 낙동강 동안에서 형식적인 통일을 보이는 것이나 철제 농기구의 형식 통일은 5세기보다 훨씬 앞서는 일로 생각되는데, 이러한 현상이 모두 당시의 신라가 각 지역의 공인집단을 개별적으로 통제함으로써 나타난 것이라고는 볼 수 없기 때문이다.

어쨌든 5세기대의 금동관이 경북지역 각지에서 출토된다는 사실은 이 때까지 경상북도 각지의 진한계 소국들이 그 세력을 그대로 유지하고 있었음을 말해 주는 것이라 하겠다. 특히 압독국의 故地라 생각되는 경산군 임당동의 고분에서 5세기의 금동관이 출토되는 것을 보면, 위의 사료 B-②·C-②·C-③에서 보듯이 파사니사금대와 지마니사금대에 복속된 압독국이 일성니사금 13년(146)에 반란을 일으키자 그 세력을 무력으로 정복하고 그 餘衆을 남쪽으로 옮겼음에도 불구하고 압독국의 지배계층은 5세기까지 그 세력을 온존하고 있음을 알 수 있는 것이다.

또 대구지방의 경우 고분의 분포를 보면 石棺墓나 石槨墓의 축조단계에까지는 네 개의 세력 집단이 대등하게 존재하고 있었으나, 다음 단계인 石室

---

64) 崔鍾圭, 〈中古期古墳의 性格에 대한 약간의 考察〉(《釜大史學》 7, 1983).
65) 全德在, 〈新羅 州郡制의 成立背景研究〉(《韓國史論》 22, 서울大, 1990).
66) 같은 出字形 金銅冠이라 하더라도 세부적인 양식에는 차이가 많다. 慶山 林堂洞古墳, 昌寧 校洞, 善山 海平面 洛山里 출토된 것은 그 형식이 비슷하나, 大邱 飛山洞, 梁山 夫婦塚, 東萊 福泉洞 1號墳에서 발견된 것은 그 형식이 위의 것들과는 다른 모습을 하고 있다(全德在, 위의 글, 37~45쪽).

墓는 이 중 가장 유력한 집단이었던 飛山－內唐洞지역에만 집중적으로 분포하고 있다.[67] 이로 미루어 보아 대구지방의 소국은 석실묘 축조의 단계에 이르러서는 비산－내당동지역의 세력이 다른 세 지역의 세력을 압도하고 이 지역의 지배권을 확보하였음을 알 수 있다. 즉 대구지방의 소국인 다벌국의 국읍은 비산－내당동에 있었고 이 세력이 석실묘의 축조단계에 이르러서는 다른 세개의 읍락들을 누르고 대내외적으로 이 지역을 대표하는 유일한 세력으로 성장했다고 할 수 있다.

그런데 대구지방에서 발견된 금동관이 5세기 무렵의 비산동 석실묘에서 발견된 사실에 주목할 필요가 있다.[68] 이 금동관의 존재는 이 지역에서 독자적인 세력의 성장을 말해 주는 것이기는 하지만, 그 형식이 출자형으로 되어 있다는 것은 다벌국의 지배계층이 사로국과 일정한 복속관계를 유지하고 있었음을 반영하는 것으로 해석할 수 있을 것이다. 위에서 제시한 사료 B－③에서 보이는 바와 같이 다벌국은 파사니사금 29년(108)에 신라에 복속하였으나, 이 지역에서 5세기에 이르기까지 독자적인 세력이 성장하고 있었음으로 미루어 보아 이 시기의 신라의 진한계 소국의 복속의 실상을 짐작할 수 있는 것이다. 즉 2세기 초의 다벌국의 복속은 명목상의 복속에 지나지 않았으며, 아마도 진한의 연맹주인 사로국과 다벌국 사이의 연맹관계의 성립을 의미하는 것에 지나지 않는다고 생각된다. 따라서 이 지역에 존재하는 네개의 읍락들을 개별적으로 통제할 능력이 없었던 사로국은 이 중에서도 가장 유력한 집단인 비산－내당동 세력과의 적극적인 유대를 통해 이 지역에 대한 영향력을 증대시키고자 노력했을 것으로 추측된다.

---

67) 대구지방 고분의 분포는 크게 네 지역으로 나눌 수 있다. 가장 큰 墓群을 이루고 있는 達城 부근의 飛山－內唐洞 古墳群에는 石棺墓와 石槨墓를 비롯해 다수의 石室墓가 분포하고 있으며, 다음으로 大明洞 丘陵의 고분군에는 석관묘와 석곽묘가 주를 이루고 여기에 소수의 석실묘가 있으며, 山格洞－伏賢洞 一帶의 구릉 고분군과 斗山洞의 수성저수지 동쪽에 있는 고분군에는 석관묘와 석곽묘가 散在되어 있을 뿐 석실묘는 발견되지 않았다(尹容鎭, 앞의 글, 231～243쪽).

68) 금동관이 발견된 飛山洞의 석실묘에서는 銀製 內冠飾, 귀금속의 장신구를 비롯하여 鐵製 武器類 및 馬具類가 다수 발견되어, 이 지역 고분의 부장품이 양과 질의 양면에서 타지역보다 월등함을 보여 주고 있다(野守建·小泉顯夫, 〈慶尙北道達城郡達西面古蹟調査報告〉(《朝鮮古蹟調査報告》, 朝鮮總督府, 1923).

첨해니사금대의 達伐城의 축조는[69] 이러한 과정에서 사로국과 비산－내당동 세력의 관계를 살펴볼 수 있는 좋은 자료라 생각된다. 달벌성의 위치는 대구지방으로 비정되는데,[70] 그 명칭으로 보아 지금의 達城임에 틀림없다고 보인다. 그런데 비산－내당동지역의 고분군은 바로 달성과 인접한 지역에 밀집되어 있다.[71] 여기에서 첨해니사금대에 달벌성을 쌓고 奈麻 克宗을 城主로 삼았다는 것을 지방관의 파견으로 보기에는 어려운 점이 있다. 왜냐하면 5세기까지 독자적인 세력을 유지하여 상당한 규모의 석실묘를 축조할 정도의 능력이 있었던 지역에 3세기에 지방관을 파견하여 통치하였다고는 볼 수 없기 때문이다. 따라서 克宗은 사로국의 인물이 아니라 대구지역의 인물, 즉 비산－내당동지역의 다벌국 국읍의 主帥로 보는 것이 합당할 것이라 여겨진다.[72] 이러한 추측이 옳다면 3세기 중엽의 달벌성의 축조는 이 지역에서 비산－내당동세력이 다른 세력들을 누르고 지배권을 확립하는데 커다란 영향을 미친 일이라 할 수 있다. 즉 사로국의 입장에서는 진한 연맹체의 방위를 위해 변경 지역의 축성은 필요 불가결한 것이었을 것이고, 이 과정에서 소국내의 특정한 세력과 결탁함으로 인해 보다 강력한 영향력을 행사할 수 있었던 것이 아닌가 생각된다. 비산동의 석실묘에서 발견된 금동관의 존재는 다벌국의 지배계층이 건재하고 있었음을 말해 주는 동시에 이들이 사로국과의 관계를 통해 그 세력을 유지할 수 있었음을 보여 주는 증거라 하겠다.

이러한 방법 이외에 복속 초기의 조공관계를 보다 확실히 하고 복속된 소국에 대한 지배권을 확보하기 위해 사로국이 취한 능동적인 조치 중 가장 이른 시기부터 나타나는 것이 왕의 巡幸이다. 왕의 순행에 대한 기록은 혁거세거서간 때부터 보이기 시작하지만, 구체적으로 그 지역을 명시한 기록은

69) 《三國史記》 권 2, 新羅本紀 2, 첨해니사금 15년.
70) 李丙燾, 앞의 책, 1976, 31쪽.
71) 尹容鎭, 앞의 글, 231~243쪽.
72) 이 경우 克宗이 가졌던 奈麻라는 관등은 後代의 粉飾일 가능성이 높다고 생각한다. 그러나 당시 신라에는 아직 外位 體系가 따로 성립하지 않았을 것이라 볼 수 있으므로 지방세력가인 극종에게 나마라는 경위를 수여하였을 가능성도 있다고 본다.

파사니사금 14년(93)에 古所夫里郡에 순행하였다는 데에 처음 보이는데, 上古期의 왕의 순행에 관한 기록을 표로 정리하면 〈표 2〉와 같다.

〈표 2〉 상고기 왕의 순행

번 호	연 도	지 역	구 분
1	B.C. 41년(赫居世 17)	6部	A
2	A.D. 28년(儒理 5)	國內	
3	81년(婆娑 2)	州郡	
4	93년(婆娑 14)	古所夫里郡	B
5	106년(婆娑 27)	押督	
6	138년(逸聖 5)	太白山	
7	157년(阿達羅 4)	長嶺鎭	
8	162년(阿達羅 9)	沙道城	
9	186년(伐休 3)	州郡	
10	208년(奈解 13)	西 郡邑	
11	227년(奈解 32)	西南 郡邑	
12	235년(助賁 6)	東	
13	264년(味鄒 3)	東, 黃山	
14	284년(儒禮 1)	國西諸城	
15	300년(基臨 3)	比列忽, 牛頭州	
16	469년(慈悲 12)	國西	C
17	481년(炤知 3)	比列城	
18	483년(炤知 5)	一善	
19	488년(炤知 10)	一善	
20	496년(炤知 18)	南橋	
21	500년(炤知 22)	捺已郡	

〈표 2〉에서 보는 바와 같이 상고기의 왕의 순행은 모두 21차례에 걸쳐서 있었는데, 이 중 자비마립간과 소지마립간대의 것(C 그룹)을 제외하면 모두 3세기 이전의 것이며, 특히 2~3세기에 순행 기록이 집중되어 있음을 알 수 있다. 순행 기록에 대한 개별적인 검토는 생략하고 A·B 그룹의 순행에서 보이는 몇 가지 특징만을 살펴보고자 한다. 우선 A 그룹은 B.C. 1세기에서 A.D. 1세기에 이르는 초기의 순행으로 그 지역이 6部 또는 國內·州郡으로 막연하게 나타나 있다. 이 세 차례의 순행은 구체적인 지역이 명시되어 있지

않은 것으로 보아 왕경 근처의 의례적인 순행으로 볼 수 있다.

이에 비해 B 그룹은 비교적 순행의 지역이나 목적이 뚜렷이 나타나는 것으로 본격적인 순행이라 할 수 있겠다. B 그룹의 순행 중 몇 개만을 살펴보면 4번의 古所夫里郡은 그 지역이 어디인지 불명이나 구체적인 지역명이 나타난다는 점에서 본격적인 순행은 파사니사금대에 시작된다고 할 수 있다. 또 5번의 파사니사금 27년(106)의 押督에의 순행은 같은 왕 23년에 복속한 압독국이 2년 뒤인 25년에 반란을 일으켜 이를 평정하고 난 2년 후의 일임에 주목할 필요가 있다. 즉 파사니사금 27년의 순행은 복속한 압독국에 대한 영향력을 증대시키고 복속관계를 확고히 하기 위한 목적에서 실시된 것이라고 할 수 있겠는데, 이는 상고기 순행의 목적을 살필 수 있는 중요한 단서가 된다고 할 수 있다. 이는 사로국의 인근 소국 복속이 파사니사금대에 시작된다는 사실과 관련시켜 볼 때 한층 더 뚜렷이 알 수 있다. B 그룹의 순행 중에는 9~12번의 경우와 같이 그 목적지가 뚜렷하지 않은 경우도 있고, 6번의 경우처럼 산천에 대한 望祭가 그 목적으로 나타난 예도 있으나, 그 실상은 복속된 소국지역을 방문함으로써 소국들의 이탈을 방지하고 복속관계를 보다 확실히 하자는 목적임에 틀림없을 것이다. 다만 7·8의 아달라니사금대의 長嶺鎭 순행과 沙道城 순행은 그 내용이 戍兵을 위로한다는 것으로 보아, 아달라니사금 3년과 5년에 있었던 계립령 및 죽령의 개척과 관련이 있는 것으로 보인다.[73] 그러나 도로망의 개척이라는 것도 신라가 영역국가로 발전하는 과정에서 소국의 복속만큼이나 중요한 의미를 갖는 것이라 할 수 있으므로 B 그룹에 보이는 순행은 모두 영역의 확보와 통치를 목적으로 하는 것임을 알 수 있다. 즉 지방관의 파견이 불가능했던 당시로는 왕이 직접 복속된 지역을 방문하는 것이 가장 좋은 지방 지배방식이었다고 생각된다. 이 시기의 왕의 순행에는 적지 않은 臣僚와 군대가 수행

73) 아달라니사금 3년의 鷄立嶺 개척과 5년의 죽령 개척에 대해 그 지역을 경주 인근으로 비정하는 견해도 있다(崔炳云, 앞의 글, 17~49쪽). 계립령의 현재 위치에 대해서는 몇몇 의견이 있으나 현재의 조령에서 약 4Km 떨어진 忠北 中原郡 上芼面 彌勒里에서 慶北 聞慶郡 聞慶邑 觀音里로 넘어가는 하늘재가 계립령에 해당된다고 생각된다(崔壹聖, 〈歷史地理的으로 본 鷄立嶺〉, 《湖西史學》 14, 1986, 27~53쪽).

했을 것이라 여겨지는데,[74] 이러한 순행은 일종의 무력의 시위라는 성격도 있었을 것이다. 또 비슷한 시기의 기록에 散見되는 閱兵의 기록도[75] 이를 뒷받침해 준다고 생각된다.

이상과 같이 당시의 지방에 대한 통치가 지방관을 파견하여 지방에 관한 사항을 일임할 정도로까지는 발전하지 못하였으나, 확보한 지역을 수시로 순행함으로써 새로이 복속한 지역에 대한 지배력을 강화함과 동시에 복속민에 대한 민심수습을 꾀하려는 두 가지 측면이 있었음을 추측할 수 있다. 그리고 순행을 통하여 사로국의 왕이 복속된 소국의 지배자임을 과시하고, 이러한 과정을 통해 그 지역의 주민들과 접촉함으로써 이들에게 하나의 국가에 소속되어 있다는 국가의식을 주입시키는 것도 또 하나의 중요한 목적이었다고 생각된다. 또 파사니사금대에는 使臣을 10道에 나누어 보냈다는 기록이 두 차례 보이는데,[76] 여기서 10도가 어떤 종류의 행정구역인지 아니면 도로망을 뜻하는 것인지는 알 수 없으나, 이 또한 지방관의 부재를 증명하는 동시에 그러한 부족함을 극복하고자 하는 노력의 발로라고 할 수 있겠다.

〈李宇泰〉

74) 비록 후대의 기록이나 〈眞興王 巡狩碑〉의 隨駕人名 중에는 大等급의 신료 이외에도 四方軍主 등의 軍官이 보이고 있으므로, 왕의 순행에는 다수의 군대도 수행했을 것임은 쉽게 알 수 있다.

75) 閱兵에 관한 기록은 순행처럼 자주 보이지는 않으나 최초의 기록은 파사니사금 15년에 "8월에 閼川에서 열병하였다"는 것이다. 이 후 일성니사금 5년(138)·미추니사금 20년(281)·실성니사금 14년(415)·자비마립간 6년(463) 등에 閱兵한 기록이 있다. 특히 최초의 열병이 파사니사금대에 보이는 것은 최초의 소국 병합이나 본격적인 순행이 同王代에 시작된다는 것과 아울러 생각해 보면 열병이 소국의 지배와 무관하지 않음을 쉽게 추측할 수 있다.

76) 《三國史記》 권 1, 新羅本紀 1, 파사니사금 11년 7월 및 29년 5월.

Ⅱ. 신라의 융성

1. 나제동맹의 결성과 정치적 발전
2. 정치체제의 정비
3. 영토의 확장과 왕권강화

Ⅱ. 신라의 융성

1. 나제동맹의 결성과 정치적 발전

1) 내물왕의 등장과 김씨 세습왕조의 성립

신라가 낙동강 동쪽의 경상북도 일대를 완전히 지배하는 세력으로 성장한 것은 奈勿麻立干(356~402) 때의 일로 생각된다. 그는 김씨로서는 처음 왕이 된 味鄒尼師今(262~283)의 조카·사위 혹은 동생으로 되어 있으나, 이는 계보적으로 만들어 놓은 것이라 여겨진다. 그러나 이러한 계보를 그대로 믿을 수 없다 하더라도 그가 미추와 어떤 형태이건 연관이 있었던 것은 틀림없다고 할 것이다.

내물마립간의 등장에서 주목되는 점은 우선 그의 등장 이후 김씨의 왕위 계승이 본격화되어 신라의 마지막 세 왕을 제외하고는 신라 멸망에 이르기까지 김씨 세습체계를 확립했다는 점이고,[1] 다른 하나는 마립간이라는 칭호가 사용되기 시작했다는 점이다. 마립간이란 왕호는 내물에서 시작하여 炤知麻立干(479~499)대에 이르기까지 사용되는데, 이 시기 약 150년간을 흔히 마립간시대라고 부른다. 《三國史記》에는 내물 다음다음 왕인 訥祇에서부터 마립간 칭호를 사용한 것으로 되어 있으나, 《三國遺事》에는 내물왕 때부터 마립간이라는 칭호를 쓴 것으로 되어 있다. 두 기록의 차이에 대해서는 뒤에 살펴보기로 하고 여기에서는 《삼국유사》의 기록에 따라 내물대에 마립간의 칭호를 쓴 것으로 보겠다.

마립간의 뜻에 대하여는 《삼국사기》에서는 金大問의 말을 인용하여 "마립

---

1) 崔彦撝가 지은 〈眞空大師碑〉에 "金氏는 聖韓에서 비롯하여, 奈勿에서 興盛하게 되었다"고 하였다(《朝鮮金石總覽》 上, 朝鮮總督府, 1919, 135쪽).

이란 말뚝(橛)을 이른 것이고, 이는 「諴操」의 뜻으로 자리를 정하여 두는 것이니, 王橛이 주가 되고 臣橛이 아래에 벌려 있는 것"이라고 해석하였다.[2] 《삼국유사》에서는 「함조」를 「橛標」로 쓰고 있어 동일한 해석을 보여 주고 있다. 그러나 이를 우리 말의 머리(頭), 마루(宗・棟・廳) 등의 말과 같은 어원의 말일 것으로 해석하는 견해도 있다.[3] 이 해석에 따르면 마립간은 우두머리, 또는 제일의 干이라는 뜻이 되어 최고 지배자의 의미로 사용되었다고 볼 수 있다. 따라서 연장자라는 의미를 갖는 尼師今에 비하여 한층 정치 지배력이 강화된 통치자의 뜻으로 해석할 수 있을 것이다.

또 내물마립간 22년(377)과 27년의 두 차례에 걸쳐 고구려 사신의 안내를 받아 前秦에 사신을 파견한 것으로 보아, 내물마립간 때에는 신라가 그 이전 단계와는 달리 정치적으로 커다란 성장의 발판을 마련한 것으로 볼 수 있다. 특히 내물마립간 27년에 사신으로 간 衛頭가 前秦王 苻堅과의 문답에서 "중국에서 시대가 달라지고 이름이 바뀌는 것과 같으니 (海東의) 지금이 어찌 옛날과 같을 수 있겠습니까"[4]라 한 것은 신라가 이제는 국제무대에 등장할 만큼 세력이 확대되었다는 자신감을 표현한 말로 해석할 수 있을 것이다.

내물마립간을 이어 왕위에 오른 이가 實聖麻立干(402~417)이다. 《삼국사기》에 의하면 실성은 大西知 伊飡의 아들이라고 되어 있을 뿐 내물마립간과의 관계는 확실하지 않은데, 《삼국유사》 王曆에서는 대서지를 味鄒의 동생이라 하였다. 그런데 그의 어머니는 석씨계로 되어 있어, 아직은 김씨의 세습왕권이 튼튼히 자리잡지 못했음을 보여 준다. 또 실성은 내물마립간 37년에 고구려의 인질로 가 있다가 내물이 죽기 전해인 내물마립간 46년에 귀국하였는데, 내물왕이 죽자 그의 아들들을 제치고 왕위에 오른 것으로 보아 그의 즉위의 배후에는 고구려의 힘이 작용했을 가능성이 높다고 생각된다. 그는 자신을 인질로 보낸 내물왕을 원망하여 즉위한 다음해에 내물왕의 아들인 未斯欣을 왜에 인질로 보내고, 실성마립간 11년(412)에는 또 다른 아들인 卜好를 고구려에

---

2) 《三國史記》 권 3, 新羅本紀 3, 눌지마립간 1년.
3) 李丙燾, 《譯註 三國史記》(乙酉文化社, 1977), 43쪽.
4) 《三國史記》 권 3, 新羅本紀 3, 내물마립간 27년.

인질로 파견하였다. 특히 미사흔을 왜에 인질로 보낸 이유는 일종의 군사적 동맹을 맺기 위한 것으로 보인다. 백제의 阿莘王도 재위 6년(397)에 왕자 腆支를 왜에 인질로 파견하는데, 이것이 일종의 군사외교였던 것임은 〈廣開土王陵碑〉를 통해 알 수 있다. 이에 대항해 신라도 미사흔을 인질로 파견하였으나, 결국 이러한 외교전은 백제의 승리로 돌아가 미사흔이 왜에 억류된 것으로 보인다.[5] 그러나 그 후 고구려의 힘을 이용하여 내물왕의 큰아들인 訥祇를 제거하려던 그의 계획은 실패로 돌아가고 그는 오히려 고구려의 후원을 받은 눌지에게 타도되고 말았다.

실성을 제거하고 왕위에 오른 눌지는 아마도 석씨세력을 철저히 타도하였던 것 같은데, 《삼국사기》에 실성이 죽기 전 해에 "토함산이 무너졌다"는 기록은 脫解가 산신인 토함산의 붕괴라는 표현으로 석씨세력의 몰락을 나타낸 것으로 추측된다.[6] 《삼국사기》에 눌지부터 마립간이라는 칭호를 붙인 것은 아마도 이러한 사정을 반영하는 것으로 여겨진다. 내물왕대부터 마립간이란 칭호가 사용되었음은 틀림없으나, 아직까지 이사금시대의 잔재를 완전히 청산하지 못한 까닭에 이사금과 마립간이란 칭호가 혼용된 것이 아닐까 한다.

눌지마립간은 고구려의 도움을 받아 즉위하였지만[7] 왕위에 오른 뒤에는 고구려의 영향권에서 벗어나고자 노력하였다. 우선 즉위한 다음 해에 실성에 의해 고구려와 왜에 인질로 파견되어 있었던 미사흔과 복호를 구출하여 신라로 돌아오게 하였다. 이 때 朴堤上의 활약은 널리 알려진 사실이다. 그리고 평양으로 천도한 고구려의 압박에서 벗어나기 위해 백제와 羅濟同盟을 체결하였는데 이에 대해서는 아래에서 자세히 살펴보게 될 것이다. 또 그는 대외적인 위기 속에서 발생할지도 모를 왕실 분쟁을 미리 막기 위하여 왕위의 부자상속 제도를 확립하였던 것으로 보인다. 그의 뒤를 이어 왕위에 오른 慈悲와 소지는 모두 전왕의 長子라는 사실이 이를 증명한다. 또 왕위계승에

---

5) 李基白, 〈古代 韓日關係〉(《韓國古代史論》, 探求堂, 1975).
6) 金哲埈, 〈新羅上代의 Dual Organization〉 上(《歷史學報》 1, 1952), 32쪽.
7) 《三國史記》에는 눌지가 스스로 실성을 죽이고 自立하여 왕이 된 것으로 되어 있으나, 《三國遺事》 권 1, 紀異 2, 第十八實聖王條에 의하면 고구려의 군대가 실성을 죽이고 눌지를 세워 왕을 삼은 것으로 되어 있다.

서 특기할 만한 것은 왕뿐만 아니라 왕비까지도 모두 김씨가 독점한다는 사실이다. 이는 중고기에 들어가 박씨의 왕비가 등장하는 것과 좋은 대조를 이룬다. 따라서 마립간시대는 김씨족의 등장과 함께 그 세력이 강화되어 여타의 박씨·석씨세력을 완전히 압도하고 절대적인 위치를 점하게 되는 시기였다고 할 수 있을 것이다. 이와 같이 4세기 중엽에 등장한 김씨족은 눌지대에 이르러 대내적으로는 왕위계승에 따른 갈등을 해소하고 대외적으로는 고구려의 영향에서 벗어나 자주적인 발전의 터전을 마련하였던 것이다.

그런데 김씨왕조의 등장과 관련하여 이를 騎馬民族의 도래와 이에 따른 정복국가의 성립이라는 입장에서 설명하는 견해가 있다. 정복국가란 민족이동기에 만주방면에서 기병전 위주의 전쟁 수행능력을 지닌 집단이나 북방유목민족이 한반도지역으로 남하하여 토착세력을 제압하고 세운 왕조를 일컫는다고 할 수 있다. 신라에서의 정복국가론의 출현 배경은《삼국사기》초기 기록의 신빙성 문제와 3성교립이라는 왕조의 교체, 그리고 積石木槨墳이라는 특이한 묘제의 등장 등과 관련하여 제기되어 왔다.[8]

한 정복국가설에 따르면 시베리아 동쪽의 오르도스 철기문화가 한국과 직결되는데, 오르도스 철기문화의 주인공들은 漢의 팽창으로 일파는 서쪽으로 이동하여 헝가리 즉 훈족의 나라를 세웠고, 동쪽으로 이동하는 일파는 한반도로 진출하여 일본열도에까지 상륙하였다는 것이다. 이 견해에 따르면 신라 적석목곽분의 주인공들은 한반도 서북부 지역을 거쳐 동남진한 시베리아계 주민의 후예로서, 시베리아－오르도스계의 대형 적석목곽분과 철기·繩席文土器·金細工技術을 가지고 남하하였다는 것이다.[9] 또 다른 정복국가설에 의하면 경주에서의 주 묘제의 교체는 그 최고 지배세력의 변동 내지는 지배구조의 변화의 산물로 볼 수 있는데, 신라고분의 축조 시기는 土壙墓 축조기→적석목곽분 축조기→橫穴式 石室墳 축조기로 나뉘어진다고 한다. 그런데「高大封土」인 적석목곽분은 한반도 내부에서 발생한 것이 아니라 흑해

8) 정복국가론에 관한 연구사적 정리는 李道學,〈4세기 정복국가론에 대한 검토〉(《韓國古代史論叢》6, 韓國古代社會硏究所, 1994), 245~278쪽 참조.

9) 李鐘宣,〈오르도스 後期 金屬文化와 韓國의 鐵器文化〉(《韓國上古史學報》2, 1989), 15~90쪽.

북안의 스키타이지역에서 비롯하였으며, 기동력을 갖춘 기마민족의 문화가 신라에 미쳤다는 것이다. 즉 동아시아의 민족 대이동기에 적석목곽분을 묘제로 하는 기마민족의 일파가 4세기 전반기에 경주에 도달한 결과 신라에서 김씨왕조가 성립되고 마립간이 등장했다는 것이다.[10]

고고학적으로 적석목곽분의 등장 시기는 대략 4세기 중엽 무렵이므로 이는 문헌기록상으로 내물왕(356~402)의 등장 시기와 일치하는 것으로 볼 수 있고,[11] 적석목곽분의 기원 내지는 계통 문제에 대해서는 이를 북아시아의 묘제와 연관하여 파악하는 견해가 유력하다.[12] 따라서 김씨왕족의 등장과 기마민족의 이동을 관련지어 생각할 수도 있겠는데, 이 문제에 대해서는 앞으로 보다 정밀한 연구가 있어야 할 것이다.

2) 나제동맹의 결성

(1) 나제동맹 성립 이전의 대외관계

내물왕이 등장하던 4세기 후반 당시의 국제정세는 한마디로 고구려·신라 연합과 백제·왜·가야 연합의 대결이라고 할 수 있다. 이를 좀 더 자세히 살펴보면, 고구려는 故國原王(331~371) 때에는 遼東郡 지역으로 진출해 있던 慕容氏와 충돌하여 그 침입을 받게 되었고 남쪽으로부터는 백제가 帶方郡 지역으로 진출하는 등 매우 어려운 처지에 놓이게 되었다. 고국원왕 12년(342) 모용씨의 침입을 받은 고구려는 다시 丸都城이 함락되는 불운을 겪었

10) 崔秉鉉,《新羅古墳硏究》(一志社, 1992), 397~415쪽.

11) 이에 대하여는 일부 이견이 없지 않다.《三國史記》권 3, 新羅本紀 3, 눌지마립간 19년(435)에 "2월에 歷代의 園陵을 修葺하였다"는 기록이 있는데, 여기에서의 수즙을 신라에서 적석목곽분의 발생을 알리는「新葬制施行令」으로 보는 견해가 있다(申敬澈,〈古式鐙子考〉,《釜大史學》9, 1985).

12) 金元龍은 흑해 북안에서 일어난 목곽분 문화가 시베리아지역으로 전파되어 前漢과 樂浪에도 미치게 되었는데, 경주의 적석목곽분은 그 마지막 형식이라고 하였으며(金元龍,〈韓國文化의 起源〉,《文理大敎養講座》1, 서울大, 10~11쪽), 金秉模는 적석목곽분의 계통을 알타이 지역의 피지락 고분군과, 그리고 신라 금관의 계통을 중앙아시아 지역의 冠帽와 연결짓고 있다(金秉模,《한국인의 발자취》, 正音社, 1985, 208~209쪽).

고, 고국원왕 39년(369)부터는 백제와 본격적으로 충돌하기 시작하였다. 고국원왕 39년 왕은 군사 2만을 이끌고 백제의 북쪽 경계를 쳤으나 백제 近肖古王의 태자 近仇首가 거느린 군대에 의해서 雉壤(白川)전투에서 참패를 당했으며, 그로부터 2년 뒤 다시 백제를 쳤으나 浿江(禮成江)에서 백제군의 기습을 받아 또 다시 패배하였다. 두 차례에 걸친 고구려의 백제 침입은 백제를 크게 자극하여 고국원왕 41년 겨울 왕은 백제의 근초고왕 부자가 거느린 3만 군대의 기습을 받아 평양성 전투에서 전사하고 말았다.

이처럼 前燕의 모용씨의 침입과 백제의 북진정책으로 말미암아 고전하던 고구려는 일찍이 경험하지 못한 국가적 위기에 처하게 되었다. 이를 극복하기 위해서는 무엇보다도 근본적인 국가체제의 개혁이 필요하였다. 이 임무는 고국원왕의 뒤를 이어 즉위한 小獸林王(371~384) 때에 성공적으로 수행하게 되었다. 불교의 수용과 太學의 설립, 그리고 律令의 반포 등 국가체제의 개혁적인 조치가 이 때에 단행된 것이다. 그리하여 이러한 탄탄한 내부정비를 바탕으로 비약적인 대외발전이 가능하게 되었다. 소수림왕의 뒤를 이은 정복군주 광개토왕(391~412)과 長壽王(413~491)의 등장으로 고구려는 최전성기를 맞게 되었다.

광개토왕의 정복사업은 당시 고구려의 서울이던 國內城(滿洲 吉林省 通化專區 輯安縣 通溝)에 남아 있는 유명한 〈광개토왕릉비〉에 의해 상세히 알 수 있다. 비문에 의하면 永樂 6년(396) 수군을 이끌고 백제를 친히 정벌하였는데, 이 원정의 동기에 대하여 비문에는 "百濟新羅 舊是屬民 由來朝貢 而倭以辛未年來渡海破百殘□□新羅 以爲臣民"이라 하였다. 종래부터 이 辛未年 기사는 해독이 어려워 연구자 사이에 여러 가지 엇갈린 견해가 제시된 바 있고, 일본에서는 이를 근거로 한 때 일본이 한반도의 남부 일대를 지배하였다는 任那日本府說을 주장하기도 하였으며, 또한 이 가운데 몇 자는 일본 參謀本部에 의해 고의로 조작되었다는 주장도 있다.[13] 그러므로 현재로서는 광개토왕의 백제원정 동기를 확실히 알 수는 없는 형편이다. 어쨌든 이 때에 고구려군은 海路로 臨津江 방면에 진출하여 關彌城(江華 喬桐)·阿旦城(서울시 城東

13) 李進熙, 《廣開土王碑의 探求》(李基東 譯, 一潮閣, 1982), 85~145쪽.

區) 등 58개 성과 700여 개의 촌을 쳐부순 뒤에 다시 한강을 건너 백제 수도인 漢城에 육박하였다. 이에 백제의 아신왕이 항복하였으므로 광개토왕은 백제가 인질로 보낸 王弟와 大臣 10명을 끌고서 본국으로 개선하였다. 《삼국사기》에는 광개토왕의 백제원정이 즉위 직후부터 5년(395)경까지 전후 몇 차례에 걸친 것으로 되어 있는데, 비문에 의하면 永樂 9년(399)에 신라의 요청으로 그 이듬해에 步騎 5만 명을 보내 신라 국경 안에서 城池를 부수는 등 약탈을 자행하는 백제군과 그에 가담한 任那加羅·安羅·倭의 연합군을 격파함은 물론 이를 낙동강 중·하류까지 추격하여 섬멸하였다. 그러나 그 후 영락 14년에 백제가 또 다시 倭軍과 합세하여 옛 帶方郡 지역인 황해도 방면으로 진출하였으므로 군대를 보내 격파한 것으로 되어 있다.

이러한 고구려의 전성기를 맞아 이에 공동으로 대처하기 위하여 밀접한 우호관계를 맺고 있었던 백제와 신라 사이의 관계도 점차 변질되기 시작하였다. 《삼국사기》에 의하면 사건의 계기는 백제의 禿山城主가 주민 300여 호를 이끌고 신라에 와서 투항하자 백제는 그의 송환을 요구하였는데 신라가 이를 거부함으로 인해 두 나라 사이의 관계가 악화되기 시작한 것으로 되어 있다.[14] 그리고 앞서 살펴본 바와 같이 내물마립간대에 신라는 처음으로 前秦에 사신을 파견하였는데 이는 고구려의 도움을 받은 것으로 보여진다.[15] 이와 같은 분위기 속에서 고구려가 사신을 파견하자 신라는 이찬 대서지의 아들 실성을 인질로 보내 고구려의 수호에 응하였다.[16] 여기에는 물론 정적을 견제하려는 내물왕의 의도가 있었음은 다음에 즉위한 실성이 그에 대한 보복으로 내물의 아들인 복호와 미사흔을 각각 고구려와 왜에 인질로 파견하고, 내물의 큰 아들인 눌지마저도 살해하려 한 것으로 보아 알 수 있다. 그러나 신라가 일단 고구려의 요청에 의하여 인질을 파견했다는 것은 지금까지의 친백제적인 정책을 수정하여 고구려와의 관계를 개선하려 하였음에는 틀림없는 사실이라 하겠다.

---

14) 《三國史記》 권 3, 新羅本紀 3, 내물마립간 18년.
15) 李丙燾, 《韓國史 古代篇》(震檀學會, 1959), 401~402쪽.
16) 《三國史記》 권 3, 新羅本紀 3, 내물마립간 37년 및 권 18, 高句麗本紀 6, 고국양왕 9년.

이와 같이 신라가 고구려에 대해 친밀한 우호관계를 맺게 된 배경으로는 다음과 같은 점이 지적될 수 있다. 첫째는 고구려 국력의 상대적 우위이고, 둘째는 신라의 국내 정치상황, 그리고 셋째로는 고구려의 대백제 전략이 그것이다.[17] 당시 고구려의 국력이 삼국 중 가장 우위를 점하고 있었다는 것은 재언을 요하지 않는 것이며, 상대적으로 고구려에 밀리고 있는 백제와 연결을 가짐으로써 오는 위험부담을 피하기 위해서도 고구려와의 관계 개선은 필요한 일이었을 것임은 쉽게 추측할 수 있다. 그리고 내물마립간대는 왕권의 안정을 도모해 나가고 있었던 시기였다. 아직도 불안한 김씨의 세습왕권을 강화하고 같은 김씨내에서의 반대세력을 견제하기 위해서도 고구려의 강력한 후원이 필요했을 것이다. 또 고구려의 입장에서도 백제와 밀접한 관계를 맺고 있는 신라를 백제와 떨어뜨림으로써 백제세력을 고립시킬 필요가 있었을 것이다. 따라서 고구려는 우세한 국력을 바탕으로 신라를 자기 세력으로 끌어들이고, 중국에 사신을 보내게 하는 등의 배려를 했던 것이다.

이러한 상황에서 백제는 자구책으로 가야와 왜와의 관계를 보다 긴밀하게 유지할 필요가 있었고, 그 결과 광개토왕 당시에는 고구려·신라 연합과 백제·가야·왜 연합이란 구도로 당시의 국제정세가 유지되었던 것으로 생각된다. 그리하여 신라의 고구려 의존성은 점차 심화되어 〈광개토왕릉비〉에 보이는 바와 같이 '新羅의 寐錦이 몸소 가서 조공하는'[18] 형편이 되었으며, 고구려의 군대가 신라영토에 주둔하였던 것으로 추측되는 기록이 보이기도 한다.[19] 또 〈中原 高句麗碑〉에 보면 고구려가 신라의 왕을 호칭할 때 「신라매

17) 盧重國, 〈高句麗·百濟·新羅사이의 力關係變化에 대한 一考察〉(《東方學志》 18, 延世大, 1981), 45~107쪽.

18) 비문에 '昔新羅寐錦 未有身來朝貢…'이라 한 것에서 알 수 있다.

19) 《三國遺事》 권 1, 紀異 2, 第十八實聖王條에 "왕이 전왕의 태자인 눌지가 덕망이 있음을 꺼려하여 장차 해치고자 하였다. 고구려의 군대를 청하고는 속여서 눌지로 하여금 맞이하게 하였다. 고구려 사람들이 눌지가 賢行이 있음을 보고는 이에 창을 거꾸로 하여 왕을 죽이고는 눌지를 세워 왕으로 삼고 돌아갔다" 고 하였는데, 이로 보아 당시의 신라에는 고구려의 군대가 주둔하고 있었다고 생각된다. 또 〈中原 高句麗碑〉에 '新羅土內幢主'란 구절이 보이는데 이는 신라의 영토에 주둔하고 있는 고구려의 幢主를 가리키는 것이 아닐까 한다.

금」 또는 「東夷寐錦」이라 부르고 있는데, 이는 고구려가 스스로를 중국과 같은 위치에 놓고 신라를 자기의 주변에 있는 저급한 국가로 보았다는 사실을 의미한다. 그리고 신라의 왕과 신료들에게 의복을 下賜하는 의식을 거행한 것으로 보이는데, 이 또한 과거 중국의 군현들이 주변의 이민족 국가들을 지배하는 방식과 동일한 것이다. 즉 고구려는 신라에 대해 종주국의 행세를 하고 있으며 신라는 이를 받아들이고 있는 것으로 해석된다. 이는 신라의 입장에서 본다면 상당히 굴욕적인 것이었겠지만 당시의 상황으로는 어쩔 수 없었던 것으로 여겨진다.

(2) 고구려의 남하와 나제동맹의 성립

광개토왕의 뒤를 이은 장수왕(413~491)은 79년이란 오랜기간 재위하면서 부왕의 위업을 계승하여 고구려의 極盛期를 현출하였다. 그는 중국과는 南朝와 北朝의 대립된 두 세력을 조종하는 외교정책을 펴는 한편 남쪽으로의 진출에 전념하여 수도를 평양으로 옮겼다(427). 천도의 동기에는 여러 가지가 있을 수 있겠지만 그 가장 중요한 목적은 대내적으로는 종래 國內城(通溝) 일대를 중심으로 하여 뿌리깊게 잔존하고 있던 옛 고구려의 5부족 세력을 약화시키고 왕권을 강화하기 위한 것이고,[20] 대외적으로는 남쪽 특히 백제에 대한 압력을 강화하고 한강유역으로 진출하기 위한 것으로 짐작된다.

이미 광개토왕대에 고구려에게 밀리기 시작한 백제는 고구려에게 빼앗긴 북쪽의 땅을 되찾는 것이 중대한 과제였다. 《삼국사기》에 의하면 광개토왕 즉위년(391)부터 나제동맹이 맺어진 장수왕 38년(454)까지 백제가 고구려를 공격한 것이 3회였고, 공격을 준비하다가 중도에 그만둔 것도 3회에 이르고 있는 것은 이러한 사정을 말해 주는 것이다. 그러나 백제의 일련의 고구려 공격은 성공을 거두지 못하고 오히려 고구려에게 연패하는 상황이었다. 백제는 이러한 상황을 타개하기 위하여 다각적으로 외교적 노력을 기울였다. 그 하나는 신라에 접근하여 신라로 하여금 고구려의 영향력에서 벗어나게 하는

---

20) 《魏書》 百濟傳에 백제가 보낸 國書 속에 "지금 璉(장수왕)이 나라를 스스로 魚肉을 만들어 大臣과 强族을 살육함이 끝이 없으니 죄가 가득 차고 악업이 쌓여 백성이 무너져 이반하고 있습니다"라고 한 데서 장수왕의 정책을 짐작할 수 있다.

것이었고, 다른 하나는 北魏와 연결하여 북위로 하여금 고구려를 견제케 하는 것이었다. 백제의 蓋鹵王은 북위에 사신을 보내 고구려를 견제해 줄 것을 요청하였으나, 북위의 소극적인 태도로 인하여 포기하는 상황이 되었다.[21] 이에 반해 신라와의 관계를 개선하려는 노력은 성공을 거두게 되었는데, 이는 고구려의 영향권에서 탈피하고자 하는 신라의 이해관계와 일치했기 때문이라고 할 수 있다.

앞서 살펴본 바와 같이 이 무렵의 신라는 고구려로부터 직·간접으로 많은 간섭을 받고 있었는데, 그 결과 고구려의 군대가 신라영토에 주둔하고 심지어는 왕위계승까지도 고구려의 간섭을 받는 처지에 놓이게 되었으니, 이는 신라의 입장에서 볼 때 매우 바람직하지 않은 것이었다. 여기에 고구려의 천도 이후 적극적으로 남진정책을 추구하게 되자 신라가 받는 압력도 결코 적은 것은 아니었다. 이러한 상황에서 등장한 눌지마립간은 비록 고구려의 힘을 빌려 왕위에 올랐으나, 즉위 후 고구려의 압박에서 벗어나고자 노력하였다. 그는 먼저 전왕대에 고구려와 왜에 인질로 파견된 동생 복호와 미사흔을 귀환시켰는데 이 때에 활약한 인물이 유명한 박제상이다.[22] 그리고 즉위한 지 17년이 되던 433년에 백제가 먼저 화친을 요청해 오자[23] 이에 응하였다. 그 이후 양국의 관계는 백제가 良馬와 白鷹을 보내자 신라는 황금과 明珠로 보답하는 친밀한 관계로 발전할 수 있었던 것이다.[24] 이리하여 백제와 신라는 한반도 안에서 고구려세력에 대항하는 견제세력권을 구축할 수 있었던 것이다.

---

21) 《三國史記》 권 25, 百濟本紀 3, 개로왕 18년.

22) 박제상은 《三國遺事》에는 金堤上이라고 하였으나, 《三國史記》 列傳에 의하면 그는 박혁거세의 후손이고, 婆娑尼師今의 5대손이라고 했으므로 박씨가 옳을 것이다. 그러나 이는 후대에 소급하여 붙여진 것일 뿐 당시에는 아직 姓은 쓰이지 않았다. 또 복호와 미사흔이 인질로 간 시기에 대해서도 《삼국사기》에서는 실성마립간 때의 일로 기록하고 있으나, 《삼국유사》에서는 각각 눌지 3년(복호)과 내물 36년(미사흔)의 일로 기록하고 있으며, 귀환의 시기에 대해서도 《삼국사기》에서는 눌지 2년으로 기록하고 있으나 《삼국유사》에서는 같은 왕 10년으로 차이를 보이고 있다. 그러나 전후의 사정으로 보아 《삼국사기》의 기록이 옳다고 보여진다.

23) 《三國史記》 권 3, 新羅本紀 3, 눌지마립간 17년 및 권 25, 百濟本紀 3, 비유왕 7년.

24) 《三國史記》 권 3, 新羅本紀 3, 눌지마립간 17·18년 및 권 25, 百濟本紀 3, 비유왕 7·8년.

신라는 이와 같이 외교노선을 수정함에 따라서 고구려와의 마찰을 피할 수 없게 되었다. 두 나라 사이의 마찰은 450년에 신라의 何瑟羅城主가 悉直原에서 사냥하고 있던 고구려의 邊將을 살해하는 지경에까지 이르렀다. 신라의 이러한 도발적인 행위에 대해서 고구려의 장수왕은 군대를 동원하여 신라의 서쪽 국경을 공격하는 강력한 정책으로 대응하였다. 이에 신라는 말을 낮추어 사죄함으로써 일단 고구려의 침입은 저지하게 된다.[25] 그러나 신라의 이러한 조처는 고구려의 태도가 완강한 것임을 알고 우선 적의 예봉을 피하려는 고식책이였지 고구려의 영향권에서 벗어나고자 하는 기본정책이 바뀐 것은 아니었다. 이리하여 삼국관계는 신라와 백제가 연합하여 고구려의 침입에 맞서는 형태로 바뀌게 되었는데, 이는 백제 蓋鹵王 원년(455)에 고구려가 백제를 침입하자 신라가 원병을 보내어 백제를 구원한 데에서도 알 수 있다.[26] 그러나 이러한 신라와 백제의 접근은 고구려의 대규모 침입을 초래하였다.

백제의 개로왕은 이러한 절박한 상황에서 재위 18년 북위에 사신을 보내 고구려의 남침을 호소하고 군사원조를 요청하였으나 아무런 효과를 얻지 못하였고 도리어 고구려의 침략을 유발시키는 도화선이 되었다. 장수왕 63년(475) 왕은 3만의 군사를 이끌고 백제로 쳐들어와 먼저 백제의 전진기지인 北城을 함락시킨 다음 江南의 수도 漢城에 육박하였는데, 한성은 공격을 받은 지 7일 만에 함락되었다. 개로왕은 성이 함락되기 직전 성문을 빠져나와 서쪽으로 달아나다가 고구려 군사에 붙잡혀 阿旦城으로 끌려가 참살되고 말았다. 이 때 왕뿐만 아니라 太后·王子들이 고구려군에게 몰살을 당하였고 8천여 명이 포로로 끌려갔으며, 한성을 포함한 한강유역 일대를 송두리째 고구려에 빼앗기게 되었다. 당시 백제의 개로왕은 그 아들 文周를 시켜 신라에 구원병을 요청하므로 신라가 군대를 파견하였으나 미처 이르기도 전에 백제의 수도는 함락되고 말았다.[27] 한강유역을 점령한 고구려는 이 지역을 영유

25) 《三國史記》 권 3, 新羅本紀 3, 눌지마립간 34년 및 권 18, 高句麗本紀 6, 장수왕 38년.
26) 《三國史記》 권 3, 新羅本紀 3, 눌지마립간 39년 및 권 25, 百濟本紀 3, 개로왕 1년.
27) 《三國史記》 권 3, 新羅本紀 3, 자비마립간 17년 및 권 25, 百濟本紀 3, 개로왕 21년.

하려 들었으므로 백제는 하는 수 없이 남쪽 熊津(公州)으로 수도를 옮기지 않을 수 없었다. 이리하여 고구려의 영토는 竹嶺·鳥嶺 일대로부터 南陽灣을 연결하는 선까지 뻗치게 되었다.

백제가 웅진으로 南遷한 이후에도 신라와 백제 사이의 동맹관계는 계속되었다. 소지마립간 3년(481)에는 고구려가 말갈과 더불어 신라의 북변을 침입하여 狐鳴 등 일곱 성을 취하고 彌秩夫(興海)로 진군하였는데, 신라는 백제·가야의 구원병과 더불어 이를 격퇴하고 도망가는 적을 추격하여 泥河 서쪽에서 격파하여 천여 급을 베는 전과를 올리기도 하였다. 또 같은 왕 6년에도 신라의 북변을 침입하는 고구려군을 맞아 백제와 협력하여 母山城[28] 아래에서 크게 격파하였다.

이렇듯 신라와 백제의 관계가 밀접해지자 소지마립간 15년에는 백제의 東城王이 사신을 보내 혼인을 청하므로 왕은 이벌찬 比智의 딸을 시집보내어 두 나라 사이에는 혼인관계가 맺어지기도 하였다. 이러한 나제간의 밀접한 관계는 바로 이듬해인 소지마립간 16년과 17년에 양국의 합동작전으로 나타난다. 16년 7월에 신라의 北邊인 薩水原에서 신라장군 實竹이 고구려군과 싸워 이기지 못하고 犬牙城으로 물러나와서 지키고 있었는데, 그 때 고구려군이 견아성을 포위하였다. 이에 백제의 동성왕이 군사 3천 명을 보내어 신라군을 도와 고구려군을 물리쳤다. 이어 17년 8월에는 고구려가 백제의 雉壤城을 포위하므로 백제왕은 신라에 사신을 보내 구원을 청하였다. 이에 신라왕은 장군 德智에게 명하여 군사를 거느리고 구원하게 하여 고구려군을 물리쳤다.

이러한 신라와 백제 사이의 우호적인 관계는 진흥왕 9년(548) 고구려의 군대가 백제의 獨山城을 침입했을 때 신라가 군사를 보내 고구려 군대를 격파한 것으로 보아 6세기 중엽까지 지속되었던 것을 알 수 있다. 이러한 나제동맹으로 인해 한강유역을 점령한 이후에도 남쪽으로 진출하려는 고구려의 공격을 일단 저지할 수 있었고, 신라와 백제는 각자 내부정비를 통하여 중흥의 발판을 마련할 수 있었던 것이다.

28) 母山城은 현재 鎭川의 大母山城으로 추측된다.

3) 마립간시대의 정치적 발전

(1) 왕권의 강화

마립간시대의 김씨 왕족의 정치적 위상은 그 이전의 이사금시대와는 질적으로 다른 것이었다. 과거에는 신라의 실질적인 건국 연대를 내물마립간으로부터 보는 견해도 있었을 만큼 이 시기는 정치·사회적인 대변혁의 시기라고 보아도 좋을 것이다. 이러한 변화는 묘제의 변천을 통해서도 확인할 수 있다. 이 시기에 등장하는 새로운 묘제인 積石木槨墳은 高塚古墳이라고도 하는데, 이는 그 형태가 커다란 봉분을 특징으로 하기 때문에 붙여진 이름이다. 대략 5세기 전반경에 만들어진 것으로 추정되는 皇南大塚(98호분)은 경주의 고분 중에서도 규모가 가장 큰 것으로 남북직경 120m, 동서직경 80m, 봉토의 높이 23m에 달하며, 이보다 규모가 훨씬 작은 천마총도 봉분의 높이가 12.7m이고 지름은 47m로 전체 체적은 9,812㎥나 된다.[29] 이러한 거대한 규모의 봉분은 적석이라는 말 그대로 대부분 냇돌을 운반하여 쌓은 것인데, 여기에는 막대한 노동력이 동원되었을 것임에 틀림없다. 이는 5세기에 들어와 신라의 왕권이 급속히 성장되었음을 말해 주는 것이라 하겠다.

눌지마립간대에 牛車의 사용법을 널리 알려 물자의 수송을 편하게 하였고, 소지마립간 9년(487)에는 사방에 郵驛을 설치하고 3년 후인 12년에는 수도에 시장을 열어 사방의 물화를 유통하게 하였다. 이는 경제의 발달로 인한 운송수단의 개발과 도로망의 정비, 그리고 그 결과 나타난 교역 규모의 확대를 말해 주는 것으로 볼 수 있겠다. 그리고 이러한 경제적 발전과 함께 당시 수도인 경주의 인구도 상당한 증가를 보여 수도의 규모가 확장되었을 것이다. 자비마립간 12년(469)에 서울의 坊里 이름을 제정하였다는 기록은 바로 이를 증명해 주는 것이다.

또한 정치적으로는 당시까지의 정치운영의 실체인 部體制를 어느 정도 극

---

29) 천마총은 5세기 말 내지 6세기 초의 능으로 추정되며, 황남대총은 炤知麻立干의 능으로, 천마총은 智證王陵으로 추측되기도 하나 확실한 것은 알 수 없다.

복하였던 것으로 여겨진다. 《삼국사기》 소지마립간 10년조에 "東陽에서 六眼龜를 바쳤는데 배에 글자가 있었다"는 기록이 보이는데 여기에서 여섯 개의 눈을 가진 거북은 신라의 정치체제에서 6부를 상징하는 것으로 이해되고 있다.[30] 따라서 이는 당시의 6부가 어느 정도 왕권에 귀속한 정치체로 자리잡고 있었음을 말해 주는 것으로 보인다.

그리고 소지마립간 9년(487)에는 시조의 誕降地인 奈乙에 神宮을 지었다. 신궁의 설치에 대해 《삼국사기》 신라본기에서는 소지마립간 9년의 일로 기록하고 있는데 반해 祭祀志에는 지증왕대의 일로 기록하고 있다. 이 두 기록 중 어느 쪽이 옳은가 하는 문제와 또 신궁의 主神이 누구인가 하는 것은 오랫동안 논란거리가 된 문제이다. 주신에 관해서는 크게 박혁거세라는 견해와 김씨의 시조인 聖韓이나 미추 또는 내물로 보는 견해가 있는데, 당시의 정치적 발전 상황을 고려한다면 《삼국사기》에서 말하는 시조란 김씨의 시조를 지칭하는 것으로 봄이 옳다고 여겨진다.[31] 그렇다면 이는 내물왕계 혈연집단의 강한 결합의식을 전제로 하는 종교적 상징이었을 것으로 짐작되는데, 이 또한 왕권의 성장을 반영하는 것이라 하겠다.[32]

(2) 축성사업

마립간시대의 업적으로 주목할 만한 것이 각 지역에서 활발하게 진행된 축성사업이다. 지방에 대한 신라의 정책 목표는 복속된 지역을 완전히 영토화하여 지방관을 파견하여 통치하는 것이었겠지만, 지방관의 파견이 불가능했던 시기에는 巡幸이나 지방인을 동원한 축성사업을 통하여 간접적인 지배에 만족할 수밖에 없었을 것이다. 그런데 특히 마립간시대에 들어와서는 전대와는 달리 복속된 지역에서의 축성사업이 활발히 진행된다는 것은 지방통치에 있어 커다란 진전이었다고 하겠다. 마립간시대까지의 상고기에 있어서 지방에서의 축성에 관한 기록을 《삼국사기》에서 찾아보면 1~3세기 사이

30) 盧泰敦, 〈三國時代의 部에 관한 硏究〉(《韓國史論》 2, 서울大, 1975), 19쪽.
31) 이와는 달리 신궁의 主神을 天地神으로 보는 견해도 있다(崔光植, 〈신라의 신궁제사〉, 《고대한국의 국가와 제사》, 한길사, 1994, 205~209쪽).
32) 李基東, 〈新羅 奈勿王系의 血緣意識〉(《歷史學報》 52·53, 1972), 79쪽.

에 6곳에서 축성을 하였고 4세기에는 보이지 않다가 5세기 이후의 자비마립간대로부터 지증왕대에 이르는 시기에 집중적으로 나타나고 있다. 구체적으로 자비마립간대에 11곳, 소지마립간대에 5곳, 지증왕대에 12곳에서 새로 성을 쌓거나 증축하였다. 그런데 자비마립간대에 축조된 성 중 9개가 신라의 동북변 및 서북변에 축조되었으며, 소지마립간대의 5개 성은 모두 고구려와의 접경지에 축조되었다. 이러한 노력의 결과 소지왕 19년(497)부터 眞興王 9년(548)까지는 백제는 물론 고구려와 한번도 전쟁을 치르지 않았다.

또 축성에 관한 기록도 구체적으로 役夫의 동원 실태를 전해 주는 것이 있다. 자비마립간 11년(468)에 何瑟羅人 15세 이상을 징발하여 泥河에 성을 쌓았다는 기록과, 소지마립간 8년에 一善界의 丁夫 3,000명을 동원하여 일선(善山)에서 상당한 거리에 있는 三年山城(報恩)과 屈山城(沃川郡 青山面)을 쌓았다는 것이 그것이다. 이는 당시의 신라가 지방인을 조직적으로 동원할 수 있는 제도와 지배력을 확보하고 있었음을 보여 주는 것이라 하겠다. 특히 일선군에서 3,000명이란 계획된 인원을 동원할 수 있었던 것은 초보적이나마 이들 지역에 대한 호구조사가 있었음을 시사해 주는 것으로 중요한 의미를 갖는다고 생각된다.

그리고 삼년·굴산의 두 성의 축성은 일선 지역의 주민의 이익과는 직접적인 연관은 없는 일임에도 불구하고 이러한 사업이 가능했던 것은 그만큼 신라의 지배력이 향상되었음을 말해 주는 것으로 볼 수 있다. 삼년산성과 굴산성을 쌓기 3년 전(483)과 2년 후(488) 두 차례에 걸쳐 왕이 일선에 순행한 것은 이 두 성의 축성사업과 관련이 있다고 보인다.

이렇게 복속지역에 대한 지배력을 강화한다는 것은 舊小國 내부의 지배계층을 신라의 방식대로 편제하고 통제할 수 있었음을 말해 준다고 할 수 있다. 이러한 통제가 가능했던 배경으로는 邑落 내부의 변화로 인해 자신들의 지위에 불안을 느낀 소국 渠帥層이나 유력 세력들이 보다 적극적으로 신라와의 관계 속에서 자신들의 지위를 보장받으려는 노력으로 축성사업에 적극 협조했을 가능성이 있고, 또 축성을 통하여 지방인 자신들의 안전을 보장받을 수 있다는 측면도 강하게 작용하였을 것이다. 이미 5세기의 상황은 고구려나 백제와의 본격적인 전투가 개시되었고, 소지마립간대만 하더라도 고구려의 침입이 네 차례나 있었으므로 변경지역의 주민들은 자신의 안전을 위해서도 신라의 중앙정부에 적극 협조하여 축성사업에 능동적으로 참여하지 않을 수 없었을 것이다. 이러한 과정을 거쳐 복속된 소국들에 대한 영토화 작업이 일단락되는 것이 바로 지증왕대의 지방제도의 정비와 외위제의 마련이라 하겠다.

〈李宇泰〉

2. 정치체제의 정비

신라사회의 질적 변화는 4세기부터 이루어진다고 볼 수 있다. 그러나 이러한 질적 변화가 정치체제에 반영되어 왕을 중심으로 하는 고대국가의 체제가 완성된 것은 中古期라고 할 수 있다. 중고기란《三國遺事》에서 法興王대로부터 眞德女王대에 이르는 약 140년간을 지칭한 용어인데, 이 시기는 흔히 고대국가의 성립기라 부르고 있다.[1] 이 중에 고대국가의 체제의 근간이 완성된 시기가 智證王대와 법흥왕대이다. 물론 이후 眞興王·眞平王·善德女王·진덕여왕대에 이르기까지 끊임없이 정치제도는 보완·정비되고 武烈王과 文武王대에는 또다시 커다란 변화를 겪게 되지만, 중고기의 정치체제의 근간은 법흥왕대의 율령의 반포로 일단락된다고 할 수 있다.

중고기에 완성되는 고대 국가체제의 가장 큰 특징은 한마디로 중앙집권체제의 확립이라고 할 수 있다. 흔히 말하듯이 율령의 반포와 불교의 공인은 이러한 중앙집권체제 즉 강력한 왕권의 확립을 위한 필요·충분조건으로 인식되고 있다. 이에 반해 그 이전 즉 上古期의 정치체제는 部가 개별적인 정치조직과 정치력을 갖는 독립된 존재로 이들 부가 정치의 중심이었으므로 흔히 部制 또는 部體制라고 부른다. 그리고 중요한 정치적 결정은 부의 대표자들이 공동으로 결정하였다. 따라서 신라의 중앙집권체제의 정비과정은 바로 부체제의 극복과정이라고도 할 수 있을 것이다.

---

1) 金哲埈, 〈韓國古代國家發達史〉(《韓國古代史研究》, 서울大 出版部, 1990), 51쪽.

이 장에서는 먼저 중고기에 들어와 정치체제를 새롭게 정비할 수 있었던 배경에 대해 알아보고, 이어 상고기 이래의 정치체제라 할 수 있는 부체제에 대해 살펴보고자 한다. 그리고 정치체제의 정비과정에 대해서는 지증왕대와 법흥왕대를 중심으로 살펴보도록 하겠다.

1) 배 경

(1) 철제 농기구의 보급과 생산력의 발전

신라가 4세기에 이르러 김씨 세습왕조가 성립하고 麻立干이란 왕호를 사용하면서 급격한 정치적 성장이 있었음은 앞서 살펴보았다. 그러면 이러한 급격한 정치세력 성장의 배경은 무엇일까. 과거에는 이러한 정치적 변화의 요인을 중국세력과의 또는 삼국 상호간의 접촉이나 항쟁 등에서 찾으려 하였다. 물론 이러한 정치적인 접촉이 신라사회의 변화와 발전을 촉진하였을 것임에 틀림없으나, 그러한 변화와 발전이 가능하기 위해서는 먼저 신라사회의 독자적인 성장이 있지 않고서는 안된다. 즉 정치세력의 성장과 변화에는 생산력의 발전과 인구의 증가, 그리고 그 결과 당연히 나타나는 사회구조의 변화 등이 먼저 전제되지 않으면 안될 것이다.

우리 나라의 농경은 청동기시대가 시작되면서 본격화되었으나, 청동기 후기가 되면 철기가 보급되기 시작하고 생산도구도 철제 농기구로 바뀌어가는 현상이 나타난다. 신라의 경우를 살펴보면 경상도 지역의 1~3세기의 토광묘에서 철제 농구가 발견되는데 그 수량은 많지 않았다.[2] 그러나 4세기 이후 신라지역에는 새로운 철기 제작 기술이 널리 보급되었으며, 그 결과 철제 농기구의 사용이 일반화되었다고 보여진다. 이는 4~6세기의 고분과 유적에서 발견되는 철제 농기구의 종류와 수량이 크게 증가한 사실에서도 알 수 있다.[3]

특히 철제 농기구 중에서도 철제 따비와 괭이류 및 살포·삽날·쇠스랑

---

2) 金在弘, 〈新羅 中古期의 村制와 地方社會 構造〉(《韓國史硏究》 72, 1990), 15~23쪽.

3) 金光彦, 〈新羅時代의 農器具〉(《民族과 文化》 I, 正音社, 1988), 46쪽.

등의 보급은 深耕을 가능케 하여 제초작업의 효율화, 지력 회복기간의 단축, 그리고 황무지 개간에 의한 경작면적의 확대 등의 효과를 가져왔다.[4] 그리고 낫 종류의 확대 보급으로 말미암아 수확작업에 있어서도 획기적인 변화가 일어났다. 낫은 요동반도에서 청동기시대 이후부터 나타나지만 매우 소수였고, 초기 철기시대에 이르러 손칼(半月形鐵刀子)과 함께 나타나다가 1~3세기 이후에는 낫만이 발견된다.[5] 이는 철기의 보급 이후 처음에는 반월형석도를 본뜬 손칼이 낫과 함께 사용되다가, 4세기 이후에는 낫만이 사용되었음을 말해 주는 것이다. 반월형석도가 이삭 하나하나를 따는 것임에 반해 낫은 한꺼번에 여러 포기를 뿌리채 베어낼 수 있으므로 수확작업에 매우 효과적이었고 많은 노동력도 절감할 수 있었을 것이다. 아마 낫의 이용으로 인하여 소규모 단위의 농업 경영방식이 결정적으로 확립되었을 것이다.

이러한 철제 농기구의 보급과 함께 농업생산에 결정적인 증대효과를 가져온 것은 牛耕의 보급이었다. 우경의 도입 이전에는 사람이 괭이와 따비를 이용하여 밭을 갈거나, 사람이 끄는 쟁기를 이용하여 밭을 갈았다. 그러다가 철제품의 제조기술이 발달함에 따라서 대형의 쇠보습을 소에다 매어 밭을 가는 우경이 널리 보급되었던 것이다. 우경의 보급 사실을 증명해 주는 대규모의 쇠보습은 그 발견된 예가 그리 많지 않고 특히 경상도 지역에서는 찾아볼 수 없으나, 지증왕 3년(502)에 "처음으로 소를 밭가는 데 이용하였다"[6]는 기록이 있는 것으로 보아 이 당시의 신라에는 이미 우경이 어느 정도 보급되어 있었을 것으로 보인다. 우경의 보급은 농업생산력에 커다란 진전을 가져왔는데, 일반적으로 소를 이용할 경우 약 2.4배의 경작능력의 차이가 있다고 하나,[7] 17배 정도의 경작능력의 提高를 가져왔다고 추측하는 견해도 있다.[8] 신라의 경우 우경의 보급 시기와 그 효능에 대해 확실한 것을 알 수

---

4) 李賢惠, 〈三國時代의 농업기술과 사회발전-4~5세기 新羅社會를 중심으로-〉(《韓國上古史學報》 8, 1991), 47~56쪽.

5) 安承模, 〈韓國 半月形石刀의 硏究-發生과 變遷을 中心으로-〉(서울大 碩士學位論文, 1985), 31쪽.

6) 《三國史記》 권 4, 新羅本紀 4, 지증마립간 3년 3월.

7) 木村正雄, 〈中國の古代專制主義とその基礎〉(《歷史學硏究》 217, 1958), 2쪽.

8) 中國農業科學院·南京農學院 中國農業遺産硏究室, 《中國農學史》 上(科學出版社, 1984), 153쪽.

없으나, 이로 인해 경작면적의 확대와 농업 경영방식의 소규모화를 초래해 기존의 농촌공동체를 급격히 와해시켰을 것임에는 틀림없을 것이다.

또한 4세기 이후에는 철제품의 생산기술이 발전하여 농기구 이외에도 가공도구의 생산도 발전하였으며, 이러한 가공도구를 이용한 토목기술의 증가는 자연히 수리시설의 확충을 가져왔다. 訖解尼師今 21년(330)에 길이 1,800步의 碧骨堤를 개축했다는 기사가 있고[9], 訥祇麻立干 13년(429)에는 둘레 2,170보에 달하는 矢堤를 축조했다는 기록이 보인다.[10] 벽골제의 경우 그 소재지가 김제지역이기 때문에 이를 백제의 기록으로 보기도 하는 등 이 기록을 사실 그대로 믿기 어려우나, 눌지마립간대에 시제를 축조했다는 기록은 사실로 보아도 좋을 것이다. 그리고 그 규모가 2,170보에 이르는 대규모임을 감안한다면 이보다 규모가 적은 수리시설은 상당히 이른 시기부터 여러 곳에 만들어졌을 가능성이 매우 높다고 할 것이다.

법흥왕 18년(531)에 전국적으로 제방을 수리하라는 지시를 왕이 내리고 있는데[11] 이는 당시에 이미 상당수의 수리시설이 전국적으로 만들어져 있었음을 말해 주는 것이다. 이렇게 수리시설이 확충됨으로 인해 생산량도 자연히 증가하였을 것이다. 중국의 춘추전국시대의 旱田 1畝의 수확량이 1.5~2石 정도였는데 비해 澆水田의 수확량은 6石 4斗에 달하여 水田이 한전보다 3~4배 더 수확량이 많았다는 견해를[12] 참고한다면 수리시설의 확충으로 당시의 농업생산량에 급격한 증가가 있었을 것임은 쉽게 짐작된다.

이러한 농업기술의 발전과 더불어 경작된 곡물의 종류에도 변화가 있었던 듯하다. 청동기시대와 초기 철기시대의 유적에서는 보리나 밀이 잘 발견되지 않는데, 《三國史記》에는 보리와 관련된 기록이 많이 나타나는 것을 보면 어느 시기엔가 보리농사가 확대되었음이 분명하다.[13] 보리는 경작 기간이 짧고

9) 《三國史記》 권 2, 新羅本紀 2, 흘해니사금 21년.
10) 《三國史記》 권 3, 新羅本紀 3, 눌지마립간 13년.
11) 《三國史記》 권 4, 新羅本紀 4, 법흥왕 18년 3월.
12) 天野元之助, 〈中國古代農業の展開－華北地方の形成過程－〉(《東洋學報》 30, 1979), 139쪽.
13) 全德在, 〈4~6세기 농업생산력의 발달과 사회변동〉(《역사와 현실》 4, 역사비평사, 1990), 29~31쪽.
李賢惠, 앞의 글, 52~56쪽.

수확시기가 이를 뿐 아니라 벼만큼 많은 수분을 필요로 하지 않기 때문에, 콩과 함께 널리 재배되었을 것이다. 그러나 4세기 이후 관개시설이 확충되면서 점차 벼농사가 확대되어 6세기경에는 벼가 주곡의 위치를 차지했던 것으로 여겨진다.

(2) 사회의 변동

이상에서 신라사회가 4~6세기에 들어가면 광범위한 철제 농기구와 우경의 보급, 수리시설의 확충 그리고 새로운 작물의 재배 등을 통해 농업생산력이 급격히 발달했음을 살펴보았다. 이러한 농업생산력의 발달은 생산물의 증가와 함께 여러 가지로 사회적인 변화를 유발하였다고 생각된다.

먼저 1차산업인 농업의 발달은 잉여생산물의 증가로 상업과 수공업의 발달을 유발하였을 것이다. 소지마립간 12년(490)에 처음으로 경주에 시장을 개설하여 사방의 물화를 유통하게 하였으며,[14] 지증왕 10년(509)에는 東市를 개설하고 아울러 이를 관할하는 東市典이라는 관청을 설치하고 있다.[15] 시장이 개설되고 이를 관리하는 관청이 신설된다는 것은 상업이 발전하여 국가에서 관리하지 않으면 안될 정도로 그 규모가 커졌음을 말해 주는 것이다. 상업의 발달과 아울러 도로망과 운송수단의 정비도 필요하였을 것인데, 눌지마립간대에 牛車의 사용법을 널리 알려 물자의 수송을 편하게 하였다는[16] 기록을 통해 당시 인력에만 의존하던 운송수단이 소를 이용하는 것으로 바뀌지 않으면 안될 정도로 유통물량이 증가했음을 짐작할 수 있다. 또 지증왕 6년에 선박의 이로움을 권장하였다는[17] 것도 같은 맥락에서 이해할 수 있을 것이다. 이러한 운송수단의 변화에는 반드시 도로망의 정비가 필요하였을 것인데, 소지마립간 9년(487)에 사방에 郵驛을 설치하였다는 것이 바로 그것이다.[18]

그리고 이렇게 상업과 운송이 발전하면서 자연히 수공업도 함께 발전하였

14) 《三國史記》 권 3, 新羅本紀 3, 소지마립간 12년.
15) 《三國史記》 권 4, 新羅本紀 4, 지증마립간 10년 정월.
16) 《三國史記》 권 3, 新羅本紀 3, 눌지마립간 22년.
17) 《三國史記》 권 4, 新羅本紀 4, 지증마립간 6년.
18) 《三國史記》 권 3, 新羅本紀 3, 소지마립간 9년 3월.

을 것이다. 당시의 수공업의 발전상은 4~6세기의 적석목곽분의 화려한 부장품을 통해서도 충분히 알 수 있다. 비단 왕실뿐만이 아니라 사회적 분업화가 진행되면서 보다 전문적으로 농기구 제작 등을 비롯한 수공업에 종사하는 계층이 증가하였을 것이라 생각된다.[19] 《삼국유사》에 전하는 석탈해의 설화에서 그가 대대로 冶匠집안의 출신임을 말하고 있음으로 보아[20] 야철을 전문으로 하는 사람들은 상당히 이른 시기부터 등장하였으며, 광범위한 철제 농기구의 보급은 더욱 이러한 추세를 부추겼을 것이다.

그리고 이러한 경제적 발전과 함께 당시 수도인 경주의 인구도 상당한 증가를 보여 수도의 규모가 확장되었다. 자비마립간 12년(469)에 서울의 坊里 이름을 제정하였다는 기록으로 보아[21] 경주의 도시화가 이 시기에 급격한 진전을 보였음을 알 수 있다. 이와 함께 지방에도 지증왕 15년에 阿尸村에 처음으로 小京이 설치되었는데,[22] 아시촌의 위치는 확실치 않으나 지방도시의 성장을 보여 주는 자료임에는 틀림없다고 여겨진다. 이러한 경주와 지방도시의 성장은 사회적 분업이 진전되면서 농촌사회에서 이탈한 계층들이 수공업 등에 흡수된 결과로 보이지만, 여기에는 자연적인 인구증가의 영향도 있었을 것이다. 당시의 인구 변동에 대하여는 이를 구체적으로 증명할 만한 자료는 없으나, 농업생산력의 획기적 발전은 당연히 절대인구의 증가를 가져오는 것이며, 많은 인력 동원이 필요한 대규모의 고총고분의 등장은 이를 간접적으로나 증명하는 것이라 여겨진다.

이러한 전반적인 사회상황의 변화로 인해 읍락사회도 적잖은 변화의 과정을 겪었을 것임은 쉽게 추측된다. 우선 철제 농기구와 우경의 보급은 이전의 집체적인 농업경영을 점차 개별적이고 家戶를 단위로 한 방식으로 전환시켜, 기존의 농촌공동체가 급속히 와해되었을 것이다.[23] 그리고 철제 농기구가 일부 계층에 독점됨으로 인해, 새로운 농업기술과 우수한 철제 농기구나 소 등

19) 朴南守, 〈신라의 성장과 수공업경영형태〉(《新羅手工業史》, 신서원, 1996), 31~60쪽.
20) 《三國遺事》 권 1, 紀異 2, 第四脫解王.
21) 《三國史記》 권 3, 新羅本紀 3, 자비마립간 12년 정월.
22) 《三國史記》 권 4, 新羅本紀 4, 지증마립간 15년 정월.
23) 全德在, 앞의 글, 16~50쪽.

을 보유한 사람들과 그렇지 못한 농민들 사이에 빈부의 차가 확대되어 계층분화가 확대되었을 것이다.[24] 일부 계층 중에는 스스로 몸을 팔아 노비로 전락하는 자도 있었을 것이고, 더러는 수공업에 흡수되기도 하였을 것이다. 이러한 농촌사회의 계층분화는 이전의 공동체적 결속력을 현저히 약화시켜 중앙의 권력이 지방사회에 침투할 수 있는 바탕을 마련해 주었을 것이다. 5세기 이후 경상도지역의 소국의 수장들이 사용하던 금동관이 신라국가의 금관과 똑같은 出字形 立飾으로 획일화되는 것은 바로 신라세력이 이들 소국들에 대한 통제를 강화한 결과일 것이라는 주장은 설득력이 충분한 것이다.[25] 그리고 〈迎日 冷水里碑〉에 節居利라는 외위를 소지하지 않은 개인에게 갈문왕 이하의 중앙 고위관직자들이 함께 판결을 내려 특정한 재산의 소유를 증명하고 있는 것은 부의 축적을 통한 계층분화와 새로운 지배계층의 등장을 단적으로 보여 주는 것이라 하겠다.

이러한 과정을 거쳐 신라의 중앙집권력은 더욱 공고히 되었으며 과거 소국의 지배자들은 신라의 중앙집권체제에 편입되고 그 지역들은 주나 군으로 재편되었던 것이다.

2) 부체제

(1) 부

삼국 모두 연맹체로서 출발한 초기의 정치조직에서 가장 먼저 주목되는 것은 5部, 또는 6부의 부들이다. 고구려에는 桂婁部를 비롯하여 消奴部·絶奴部·順奴部·灌奴部 등이 있어 정치의 구심점이 되었다. 처음에 고구려의 왕은 소노부에서 나왔으나 나중에는 계루부에서 왕이 나왔고, 절노부는 대대로 왕실과 결혼하여 왕비를 배출한 왕비족이었다고 기술하고 있다.[26] 백제의 경우에도 中部와 前·後·左·右의 이름이 붙는 5부가 있었고, 신라는 사로

---

24) 全德在, 위의 글, 33~40쪽.
李賢惠, 앞의 글, 69~77쪽.

25) 全德在, 〈新羅 州郡制의 成立背景 硏究〉(《韓國史論》 22, 서울大, 1990), 37~45쪽.

26) 《三國志》 권 30, 魏書 30, 烏丸鮮卑東夷傳 30, 高句麗.

국의 모체인 6村이 6부로 발전한 것으로 되어 있다.

部에 관한 기록은 《三國志》 魏書 東夷傳을 비롯하여 《삼국사기》나 《삼국유사》의 초기 기록에서부터 보이는데, 처음부터 이들이 부란 명칭을 갖고 있지는 않았다. 고구려에서는 「那」 또는 「奴」라는 용어가 일찍부터 사용된 것으로 보아, 원래는 貫那·椽那·絶奴 등으로 불리던 것이 후대에 중국식 용어인 部가 첨가되어 관나부·연나부·절노부 등으로 된 것이라 여겨진다. 여기에서 「那」 또는 「奴」는 「내」 곧 냇가나 계곡의 어떤 집단이란 뜻으로 쓰인 것으로 짐작된다.

신라의 경우에 중고기의 금석문에서 부의 명칭을 흔히 「啄」·「沙啄」 또는 「喙」·「沙喙」 등으로 표기하고 있는데 이 「啄」과 「喙」는 「涿」 또는 「梁」으로도 쓰이고 있다. 이 글자들은 아마 「돌」 또는 「돌」이나 「벌」 또는 「볼」로 읽혀졌을 것으로 생각된다. 「돌」이나 「돌」은 도랑(小川)의 뜻이 아닐까 여겨지는데, 도랑의 고어가 「돌」 또는 「돌」로 다리(橋)나 뚝(堰)의 뜻도 가지고 있었으며, 한자로는 흔히 「梁」을 사용하였다. 이 「양」이 「돌」로 읽혀졌음은 「울돌목」을 「鳴梁」이라고 쓴 것에서 알 수 있다.

훼는 새의 부리를 뜻하는 글자인데, 이는 古所夫里·古良夫里의 夫里나 신라의 徐羅伐·比子伐의 伐과 같은 것으로 「벌」 또는 「볼」로 읽혔을 것이고 들(野)을 뜻한다. 즉 훼 또는 啄·涿·梁이란 글자는 어떤 집단이 도랑이나 들을 끼고 있었던 데에서 연유하여 붙여진 이름이라 볼 수 있을 것이다.[27] 신라의 6부 명칭 가운데는 이러한 梁이 붙지 않는 漢祇部 등이 있으나 안압지 출토 비편에 「漢只伐部」라고 되어 있어 원래는 어떤 들(伐)의 집단이라는 뜻이었음을 알 수 있다.

이렇게 볼 때 신라의 6부는 어떤 川邊의 집단 또는 들(野)의 집단이었음을 알 수 있다. 그러나 이들 6부의 명칭이 지역과 관련이 있다고 해서 곧 혈연성을 전적으로 배제하는 것은 아니었으므로, 이들은 지역별로 형성된 단위 집단으로서의 부족이라 할 수 있을 것이다. 그리고 이들 집단이 나중에 중국식 명칭을 차용하여 한자로서 자신들을 표현하는 단계에 가서 部라는 용어를 채용

---

27) 盧泰敦, 〈三國時代의 部에 관한 研究〉(《韓國史論》 2, 서울大, 1975), 4쪽.

하게 되었을 것이며, 그 명칭도 한자식의 두 글자로 된 명칭을 사용하게 된 것으로 보인다.

그런데 이들 삼국시대의 部란 용어는 그 적용 범위가 중앙정치의 핵심인 5부나 6부에 한정되었다. 신라의 경우 사로국을 형성한 경주 부근의 지역 집단만을 부라 호칭하였고, 그 이외의 지역에 대해서는 이러한 용어를 쓰지 않았다. 경주분지 이외의 지역의 소국들도 초기의 발전과정은 사로국과 매우 유사하였을 것이고, 이들 중에는 4~5세기경까지 그 세력을 확대하여 상당한 규모로 성장한 소국들도 많이 있었으나, 이들 소국들을 구성한 집단에 대해서는 부라는 용어를 쓰지 않았던 것이다. 이는 이들 部集團이 여타의 부족집단과는 다른 성격의 것이었음을 명확히 한 것으로 보인다.

실제로 정치적 처우에 있어서 이들 부집단의 구성원과 여타의 지방민 사이에는 일정한 차별이 있었다. 특히 신라의 경우에는 문무왕 14년(674)에 外位制가 소멸하기 이전에는 京位는 6部人들에게만 수여되었으며 외위는 지방민들에게 주어진 것이었다. 물론 통일전쟁이 치열해지는 중고기 말에는 김유신의 집안이나 竹竹의 예에서와 같이 지방민에게도 경위가 주어지기도 했지만 통일 전까지는 원칙적으로 6부인에 한해 경위가 수여되었다. 이는 6부인과 지방민이 그 소속 집단의 성격이 상이하였음을 말한다. 그 이유는 이 6부가 바로 신라 건국의 주체집단이었던 연맹부족이었기 때문이다. 그렇기 때문에 건국의 주체세력이었던 이들은 지배집단으로서의 배타성을 가지고 여타의 지방민에 대해 정치적으로 우월한 지위를 누렸던 것이다. 그러한 까닭에 이들 6부는 경우에 따라 상호 견제하고 경쟁하기도 하였지만, 대외적으로는 지배자 집단으로서의 강한 공동체의식을 갖고 있었던 것으로 보인다. 후대에 신라의 6부는 단지 행정구역의 명칭으로 쓰이기도 하였으나, 이는 부가 각자의 정치적인 세력으로서의 성격을 완전히 상실한 이후의 일이다.

(2) 6부의 기원과 성립

이러한 신라의 6부가 언제 어떻게 성립되었는가에 대해서는 다양한 견해가 있지만,[28] 이들을 크게 나누면 대략 다음의 세 가지로 요약될 수 있을 것이다. 첫째는 사로국이 영역국가로 발전하는 과정에서 지방의 지배세력을 경주로 이주시키면서 차례차례 성립하였다는 단계적 성립설, 둘째는 6부의 기원을 사로국을 구성하는 경주지역의 지역집단에서 구하는 6촌기원설, 셋째는 원래 3개의 집단이 분화하여 6부가 형성되었다는 분화설 등이 그것이다.

첫째의 단계적 성립설은 《삼국사기》의 초기 기록을 허구로 보는 입장에서 나온 것이다. 즉 斯盧 6村을 허구적인 것으로 보고 사로국의 팽창과정에서 6부가 축차적으로 성립하였다는 학설이다.29) 이 견해에 따르면 喙部는 原新羅로 경주평야를 중심으로 가장 먼저 자리잡았고, 4세기 중엽에 沙伐國을 복속하고 그 지배자 집단을 흡수하는 과정에서 沙喙部가, 그리고 6세기 초에 半跛國(星州)을 병합하여 本彼部가 성립되어 3部가 되었으며, 그 이후 100여 년 동안에 역시 지방세력 집단을 복속하는 과정에서 나머지 3부가 단계적으로 성립되었다고 한다. 그런데 이는 우리측 사서의 초기 기사를 철저히 불신하고 당시까지 전해지고 있던 단편적인 금석문 자료에만 의거하여 구성한 가설인데, 최근에 새로운 금석문 자료 특히 〈蔚珍 鳳坪碑〉가 발견되면서 이러한 견해가 잘못된 것임이 분명해지게 되었다.

두번째로 6부의 기원을 6촌에서 찾는 학설은 많은 학자들의 공통된 견해이나 그 구체적인 내용은 상당한 차이점이 있다. 우선 사로 6촌의 위치를 경상북도 일대로 보는 견해와 경주분지 부근으로 비정하는 견해로 나눌 수 있는데, 6촌을 경상북도 일원에 비정하는 입장에서는 6부의 성립시기를 소지마립간대로 상당히 늦추어 잡고 있다.30) 그러나 앞서 살펴본 바와 같이 6촌의 위치는 경주분지 부근으로 보는 것이 타당하다고 생각한다. 6촌의 위치를 경주평야 일대로 보는 학자들도 6촌에서 6부로 전환된 시점에 대하여는 赫居

---

28) 신라 6부에 대한 연구사적 정리는 다음 논문들이 참고가 된다.
李基東, 〈新羅 骨品制 硏究의 現況과 그 課題〉(《新羅骨品制社會와 花郞徒》, 一潮閣, 1984), 13~20쪽.
崔在錫, 〈新羅의 六村·六部〉(《韓國古代社會史硏究》, 一志社, 1987).
李文基, 〈蔚珍鳳坪新羅碑와 中古期의 6部 問題〉(《韓國古代史硏究》 2, 1989), 152~163쪽.
全德在, 《新羅 六部體制 硏究》(서울大 博士學位論文, 1995), 1~8쪽.
姜鳳龍, 〈新羅 中古期 部의 性格 變化와 姓氏制〉(《典農史論》 1, 서울市立大, 1995), 4~6쪽.

29) 末松保和, 〈新羅六部考〉(《新羅史の諸問題》, 東洋文庫, 1954), 299~305쪽.

30) 金哲埈, 〈新羅上代社會의 Dual Organization〉下(《歷史學報》 2, 1952), 87~88쪽.

世代說,[31] 儒理尼師今 9年(32)說,[32] 慈悲麻立干 12年(469)說[33] 등 다양한 견해가 있다. 이 중에서 자비마립간 12년설은 《삼국사기》의 '京都의 坊里 이름을 정하였다'[34]는 기록에 근거를 둔 것인데, 이는 6부의 성립시기로서보다는 6부의 성격변화의 시점으로 보는 편이 옳을 것이다.[35] 따라서 신라의 6부는 이사금시대에 이미 성립해 있었다고 보인다.

셋째의 분화설은 최근의 학설인데, 이 설에 의하면 원래 경주평야를 중심으로 하여 喙·彼·岐의 3부만이 존재하다가 5세기 후반경에 喙部는 喙部·沙喙部·牟喙部(漸喙部)의 3부로 분화되고, 彼部는 本彼部와 斯彼部(習比部)의 2부로 분화되어서 (漢)岐部와 함께 6부가 성립하게 되었다는 것이다.[36] 沙喙部의 「沙」나 斯彼部의 「斯」가 모두 「새」(新)라는 뜻으로 볼 수 있으므로 이 견해는 매우 가능성이 높은 가설이라 생각된다. 다만 「朴·昔·金」의 3姓을 「3부」의 실체로 보는 점은 앞으로 좀더 검토의 여지가 있다고 여겨진다.

둘째 견해의 6촌기원설이나 셋째 견해의 분화설 중 어느 것을 취하든 신라의 6부는 기원을 전후한 시기에 이미 경주일대를 중심으로 성립해 있었던 것이 된다. 또 지증왕대에 만들어진 〈迎日 冷水里碑〉에는 4개 부의 이름이 보이고 있는데, 이는 원래의 6부 중 이름이 보이지 않는 두 개의 부는 이미 그 세력이 미약해져서 도태된 상태라고 생각되므로 6부의 성립시기는 이보다 훨씬 올려 잡지 않으면 안될 것이다. 따라서 이미 이사금시대에 6부는 성립해 있었다고 보는 것이 자연스러울 것이다. 《삼국사기》에 의하면 유리니사

---

31) 崔在錫, 앞의 글, 373~374쪽.

32) 丁仲煥, 〈斯盧六村과 六村人의 出自에 대하여〉(《歷史學報》 17·18, 1962).
李鍾旭, 〈新羅 上古時代의 六村과 六部〉(《震檀學報》 49, 1980), 31쪽.
———, 《新羅國家形成史硏究》(1982), 70쪽.
李文基, 〈金石文資料를 통하여 본 新羅의 六部〉(《歷史敎育論集》 2, 1981), 110쪽.

33) 李丙燾, 〈新羅의 起源問題〉(《韓國古代史硏究》, 博英社, 1976), 602쪽.

34) 《三國史記》 권 3, 新羅本紀 3, 자비마립간 12년 정월.

35) 자비마립간 6년의 기록이 6부의 성격변화를 의미하는 것이라는 데에 대해서는 많은 학자들이 동의하고 있으나, 그 구체적인 주장에는 다소의 차이점이 있다.
李鍾旭, 앞의 글(1980), 47쪽.
李基白·李基東, 《韓國史講座 古代篇》(一潮閣, 1982), 151쪽.
李文基, 〈新羅 中古의 六部와 王統〉(《新羅文化祭學術發表會論文集》 8, 1987), 71~73쪽.

36) 朱甫暾, 〈三國時代의 貴族과 身分制〉(《韓國社會發展史論》, 一潮閣, 1992), 14쪽.

금대에 6촌을 6부로 改名하고 각각의 부에 姓을 하사하였다는 기록이 보이는데,[37] 이는 그 사실성이 매우 의심스러운 기록이기는 하지만 유리니사금대에는 6부의 전신인 6촌사회를 어떠한 형태로든 재편했음을 암시하는 것으로 이해할 수 있을 것이다.

(3) 부의 구조와 기능

이사금은 진한 소국들의 연맹체의 장을 지칭하는 용어였다. 그런데 이사금시대에 왕위는 유력한 집단의 장들에 의해 선임되기도 하였고 세습되기도 하였는데, 《삼국사기》에서는 이를 흔히 「國人」에 의해 추대되거나 세워졌다고 표현하고 있다. 여기에서의 국인은 바로 사로국을 구성하고 있는 연맹체의 대표자들이라고 여겨진다. 즉 신라 전체의 국민을 가리키는 것이 아니라 원래 사로국을 구성하였던 유력집단 즉 6부를 가리키는 것이다. 이는 이 당시의 6부의 세력이 그만큼 강했다는 것을 의미한다. 즉 신라의 6부는 그 하나 하나가 영역과 정치조직을 가진 단위 정치체로서의 독자적인 기능을 가졌던 것이다.

위지 동이전에 전하는 3세기 무렵의 고구려의 정치적 상황을 보면, 각 부의 장의 아래에는 使者·早衣·先人 등의 독자적인 관원이 있어 부내의 일을 독자적으로 처리하였으며, 消奴部는 독자적으로 靈星과 社稷에 제사를 지내기도 하였다고 한다. 부여의 경우에도 적이 있으면 諸加들이 스스로 전투에 나선다고 하여[38] 독자적으로 전투에 나설 정도로 강한 정치적 독립성을 갖고 있음을 알려 주고 있다. 신라의 경우에도 이들 6부가 연맹하여 연맹체를 형성하던 시기에는 각 집단별의 독자성이 매우 강했을 것이라 여겨진다. 다음의 기록은 신라 초기의 6부의 모습을 잘 보여 주는 것이다.

> 8월에 音汁伐國이 悉直谷國과 지경을 다투어 왕에게 와서 재판을 청하므로 왕이 이를 난처하게 여겨 이르되, 金官國 首露王이 年老하고 知識이 많다 하고 그를 불러 물었더니 수로가 立議하여 所爭의 땅을 음즙벌국에 속하게 하였다.

---

37) 《三國史記》 권 1, 新羅本紀 1, 유리니사금 9년.

38) 《三國志》 권 30, 魏書 30, 烏丸鮮卑東夷傳 30, 夫餘·高句麗.

이에 왕은 六部에 명하여 모여서 수로를 대접하게 하였는데 五部는 모두 伊湌으로 接待의 主를 삼았으나 오직 漢祇部만이 位卑者로 하여금 主管하게 하였다(《三國史記》 권 1, 新羅本紀 1, 파사니사금 23년).

위의 글에서 5부가 모두 이찬을 내보냈다고 하였으니 원래 이들 6부가 모두 이찬이란 관직 내지는 관등을 가진 자를 포함한 독자적인 관료체제를 갖추고 있었음을 알 수 있다. 또 《삼국사기》의 다른 기록에 의하면 한지부에는 이찬인 許婁와 摩帝가 파사왕을 영접하였을 때 마제의 딸을 太子妃로 삼고 허루에겐 酒多 곧 角干의 위를 주었다고 하며,[39] 《삼국유사》에서도 祇摩尼師今의 비를 마제국왕의 딸로 기록하고 있음을 보면(《삼국사기》에는 葛文王 摩帝의 딸이라 하였음) 한지부내에도 몇 개의 세력집단이 있었고 이들이 왕국을 칭할 정도로 독자적인 세력이 강했음을 알 수 있다. 그리고 이들은 혼인관계를 통해 박씨계 왕들과 유대관계를 맺고 연립하였음을 알 수 있다. 아마 석씨의 탈해계도 한지부와 같은 지역을 근거로 한 집단이었다고 추측되는데[40] 이들은 각각의 단위체로 존재했으나 때로는 완만한 하나의 지역집단으로 기능하기도 했을 것으로 생각된다.

이 시기의 신라의 왕은 한 部의 대표자로서 여타 다른 부의 대표자와 동질적인 면을 갖고 있었다. 마립간이라는 칭호는 여러 干들 가운데 우두머리라는 뜻이므로, 마립간시기의 신라의 왕은 여타의 간들과 본질적으로는 동일한 간에 불과했음을 알 수 있다. 뿐만 아니라 법흥왕대에 만들어진 〈울진 봉평 신라비〉에는 牟卽智寐錦王(法興王)이 喙部(梁部)에 소속된 것으로 나오고, 지증왕대의 〈迎日 冷水里碑〉에는 至都盧葛文王(지증왕)이 沙梁部 소속으로 나오는데, 이는 당시까지의 왕도 특정한 부에 소속되어 있었으며 그 부의 대표자의 직위를 갖고 있었음을 뜻한다. 즉 이 때까지만 하더라도 왕권이 아직 6부의 세력을 초월할 만한 지위에까지는 오르지 못했음을 보여 주는 것이다. 이는 〈영일 냉수리비〉에 6부의 유력자들이 王으로 표기되어 지도로갈문왕과 함께 '7王等'으로 호칭되고 있음을 보면 더욱 확실히 알 수 있다. 그리고 이

39) 《三國史記》 권 1, 新羅本紀 1, 지마니사금 1년.

40) 金哲埈, 〈新羅上代社會의 Dual Organization〉 上(《歷史學報》 1, 1952), 28~35쪽.

러한 상황은 〈울진 봉평비〉의 예로 보아 적어도 법흥왕대 초기까지는 지속되고 있었던 것이다.

(4) 부대표자 회의—화백

부체제 아래서의 중요한 정치 문제는 각 부의 대표자로 이루어진 회의에서 결정되었다. 이는 혁거세의 추대가 6촌의 촌장들의 의논으로 이루어졌다는 신라의 건국설화에서 이미 그 원형을 찾을 수 있다. 그리고 이사금시대에 왕위는 유력한 집단의 장들에 의해 선임되기도 하였고 세습되기도 하였는데, 《삼국사기》에서는 이를 흔히 「國人」에 의해 추대되거나 세워졌다고 표현하고 있다. 여기에서의 국인은 일반 백성을 지칭하는 것이 아니라 아마도 6부의 대표자들을 가리키는 말임에 틀림없을 것이다.

이러한 부대표자들의 회의를 흔히 和白이라고 부르는데 화백이라는 명칭은《新唐書》新羅傳에 처음 보일 뿐 우리 나라의 사료에서는 그 이름을 찾아볼 수 없다.《신당서》에서는 화백회의의 운영원리에 대해 '한 사람이라도 반대하면 그만둔다'고 하였으니 이는 이 회의에 참석하는 사람들의 개개인의 정치적 역할이 매우 중대하였음을 말해 주는 것이다. 이는 아마도 초기의 화백회의의 모습을 보여 주는 것이라 생각된다.[41] 그렇다면 초기의 화백회의의 참여자는 6부의 대표자라고 생각할 수 있을 것이다. 다음의 기록은 화백회의의 모습을 보여 주는 것으로 많이 인용되는 기록이다.

> 왕의 대에 閼川公·林宗公·述宗公·虎林公(慈藏의 父이다)·廉長公·庾信公이 南山 亐知巖에 모여 국사를 논의하였다. 이 때에 큰 호랑이가 자리에 뛰어 들거늘 여러 사람이 놀라 일어났으나 오직 알천공만은 조금도 움직이지 않고 태연히 담소하면서 호랑이 꼬리를 잡아 땅에 메쳐서 죽였다. 알천공의 힘이 이와 같고 首席에 앉았으나 여러 사람들은 모두 유신공의 위세에 복종하였다. 신라에는 네 靈地가 있는데, 장차 큰 일을 의논하려고 하면 대신들이 반드시

41) 《新唐書》新羅傳의 기록은 8세기 중반경 신라에 왔던 중국사신의 견문을 바탕으로 작성되었다고 알려져 있으므로, 6세기경 상대등과 대등을 중심으로 한 회의체의 이름이 화백이라고 하는 것은 시기적으로 거리감이 있다는 주장도 있다(李仁哲, 〈新羅의 君臣會議와 宰相制度〉,《韓國學報》65, 1993 ;《新羅政治制度史研究》, 一志社, 1993, 87쪽).

> 이 땅에 모여 의논한 즉 그 일이 반드시 이루어졌다. 첫째는 동쪽의 靑松山이고 둘째는 남쪽의 亐知山이고 셋째는 서쪽의 皮田이고 넷째는 북쪽의 金剛山이다(《三國遺事》권 1, 紀異 2, 眞德王).

이 기록은 물론 진덕여왕대의 것으로 상당히 후대의 것이고 또 회의의 참석자 중에 원래 경주 출신이 아니라 금관가야 출신인 김유신이 끼어 있음으로 보아 원래의 화백회의와는 그 성격이 약간 변질되었다고 보여지지만, 회의의 참석자가 6명이고 또 국가의 중대사를 논하기 위한 특별한 지역이 있었다는 것은 마치 백제의 政事岩을 연상케 하는 것으로, 화백회의의 모습을 보여 준다고 생각된다. 여기서 회의의 참석자가 6명인 것은 우연인지도 모르나 6부의 6이란 숫자와 관련지을 수 있다면 원래 화백회의는 6부의 대표자들이 참석하는 회의였다고 생각된다. 이는 〈영일 냉수리비〉에 지도로갈문왕을 포함한 7명의 참석자가 회집하여 중대사를 논하고 있는 것과도 일맥상통하는 것이다. 물론 〈냉수리비〉에서도 참석자의 출신부는 몇 개의 부에 한정되고 있지만 갈문왕을 제외한 6명이 참석한다는 것은 원래 6부의 대표자가 참석했던 전통을 이어받은 것이 아닌가 생각된다.[42]

초기에는 6부의 대표자에 의한 회의가 시대가 내려오면서 차츰 변질되어 유력한 부에서는 더 많은 인원이 참석하는 반면에 대표자를 참석시키지 못하는 부도 생겨나서 부 사이에도 우열의 차이가 점차 분명해졌을 것이다. 〈냉수리비〉와 〈봉평비〉에서 보는 것처럼 후대에 가서는 화백회의에 참여하는 인원이 늘어나며 특히 梁部와 沙梁部의 인물이 다수를 차지하는 반면 習比部나 漢祇部의 인물은 찾아볼 수 없다는 것은 부의 위상과 아울러 화백회의의 운영원리도 초기의 그것과는 상당히 달라졌음을 보여 주는 것이라 생각된다. 즉 신라가 내물왕대에 이르러서 부족연맹체적 체질을 탈피하고 고대국가로의 모습을 점차 갖추게 됨에 따라 부족장 회의의 전통을 잇는 화백회의도 점차 귀족회의로 바뀌게 되고 그 권위도 시대에 따라 변화되었다고 할 수 있다.

---

42) 과거에는 화백회의의 의장은 상대등이고 참석자가 바로 大等이었다는 견해가 유력하였으나(李基白, 〈大等考〉·〈上大等考〉, 《新羅政治社會史硏究》, 一潮閣, 1974, 66~132쪽), 최근 냉수리비의 발견으로 화백회의의 의장은 葛文王이 아니었을까 생각된다.

3) 지증왕대

(1) 지증왕의 등장

신라가 중앙집권적인 귀족국가로서의 체제를 갖추기 시작하는 것은 지증왕대의 일이다. 500년 내물왕의 직계인 소지마립간이 죽은 뒤 왕위는 그 방계혈통인 지증왕으로 이어졌는데, 그의 왕위계승은 그렇게 순조롭지만은 않았던 것으로 여겨진다. 우선 《삼국사기》에 의하면 그는 내물마립간의 손자인 習寶葛文王의 아들로 전왕인 炤知의 再從弟로 되어 있으나,[43] 《삼국유사》에는 내물마립간의 손자로 되어 있어 소지의 再從叔이 된다.[44] 이 두 기록 중 어느 것이 옳은 것인지 단정할 수 없으나,[45] 그의 혈통이 내물왕의 방계로 왕위계승의 제1후보자가 아니었던 것만은 틀림없다고 할 수 있겠다. 그리고 〈영일 냉수리비〉에 의하면 503년 계미년에 그는 갈문왕의 직함을 사용하고 있었음이 확인되는데, 《삼국사기》에 의하면 이 해는 그의 재위 4년째 되는 해인 것이다. 그렇다면 그는 실질적으로 왕위를 계승한 지 4년이 되도록 정식의 왕(寐錦王)이 되지 못하고 갈문왕이란 칭호를 사용하고 있었음에 틀림없다. 따라서 이러한 점들을 종합해 볼 때 그의 왕위계승은 정상적인 것은 아니었다고 볼 수 있을 것이다.[46] 아마 그가 왕이 된 데는 왕비족인 박씨의 후원에 힘입었을 것으로 여겨지는데, 그 이후 진지왕대에 이르기까지는 박씨가 왕비족으로서 상당한 영향력을 행사했던 것으로 보인다. 그렇다면 지증왕의 등장은 내물왕의 직계손이 독점하고 있는 권력에 대해 그 방계인 지증계와

---

43) 《三國史記》 권 4, 新羅本紀 4, 지증마립간 4년.

44) 《三國遺事》 권 1, 王曆 1.

45) 지증왕은 즉위시의 나이가 64세였으므로 소지왕과 같은 세대로 보기는 어렵다. 따라서 《三國遺事》의 기록이 옳지 않을까 생각된다(李基東, 〈新羅 奈勿王系의 血緣意識〉, 《歷史學報》 53·54, 1972 ; 《新羅骨品制社會와 花郞徒》, 一潮閣, 1984, 63~74쪽).

46) 文暻鉉, 〈迎日 冷水里 新羅碑에 보이는 部의 性格과 政治運營問題〉(《迎日 冷水里 新羅碑(가칭)의 綜合的 檢討》, 한국고대사연구회, 1989), 57쪽.
李喜寬, 〈新羅上代 智證王系의 王位繼承과 朴氏王妃族〉(《東亞硏究》 20, 西江大, 1990), 74쪽.

박씨족 연합세력의 도전이 성공한 것이었다고 볼 수도 있을 것이다.[47]

이렇게 하여 새로이 등장한 지증왕은 그 이후 중고왕실의 실질적인 시조가 된다는 점에서 신라정치사에 있어서 커다란 의미를 갖는 것이다. 《삼국사기》에 지증왕대에 처음으로 신궁을 설치했다는 기록이 보이는데, 이것이 비록 사실은 아니라 할지라도[48] 지증왕대의 새로운 왕계의 형성과 관련되어 생각할 수 있다. 즉 지증왕대에 이르러 그 이전과는 달리 그들 가계의 직접 조상들을 신궁에 새로이 배향하였을 것이고, 이에 따른 새로운 의례라든가 제의의 성대함이 후대에 기억될 만큼 의미있는 것이었기 때문일 것이다.

(2) 국호 및 왕호의 개정

위에서 살펴본 바와 같이 지증왕의 등장은 신라정치사에 있어서 하나의 커다란 전환점이 된다고 할 수 있다. 지증왕대에는 주목할 만한 일련의 개혁이 단행되었는데 그 중에서도 우선 주목되는 것이 국호와 왕호에 대한 개정이다. 이에 관해 《삼국사기》에서는 다음과 같이 기록하고 있다.

> 10월에 群臣이 아뢰기를 "시조 창업한 이래로 나라의 이름이 일정하지 않아 혹은 斯羅라 하고 혹은 斯盧라 하고 혹은 新羅라 하였으니, 신들은 생각하건대 '新'은 덕업이 날로 새로워진다(德業日新)는 뜻이요, '羅'는 사방을 망라한다는 뜻(網羅四方)인 즉, 그것으로 國號를 삼는 것이 좋을 듯하오며, 또 생각건대 자고로 국가를 가진 자는 모두 帝 또는 王이라 칭하였는데 우리 시조가 건국한 이래 지금 23世로되 단지 방언으로 칭하고 존호를 정하지 아니하였으므로 지금 군신은 한뜻으로 新羅國王이란 尊號를 올립니다" 하매 왕이 거기에 좇았다 (《三國史記》 권 4, 新羅本紀 4, 지증마립간 4년).

위의 기록에서 보는 바와 같이 '德業日新 網羅四方'과 같은 다분히 유교적인 색채가 농후한 덕목을 국호에 대한 설명으로 내세우고 있는 것을 보면, 지증왕대의 일련의 개혁의 방향을 짐작할 수 있다. 이는 신라가 국가체제를 정비하고

---

47) 李喜寬, 위의 글, 75~78쪽.

48) 앞에서 살펴본 바와 같이 神宮의 설치에 대해 《삼국사기》 신라본기에서는 소지마립간 9년의 일로 기록하고 있는데 반해, 祭祀志에는 지증왕대의 일로 기록하고 있다.

왕권과 지배조직을 강화해 나감에 따라 요청되는 선진적인 중국식 정치조직과 문물에 대한 인식과 그것을 적극적으로 수용하고자 하는 데서 나온 것이다. 즉 국호 및 왕호의 漢化政策이 단순한 명칭상의 문제가 아니라 이를 통하여 당시의 신라가 추구하고자 하는 정책의 목표를 극명하게 드러낸 것이라 하겠다.

그리고 이는 다만 명칭상의 문제에 그치는 것이 아니라 殉葬의 금지, 牛耕의 보급, 지방제도의 실시, 喪服法의 제정 등 일련의 개혁정책이 모두 동일한 목적으로 추진된 것임을 암시해 준다. 지증왕대에 실시된 지방제도의 정비는 州·郡 등의 명칭으로 보아 다분히 중국적인 제도를 채택한 것이며, 우경의 보급도 중국의 발달한 생산방식을 적극적으로 도입하고자 하는 의도에서 장려된 것으로 짐작된다. 그리고 순장의 금지와 상복법의 제정은 동족적 관계를 명시하는 중국적 사회 편제방법의 도입이라고 설명되어질 수 있을 것이다.

지증왕대의 이러한 개혁정책이 중국을 모범으로 하는 것이었음을 보여 주는 또 다른 증거로 지증왕 3년(502)과 9년 두 차례에 걸쳐 중국 北朝의 北魏에 사신을 파견한 사실을 들 수 있다.[49] 신라는 이로써 奈勿王 27년(382) 이래 120년간이나 단절되었던 중국과의 교섭이 다시 열리게 되었을 뿐 아니라 중국의 문물을 받아들여 중국식의 지방제도와 상복법 등을 실시할 수 있었던 것이다. 이는 중고 율령시대의 단서를 열어 법흥왕대에 율령을 시행할 수 있는 바탕을 마련했다는 점에서 크게 주목되어야 할 사실이다.

(3) 지방제도의 정비

신라 중고기의 지방제도를 흔히 州郡制라고 하는데, 그 근간은 지증왕대에 완성되었다.

> 왕이 친히 국내의 州郡縣의 제도를 정하고, 悉直州를 두어 異斯夫로 軍主를 삼으니, 군주란 이름이 여기에서 시작되었다(《三國史記》 권 4, 新羅本紀 4, 지증마립간 6년 2월)

49) 《魏書》 권 8, 帝紀 8, 世宗宣武帝, 景明 3년(502) 및 永平 元年(508) 3월 己亥에 '斯羅'가 조공한 것으로 되어 있는데, 여기의 사라가 신라를 가리키는 것임에 틀림없다(李基白·李基東, 앞의 책, 153쪽).

위의 기록에서 州郡縣이란 표현은 후대의 粉飾일 것이지만 지방제도가 일단락된 것만은 틀림없는 사실로 여겨진다. 다만 당시의 지방제도는 縣은 아직 설치되지 않았고 州와 郡만 있었기 때문에 당시의 지방제도를 흔히 州郡制라고 부른다.

주군제의 특징을 한 마디로 요약한다면 군사적 성격이 매우 강하다는 것이다. 주의 경우 중고기의 주는 좁은 의미로는 停이 설치된 장소나 정 그 자체를 가리키는 말이고, 넓은 의미로는 주의 장관인 軍主의 활동 영역인 軍管區를 의미한다.[50] 이는 郡縣制 아래에서의 주가 領縣을 거느린 州治 또는 군현을 포함한 영역을 지칭하는 것과는 전혀 다른 것이다. 실제 중고기의 주는 빈번한 이동과 置廢 현상을 보이는데, 이는 바로 정의 이동과 치폐를 의미한다. 그러므로 중고기의 군사조직인 6停은[51] 지방제도와 밀접한 연관을 맺고 있는 것이며, 大幢을 제외한 나머지 다섯 정은 지방에 그 성립 기반이 있다고 하여도 좋을 것이다. 따라서 이 시기의 주는 비록 군사상의 필요에 의해 때때로 이동할 수 있는 군정적 성격을 지닌 것이기는 하였으나 점령지 확보책으로서는 중요한 의미를 갖는 것이었다.

주의 아래에는 군을 두었는데 중고기의 주와 군의 관계는 요즈음의 道와 군의 관계와는 전혀 다른 것이었다. 당시의 주는 군과 비슷한 규모의 고유 영역을 갖고 있었으나, 때로는 군사적 목적 등에 의해 인근의 군들을 관할하기도 하였던 것이다. 《梁書》 新羅傳에 지방에 52개의 邑勒이 있었다는 것은

50) 주의 장관을 軍主라고 보는 것이 일반적인 견해이나 이에 반대하는 견해도 있다. 木村誠은 州·郡·村에 파견된 지방관을 「軍主－幢主－外村主」의 軍主 계열과 「州行使大等－郡使大等－道使」의 使大等 계열로 이루어진 二重的 支配體制로 보았으며(木村誠, 〈新羅郡縣制の成立過程と村主制〉, 《朝鮮史硏究會論文集》 13, 1976), 姜鳳龍은 군주는 停의 지휘자였을 뿐이고 주의 장관은 使大等이었다고 하였고(姜鳳龍, 〈신라 「中古」期 「州」制의 형성과 운영〉, 《韓國史論》 16, 서울大, 1987), 李仁哲도 주의 지방관을 州行使大等으로 보고 있다(李仁哲, 〈新羅 中古期의 地方統治體制〉, 《韓國學報》 56, 1989). 그러나 넓은 의미의 주를 軍管區적 성격을 갖는 것으로 보는 데에는 별 다른 異見이 없다.

51) 6停의 설치는 《三國史記》 職官志에 의하면 모두 眞興王代로 되어 있으나, 그 실제 연대는 이보다 좀더 올라갈 수 있으리라 생각된다. 그리고 6정에 관한 기록은 神文王代 이후에는 보이지 않으므로, 통일기 이후에는 그 기능을 상실하고 해체되었으리라 생각된다. 따라서 6정은 中古期의 군사조직으로 볼 수 있다.

바로 지증왕대에 설치된 군의 숫자 또는 주와 군을 합친 숫자라고 생각된다. 이들 주와 군은 다시 몇 개의 城과 村으로 구성되었는데 촌은 당시의 가장 기본적인 지역단위였으며, 성은 단지 城郭이 설치된 촌을 가리키는 말일 뿐 본질적으로는 동일한 것이었다. 이들 성·촌에는 재지세력인 村主 등이 있어 국가행정의 말단을 담당하였다.[52]

4) 법흥왕대

중고기가 시작되는 법흥왕대는 신라사의 커다란 전환점이라고 할 수 있는 시기였다. 법흥왕대에는 지증왕대의 업적을 토대로 병부의 설치, 율령의 반포, 불교의 공인, 상대등의 설치, 금관가야의 병합, 연호의 사용 등 국가체제의 정비와 왕실의 권위를 높이는 일련의 정책을 실시하였다. 이들 정책의 의의를 한마디로 요약하자면 신라가 대내적으로는 왕권이 확립되고, 대외적으로는 중국과 대등한 국가임을 내세우면서 또 삼국을 통일할 수 있는 사상적 기반을 마련해 주었다는 점이다.

(1) 율령의 반포

법흥왕대에 이루어진 여러 정책 가운데서도 가장 주목되는 것이 律令의 반포이다. 율령의 반포를 흔히 고대국가체제의 완성을 가리키는 지표로 삼는 것만 보아도 율령의 반포가 갖는 의미를 짐작할 수 있다. 그리고 이는 요즈음에 와서야 그 중요성이 인식된 것이 아니라, 당시 신라 사람들도 이를 매우 중대한 사건으로 인식하였다. 최치원이 쓴 〈鳳巖寺 智證大師寂照塔碑〉에 阿度和尙이 신라에 들어온 시기를 법흥왕이 율령을 반포한 지 8년째 되는 해라고 기록하고 있는데, 이를 보면 당시의 사람들도 율령의 반포를 매우 중요한 사건으로 인식하고 있었음을 알 수 있다.

율령이란 엄밀하게는 律令格式을 의미하는데, 律은 刑罰法으로 오늘날의 형법과 같은 것이고, 令은 敎令法으로 오늘날의 行政法·私法·訴訟法 등에 해당된다. 그리고 格은 율령을 改廢·변경·보완한 것이며, 式은 율령을 시

52) 李宇泰, 〈新羅의 村과 村主〉(《韓國史論》 7, 서울大, 1981), 69~120쪽.

행하기 위한 세칙을 규정한 것이다. 율령은 중국의 隋唐대에 완성된 것인데, 魏晉南北朝시대에 율과 령이 분화하여 각각 해당 법전을 의미하게 된 이후 고정적인 법전에 대하여 시세의 변천에 적응시키기 위해 격식이라는 새로운 법이 출현하게 된 것이라고 한다.[53] 그러므로 율령의 제정은 곧 국가적 성문법의 제정을 의미하며, 그 법에 의거한 지배체제의 국가를 율령국가라고 부르는 것이다.

그런데 법흥왕대의 율령반포에 대해 이를 회의적으로 보는 시각이 있다. 주로 일본 학자들은 법흥왕대의 율령반포를 부정하거나,[54] 극히 일부분 예컨대 公服制의 실시에 지나지 않는다고 주장하는 이들도 있다.[55] 그러나 대부분의 국내 학자들[56]과 일부 일본 학자들[57]은 율령의 반포를 사실 그대로 받아들일 뿐만 아니라 이를 바탕으로 그 구체적인 편목까지 유추하고 있는 실정이다.

국내 학자들의 이러한 주장은 〈단양 적성비〉 등의 새로운 금석문이 발견되면서 더욱 증거가 강화된 느낌인데 특히 최근에 발견된 〈울진 봉평비〉로

---

53) 田鳳德, 〈新羅의 律令考〉(《서울大學校論文集》 4 인문·사회과학, 1956 ; 《韓國法制史硏究》, 서울大 出版部, 1968).

54) 井上秀雄은 신라에서 毗曇의 난을 진압한 이후 김춘추를 중심으로 당제를 도입하여 율령제를 진전시킨 것으로 보았고(井上秀雄, 〈朝鮮·日本における國家の成立〉, 《岩波講座世界歷史》 6, 1971), 石上英一은 통일신라에서 조차 독자적인 율령이 편찬되었다고 볼 수 없다는 입장에서 당의 율령을 근간으로 하여 시행세칙을 중심으로 변용해서 오직 격식만을 편찬하였을 것으로 보았으며(石上英一, 〈律令法國家〉 1, 《歷史硏究》 222·223, 東京, 1979), 北村秀人도 법흥왕 7년에 반포된 율령이란 말은 공복제도의 규정처럼 일반적 의미로 쓰인 것이라는 武田幸男의 견해를 계승하면서 무열왕대나 문무왕대에도 율령이 제정된 것으로 볼 수는 없다고 하고 신라의 지배체제나 국제관계로 보아 중국적인 특색을 살린 율령제가 실시된 것으로 보기는 어렵다고 하였다(北村秀人, 〈朝鮮における'律令制'の變質〉, 《日本古代史講座》 7, 龍溪書舍, 1982).

55) 武田幸男, 〈新羅法興王代の律令と衣冠制〉(《古代朝鮮と日本》, 龍溪書舍, 1974).

56) 李基東, 〈新羅 官等制度의 成立年代 問題와 赤城碑의 發見〉(《歷史學報》 78, 1978 ; 《新羅 骨品制社會와 花郞徒》, 一潮閣, 1984).
———, 〈新羅의 骨品制度와 日本의 氏姓制度〉(《歷史學報》 94·95, 1982).
金龍善, 〈新羅 法興王代의 律令頒布를 둘러싼 몇 가지 問題〉(《加羅文化》 1, 1982).
朱甫暾, 〈新羅時代의 連坐制〉(《大丘史學》 25, 1984).

57) 林紀昭, 〈新羅律令に關する二·三の問題〉(《法制史硏究》 17, 1967).

인해 법흥왕대의 율령반포는 움직일 수 없는 사실이 되었다고 보인다.[58] 〈봉평비〉에 '前時王大敎法'이란 구절이 있는데 여기서 '前時에 크게 법을 敎하였다'는 것은 법흥왕 7년(520)의 율령의 반포를 의미하는 것으로 해석되기 때문이다. 이는 당시의 정치적 상황으로 보아도 충분히 납득할 수 있는 사실이라고 생각된다.

일반적으로 율령의 반포에는 다음과 같은 두 가지의 전제가 필요하다. 하나는 율령의 기본이라고 할 수 있는 유교에 대한 이해가 있어야 한다는 것이고, 다른 하나는 이러한 율령을 제정·공포하여 시행할 수 있는 국가권력의 강화와 이를 뒷받침하는 지배체제가 성립되어 있어야 한다는 점이다. 고구려의 경우 소수림왕대의 太學의 설립은 율령의 반포를 위한 기본조건이 마련되었음을 시사해 주는 것이다. 신라의 경우 지증왕대의 국호와 왕호의 개정은 중국의 유학을 받아들인 바탕에서 가능한 것이었다. 특히 '德業日新網羅四方'에서 '덕업'과 '일신'은 유교경전에 대한 이해가 없이는 받아들일 수 없는 것이다. 또 〈진흥왕 순수비〉에도 왕도사상과 《書經》이 인용되어 있으며,[59] 진흥왕 6년(545)에 《國史》를 편찬하였다는 것을 보아도 유교에 대한 이해가 상당한 수준에 이르렀음을 알 수 있다. 이로 보아 법흥왕대에도 이미 유교에 대한 상당한 이해와 법전을 편찬할 수 있는 한학의 소양을 갖춘 학자들이 있었다고 하겠다.

또 지배체제의 강화에 대한 것은 앞서 살펴본 바와 같이 지증왕대에 실시된 州郡制는 在地勢力家들을 일원적인 국가체제 속에 편입하고 지방에 대한 중앙의 통치력을 한층 강화한 것인 만큼 이는 중앙집권적 국가체제의 성립을 말해 주는 것이라 하겠다. 그리고 兵部의 설치로 국왕은 병권을 장악하는 위치에 설 수 있었으며 새로운 군사제도인 전국적인 규모의 법당군단의 설치는 왕의 절대적인 권한을 한층 강화하였다고 볼 수 있다. 그리고 軍主의 파견과 外官携家制의 실시는 지방에 대한 통치를 한결 공고화하는 조치였을

58) 朱甫暾, 〈蔚珍鳳坪新羅碑와 法興王代 律令〉(《韓國古代史硏究》 2, 1989), 115~137쪽.

59) 金哲埈, 〈三國時代의 禮俗과 儒敎思想〉(《韓國古代社會硏究》, 知識産業社, 1975), 306쪽.

것이다. 이렇게 강화된 지배기구를 통해 율령은 실시될 수 있었던 것이고, 이에 대한 무력적인 시위와 처벌을 〈봉평비〉를 통해 확인할 수 있다.[60] 그러므로 신라의 법흥왕대에는 율령을 반포할 수 있는 충분한 조건을 갖추고 있었던 것이며, 그 사실을 의심할 하등의 이유가 없는 것이다.

법흥왕 7년(520)에 반포된 율령의 내용이나 체계, 또는 그 모법에 대하여는 별로 알려진 것이 없다. 《삼국사기》의 기록에 의하면 율령반포의 기록에 이어 '처음으로 百官 公服의 朱紫의 차례를 정하였다'는 기록이 있는 까닭에 법흥왕 7년에 반포된 율령이란 바로 공복제를 주 내용으로 하는 衣冠制에 지나지 않는다는 견해도 있으나[61] 이는 받아들이기 어렵다. 신라의 율령은 율과 령을 아울러 갖춘 완성된 법전이라고 생각되나, 그 체계는 중국이나 일본의 율령과 같이 □□令과 □□律로 이름 붙여진 것이 아니라, □□法으로 이름 붙여진 것이 아니었을까 한다. 왜냐하면 법흥왕대에 만들어진 〈울진 봉평비〉에 '奴人法'이란 말이 보이는데, 봉평비의 건립이 율령을 반포한 지 얼마 지나지 않는 시점이고 또 그 성격이 율령의 시행과 관련이 깊은 것이라 생각된다. 그런데 국가에서 공식적으로 사용한 법조문의 내용을 노인법이라 표현한 것을 보면 이는 법흥왕 7년에 반포한 율령의 한 편목으로 보아야 하지 않을까 한다. 그리고 진흥왕대의 〈丹陽 赤城碑〉에도 '佃舍法'이란 구절이 있는데 이 또한 마찬가지라 생각된다. 진평왕대의 〈南山新城碑〉에서도 '作節如法'이라 하여 「法」이란 글자가 보이는데 이 또한 당시 신라의 법전체계가 □□法으로 이루어져 있었음을 보여 주는 것이라 생각된다.

그렇다면 신라의 율령은 비록 고구려나 중국의 영향을 받아 제정되었다 하더라고 그 내용이나 체제는 신라 고유의 법을 이어 받은 독자적인 체계와 내용의 것이었다고 할 수 있을 것이다.[62] 《삼국사기》의 色服條에 법흥왕대

---

60) 李宇泰, 〈蔚珍鳳坪新羅碑의 再檢討－碑文의 判讀과 解釋을 중심으로－〉(《李元淳敎授停年紀念 歷史學論叢》, 敎學社, 1991).

61) 武田幸男, 앞의 글, 85~93쪽.

62) 田鳳德은 신라 율령은 고구려의 율령을 모법으로 한 것이고, 고구려의 율령은 晋의 泰始律令(267)을 계수한 것이라고 추측하였다(田鳳德, 앞의 글). 이에 반해 林紀昭는 법흥왕대 이후의 신라에는 새로운 율령이 아닌 고유법이 존재했다고 주장하고 있다(林紀昭, 앞의 글, 154~156쪽).

에 처음으로 6部人의 복색의 제도를 정했으나 이는 오랑캐의 풍속으로 중국과는 다른 것이었고, 金春秋가 중국에 들어갔다 온 이후에 중국의 의관이 신라에 전래되어 중국과 같은 옷을 입게 되었다는 기록[63]은 이를 간접적으로 설명해 준다 하겠다.

율령의 내용에 대해 여러 가지 추측이 있으나 이에 대한 구체적인 추정은 무리라 생각된다. 그러나 당시의 상황으로 보아 율령 속에는 관등제와 골품제에 관한 내용이 비중있게 다루어졌을 것으로 짐작된다. 골품제의 중요한 내용 중의 하나가 신분에 따라 받을 수 있는 관등의 상한을 규정하는 것이므로, 골품제의 성립은 관등제의 제도적인 성립 없이는 불가능한 것이다.

원래 관등제는 씨족 혹은 부족과 그것을 기초로 하여 형성된 읍락 등이 가진 족제적 규범을 초월할 때 성립하는 일원적인 개인적 신분체제이다.[64] 그 까닭에 관등제의 성립은 족제적 체제로부터 초월한 군주권의 실재를 전제해야 한다. 그러나 골품제의 편성과정에서 그 대상이 된 것은 혈연적 관계에 입각한 것이었는데 이는 당시의 국가권력이 기존의 족장층의 사회적 기반을 해체할 수 있을 정도로까지는 성장하지 못했기 때문일 것이다. 즉 관등제가 개인적인 신분제라면 골품제는 혈족적인 신분제라 하겠다. 따라서 골품제와 관등제는 상호보완적인 것이며 일원적인 관등제를 실시할 수 없었던 신라가 선택한 제도적 완충장치라고 할 수 있는 것이다.

신라 관등제의 기원은 사로국의 성장과정에서 찾아야 하겠지만 이것이 제도로 완성된 것은 6세기 초 지증왕대 이후의 일이라 생각된다. 그리고 골품제도는 율령의 법제적 보장에 의해 비로소 만들어질 수 있는 것이므로 골품제의 성립은 법흥왕 7년의 율령반포 때로 보는 것이 타당할 것이다.[65] 또한 대개 지증왕대에 마련되었다고 여겨지는 외위제도 율령의 내용 중에 포함되어 있었을 것이라 생각된다. 즉 관등체계의 기본적인 틀은 지증왕대에 마련되었고 이것이 법제화된 것은 법흥왕대의 일이라 할 수 있겠다

63) 《三國史記》 권 33, 志 2, 色服.
64) 武田幸男, 〈朝鮮三國の國家形成〉(《朝鮮史硏究會論文集》 17, 1980), 48쪽.
65) 申東河, 〈新羅 骨品制의 形成過程〉(《韓國史論》 5, 서울大, 1979), 57~61쪽.
李基東, 앞의 글(1982), 142~144쪽.

(2) 군사제도의 정비

신라 군사제도의 본격적인 정비는 진흥왕대에 大幢의 설치에서 비롯한다고 하겠으나, 진흥왕대의 군사제도 정비의 토대는 이미 법흥왕대에 마련되어 있었다고 보인다. 바로 병부의 설치가 그것인데[66] 이는 문헌자료에 보이는 최초의 신라의 관부라는 점에서도 중요성이 크다.

신라의 초보적인 군사제도는 이미 자비마립간대에 左右將軍의 설치에서 엿볼 수 있는데, 이 장군직의 설치는 군사권을 왕권의 아래에 집결시키려는 목적에서 설치된 것으로 보인다. 그러나 이 시기의 장군이 이끄는 병사는 대개 6부인으로 이루어진 6부병이 근간이 되었다고 여겨진다. 그러나 지증왕 이후 특히 법흥왕대에 와서는 대규모의 군대가 동원되는 것을 여러 군데에서 찾아볼 수 있는데[67] 이러한 대규모의 군대를 동원하기 위해서는 전국적인 규모의 지방민을 대상으로 한 군사제도의 개편이 없이는 불가능한 일이다.

병부의 설치는 軍政과 軍令을 분리시킴으로 인해 연맹단계 이래의 兵權의 분산성을 극복하고 이를 왕권하에 통속시키기 위한 조처로도 이해되고 있는데, 법흥왕대의 병부의 내부조직에는 법흥왕 10년(523)에 설치된 監舍知와 11년에 설치된 軍師幢主가 포함된 것으로 보인다.[68] 그런데 이 중에서도 군사당주는 군사라는 지방인에게 주어진 군직과 연관이 있다는 점에서 지방의 군대를 통솔하는 임무를 맡았던 것이 아닌가 생각된다. 그렇다면 이 때에 이미 지방민을 근간으로 하는 군사조직이 어느 정도 갖추어져 있었을 것이다. 그리고 이는 冒頭에 法字를 쓰는 군단 즉 法幢軍團의 조직과 관련이 있을 것이다.

법당군단의 조직이나 구성에 대하여는 아직 확실히 밝혀지지 않은 점이 많으며, 연구자들 사이에 견해차도 심한 형편이다.[69] 법당군단의 성립에 대

---

66) 《三國史記》 권 4, 新羅本紀 4, 법흥왕 4년 4월.

67) 신라 군사력의 규모는 奈勿王代까지만 하더라도 불과 5천 명 정도였으나 이로부터 약 2세기 후인 眞興~武烈王代에 이르러서는 약 10배나 되는 5만 명의 군사를 동원할 수 있을 만큼 비약적인 발전을 하였다(李宇泰, 〈新羅 三國統一의 一要因-對地方民 政策을 中心으로-〉, 《韓國古代史硏究》 5, 1992, 79~84쪽).

68) 盧重國, 〈法興王代의 國家體制의 强化〉(《統一期의 新羅社會硏究》, 東國大 新羅文化硏究所, 1987), 49~57쪽.

69) 法幢軍團에 대한 연구로는 다음과 같은 것들이 있다.

해서는 대개 법흥왕대 내지 진흥왕대로 보고 있는데, 法幢의 「法」이란 글자와 관련지어 이를 법흥왕대에 설치된 것으로 보는 견해가 타당하리라 여겨진다.70) 그리고 법당군단은 그 성격상 지역과 관련된 부대와 특수 무기를 사용하는 부대의 둘로 나눌 수 있는데, 지역과 관련된 부대 중에서도 外餘甲幢과 外法幢은 군관의 수로 미루어 보아 52邑勒에 설치된 부대로 생각된다.71)

법당군단은 6停과 함께 신라 중고기의 가장 핵심적인 군사조직인데, 이들 부대의 조직이 주로 지방민을 그 성립 기반으로 하고 있었던 것이다. 즉 법흥왕대에는 율령의 반포와 지방통치조직의 강화를 통해 전국적인 군사력의 동원이 가능한 체제를 갖추고 있었으며, 이를 바탕으로 다음의 진흥왕대에는 비약적인 영토의 확장이 가능했던 것이다.

(3) 불교의 공인

신라에 불교가 전래된 것은 고구려나 백제가 왕실의 주도로 東晋으로부터 불교를 받아들인 것과는 그 사정이 달랐다. 아마도 초기에는 고구려와 인접한 국경을 통해 민간에 불교가 전래된 것으로 보이는데, 신라의 불교 전래에 대해서는 석연치 않은 점이 있다. 《삼국유사》에 의하면 5세기 초 눌지마립간대에 고구려로부터 沙門 墨胡子가 一善郡(善山) 毛禮의 집에 와서 있었는데, 梁나라로부터 온 사신이 가져온 향의 용도를 모르자 이를 일러 주었으며 왕녀의 병을 고쳐 주었다고 한다. 그러나 이 기록에서 눌지마립간의 재위 연대(417~

井上秀雄, 〈新羅兵制考〉(《新羅史基礎硏究》, 東出版, 1974).
京俊彦, 〈新羅の法幢について〉(《朝鮮史硏究會會報》 55, 東京, 1979).
武田幸男, 〈中古新羅の軍事的基盤－法幢軍團とその展開－〉(《西嶋定生還曆紀念東アジアにおける國家と農民》, 山川出版社, 1984).
盧重國, 앞의 글.
李仁哲, 〈新羅 法幢軍團과 그 性格〉(《韓國史硏究》 61·62, 1988).

70) 武田幸男, 앞의 글(1984).

71) 外餘甲幢의 군관의 숫자(法幢主 52, 法幢監 68, 法幢火尺 102)와 外法幢의 군관의 숫자(法堂頭上 102, 法幢主 306)로 보아 이들이 동일한 지역에 존재하였음은 분명하다고 생각되며, 그 지역은 바로 52邑勒임에 틀림없을 것이다. 외여갑당의 군관의 숫자를 살펴보면 법당주 52인은 52읍륵에 한 명씩 배치되었음을 쉽게 짐작할 수 있고 그 배수에 해당하는 법당화척 102명은 당주 1명에 2명씩 배정된 것으로 짐작된다.

485)는 梁(502~557)이 아직 건국되기 이전에 해당하므로 연대상의 착오가 있음이 분명하다. 또 〈阿(我)道碑〉에 의하면 미추왕 2년(263)에 阿道가 고구려에서 왔다고 하였는데, 一然은 이 아도가 374년 고구려에 온 아도이며 묵호자와 동일인일 것이라고 추정하였다.[72] 그러나 전후 사정으로 보아 신라에 온 아도는 伊弗蘭寺에 있었던 고구려의 아도와는 다른 사람으로 생각된다.

어쨌든 이들 기록을 종합해 보면 신라에는 법흥왕대 이전에 이미 불교가 전래되어 지방은 물론이고 왕실에까지도 불교가 보급되었다고 여겨진다. 일반적으로 법흥왕대 이전까지는 신라의 불교 보급이 일부 한정된 지역에서 개인적인 차원의 포교로 끝났다고 여기고 있다.[73] 그러나 소지왕대에 모례의 집에서는 몇몇 승려가 신도를 상대로 경전을 강의하였다고 하며,[74] 왕실에 焚修僧이 상주하고 있었음을 보아[75] 신라의 지방과 서울에는 법흥왕대 이전에 이미 불교가 상당히 뿌리를 내리고 있었다고 보아야 할 것이다.[76] 이는 5세기 초엽의 신라 왕릉 유물에서 연꽃무늬가 나타나고, 불교가 공인될 무렵에 만들어진 順興의 於宿知述干墓의 고분벽화에 불교적 소재가 많은 것으로 보아서도 확인될 수 있는 사실이다.[77]

법흥왕 8년(521)에는 南朝의 梁나라에 사신을 파견하여 두 나라 사이에 정식으로 외교관계가 성립하게 되었는데, 이 무렵 好佛의 군주로 유명한 양나라의 武帝가 보낸 사신인 승려 元表에 의해 비로소 왕실에 불교가 정식으로 전해졌다. 이렇게 하여 왕실과 불교가 인연을 맺은 이후 법흥왕은 불교를 크게 일으키기 위해 왕경 안의 天鏡林을 베어서 절을 짓고자 하였다. 그러나 법흥왕의 이러한 시도는 귀족들의 반대로 인하여 무산되었고, 법흥왕 14년에 왕의 젊은 寵臣인 異次頓은 왕의 의도를 관철하기 위하여 創寺 준비의 책임을 지고 순교하였다. 흔히 이를 계기로 신라에서 불교가 공인되었다고 하지만, 이차돈

72) 《三國遺事》 권 3, 興法 3, 阿道基羅.
73) 李基白·李基東, 앞의 책, 248쪽.
74) 《三國遺事》 권 3, 興法 3, 阿道基羅.
75) 《三國遺事》 권 1, 紀異 2, 射琴匣.
76) 辛鍾遠, 〈新羅의 佛敎傳來와 그 受容過程에 대한 再檢討〉(《白山學報》 22, 1977), 139~183쪽.
77) 辛鍾遠, 〈新羅 佛敎傳來의 諸樣相〉(《新羅初期佛敎史硏究》, 民族社, 1992).

의 죽음으로 인해 곧바로 불교가 공인된 것은 아니었다. 오히려 천경림에 짓고 있던 興輪寺의 공사는 중단되었으므로 이 해는 오히려 불교가 박해를 받은 해이며, 법흥왕 22년에 그간 중단되었던 흥륜사의 공사가 재개되었는데 아마도 이 때에 불교가 정식으로 공인되었던 것으로 보인다.[78)]

이렇게 신라의 경우도 고구려나 백제의 경우와 마찬가지로 왕실의 적극적인 주도로 불교가 마침내 공인되기에 이르렀는데, 왕실에 의해서 불교가 강력하게 지지받게 된 이유는 불교가 왕권 중심의 지배체제를 유지하는데 있어 매우 적합한 정신적인 지주였기 때문이었다. 진흥왕은 신라 최대의 호국사찰인 皇龍寺를 건립하였으며, 그는 불교에 있어 須彌四洲의 세계를 통솔하는 왕이며 輪寶를 굴리며 四方을 위엄으로 굴복시킨다는 轉輪聖王으로 비유되었다. 또 진흥왕이 정복한 지역을 순수할 때는 많은 臣僚들을 대동하였는데, 그에 관한 기록에는 이들 중에서도 승려의 이름이 가장 먼저 나온다. 이렇게 大等보다 높은 지위를 차지하였던 승려는 순수에 따른 여러 의식을 주관하였을 것으로 짐작되는데, 이를 통해서 이제 불교는 확실히 새로운 지도이념으로 정착되었음을 알 수 있다.

진평왕도 스스로를 釋迦佛에 비기어, 자신과 왕비는 각기 석가의 부모 이름인 白淨과 摩耶夫人으로 이름을 삼았고, 그의 동생들도 석가의 叔父 이름인 伯飯·國飯을 이름으로 하였다. 이는 진평왕대에만 국한되지 않고 법흥왕 이래 진덕여왕까지 중고기의 왕족들은 그 이름을 불교에서 취하고 있다. 따라서 중고기를 佛敎式 王名時代라고 부르기도 하는 것이다.[79)] 중고기의 신라 왕실은 석가의 권위를 빌려서 왕권의 강화를 꾀한 것임에 틀림없다 하겠다.

처음 불교가 보급되고 공인되는 과정에서 귀족들은 巫覡의 토착적 전통에 집착하여 이를 반대하였으나, 차츰 불교 사상에 포함되어 있는 輪廻轉生思想이 골품제라는 엄격한 신분제 속에서 자신들의 특권을 옹호해 주는 이론적 바탕이 된다는 사실을 알고는 이를 적극 수용하였던 것으로 보인다. 그리고 초기에 전래된 彌勒信仰은 무불융합적인 성격을 지녔던 까닭에 귀족들의 홍

78) 李基白, 〈新羅 初期 佛敎와 貴族勢力〉(《震檀學報》 40, 1975), 25~39쪽.
———, 〈三國時代 佛敎受容과 그 社會的 意義〉(《新羅思想史硏究》, 一潮閣, 1992), 4~12쪽.

79) 金哲埈, 〈新羅 上代社會의 Dual Organization〉 下(《歷史學報》 2, 1952), 91~92쪽.

미를 끌 수 있었던 것으로 보인다. 진흥왕대에 만들어진 화랑은 미륵의 화신이라고도 하는데, 이는 귀족의 자제 중에서 임명되었다. 즉 왕은 자신을 전륜성왕에 비유하면서 그의 치세를 돕기 위한 미륵의 출현을 화랑으로 설정하였던 것이다. 그리하여 전륜성왕 사상과 미륵신앙은 정치적 세계와 종교적 세계를 조화시킨 가운데, 왕실과 귀족이 불교신앙면에서 서로 대립하지 않고 조화를 이룰 수 있게 되었던 것이다.[80)]

〈李宇泰〉

3. 영토의 확장과 왕권강화

1) 영토의 확장

앞서 살핀 바와 같이 신라는 智證王·法興王代에 이르러 고대국가의 체제를 완성하고 이를 기반으로 하여 眞興王代(540~576)에는 정복국가로 발전하고 있었다. 이는 고구려가 小獸林王代의 대내적인 정비단계를 거쳐 廣開土王·長壽王代에 이르러 광범위한 영역을 확보하여 동아시아의 강자로 등장하는 것과 흡사하다.

신라의 진흥왕대란 고구려는 安原王·陽原王·平原王代에 해당하는 시기로 왕위계승 문제로 국세가 쇠약해져 있던 시기이고, 백제는 聖王과 威德王代로 백제의 중흥 운동이 착실히 진행되고 있던 시기였다. 이러한 국제정세하에서 신라는 백제와 동맹을 맺어 고구려의 세력을 효과적으로 견제할 수 있었을 뿐 아니라 나아가 한강 상·하류의 고구려의 영토를 공취할 수 있었던 것이다. 그리고 백제가 차지한 한강 하류지역마저 차지하여 新州를 설치하고, 한강유역을 완전히 장악하였으며 백제와의 전면전에서 승리한 여세를 몰아 가야지역까지 완전히 합병하여 광범위한 지역을 편입하는 영토의 확장을 이루었던 것이다.

---

80) 金杜珍, 〈불교의 수용과 고대사회의 변화〉(《韓國古代史論》, 한길사, 1986), 180~188쪽.

(1) 한강유역의 확보와 백제·고구려와의 항쟁

진흥왕이 등장할 무렵의 고구려의 사정을 살펴보면 왕위계승 문제로 왕실의 내분이 있어 국내정세가 상당히 불안했던 것으로 여겨진다. 《日本書紀》에 의하면 欽明天皇 7년(546)에 고구려에서 큰 난리가 있어 죽은 자가 2천여 명에 달하였다고 하는데 그 사정을 다음과 같이 전하고 있다.

> 百濟本紀에 이르기를 고구려가 정월 丙午에 中夫人의 아들을 세워 왕위를 잇게 하였는데 나이가 8살이었다. 狛王에게는 3명의 부인이 있었는데 正夫人은 아들이 없었고, 중부인이 세자를 낳았는데 그 아버지가 麤群이며, 소부인도 아들을 낳았는데 그 아버지가 細群이다. 박왕의 병이 위독하게 되자 세군과 추군이 각기 그 부인의 아들을 세우고자 하였다. 그래서 세군측의 죽은 사람이 2천여 명이나 되는 것이다(《日本書紀》 권 19, 欽明天皇 7年 春正月).

이 기록을 《三國史記》의 기록과 비교해 보면, 《삼국사기》에는 安原王이 죽은 연대를 545년이라고 하여 1년의 차이가 날 뿐 아니라 안원왕의 뒤를 이어 즉위한 陽原王은 안원왕의 아들이 아니라 동생이라고 하는 등의 차이를 보이고 있다. 그러나 이 때에 고구려에서는 왕위계승을 둘러싸고 왕실 내부에 치열한 다툼이 있었던 것은 사실로 보아도 좋을 것이다. 이러한 사정은 이로부터 6년 뒤인 양원왕 7년(551 ; 신라 진흥왕 12년)에 신라가 居柒夫로 하여금 고구려의 한강 상류지역을 공격할 때에 그가 승려시절에 은혜를 입은 고구려 僧 惠亮을 맞아오게 되었는데, 이 때 혜량이 거칠부에게

> 지금 우리 나라는 政亂이 일어나 멸망할 날이 멀지 않았으니 원컨대 귀국으로 데려가 주길 바란다(《三國史記》 권 44, 列傳 4, 居柒夫).

고 한 것으로 보아 확인된다. 아마 당시의 고구려의 왕실 내부의 다툼으로 인해 전반적인 국내정세가 매우 혼미했을 뿐 아니라 민심도 이반하고 있음을 알 수 있다.

한편 이 무렵의 백제는 성왕이 수도를 熊津에서 泗沘로 遷都하여 국정을 쇄신하고 새로운 도약의 발판을 마련하고 있었다. 사비로 천도한 후 22部의

中央官署와 5部·5方의 수도 및 지방 행정제도를 갖추었으며, 謙益과 같은 승려를 등용하여 불교의 진흥을 꾀하고 국가의 정신적 토대를 굳게 하였다. 또 밖으로는 중국의 梁과의 연결을 더욱 강화하여 새로운 문물을 흡수하였고, 倭와의 친선도 두터이 하여 왜에 여러 방면의 기술자를 보내 주는 이외에 불교를 전해 주기도 하였다. 그리고 신라와는 가야지역의 주도권을 둘러싸고 미묘한 신경전을 벌이기는 하였으나 전반적으로 고구려의 남하에 공동으로 대응하는 연맹관계가 잘 유지되고 있었다. 그리고 이러한 대내정비와 신라와의 친선관계를 바탕으로 고구려에게 빼앗긴 한강유역의 땅을 회복하려는 계획을 추진하고 있었다.

이 무렵 등장한 신라의 진흥왕은 7살의 어린 나이에 왕위에 올라 처음에는 母后의 섭정을 받았으나 재위 12년(551)에는 開國이라는 年號를 사용하면서 親政을 시작하였다. 이를 계기로 그의 대외정복 사업은 보다 활기를 띠기 시작하였다. 먼저 진흥왕 11년에는 백제와 고구려가 道薩城과 金峴城에서 공방전을 벌이고 있는 틈을 타 異斯夫로 하여금 두 성을 빼앗았다.[1] 이 두 성을 둘러싼 공방은 먼저 백제가 고구려의 도살성을 함락하자 고구려가 이에 대한 보복으로 백제의 금현성을 공격하였던 것인데, 두 나라의 병사가 피곤한 틈을 타 신라가 이 두 성을 차지한 것 같다.[2] 이 두 성의 위치는 명확하지는 않으나 도살성은 天安 또는 曾坪 근처라고 생각되고, 금현성은 全義로 비정된다.[3] 이는 모두 한강유역으로 진출하는 요충지가 되는 곳으로 이 지역의 확보를 위해 고구려와 백제가 공방을 벌이는 동안 신라가 이를 모두 차지했던 것으로 보인다. 다음해 3월에 진흥왕이 娘城(淸州)에 순수하여 于勒과 그의 제자를 불러 음악의 연주를 들었다고 하는데, 이 순수는 앞의 두 성을 차지한 뒤 새로이 개척된 영토를 획정하기 위한 목적의 것이 아니었나 생각된다. 그러나 이에 대해 고구려·백제는 별다른 조처를 취하지 않고 있는데, 백제의 입장으로는 곧 벌어질 한강유역에 대한 신라와의 합동 공격을 위해 이를 묵인한 것이 아닌가 여겨진다.

1) 《三國史記》 권 4, 新羅本紀 4, 진흥왕 11년.
2) 《三國史記》 권 19, 高句麗本紀 7, 양원왕 6년 및 권 26, 百濟本紀 4, 성왕 28년.
3) 李丙燾, 《譯註 三國史記》(乙酉文化社, 1977), 57쪽.

진흥왕 12년(551) 신라와 백제는 한강유역의 공격에 나서게 된다. 신라는 거칠부 등 여덟 장수를 보내 竹嶺 이북 高峴 이내의 10개 군현을 탈취하였고, 백제는 평양을 격파하였는데,[4] 고현이 어디인지는 불확실하나 죽령 이북이라는 표현으로 보아 이 때에 신라가 획득한 지역은 한강 상류지역의 고구려 영토이었음이 분명하다. 이는 이 당시에 건립되었다고 보이는 〈丹陽 赤城碑〉의 위치로 보아서도 분명히 알 수 있다. 그리고 백제가 공취한 지역에 대해 《일본서기》 欽明天皇 12년조에 漢城·平壤 등의 6개 군을 취하였다고 했으니 이는 한강 하류지역으로 현재의 서울을 포함한 지역일 것이다. 이로써 백제는 지난날 고구려에게 빼앗겼던 한강유역의 옛땅을 되찾게 된 것이다.

그러나 그로부터 2년 뒤 신라는 백제의 동북지역을 공격하여 이 지역에 新州를 설치하고 각간 武力을 군주로 임명하였다. 이는 백제의 입장에서는 매우 커다란 충격이었고 가슴 아픈 일이었지만, 반대로 신라의 입장에서는 고대해 마지않던 숙원사업이 이루어진 것이었다. 신라로서는 한강유역의 비옥한 토지를 점령함으로써 많은 人的·物的 자원을 확보할 수 있었고, 중국과의 교통로를 확보하여 국제관계에 있어 유리한 고지를 차지했을 뿐 아니라 고구려와 백제를 분리시킴으로 인해 삼국통일의 발판을 마련한 획기적인 사건이라 할 수 있을 것이다.

이 때부터 신라와 백제의 대립이 본격적으로 전개되는데, 한강 하류지역을 빼앗긴 직후에 성왕은 자신의 딸을 진흥왕의 小妃로 보내고 있는데, 이는 일단 신라가 한강 하류지역을 편입한 것을 용인하는 듯한 태도를 취함으로써 경계심을 늦추게 하려는 의도가 아닌가 생각된다. 그러나 내부적으로는 신라에 대한 본격적인 침입을 계획하고 있었다. 다음해인 554년 7월 성왕은 大加耶軍 및 왜와 합세하여 신라에 대한 전면적인 공격에 나서게 된다. 이 때의 싸움터가 지금의 沃川 부근인 管山城이었는데, 처음에는 백제가 유리한 듯 하였으나 적진 깊숙히 진격한 아들 餘昌(威德王)을 위문하러 성왕이 친히 步騎 50을 이끌고 밤에 가다가 狗川에서 신라의 복병에 의해 살해되고 만다. 이를 틈타 신라의 대반격이 시작되어 백제군을 크게 격파하였는데 당시 백

4) 《三國史記》 권 4, 新羅本紀 4, 진흥왕 12년 및 권 44, 列傳 4, 居柒夫.

제의 군사 29,600명이 전사하였다고 한다.[5)]

새로이 확보한 한강유역을 통치하기 위해 신라는 이 지역에 신주를 설치하고 진흥왕 16년(555)에는 왕이 친히 北漢山에 巡幸하여 疆域을 확정지었는데[6)], 현재 서울에 있는 진흥왕의 〈북한산비〉는 이 때에 세운 것이다. 진흥왕 18년에는 신주를 폐하고 北漢山州를 두었으며 같은 왕 29년에는 북한산주를 폐하고 南川州(利川)를 설치하였다가 진평왕 16년(594)에는 남천주를 폐하고 다시 북한산주를 두었다. 이렇게 자주 州를 폐하고 설치한 것은 사실은 주의 治所를 옮긴 데 지나지 않는데, 이는 신라가 이 지역을 통치하기 위해 매우 고심하고 있었다는 증거로 생각된다. 또 한강의 상류지역에는 고구려의 國原城 자리에 小京을 설치하여 國原小京이라 불렀는데, 이 지역을 정치·문화·군사의 중심지로 개척하고자 한 것으로 볼 수 있다. 그리고 이러한 목표를 더욱 효율적으로 달성하기 위하여 진흥왕 19년에는 중앙귀족의 자제와 6부의 豪民을 국원소경으로 옮겨 살게 하였다. 가야에서 귀순한 樂聖 우륵도 이런 사정으로 국원성에 머물렀던 것이 아닌가 생각된다. 신라로서는 국원을 실질적인 한강유역의 중심지로 육성하고자 했던 것이며, 이는 고구려가 이 지역을 남진정책의 기지로 삼았던 것과 마찬가지로 신라는 북진정책의 기지로 삼으려 했던 것임을 알 수 있다. 그리고 南陽灣에는 党項城이란 요새를 쌓아 이를 거점으로 진흥왕 25년 이래 거의 매년 중국의 陳과 北齊 두 나라에 사신을 파견하여 외교관계를 공고히 하였다. 신라의 삼국통일이 외교의 성공에 크게 힘입었던 것을 생각할 때 한강유역의 점령이야말로 통일사업의 큰 기반이 되었다고 할 것이다.

한편 신라가 백제의 성왕을 죽인 이후 두 나라의 관계는 극도로 악화되어 백제가 멸망할 때까지 끊임없이 전투를 벌이게 된다. 진흥왕 23년에는 백제가 변경을 침입해 왔고, 眞智王 2년(577)에는 一善 지역에서 백제군의 침입을 격퇴하였으며, 진평왕 24년에는 阿莫城(雲峰)에서 전투가 있었고 같은 왕 33년에는 椵岑城이 백제의 공격을 받아 함락되기도 하였다. 그 중에서도 신라에게 가장 큰 타격을 준 것은 善德女王 11년(642)에 있었던 大耶城(陜川)의

5) 《三國史記》 권 4, 新羅本紀 4, 진흥왕 15년.
6) 《三國史記》 권 4, 新羅本紀 4, 진흥왕 16년.

함락일 것이다. 이 전투에서 신라의 都督 品釋 부부를 비롯하여 많은 사람이 전사하였는데, 품석의 妻는 金春秋의 딸이었다. 이후 김춘추는 백제를 정벌하기 위하여 고구려에 원병을 청하였으나 거절당하였고, 직접 당나라에 가서 함께 백제를 공격할 것을 간청하기도 하는 등 적극적인 對唐外交에 나서게 되는데 아마도 대야성전투로 인한 백제에 대한 적개심이 그를 더욱 적극적으로 나서게 만들었을 것이다.

백제와 마찬가지로 고구려도 잃어버린 한강유역을 다시 찾기 위하여 여러 차례 군대를 보내 신라의 北邊을 침입하였다. 그 중에서도 가장 유명한 것이 嬰陽王(590~618)初의 溫達장군의 出征이라 하겠다. 平原王의 사위로 일찍이 後周와의 싸움에서 武勇으로 威名을 날린 바 있는 온달은 자청하여 군대를 이끌고 오면서 맹세하기를 "鷄立峴과 竹嶺 以西의 땅을 우리에게 귀속시키지 않으면 돌아오지 않겠다"며 비장한 각오로 출발하였다. 그러나 불운하게도 뜻을 이루지 못하고 阿旦城[7]의 싸움에서 적의 화살에 맞아 전사하였다.

(2) 가야의 병합

6세기에 들어오면 加耶를 둘러싼 국제관계가 크게 변하였다. 한강유역을 잃은 백제는 그 보상을 낙동강유역의 가야 땅에서 찾으려 하여 이 지방에 대한 적극적 진출을 꾀하게 된다. 그리고 이와 같은 백제의 움직임은 신라를 자극하게 되었다. 더욱이 백제가 신라를 견제할 목적으로 가야에 대해 강한 야욕을 품고 있던 왜를 끌어들이게 되자 가야 여러 나라는 또 다시 격렬한 국제관계의 소용돌이 속에 빠지지 않을 수 없게 되었다.

《일본서기》 권 17, 繼體紀 7년(513) 11월조에 己汶·帶沙 두 곳의 할양 기사가 보이는데 이는 백제가 왜의 지원을 얻어 이곳에 진출한 것으로 보고 있다.[8] 아마 대가야는 이 당시 소백산맥 이동지역의 여러 나라를 포섭하여

---

7) 阿旦城의 위치에 대하여는 이를 흔히 서울의 廣壯津의 峨嵯山城으로 보아 왔다. 그러나 丹陽의 永春面에는 溫達山城이 있고, 中原郡 上芼面 彌勒里에는 溫達 장군이 갖고 놀았다는 공기가 있는 등 온달장군과 관련된 설화가 널리 분포되어 있으며, 永春의 옛 이름이 乙阿旦縣으로 아단성과 비슷한 점 등으로 미루어 보아 아단성은 단양의 온달산성으로 보는 견해가 옳을 듯하다.

8) 이 기록에 앞서 繼體紀 6년(512) 12월조에도 왜가 백제에게 上哆唎·下哆唎·

연맹체를 형성한 후, 소백산맥 서쪽으로의 진출을 도모하여 일시적으로 백제의 남원・임실(己汶)지역의 공격에 성공하였으나, 백제의 반격과 외교적 술책으로 인하여 실패하고 오히려 하동(帶沙)지역까지 위협받게 된 것 같다.

그러나 이와 같은 백제의 적극적인 진출에 대해 가야 여러 나라의 맹주인 大加耶가 반발한 것은 당연한 일이었다. 법흥왕 9년(522) 대가야왕이 신라에 사신을 보내 혼인을 요청한 것은 바로 백제를 견제하려는 목적으로 신라에 접근하기 위함이라고 생각된다. 신라는 이 제의를 받아들여 伊飡 比助夫의 누이동생을 대가야에 보냈다.

그 후 신라의 법흥왕은 적극적인 남진정책을 추진하여 재위 11년에는 南境을 순수하여 영토를 개척하였는데, 이 때 가야왕은 법흥왕에게 회견을 요청하였다. 이 때의 가야왕이 대가야의 왕인지 아니면 금관가야의 왕인지는 분명치 않다. 이를 금관가야의 왕으로 보는 학자도 있으나,[9] 전후 사정으로 보아 대가야로 보는 견해가[10] 타당하다고 본다. 이로 보아 법흥왕 11년(524)까지는 신라와 대가야 사이의 우호적인 관계는 유지되고 있었던 것으로 보인다. 그 이후 이찬 비조부의 누이와 함께 가야지역으로 파견된 신라인 從者 100명의 公服이 문제가 되어 대가야와 신라 사이의 관계가 악화되자, 신라는 한때 동맹을 파기하고 왕녀를 돌려보낼 것을 요구하는 지경에 이르게 되었다.[11] 이러한 요구는 대가야에 의해 거부되지만 신라는 이를 빌미로 8개의 성을 함락시키는데, 이 8城은 昌原 부근에 있던 卓淳國 인근지역에 위치한 것으로 보인다.[12]

娑陀・牟婁 등 이른바 任那 4縣을 割讓했다는 기록이 있다. 그러나 실상은 왜가 이 지역을 백제에게 준 것이 아니라, 백제와 대가야 사이의 영토분쟁으로 보는 것이 옳다. 그리고 己汶・帶沙의 위치에 대하여는 여러 가지 학설이 있으나 기문은 현재의 南原・任實지역, 대사는 河東 일대로 생각된다(金泰植, 《가야제국연맹의 성립과 변천》, 서울大 博士學位論文, 1992, 120~143쪽).

9) 李基白・李基東, 《韓國史講座 古代篇》(一潮閣, 1982), 162쪽.
朱甫暾, 〈加耶滅亡問題에 대한 一考察－新羅의 膨脹과 關聯하여－〉(《慶北史學》 4, 1982).

10) 千寬宇, 《加耶史硏究》(一潮閣, 1991), 37~51쪽.
金泰植, 앞의 책, 143쪽.

11) 《日本書紀》 권 17, 繼體天皇 23년 3월.

12) 이 때 卓淳國에 인접해 있던 喙己呑國도 멸망한 것으로 보인다(金泰植, 앞의 책, 202~208쪽).

이렇게 가야의 동남부지역에 대한 압력을 가중시킨 신라는 법흥왕 19년에 드디어 김해의 금관가야를 병합하게 된다.

> 金官國 왕인 金仇亥가 妃와 세 아들 즉 큰아들인 奴宗, 가운데 武德, 막내인 武力과 함께 나라의 보물을 가지고 와서 항복하였다. 왕이 禮를 갖추어 대접하고 上等의 位를 주고, 本國을 식읍으로 삼게 하였다. 아들인 武力은 벼슬이 角干에 이르렀다(《三國史記》 권 4, 新羅本紀 4, 법흥왕 19년).

위의 《삼국사기》에서는 금관가야가 자발적으로 신라에 병합된 것처럼 보이나, 실상은 무력을 앞세운 신라의 침입으로 어쩔 수 없이 항복하게 된 것으로 보인다. 《삼국유사》에는 다음과 같이 기록하여 가야가 신라의 직접적인 무력 침입을 받았음을 알 수 있다.[13]

> 신라 제24대 진흥왕이 군사를 일으켜 공격해 오므로 왕은 친히 군사를 사용하여 막았으나 적의 수는 많고 이 편은 적어 마주 겨루어 싸워 감당할 수가 없었다. 이에 그의 형제인 脫知爾叱今은 본국에 남겨 두고 王子 上孫卒支公 등이 신라로 들어가 항복하였다(《三國遺事》 권 2, 紀異 2, 駕洛國記).

그리고 《일본서기》 계체천황 23년 4월조에도 신라의 장수가 3천의 군대를 이끌고 多多羅原에 머물다가 4村을 초략하고 사람들을 모두 데리고 돌아갔다고 하는데, 이 때에 초략한 4개의 촌 가운데 金官이란 이름이 있는 것으로 보아도 신라의 무력침입은 확실하다고 하겠다.[14] 또 이 기록에 신라 장수의 이름을 伊叱夫禮智干岐라고 하였는데 이는 異斯夫의 일본식 표기로 보인다.

이 때 신라는 투항한 금관국의 지배계층을 상당히 우대하는 조처를 취한 듯하다. 《삼국사기》에서는 금관국의 왕인 仇亥에게 본국의 땅을 식읍으로 하사하여 그 지배권을 허용한 것처럼 기록하였으나, 실상은 《삼국유사》에 보이

---

13) 다만 《三國遺事》의 기록에서 '제24대 眞興王'이라고 한 것은 편찬자의 오류라고 생각된다. 《三國遺事》에는 이 기록에 이어 그 멸망한 연대를 '梁 中大通 4년 壬子(법흥왕 19년, 532)'라고 하고 있다.

14) 다만 繼體天皇 23년은 529년으로 법흥왕 19년(523)보다 3년 앞이다. 따라서 529년에 이사부의 침입이 있었고 이보다 3년 뒤에 정식으로 신라에 항복한 것으로 보기도 한다.

는 대로 구해의 형제인 脫知에게 금관국의 지배를 맡기고 구해를 비롯한 그의 가족들은 경주로 이주시킨 것이 사실일 것이다. 명목상으로는 복속한 소국의 왕에게 본국을 食邑으로 하사한 것처럼 보여 대외적인 선전효과를 노린 것이고, 실제 내용은 복속국의 지배층을 분산시켜 원활한 지방지배를 꾀했던 것이다. 신라가 이러한 선택을 한 것은 복속 지배층의 최고지배자를 본래의 지배기반으로부터 유리시켜 더 이상 위협세력으로 존재하는 것을 허용하지 않으려는 의도에서라고 보인다. 이러한 방법은 금관국의 경우에서만이 아니고 助賁尼師今代에 복속한 骨伐國의 왕 阿音夫에게 第宅과 田莊을 하사하여 경주에 머무르게 한 것도 동일한 방법을 적용한 예라고 생각된다.

어쨌든 본가야의 멸망은 가야 여러 나라의 앞날에 결정적인 타격을 준 것이었다. 신라는 이제 낙동강과 남해안의 교통상의 요충지인 김해를 점령하여 가야 여러 나라를 정복하는 데 매우 유리한 고지를 차지한 것이기 때문이다. 그리고 이 때 신라는 지금의 창원지역의 탁순국도 병합하여 남부가야의 여러 나라들은 완전히 신라에 복속되었다.

이로써 고령의 대가야를 맹주로 하는 가야 여러 나라는 남북 양쪽에서 신라의 위협을 받게 된 것이다. 이처럼 절박한 사정을 당하여 대가야를 비롯하여 阿羅加耶(咸安)·多羅國(陜川) 등의 가야 여러 나라는 다시금 백제와 왜의 힘을 빌려 이에 대처하고자 하였다.《일본서기》에는 이들 세력이 541년과 544년 두 차례에 걸쳐 백제의 성왕이 주재한 대책회의에 참석하는 등 부산한 움직임을 보였던 것으로 기록하고 있는데, 이러한 계획은 별다른 성과를 거두지는 못하고 가야연맹이 오히려 백제의 세력권하에 들어갔던 것으로 보인다. 이렇게 가야연맹의 세력이 약화되는 가운데 대가야의 세력 일부는 신라에 투항하기도 하였으니, 진흥왕 12년(551) 왕이 娘城에 순수하였을 때 불러 가야금을 연주하게 하였다는 우륵은 그 이전에 제자들과 함께 신라에 귀화하였던 것이다.

진흥왕 14년 신라가 백제의 동북부지역인 한강 하류지역을 취하여 신주를 설치하게 되자 백제와 신라 사이의 우호관계는 종식되고, 백제의 성왕은 신라를 침공하여 한강 하류의 실지를 회복하고 신라에 대한 우위를 만회하고자 하는 야심찬 계획을 세웠다. 이 때에 백제는 가야와 왜의 세력을 끌어들여 전면적인 신라의 침공에 나서게 되는데, 여기에는 다수의 가야 병력이 동원되었던 것으로 보인다. 그러나 관산성전투에서 백제 성왕의 죽음으로 인해 백제의 대패로 끝나게 되자, 이에 합세한 가야연맹은 맹방인 백제마저 잃고 고립무원의 처지에 놓이게 되었다.

한편 관산성전투에서 대승을 거둔 신라는 여세를 몰아 가야지방에까지 손을 뻗쳐 다음해인 진흥왕 16년에는 비사벌(昌寧)에 下州15)를 설치하였다. 비사벌에 자리잡고 있었던 非火加耶는 이보다 앞서 신라에 멸망당했던 것으로 보이고, 이 무렵 안라도 신라의 강압과 회유에 못이겨 신라에 투항한 것으로 여겨진다. 그러나 신라는 즉각 대가야의 공격에 나서지 않고 먼저 한강유역의 북방에 대한 수비를 확고히 하는 데 진력한다. 비사벌주를 설치한 진흥왕 16년에는 북한산에 순수하여 이 지역에 대한 통치를 확고히 하고, 그 이듬해인 17년에는 비열홀주를 설치하여 동북면에 대한 수비를 강화한다. 그리고 18년에는 국원소경을 설치하고, 사벌주를 甘文州(開寧)로 옮겨 한강 하류로의 통행로를 수비하는 데 만전을 기한 것으로 보인다. 그리고 新州를 北漢山州로 옮겨 이 지역에 대한 통치를 강화한다. 이러한 북방에 대한 조처가 어느 정도 확실히 된 다음 진흥왕 22년에 이르러 창녕지역에 진흥왕 및 사방군주가 모여 무력시위를 하고, 다음해에 이사부가 이끄는 군대가 가야연맹의 근거지인 대가야를 기습적으로 공격하여 함락시켰던 것이다. 이 전투에서 斯多含은 어린 나이에도 불구하고 5천 기를 이끌고 선봉에 서서 먼저 성중에 들어가 白旗를 세워 커다란 공을 세웠다.

이 때 나머지의 여러 가야들도 모두 신라에 병합되었을 것이다. 이렇게 가야 여러 나라들은 신라에 병합되었으나 그 문화와 인물은 신라에 흡수되어 신라문화의 발전에 커다란 역할을 담당하였다. 가야의 악기인 가야금이 신라에 전해져서 신라의 궁중음악으로 채택된 것은 널리 알려진 사실이며, 본가야 왕족의 후예들이 신라의 진골귀족이 되어 영토확장과 삼국통일에 커다란 역할을 하였다. 본가야 마지막 왕인 구해의 아들인 武力과 그의 아들인 舒玄, 그리고 그 아들 김유신 등은 3대에 걸쳐 신라의 중요한 전투에서 커다

15) 《三國史記》 新羅本紀에는 完山州를 두었다고 하였으나, 地理志 火王郡條에는 下州라고 하였다. 전후의 사정으로 보아 하주가 옳다고 생각된다.

란 공을 세워 신라가 삼국을 통일하는 데 결정적인 기여를 하였음은 너무나 잘 알려진 사실이다.

(3) 대지방민 정책

위에서 살펴본 바와 같이 신라 진흥왕대에는 급격한 영토의 확장을 하게 되고 이것이 나아가 신라가 삼국을 통일하는 데 커다란 밑받침이 되었다. 그렇다면 신라가 이렇게 넓은 영토를 확보할 수 있었던 원인은 무엇이며, 또 확대된 영토에 대한 통치는 어떠하였는가에 대해 살펴보기로 하자.

신라가 이렇게 영역을 확대할 수 있었던 원인에는 여러 가지가 있을 수 있겠으나, 크게 본다면 대내적인 것과 대외적인 면으로 나누어 볼 수 있다. 대외적인 원인으로는 고구려·백제·가야 등 인접국의 국내정세 변동이나 이들 나라와 신라와의 관계 및 중국·왜와의 관계 변화 등을 들 수 있다. 그리고 대내적인 요인으로는 앞 장에서 살펴본 정치제도의 정비와 불교의 공인, 군사제도의 정비와 화랑도의 설치 등이 될 것이다. 그런데 신라가 이렇게 광범위한 지역을 확보하고 또 통치하기 위해서는 복속된 지역의 주민들에 대한 통제가 가장 중요한 문제였을 것이다.

삼국 모두 인근지역을 복속시켜 영역을 확대해 나가는 과정에서 획득한 인적 자원은 바로 국력의 바탕이 되었을 것이다. 즉 이 시기의 영역확장은 토지 그 자체보다는 여기에 거주하는 인민 즉 인적 자원의 확보에 일차적인 목표가 있었던 것으로 생각된다. 이는 삼국시대의 세제가 토지보다는 인민을 대상으로 하는 인두세적 성격이 강하였음을 고려한다면 쉽게 이해가 될 것이다.[16] 따라서 복속된 지역의 인민들을 어떻게 효율적으로 조직하고 동원하는가 하는 것이 바로 국력이나 군사력과 직결되는 것이다. 특히 새로이 확보한 지역의 주민들에 대한 회유정책은 이들을 통제하는 데 소모되는 군사력을 절약하고 나아가 이들을 다시 전선에 투입함으로써 이중의 효과를 가져오는 것이므로 국가의 입장에서 적극적으로 추진하였을 것임은 자명한 사실이다.

신라의 대민정책의 실상을 엿볼 수 있는 중요한 자료로는 근래에 발견된

---

16) 金基興,《三國 및 統一新羅 稅制의 硏究》(역사비평사, 1991), 201~205쪽.

〈丹陽 赤城碑〉와 〈蔚珍 鳳坪碑〉를 우선 들 수 있다. 우선 〈적성비〉는 그 上半部가 절단되어 비문 전체의 내용을 정확하게 파악할 수는 없으나, 적성 공략에 협조하여 공을 세운 也尒次를 비롯한 몇몇 적성인과 그 가족에게 어떤 특전을 베푼다는 것과 앞으로도 이와 같은 공을 세운 사람과 그 가족에게는 동등한 은전을 베풀겠다는 것이 주된 내용이다. 당시에 야이차를 비롯한 적성인들이 구체적으로 어떤 공을 세웠는지는 확인할 수 없으나 이들이 세운 공로는 적성 공략에 있어서 결정적인 것임은 분명하다.[17] 따라서 신라의 중앙정부에서는 이들은 물론 그 가족들까지 후한 상을 줌으로써 공로에 보답했을 뿐만 아니라 나아가 이러한 사실을 널리 알리고 앞으로도 야이차와 같은 지방민이 많이 나오기를 바라는 목적으로 적성비를 건립했던 것이라 보인다. 이에 반해 〈봉평비〉는 신라에 대해 비협조적인 행위를 한 居伐牟羅 男彌只의 주민과 지방관들에 대한 처벌이 주된 내용이다.[18] 그러나 양자 모두 지방민에 대한 정책을 널리 알리기 위한 목적에서 건립되었다는 점에서는 동일하다.

뿐만 아니라 중고기 이후의 군사조직은 지방민에게 의존하는 바가 매우 컸으며 지방민의 적극적인 군사활동이 통일전쟁에 있어서의 승리의 중요한 원인이 되었다. 그리고 이러한 지방민의 활동을 뒷받침한 신라의 대지방민 정책은 군공포상과 지방민에 대한 홍보정책이며 이는 중고기 전기간을 통해 일관되게 추진되어 왔던 것이다.[19] 이러한 정책을 통해 신라는 보다 중앙정부에 협조적인 지방인으로 지방세력을 재편하고 이에 따라 보다 효과적인 지방통제가 가능했던 것이다. 〈明活山城 作城碑〉(진흥왕 12년, 551)와 〈南山新城碑〉(진평왕 13년, 591)에서 보는 바와 같이 전국적인 규모의 力役동원을 통

---

17) 李宇泰, 〈丹陽 新羅 赤城碑 建立의 背景－也尒次의 功績과 恩典의 性格을 중심으로－〉(《泰東古典硏究》 8, 1992), 3~42쪽.

18) 〈봉평비〉의 해석에는 구구한 견해가 있으나, 그 주된 내용이 居伐牟羅 男彌只에서 일어난 모종의 사태에 대해 그 책임자를 처벌하고 이를 널리 알리기 위한 것임에는 틀림없다고 볼 수 있다(李宇泰, 〈蔚珍鳳坪新羅碑의 再檢討－碑文의 判讀과 解釋을 중심으로－〉, 《李元淳敎授停年紀念 歷史學論叢》, 敎學社, 1991, 73~116쪽).

19) 李宇泰, 〈新羅 三國統一의 一要因－對地方民 政策을 中心으로－〉(《韓國古代史硏究》 5, 1992), 113~122쪽.

한 왕경에서의 축성사업은 이러한 배경에서 가능한 것이었으며, 지방인의 통치에 대한 자신감을 내외에 선포하는 효과도 함께 거두었을 것이다. 이 두 비에 보이는 전국적인 규모의 역역의 동원은 곧 동등한 정도의 군사력을 동원할 수 있다는 사실을 말해 주는 것이며, 실제 진흥왕~진평왕대의 대규모 전투와 이를 통한 영토의 확대는 지방인들을 조직적이고도 효율적으로 동원할 수 있는 체제를 갖춤으로써 가능했던 것이다. 진흥왕대의 비약적인 영토의 확장은 바로 이러한 대민정책을 바탕으로 가능했던 것이며, 또 이는 신라가 삼국을 통일하는 힘이 되었을 것임에 틀림없다 하겠다.

2) 왕권의 강화

(1) 대왕호의 사용과 연호의 제정

〈봉평비〉에 나타난 신라 최고의 인물은 6부 가운데 탁부를 관장하던 「寐錦王」이며 그는 다른 상층 관등을 보유한 인물들과 함께 정책을 결정하는 존재로 나타나고 있다. 특히 葛文王이란 존재가 왕권을 대행하거나 정책결정을 동시에 행하는 실질적인 2인자로 나타나고 있어 갈문왕에 의한 왕권의 제약이 상정된다. 이같이 탁부의 장으로서의 매금왕과 沙喙部의 장으로서의 갈문왕의 병립적 존재는 왕의 권위를 상당히 약화시키는 상황이었다.

신라의 왕이 部를 초월하는 존재로 등장하는 것은 법흥왕대부터였다. 〈川前里 書石 追銘(己未銘)〉에 법흥왕을 另卽知太王이라 하여 법흥왕을 태왕으로 추존하고 있음을 볼 수 있다. 뿐만 아니라 같은 천전리서석의 〈乙卯銘〉에는 법흥왕을 聖法興大王이라고 높여 부르고 있는데, 여기의 을묘년은 법흥왕 22년(535)에 해당하므로 법흥왕은 살아 있을 때에 이미 성법흥대왕으로 불리었음을 알 수 있다. 그러므로 〈봉평비〉가 만들어진 법흥왕 11년 이후 을묘년인 22년 사이의 어느 시점에 매금왕이란 칭호가 太王으로 바뀌었음을 알 수 있다. 그리고 이와 동시에 왕의 소속부를 밝히는 관례도 없어진다. 즉 왕은 이전의 梁部의 대표자로서의 매금왕에서 부를 초월하여 신라국가를 대표하는 太王(大王)으로 그 지위가 격상되는 것이다.

이러한 배경에는 아마도 연호의 사용이나 불교의 공인과 같은 정치적 변동이 깊숙히 관련해 있을 것임에 틀림없다고 여겨진다. 아마도 법흥왕 23년 年號의 사용이라는, 중국의 황제를 모방하여 천하의 왕임을 선포한 시점에서 신라의 왕은 부를 초월한 존재로 부상하게 되는 것이다. 그런데 법흥왕이 연호를 사용하는 것은 재위 23년(536)으로, 대왕이란 칭호가 이미 그 전해인 재위 22년에 확인된다는 점에 주목한다면, 대왕 칭호의 사용을 재위 22년 이전인 재위 15년의 불교공인이나 재위 18년의 上大等을 설치한 시기로 볼 수도 있지 않을까 한다. 특히 〈천전리 서석〉의 법흥왕 22년의 명문에 성법흥대왕이란 칭호는 그 명칭으로 보아 불교의 공인과 관련이 있을 것이라는 추측을 가능하게 한다. 그러나 〈천전리 서석〉의 법흥왕 26년 추명에 另卽知太王이란 칭호가 보이므로 대왕(태왕)이란 칭호는 종교적인 것이라기보다는 정치적 의미가 한결 강한 것이라 할 수 있다. 따라서 대왕 칭호의 사용은 상대등 설치나 연호의 사용과 같은 정치적 사건과 관련이 있을 것이며, 그 시기는 530년대 초반 정도로 보는 것이 타당할 것이다.

이후에 출현하는 금석문에는 이와 같은 변화가 그대로 반영되어 550년경에 건립되었을 것으로 보이는 〈단양 적성비〉에는 이전 시기의 비문들과는 다르게 왕이 「敎事」의 주체로 부각되고 있음이 주목된다. 〈적성비〉에 보면 왕은 「大衆等」에게 교사를 내리고 있는데, 〈봉평비〉의 경우 이들이 왕과 함께 교사를 행하는 존재였음을 생각한다면 이는 매우 커다란 변화가 아닐 수 없다. 이제는 왕이 초월적 존재로서 신하에 군림하는 모습이 극명하게 나타나고 있는 것이다.

이렇게 강화된 왕의 위상은 〈진흥왕 순수비〉에서도 찾아볼 수 있다. 〈순수비〉에 보이는 眞興太王·新羅大王(北漢山碑) 및 朕(磨雲嶺碑)이란 표현은 중국의 천자에 비견되는 대왕으로서의 왕의 위상을 보여주는 것이다. 그리고 진흥왕 6년(545)에 거칠부로 하여금 《국사》를 편찬하게 한 것도 이러한 왕권의 강화와 관련있는 일이라 하겠으니 왕실 중심의 새로운 역사가 이 때에 정비되었을 것이다. 이렇게 왕호의 변경과 연호의 사용은 단순한 명칭상의 변경에 끝나는 것이 아니라, 이를 통하여 그 이전과는 질적으로 다른 신라 왕실의 권위를 과시한 것이라 하겠다.

(2) 상대등과 관부의 설치

이렇게 왕이 전시기의 6부 대표자의 하나였던 존재를 초월하게 됨에 따라, 지난날 왕이 수행하던 화백회의의 의장의 역할을 대신할 직제가 필요하게 되었다. 그것이 바로 上大等이라는 관직의 창설이다. 법흥왕 18년(531)에 설치된 상대등의 기능은 귀족회의인 대등회의의 주재자로 귀족과 왕 사이에서 권력을 조절하는 기능을 가졌다. 또 상대등은 왕의 교체와 거취를 같이 한다는 점에서는 왕의 권력과 권위를 서로 보완하는 존재이지만, 스스로 귀족의 통솔자이며 대표자라는 점에서는 왕권을 견제하는 기능을 갖기도 한 독특한 지위를 갖고 있었다. 또 정당한 왕위계승자가 없을 경우에는 왕위를 계승할 제일 후보로 여겨지기도 하였다.[20]

다만 執事部의 설치를 계기로 국가의 정무를 분장하는 새로운 관부가 만들어지자 어느 관청에도 소속되지 않는 大等의 존재 의의는 축소되지 않을 수 없었으며, 삼국통일 이후 전제왕권의 성립과 더불어 상대등으로 상징되던 和白의 권위도 상대적으로 위축되었다. 그러나 합좌제적인 정치운영의 전통은 여전히 강인하게 잔존하였던 것으로 보인다. 집사부를 비롯한 주요 관청의 장관직인 令이 복수로 임명된 것이나 이들 장관직이 겸직의 형태로 몇몇 진골귀족에 의해 독점되어 있었던 것은 이런 합좌제도의 운영방침에 의한 전통을 계승한 것이라 보여진다.

또한 정무를 담당한 중앙관부의 설치는 상대적으로 왕권의 강화를 가져왔다. 법흥왕 3년에 병부의 설치를 시작으로 진흥왕 5년(544)에는 司正府가 설치되었고, 같은 왕 26년에는 정무의 중심기관으로 稟主가 설치되었는데, 국무가 복잡해짐에 따라 점차 여러 관부가 분화 증치되었다. 진평왕대에는 관리의 인사를 담당하는 位和府와 조세 업무를 담당하는 調府, 의례와 교육을 담당하는 禮部, 왕의 鹵簿 사무를 담당하는 乘府, 대외관계와 사신의 접대를 맡는 領客府, 관리들의 논공행상을 담당하는 賞賜署 등이 설치되어 관제가 대폭 정비되었다.[21] 이와 함께 진평왕 7년(585)에는 大宮·沙梁宮·梁宮 등에

---

20) 李基白, 〈上大等考〉(《新羅政治社會史硏究》, 一潮閣, 1974), 99~100쪽.
21) 李基白, 〈稟主考〉(위의 책), 134~148쪽.

각각 사신 1명을 두어 관장케 하였던 것을 이 때에 통합하여 內省을 설치하여 정식 기구화하였다. 내성은 왕실의 재산관리와 왕명의 출납 등이 그 중요한 기능이었는데, 이 내성의 권한은 중대 이후에 급격히 확장되어 兵部·司正府와 함께 권력의 핵심기관이 되었다고 보여진다.[22] 이러한 근시기구가 진평왕대에 설립되었다는 것은 바로 보다 강력한 왕권의 성립을 의미하는 것이라 하겠다.

진덕여왕 5년(651)에는 기존의 품주가 국가의 기밀사무를 맡은 집사부와 재정을 관장한 倉部로 분화되기에 이르렀다. 이 집사부는 국왕 밑의 중추기구로 되고 그 장관인 中侍가 왕권의 방파제적인 지위에 놓이게 되었는데, 이러한 중앙관부의 정비는 왕권의 강화와 직결되는 것이었다.[23] 이제 신라의 왕은 관료조직에 입각한 정부(관부)와 귀족회의인 大等會議라는 이원적인 권력구조를 정비하게 되었고, 이 두 기구 위에 군림하여 신라왕국을 이끌어 나가게 되었다.

(3) 화랑도

진흥왕대에 제도화된 花郞徒도 신라가 고대국가로서의 체제를 정비하는 과정에서 등장하게 된다. 화랑도의 기원은 원시시대 이래의 연령집단조직이라 생각되는데, 연령집단이란 일정한 나이 또래의 청소년들로 구성되어지며 청소년들은 이를 통해 단체생활과 공동의 의식을 수행하며 그 사회의 전통적 가치와 질서를 體得하고 동일한 이상을 추구하며 가무와 무예를 익혀 서로간의 이해와 우의를 맺을 수 있는 계기를 마련했던 것이다.[24]

이 연령집단은 村落 내지는 부락단위로 조직되고 그에 따라 청소년들의 의식세계의 형성 또한 일정한 제약을 받게 마련이었다. 그런데 신라가 대내외적인 팽창을 하는 가운데 정복전쟁의 수행을 위해 많은 병사를 필요로 하게 되었고, 이에 따라 기존의 청소년 조직의 개편이 요청되었던 것이다. 화

22) 李基東, 〈新羅 中代의 官僚制와 骨品制〉(《新羅 骨品制社會와 花郞徒》, 一潮閣, 1984), 137~141쪽.
23) 李基白, 〈新羅 執事部의 成立〉(앞의 책), 149~172쪽.
24) 李基東, 〈新羅 花郞徒의 起源에 대한 一考察〉(앞의 책), 305~328쪽.

랑도는 이러한 시대적 상황 속에서 군대의 보충을 제1차적 목적으로 하였으나 보다 큰 목적은 인재의 양성과 확보에 있었다. 金大問의 《花郎世紀》 서문에서 "현명한 재상과 충신이 이로부터 솟아나고 훌륭한 장수와 용맹한 군졸들이 이로 말미암아 나왔다"[25]는 것은 바로 화랑도의 창설 목적과 그 기능을 잘 말해 주는 것이라 하겠다.

또 이 화랑도에 불교 승려가 함께 생활하고 있는 예가 보이며, 앞 장에서 살펴본 바와 같이 때로는 화랑을 彌勒의 화신으로 여기기도 하였음을 알 수 있는데, 이는 화랑도의 정신적 기반으로 불교가 채택되었음을 암시하는 것이다. 즉 화랑도의 수령인 화랑은 도솔천에서 하생한 미륵으로 여겨졌으며 그 무리들은 미륵을 좇는 무리로 여겨졌다. 그러나 그렇다고 해서 화랑도가 신앙운동이 목적인 단체는 아니었으며, 그 조직 자체는 어디까지나 현실과 왕권과 권력기구를 옹호하는 단체였다.[26] 이는 화랑도가 지켜야 할 계율인 원광의 世俗五戒에도 잘 나타나 있다. 화랑도의 설치는 정치적인 면에서 중앙집권화 즉 왕권강화와 연결되어 전개되었던 것이다.

〈李宇泰〉

---

25) 《三國史記》 권 4, 新羅本紀 4, 진흥왕 37년.

26) 李基東, 〈新羅 花郎徒의 社會學的 考察〉(앞의 책), 328~365쪽.

Ⅲ. 신라의 대외관계

1. 중국과의 관계
2. 왜국과의 관계

Ⅲ. 신라의 대외관계

1. 중국과의 관계

1) 조공의 의미와 대중국 교섭의 전개

동서고금을 통해서 하나의 국가가 단독으로 성립·발전된 나라는 없다. 언제나 주변 여러 나라와 끊임없는 교섭(대외관계)과 충돌(전쟁)을 거치면서 성장하기 마련이다. 따라서 대외관계는 단순히 주변사가 아니라 한국사 발전의 큰 동인으로서의 의미가 있는 것이다.[1] 그러므로 신라의 대외관계를 대표하는 대중국 관계는 선진문물의 수용이라는 현실적 목적도 있지만, 중국적 세계질서 속으로의 편입은 물론 자아의 확인과정이라는 의도도 있었다.[2]

고대사회에 있어서 대중국과의 관계는 朝貢을 의미한다.[3] 원래 조공이란 중국의 전통적인 중화사상 또는 왕도사상의 대외적 표현으로서 그 내면에서 이루어지는 進貢과 回賜라는 문물교환을 뜻하였다. 즉 선진문화의 수용과 그 부수적인 경제적 보상(무역)의 의미를 강조한 것이다.[4] 이에 대해서 조공을 정치적 성격으로 파악하여 宗主·從屬國의 관계로 설명함으로써 삼국의 정치·문화적인 독창성 저해수단으로 주장하는 견해도 있다.[5] 그러나 이와 같

1) 申瀅植, 〈統一新羅의 對外關係〉(《韓國史論》 1 古代篇, 國史編纂委員會, 1977), 299쪽.

2) J. K. Fairbank(ed), *The Chinese World Order*(Harvard Univ. Press, New York, 1968), pp.276~288 참조.

3) 李春植, 〈朝貢의 起源과 意味〉(《中國學報》 10, 서울 ; 中國學會, 1969), 6~11쪽 참조.

4) 金庠基, 〈古代의 貿易形態와 羅末의 海上發展에 對하여〉(《東方文化交流史論攷》, 乙酉文化社, 1948), 4쪽.

5) 全海宗, 〈韓中朝貢關係考〉(《東洋史硏究》 1, 1966 ; 《韓中關係史硏究》, 一潮閣, 1979, 56쪽).

은 대외관계에 대한 이해는 당대 한국사의 내적 발전과정을 해명하는 데 있어서 보완적인 역할을 하고 있음은 주요한 뜻이 있을 것이다.[6] 무엇보다도 대중관계가 '明王愼德 四夷咸賓'[7]이라는 왕도사상에서 나온 것은 사실이지만, 동아시아 세계질서에 참여함으로서 국제적 공존과 자립의 의미를 간과할 수는 없다. 다시 말하면 중국과의 관계는 신라의 정치적 발전과 관련이 있으므로 능동적인 문화수용의 견지에서 정치적 독립성과 외교적 자주성이 유지된 고전적 외교인 것이다.[8]

그러나 조공관계로서 신라의 대중국관계는 지리적 위치로 인해 삼국 중 가장 늦었으며, 고구려의 안내로 시작될 수밖에 없었다. 신라가 처음으로 중국(前秦)과 교섭할 시기인 奈勿王(356~402) 때는 고구려의 廣開土王(391~413) 때여서 그 정치적 간섭을 받고 있어, 고구려 사신을 따라 당시 서역문물의 집합소인 長安에 갈 수 있었다.[9]

> 내물왕 26년 왕이 衛頭를 전진에 보내 방물을 바쳤다. 苻堅이 위두에게 묻기를 "그대의 말에 의하면 해동의 일이 옛과 같지 않으니 어찌된 까닭인가" 하니, 위두가 대답하기를 "역시 중국과 같이 시대가 바뀌면 명칭도 바뀌기 마련이니 어찌 옛날과 같으리오"라고 하였다(《三國史記》 권 3, 新羅本紀 3).

이 내용은 신라가 내물왕 26년(381)에 처음으로 전진에 사신을 파견했음을 알려 준다. 그러나 이러한 단 1회의 조공사 파견이 곧 대외관계로서의 조공관계가 성립되었다는 것을 의미하는 것은 아니다. 신라는 전진과의 교섭 이후 法興王 8년(521)의 梁나라와의 교섭까지 140여 년간 중국과 교섭이 없었으며, 그 후 眞興王 25년(564) 이후 陳나라와의 계속된 교섭까지 중국과의 관계가 없었다. 중국과의 관계는 무엇보다도 이른바 조공사가 계속적 또는 정기적으로 파견되면서 중국측으로부터 외형적인 冊封이 이루어져야 정상화되는 것이다.[10] 이 때의 책봉은 의례적인 것이며, 하등의 정치적·외교적 구속

---

6) 徐榮洙, 〈三國과 南北朝交涉의 性格〉(《東洋學》 11, 檀國大, 1981), 149쪽.
7) 《書經》 권 4, 周書.
8) 申瀅植, 《新羅史》(梨大 出版部, 1985), 200~201쪽.
9) 申瀅植, 〈新羅와 西域〉(《新羅文化》 8, 東國大, 1991), 121쪽.
10) 全海宗, 앞의 글, 11쪽.

력은 없었다. 따라서 장수왕이 北魏·燕·宋·南齊·晋나라와 동시에 중복된 외교관계를 유지할 수 있었고, 진흥왕이 北齊·陳에 동시에 조공사를 파견한 것이다.

6세기 중엽까지 신라의 대중교섭은 왜와의 관계 때문에 진전되기 어려웠다. 5세기 말까지 신라는 왜의 침입이라는 국가적 시련을 계속 겪었으므로[11] 그 대비책이 시급하였다. 더구나 대중통로가 고구려(육로)와 백제(해로)에게 지배되고 있어서 신라는 국가적 고립에 직면하였던 것이다. 따라서 후일 신라의 한강 하류지역 진출은 백제·고구려의 연결을 차단하고, 한강 유역의 경제적 기반확보는 물론 대중통로의 개척이라는 의미가 컸다.[12] 따라서 내물왕은 고구려의 군사력에 의존하기 위해 위두를 고구려를 통해 전진에 파견하였으며[13] 實聖을 인질로 보냈던 것이다.[14] 이듬해 신라의 고구려 접근에 대한 보복으로 왜가 침입하였다.

신라는 진흥왕 14년의 한강 하류유역 확보 이후 고구려와 백제에 의해서 장악되어 있었던 赤山航路(황해 횡단항로)를 장악함으로써[15] 진흥왕 25년 이후에 대중국 교섭의 주도권을 쥘 수 있게 되었다. 즉 陳나라와의 교섭에서 고구려가 6회 사절을 보내고 있으나 신라는 8회에 걸쳐 사신을 파견하여 보다 활발한 관계를 갖게 되었다. 隋나라에는 신라가 12회의 조공사를 파견하고 있어, 고구려의 21회보다는 훨씬 적었으나 백제의 수준까지 이르게 되었다. 이와 같은 외교사절의 빈번한 파견은 국력의 신장과 궤를 같이 하는 것이었다.

---

11) 왜는 赫居世 8년(B.C. 50) 이후 炤知王 22년(500)까지 신라에 33회의 침입을 한 바 있었다. 특히 실성왕(402~417)·눌지왕(417~458), 소지왕(479~500) 때는 4회 그리고 자비왕(458~479) 때는 5회의 침입이 있었다. 특히 흘해왕 37년(346), 내물왕 38년(393), 실성왕 4년(405), 눌지왕 15년(431) 그리고 28년(444)에는 경주(金城)를 포위·공격하기도 하였다.

12) 申瀅植, 〈新羅의 發展과 漢江〉(《韓國史研究》 77, 1992), 45쪽.

13) 李丙燾, 《國譯 三國史記》(乙酉文化社, 1977), 39쪽.

14) Lien-Shen Yang, Hostages in Chinese History(*Studies in Chinese Institutional History,* 1960), pp.43~57.
梁起錫, 〈三國時代 人質의 性格에 對하여〉(《史學志》 15, 檀國大, 1981), 39~66쪽.

15) 申瀅植, 〈韓國古代의 西海交涉史〉(《國史館論叢》 2, 國史編纂委員會, 1989 ; 《統一新羅史研究》, 三知院, 1990, 265쪽).

2) 수 이전의 중국과의 관계

신라는 지리적 격리성 때문에 중국과의 교섭은 삼국 중에서 가장 늦었다. 따라서 내물왕 26년(381)의 전진과의 외교 이후 법흥왕 8년(521)의 양나라의 교섭에 이르기까지 중국과의 외교적 접촉은 없었다. 그러나 위두의 귀국 이후 서역에 대한 초기 단계의 인식이 가능해졌을 것이며 實聖의 고구려 인질, 墨胡子의 전도, 그리고 正方과 滅垢玭의 활동 등은[16] 간접·직접으로 서역이나 중국과의 교섭 필요성을 고조시켰을 것이다. 그러나 서해 직통항로의 개척 이전에는 入朝의 어려움으로 중국과는 직접관계가 거의 불가능하였다.

법흥왕 이후 신라의 국가적 팽창으로 백제, 고구려의 위협이 가속화되었으며 신라의 고립은 더욱 심화되었다. 결국 신라는 대중국 교섭의 관문인 党項城 확보가 절실하였다. 당시 백제는 椒島(풍천)에서 적산으로 연결되는 서해 직통항로를 개발하여 남·북조와 활발히 교섭하고 있었다. 그러므로 신라는 이러한 난관을 극복하면서 대중접촉을 꾀하였으나 주로 승려들의 왕래를 통해 양국과의 관계를 유지할 수 있었다.

㈎ 진흥왕 10년(553) 봄에 양나라에서 사신과 함께 유학하던 覺德스님을 보내면서 불사리를 보내 왔다(《三國史記》 권 4, 新羅本紀 4).
㈏ 진흥왕 26년 9월에 陳나라에서 사신 劉思와 明觀스님을 보내어 예방케 하고 불경 1,700여 권을 보내 왔다(《三國史記》 권 4, 新羅本紀 4).
㈐ 진평왕 22년(600) 고승 圓光이 隋나라에 갔던 사절인 奈麻 諸文과 大舍 横川을 따라 귀국하였다(《三國史記》 권 4, 新羅本紀 4).

이러한 기록에서 보듯이 승려들의 유학은 국가의 승인하에 이루어진 것이며, 사절왕래가 어려운 상황에서 승려들은 외교사신의 역할을 한 것이다. 특히 원광이 乞師表에서 진술한 것을 보더라도 당시 승려들의 외교적 활동은 정치적 의미가 컸다.

---

16) 《海東高僧傳》 권 1, 流通 1-1, 釋阿道 古記.
申瀅植, 앞의 글(1991), 121쪽.

진흥왕 14년(553)의 한강유역 확보는 신라의 중국관계에 있어서 획기적 전환점이 되었다. 재위 25년에 北齊에 조공하여 책봉을 받은 이후 26년부터는 陳나라에 매년 입조함으로써 조공관계가 성립된 것이다. 그리하여 진흥왕(25년 이후) 때만도 북제에 3회, 진에 6회 사절을 파견하였으며, 진평왕 때에도 2회의 조공사가 진에 파견되었다. 이러한 교섭과정에서 중국에는 方物이 보내졌으나 구체적인 내용은 알려지지 않고 있다. 다만 중국측으로부터는 주로 佛經이 보내졌다. 그러나 고구려가 北魏·周·陳·북제 등 남북조의 여러 나라와 관계를 갖고 있음과는 달리, 신라는 진흥왕 때까지는 주로 남조인 진나라와 밀접한 관련을 맺고 있었을 뿐이다.

國人의 추대로 왕이 된 진평왕은 신성한 가문을 복구하고 眞智系(무열계)의 도전에 대해 왕통의 정통성을 확립할 필요가 있었다. 특히 이 시기는 남북조의 분열이 수나라에 의해서 수습되었으며, 곧 이어 唐이 등장하던 때였다. 따라서 3국이 새로운 통일왕조에 대하여 접근을 꾀하게 되었으며, 이러한 경쟁외교를 목도한 수나라는 대등한 거리를 두고 3국을 견제하였다.[17] 수나라 등장(581) 이후에도 신라는 가장 늦게 교섭이 이루어졌다.[18] 진평왕 16년(594)에 上開府樂浪郡公新羅王으로 책봉을 받은 것을 보면 590년대 초에 사절이 파견된 것으로 보인다. 이는 진평왕이 왕권의 강화 내지는 신성화를 위해 일련의 조치를 취할 필요가 있었던 사실과 관련이 있을 것이다.

우선 진평왕은 제도의 개혁을 통한 왕권강화를 시도하였다. 수나라와의 외교관계를 맺기 전인 재위 15년까지 位和府·船府·調府·乘府·領客府 등 5개의 중앙부처를 신설하여 中古期의 왕권강화를 적극 추진하였다.[19] 무엇보

---

17) 申瀅植,《韓國古代史의 新研究》(一潮閣, 1984), 313쪽.

18) 수나라와의 접촉은 백제가 제일 빨랐다. 威德王 28년(581)에 조공하고 上開府儀同三司帶方郡公이라고 책봉을 받았다. 고구려는 영양왕 원년(590)에 관계가 시작되었으며 신라는 진평왕 16년(594)에 조공관계가 성립되었다. 고구려는 양원왕 10년(554)의 大政亂과 13년의 干朱理의 모반사건 이후 정치적 혼란이 계속되고, 평원왕 28년(586) 장안성으로의 遷都 등 국내문제가 복잡하였다. 따라서 진나라의 멸망사실을 같은 왕 32년에야 접하게 되었다.

19) 李基白,〈稟主考〉(《新羅政治社會史研究》, 一潮閣, 1974), 141쪽.
李晶淑,〈新羅 眞平王代의 政治的 性格〉(《韓國史研究》 52, 1986), 19~22쪽.
金杜珍,〈新羅 眞平王代 初期의 政治改革〉(《震檀學報》 69, 1990), 19~21쪽.
李明植,〈新羅中古期의 王權强化過程〉(《歷史敎育論集》 13·14, 1990), 325쪽.

다도 진평왕은 弩里夫(상대등)와 金后稷(병부령) 등 친위세력을 중심으로 眞智系를 견제하면서 자신의 세력을 강화시켰으며, 재위 16년 이후 적극적인 親隋政策을 추진하였다. 특히 智明·圓光·曇育·安含·安弘 등 고승의 측면적 지원과 뒷받침으로 왕실의 신성한 권위를 높일 수 있었다. 그러나 계속되는 백제·고구려의 침입에 따른 국가적 위기와 진지계의 도전에 직면하여 진지계와의 정치적 타협이 불가피하였으며,[20] 진평왕 43년(621)에는 龍春(진지왕자, 김춘추 부친)을 內省의 私臣으로 임명하게 되었다. 결국 진평왕 후반기는 舒玄(김유신 부친)과 연결된 용춘의 지위가 강화되어 왕권에 대한 견제가 가능하게 되었다. 따라서 진평왕은 兵部令을 겸직한 私臣에 대한 제도적 견제책으로 兵部大監(2인)과 侍衛府大監(6인)을 두는 한편 적극적인 왕권강화 수단으로서 親唐策을 추진하게 된다.

이러한 수나라와의 외교관계 속에서 주목되는 사실은 入朝使의 형태나 지위, 그리고 자격 등을 살펴볼 수 있다는 것이다. 수나라가 단명으로 멸망했기 때문에 구체적 기록은 적지만 다음의 사실을 찾아볼 수 있다.

(가) 진평왕 22년 고승 원광이 朝聘使인 奈麻 諸文과 大舍 橫川을 따라서 돌아왔다(《三國史記》 권 4, 新羅本紀 4).
(나) 진평왕 24년 大奈麻 上軍을 사신으로 수나라에 보내고 方物을 바쳤다. 9월에 고승 智明이 入朝使 상군을 따라서 돌아왔다(《三國史記》 권 4, 新羅本紀 4).
(다) 진평왕 26년 7월 대나마 萬世와 惠文 등을 수나라에 보냈다(《三國史記》 권 4, 新羅本紀 4).
(라) 진평왕 27년 3월에 고승 曇育이 입조사인 惠文을 따라서 돌아왔다(《三國史記》 권 4, 新羅本紀 4).
(마) 진평왕 33년 왕이 사신을 수나라에 보내서 請兵의 글을 바치니 수 양제가 이를 허락하였다(《三國史記》 권 4, 新羅本紀 4).
(바) 진평왕 35년 7월에 수나라 사신 王世儀가 와서 皇龍寺에서 百高座를 베풀고 원광 등 법사를 맞아 불경의 설법이 있었다(《三國史記》 권 4, 新羅本紀 4).

---

20) 진평왕은 자신의 딸(天明)을 金龍春에게 出嫁시켜 김용춘계와 정치적 타협을 꾀하였다. 김용춘도 이러한 정략적 혼인을 통해 자신의 지위와 기반을 강화시켜 나갔다.

이상의 내용은 신라와 수나라와의 외교교섭상을 나타낸 것이다. 이를 알기 쉽게 도표화하면 〈표 1〉과 같다.

〈표 1〉 신라의 對隋사절

인 명	관 등	파 견 연 대	귀 국 연 대
諸 文	나 마		진평왕 22년(600)
橫 川	대 사		〃
上 軍	대나마	진평왕 24년(602)	진평왕 24년(602)
萬 世	〃	진평왕 26년(604)	
惠 文	〃	〃	진평왕 27년(605)

〈표 1〉에서 보면 신라의 사절은 대나마(10위)·나마(11위)·대사(12위) 등 중하위급 관등을 가진 자로서, 백제사절에 비하면 하위급 인물이 파견되었다.[21] 그리고 특히 주목되는 것은 諸文과 橫川, 萬世와 惠文의 경우처럼 동시에 두 사람이 파견되었다는 사실이다.

이것은 두 사람의 관등 차이로 보아 正·副使의 성격을 띤다고 하겠다. 그리고 체류기간은 비교적 짧았으며, 그들의 임무가 求法僧의 귀국알선과 請兵까지 맡고 있다. 당시 승려의 신분과 지적 수준에 따라 그들이 외교사절로서의 직능을 다했으리라 여겨진다.

〈표 2〉 신라의 구법승(隋 이전)

인 명	나라	출 국 연 대	귀 국 연 대	귀 국 방 법
覺 德	梁		진흥왕 10년(549)	梁나라 사신을 따라
明 觀	陳		진흥왕 26년(565)	陳나라 사신(劉思與)을 따라
智 明	〃	진평왕 7년(585)	진평왕 24년(602)	신라 사신(上軍)을 따라
圓 光	〃	진평왕 11년(589)	진평왕 22년(600)	신라 사신(諸文·橫川)을 따라
曇 育	隋	진평왕 18년(596)	진평왕 27년(605)	신라 사신(惠文)을 따라
安 含	〃	진평왕 22년(600)	〃	
安 弘	〃		진평왕 42년(620)	
圓 安	〃			

21) 고구려의 對隋使節의 인명은 나타나 있지 않으나, 백제의 경우에는 扞率(燕文進, 무왕 8년)·佐平(王孝隣, 무왕 8년) 등 고위층의 인물들이 파견되었다(申瀅植, 《三國史記硏究》, 一潮閣, 1981, 224쪽).

〈표 2〉에서와 같이 구법승들도 국가의 통제하에 출국·귀국하였으며, 대개 사신을 따라 돌아오고 있다. 이들은 당시의 중국문화뿐 아니라, 서역의 문화를 전달해 줌으로써 신라문화 개발에 기여하였을 것이다.[22]

이 때를 전후하여 서역문화의 수용에 큰 역할을 한 장본인은 원광이다. 그는 진평왕 11년(589)에 해로로 陳(金陵)에 들어가 成實·涅槃·三論 등을 전수받았다.[23] 그러나 그 해에 진이 멸망하자 수(장안)나라로 들어가 통일왕조의 새로운 문물과 그 곳의 서역문물을 섭렵하였다. 진흥왕 37년(576)에 安弘[24]이 胡僧 毗摩羅 등과 귀국했다던가, 《海東高僧傳》에 안홍이 서역승(3인), 漢僧(2인)과 함께 돌아왔다는 사실[25]로 미루어 보아 당시의 구법승들이 서역에 대한 광범한 지식을 가지고 돌아왔으리라 생각된다. 따라서 6세기 후엽 이후 신라인들의 세계에 대한 인식은 그 범위가 크게 확대되었을 것이다.

3) 당과의 관계

신라와 당과의 외교관계는 진평왕 43년(621)에 시작되었다. 당이 건국한지 3년만의 일이다. 삼국은 당나라에 대해서 적극적으로 접근책을 쓰게 되었다. 즉 고구려는 麗隋戰爭 이후 포로교환과 대립관계 청산을 위해 榮留王 2년(619)에 사신을 파견하였으며, 백제는 신라를 견제하기 위해 武王 22년(621)에 조공사를 보냈다. 그러나 당에서는 삼국의 왕을 같은 해인 624년(영류왕 7년, 무왕 25년, 진평왕 46년)에 책봉함으로써 견제정책을 쓰고 있었다.

> 진평왕 43년 7월에 왕이 사신을 당나라에 파견하여 조공하고 방물을 바쳤다. 당 高祖가 친히 사신을 위로하고 通直散騎常侍인 庾文素를 보내서 조서와 병풍, 그리고 비단 300段을 보내 주었다(《三國史記》 권 4, 新羅本紀 4).

---

22) 신라의 구법승의 활동에 대해서는 權悳永의 〈三國時代의 新羅求法僧의 活動과 役割〉(《淸溪史學》 4, 1987)에서 자세한 언급이 있어 참고가 된다.

23) 《海東高僧傳》 권 2, 流通 1-2, 圓光.

24) 《三國史記》 권 4, 진흥왕 37년조의 '安弘法師入隋求法'이란 기록은 진흥왕 37년(576) 당시는 隋의 건국(581) 이전이므로 사실이 아니다. 《海東高僧傳》 권 2, 流通 1-2, 安含조에는 안함과 安弘을 동일인으로 간주하고 있다.

25) 《海東高僧傳》 권 2, 流通 1-2.

위의 기록은 신라와 당과의 첫 접촉사실을 나타낸 것이다. 그 후 진평왕 54년(632)까지 12년간 8회에 걸쳐 사절이 파견되었으며, 善德王 16년간(632~647)에 10회, 眞德王 8년간(647~654)에도 9회, 그리고 武烈王 8년간(654~661)에도 6회, 文武王의 8년간(고구려 정벌까지)에도 3회 사절이 파견되었다. 다시 말하면 진평왕 43년에 국교가 열린 이래 고구려 멸망(668) 때까지 47년간에 37회 사절을 당나라에 보낸 것이다. 이러한 수치는 〈표 3〉에서 보듯이 신라가 대당외교를 주도했다는 사실을 보여 준다.

〈표 3〉 삼국의 對唐朝貢 回數(통일전)

국 명	회 수	내 용
신 라	37	진평왕(9)·선덕왕(10)·진덕왕(9)·무열왕(6)·문무왕(3)
고 구 려	25	영류왕(15)·보장왕(10)
백 제	22	무왕(15)·의자왕(7)

이러한 신라와 당과의 관계는 수나라 이래 공식적인 절차(책봉)가 정례화되었다.[26] 진평왕 16년 왕이 수나라로부터 上開府樂浪郡公新羅王이란 책봉을 받은 일은 있으나 수나라가 단명으로 끝났기 때문에 외교상으로 양국간의 공식관례가 이룩되지 못하였다. 그 후 진평왕 43년에 당나라와 교섭이 시작된 이래 왕이 교체된다든가 중국황제가 바뀌면 공식사절이 파견되어 형식상 책봉절차를 받게 되었다.

(가) 진평왕 45년 10월에 사신을 당에 보내 朝貢하였다.…46년 3월에 당나라 고조가 사신을 보내 왕을 柱國樂浪郡公新羅王으로 책봉하였다(《三國史記》 권 4, 新羅本紀 4).

(나) 선덕여왕 원년(632) 12월 사신을 당에 보내 조공하였다.…4년 당나라에서 持節使를 보내 왕을 柱國樂浪郡公新羅王으로 책봉하고 父王의 봉작을 답습케 하였다(《三國史記》 권 5, 新羅本紀 5).

---

26) 고구려의 경우 大武神王 15년(32)에 光武帝(후한)로부터 王號를 회복한 이래, 고국원왕(연)·장수왕(북위)·양원왕(북제)·영양왕(수) 등이 책봉을 받았다. 백제 역시 근초고왕(동진)·무령왕(양)·위덕왕(북제) 등이 책봉을 받았다. 그러나 신라는 북제로부터 진흥왕이 使持節東夷校尉樂浪郡公新羅王이란 책봉 이외에는 남북조왕조에서 받은 일이 없다. 그래서 신라의 조공이 정례화·공식화된 것은 남북조 이후라 하겠다.

㈐ 진덕여왕 원년(647) 2월에…당태종이 持節使를 보내 전왕을 光祿大夫로 추증하고 이어 왕을 柱國樂浪郡王으로 책봉하였다. 7월에 당에 謝恩使를 보냈다.…8년 3월에 왕이 죽었다.…당 고종이 이를 듣고 永光門에서 애도식을 갖고 大常丞 張文收를 지절사로 보내 조위를 표하고 왕을 開府儀同三司로 추증하고 비단 3백 필을 보냈다(《三國史記》 권 5, 新羅本紀 5).

㈑ 태종 무열왕 원년(654) 5월에…당나라는 지절사를 보내어 예를 갖추고 왕을 開府儀同三司新羅王으로 책봉하였다. 왕은 당나라에 사신을 보내 사의를 표하였다(《三國史記》 권 5, 新羅本紀 5).

㈒ 문무왕 원년(661) 10월 29일에 왕이 당나라 사신이 왔다는 소식을 듣고 서울로 돌아왔다. 당나라 사신이 조위를 표하고 조칙으로 전왕께 제사를 올리고 여러 가지 비단 5백 필을 주었다.…2년 정월 당나라 사신이 객사에 머물고 있었는데, 이 때에 왕을 開府儀同三司上柱國樂浪郡新羅王으로 봉하였다(《三國史記》 권 6, 新羅本紀 6).

이러한 기록으로 볼 때 신라는 왕이 바뀌면 조공사를 파견하였으며, 당은 왕이 죽으면 弔慰使를 보내든가, 또는 새왕에게 冊封使를 보내 예례상 절차를 행하고 있었다. 신라측에서는 따로 謝恩使를 파견하였으며, 중국측에서는 황제의 신임장을 지닌 持節使를 보냈던 것이다. 이 때의 책봉은 정치적 의미가 없는 형식적인 관례에 불과하였다.

그러나 중국측의 입장에서 보면 고구려가 漢의 玄菟郡 경내에서 건국되었으므로 그 인연을 벗어날 수가 없었으며, 中原의 정권이 바뀐다 해도 예속관계를 완전히 벗어날 수 없는 북방의 割據政權이라고 인식하였다. 따라서 고구려는 조공이라는「신하의 예」를 계속하였으며, 중원정권의 책봉을 받아 중원정권의 조직일원으로서 그를 대신하여 지역인민을 지배하는 형태로서 중국과의 예속관계를 유지하였다는 것이다.[27] 이러한 견해는 중국인의 입장에서 본다면 封官加爵 恩信撫慰행위는 분명히 藩屬朝貢關係가 아닐 수 없다.[28] 그러나 조공관계는 정통 중국정부와의 1대1의 관계가 아니라, 동시의 여러 나라와 並存的으로 존재하였으며, 통일왕조라고 신라정부에 정치적 구속력을 행사한 것이 아니다. 어디까지나 외형적이며 의례적이었고, 중국측의 책봉이

27) 李殿福・孫玉良, 《高句麗簡史》(姜仁求・金瑛洙 역, 三省出版社, 1990) 92~129쪽.
28) 楊昭全・韓俊光, 《中朝關係簡史》(瀋陽 ; 遼寧民族出版社, 1992), 36쪽.

없다고 왕권행사가 불가능한 것은 아니었다. 당시 정치·문화대국인 중국과 공존질서를 통해 아시아의 국제관계는 평화를 유지할 수 있었다.

이와 같이 진평왕 43년(621) 이래 시작된 신라와 당과의 관계는 중국과 그 주변국가간에 존재하는 조공관계로서 다양한 문물의 교류와 우호 및 화평관계의 뜻을 지녔으나, 백제·고구려와의 대립과 정벌이라는 현실적 목적 때문에 그 모습이 달라지게 되었다. 진평왕 후반기 이후 세력을 강화시킨 용춘과 서현계는 김춘추와 김유신의 결속 이후 강화된 신흥세력으로 등장하였다. 이들은 백제·고구려의 침입에 따른 국가적 위기 속에서 선덕왕을 세워 자신들의 세력을 확립한 후[29] 적극적인 친당책을 추진하게 되었다.

그러나 고구려는 淵蓋蘇文의 정변으로 대당관계가 악화되자 道敎의 요청이나 宿衛提供 등 여러 가지 친당책을 추진하였으나 당과의 관계는 회복되지 않고 대립이 계속되었다.[30] 또한 백제 역시 大耶城事件(선덕왕 11년, 의자왕 2년 ; 642)과 고구려·당전쟁(645) 때의 신라침공 등으로 신라와의 긴장이 격화됨으로써 동아정세는 혼미를 계속하였다. 이러한 상황에서 신라에서는 선덕왕 16년(647)에 毗曇의 亂이 일어났다.[31] 이 난은 신흥세력(김춘추·김유신)과 구귀족세력(비담·閼川) 간의 권력쟁패전이었다. 이 난의 결과로 신흥세력은 구세력의 대표인 알천을 포섭하였고 진덕여왕을 즉위시킴으로써 무열계가

---

29) 申瀅植, 〈武烈王系의 成立과 活動〉(앞의 책, 1984), 115쪽.

30) 申瀅植, 〈羅唐交涉上에 나타난 宿衛의 性格〉(위의 책), 267쪽.

31) 毗曇의 亂에 대해서 井上秀雄은 '和白의 국왕에 대한 퇴위요구에 대하여 金庾信 등이 여왕을 옹립함으로써 발단된 것으로 보아 선덕왕측이 일으킨 것'으로 풀이하였다(井上秀雄, 《新羅史基礎硏究》, 東出版, 1974, 440~441쪽). 이에 대해서 李基白은 비담 등 구귀족들의 '상대등 왕위추대운동'으로 보았으며(李基白, 앞의 책, 101쪽), 李基東은 '내물왕계 씨족회의의 의결인 선덕왕의 폐위 내지 비담의 국왕추대에 불만을 품은 가야출신 김유신이 선덕왕을 옹호함으로써 발단되었다'고 하였다(李基東, 《新羅骨品制社會와 花郞徒》, 一潮閣, 1984, 84쪽). 그 외에 武田幸男, 〈新羅"毗曇の亂"の一視角〉(《三上次男博士喜壽記念論文集》, 1985) ; 朱甫暾, 〈毗曇의 亂과 善德王代 政治運營〉(《李基白先生古稀記念 韓國史學論叢》 上, 一潮閣, 1994) ; 鄭容淑, 〈新羅 善德王代의 政局動向과 毗曇의 亂〉(위의 책) 등이 있다. 주보돈은 선덕왕 사망 이전 진덕왕의 즉위가 추진되었기 때문에 왕위계승을 목적으로 난을 일으켰다고 보았고, 정용숙은 선덕왕 사후 왕위에 오를 것을 확신한 비담 등이 시간을 지체하는 동안 김춘추와 김유신이 진덕왕을 옹립하고 왕궁을 장악한 것으로 추측하여 비담이 난을 일으켜 폐위코자 한 대상을 진덕왕이라고 보았다.

실권을 장악하게 되었다. 여기서 김춘추는 직접 입당하여 宿衛外交를 추진하였고,[32] 金法敏은 진덕여왕이 지은 太平頌을 헌진함으로써 대당외교를 주도하게 되었다.

이러한 긴장된 교섭과정에서도 양국간에는 빈번하게 문물이 교류되었다. 백제나 고구려에 비해서[33] 신라는 다양하지 못하였다.

㈎ 진평왕 53년 7월…미녀 2명을 보냈다.…그러나 당은 사신과 함께 돌려 보냈다(《三國史記》 권 4, 新羅本紀 4).

㈏ 진덕왕 4년 6월…왕은 5언으로 된 太平頌을 비단에 짜넣어 金春秋의 아들 法敏을 시켜 당의 황제에게 바쳤다.…7년 11월…金總布를 바쳤다(《三國史記》 권 5, 新羅本紀 5).

신라의 경우에 다만 특별히 제작된 태평송이나 금총포 등을 당에 보냈을 뿐이었다. 신라와 당 사이의 활발한 문물교류가 이루어지게 되는 것은 8세기 이후이다. 따라서 당시 당에서 건너 온 물건도 그림병풍이나 비단 또는 서적 등에 불과하였다.

4) 대당사행의 유형

신라가 당나라에 사절을 파견하는 일은 원칙적으로 조공이란 이름으로 이루어진다. 중국의 왕조가 교체되거나 황제가 바뀌면 보냈으며, 신라왕이 즉위하면 책봉을 위해서 보낸다. 대체로 신왕의 즉위 초 정월에 '遣使入唐朝貢'이나 '遣使入唐獻(貢)方物'이라 하여 조공과 동시에 방물(토산물)을 보냈다. 그러므로 조공이라는 외교절차에는 문물교환이 부수적으로 따르게 된다. 따라서 이 때 당은 책봉이라는 정치적 승인과 '賜物有差'라는 답례를 하게 된다. 그러나 중국측 답례는 비교가 안될 정도로 빈약하다.

---

32) 申瀅植, 〈新羅의 宿衛外交〉(앞의 책, 1984), 352~390쪽.

33) 고구려는 封域圖(영류왕 11년)·白金(보장왕 3년)·美女(보장왕 5년) 등이, 백제는 果下馬(무왕 22년)·明光鎧(무왕 27년)·鐵甲과 彫斧(무왕 38년)·金甲(무왕 40년) 등이 중국에 건너갔다. 그리고 당으로부터는 天尊像(영류왕 7년)·道德經(보장왕 2년)·錦袍와 綵帛(무왕 38년) 등이 들어왔다.

신라의 견당사의 이름은 진덕왕 이후에 나타난다. 이들은 당대의 대표적인 인물로 주로 왕족이 선발되었는데[34] 구체적 명단은 〈표 4〉와 같다.

〈표 4〉 신라의 견당사(통일전)

인 명	관 등	파 견 연 대	사 행 목 적	귀국 후 활동
邯帙許		진덕왕 2년(648)	조공	
金春秋	이 찬	〃	청병	무열왕으로 즉위
金文王	파진찬	〃	숙위	무열왕 3년 재입당
金法敏	이 찬	진덕왕 4년(650)	태평송 기증	문무왕으로 즉위
金仁問	파진찬	진덕왕 5년(651)	숙위	무열왕 7년, 문무왕2년 재입당
天 福	(弟監)	무열왕 7년(660)	전승보고	
汁恒世	대나마	문무왕 7년(667)	조공	
元 器		문무왕 8년(668)	〃	
淵淨土		〃	〃	

〈표 4〉에서 볼 때 신라의 견당사는 거의가 왕족이었고 관등도 波珍飡 이상의 고위관직자였다. 특히 고구려 유족인 연정토를 외교사절로 발탁한 것은 민족융합차원에서 이루어진 것으로 주목할만 하다. 김춘추와 그 아들(法敏·文王·仁問) 등 무열계 가문의 외교활동에서 그들 가문의 세력강화와 함께 통일과정에서의 이들의 역할을 엿볼 수 있다.

이러한 조공사는 그 사행의 목적에 따라 몇 가지의 사절로 나눌 수 있다. 우선 일반 조공사는 새 왕의 등장에 따른 연례적인 사절이며, 그외 특별한 임무가 부여되지 않은 「朝貢－回賜」라는 관행을 뜻한다. 그러나 나당간에는 구체적으로 특별한 목적을 띤 사절도 파견되었으니 謝恩使·宿衛·求法使·請兵使 등이 있었다.

㈎ 진덕왕 원년…당태종이 持節使를 보내 전왕에게 光祿大夫를 추증하고 이어 왕을 柱國樂浪郡王으로 책봉하였다. 7월에 사신을 당으로 보내 謝恩을 표하였다(《三國史記》 권 5, 新羅本紀 5).

㈏ 무열왕 원년 5월…당이 지절사를 보내어 예를 갖추고 왕을 開府儀同三司新

34) 고구려의 경우는 桓雄(세자, 영류왕 23년), 任武(왕자, 보장왕 6년), 福男(태자, 보장왕 25년) 등 모두 왕자였고, 지위는 莫離支여서 외교사절의 중요성을 엿볼 수 있다.

羅王으로 책봉했다. 이에 왕은 사신을 보내어 감사를 표하였다(《三國史記》 권 5, 新羅本紀 5).

이 두 기록은 신라가 당에 사은사를 보냈다는 사실을 알려 준다. 이러한 사행은 당나라의 책봉이나 특별한 은전에 대한 答訪이었다.

다음으로 신라와 당과의 외교관계에서 특이한 것은 宿衛의 파견이다. 이것은 '夫四夷稱臣 納子爲質'[35]이라는 표현과 같이 唐에 파견된 주변국가의 人質(質子)로 간주되어 왔다.[36] 그러나 숙위는 인질과 달리 실제로 자신의 활동을 통하여 조공사·청병사·문물교류사의 역할뿐 아니라, 양국간의 정치·군사적 교량이 되었다.[37] 따라서 숙위외교는 나당간의 외교관계에 중추적 역할을 다한 것이다.[38]

㈎ 진덕왕 2년(648) 3월…이찬 김춘추와 그의 아들 문왕을 당나라에 보냈다. …춘추가 황제께 아뢰기를 "제가 자식이 일곱이 있는데 황제 곁에서 숙위로 있게 하여 주십시요" 하니 그 아들 文注(文王)와 大監 □□을 숙위케 하였다(《三國史記》 권 5, 新羅本紀 5).

㈏ 진덕왕 5년 2월…파진찬 김인문을 당나라에 가서 조공하고 이어 숙위로 머물게 하였다(《三國史記》 권 5, 新羅本紀 5).

㈐ 문무왕 6년(666) 4월…天存의 아들 漢林과 庾信의 아들 三光이 모두 나마의 관등으로 당에 들어가 숙위가 되었다. 왕은 백제가 평정됨에 따라 고구려를 멸하고자 당에 군사를 청하였다(《三國史記》 권 6, 新羅本紀 6).

이 글은 신라가 통일전에 당에 보낸 숙위에 대한 것이다. 숙위는 주변국가의 왕자로서 당 조정의 近臣(의장대)으로서 시위하며 머무는 外人宿衛로서

---

35) 《冊府元龜》 권 996, 外臣部 納質.

36) 末松保和, 《新羅史の諸問題》(東洋文庫, 1954), 433쪽.
金庠基, 앞의 책, 9쪽.
楊昭全·韓俊光, 앞의 책, 83쪽.

37) 申瀅植, 앞의 책(1984), 352~390쪽 참조.

38) 宿衛는 신라와 당 사이에만 존재한 것이 아니다. 예를 들면 서방의 吐谷渾·于闐國·鄯善國도 質子를 파견하였고(《舊唐書》 권 198, 列傳 148 및 《漢書》 권 96 上), 발해에서도 숙위를 보내고 있는 등(《冊府元龜》 권 974, 外臣部 褒異 1 및 권 996, 納質) 발해나 서역 제국과 당 사이에서도 널리 행해지고 있었다.

출발된 것이지만,[39] 그 내면적 성격은 단순한 조공사나 인질의 존재를 넘어 양국간의 외교사절로서 다양한 직능을 갖고 있었다. 그리고 시대의 필요에 따라 그 임무가 달라지고 있으나, 통일전에는 주로 請兵使로서 또는 백제·고구려 정벌의 副將(선봉장)의 역할을 하였다.[40]

우선 김문왕은 진덕왕 2년(648)에 부친 김춘추를 따라 입당숙위하고 5년에는 김인문과 교대하였다.[41] 그리고 김유신의 아들인 삼광은 문무왕 6년(666)에 숙위가 된 후, 8년 고구려 정벌 때 선봉의 副將으로 참여하였다. 이들은 주로 청병사의 역할을 하였으며, 당제로부터 武將職의 관직을 받고 있었다. 그리고 이들은 〈표 5〉에서 보듯이 한두 명의 수행원을 대동하고 있었다. 김삼광의 경우 그는《삼국사기》新羅本紀에는 한림과 같이 나마로 되어 있으나, 列傳에 의하면 대아찬이었으며 한림은 그의 수행원으로 생각된다.[42]

〈표 5〉 숙위와 그 수행원(통일전)

숙위명	관등	수행원명	관등
김문왕	(파진찬)	□□대감	(급찬)~아찬
김인문	파진찬	유돈·중지	사찬·대나마
김삼광	대아찬	한림	나마

〈표 6〉에서와 같이 통일전 숙위는 김춘추의 두 아들인 김문왕과 김인문이 교대로 임명되었다가, 그 후 김유신의 아들이 임명되었다. 즉 숙위는 당대를 대표하던 세력자의 자제들이었기 때문에 청병사로서 또는 백제·고구려 정벌의 향도장이라는 군사적 활동을 통해 통일에 큰 역할을 하게 되었다.

---

39) 卞麟錫, 〈唐宿衛制度에서 본 羅唐關係〉(《史叢》 11, 1966), 50~66쪽.

40) 申瀅植, 앞의 책(1984), 359~385쪽.

41) 김문왕과 김인문의 경우는 백제 정벌을 위한 나당간의 군사협조 상의 필요성에서 중복된 숙위에 임명되었다. 진덕왕 5년(651)에 교대되었다가, 다시 무열왕 3년(656)에 교대되었으며, 같은 왕 5년에 문왕이 中侍가 되었으므로 다시 교대하였다. 그 후 김인문은 백제 정벌에 선봉장으로 참여하는 등 수차 양국을 왕래하였으며, 전후 22년간이나 당나라에 머물다가 唐京에서 죽었다.

42) 신형식, 앞의 책(1984), 361~362쪽.

〈표 6〉 신라의 숙위 일람표(통일전)

인 명	관 등	혈 통	파견연대	귀국연대	당의 관직	활동상
김문왕	파진찬	김춘추 3남	진덕왕 2년	진덕왕 5년	左武衛將軍	
김인문	〃	〃 2남	진덕왕 5년	무열왕 3년	左領軍衛將軍	
김문왕	〃	〃 3남	무열왕 3년	무열왕 5년		중시 역임
김인문	〃	〃 2남	무열왕 5년			백제정벌
김삼광	대아찬	김유신 장남	문무왕 6년	문무왕 8년	左武衛翊府中郎將	고구려정벌

한편 일반적인 조공사 외에 國學入學 요청이나 구법 등 특별한 목적을 띤 사절이 있었다. 즉 선덕왕 9년(640) 5월에 왕이 그 자제를 당에 보내 국학에 입학을 청한 경우나, 선덕왕 5년에 慈藏法師가 불법을 배우러 간 것 등이 그 예이다. 그리고 진덕왕 4년 6월 '告破百濟之衆'과 무열왕 7년 7월의 '遣弟監天福 露布於大唐'은 戰捷報告의 의미가 있었다. 그러나 통일전 신라의 대당관계에서는 사절의 역할에서 다양성이 찾아지지 않는다.

㈎ 선덕왕 11년 8월에 백제는 고구려와 합세하여 党項城을 빼앗아 당과의 통로를 끊으려 하였다. 이에 왕은 사신을 唐太宗에 보내어 급박한 사정을 알렸다.…겨울에 이찬 김춘추를 당에 보내어 군대를 요청하였다(《三國史記》 권 5, 新羅本紀 5).

㈏ 선덕왕 12년 9월에 당나라에 사신을 보내어서 글을 올리되 "고구려, 백제가 신의 나라를 능멸하니…원컨대 군대를 보내어 구원해 주십시오" 하였다(《三國史記》 권 5, 新羅本紀 5).

㈐ 진덕왕 2년 겨울…김춘추와 그 아들 문왕을 당나라에 보냈다. 춘추가 무릎을 꿇고 아뢰기를…"만약 폐하께서 군대를 내어 흉악한 무리를 제거하지 않으면 저희 나라 인민들은 전부 포로가 되고 육·해로를 통해 조공할 방도가 없습니다" 하였다. 태종이 깊이 동감하고 군대지원을 허락하였다(《三國史記》 권 5, 新羅本紀 5).

이 내용은 통일전에 파견된 37회의 조공사 가운데 7차에 걸쳐 파견된 청병사에 대한 기록의 일부이다.[43] 특히 김문왕·김인문·김삼광 등 숙위는 請

43) 이 외에도 '王遣使入唐求援'(무열왕 2년), '遣使入唐乞師'(같은 왕 6년) 그리고 '欲滅高句麗 請兵於唐'(문무왕 6년) 등의 기사가 보인다.

兵使로서 역할에 그치지 않았다. 이들은 양국간에 정치·군사적 중요사항이 생기면 중개인의 역할까지 하게 되었다.

> 龍朔 원년(661) 고종이 인문에게 말하기를…"지금 고구려는 예맥과 함께 포악무도하여 事大之禮를 어겼으니 이는 善隣之義를 저버린 것이다. 짐은 군사를 일으켜 이를 정벌하고자 하니, 그대는 돌아가 국왕에게 이를 알리고 함께 군사를 내어 고구려를 정벌하자"고 하였다(《三國史記》 권 44, 列傳 4, 金仁問).

이와 같이 신라의 대당외교는 긴급한 백제·고구려 정벌문제에 부딪쳐 청병사가 중심이 되었으며, 다양한 사절의 형태가 나타나지 않았다.[44] 다만 숙위외교를 통해 삼국통일의 외교적 관문이 열리게 되었으며, 통일 후 양국간의 친선관계가 이룩되면서 여러 가지의 외교사절이 교환되었다. 특히 통일 전 나당간의 외교에서 김춘추 가문의 역할이 크게 부각되었으며, 그 후 무열왕권 성립으로 새로운 외교상의 변화가 있게 된다.

〈申瀅植〉

2. 왜국과의 관계

1) 시기 구분

통일 이전의 신라가 왜국과 어떤 관계를 유지하였는지에 관해 현재 정설이 존재하지는 않는다. 이는 이 시기의 신라와 왜국의 관계를 살펴보기 위한 기본사료인 《三國史記》와 《日本書紀》의 사료적 한계 때문에, 이들 사서를 이용하여 양국관계를 복원하고자 할 때에 많은 어려움이 따르기 때문이다.

먼저 《삼국사기》를 살펴보면, 신라본기에 赫居世居西干 8년(B.C. 50)조부터 炤知麻立干 22년(500)조에 이르기까지 모두 54개조의 왜관계 기사가 보이지

44) 신라가 청병사에 치중한 반면 백제와 고구려의 경우에는 비교적 다양한 사절의 형태가 보인다. 즉 告哀(무왕 42년), 進賀(영류왕 11년, 보장왕 15·25년), 謝罪(보장왕 5년, 의자왕 4년) 등의 사절이 있었다.

만, 이 《삼국사기》의 왜에 대해서는 한반도 거주설, 일본열도 거주설, 한반도·일본열도 거주설 등이 존재하고 있다. 일본열도 거주설의 경우도 왜왕권설·지방세력설 등이 존재하여,[1] 신라본기에 보이는 왜관계 기사를 왜국의 왕권과의 관계를 말해 주는 기사로 이용하기 위해서는 많은 검증과정을 거쳐야 한다. 또한 《삼국사기》에는 6~7세기의 신라와 왜국의 관계에 대해서는 언급하고 있지 않다.

한편 《일본서기》는 234개조의 신라관계 기사가 보이지만, 여기에서는 왜국과 신라와의 관계가 '神功皇后(진구코우고우)의 三韓征伐'과 신라의 항복으로 시작된 것처럼 서술하고 있다. 또한 《일본서기》에서는 일관되게 왜국이 신라에 조공을 요구한 것처럼 서술하고 있는데, 현재 신공황후의 삼한정벌을 사실로 인정하는 학자는 거의 없다. '신공황후의 삼한정벌' 기사는 7세기 말엽부터 8세기 초에 걸쳐 성립한 일본 율령국가 지배층의 대신라관을 반영한 것이므로, 《일본서기》의 신라관계 기사를 사료로 이용할 때에는 이러한 윤색된 기사에서 사실 관계만을 읽어 내야 하는 것이다.

이상의 점에 주의하여 신라와 왜국의 관계에 대해 살펴볼 때, 우선 전반적인 경향으로 지적할 수 있는 것은 4세기 후반 백제와의 국교가 성립한 이후 왜국은 백제멸망 때까지 일관하여 친백제정책을 취하였고, 그 결과 신라와 왜국의 관계도 백제의 대외정책에 영향을 받게 되었다는 것이다.

그러나 신라와 왜국의 관계도 자세히 살펴보면 각 시기별로 미묘한 변화를 겪는다. 즉 ① 4세기 말~5세기 초로, 백제·왜국과 고구려·신라라는 두 군사동맹체제의 대립이 격화되면서 신라와 왜국이 적대하던 시기, ② 433년~5세기 말까지로 백제와 신라의 화친관계의 성립으로 신라와 왜국의 관계도 개선되었던 시기, ③ 6세기 전반 가야지역을 놓고 신라와 경쟁을 벌이던 백제가 왜국에 대한 문물전파라는 대외정책을 쓰면서 왜국이 원병을 파견하는 등 백제와의 군사동맹체제를 강화하여 신라와 적대하던 시기, ④ 562년 대가야의 멸망 이후 6세기 말까지로, 대가야의 멸망으로 백제로 가는 교통로를 상실한 왜국이 고구려의 사신 파견을 계기로 신라의 양해를 받아내어 신

---

1) 田中俊明, 〈"三國史記"にみえる'倭'關係記事について〉(《歷史公論》 77, 1982), 67~69쪽.

라 연안을 지나 백제로 가는 교통로를 확보하여 백제·신라와 교류하던 시기, ⑤ 수의 성립 이후 7세기 초에 왜국이 백제의 권유로 대수외교와 대고구려외교를 개시하면서 신라 연안을 지나 백제로 가는 교통로도 확보하여 백제·고구려·신라와 교류하던 시기, ⑥ 당의 성립 이후 623년~650년 신라가 왜국에 送使를 파견하여 대당관계를 매개하면서 왜국에 대해 적극적인 외교공세를 펼친 결과 왜국이 신라·고구려·백제에 대해 균형외교를 지향하던 시기, ⑦ 651년~663년의 시기로, 신라·당의 왜국에 대한 군사동맹 강요와 백제·고구려의 적극적 외교공세 속에서 왜국이 점차 백제·고구려 진영에 가담하게 되어 백제멸망 후에는 백제부흥 운동군에 대규모 원병까지 파견하게 되는 시기 등으로 나누어 볼 수 있다.

2) 4세기 후반~5세기 초 왜국과의 관계

먼저 신라와 왜국의 관계는 어떻게 시작되었는지 살펴보기로 하겠다. 《삼국사기》에서는 脫解 3년(59) 왜국이 신라에 사신을 파견하여 양국의 외교관계가 시작된 것처럼 서술하고 있다. 그러나 이것은 양국관계의 시작이 왜국으로부터의 사신파견으로 시작되었고, 양국의 관계가 오래된 것처럼 서술하기 위하여 《삼국사기》 편찬자가 중국사서의 기사를 참고로 하여 조작한 기사다.[2) 《일본서기》에서는 '신공황후의 삼한정벌'로 양국관계가 시작된 것처럼 서술하고 있으나, 이 기사는 앞에서 언급하였듯이 주의를 요한다.

《삼국사기》·《일본서기》에 나오는 신라와 왜국과의 관계에 대한 기사 가운데에서 다른 사료들과 비교 검토가 가능한 것은 4세기 후반 이후의 것들이다. 즉 〈七支刀銘〉·〈廣開土王陵碑〉 등의 금석문과 《宋書》·《隋書》·《新唐書》·《舊唐書》 등의 중국 사서가 존재하므로 이 자료들을 통해 역사상을 밝힐 수 있기 때문이다.

〈칠지도명문〉·〈광개토왕릉비〉·《삼국사기》·《일본서기》 등에 의하면 奈

---

2) 탈해니사금 3년 5월조는 《삼국사기》 편찬자가 《후한서》에서 倭奴國의 낙랑입공기사를 참고로 하여 만들었고, 아달라니사금 20년 5월조는 《삼국지》 왜인전의 기사를 참고로 하여 만든 기사로서 사실로 보기 어렵다(鈴木英夫, 〈"三國史記"の倭關係記事〉, 《古代の倭國と朝鮮諸國》, 青木書店, 1996, 26쪽).

勿王 17년(372)에 왜국이 백제와 외교관계를 개시한 이후, 왜국과 백제는 고구려에 대항하기 위한 군사협력체제를 유지하였다. 신라는 내물왕 11년 백제와 외교관계를 가졌으나, 같은 왕 22년과 27년에는 고구려의 권유로 前秦에 사신을 파견하였고, 37년에는 實聖을 인질로 고구려에 보내면서 고구려 진영에 가담하였다. 고구려의 廣開土王이 재위 6년(396)에 백제 수도를 공격하여 한수 이북의 백제땅을 빼앗자, 백제 아신왕은 재위 6년(397) 왜국에 태자 腆支를 파견하여 원병을 요청하였고, 왜국이 이에 응하여 고구려·신라에 대항하기 위해 백제·왜국의 군사협력이 이루어졌다. 백제·임나가야·왜의 연합군이 내물왕 44년 신라를 공격하자, 고구려는 광개토왕 10년 신라에 진군하여 왜군을 격퇴하고, 신라성 등에 군대를 주둔시켰다. 402년에 새로 즉위한 실성왕은 내물왕자 未斯欣을 왜국에 파견하여 관계개선을 꾀하였으나, 왜국은 미사흔을 억류하였고, 履中(리츄)천황 5년(404)에는 백제와 연합하여 고구려의 대방지역에 침입하였다. 이후에도 왜국은 백제와 긴밀한 관계를 유지하여, 이중천황 6년 아신왕이 사망하자 왜국에 있던 전지가 귀국하여 즉위하였고, 전지왕대·비유왕대에 백제와 왜국은 사신을 교환하였다.[3)]

미사흔의 억류사건에서 볼 수 있듯이 5세기 초까지 왜국은 신라와 적대하고 있었는데, 실성왕 4년(405)·7년에 왜병이 신라 동변을 침범하자 신라는 실성왕 11년에 내물왕자 卜好를 고구려에 인질로 보내 관계를 강화하였고, 실성왕 14년에는 침입한 왜인을 격파하였다. 그 후 고구려의 도움으로 즉위한 눌지왕은 재위 2년(418)에 동생 미사흔을 도망시키고 8년에는 고구려와의 수호를 강화하였다.

3) 5세기 왜국과의 관계

《삼국사기》에 의하면 미사흔의 귀국 이후 눌지왕 15년(431)부터 智證王 원년(500)까지 12회(눌지왕 15년·24년·28년, 자비왕 2년(459)·5년·6년·19년·20년, 소지왕 4년(482)·8년·19년, 지증왕 원년)나 왜병이 신라를 침략하고 있다. 그러

---

3) 古川政司, 〈5世紀前半の百濟政權と倭〉(《立明館文學》 433·434, 1981), 66~67쪽.

나 다음의 여러 가지 상황을 고려할 때에 이 시기 신라와 왜국이 적대관계만을 유지하고 있었다고 보기는 어렵다.

즉 눌지왕 17년 신라가 백제와 화친관계를 맺었으므로, 백제의 동맹국 왜국과 신라의 관계도 개선되었을 것으로 추측할 수 있기 때문이다. 그리고 눌지왕 5년 이후 자비왕 21년(478)까지 왜국은 신라와 백제연안을 통과하는 항로를 통하여 10회나 송에 조공하고 있는데, 이와 같은 왜국의 대송외교는 백제의 주선으로 이루어졌을 가능성이 크다.[4] 백제는 전지왕 12년(416)에 송의 책봉을 받은 후, 久爾辛王 원년(420)·5년, 비류왕 3년(429)·4년·14년·17년·24년, 蓋鹵王 3년(457)·4년·13년·17년에 사신을 파견하였다. 앞에서 언급한 바와 같이 4세기 말 이후 왜국과 군사동맹체제를 유지하던 백제는 대중국외교를 통해 국내지배를 강화하려던 왜국조정에 對宋외교를 매개해 줌으로써 동맹체제를 강화하고자 하였다고 할 수 있다.

백제는 왜국의 신라침공을 막기 위해서 왜국이 신라 연안의 교통로를 이용하여 중국에 갈 수 있도록 허가할 것을 신라측에 요구하였을 것으로 생각된다. 고구려의 지배로부터 벗어나고 왜병의 빈번한 침입에 대처하기 위해, 신라는 백제의 요구를 받아들여, 눌지왕 17년에 백제와 화친관계를 가지게 되었다. 그리고 눌지왕 34년에 고구려 변장이 신라인에게 살해된 사건을 계기로 고구려와의 관계가 악화되자, 눌지왕 39년부터 신라는 백제와 군사적 동맹관계를 유지하였다. 신라는 눌지왕 39년 고구려가 백제를 공격하자 군대를 파견하여 백제를 도왔고, 자비왕 17년에는 고구려의 공격을 받은 백제 개로왕에게 원병을 보냈다. 소지왕 3년(481)에 신라는 고구려와 말갈의 공격을 백제·가야의 구원병과 함께 막아내었으며, 같은 왕 5년에도 고구려의 공격을 백제와 함께 막아내었다. 신라는 소지왕 15년에 이벌찬 比智의 딸을 동성왕의 비로 보내 백제와의 관계를 더욱 긴밀하게 하였다. 소지왕 16년에는 고구려와 싸우다 포위된 신라군을 백제 동성왕이 군대를 보내 구하였고, 그 이듬해에는 고구려의 공격으로 곤란에 빠진 백제를 신라가 구원하였다.

왜왕이 允恭(인교우)천황 27년(438)부터 백제·신라·임나·진한·마한 등 한

4) 山尾幸久, 《古代の日朝關係》(塙書房, 1989), 216쪽.

반도 남부 국가에 대한 군사권과 관련된 칭호를 인정해 주기를 송에 요구한 것은 왜왕이 한반도 남부지역 출신의 도래인을 통할하고 있었음을 말해 주는 것일 뿐만 아니라,[5] 이 지역의 국가들과 군사적 동맹관계를 맺고 있었음을 말해 준다. 그런데 이러한 칭호를 요청하도록 왜왕에게 권유하는 한편 송에게는 왜왕을 책봉해 주도록 요청한 나라는 송－백제－왜국으로 이어지는 군사동맹체제의 결성을 꾀하고 있었던 백제였을 가능성이 크다. 백제는 비유왕 24년(450) 송에 사신을 파견하여 왜국을 책봉해 주도록 권유하였고, 송은 文帝 28년(451)에 왜왕 濟를 使持節都督倭新羅任那加羅秦韓慕韓六國諸軍事安東將軍으로 책봉하였다. 왜왕 제는 允恭천황으로 추정되는데, 이 천황대에 신라와의 우호관계를 말해 주는 기사가 《일본서기》에 보이므로[6] 왜국의 사신파견에 신라가 양해했을 것으로 추측할 수 있다.

5세기에 왜왕은 국내 지배체제의 구축을 위해 백제로부터 선진문물을 수입하면서, 한편으로 백제의 권유에 따라 송 중심의 책봉체제에도 편입하고자 하였다. 백제는 개로왕 7년(461)에는 왕의 동생 곤지를 왜국에 파견하여 군사동맹관계를 강화하고자 하였다.[7] 그러나 개로왕 21년 한성의 함락과 개로왕의 敗死로 인한 백제의 위기와 479년의 송조의 멸망으로 인해 왜국의 雄略(유우랴쿠)정권은 종래의 대외정책을 변경해야만 하였다. 웅략천황대에 지방호족의 반란이 집중되었다는 傳承은 5세기 후반 왜왕의 국내지배가 동요하고 있었음을 말해 준다.

4) 6세기 전반 왜국과의 관계

남조와의 통교가 중단되고 난 후 왜국에서는 6세기 초 繼體(케이타이)천황이 즉위하여 새로운 왕조가 시작되었다. 계체천황은 선진 문화·물산 등을

5) 이는 백제왕이 중국계 신하에게 출신 지역명을 인정한 태수호를 임시로 주어 이에 대해 남조의 승인을 요청하였던 것과 유사하다(李永植, 〈五世紀倭の五王の韓南部諸國名の稱號〉, 《加耶諸國と任那日本府》, 吉川弘文館, 1993, 88～95쪽).

6) 《日本書紀》 권 13, 允恭天皇 3년 정월 신유삭·8월, 同 42년 정월 을해삭 무자·11월.

7) 延敏洙, 〈5世紀後半 百濟와 倭國〉(《日本學》 13, 1994), 300쪽.

수용함으로써 왕권을 안정시키고자 하였고, 이를 위해 백제와의 관계를 강화하고자 하였다. 일본에서 태어나서 성장한 백제 武寧王은 재위 13년(513)부터 대가야지역에 대한 진출을 꾀하면서 왜국을 백제측에 끌어들이기 위해 계체조정에 오경박사를 파견하여 선진문물을 전하였다.

대가야는 백제의 압박에서 벗어나기 위해 왜국과 교섭을 벌였으나 왜국의 친백제정책 때문에 성과를 거두지 못하자 522년 신라와의 通婚정책을 선택하였다. 그러나 신라도 가야지역에 대한 영토적 야심을 표출하였으므로 法興王 16년(529)경 양국관계는 끝나게 되었고, 나아가 신라는 같은 왕 14년에 왜국과 밀접한 관계를 유지하던 金官國과 喙己呑을 공격하였으므로, 安羅를 비롯한 가야의 국가들은 왜국에 원조를 요청하였다. 신라와 밀접한 관계를 가지고 있던 筑紫國造 磐井(이와이)의 반란으로 인해 왜국은 계체천황 22년(528)에야 近江毛野臣(오우미노케누노오미)을 안라에 파견하였으나 성과를 거두지 못하고, 529년 金官加耶는 신라에게 침략당하였고 530년 안라에는 백제군이 진주하였다.

백제는 聖王대에 더욱 왜국과의 관계를 강화하여, 성왕 16년(538)에는 왜국에 佛像과 經論을 보내고 22년에는 금관가야의 부흥을 명분으로 내세워 왜국의 군사력을 끌어들여 고구려와 신라에 대항하려 하였다. 왜국은 군대와 군사물자를 백제에 제공하는 대가로 선진문물의 전수를 백제측에 요구하였다. 그 결과 성왕 32년 백제는 五經博士·易博士·曆博士·醫博士·採藥師 등을 왜국에 파견하였고 왜국은 병사 1,000명과 말 100필, 배 40척을 백제에 보냈다. 그러나 그 해 성왕이 신라와의 전투에서 전사하면서 신라는 가야지역에서 우위를 확보하였고, 眞興王 23년(562)에는 대가야를 멸망시켰다.

5) 6세기 후반 왜국과의 관계

6세기 전반의 적대관계를 타개하기 위해 신라가 왜국에 사신을 파견하여 교섭을 재개한 것은 가야 제국을 신라 왕의 지배하에 편입시키고 있던 560년대이다. 가야지역을 확보한 신라는 왜국의 정황을 살피고 왜국과의 교역을 개시하기 위해 眞興王 21년(560)·22년·23년에 사신을 파견하였으나, 왜국조정의 친백제세력들의 반대로 양국관계 개선은 이루어지지 않았다.[8] 진흥왕 25년 이후 신라는 서해항로를 통해 北齊에 사신을 파견하여 책봉을 받고, 陳과도 교섭을 시작하여 활발한 교섭을 벌여 대중국외교에서 고구려·백제를 능가하게 되었다.[9] 가야의 신라편입으로 왜국과의 교섭로를 잃은 백제가 사신을 파견하기 어려운 상황에서, 신라와의 교섭이 실패함으로 해서 왜국은 국제적으로 고립되고 선진문물을 수입할 수 있는 기회를 놓치게 되었다.

이렇게 대외적인 교섭이 단절된 왜국에 영양왕 원년(570) 고구려에서 최초로 사신이 파견된 후 같은 왕 4년·5년에 사신이 계속 파견되었다.[10] 그러나 적대국이었던 고구려의 국교수립 요구에 대해 거부하는 세력이 大和朝廷 내부에 있어 양국간의 국교는 원활히 추진되지 못하였다.[11] 그 대신 고구려의 국교 개시 요구를 계기로 왜국은 신라와의 관계개선을 꾀하였다. 欽明(킨메이)천황 32년(571) 왜국은 신라측에 사신을 보내 왜국과 신라와의 교역 개시와 백제로 가는 교통로의 이용 허가를 내용으로 하는 외교교섭을 벌였다. 신라 진흥왕은 왜국이 고구려와 결합하는 것을 막고, 왜국과의 교역을 위하여 이를 허락하였다. 그러나 진흥왕 32년(571) 신라와 왜국의 관계가 개시된 이래, 왜국은 신라보다 백제에 더 많은 사신을 파견하고 있다. 즉 왜국은 신라와의 교섭재개 그 자체보다 신라의 양해를 얻어 백제와 교섭을 재개하는 것에 더 큰 관심이 있었던 것이다.[12] 敏達(비다츠)천황 4년(575)의 교섭으로 신라로부터 해상로를 양해받은 왜국은 민달천황 6년부터 백제에 사신을 파견하여 불교관계 문물을 수입하였다. 왜국과 백제와의 교류는 표면적으로는 불교문물을 중심으로 한 문화적인 교류였으나, 정치·군사적인 것을 협의하기도 하였을 것으로 추측된다. 왜국과 교류를 재개한 백제는 위덕왕 24년(577)~27년 신라에 대한 공격을 재개하였던 것이다. 579년에 즉위한 眞平王은 왜국에 불상을 보내면서

---

8) 金恩淑, 〈6世紀後半 新羅와 倭國의 國交成立過程〉(《新羅文化祭學術發表會 論文集》 15, 1994), 197~203쪽.

9) 申瀅植, 〈韓國古代의 西海交涉史〉(《國史館論叢》 2, 國史編纂委員會, 1989), 23~24쪽.

10) 《日本書紀》 권 19, 欽明天皇 31년 4월 갑신삭 을유 및 권 20, 敏達 2년 5월 병인삭 무진·3년 5월 경신삭 갑자.

11) 고구려는 그 후 595년에서야 다시 사신을 파견하였다.

12) 金恩淑, 앞의 글, 210~219쪽.

백제와의 통교를 중단할 것을 요구한 듯하다. 이에 대해 왜국조정에서는 敏達천황 12년(583) 무력으로 백제와의 교통로를 확보하자는 의견도 제시되었으나 시행되지는 못하였고, 그 이듬해 왜국은 신라에 사신을 파견하여 불교관계 문물교류를 위해 백제와 왜국의 교통을 허가해 줄 것을 요구하였다.

587년에는 왜국조정에서 蘇我馬子(소가노우마코)가 政敵 物部守屋(모노노베노모리야)을 제거하고 白瀨部皇子(하츠세베노오오지 ; 崇峻(수우쥰)천황)를 즉위시켰다. 그 후 소아마자는 본격적으로 崇佛을 내세우고 氏寺 건립계획을 세웠는데, 백제는 위덕왕 35년(588) 佛舍利와 함께 승려·사원건축 기술자 등을 보내어 소아씨의 씨사(法興寺)건립을 대대적으로 지원하였다. 숭준천황 원년(588) 백제사신이 돌아갈 때에 소아마자는 善信尼 등을 유학승으로서 백제에 파견하였다.

《三國史記》에 의하면 신라와 백제는 580년 이후 601년까지 교섭도 없었으나, 또한 전쟁도 하지 않고 있는데, 이 시기에 불교신자였던 신라와 백제 양국의 지배층은 승려의 왕래와 불교관계 문물의 전래에 대해서는 양해했던 것 같다. 그러나 한편으로 신라는 590년대에 왜국에 대한 대비를 강화하여 성을 쌓고,[13] 대수외교를 개시하였다.[14]

왜국에서는 숭준천황 5년 소아마자가 천황을 암살하고, 자신의 질녀 推古(수이코)女帝를 즉위시키고, 자신의 생질 聖德(쇼우토쿠)太子를 섭정 겸 황태자로 하였다. 그리고 자신의 氏寺인 법흥사의 개창을 앞두고 소아마자는 백제와 고구려에 승려의 파견을 요청하였다. 백제는 이미 위덕왕 35년에 왜국에 불사리를 전한 적이 있는 승려 慧聰을 같은 왕 42년에 다시 파견하였다. 고구려는 영양왕 6년(595) 慧慈를 파견하여 이로써 고구려와 왜국의 국교가 열렸다.[15] 혜총과 혜자는 법흥사에 거주하면서 성덕태자에게 유학과 불교를 가르쳐 큰 영향을 끼쳤다.

---

13) 《三國史記》 권 4, 진평왕조에 의하면 신라는 591년 7월 남산성을 쌓았고 593년 7월에 명활성과 서형산성을 개축하는 등 왜국에 대비하고 있었다.

14) 대수외교를 담당하기 위한 領客府를 591년 설치하였고, 594년에는 수에 최초로 사신을 파견하여 上開府樂浪郡公新羅王으로 책봉되었다.

15) 坂元義種, 〈推古朝の外交－とくに隋との關係を中心に〉(《歷史と人物》 100, 1979) 49~50쪽.

6) 대수관계의 개시와 왜국과의 관계

중국에서 남북조를 통일한 隋가 등장하면서 신라와 왜국과의 관계에도 변화가 일어났다. 백제는 위덕왕 28년(581)에 수와 외교관계를 개시하여 왕이 수의 高祖로부터 上開府儀同三司帶方郡公으로 책봉받은 이후 惠王 원년(598)까지 8차에 걸쳐 사신을 파견하면서 수와 밀접한 관계를 유지하고 있었다. 한편 신라도 眞平王 16년(594) 수로부터 책봉을 받아 백제와 신라가 모두 수를 중심으로 한 책봉질서 속에 들어가게 되자, 백제는 이러한 책봉체제를 이용하고자 하였다. 즉 백제는 위덕왕 44년에 왕족인 승려 阿佐를 왜국에 파견하였는데, 이는 왜국에게 대수외교의 개시를 권유하기 위한 사신이었을 가능성이 크다.[16] 백제는 왜국이 수와 통교를 개시한다면, 수의 책봉을 받은 신라가 수에 조공하러 가는 왜국사신을 방해할 수 없을 것이고, 견수사가 백제를 통과할 때에 왜국과의 교섭도 가능하리라는 점에 주목하였던 것이다.

백제에서 아좌가 파견된 이후 왜국은 推古천황 5년(597) 11월 신라에 사신을 파견하여 법흥사의 완공과 대수외교를 개시하겠다는 뜻을 신라에 알렸다. 신라는 진평왕 20년(598) 4월 왜국사신이 귀국할 때에 까치를 보내고, 사신을 파견하여 협조의 뜻을 알렸다.

추고천황 8년에 왜국은 수에 최초로 사신을 파견하였는데, 이 때 왜국사신은 왜왕을 「天」이나 「日」과 동렬에 두고 중국 황제의 권위에 대항하려고 하는 자세를 보여, 수의 책봉을 받지 않는 「不臣의 外夷」로서의 입장을 분명히 하였다.[17] 이와 같이 왜국이 수 황제의 권위에 도전하는 듯한 자세를 보인

16) 왜국이 수에 보낸 국서에 〈광개토왕릉비〉에 보이는 왕권 개념이 나타나는 점에 주목하여, 왜국이 대수외교를 개시한 것은 고구려 승려 혜자의 영향에 의한 것이라는 주장이 있다(坂元義種, 위의 글, 49~50쪽 및 李成市, 〈高句麗と日隋外交〉, 《思想》 795, 1990, 31~32쪽). 그러나 고구려가 왜국에게 대수관계의 개시를 권유할만한 이유가 확실하지 않고, 왜국이 국가적인 교섭을 개시한 지 얼마 안되는 고구려의 권유를 받아들여 대외정책을 결정하였으리라고는 생각하기 어렵다. 오히려 오랫동안 외교관계를 유지하던 백제의 권유에 의한 것으로 보는 것이 자연스럽다.

17) 石上英一, 〈古代東アジア地域と日本〉(《日本の社會史》 1, 岩波書店, 1988), 83쪽.

것은 왜국에게 대수외교를 권유한 백제의 의사가 반영된 것으로 보인다. 즉 왜국이 수 중심의 책봉질서에 포함되게 된다면, 왜국의 대외정책은 수의 영향권하에 놓이게 되므로 백제가 영향력을 행사할 수 있는 여지는 줄어든다. 따라서 백제는 왜국의 자존의식을 자극하여 왜국이 수의 책봉을 받지 않도록 하였을 것으로 추측된다.

《일본서기》에서는 왜국이 수에 사신을 파견한 600년대에 신라와 왜국의 관계가 상당히 악화된 것처럼 서술하고 있으나 이는 사실이 아니다.[18] 왜국은 신라 연안항로를 이용하여 수에 사신을 파견하고 있었고, 신라와의 관계가 악화되었음을 말해 주는 증거도 없다.

다만 적대국인 백제·고구려가 왜국에 왕래하는 것에 대해 신라가 진평왕 24년(602) 이후 어느 정도 제한을 하였을 가능성은 있다.[19] 고구려는 직접 왜국의 越지방으로 항해하는 항로를 이용할 수 있었으나, 신라 연안을 통과하여야 하는 백제는 왜국에 왕래하기가 어려웠다. 백제가 무왕 3년(602)의 觀勒 이후 외교사절로 승려만을 왜국에 파견한 것은 당시 승려가 최고지식인이었던 점 이외에 만약 신라측에 잡혔을 경우에 승려의 신분인 것이 유리하기 때문이었다.

고구려는 영양왕 11년(600) 수에 조공을 시작하였으나 그 후 중국 북방의 대국 돌궐과의 관계를 강화하고자 사신을 파견하였다. 이러한 고구려를 응징해야 한다는 소리가 隋에서 높아지자, 고구려는 왜국과의 관계를 강화하고자 하였다. 고구려는 영양왕 13년에 승려 僧隆·雲聰을 왜국에 파견하였고, 영양왕 16년에는 불상 제조용 황금 300냥을 추고천황에게 보냈다.[20]

---

18) 《日本書紀》 권 22, 推古紀에 의하면 600년~603년에 왜국의 신라 침공계획이 있었으나 실행되지 못하였다고 한다. 이는 백제가 23년만에 신라를 공격한 602년의 전쟁이 왜국과의 협의에 의한 것인 것 같이 서술하여 양국이 오랫동안 군사동맹체제를 유지한 것처럼 기록을 남기고자 백제계 도래인들이 만들어 넣은 조작기사다.

19) 신라는 600년~610년대에 백제·고구려와의 전쟁을 하고 있다. 즉 602년 백제가 23년 만에 신라를 공격한 이후 605년·611년·616년·618년에 양국은 전쟁을 하고 있고, 603년에 고구려가 신라를 공격한 이후 603년·608년에 양국은 전쟁을 하였다. 621년 이후 신라사신들은 고구려·백제의 신라공격을 중지시켜 줄 것을 당에 호소하고 있다.

20) 《日本書紀》 권 22, 推古天皇 10년 윤10월 을해삭 기축·13년 4월 신유삭.

607년 수 양제가 고구려 원정을 결정하자, 이 원정계획을 알게 된 백제는 일단 수측의 고구려 원정에 함께 참가하기를 요청하였다. 신라는 진평왕 30년(608) 승려 圓光에게 수의 군대를 요청하는 乞師表를 짓도록 하였다. 한편 왜국은 추고천황 15년(607) 小野妹子(오노노이모코)를 수에 파견하여 '해뜨는 곳의 천자가 글을 해지는 곳의 천자에게 보낸다'는 내용의 국서를 제출하였다. 이러한 왜국의 태도에 수 양제는 불쾌감을 나타내었으나, 고구려 공격을 위해서는 백제·신라·왜국을 영향권 안에 넣어 두어야 하였기 때문에 소야매자의 귀국시에 裵世淸을 함께 파견하였다. 소야매자의 파견은 수의 고구려 침공계획을 확인하기 위해 백제와 고구려가 왜국조정에 권고하여 이루어진 것이었다.

소야매자는 귀국 도중 수 양제가 보낸 답서를 백제에게 빼앗겨 분실했다고 보고하였으나, 사실은 답서의 내용이 왜국을 하위에 놓는 형식이었기 때문에 소야매자가 파기하였을 가능성이 크다.[21] 추고천황 16년 9월에도 왜국은 수의 대고구려전 준비상황을 살피기 위해 소야매자를 다시 수에 파견하였다.

고구려는 영양왕 21년(610)에도 승려 曇徵과 法定을 보내 왜국과의 관계를 강화하고자 하였고, 신라는 진평왕 32년 가야출신자를 포함한 사신을 왜국에 파견하여 왜국의 정세를 살피고자 하였다. 왜국은 12년만에 파견된 신라사신을 각별히 접대하여 신라와의 우호관계도 유지하고자 하였다. 신라는 진평왕 33년 초에는 수에 군사를 청하는 사신을 파견하여 양제의 허락을 얻어내고, 8월에는 왜국에 사신을 파견하여 신라의 청병외교가 성공한 것을 알렸다.

수는 大業 8년(612) 113만의 대군을 동원하여 고구려공격을 단행하였고, 백제는 수를 돕겠다고 약속하고는 실제로는 이를 지키지 않았다. 추고천황 22년에도 왜국은 수의 정세를 살피기 위한 사신을 파견하였으나, 당시 제3차 고구려출병에 대한 반발로 중국 각지에서 반란이 일어나, 왜국사신은 백제까지만 가서 머무르다가 그 다음해 9월 백제 사신들과 함께 귀국하였다.[22]

추고조정의 4차에 걸친 견수사 파견은 백제와 고구려의 의향을 반영하여 수의 대고구려전 준비를 살피기 위한 것이었다. 大業 8년(612)부터 3년간 3회

21) 西嶋定生, 《邪馬臺國と倭國》(吉川弘文館, 1994), 213쪽.

22) 西嶋定生, 〈七世紀の東アジアと日本〉(《東アジアにおける日本古代史講座》 5, 學生社, 1981), 21쪽.

에 걸쳐 실시된 양제의 고구려원정은 수의 대패로 끝나고, 수왕조는 반란으로 인해 618년 멸망하였다. 이로써 신라의 대수 청병외교는 실패한 셈인데, 수의 고구려 출병이 실패로 끝난 후 진평왕 38년(616) 신라는 왜국에 사신을 파견하여 불상을 보내어 왜국과의 관계를 강화하고자 하였다. 그러나 고구려가 618년 수를 물리친 사실을 알리자 왜국조정은 고구려의 군사력을 높이 평가하게 되었다.[23]

7) 대당관계의 개시와 왜국과의 관계

618년 수가 멸망하고 당이 건국되자, 신라는 진평왕 43년 7월 당에 사신을 파견하고, 왜국에도 사신을 파견하여 국서를 보내 당과 왜국과의 교류를 중개하겠다는 뜻을 밝혔다. 신라는 진평왕 45년 7월에는 불상과 金塔·舍利·幡·旗를 보내면서, 수대에 중국에 갔다가 귀국하던 왜국의 학문승 惠齋(에사이)·惠光(에코우)과 의사 惠日(에니치)·福因(후쿠인) 등을 보내 주었다.[24] 중국에 갔다 돌아오는 왜국의 학문승과 의사를 신라배에 태워 귀국시킨 것은 이후 신라와 왜국의 관계개선에 중요한 전기가 되었다.

혜일 등은 법식이 완비된 당과 왕래할 것을 왜국조정에 주청하였는데, 신라를 통한 당과의 국교개시에 대해 왜국조정내의 반발도 만만치 않아, 당과의 국교개시는 백제에서 무왕 31년(630) 사신이 파견된 이후에 이루어졌다. 신라는 진평왕 45년의 교섭 실패 이후 진평왕 53년까지 왜국에 사신을 파견하지 않았다.[25] 백제·고구려와 대립하고 있던 신라는 대당외교를 강화하여, 진평왕 47년에는 고구려가 조공로를 막고 있다고 호소하였고, 진평왕 49년에는 백제가 신라를 공격하기 위한 군사를 일으키고 있다고 호소하였다.

---

23) 山尾幸久, 〈遣唐使〉(《東アジアにおける日本古代史講座》 6, 學生社, 1982), 205쪽.
24) 《日本書紀》 권 22, 推古天皇 31년 7월.
25) 《日本書紀》에서는 그 이유를 623년 왜국이 신라를 침공하였기 때문이라고 하고 있으나, 이것도 백제와 왜국의 군사적 동맹관계를 강조하기 위해 백제계 사관들이 조작한 기사다. 즉 《三國史記》에 의하면 신라는 623년부터 628년까지 거의 매년 백제의 침공을 받는데, 백제계 사관들은 이러한 백제의 군사행동에 왜국이 관여하고 있었던 것처럼 기록하고자 하였던 것이다.

백제도 무왕 27년에 사신을 당에 파견하여 고구려가 조공로를 막고 있다고 하면서 당의 동향을 살폈다. 당 고조는 朱子奢를 고구려·백제·신라에 파견하여 삼국이 서로 화친할 것을 권고하였고, 이에 대해 629년 고구려와 백제 국왕은 당에 국서를 보내 사죄하였다.[26] 그러나 당의 조정에 의한 삼국의 평화유지에는 한계가 있어서, 백제는 무왕 29년에 신라의 가잠성을 공격하였고, 신라 또한 진평왕 51년 고구려를 공격하여 娘臂城을 함락시켰다.

고구려는 영류왕 8년(625)에 승려 惠灌을 왜국에 보냈다. 왜국의 推古조정에서 승정으로 임명된 혜관은 法興寺에서 삼론종을 유포하여 일본 삼론종의 비조가 되었다.[27] 무왕 16년(615) 사신을 왜국사신과 동행시켜 파견한 적이 있었던 백제는 15년 만인 무왕 31년 3월 고구려와 함께 왜국에 사신을 파견하였다.[28] 이 고구려와 백제의 사신은 왜국에 대당외교를 권고하기 위한 사신이었을 것으로 추측된다.

舒明(죠메이)천황 2년(630) 8월 왜국은 당에 최초로 견당사를 파견하였는데, 고구려와 백제는 왜국의 대당외교를 주선함으로써 신라의 친당외교에 대항하고자 하였다.[29] 또한 백제의 입장에서 본다면 왜국의 견당사의 왕래를 통해 양국간의 연락수단도 확보할 수 있었다.

왜국 최초의 견당사는 견수사였던 犬上君御田耜(이누카미키미노미타스키)와 견수유학생이었던 혜일 등 중국에 갔다 온 경험이 있는 사람들이었다. 이들이 당으로 가는 가장 안전한 길은 신라와 백제연안을 통해 가는 북로였으므로 견당사의 파견에는 신라의 협조도 필요하였다. 그 교섭을 위해 왜국은 추고천황 31년(623) 신라 송사의 도움으로 귀국한 적이 있는 혜일을 견당사에 포함시킨 것이었다.

백제·고구려와 적대관계에 있던 신라는 당을 중심으로 한 국제질서 속에 왜국을 편입시키므로써 왜국과 백제와의 긴밀한 관계를 약화시키고자 왜국의 견당사 파견에 협조하였다. 한편 고구려와 군사적 긴장상태에 있었던 당

26) 山尾幸久, 앞의 책, 368쪽.
27) 田村圓澄, 《日本佛敎史》 4(法藏館, 1983), 198쪽.
28) 신라와 적대하고 있던 백제가 신라 연안을 이용하기는 어려웠으며, 고구려 사신과 동행하고 있으므로 고구려 항로를 이용하였을 가능성이 있다.
29) 山尾幸久, 앞의 글, 205쪽.

도 왜국을 반고구려 진영으로 끌어들이고자 하였다.[30] 태종 6년(632) 왜국사신이 귀국할 때에 당은 新州刺史 高表仁을 왜국에 파견하면서 당에 유학하고 있던 왜국의 학문승 靈雲(료운)·旻(민)·勝鳥養(수구리노토리카이) 등을 귀국시켰는데, 신라는 이들에게 送使를 부쳐서 보내 주었다.[31] 당은 왜국에게 당에 臣從할 것과[32] 신라와 우호관계를 가지도록 권고하였을 것으로[33] 추측되는데, 그러나 왜국조정의 반신라세력의 반발로 양국간의 외교교섭은 원활히 추진되지 않았다.[34]

왜국에 대한 신라의 외교공세에 대항하여 백제 무왕은 재위 32년(631)에 아들 豊璋을 파견하여[35] 왜국과 동맹관계를 맺었는데, 풍장은 백제멸망 때까지 왜국조정에 손님자격으로 체재하였다. 서명천황은 재위 11년(639)에 百濟川 근처에 宮을 짓고, 百濟大寺를 건립하여 친백제적인 태도를 나타내었다. 그러나 신라의 왜국에 대한 접근정책은 계속되어 선덕여왕 8년(639)과 9년에도 송사를 파견하여 왜국의 遣唐 학문승과 학생들을 왜국에 보내 주었다. 무왕 41년에는 백제도 왜국의 견당유학생이 귀국할 때에 送使를 파견하여, 백제와 신라의 송사가 함께 왜국으로 갔었다.

640년에 송사로 왜국에 간 신라사신은 견당유학생 등 친신라파와의 제휴를 강화하기 위해 선덕여왕 11년 3월까지 왜국에 체류하였다. 신라는 또한 선덕여왕 11년 3월에는 皇極(코우교쿠)천황의 즉위를 축하하고 서명천황의 상을 애도하는 사신을 삼국 중에서 최초로 파견하는 등 왜국과의 관계를 강화하고자 하였다.

선덕여왕 11년 7월 의자왕의 대대적인 공격으로 大耶城을 비롯한 서쪽의 40여 성을 빼앗긴 신라는 그 해 겨울 고구려와 동맹관계를 맺고자 하였으나,

---

30) 鈴木英夫, 〈7世紀中葉における新羅の對倭外交〉(앞의 책), 304쪽.
31) 田村圓澄, 〈新羅送使考〉(《朝鮮學報》 90, 1979), 69~70쪽.
32) 西嶋定生, 앞의 책, 224~225쪽.
33) 山尾幸久, 앞의 글, 205~206쪽.
34) 鈴木英夫, 앞의 글, 304쪽.
35) 鄭孝雲, 〈7世紀代의 韓日관계의 硏究〉 上(《考古歷史學誌》 5·6, 1990), 151~154쪽.
金壽泰, 〈百濟義慈王代의 太子冊封〉(《百濟硏究》 23, 1992), 147~151쪽.
盧重國, 〈7世紀 百濟와 倭와의 關係〉(《國史館論叢》 52, 1994), 165쪽.

고구려가 죽령 서북 땅의 반환을 요구하였으므로 양국간의 교섭은 결렬되었다. 643년 11월 백제와 고구려는 동맹관계를 맺고 신라의 党項城을 빼앗아 입당로를 차단하고자 하였다.

대야성 등을 점령하여서 왜국으로 가는 항로를 확보한 백제 의자왕은 조카 翹岐를 왜국에 「質」로 파견하여 양국관계를 보장하는 한편 교기를 왕권의 핵심부로부터 추방하고자 하였다.[36] 백제로부터 귀국한 사신의 보고로 의자왕의 의도를 알게 된 황극조정은 오히려 교기를 환대하는 한편 백제측에게는 새로운 「質」을 요구하였으므로 백제는 砂宅智積의 아들 長福을 파견하였다.[37] 의자왕 4년(644)에도 백제는 사신을 파견하여 가야지역의 산물을 보냈으나, 왜국조정은 백제의 선물에 대해 불만을 표시하여 돌려보내는 등 양국관계는 원만하지 못하였다.[38]

한편 신라는 백제와 고구려의 협공에 대비하여 선덕여왕 12년 당에 원군을 요청하는 사신을 파견하였다. 이에 대해 당은 신라에 세 가지 방책을 제시하는 한편, 고구려와 백제에 신라를 공격하지 말도록 지시하였다. 신라에서는 당이 요구한 여왕폐위 문제를 중심으로 여왕폐위파와 지지파가 대립하게 되었으나, 여왕 지지파 김유신은 선덕여왕 13년 9월 백제를 공격하여 실지를 회복하였다. 또한 신라 공격중지 명령에 대해 고구려가 失地반환을 조건으로 내세우며 이를 무시하였으므로 당은 태종 19년(645) 5월 고구려를 공격하였다. 이 때에 신라는 군사 3만 명을 동원하여 당을 도왔으나, 그 틈에 백제에게 7성을 탈취당하기도 하였다.

당의 고구려 공격이 시작된 645년에 왜국에서도 쿠데타가 일어나 6세기 중엽 이후 4대에 걸쳐 권력을 휘두르던 蘇我 本宗家가 몰락하였다. 이를 大化改新(타이카노카이신)이라고 한다. 쿠데타 직후 새로 성립한 改新정부는 왜국에 와 있던 고구려 사신에게는 양국간의 우호관계의 강화를 요구하였고, 백제사신에게는 신라로부터 김해지역을 확보하고 교역물을 확실히 보내도록

---

36) 鈴木靖民, 〈皇極期朝鮮關係記事の基礎的考察〉(《國史學》 82, 1970), 24쪽.
盧重國, 앞의 글, 169~171쪽.

37) 《日本書紀》 권 24, 皇極 원년 7월 갑인삭 을해·8월 병신.

38) 盧重國, 앞의 글, 174~176쪽.

요구하였다.[39] 또한 개신정부는 대화 2년(646)에는 신라에 高向玄理(타카무쿠노쿠로마로)를 파견하여 양국관계를 보장할 수 있는 인물(質)을 파견할 것을 요구하면서 신라와 외교관계도 강화하려 하였다.[40]

당시 신라에서는 이찬 毗曇이 상대등으로 임명되는 등 여왕폐위파가 세력을 확대하고 있었다. 여왕지지파 김춘추는 고향현리로부터 왜국의 쿠데타에 대해 듣고, 왜국의 새로운 정부와 교섭을 통해 양국관계를 개선해 보고자 647년 왜국으로 건너갔다.[41] 김춘추의 왜국 체재 중에 신라에서는 비담의 난이 일어나 선덕여왕이 사망하는 위기가 있었으나, 김유신이 반란을 진압하고 진덕여왕이 즉위하여 여왕지지파의 세력은 강화되었다. 김춘추는 왜국과의 관계개선에 성공하고 귀국하여 진덕여왕을 보좌하게 되었다. 김춘추는 진덕여왕 2년(648)부터는 대당 청병외교를 추진하면서, 중국 의관의 착용, 당의 연호 사용, 하정의례 시작 등 친당정책을 강화해 나갔다.

당은 태종 19년(645) 이후 21년·22년 모두 3차에 걸쳐 고구려를 공격하였으나 별 성과를 거두지 못하고 649년 태종은 사망한다. 신라는 진덕여왕 원년·2년 계속되는 백제군대의 침공을 격퇴하였다.

이러한 상황에서 신라는 왜국과의 관계를 강화하고자 하였다. 진덕여왕 2년에는 왜국에 사신을 파견하여 왜국의 국서를 받아다가 당에 전달해 주었다.[42] 또한 진덕여왕 3년에는 선덕여왕 13년(644)에 당에 청병사로 파견되어[43] 당의 고구려원정 때 길 안내를 한 적이 있던[44] 金多遂를 왜국에 파견하여 당·신라·왜국으로 이어지는 군사동맹을 꾀하고자 하였다. 그러나 大化 4년에 고구려·백제·신라에 모두 학문승을 파견한 것에서도 알 수 있듯이 개신정부는 친백제적인 외교정책을 수정하여 삼국에 대한 균형외교를 유지하고자 하였을 뿐 신라와의 군사동맹을 원했던 것은 아니었다.

---

39) 《日本書紀》 권 25, 孝德天皇 大化 원년 7월 정묘삭 무진.
40) 《日本書紀》 권 25, 孝德天皇 大化 2년 9월.
41) 朱甫暾, 〈金春秋의 外交活動과 新羅內政〉(《韓國學論集》 20, 1993), 17~25쪽.
42) 《舊唐書》 권 199 上, 列傳 149 上, 東夷 倭國.
43) 朱甫暾, 〈"文館詞林"에 보이는 韓國古代史 관련 外交文書〉(《慶北史學》 15, 1992), 162·166쪽.
44) 延敏洙, 〈日本書紀の'任那の調'關係記事の檢討〉(《九州史學》 105, 1992), 16쪽.

8) 당과의 군사동맹 강요와 왜국의 동향

신라는 진덕여왕 4년(650)과 5년에도 왜국에 사신을 파견하였다. 그런데 5년의 사신은 당의 의복을 입고 가서 왜국에게 당과의 동맹을 강요하여, 왜국 조정내의 친백제파의 반발을 사게 되었다.

650년대에 백제는 의자왕 11년(651)·12년·13년·14년 계속 왜국에 사신을 파견하였는데, 특히 13년의 경우는 의자왕이 많은 선물을 보내어 양국관계를 강화하는 계기를 만들었다.[45] 신라의 동맹강요와 의자왕의 적극외교를 계기로 하여, 왜국조정내에서 점차 친백제파가 점차 발언권을 확대하던 白雉(하쿠치) 4년(653)과 5년에 왜국은 당에 사신을 파견하였다. 그런데 5년에 파견된 高向玄理가 당에서 객사하는 바람에 왜국조정의 친신라파의 입지는 더욱 약화되었다.

왜국이 신라와의 군사동맹을 거부하긴 하였어도 양국간의 교섭은 658년경까지 계속되었다. 신라는 654년 김춘추가 무열왕으로 즉위한 후에도 왜국의 견당사가 귀국할 때에 송사를 부쳐 보냈다. 또한 무열왕 2년(655)에 고구려·백제·말갈 군대의 공격을 받자, 사신을 당에 파견하여 구원을 요청하는 한편 級湌 彌武를 비롯한 12명의 才伎를 왜국에 파견하였다.[46] 왜국은 齊明(사이메이)천황 원년(655) 8월에는 河邊臣麻呂(카와베노오미마로)가 귀국할 때에 가지고 온 당 고종의 새서를 통해 신라에 원군을 파견하라는 당의 요구를 받기도 하였으나, 이에 왜국은 응하지 않았다. 한편 백제·고구려의 왜국에 대한 외교공세는 더욱 강화되었다. 백제는 의자왕 15년 달솔 餘宜受를 수석으로 하는 100여 명의 대규모 사절단을 파견하였고 고구려는 보장왕 15년(656) 81명의 사절단을 파견하였다.[47]

이에 대해 왜국은 齊明天皇 2년(656)에 고구려와 백제에 사신을 파견하여

45) 《三國史記》 권 28, 百濟本記 6, 義慈王 13년 8월. 653년경 의자왕이 일본의 실력자 藤原鎌足에게 보낸 선물 목록이 《東大寺獻物帳》에 보인다(胡口靖夫, 〈大化改新前後の日本と百濟〉, 《古代文化》 33-4, 1981, 17~18쪽).

46) 《日本書紀》 권 26, 齊明 원년 是歲.

47) 《日本書紀》 권 26, 齊明 원년 是歲·2년 8월 계사삭 경자.

고구려·백제와의 관계를 강화하였고, 皇極天皇 원년(642) 이후 백제에 장기 체류하던 難波吉士國勝(나니와노키시쿠니카츠) 등을 귀국시켜 한반도의 정세를 파악하고자 하였다. 이에 대해 신라는 무열왕 4년(657)에 沙門 智達(치다치) 등을 신라사신과 함께 당에 보내 달라는 왜국의 요구를 거절하였다. 그러나 무열왕 5년에는 사문 智通(치츠)과 지달이 신라선을 이용하여 당에 가도록 배려하여 왜국과의 관계악화를 막고자 하였다.[48]

당 태종의 사후 즉위한 당 고종이 신라의 청병외교에 본격적으로 응한 것은 顯慶 3년(658) 6월 이후로, 이 때부터 당은 요동 북부의 고구려영토를 공격하는 한편 현경 5년 3월에는 13만의 대군을 백제에 파견하여 백제를 멸망시켰다. 당의 고구려 공격이 계속되던 현경 4년 7월에 왜국은 백제와 남중국을 연결하는 항로를 통해 대규모 사신단을 파견하여 당의 동정을 살피고자 하였으나, 당 고종은 백제공격 계획이 사전에 알려지는 것을 막기 위하여 백제가 멸망할 때까지 이들을 억류하였다.

의자왕 20년(660) 나당연합군의 공격으로 백제는 멸망하였다. 백제가 멸망한 후 백제 유민들은 왜국에 사신을 파견하여 풍장을 돌려보내 줄 것과 원병을 보내 줄 것을 청하였다. 이에 대해 제명조정은 멸망한 백제를 부흥시키기 위해 신라와 당을 상대로 하여 전쟁을 감행하기로 결정하였고, 663년 대규모의 군대와 군비가 투입된 白江口전투에서 왜국과 백제유민의 연합군은 나당연합군에게 패하고 말았다.

〈金恩淑〉

---

48) 《日本書紀》 권 26, 齊明天皇 3년 是歲·4년 7월.

Ⅳ. 신라의 정치·경제와 사회

1. 중앙통치조직
2. 지방·군사제도
3. 경 제
4. 사회구조

Ⅳ. 신라의 정치·경제와 사회

1. 중앙통치조직

1) 관등과 관직

진한연맹체를 구성한 하나의 邑落國家에 불과하였던 斯盧國은 3, 4세기에 걸쳐 진행된 일련의 정치적 통합과정에서 최후의 승자가 됨으로써 新羅라는 새로운 모습을 띤 고대국가로 발전하였다. 4세기 중반 奈勿王代부터 사용된 麻立干이라는 王號는 그와 같이 변모된 국가에 어울리는 칭호였다.[1] 그러나 소위 마립간시대에는 아직 피복속지역에 지방관을 파견하여 직접 지배할 정도로 중앙의 지배체제가 정비되지 못한 상태였으므로 자연히 재지세력을 통하여 간접지배를 행할 수밖에 없었다.[2]

복속된 재지세력들 가운데에서 일부에게는 중앙정부가 干과 같은 직책을 부여하여서 기존의 지배권을 계속 승인하여 줌으로써 신라의 지배체제내로 포섭하려고 하였으며,[3] 한편 다른 일부는 왕경으로 옮겨서 部에 배속됨으로

---

1) 마립간이란 왕호의 첫 사용시기에 대해서는 《三國遺事》는 내물왕대부터로, 《三國史記》는 눌지왕대부터라하여 차이가 있으나 일반적으로 전자가 타당한 것으로 보고 있다. 그 밖에도 북중국 前秦과의 최초의 교섭에서 신라의 사신인 衛頭와 前秦王 苻堅과의 사이에 오고 간 대화에서도 그를 짐작할 수 있다(《太平御覽》 권 781, 新羅 및 《三國史記》 권 3, 新羅本紀 3, 내물니사금 26년). 한편 이 시기에 이르러 대형의 봉분과 막대한 부장품을 수장하는 積石木槨墳이 출현하는 것도 그와 같은 변화의 일단을 입증하여 준다.

2) 당시의 지방지배 형태를 한마디로 貢納制에 바탕한 간접지배라고 일컫고 있지만 그 구체적인 실태는 다양하였다.

3) 《三國史記》 권 45, 列傳 5, 朴堤上傳에 보이는 水酒村干·一利村干·利伊村干 등에서 그러한 사정을 짐작할 수 있다. 이들은 복속되기 이전에는 《三國志》 권 30, 魏書 30, 東夷傳 韓條에 보이는 臣智·險側·樊濊·殺奚·邑借 등으로 불리웠다. 따라서 干의 지급은 곧 그들을 신라체제로 전환시키기 위한 것으로 이해된다.

써[4] 재지적인 기반이 박탈당하기도 하였다. 그런 의미에서 4, 5세기는 크게 보아 기존의 지배체제가 기본적으로 온존된 상태에서 재편을 준비해 간 과도기였다고 하겠다.

신라가 그와 같이 느슨하게 짜여진 마립간적인 지배체제를 벗어나 국왕을 정점으로 하는 중앙집권적인 지배체제로의 전반적인 전환을 시도한 것은 6세기 초의 智證王(500~513)과 法興王(514~539)대에 이르러서였다. 이 때에 왕경과 지방에 걸쳐 존재한 다양한 지배세력을 대대적으로 재편성하면서 部가 가지고 있던 기능에 대신하여 보다 작은 범위의 혈연을 근간으로 한 집단적인 신분제로서 성립한 것이 骨品制라면 지배세력 개인이 관료조직 속에서 차지하는 서열의 표시로서 마련된 것이 바로 官等制였다. 개인적인 신분표시로서의 성격을 띤 관등제가 혈족적인 신분제인 골품제의 테두리 속에서 운용된 만큼 양자는 당연히 불가분의 관계에 있었다.

관등제는 원래 읍락국가단계 이래 중대사를 결정하는 회의체에서의 席次나 서열을 표시하는 데에서 원류한 것으로 이해되고 있다.[5] 그러나 마립간시대에는 아직 국왕을 정점으로 하는 일원적인 관등조직이 갖추어지지 않았다. 정치적·사회경제적으로 상당히 독자성을 지녔던 왕경의 部들을 기반으로 한 部長들은 干이라 칭하면서 각기 국왕에 직속되지 않고 그들에 예속된 독립된 관료조직을 갖추고 있었다.[6] 국왕도 기본적으로는 하나의 부에 세력기반을 가진 부장으로서의 성격을 크게 벗어나지는 못하였다. 또한 지방에서도 간이라 불리는 재지세력들이 나름의 독자적인 조직체계를 갖추고 있었다. 마립간시대의 국왕이란 마립이 宗·頭를 뜻하는 데서 드러나듯이[7] 왕경과 지방에 각기 독자적인 기반을 가진 채 존재하는 간들의 중층적인 구조에 바탕을 두고 그 상위에 위치하였을 뿐 이들을 초월하는 존재가 아니었으며 간

---

4) 대표적으로는 骨伐國王 阿音夫가 來降하여 왔을 때 第宅·田莊을 주어 왕경에 안치시키고 그 곳을 郡으로 삼았다고 하는 사례를 손꼽을 수 있겠다(《三國史記》 권 2, 新羅本紀 2, 조분니사금 7년).

5) 李丙燾, 〈古代南堂考〉(《서울大論文集》 人文社會科學 1, 1954 ; 《韓國古代史硏究》, 博英社, 1976, 628~631쪽).

6) 《三國史記》 권 1, 新羅本紀 1, 파사니사금 23년.

7) 李丙燾, 앞의 책, 626~628쪽.

들 가운데 일인자였을 따름이다. 이처럼 마립간시대의 다원적인 관료조직이 바탕이 되어[8] 6세기 초에 국왕을 정점으로 하는 중앙집권적인 지배체제가 성립되고 부장이나 재지세력이 가졌던 독자적인 기반이 해소되면서 일원적인 관등제가 성립하였던 것이다.

관등은 서열화된 것이지만 그 자체에는 원래 관직적인 요소를 동시에 내포하고 있었다. 말하자면 마립간시대에는 관등과 관직이 미분화된 상태였다. 가령 伊湌이나 阿湌 등은 그 자체가 서열을 나타내면서도 동시에 관직으로 기능하고 있었던 것이다. 이것은 일원적인 관등제가 성립하고 난 뒤 관등인 大舍·舍知·吉士 등이 여전히 관직으로도 기능하고 있는 데서도 방증된다.[9] 그런 의미에서 관등제의 성립이란 다른 한편으로는 관등에 내재된 관직적인 요소의 분리를 뜻하는 것이라 하겠다. 관등제가 성립한 후 새롭게 관직이 설치되는 것은 그를 증명한다.

흔히 관등제라고 하면 京位制를 지칭하지만 통일 이전의 신라 관등제에서는 경위제와 外位制의 이원적인 구조로 되어 있었다. 경위는 제1등인 伊伐湌(角干)에서 造位에 이르기까지 17등으로 구성되었으며 왕경인만을 그 지급대상으로 하였다. 이 17등의 기본적인 경위 이외에도 군공포상 등의 필요에서 때로는 1등인 각간의 상위에 大角干과 太大角干까지 두어지기도 하였으나 이들은 상설된 관등이 아니라 어디까지나 非常京位였다.[10] 그런 의미에서 경위 17등의 골격은 멸망기까지 변함없이 존속되었다고 하겠다. 다만 골품제와의 관련하에서 重位制를 운용한 것은 관등제상의 특징적인 모습이다.

《三國史記》에는 경위 6등인 阿湌이 重阿湌에서 4重阿湌까지, 10등인 大奈

8) 朱甫暾, 〈新羅 中古期 村落構造에 대하여(1)-外位와 地方民 身分制-〉(《慶北史學》 9, 1986), 14~15쪽.

9) 《三國史記》 권 33, 志 2, 色服志의 冠制 사례나 진흥왕 22년(561)에 건립된 〈昌寧 眞興王 巡狩碑〉의 古奈末典에서 알 수 있듯이 奈麻와 大奈麻도 관직으로 사용된 듯한 흔적이 엿보인다.

10) 《三國史記》 권 38, 志 7, 職官 上.
여기에서는 대각간이 660년 백제 멸망 후 김유신을 군공포상하면서 처음 둔 것으로 되어 있으나 《三國史記》 권 44, 列傳 4, 居柒夫傳과 〈昌寧碑〉에 각각 大角湌·大一伐干의 사례가 보이므로 그것은 착오임이 분명하다. 통일 이후 대각간은 17관등의 위에 상설 관등으로 자리잡아 가는 추세에 있었다. 몇몇 관직의 관등범위가 대각간으로 되어 있는 것은 이를 증명한다.

麻는 重奈麻에서 9重奈麻까지, 11등인 나마는 중나마에서 7重奈麻까지로 분화한 것으로 되어 있고[11] 또 9세기 금석문에 의하면[12] 8등인 沙飡에도 중위제가 시행되고 있었다. 이들 중위제의 운용을 둘러싼 구체적인 이해에 대해서는 논자들에 따라 약간의 이견이 제기되어 있으나[13] 관등제가 골품제와의 긴밀한 관련 아래에서 운용되었던 데서 중위제가 생겨난 것으로 보는 점에는 의견이 일치한다. 중위가 설정된 관등은 그를 상한으로 승진상의 제약을 받는 골품소지자에 대한 특진의 길로서[14] 마련된 것이었다. 이 중위제는 7세기에 들어와서 설정된 것으로 보인다.

17등 경위는 그 명칭으로 볼 때 크게 두 그룹으로 분류가 가능하다. 1등 이벌찬에서 9등 級飡에 이르는 飡(干)群과 10등 대나마 이하의 非飡(干)群으로 대별된다. 그런데 비찬군 경위는 다시 奈麻群과 12등 大舍 이하의 舍知群으로 분류된다.[15] 양자를 구별하려는 것은 나마군이 가지는 독특한 성격 때문이다. 먼저 표기 방법상에서 나마는 독자적인 성격을 지니고 있었다는 점이다. 6세기 전반기에는 금석문에 의하는 한 찬군은 干支란 語尾를 사용하였으며, 사지군의 경우에는 거의 모두 帝智·第·智 등이 붙어 있다가 6세기

---

11) 《三國史記》 권 38, 志 7, 職官 上.
이 밖에 阿飡 重位는 〈甘山寺彌勒菩薩造像記〉를 비롯한 몇몇 금석문에서도 확인할 수 있다.

12) 文聖王 18년(856) 만들어진 〈新羅 竅興寺鐘銘〉에 三重沙干의 사례가 보인다.

13) 大奈麻 重位를 부정하는 견해(末松保和, 〈梁書新羅傳考〉, 《新羅史の諸問題》, 東洋文庫, 1954, 406~407쪽)와 奈麻 重位를 부정하는 견해(邊太燮, 〈新羅 官等의 性格〉, 《歷史敎育》 1, 1956, 70~76쪽)가 있는가 하면, 양자를 모두 인정하는 입장도 있다(武田幸男, 〈新羅の骨品體制社會〉, 《歷史學硏究》 299, 1965, 3쪽). 한편 나마 중위에 대해서는 大舍까지밖에 승진하지 못했던 4頭品 출신자들에게 혜택을 주기 위해서 설정한 것으로 보는 견해도 있고(三池賢一, 〈新羅の官位制度〉 下, 《駒澤史學》 18, 1971, 20~21쪽), 지방민의 특진의 길로 마련된 것으로 보는 견해도 있다(李鍾旭, 〈南山新城碑를 통하여 본 新羅의 地方統治體制〉, 《歷史學報》 64, 1974, 61~62쪽).

14) 末松保和, 위의 책, 404~405쪽. 한편 李基東, 〈新羅 中代의 官僚制와 骨品制〉(《新羅骨品制社會와 花郎徒》, 一潮閣, 1984), 135쪽에서는 중위제가 진골 중심의 골품제와 비진골 중심의 관료제라는 두 개의 異質的인 階層, 原理가 서로 마찰을 피하기 위해서 도달한 일종의 妥協點이라고 하였다.

15) 三池賢一, 〈「三國史記」職官志外位條の一解釋〉(《駒澤大學硏究紀要》 5, 1970), 113~115쪽에서는 경위를 干群·mar系·雜類의 셋으로 분류하고 있다. 다만 三池는 나마와 대나마를 대사·사지와 함께 mar계로 취급하였다.

중반 무렵에는 모두 탈락되었다. 干群에 비추어 보면 그 語義는 알 수 없지만 사지군은 모두 비슷한 성격을 지니고 있었던 것이 아닌가 싶다.[16] 그런데 나마만은 아무런 語尾가 원래부터 없어 이들과는 구별되고 있다.[17] 둘째 나마는 한편으로는 기록상의 착오인지 모르겠으나 干이란 어미를 갖기도 하였다.[18] 따라서 이로 보면 나마는 사지군보다는 오히려 간군에 가까운 성격의 관등이었을 듯한 느낌이 든다. 셋째 그와 관련을 갖는 것이지만 〈봉평비〉에서 알 수 있듯이 나마군은 간군과 동등하게 회의체에 참여하는 존재로 되어 있다.[19] 이후의 금석문들에서도 대사 이하는 회의체 참여가 배제된 반면 나마는 그 구성원이었다. 이상과 같은 의미에서 경위 17등은 3등분해서 이해해도 무방하리라 생각된다.

경위가 왕경인을 지급대상으로 한 관등인 반면, 1등인 嶽干으로부터 11등 阿尺에 이르는 11개의 등급으로 이루어진 외위는 지방민을 지급대상으로 하였다. 외위는 1등에서 7등인 간에 이르기까지의 간군과 8등 一伐에서 11등 아척에 이르는 비간군으로 크게 나뉘어진다. 간군외위는 7등인 간에서 분화한 것이며, 비간군외위의 명칭이 경위에서 유래한 것으로 보아[20] 원래 외위

16) 干群 京位 가운데서도 伊伐湌과 3등인 迊湌은 그 異稱이 다양하다는 점에서 그 성격이나 분화과정이 다른 관등과는 달랐던 것 같다. 원래 각각 달리 성립되었던 것을 하나로 통합한 듯한 느낌이 짙다.

17) 그런데 末松은 《日本書紀》에 보이는 奈麻禮란 사례에 근거하여 나마계에도 원래 知가 붙었을 것으로 보았으나(末松保和, 앞의 책, 405쪽), 이는 지금까지 발견된 금석문에서는 전혀 확인되지 않는다. 奈麻의 표기 변화에 대해서는 權悳永, 〈新羅 官等 阿湌·奈麻에 對한 考察〉(《國史館論叢》 21, 國史編纂委員會, 1991, 48쪽) 참조.

18) 《隋書》 권 81, 列傳 46, 東夷 新羅.
《翰苑》 권 30, 蕃夷部 新羅.

19) 이런 의미에서 나마는 다원적인 관료조직이 갖추어져 있던 시기에는 원래 국왕이나 그에 버금가는 葛文王에 속한 관료였고 다른 部長들에게는 없었던 관료가 아니었나 싶다. 그런 뜻에서 3세기 단계에 보이는 고구려의 다원적 관료체계의 시기에 국왕에게만 속한 主簿나 혹은 優台와 같은 성격의 관등이었다고 생각된다. 한편 舍知系는 고구려의 使者 계통의 관등이 아니었을까 싶다. 고구려 관등제의 성격에 대해서는 金哲埈, 〈高句麗·新羅의 官階組織의 成立過程〉(《李丙燾博士華甲記念論叢》, 1956 ; 《韓國古代社會研究》, 知識産業社, 1975) 참조.

20) 외위 8등 一伐, 9등 一尺, 10등 彼日, 11등 阿尺은 각각 경위 1등인 伊伐湌, 2등인 伊尺湌(伊湌), 3등인 波珍湌, 6등인 阿湌과 간을 제외하면 같다(武田幸男, 앞의 글, 10쪽 및 盧泰敦, 〈三國의 政治構造와 社會經濟〉, 《한국사》 2, 국사편찬위

는 간 이하의 하위 다섯 관등이 경위를 바탕으로 먼저 성립되었고 그 다음 상위의 간군외위가 분화한 것으로 보인다. 말하자면 외위 11등 체계는 두 단계의 과정을 밟아 완성되었던 것이다.[21] 17등 경위나 비간군외위의 명칭이 순수한 신라식인 것과는 달리 嶽干·述干·高干·貴干·撰干·上干 등 간군외위의 명칭은 뜻이 분명히 드러나는 한문식인 점도 그러한 사정을 방증하여 준다. 간은 원래 족장층 가운데 한정된 세력에게 주어진 것인 만큼 여기에서 분화된 간군외위는 재지세력 중에서도 특정 집단만이 수여받았던 것 같다. 골품제와 경위제의 관계에서와 마찬가지로 간군외위와 비간군외위 사이에는 지방민들의 신분에 따라 커다란 斷層이 형성되었을 가능성이 크다. 그러나 외위와 경위는 운영상에서 뚜렷하게 차이가 났을 것으로 보인다. 가령 경위는 군공에 의한 포상으로 뿐만 아니라 일정한 연공에 따라 승진한다는 의미에서[22] 관료제의 테두리 안에서 운영된 반면 외위는 주로 포상을 목적으로 운영되면서 관등제이기는 하나 그 자체가 일정하게 신분적인 속성을 강하게 띤 것이 아닌가 한다. 골품제에서 제외된 지방민을 대상으로 하는 신분제가 따로 마련될 필요가 없었던 것도 바로 그 때문이 아닐까 싶다.

그런데 7세기 초를 전후로 한 어느 때부터 군공포상 등을 목적으로 지방민 가운데서도 특별한 경우에 한하여 외위 대신 경위를 지급하기 시작하다가 통일 후인 文武王 14년(674)에 이르러서는 지방민 전체를 대상으로 일시에 외위 대신 경위를 지급하였다. 이로써 외위는 소멸되고 따라서 관등은 경위로 일원화되었다.[23] 이처럼 왕경인과 지방민을 구별지워 관등제를 마련한 것은 중고기 신라 관등제 운용상의 큰 특징의 하나였다.

원회, 1978, 210쪽).

21) 朱甫暾, 〈6세기초 新羅 王權의 位相과 官等制의 成立〉(《歷史敎育論集》 13·14, 慶北大, 1990), 268쪽.
하일식, 〈6세기 新羅의 地方支配와 外位制〉(《學林》 12·13, 延世大, 1991), 30~35쪽.

22) 〈鳳坪碑〉에 보이는 愼宍智와 蔚州 〈川前里書石〉의 眞宍智가 동일 인물이라면 그는 524년에는 9등 級飡, 525년에는 沙飡, 539년에는 波珍飡으로 되어 있어 그의 관등 승진 상황을 짐작할 수 있다.

23) 三池賢一, 앞의 글(1970), 118~121쪽 및 武田幸男, 앞의 글, 11~12쪽 참조. 이상과 같이 보면 경위와 외위의 관등대비표는 통일기에 한정하여 사용된 것으로 이해하여야지 이를 중고기까지 소급하여 적용하는 것은 곤란하다.

관등제의 성립시기에 대해서는 《삼국사기》 권 1, 신라본기 1, 儒理尼師今 9년(32)조의 기사를 그대로 따라 이 때에 성립된 것으로 보는 견해로부터 6세기 이전 성립설, 6세기 초 성립설, 또는 6세기 이후 단계적 성립설 등에 이르기까지 다양한 견해가 제기되어 왔다. 그런데 智證王 4년(503)에 건립된 것으로 추정되는 〈迎日 冷水里 新羅碑〉(이하 〈냉수리비〉로 약칭함)에 의하면 미분화된 형태의 干支가 보이는 점, 部別로 인명을 나열하여 다원적인 관등제의 존재를 시사하는 점, 관직을 소지하였으면서도 관등을 소지하지 않은 사례가 보이는 점 등에서 관등제의 초기적인 모습을 보인다. 그러므로 아직 이 때까지는 경위 17등과 외위 11등이 전부 완성되지는 않았음이 확실하다.
면

〈표 1〉 〈영일 냉수리 신라비〉에 보이는 관등

區分	部名	人名	官等	備考
	沙喙	至都盧	葛文王	
		斫德智	阿干支	
		子宿智	居伐干支	
七王等	喙	尒夫智	壹干支	會議參與者
		只心智	居伐干支	
	本彼	頭腹智	干支	
	斯彼	暮斫智	干支	
	沙喙	壹夫智	奈麻	
		到盧弗		
		須仇?		
典事人	喙	心訾公	(耽須道使)	實務執行者
	喙	沙夫那		
		斫利		
	沙喙	蘇那支		

한편 법흥왕 11년(524)에 건립된 〈蔚珍 鳳坪 新羅碑〉(이하 〈봉평비〉로 약칭함)에는 大阿干支·大奈麻 등과 함께 小舍·吉之·小烏·邪足智 등의 하위 관등이 보이므로 이 때에는 경위 17등 체계가 완성되었음이 거의 틀림없다. 또한 봉평비에는 下干支를 비롯하여 一伐·一尺 등이 보이므로 외위 가운데

간 이하 비간군외위가 성립하여 있었음이 분명하다. 다만 간군외위는 이 시기 이후의 어느 시기에 분화하여 성립한 것으로 보인다. 이상과 같이 6세기초 금석문에 근거하면 경위는 지증왕 이후 법흥왕대에 이르는 사이에 완성되어 법흥왕 7년(520)에 반포된 律令 속에 법제화되었을 것임이 분명하다. 다만 이 때까지 7등인 간 이하 11등 아척에 이르는 외위 다섯 관등은 먼저 성립되었으나 간군외위의 분화는 약간 늦었던 것 같다[24].

〈표 2〉 〈울진 봉평 신라비〉에 보이는 관등

區分	部名	人名	官等名	備考
所教事層	喙部	牟卽智	寐錦王	會議參與者
	沙喙部	徙夫智	葛文王	
	本波部	?夫智	干支	
	岑喙部	?昕智	干支	
	沙喙部	而?智	太阿干	
		吉先智	阿干支	
		一毒夫智	一吉干	
	喙部	勿力智	一吉干	
		愼宍智	居伐干	
		一夫智	太奈麻	
		一尒智	太奈麻	
		牟心智	奈麻	
	沙喙部	十斯智	奈麻	
		悉尒智	奈麻	
大人	喙部	內沙智	奈麻	實務執行者
	沙喙部	一登智	奈麻	
		?次	邪足智	
	喙部	比須婁	邪足智	

신라의 관등제는 고구려나 백제에 비해 뒤늦게 성립되었던 만큼 그로부터 적지 않게 영향을 받았을 것으로 보인다. 이 점은 신라의 地方制나 軍制가 고구려 또는 백제의 영향을 많이 받았던 것과 맥락을 같이한다. 고구려의 관

24) 朱甫暾, 앞의 글(1990), 264~268쪽.

등제는 족장을 의미하는 兄과 租稅收取 등 행정적인 역할을 하는 使者가 기본이 되어 분화하였는데[25] 제5등인 皂衣頭大兄 이상은 국가의 기밀을 관장하고 정사를 모의하였다고 한다.[26] 신라의 경위는 크게 간군과 비간군으로 나누어지며 간은 형과 같이 족장을 의미한다. 비간군은 대나마에서 조위까지이나 가장 기본이 된 것은 사지로서 고구려의 사자와 동일한 성격을 띠었다고 생각된다. 그렇다면 고구려의 관등이 형과 사자가 기본이었듯이 신라의 17등 경위도 간과 사지가 바탕이 되어 분화한 것으로 보면 어떤 영향 관계를 찾을 수 있다.

한편 신라의 경우 제5등인 대아찬과 6등인 아찬 사이에 단층이 있어 그 이상의 관등이 진골에게만 허용되었을 뿐만 아니라 관부의 장관이 대아찬 이상에게만 한정되었던 것도 고구려와 관등제의 운용에서 유사성을 느끼게 한다. 다만 고구려의 경우 兄系와 使者系가 정연하게 정비된 것이 아니라 뒤섞여 서열화된 반면 신라의 그것은 간군과 비간군이 정연하게 분화한 점에서 뚜렷하게 차이가 난다. 이 점에서는 신라의 관등이 백제의 관등과 오히려 유사하다. 백제의 16관등이 率·德·督 등의 어미를 가진 각 群別로 정연하게 분화하였다는 점에서 일단 신라 관등제와의 유사성이 찾아진다. 게다가 관등과 색복과의 관계에서도 양자 사이에는 어떤 영향 관계가 엿보인다. 신라의 公服이 紫·緋·靑·黃의 넷으로 구분된 반면 백제의 그것은 자·비·청으로 3구분이지만 비슷한 구조로 되어 있다. 요컨대 삼국의 관등제는 상호 밀접한 관련성을 갖고 있었는데 특히 신라 관등제가 가장 늦게 성립된 만큼 고구려나 백제로부터 적지 않게 영향을 받았다고 하겠다. 그러한 의미에서 운영상에서도 비슷한 점이 있었을 것이다.

6세기 관등제가 성립된 후 신라의 관료제는 상당한 기간 동안 관등을 중심으로 운영되었다. 그것은 官府나 官職이 아직 제대로 갖추어지지 못한 데서 오는 당연한 결과였다. 따라서 祿邑의 지급이나 기타 업무의 수행은 관등

25) 金哲埈, 앞의 책, 129~138쪽.

26) 《翰苑》 권 30, 蕃夷部 高麗.
武田幸男, 〈高句麗官位制の史的展開〉(《朝鮮學報》 86, 1978 ; 《高句麗史と東アジア》, 岩波書店, 1989, 395쪽)에서는 이를 근거로 신라와 마찬가지로 관등 5등을 경계로 신분적인 斷層을 설정하고 있다.

이 기준이 될 수밖에 없었다. 법흥왕 이후 진흥왕·진평왕대를 거치면서 점차 관부가 증치되고 관직체계가 갖추어지면서 관등과 관직은 밀접하게 관련되어 운영되었다. 이제 관료제의 운영 자체는 관등 중심에서 관직 중심으로 이행하고 있었던 것이다.

그런데 《삼국사기》 직관지에는 각 관직에 취임 가능한 관등의 범위가 설정되어 있다. 하나의 관직에 취임 가능한 관등이 하나만 대응된 것이 아니라 상한과 하한이 설정되고 그 폭이 상당히 넓었다. 이는 고구려와 백제나 후대의 고려·조선과도 다른 신라 관등제 운영상에 보이는 현저한 특징인 듯 싶다. 고구려의 경우 사례는 많지 않으므로 잘 알 수는 없으나 하나의 관직에 하나의 관등만이 대응되는 예도 있고 또 다른 몇몇의 관직에는 어떤 관등 이상이라고 하여 상한을 설정해 두지 않기도 하였다.[27] 반면 백제의 경우에는 대체로 하나의 관직에 하나의 관등만이 대응되도록 하였다.[28] 이들 몇몇 사례만으로서 그 관직과 관등과의 상관관계에 대한 전모를 파악하기는 어려우나 대체적으로 보아도 하한과 상한을 명백히 규정한 신라와는 다르다. 이처럼 규정된 이유는 관등과 관직이 골품제에 의해 제약받았던 데서 비롯된 것이 아닐까 싶다.[29]

신라의 관등제와 관직의 관계가 게재되어 있는 《삼국사기》 직관지는 통일 이후 대대적인 정비과정을 거친 것을 토대로 다시 정리한 것이므로 통일 이전의 사정을 그대로 전하는 것인지 어떤지는 확실히 알 수가 없다.[30] 그러나

---

27) 《翰苑》 권 30, 蕃夷部 高麗.

28) 《翰苑》 권 30, 蕃夷部 百濟.
《北史》 권 94, 列傳 82, 百濟.

29) 李基東, 앞의 책, 135~136쪽.

30) 가령 軍主의 경우 《三國史記》 권 40, 志 9, 職官 下에 의하면 취임할 수 있는 관등 범위가 9등인 級湌에서 2등인 伊湌까지이지만 법흥왕 11년(524)의 〈봉평비〉에는 奈麻로 되어 있으므로 그 규정과 어긋난다. 또한 진흥왕 22년(561)의 〈昌寧碑〉에는 四方軍主의 관등이 8등인 沙湌과 9등인 급찬이며 〈赤城碑〉에서는 阿湌으로 되어 있다. 물론 이 두 사례는 모두 위의 범위에 들어가므로 별다른 문제가 없다. 그러나 처음에는 각 관직에 따른 관등의 범위가 직관지의 규정처럼 되어 있었던 것이 아니라 보다 좁게 규정되어 있다가 오랜 운용의 과정에서 점차적으로 그 폭이 확대된 것이 아닐까 싶다. 이 점은 금석문상에 보다 많이 보이는 道使에서도 유추가 가능하다. 도사가 현령의 전신임은 다 아는 사실이다. 현령의 관등 범위는 17등 造位에서 8등인 사찬까지로 되어 있다. 그런

그를 감안하더라도 통일 이전의 관등과 관직의 운용문제에 대한 대체적인 윤곽을 짐작하는 데는 큰 문제가 없는 한 이를 토대로 살펴보지 않을 수 없다. 이에 의하면 관등과 관직의 관련은 그 운용상에서 나타나는 특징을 바탕으로 하여 몇 가지로 분류가 가능하다. 먼저 관직의 관등범위에 아무런 단서가 붙지 않는 경우이다. 가령 兵部의 장관인 병부령에 취임할 수 있는 관등의 범위는 대아찬에서 태대각간까지로 규정되었을 뿐 그 외의 단서조항이 없다. 각 관부의 장관뿐만 아니라 직관지에 보이는 대부분의 하위직들의 경우에도 아무런 단서가 붙지 않고 그와 같은 형식으로 되어 있다.

그런데 이러한 일반적인 사례와는 다른 형식이 몇 가지 보이는데 관등과 관직과의 관계를 이해하는 데는 일반적인 형식보다도 이 점을 오히려 주목해 보아야 할 것 같다. 그것은 직관지의 정리과정에서 바뀌지 않은 원형의 모습을 보여 주기 때문이다. 먼저 신라 중고기의 핵심적인 군단인 6停의 최고지휘관 將軍의 경우에 취임할 수 있는 관등 범위는 眞骨上堂에서 上臣까지로 되어 있다. 上堂과 상신이 관직임은 재론의 여지가 없지만 여기서는 마치 관등처럼 사용되고 있는데 6정의 장군직은 다른 관직이 겸하는 관직이었기 때문이라 생각된다.[31] 말하자면 다른 관부의 상당 이상 상대등에 이르는 관직이 6정의 장군직을 겸직할 수 있었던 것이다. 진골상당이라고 한 것은 상당에 취임할 수 있는 골품이 진골에만 국한된 것이 아니라 6두품 혹은 그 이하도 가능하였기 때문에 이들을 배제하기 위하여 그렇게 규정한 것이다. 진골만이 취임하였을 것임에도 그러한 제약규정이 보이지 않는 軍主(都督)나[32] 仕臣에는[33] 그러한 단서조항이 누락된 것이 아닐까 싶다. 이는 신라사회가 진골 중심으로 운영되었음을 보여 주는 단적인 사례이다. 그와 관련되는 뚜렷한 사례로 9誓幢의 장군은 眞骨級湌에서 각간까지로 규정되어 있는 점을 들 수 있다.

데 금석문상에서는 大舍·小舍로 되어 있으므로 이 부근이 일반적인 관등 범위였던 듯한데 이후 관직운영에서 그 범위에 상당한 변화를 가져 왔다고 하겠다.

31) 朱甫暾, 〈新羅 中古期 6停에 대한 몇 가지 問題〉(《新羅文化》 3·4, 1987), 28쪽.

32) 申瀅植, 〈新羅軍主考〉(《白山學報》 19, 1975 ; 《韓國古代史의 新硏究》, 一潮閣, 1984, 212쪽).

33) 李基東, 앞의 책, 133쪽.

그런데 6정과 9誓幢의 고급 군관인 大官大監에 취임할 수 있는 관등 범위가 진골은 舍知에서 阿湌까지, 6두품은 奈麻에서 4重阿湌까지로 골품에 따라서 다르다. 이것은 다른 관직의 관등 규정과 관련지어서 보면 주목할 만한 사실이다. 다른 관직도 원래는 모두 그와 같은 형식으로 규정되었을 것으로 보이는데 직관지가 편찬될 때 골품에 따른 구분 없이 하나로 정리되어 버림으로써 관등 범위는 원래보다 훨씬 늘어났을 것이다. 동일한 관직에도 이처럼 골품에 따라 관등의 범위가 달랐던 점은 신라 골품제 사회의 한 특징을 여실히 보여 준다.

요컨대 관등은 그 자체에 관직적 성격을 원래부터 지녔으나 그를 해소하여 일원적인 기준하에 서열화함으로써 성립되게 되었다. 초기에는 하나의 관직에 취임 가능한 관등의 범위는 그렇게 넓지 않았으나 운용의 과정에서 점차 상한과 하한이 확대되었다. 그런데 실제적인 운용에서 보다 범위가 늘어났던 것은 골품제와 관등, 관직제가 밀접하게 관련되어 운용되었기 때문이다. 가령 하나의 관직에는 골품에 따른 관등 범위가 각기 달랐을 터인데 이것이 직관지의 정리과정에서 골품에 따른 차등이란 단서조항이 삭제되어 버리고 하나로 일원화함으로써 관등 범위가 실제보다 늘어난 것이라 하겠다. 따라서 직관지의 관직과 관등의 관계를 이용하는 데는 신중을 기해야 한다.

2) 행정조직

신라에서 중앙행정관부가 설치되고 행정을 전담하는 관직이 두어지기 시작한 것은 6세기에 들어와서의 일이다. 5세기까지만 하더라도 관부는 거의 설치되지 않았다. 그러나 그 때에도 행정적인 필요에 따라서 관직을 둔 경우는 있었는데 당시의 관직 자체는 서열적 성격을 띠었으므로 이들은 6세기에 관등으로 발전하여 갔던 것이다.[34]

관부가 설치되기 이전의 행정 운영체계에 대해서는 단편적으로나마 〈냉수리

34) 中古期에 관부가 본격적으로 설치되기 시작하면서도 관부가 두어지기 이전에 관직이 먼저 두어지거나 장관보다도 실무자가 먼저 두어진 사례가 많았던 것도 바로 이와 같은 사정에서 연유한다.

비〉나 〈봉평비〉에서 엿볼 수 있다. 이들 비문에 보이는 「此七王」과 典事人이나 (〈표 1〉 참조), 所敎事집단[35]과 大人[36]의 사례에서(〈표 2〉 참조) 알 수 있듯이 관료조직은 크게 회의체에 참여하여 결정하는 층과 결정된 사항을 집행하는 층의 두 집단으로 뚜렷하게 나뉘어져 있었고 그 내부에는 다시 역할이 분담되었을 것이다.[37] 이는 관부조직을 통하지 않고 수시로 필요에 따라 인간 중심으로[38] 운영되던 신라 초기 행정조직체계의 일단을 보여 주는 것으로 주목된다.

그런데 그와 같은 인간 중심의 행정체계로서는 처리해야 할 사무의 규모가 간단하고 수가 적을 때는 제대로 기능할 수 있지만 그 규모가 크고 복잡하고 다양해지면 한계에 부닥칠 수밖에 없었을 것이다. 사실 5세기 후반 이후 지방관을 파견하여 지방에 대한 직접 지배로 전환하면서 행정의 규모는 엄청나게 커졌다. 게다가 주변세력과의 접촉이 확대되면서 영토확장을 위한 전쟁이 빈발하였고 그에 따른 군사적인 수요가 높아졌다. 또한 4~6세기에 걸쳐 새로운 철제 농기구의 사용이나 牛耕의 도입으로 농업생산력이 향상되면서 경제규모도 엄청나게 늘어났을 것임은 상상하기 어렵지 않다.[39] 이에 따라 그를 관리하기 위한 필요에서 기존의 중앙행정조직은 변화하지 않을 수가 없었다. 행정관부가 갖추어지지 않은 채 필요에 따라 인간 중심으로 운영되던 행정조직은 이제 세분화·전문화되지 않으면 안될 상황에 당도하게

---

35) 所敎事集團의 14인 가운데 매금왕과 갈문왕만이 敎를 발하는 주체로 나머지 12인을 객체로 보는 견해도 있다(文暻鉉, 〈居伐牟羅 男彌只碑의 새 檢討〉, 《朴永錫敎授華甲紀念 韓國史學論叢》, 1992, 297~299쪽).

36) 〈봉평비〉의 해당 부분에서는 앞의 '?事'까지 넣어서 '?事大人'으로 읽는 것이 타당할 듯하나(李宇泰, 〈蔚珍鳳坪新羅碑의 再檢討〉, 《李元淳敎授停年紀念 歷史學論叢》, 敎學社, 1991, 109쪽) 여기에서는 편의상 大人이라고 하였다.

37) 이를테면 〈냉수리비〉의 典事人 가운데 沙喙 출신의 蘇那支는 동일한 부 출신자들과 함께 기록되지 않고 喙部 출신자들의 밑에 기록된 데서 그럴 가능성을 엿볼 수 있다. 그리고 동일한 所敎事 집단이라고 하더라도 寐錦王이나 葛文王이 회의체 내에서 행한 역할이 같았을 리는 없으므로 그들 간에도 역할에 따른 소구분이 있었다고 보아야 하겠다.

38) 〈냉수리비〉의 典事人이나 〈봉평비〉의 大人으로 그렇게 표현한 것이다.

39) 이에 대해서는 다음의 글이 참조된다.
李賢惠, 〈三國時代의 농업기술과 사회발전-4~5세기 新羅社會를 중심으로-〉(《韓國上古史學報》 8, 1991).
全德在, 〈4~6세기 농업생산력의 발전과 사회변동〉(《역사와 현실》 4, 한국역사연구회, 1990).

된 것이다. 그것이 바로 관부와 관직의 설치로 나타났다.

중앙관부로서 가장 먼저 설치된 것은 법흥왕 4년(517)의 兵部이며 장관인 병부령은 그에 앞서 같은 왕 3년에 두어졌다. 이후 점차적인 과정을 밟아 여러 중앙의 행정관부와 관원이 증치되어 갔으며 하나의 완성된 조직체계를 갖추게 되는 것은 神文王 5년(685)에 이르러 각 관부를 令－卿－大舍－舍知－史의 5등관제로 갖추면서부터이다.[40] 그런데 통일 이전의 중앙행정관부 설치시기와 그 내용으로 보면 크게 세 시기로 구분된다[41].

첫째 시기는 법흥왕과 진흥왕대이다. 법흥왕 18년에는 上大等이 두어졌고, 진흥왕 5년(544)에는 관리의 糾察을 담당하는 司正府[42]의 차관인 卿 2인, 진흥왕 26년에는 국가 기밀을 총괄하는 執事部의 전신인 稟主에 후일 차관직이 되는[43] 典大等 2인이 두어졌다. 이렇게 보면 이 시기에는 하부관원이 없는 상대등을 일단 논외로 하면 병부에만 장관인 령이 두어졌고 나머지는 뒷날의 차관직을 최고관원으로 한 셈이다.

병부의 관원 설치를 보면 大監은 진평왕 45년(623), 弟監은 11년, 弩舍知와 弩幢은 文武王 12년(672)이나 5등관인 史의 설치는 분명하지가 않다. 그러나 이 사는 법흥왕 4년 병부의 설치와 함께 두어졌음이 분명하다. 왜냐하면 법흥왕 3년에 병부령이 설치되었음에도 불구하고 그 4년에 다시 병부를 설치하였다고 한 것은 바로 사의 설치 외에는 달리 생각할 여지가 없기 때문이다. 따라서 제감이 설치되는 진평왕 11년 이전까지 병부는 令과 史 두 관원으로 구성된 셈이다.

---

40) 李基白, 〈新羅 執事部의 成立〉(《震檀學報》 25·26·27, 1964 ;《新羅政治社會史研究》, 一潮閣, 1974, 154쪽)
井上秀雄, 〈『三國史記』にあらわれた新羅の中央行政官制について〉(《新羅史基礎研究》, 東出版, 1974), 235~239쪽 참조.

41) 李基白, 〈稟主考〉(위의 책), 141쪽.
이 논문에서는 통일기까지를 포함하여 4期로 분류하였으나 여기서는 통일 이후는 논외로 하였다.

42) 사정부는 태종무열왕 6년(659)에 두어졌으나 이 때에는 장관인 슈이 설치된 것이며(李基東, 앞의 책, 124~125쪽) 그 차관인 卿이 설치된 것은 진흥왕 5년이다.

43) 품주의 전대등이나 사정부의 경도 그 장관인 중시나 령이 설치되기 이전까지는 그 자체가 장관이었음은 물론이다. 후일 그 위에 상급관직이 두어지므로 여기서는 편의상 차관이라 부르기로 하겠다.

품주와 사정부도 그에 준하여 생각해야 하지 않을까 싶다. 가령 품주의 후신인 집사부의 구성관원의 설치 연대를 보면 장관인 中侍는 진덕왕 5년(651), 대사 2인은 진평왕 11년(589), 사지 2인은 신문왕 5년(685)에 설치되었고 5등관인 사의 설치 연대는 알 수가 없다. 하나의 관원으로 관부가 구성되었다고는 생각되지 않으므로[44] 전대등이 설치되던 진흥왕 26년(565)에는 사가 함께 두어져 품주란 관부가 성립되었다고 보는 것이 순조롭다.

이상과 같이 보면 첫째 시기에는 병부·품주·사정부 등 3개 관부가 설치되었으며 관원구성이 장관(차관)과 실무자의 이원체제로 된 것이 특징이었다. 병부령 1인이 진흥왕 5년 증치된 뒤에는 장관 2인과 복수의 실무자가 기본적인 관원구성이었다고 하겠다. 이는 앞서 언급하였듯이 〈냉수리비〉와 〈봉평비〉에 보이는 此七王－典事人, 所敎事－大人이란 2원적인 체계와 지극히 유사하다. 아마도 앞선 시기의 그와 같은 이원적인 운영체계가 관부의 구성에 직접적인 영향을 끼쳤던 것이 아닐까 싶다.

또 하나 이 시기의 특징으로 손꼽을 수 있는 것은 병부의 비중이 높았다는 점이다. 품주와 사정부는 그 장관의 격이 현저하게 차이가 났던 점으로 볼 때 어떤 의미에서는 병부에 예속되었다고 하여도 과언이 아니다. 품주는 租調의 출납을 관장하였을 터이지만 이는 지방조직을 전제로 하지 않으면 안된다. 따라서 지방을 관장한 병부를 매개하지 않고서는 품주의 존립은 불가능하였다. 한편 사정부의 감찰대상이 되는 관리란 지방관과 군관을 제외하고는 거의 존재하지 않았던 시기이므로 병부와 밀접한 관련을 가질 수밖에 없었다. 품주와 사정부의 관원이 병부에 미치지 못하는 조직을 갖추게 된 것도 바로 이러한 데에 연유하는 것이 아닌가 싶다. 병부가 행정관부의 중심에 놓였던 것은 신라의 성장과 발전이란 당시의 대내외적인 사정에서 불가피한 현상이었다고 하겠다. 설치 연대가 명시되어 있는 大官大監(진흥왕 10년)·弟監(진흥왕 23년)·監舍知(법흥왕 10년)·少監(진흥왕 23년)·軍師幢主(법흥왕 11년) 등의 軍官이 모두 이 시기에 설치되는 것도 그와 밀접한 관련이 있다.

---

44) 井上秀雄, 앞의 책, 278쪽에서는 당시의 관부에는 장관만이 존재하여 단독으로 직무를 수행하였고 필요시 귀족의 家臣이 일을 처리한 것으로 이해하였으나 이는 하급실무자의 설치 연대를 늦게 잡았던 데서의 추정이었다.

둘째 시기는 진평왕대이다. 먼저 이 시기에 새로이 설치된 관부를 보면 재위 3년(581)에 관리의 관등을 담당하는 位和府, 6년에는 貢賦를 담당하는 調府와 馬政·車乘을 담당하는 乘府, 8년에는 儀禮와 敎育을 담당하는 禮部가 두어졌다. 그러나 이러한 관부들도 역시 설치 당시부터 완성된 조직을 갖춘 것은 아니었다. 위화부는 관부조직이 완성된 후에도 독특하게 衿荷臣·上堂·大舍·史의 4등관제로 운영되고 있었다. 그런데 금하신과 상당은 신문왕대에 두어졌다고 하며[45] 대사와 사의 설치 연대는 명시되어 있지 않다. 그러므로 위화부가 창설된 진평왕 3년에는 일단 대사와 사로 구성된 것으로 볼 수밖에 없다. 조부에는 진평왕 6년 장관인 령 1인을 두었으며 진덕왕 5년(651)에 장관 1인을 증치하면서 3등관인 대사 2인을 두었고, 4등관인 사지 1인은 신문왕 5년(685)에 두었다. 차관인 경 2인과 5등관인 사 8인의 설치시기가 보이지 않는데 경에 대해서는 잘 알 수가 없으나 실무자인 사는 조부의 설치시기에 령과 함께 두어진 것으로 보는 것이 타당하다. 경은 예부처럼 진덕왕 5년에 두어진 것으로 보인다.

예부는 장관인 령 2인이 진평왕 6년에 두어졌으나 경과 대사는 진덕왕대에, 사지는 분명하지는 않으나 신문왕대에 두어진 것으로 보는 것이 일반적이다. 사는 진덕왕 5년에 3인이 증치되는 것으로 미루어 그보다 앞선 시기에는 8인이 있었는데 아마도 장관과 같은 시기에 두어지지 않았을까 싶다. 따라서 예부는 진평왕대에 령 2인과 사 8인으로 구성되었다고 하겠다. 승부는 령 1인이 이 때에 두어진 것으로 되어 있을 뿐[46] 다른 관원들의 설치는 불명이나 비슷한 시기에 설치된 예부와 조부에 준하여 이해하는 것이 바람직하지 않을까 한다.

이상과 같이 보면 진평왕대 초에 설치된 4개의 관부 가운데 대사와 사로 구성된 위화부만은 극히 예외적이며, 조부·예부·승부의 관원은 모두 영과 사의 이원적인 체계로 구성되어 있었는데 이는 병부의 관원조직을 모방한

---

45) 《三國史記》 권 38, 志 7, 職官 上, 位和府.

46) 《三國史記》 권 4, 新羅本紀 4, 진평왕 6년조에는 령이 1인 두어진 것으로 되어 있는 반면 직관지에는 2인이 두어진 것으로 되어 있다. 같은 해에 설치된 조부의 경우를 참조하면 전자가 타당하지 않을까 싶다.

것이 아니었을까 싶다. 앞선 시기에 두어진 품주와 사정부가 2원적인 구성을 가졌으나 령이 없었던 것과는 차이가 난다. 이제 병부에 버금가는 조직을 가진 관부가 두어진 것으로서 그 자체 큰 변화라 하겠다. 그렇다면 이 시기 관부의 관원은 모두 2원적인 구성을 하였으면서도 令과 史, 卿(전대등)과 史, 大舍와 史의 3종으로 이루어져 있었다고 하겠다. 이는 당시의 행정적인 중요도에 따른 구분에 의해서였다고 해석된다.

그런데 이 시기의 관원 구성에서 주목되는 또 하나의 현상은 점차 2등관체제를 벗어나고 있다는 사실이다. 제3등관인 弟監이 眞平王 11년(589)에 두어짐으로서 병부가 가장 먼저 3등관체제로 전환하였다. 같은 해에는 품주에도 역시 3등관인 대사가 두어졌다. 이는 전통적인 2등관체제의 탈피를 의미하는 것으로 관부조직상의 일대 변화라 할 만하다.

그와 관련하는 것이지만 이 때에 처음으로 部나 府에 예속하는 屬司가 두어지는 점도 주목된다. 속사로서 가장 먼저 설치된 것은 진평왕 5년 병부에 두어진 船府署로서 여기에 대감과 제감을 각각 1인씩 설치하였다는 것이다. 이는 이후 속사 설치의 효시가 되는 것으로 보인다. 진평왕 46년에는 賞賜署와 大道署가 설치되었다. 대도서는 예부의 속사이며 상사서는 倉部(府)의 속사이다. 그런데 이 시기에는 아직 창부가 품주에서 분화되어 독립하기 이전이므로 상사서는 사실상 품주의 속사로 성립하였다가 후일 창부가 독립되면서 그 곳으로 이관되었다고 보는 것이 타당하다. 이렇게 보면 속사는 당시 핵심이 되는 부서로서 병부·예부·품주의 셋에 두어진 셈이다.[47]

진평왕대 후반의 관부 설치와 관련하여 주목되는 것은 병부에 제2등관인 대감이 설치된다는 사실이다. 이로써 병부가 처음으로 령－대감－제감－사의 4등관제 조직을 갖추게 되었거니와 이것이 典範이 되어 진덕왕대에는 다른 관부도 모두 4등관제로 일시에 전환하는 것이다. 그런 의미에서 관부조직의

47) 외빈을 담당하는 領客府의 경우에 약간의 문제가 있다. 《三國史記》 권 38, 志 7, 職官 上에 의하면 영객부는 원래 倭典이었는데 진평왕 43년(621)에 개칭하였다고 하며 장관인 令 2인은 진덕왕 5년에 두었다고 한다. 그러나 新羅本紀 4, 진평왕 13년(591)조에는 이 때에 영객부령 2인을 둔 것으로 되어 약간의 착오가 있다. 그 구체적인 내용을 알 수는 없으나 관부들이 진평왕대 전반과 후반에 각각 변화가 있었던 것과 관계가 있다.

정비는 병부가 선도하였다고 보아도 좋을 듯하다. 진평왕대의 관제개혁과 관련하여 또 하나 주목하고 싶은 것은 왕실 궁중사무를 전담하는 內廷官府가 분치되는 점이다. 진평왕 7년(585)에 大宮·梁宮·沙梁宮에 각각 私臣을 두었다가 같은 왕 44년에 이들을 통합하여 內省私臣을 두었다는 것이다.[48] 이는 진평왕대에 추진된 왕권강화와 밀접한 관련이 있다.

요컨대 진평왕대의 관제개혁은 전반부와 후반부로 나뉘어 진행되었다. 전반부에는 기존의 병부조직을 모방하여 예부·조부·승부가 두어지며, 특히 병부의 관원에 3등관이 설치됨으로써 전통적인 이원체제를 벗어나는 실마리가 마련된 점, 속사가 처음으로 두어진 점, 왕실사무가 분리되기 시작한 점에서 주목된다. 이로 보면 진평왕대는 전통적인 체제에 대해 상당한 변화를 시도한 것으로 보인다. 眞智王이 귀족들에 의해 폐위된 뒤 그를 이어 즉위한 것도 진평왕대의 관부조직에서 그와 같이 전통적인 체제를 벗어나려는 시도와도 전혀 무관하지는 않을 듯하다.

진평왕대 후반에는 전반부에 성립된 체제를 보다 강화해 갔던 점이 뚜렷하다. 가장 선도적인 병부에 대감을 설치하여 4등관 조직을 갖춘 점, 병부 외의 다른 관부에도 속사를 둔 점, 왕실사무를 전담하는 내성기구를 설치한 점 등에서 그러하다. 그러므로 진평왕대 후반의 관제정비는 전반부의 연장선상에 있었다고 보아도 좋겠다. 이로써 진평왕대에는 6典組織의 기본골격이 갖추어진 셈이다. 그런 의미에서 진평왕대는 관제조직상의 발전기였다고 할 만하다.[49] 행정관부의 정비와 함께 새로운 성격의 군단을 조직한 것도 이 시기의 체제정비와 관련하여 참고가 된다.[50]

---

48) 內省의 조직과 운영에 대해서는 다음의 글이 참조된다.
三池賢一, 〈新羅內廷官制考〉 上·下(《朝鮮學報》 61·62, 1971·1972).
李仁哲, 〈新羅 內廷官府의 組織과 運營〉(《新羅政治制度史硏究》, 一志社, 1993).

49) 李基白, 앞의 책, 140쪽 참조.
木村誠은 〈6世紀における新羅骨品制の成立〉(《歷史學硏究》 428, 1976), 22~26쪽에서 진평왕대의 행정기구 정비를 각 관청간의 분업체계가 확립되는 등 그 나름의 체계가 갖추어지는 시기로 주목하였다. 한편 金瑛河는 진평왕대의 행정제도 정비를 왕권 중심의 중앙집권체제의 완성으로 이해하였다(〈新羅 中古期의 政治過程試論〉, 《泰東古典硏究》 4, 1988, 17쪽).

50) 진평왕대에 신설된 군단을 보면 5년 誓幢, 13년 四千幢, 20년 河西州弓尺, 26년 軍師幢, 27년 急幢, 47년 郎幢 등이었다.

셋째 단계는 진덕왕대이다. 진덕왕대의 관제개혁은 대체로 재위 5년(651)의 1년 동안 일시에 대규모로 진행되었다는 점에서 특징적이다. 그 동안 관제개혁이 상당히 장시간에 걸쳐 진행된 점을 고려하면 진덕왕대의 관제정비는 짧은 기간에 진행되었다는 점에서 가장 정치적인 목적을 지닌 것이었음을 느끼게 한다. 구체적인 내용을 보면 먼저 주목되는 것은 각 관부의 관원을 일률적으로 令—卿—大舍—史의 4등관체제로 정비하였다는 사실이다.

앞서 언급하였듯이 이미 병부가 진평왕 말기에 제일 먼저 4등관제로 된 점으로 미루어 보면 이 시기 전체 관부에 걸쳐 거의 일률적으로 시행하였던 것은 그를 모범으로 한 것임이 분명하다. 이 때에 품주를 집사부로 개칭하면서 전대등 이하 3등관제의 상위에 중시를 설치하였던 데서 대표되듯이 다른 중요 관부 중에서도 장관이 령이 아닌 경우에는 령을 두어 4등관제로 하였고 그렇지 않은 경우 2등관인 경이나 3등관인 대사를 두어 관제조직을 완전하게 4등관제로 정비하였다. 한편 주요 관부의 장관이 1인이었던 경우는 1인 더 증치하여 복수제로 하고 倉部나 左理方府와 같은 관부는 새롭게 창치하였다. 이 밖에 國學·音聲署·典祀署 등 속사의 기본 관원들을 둠으로써 업무분장을 보다 강화하였다.

진덕왕대 행해진 관제정비 가운데 4등관제로의 정비나 속사의 증치 등은 기본적으로 진평왕대의 연장선상에 있는 것이라 생각되지만 주목되는 것은 집사부의 정치적 위상을 높인 점이다. 이는 진덕왕대 관제정비의 방향을 보여 주는 것과 직접적으로 관계된다. 원래 집사부의 전신인 품주는 租調의 출납을 관장하는 관부로서 중고기를 통하여 그 비중이 그렇게 높지 않았다. 그러나 지방지배의 진전이나 영토의 확장, 그리고 군사상의 목적에서 조조출납의 비중이 점차 커져 가면서 진평왕대에는 거기로부터 調만을 전담하는 조부가 분리되었다가 진덕왕대에 이르러 다시 창부가 분치됨과 동시에 장관으로 중시가 두어졌다. 이로부터 집사부는 조조와는 사실상 상관없이 국가의 機密事務를 총관하는 관부로[51] 그 기능이 크게 변하였다.

그 동안 행정관부가 분산적으로 두어지면서 이를 총관하는 기구는 없었다.

---

51) 《三國史記》 권 5, 新羅本紀 5, 진덕왕 5년.

국왕을 대신하여 귀족회의의 주재자로 두어진 상대등이 관제가 발달하지 못한 상황에서 관부를 총관하는 기능을 담당한 것이 아닌가 여겨지나[52] 이제 집사부의 장관을 중시로 삼아 기밀사무를 관장케 함으로써 그 위상을 격상시켜 다른 관부를 총관하게 하였다. 이는 전체 관부의 관원구성을 4등관제로 정비한 사실과 아울러 오래도록 잔존해 온 전통적인 행정체계의 방식을 거의 벗어나 국왕 중심의 권력집중화 시도의 일환으로 생각된다.

그것은 먼저 주요 관부 가운데 집사부만이 장관 단수제를 시행하였다는 점에서 알 수가 있다. 진덕왕 5년(651)의 시점에서 설치되어 있던 중요 관부의 장관은 거의 복수제이다. 장관을 복수제로 취한 목적에 대해서는 귀족합의제적인 전통에 의한 것으로 보는 견해도 있으나[53] 복수의 장관이 일시에 두어진 것이 아니라 그 설치시기가 다르기도 하였다는 점에서 업무분장을 위해서였던 것으로 봄이 옳을 듯하다.[54] 복수의 장관 설치는 아마도 중요 관부의 과중한 업무를 분담하고 나아가 서로를 견제하게 함으로써 권한을 분산시키는 효과를 노린 것이 아닌가 싶다. 국왕에 직속하는 집사부에는 다른 관부들과는 달리 오히려 장관을 1인만 둠으로써 권력집중을 기하고자 하였다. 이는 국왕을 정점으로 권력을 집중하려는 시책의 일환으로 보인다. 따라서 시중에는 국왕과 가까운 인물이 임명될 수밖에 없었다. 이로써 그 동안 상대등이 가졌던 지위를 시중이 대신하게 된 것으로 보아도 좋을 듯하다.[55] 품주를 집사부로 개편함과 동시에 侍衛府를 둔 것도 그 목적이 어디에 있었

52) 위화부의 장관인 금하신이 다른 관부의 장관과는 달리 伊飡에서 大角干까지 취임할 수 있다는 규정에 착목하여 중고기에 상대등이 위화부의 장관을 겸직하고 이 위화부가 마치 전체 관부를 총관하였던 것으로 보는 견해가 있으나(李仁哲, 〈新羅 中央行政官府의 組織과 運營〉, 앞의 책) 지나친 억측이다.

53) 井上秀雄, 앞의 글, 266~267쪽.
李基東, 앞의 책, 136~138쪽.
단 이기동은 장관 복수제와 함께 兼職制도 합의제적인 운영과 관련되는 것으로 이해하였다. 신라의 겸직제가 진평왕대에 정착되기 시작하였다는 견해(李文基, 〈新羅時代의 兼職制〉, 《大丘史學》 26, 1984, 16쪽)를 따른다면 오히려 겸직제가 합의제적인 정치운영의 영향이라 보는 것이 타당하다고 생각된다.

54) 이를테면 병부령의 경우에는 3인이 두어졌으나 그 설치시기에는 상당한 시간적인 간격이 있었으므로 복수제는 합의제적인 운영과는 무관하다고 보아야 한다(朱甫暾, 앞의 글, 1987, 35~36쪽).

55) 李基白, 앞의 책, 155쪽.

는가를 아는 데 참고가 된다. 요컨대 진덕왕대의 중앙행정 관제개혁은 왕권 중심의 체제강화를 지향한 것이었다. 이는 바로 앞서 선덕왕 16년(647)에 일어났던 상대등 毗曇의 난 후에 이루어진 체제정비와 밀접한 관계가 있다.

진평왕(579~631)과 진덕왕대(647~653)에는 상당한 관제정비가 이루어졌지만 이상스럽게도 선덕왕대에는 아무런 관제상의 변화가 없다. 이는 선덕왕대(632~646)가 왕권파와 귀족파 상호간의 견제와 균형이란 특수한 상황 때문으로 보인다. 이와 같은 갈등관계가 무너지면서 비담의 난이 발발하게 되고 그 결과 집권한 金春秋의 주도 아래 개혁이 이루어진 것이다. 따라서 반란의 핵심이었던 상대등에 대신하여 국왕권을 결집시킬 수 있는 새로운 기구로서 집사부를 설치하게 된 것이다. 그런 의미에서 진덕왕대의 개혁은 기존의 중고적인 지배질서를 탈피하고 나아가 다가올 국왕 중심의 새로운 중대체제의 발판을 마련하는 데 목적을 둔 개혁이었다고 하겠다.

이처럼 신라의 중앙 관부는 일시에 갖추어진 것이 아니라 상당한 기간이 소요되었다. 이는 전통적인 지배체제가 오래도록 뿌리내려 중앙행정 조직의 발전을 저해하고 있었고 따라서 그를 탈피하는 데 그만큼 시간이 필요하였기 때문이었다. 그런 점에서 6, 7세기는 전통적인 체제를 벗어나 새로운 체제를 지향해 간 과도기적인 시기였다고 하겠다.

진덕왕대까지 정비된 중앙관부의 조직상 특징은 신라적인 독자성을 강하게 내포한 점이다. 군사조직이나 지방통치조직은 將軍이나 軍主·幢主·道使 등의 직명에서 짐작되듯이 신라만의 독특한 것이었다기보다는 고구려나 백제의 영향을 강하게 받았던 것이었다. 그러나 중앙행정관부는 그 명칭이나 관원구성에서 신라적인 특색을 강하게 지녔다. 물론 병부처럼 부분적으로는 중국적인 요소가 엿보이지만 대부분의 관부는 모두 신라 독자적인 것이라 보아도 좋다.

중앙행정관부는 크게 部와 府로 나뉘어진다.56) 양자의 기능이나 비중에

---

56) 倉部는 《三國史記》 권 38, 志 7, 職官 上에는 部로 되어 있으나 9세기의 〈昌林寺無垢淨塔願記〉와 〈皇龍寺九層木塔刹柱本記〉에는 倉府로 되어 있다. 후자에 따르면 직관지의 기록은 착오로 보아야 한다. 그렇지 않다면 部와 府는 전혀 차이가 없이 혼용된 셈이 되며 따라서 실제적인 차이도 없었다고 해야 한다. 그런데 兵部나 執事部는 모두 금석문상에서도 그대로 되어 있으므로 직관지가

차이가 있었다고 보는 견해도 있고 그렇지 않다고 보는 견해도 있다. 병부·집사부·예부 등 당시로서는 핵심적인 관부들만 部로 하여 나머지 관부와 구분한 것은 部가 府와는 어떤 차이가 있었음을 보여 준다. 部와 府 이외에도 典·署·館 등의 관부가 두어졌으나 이들은 설치시기도 늦고 또한 대부분 部·府의 屬司들이었다. 그런데 중고기에는 이들 관부를 총괄하는 관부가 두어지지 않았다. 왕명의 출납 등 기밀을 담당한 집사부는 진덕왕 5년에 두어졌으나 이는 실제로는 중대적인 것이었으므로 중고기적인 것으로 보기는 어렵겠다. 그 전신인 품주는 진흥왕대에 설치되었으나 당시에는 차관인 典大等뿐이었으므로 그러한 기능을 하였을 리 만무하다. 이처럼 행정관부를 총관하는 관부가 없었다는 것은 당시 중대한 일들이 합의제적으로 운영되고 있었다는 점과 관련된다. 따라서 이들 관부들은 모두 국왕 또는 상대등의 직접적인 통제 아래에 놓여 있었다고 해야겠다. 상대등이 그 하부 관원이나 관부가 없는 것도 그와 관련되는 것이 아닐까 싶다.[57] 그렇다면 상대등의 권한을 계승하였을 시중이 상대등과는 달리 하부조직을 갖춘 관부의 장관이었다는 것은 행정의 집중화가 그만큼 진전되어 관료조직 자체가 발전하였음을 의미한다고 보아도 무방하겠다.

중고기의 중앙 통치조직은 대체로 각 관부들이 2등관체제로 편성되어 있었다는 점에서 미숙하였고 그 자체 회의를 통한 합의제적 운영의 전통이 강인하게 존속되고 있었음을 의미한다. 흔히 장관의 복수제를 그렇게 이해하나 병부령처럼 장관도 설치시기가 다르다는 점에서 그와 같은 이해는 근본적으로 잘못이며 오히려 겸직제가 그러한 사정을 반영하고 있다. 복수의 장관은 필요에 따라 증치된 것이며 이는 업무분장을 통한 권력의 분산을 위해서였다고 하겠다.

한편 중고기에는 중앙의 행정관제보다는 병제와 지방조직이 훨씬 발달하였던 것이 특징이었다. 《삼국사기》 직관지에 기록된 部府 13官司 중 진골만

잘못이라고 보는 것이 타당할 듯하다. 그러면 部는 병부·집사부·예부의 3개 관부에 한정되며 이들은 府와 일정한 차별성을 강조해도 무방하리라 생각된다.

57) 《三國史記》 권 4, 新羅本紀 4, 법흥왕 18년조에 上大等을 두고 처음으로 哲夫를 임명하면서 摠知國事하게 하였다는 것은 상대등의 역할을 이해하는 데 참고가 된다.

이 취임할 수 있는 장관의 경우 진덕왕 5년(651) 이전에는 상대등 1인, 병부령 2인, 예부령 2인, 조부령 1인, 승부령 2인 정도에 지나지 않았다. 그에 비해서 지방 통치조직이나 군사조직은 훨씬 정비되어 있었다. 이 점은 중고기의 행정조직의 성격을 이해하는 데 참고되어야 할 사항이다. 중고기에는 아직 文官과 武官이 구별되지 않았는데 당시의 시대적인 상황으로 말미암아 내용적으로는 문보다 무에 비중이 두어지고 있었다고 하겠다. 문과 무를 구별하려는 의식은 통일기에 文武官僚田의 지급에서 그 씨앗을 찾을 수 있을 듯하다.58) 이 까닭으로 관료조직보다 군공 등 군사적인 것이 승진이나 경제적인 기반의 확보에서 훨씬 우선적인 것이었다. 관제상 군사조직이나 지방제보다 중앙 행정관부의 발달이 뒤늦었던 것도 이와 관련이 있는 것이다.

3) 화백회의

위에서 보았던 것처럼 신라에서 행정관부와 관원조직이 제대로 갖추어지는 것은 진덕왕대였다. 그런데 행정조직이 미발달한 상황에서는 국가 경영의 기본적인 사항들이 회의체를 통하여 결정·집행되었다. 이 회의체는 행정관부가 설치되기 이전 그와 같은 기능과 역할을 담당하였던 것이다. 행정관부가 설치되고 그 관원조직이 갖추어짐에 반비례하여 회의체가 가지는 역할이나 기능은 점차적으로 축소되어 갔다.

회의체를 통한 결정과 집행에 대한 일단의 윤곽은 앞서 언급하였듯이 〈냉수리비〉와 〈봉평비〉에서 짐작된다. 이들 비문에 의하면 어떠한 사안이 발생하였을 때 회의체를 통하여 결정하고 실행하였는데, 관료들은 회의체에 참여하여 결정하는 층과 결정사항을 집행하는 실무자층으로 크게 나뉘어져 있었다. 〈냉수리비〉에서는 七王等이 회의참여자였고 실무자들은 7인의 典事人이었다. 〈봉평비〉에서는 14인의 所敎事층이 회의참여자였고 4인의 大人이 바로 실무자들이었다. 이처럼 크고 작은 일들이 회의체를 통해서 공동으로 결정되

58) 文과 武가 점차 구분되기 시작하는 것은 통일기의 정치적인 안정과 그 속에서 군사가 아니라 정치 그 자체를 통한 6두품 출신자들의 활동이 두드러지면서부터였다고 생각된다.

고 공동으로 집행되는 구조를 갖추고 있었다. 이러한 合坐制度는 고대사회에서 공통적으로 나타나는 특징적인 것으로서 부여나 고구려에서는 諸加會議,[59] 백제에서는 諸率會議라 불리는[60] 회의체가 존재하였다. 신라의 귀족회의체는 《唐書》 新羅傳에 근거하여 흔히 화백회의라 불린다. 이에 따르면 어떤 사안에 대해서 한 사람이라도 반대하면 논의가 성사되지 못하는 만장일치제적인 방법이 채택되고 있었다고 한다.

그런데 이 신라 화백회의의 기원은 원시공동체사회의 씨족회의나 부족회의까지 소급이 가능하다. 국가가 성립된 후에도 참가자의 범위나 논의내용 등은 달라졌겠지만 회의체는 여전히 유력한 논의구조로서 존속하였다. 신라에서는 하늘에서 내려온 시조인 赫居世居西干을 맞아들이는 모습이나[61] 婆娑尼師今 23년(102) 音汁伐國과 悉直谷國 사이에 영토분쟁이 발생하였을 때 이를 해결하기 위해 왕을 비롯한 유력세력들이 모여서 논의하는 사례에서[62] 그와 같은 회의체의 시원적인 편린이 찾아진다. 이후 沾解尼師今 3년(249)에 政廳인 南堂(혹은 都堂)이 설치되었다고 하는데[63] 이곳에서 회의가 열렸을 것으로 상정하여 당시 존재한 회의체를 南堂會議라 부르기도 한다.[64] 아마도 남당의 설치는 그 전까지 존재하여 왔던 어떤 회의체가 새로운 모습으로 변모되었음을 의미하는 것으로 이해된다. 여하튼 회의체는 원시공동체사회 이래로 내용상의 변화를 거치면서도 계속하여 존속되어 온 것임은 확실하다.

訥祇麻立干代에 행해진 회의에서 남당회의와 같은 회의체의 운영실태에 대한 약간의 구체적인 내용을 엿볼 수 있다. 눌지마립간은 즉위하자마자 實

---

59) 盧重國, 〈高句麗國相考〉 上(《韓國學報》 16, 1979), 20~24쪽 참조.

60) 盧重國, 《百濟政治史硏究》(一潮閣, 1988), 103~107쪽.

61) 《三國史記》 권 1, 新羅本紀 1, 시조 혁거세거서간
《三國遺事》 권 1, 紀異 2, 신라시조 혁거세왕.

62) 《三國史記》 권 1, 新羅本紀 1, 파사니사금 23년.

63) 《三國史記》 권 2, 新羅本紀 2, 첨해니사금 3년조에는 이 해에 남당이 설치되고 5년(251)에는 처음으로 정사를 이곳에서 보았다고 한다. 이 연대는 물론 그대로 믿기는 어렵지만 대체적인 회의체의 존재는 짐작할 수 있다. 그런데 3년에 설치하고 5년에 처음으로 정사를 보았다는 것으로 보면 회의 자체가 자주 열리지는 않았던 것 같다.

64) 李丙燾, 앞의 책, 623~636쪽.
李鍾旭, 《新羅國家形成史硏究》(一潮閣, 1982), 212~221쪽.

聖麻立干에 의해 고구려와 倭에 각각 볼모로 보낸 아우들인 卜好와 未斯欣을 귀국시키기 위한 목적을 띤 회의를 소집하였다. 이 회의에서의 결정에 따라 朴堤上이 선임되어 복호와 미사흔을 구출하였다는 이야기는 익히 알려진 사실이다. 이에 근거하여 보면 일단 회의를 소집하고 주재한 자는 바로 국왕이었음이 확인된다. 그런데 회의에 참가한 대상은 群臣과 國中豪俠으로서[65] 실제 중앙의 臣僚들뿐만 아니라 水酒村干·一利村干·利伊村干 등과 같이 참여한 유력한 재지세력들의 이름이 구체적으로 보이므로[66] 그 범위는 확실하게 알 수 있다.

볼모의 탈출이란 국가간의 외교적 군사적인 마찰을 야기시킬 수 있는 커다란 문제였던 만큼 그 회의의 참여 범위가 왕경의 유력자들에 한정되지 않고 재지세력에까지 확대된 것으로 보이지만 여하튼 이 시기까지는 재지세력에게도 사안에 따라 중앙에서 주최하는 회의에 참여할 수 있는 자격이 부여되었다고 보아야 하겠다. 다만 이 회의에 참가할 수 있는 대상은 왕경인이거나 지방민이거나 간에 干이라 칭할 수 있는 유력세력에 한정된 것으로 보인다. 그런 점에서 이 회의체를 諸干會議라고 불러도 무방하겠다.[67] 왕호가 마립간이라 불리웠던 것도 바로 이와 밀접한 관련이 있었던 것이 아닐까 싶다. 말하자면 宗干 또는 頭干으로서의 마립간은 단지 왕경의 干층만을 대상으로 한 것이 아니라 지방의 간층들도 염두에 둔 왕호였던 것이다. 이와 같은 회의체의 모습을 보다 구체적으로 확인해 볼 수 있는 것은 6세기의 금석문을 통해서이다.

지증왕 4년(503)에 건립된 것으로 보이는 〈냉수리비〉에는 珍而麻村 출신의 節居利란 인물에 귀속된 財(物)에 대한 소유권분쟁이 발생하자 至都盧葛文王을 비롯한 '七王等이 共論하여' 그를 결정하고 집행하는 내용을 담고 있다. 「共論」이란 단독으로 결정한 것이 아니라 이들 7인이 함께 모여서 의논하여 결정하였음을 뜻하므로 어떤 회의체의 존재가 상정된다. 절거리의 재를

65) 《三國遺事》 권 1, 紀異 2, 奈勿王 金堤上.
66) 《三國史記》 권 45, 列傳 5, 朴堤上.
67) 朱甫暾, 〈三國時代의 貴族과 身分制—新羅를 中心으로—〉(《韓國社會發展史論》, 一潮閣, 1992), 28쪽.

둘러싼 소유권 분쟁은 이번에 처음 일어났던 것이 아니라 비문의 첫머리에 보이듯이 이미 斯夫智王과 乃智王[68]대에도 그와 똑같은 일이 있었다. 비문의 내용으로 보아 그 때에는 왕이 敎를 발한 것으로 되어 있다. 그러나 그렇게 기재되었어도 국왕이 단독으로 그 사안을 결정하였을 것으로는 보이지 않는다. 아마 당시에도 역시 왕이 회의를 주재하고 그 곳에서 결정된 결과를 王의 교로서 내리는 형태를 취하였다고 보는 것이 합리적이겠다. 이번 문제에서 葛文王이 회의를 주재한 것은 당시의 특수한 사정에서 기인하는 것으로[69] 일반적인 관행은 아니라 생각되며 원래는 왕이 회의주재자였다고 보는 것이 타당하다. 여하튼 〈냉수리비〉에서 어떤 사안이 회의체를 통해서 결정되고 집행되는 과정의 일단이 확인된다. 그런데 논의된 대상은 달랐지만 유사한 모습은 〈봉평비〉에서도 보인다.

〈봉평비〉는 오늘날 울진지역인 居伐牟羅 男彌只村에서 大軍을 동원하여야 할 어떤 중대한 사건이 발생한 뒤 이를 처리하여 관련책임자를 처벌하는 내용을 담고 있다. 그런데 국왕인 寐錦王과 葛文王을 비롯하여 本彼部·岑喙部(牟梁部)의 干支 등 14인이 주어진 사안에 대한 敎를 내리고 있는 것이 주목된다. 14인이 함께 교를 발한다는 것은, 곧 이들이 적어도 외형상 동등한 자격을 갖고 그 결정에 공동으로 참여하였음을 뜻한다. 이를 통해 바로 국왕을 주재자로 하는 회의체의 존재를 상정할 수 있겠다. 이와 같은 구조는 사안의 내용이나 참가자의 인원과 관등의 차이를 논외로 한다면 〈냉수리비〉와 거의 유사하다. 그렇다면 이 점은 일단 회의체의 종류나 그 참여자격의 변화 문제와 관련하여 주목되어야 할 사실이라 생각된다. 그런데 회의체에 대한 보다 구체적인 실태는 〈진흥왕 순수비〉에서 확인된다.

진흥왕 22년(561)에 건립된 〈昌寧碑〉를 비롯한 〈北漢山碑〉·〈黃草嶺碑〉·〈磨雲嶺碑〉 등 4기의 〈진흥왕 순수비〉에는 각각 대등이란 직명을 가진 인물이 적게는 5, 6명에서 많게는 20여 명까지 보인다. 이들이 소지한 관등은

---

68) 다른 견해들도 있지만 斯夫智王을 實聖王, 乃智王을 訥祗王에 비정하는 것이 일반적이다.

69) 鄭求福, 〈迎日冷水里新羅碑의 金石學的 考察〉(《韓國古代史硏究》 3, 1990), 42~43쪽.
朱甫暾, 〈迎日冷水里新羅碑에 대한 基礎的 檢討〉(《新羅文化》 6, 1989), 71~73쪽.

大一伐干(大角干)으로부터 11등인 나마까지이다. 550년 무렵의 것으로 추정되는 〈丹陽 新羅 赤城碑〉에 伊史夫智 이하 5명이 소지한 직명으로 大衆等이 보이는데 이것을 바로 대등과 같은 것으로 보는 견해도[70] 있다. 이 대등은 중앙관의 중추적인 역할을 담당하면서도 특정한 임무를 분장하는 관부에는 소속되지 않았는데 이들이 바로 귀족회의인 화백회의의 구성원이라 한다.[71] 때문에 이 시기 귀족회의를 大等會議라고 부르는 견해도[72] 제기되어 있다.

한편 7세기 중엽의 진덕왕대에도 閼川公·林宗公·述宗公·虎(武)林公·廉長公·庾信公 등 6인의 大臣들이 참여한 회의체의 존재가 확인된다. 이들은 南山의 亏知巖을 비롯하여 靑松山·皮田·金剛山 등 이른바 4靈地에서 국가의 大事를 논의하였다고 한다.[73] 이 회의의 참여자는 대신들만으로 한정되어 있으므로 귀족회의로서의 화백회의가 특권화된 것으로 인식되기도 하나[74] 여하튼 귀족회의의 한 실태를 보여 주는 것은 틀림없다.

이상에서 언급하였듯이 5세기에서 7세기에 걸쳐 《삼국사기》·《삼국유사》 등의 문헌뿐만 아니라 금석문상에서도 귀족회의체의 존재가 확인된다. 이후 신라가 멸망할 때까지도 귀족회의가 존재하였음은 물론이다. 그러나 귀족회의는 고정불변한 것이 아니라 참여자의 범위나 구조, 그 기능 등에서 상당한 변화를 겪었을 것으로 예상된다. 특히 행정조직이 갖추어져 가면서 어떤 사안의 결정이나 집행은 각 행정부서 단위로 행해졌을 것이며 따라서 회의체의 위상은 달라지지 않을 수가 없었을 것이다. 게다가 참여 범위도 고정불변한 것이 아니라 어느 정도의 변화가 있었을 것으로 추측된다.

앞서 회의체에 대해서 제시한 몇 가지 사례를 통해서 알 수 있듯이 회의 참여자의 범위나 규모가 일정하지 않았던 점은 주목된다. 가령 눌지왕대의 사례처럼 회의 참여자가 군신과 국중호협 등으로 그 폭이 지극히 넓었던 경우도 있는 반면, 〈냉수리비〉나 〈봉평비〉에서처럼 갈문왕 이하 7인 또는 매

---

70) 李基白, 〈丹陽赤城碑發見의 意義와 赤城碑 王敎事部分의 檢討〉(《史學志》 12, 1978), 26쪽.

71) 李基白, 〈大等考〉(《歷史學報》 17·18, 1962 ; 앞의 책, 78쪽).

72) 李鍾旭, 앞의 책, 219쪽.

73) 《三國遺事》 권 1, 紀異 2, 眞德王.

74) 李基白, 앞의 책, 80~82쪽 참조.

금왕 이하 14인에 불과한 경우도 있었고 심지어 진덕왕대에는 6인의 대신만으로 한정된 사례도 있었다. 이처럼 회의체의 규모가 달랐던 것은 사안에 따라 참여자의 구성을 달리하는 다수의 회의체가 동시에 존재하였음을 뜻한다.

일반적으로 화백회의라 불리는 단일한 귀족회의를 상정하여 두고 그 곳에서는 국가의 중대사가 논의·결정된 것으로 이해하여 왔다. 국가의 중대사란 대외적인 전쟁을 위한 선전포고나 불교수용, 정당한 왕위계승권자가 없을 경우 국왕추대나 혹은 폐위 등을 일컫는다. 예컨대 법흥왕대에 불교수용 문제가 논란되었을 때 국왕이 '群臣을 불러 물었다'고[75] 한 것은 광범위한 신료들이 참여하는 귀족회의의 존재를[76] 보여 준다는 것이다. 眞智王이 재위 4년만에 정치가 어지러워지자 國人 등이 그를 폐위시켰다는 것도[77] 바로 그와 같은 귀족회의를 통해서였을 것임은 충분히 납득이 된다.

그러나 이와 같은 이해에는 지나치게 막연한 측면이 엿보인다. 왜냐하면 〈냉수리비〉에 보이는 절거리의 財에 대한 소유권 문제는 국가의 중대사가 아님에도 불구하고 회의를 통하여 과거의 판례에 따른 典據를 바탕으로 하여 소유권의 향방이 결정되고 있기 때문이다. 이러한 사안에 대해서까지 참여자의 폭이 넓은 귀족회의체를 통하여 결정되었을 리가 없다. 그러므로 단일한 귀족회의의 존재를 설정하여 그 곳에서 모든 국가 중대사가 결정되었다고 하여서는 곤란하다. 참여자의 범위를 달리하는 다양한 규모의 귀족회의체가 존재한 것으로 보는 것이 타당하다. 이를테면 대내외적으로 큰 영향을 미치는 국중대사를 논의하기 위해 신료들이 참여하는 대규모의 회의체도 있었고, 그와는 달리 보다 구체적이고 특정한 일들을 처리하기 위한 소규모의 회의체도 넓은 의미의 귀족회의 속에 존재하고 있었던 것이다. 그러므로 대등으로 구성된 화백회의 속에는 다시 다양한 소회의체가 존재하였다고 보아야 한다. 참여자의 인원이 다양하게 나타나는 것도 그 때문이라 생각된다. 이 소수가 참여하는 귀족회의체는 관부가 성립되기 이전의 정치 운영실태를 반영한다고 생각된다. 화백회의뿐만 아니라 이 다양한 소회의체에 참여할 수

75) 《三國史記》 권 4, 新羅本紀 4, 법흥왕 15년.
76) 李基白, 앞의 책, 79쪽.
77) 《三國遺事》 권 1, 紀異 2, 桃花女 鼻荊郞.

있는 자격이 부여된 직명이 바로 대등이 아니었을까 싶다.

아마도 시기가 거슬러 올라갈수록 회의체는 단순하여 크게 세분화되지 않았을 것이지만 신라국가의 발전과정에서 행정적으로 처리해야 할 일들이 점차 많아지고 또 다양해지면서 보다 소규모의 구체적인 일들을 다루는 소회의체의 출현은 불가피하였을 것이다. 〈냉수리비〉에서 7인이 참여한「共論」은 바로 폭넓게 참여하는 귀족회의와는 별도의 소회의체가 존재하였음을 여실히 보여 준다. 그러나 국왕을 정점으로 하는 중앙집권적인 지배체제의 강화과정 속에서 그와 같은 소회의체조차도 그 기능은 한계에 도달할 수밖에 없었고 이로 말미암아 그것은 점차 행정기구로 대체되어 갔을 것이다.

소회의체가 가진 기능은 행정기구가 설치되면서 이곳으로 이관되고 이제는 국가의 특정한 중대사만을 다루는 본래적인 의미의 귀족회의만 남게 되었을 것으로 보인다. 일반적으로 귀족회의라고 할 때 광범위하게 참여하는 대규모 귀족회의체만을 연상하여 왔던 것도 이 때문이었다. 6세기 후반의 실태를 전하는 것으로 보이는《隋書》新羅傳에 "大事가 있으면 群官을 모아 詳議하여 결정한다"고 한 것은 바로 그를 말한다. 국가의 중대사를 결정하기 위해서 열린 群官會議가 소수의 참여자로 구성되었을 것으로는 생각되지 않는다. 그런데 앞서 소개한 7세기 중반의 진덕왕대에 보이는 소위 대신회의는 소수만이 참여하고 있어 주목해 볼 만하다.

이 회의체는 대사를 논의하여 결정하는 데 참여자 수가 6인에 지나지 않았고 그것도 大臣에 한정되어 있었다. 대신의 구체적인 자격은 알 수 없으나 귀족회의의 성원을 지칭하는 대등이 곧 臣과 같은 의미인 것으로[78] 미루어 짐작하면 대신은 대등이면서도 그들과는 구별되는 존재임이 분명하다. 따라서 이들 대신만이 참여하는 대신회의는 귀족회의 내부의 소회의체라고 해야 할 것이다. 이와 같은 소회의체에서 국가의 중대사를 결정하였다는 것은 기왕의 이해와 맞지 않는다. 그런 까닭으로 이 대신회의는 귀족회의의 구성원이 대등에서 대신으로 바뀐 것으로 보고 회의의 성격도 특권화한 것으로 보기도 하였다.[79]

78)《三國史記》권 38, 志 7, 職官 上, 上大等 및 권 40, 志 9, 職官 下, 外官.
79) 李基白, 앞의 책, 80~82쪽.

그러나 이 이후에도 대등이 계속 존재한 것으로[80] 미루어 보면 귀족회의의 구성원이 대등에서 대신으로 바뀐 것이 아니라 대신회의가 귀족회의와는 별도로 존재하였다고 해야 한다. 그렇다면 《수서》에서는 국가의 중대사가 군관들이 참여한 회의에서 결정되었다고 하였는데, 왜 진덕왕대에는 대신회의가 그러한 기능을 담당하게 되었는가는 문제가 되지 않을 수 없다. 이는 앞서 언급하였던 것처럼 선덕왕대에 전혀 정치제도적인 개혁이 행해진 바가 없었다는 것과 관련지어 보면 선덕왕이 여자로서 즉위하게 되는 정치적 사정과 밀접한 관계가 있다.

진평왕 사후 신라사 최초로 여왕의 즉위문제를 둘러싸고 지지파와 반대파 사이에 논란이 있었으며 그 결과 이들 두 세력간에 이루어진 타협의 산물이 바로 대신 중심의 회의체 출현이었다.[81] 말하자면 서로 갈등하는 양대 세력의 견제와 균형 위에서 대신회의가 국가의 중대한 일들을 결정하였던 것이다. 선덕왕대에만 유독 행정관부의 설치와 같은 개편이 없었던 것도 그 때문이었다.

이와 같은 대신회의 중심의 체제는 진덕여왕 원년(647)에 발발한 비담의 난으로 무너졌다. 이 대신회의가 진덕왕대에도 여전히 존재는 하고 있었으나 유명무실해졌던 것이다. 그것은 閼川이 상대등으로서 대신회의의 주재자였지만 대신들은 오히려 당시 실력자였던 김유신에게 복종하였던 데에서 알 수가 있다.[82] 요컨대 귀족회의는 존재하였으나 선덕왕대에는 여왕의 즉위라는 특수한 사정으로 그 속에서 소수의 대신만이 참여하여 중대사를 결정하는 대신회의가 두어졌다. 그러나 이것도 진덕왕의 즉위 후 김춘추·김

---

80) 《三國史記》 권 33, 志 2, 色服.

81) 이에 대한 자세한 검토는 朱甫暾, 〈毗曇의 亂과 善德王代의 政治運營〉(《李基白先生古稀紀念 韓國史學論叢》, 一潮閣, 1994)에서 시도된 바 있다.

82) 대신회의가 진행중일 때 호랑이가 회의장에 뛰어들었는데 諸公은 놀라서 일어났으나 상대등인 閼川은 태연히 談笑하면서 그 꼬리를 잡고 땅에 쳐서 죽였다고 한다. 그럼에도 제공들은 김유신에게 복종하였다는 것이다. 이 설화는 알천이 형식적으로는 회의주재자였지만 실권은 김유신에게 있었음을 보여 주는 것으로서 대신회의가 그 자체 변질되었음을 의미한다. 이는 이미 김춘추·김유신 일파가 실권을 장악한 진덕왕대의 대신회의가 형식적으로는 대사를 논의하지만 유명무실화 되었던 사실을 그대로 드러내 준다.

유신 일파가 정치적 실권을 장악하면서 형식만이 남았을 따름이었다. 다수의 대등이 참여하는 귀족회의는 계속하여 존속하였지만 정치적 사정에 따라서 그 기능이 한결같지는 않았다.

귀족회의의 주재자는 원래 국왕이었지만 법흥왕 18년(531)에는 상대등을 새로이 설치하여 哲夫를 임명함으로써 그를 대신하게 하였던 듯하다.[83] 그러나 철부의 사망 후 후임자가 계속적으로 임명되지 않았던 것으로 미루어 보면 아직 중고기에는 상대등이 귀족회의의 상설적인 주재자로 정착되지 못하였던 것이 아닐까 싶다. 상대등은 오히려 국왕을 보좌하여 행정을 총관하는 기능을 담당하였던 듯하다. 상대등이 대등회의의 주재자로 정착하는 것은 정작 중고기 말엽에 와서의 일이다. 따라서 회의체를 통하여 중대한 일이 결정되던 시기에 실질적인 주재자는 국왕이었고 그를 대행하는 역할을 상대등이 담당하였다고 생각된다. 아마도 중고기의 상대등은 중대 이후의 시중과 마찬가지로 행정적인 임무도 총관하는 기능을 하였을 것으로 보인다.

그러면 화백회의에 참여할 수 있는 자격은 어떠하였을까. 5세기까지는 눌지마립간대의 사례에서 알 수 있듯이 재지세력 가운데 극히 한정된 유력자층들도 중대한 일들을 결정하는 회의에 참여하였던 것이다. 그러나 6세기 이후 관등제와 골품제의 성립 등을 통하여 중앙집권적인 지배체제가 마련되어 가면서 재지세력들이 참여한 흔적이 전혀 없는 것으로 미루어 보면 그들은 일단 배제된 것으로 보인다. 한편 6세기 초에 귀족회의에는 왕경인이라 하더라도 회의 참여자는 관등상으로 볼 때 干群을 칭하는 세력들에 한정되었던 듯하다. 그것은 〈냉수리비〉에서 알 수 있듯이 회의 참여자층은 간군으로 실무자들이 나마를 칭하는 것과 뚜렷하게 구별되어 있었기 때문이다.

그런데 〈봉평비〉나 이후의 〈창녕비〉 등에 의하면 회의 참여자층인 대등이 소지한 관등은 나마까지로 되어 있다. 이는 법흥왕 7년(520) 율령이 반포되고 골품제와 관등제가 법제화되면서 그에 따라 나타난 변화가 아닐까 싶다. 그런데 나마는 골품제상으로 보면 대체적으로 5두품에까지 개방된 관등으로 이해하고 있으므로 관등만 한정할 때 그들에게도 귀족회의 참여자격이 개방

83) 李基白, 〈上大等考〉(《歷史學報》 19, 1962 ; 앞의 책, 94쪽).

된 듯하나 이들은 간군 경위를 소지할 수 없었으므로 諸干會議의 전통을 계승한 귀족회의에의 참여가 배제되었을 것으로 보인다. 따라서 관등상으로는 나마에까지 귀족회의에 참여할 수 있는 자격이 부여되었지만 일단 6두품 이상으로 보아야 한다.

그런데 기왕에 귀족회의 참여자격을 신분제상으로 진골에만 한정되었다고 보는 견해와[84] 6두품까지로 보는 견해로[85] 나뉘어져 있다. 원래 6두품과 진골은 모두가 대소의 차이는 있지만 族長 출신으로서 그 기반이 같았다는 점, 그 까닭으로 모두가 간군 관등을 소지하였다는 점, 중고기를 통하여 이들은 모두 동등하게 신분을 상징하는 牙笏을 소지할 수 있었다는 점 등에서 양자 사이에는 본질적인 차이는 없었다. 따라서 귀족회의 참여자격은 골품제 성립 후 6두품에까지 부여되었다고 보는 것이 타당하리라 생각된다.[86] 다만 진골에게는 관등이 낮아도 참여자격이 부여된 반면 6두품에게는 진골에 비해 높은 관등을 요구하였던 점에서 차이가 있었던 것으로 보인다.

요컨대 귀족회의는 넓은 의미의 회의체와 좁은 의미의 회의체가 존재하였는데 좁은 의미의 회의체는 점차 행정관부가 설치되면서 그 속으로 흡수되어 갔다. 따라서 일반적으로 귀족회의라고 하면 다수의 대등들이 참여하는 넓은 의미의 회의체만을 지칭하게 되었다. 이 귀족회의체의 구성원인 대등은 관등상으로는 나마 이상, 신분상으로는 진골과 6두품에 한정되었다. 이 귀족회의체는 신라 말까지 변함없이 존속하면서 국가의 중대사를 다루었지만 그 기능은 한결같지가 않았다. 국왕 중심의 체제가 미약한 경우는 상당한 기능을 행사하였지만 그렇지 않을 경우 유명무실하기까지 하였던 것이다.

〈朱甫暾〉

84) 今西龍, 〈新羅骨品考〉(《新羅史硏究》, 近澤書店, 1933), 223쪽.
李基白, 앞의 책, 85~86쪽.
李基東, 〈新羅 奈勿王系의 血緣意識〉(《歷史學報》 53·54, 1972 ; 앞의 책, 84쪽).
이기동은 진골 가운데서도 奈勿王系 혈연집단으로 축소시켜 이해하였다.

85) 李丙燾, 앞의 책, 636~638쪽.

86) 朱甫暾, 앞의 글(1992), 32~42쪽.

2. 지방 · 군사제도

1) 지방조직

진한 12국 중의 하나였던 신라는 주변의 소국들을 차례로 정복하여 4세기경에는 마침내 진한지역을 모두 차지한 영역국가로 성장했다. 확대된 영역을 지배하기 위해서는 일정한 지방조직을 갖추어야 했다.《三國史記》에서는 탈해왕대에 이미 '박씨 貴戚으로서 국내의 州郡을 나누어 다스리게 하고 이름을 州主 · 郡主라 하였다'고 전한다. 또 音汁伐國과 屈阿火村을 정벌하여 縣을 두었고, 押督國 · 甘文國 · 骨伐國을 점령하고 郡을 설치하였으며, 沙伐國을 취하여 州를 두었다고 하는 등 복속 소국을 주 · 군 · 현으로 편제하였다는 기록이 전해지고 있다. 이외에도《삼국사기》에서는 왕이 주군을 巡撫하였다는 기록을 비롯하여 古陁郡 · 南新縣 · 古所夫里郡 · 甘勿 · 馬山 2縣 · 牛頭州 · 牛頭郡 · 平壤州 · 史勿縣 · 大山郡 · 沙伐郡 등 주 · 군 · 현의 구체적인 명칭까지 전하고 있다.

그러나 지증왕 6년(505) 이전에 주 · 군 · 현의 지방조직이 설치되었을 것으로 생각되지는 않는다.[1] 지증왕 6년 2월에 '왕이 친히 나라 안에 주 · 군 · 현을 정하였다'는《삼국사기》의 기록이 사실에 가까울 것으로 생각되기 때문이다.[2] 단지 신라 초기에는 복속 소국의 구영역을 단위로 어느 정도 자치를 허락하는 간접지배 형식의 지방통치가 행하여졌다.

伊西國 · 悉直國 · 압독국 · 召文國 · 사벌국 등 신라 초기의 복속 소국들은 비록 정복당하였다고는 하지만 처음에는 반독립적인 상태를 유지하고 있었다. 이들 소국에 신라의 지방관이나 군부대가 배치된 것도 아니었다. 단지 지배－복속관계를 맺고 정기적인 공납을 헌상하는 정도였다. 이에 따라 이들 소국은 신라에 다시 침입해오거나 반기를 들 수 있었다. 반기를 든 소국에

1) 木村誠, 〈新羅郡縣制の確立過程と村主制〉(《朝鮮史硏究會論文集》 13, 1976), 3～4쪽.

2) 李宇泰, 《新羅 中古期의 地方勢力 硏究》(서울大 博士學位論文, 1991), 33쪽.

대해 신라정부는 즉각 군사를 동원하여 토벌하고 그 지배층을 다른 지방으로 옮겼다. 응징을 당한 소국들은 기존의 지배체제가 크게 손상된 가운데 신라와의 지배－복속관계를 복구해야 했다.[3)]

이와는 달리 처음 정복당하였을 때부터 기존의 지배체제가 상당한 정도로 해체된 소국들도 있었다. 정복된 이후 신라에 반기를 들지 못했던 于尸山國·居柒山國·比只國·草八國·감문국 등이 여기에 해당할 것이다. 신라의 군대가 주둔한 경우도 있었다. 대구의 多伐國은 파사왕 29년(108)에 신라에게 정복당하였는데, 첨해왕 15년(261) 2월에 신라는 達伐城을 쌓고 奈麻 克宗을 성주로 삼았다고 한다. 이는 신라의 성주가 휘하의 병력을 이끌고 다벌국에 주둔한 것이다.

신라의 공격을 두려워하여 자진하여 항복해 온 경우도 있었다. 안강의 음즙벌국과 영천의 골벌국이 여기에 해당한다. 자진해서 항복해 온 소국에 대해서는 신라정부가 해당 소국의 왕족을 경주에 데려다가 저택과 전장을 주어 편안히 살게 하고, 귀부해 온 소국의 왕을 이용하여 간접지배하는 형식을 취하였다. 복속 소국들은 처음에는 얼마간의 자치가 허락되는 간접지배 상태에 놓여 있었지만 점차 신라정부의 직접지배하에 들어가게 되었다.[4)] 직접지배 상태로의 전환 배경은 피정복민에 대한 신라정부의 지배체제 강화와 계층분화에 따른 소국 渠帥層의 지위 약화에서 찾을 수 있다.[5)] 그러나 좀더 거시적 배경은 낙랑·대방군이 소멸하면서 백제를 중심으로 통합된 마한세력과 북방에서 수시로 침입하는 말갈족 그리고 남진하는 고구려세력에 대항하기 위해서는 복속 소국들이 신라를 중심으로 단결하지 않을 수 없었던 사정에서 찾을 수 있다.

신라는 정복 초기에 복속지역에 대하여 종래의 소국을 단위로 토산물의 공납을 요구하였다.[6)] 이는 신라의 지방조직이 강한 공동체적 유대로 인하여

---

3) 全德在, 〈新羅 州郡制의 成立背景硏究〉(《韓國史論》 22, 서울大, 1990), 9～12쪽.

4) 河一植, 〈6세기 新羅의 地方支配와 外位制〉(《學林》 11·12, 延世大, 1991), 17～22쪽.

朱甫暾, 《新羅 中古期의 地方統治와 村落》(啓明大 博士學位論文, 1995), 23～47쪽.

5) 全德在, 앞의 글, 22～35쪽.

6) 李宇泰, 앞의 책, 34～38쪽.

복속지역 깊숙이 침투할 수 없었던 사정에도 기인하지만 당시 농업기술의 발달정도가 개별 호의 호구나 재산을 토대로 조세를 수취할 수 있는 단계에 이르지 못하였기 때문이었다. 그러나 복속 소국이 신라의 직접지배 영역으로 편제되면서 지방에 관리가 파견되고 지방민들을 전쟁이나 역역에 동원하는 사례가 점차 늘어갔다.[7]

4세기 중반 이후 고구려의 영향하에서 여타 소국을 압도할 만큼 성장한 신라는 읍락내의 공동체적 관계의 약화와 해체에 따른 소국사회의 변동을 이용하여 소국에 대한 영향력을 더욱 증대시켜 나갔다. 5세기 중반 이후에 고구려의 남진이 본격화되자, 신라정부는 그에 대비하기 위해 변방지역이나 내지에 성곽을 구축하기 시작하였다.[8] 何瑟羅人 15세 이상을 징발하여 泥河에 성을 쌓은 것을 비롯하여(468) 三年山城(470)·明活城(470)·일모·사시·광석·답달·구례·좌라(474) 등의 성을 쌓거나 수리하였다. 소지왕 7년(485)에는 仇伐城을 쌓았고, 8년에는 一善界의 丁夫 3천인을 징발하여 삼년(보은)·屈山(목천)의 2성을 고쳐 쌓았고, 9년에 사방에 郵驛을 설치하고 官道와 월성을 수리하였으며, 10년에는 刀那城을 쌓았고 12년에는 鄙羅城을 重築하였다.

이처럼 일정한 지역의 지방민을 동원하여 성을 쌓을 수 있었다는 사실은 복속 소국의 해체가 진전되어 그러한 지역을 州郡으로 편제해도 좋을 만큼 당시의 지배체제가 강화되었음을 의미한다.[9] 당시의 국가발전이 새로운 지방 질서체제를 요구하였고, 그에 따라 지증왕 6년(505)에 주군제의 정비가 이루어지게 되었다.[10]

《삼국사기》에서는 지증왕 6년에 왕이 친히 나라 안에 주군현을 정하고 悉直州를 두어 異斯夫를 軍主로 삼으니 군주라는 이름이 여기서 시작되었다고 전한다. 지증왕 13년에 이사부는 하슬라주의 군주가 되었다. 《삼국사기》 신라본기 법흥왕 12년(525)조에는 대아찬 伊登으로 사벌주의 군주를 삼았다는 기

7) 《三國史記》 권 48, 列傳 8, 勿稽子傳에 나해니사금대에 近郡 및 6부의 군사를 동원하여 浦上 8國의 군사를 파하였다는 기록이 전한다.
8) 全德在, 앞의 글, 57~58쪽.
9) 李宇泰, 앞의 책, 44~45쪽.
10) 申瀅植, 〈新羅地方制度의 發展과 軍主〉(《韓國古代史의 新硏究》, 一潮閣, 1984), 186~229쪽.

록이 있는데,《삼국사기》지리지에서는 법흥왕 12년(525)에 군주를 두고 上州로 삼았다고 한다. 같은 주의 이름이 沙伐州와 상주로 전하고 있는 것이다.[11] 이러한 상황을 좀더 확연히 보여 주는 자료가 〈창녕비〉의 기록이다. 이 비문에는 四方軍主라 하여 比子伐軍主·漢城軍主·碑利城軍主·甘文軍主의 직명·이름·관등과 함께 上州行使大等과 下州行使大等의 직명·이름·관등이 전해지고 있다.《삼국사기》에서는 진흥왕 16년(555)에 比斯伐에 完山州를 두었고, 17년에 比列忽州, 18년에 사벌주를 폐하고 감문주를 두었으며 아울러 북한산주를 설치했다고 전한다.

진흥왕 18년에 사벌주가 폐지되고 감문주(현 김천)가 두어졌음에도 22년에 세워진 〈창녕비〉에는 상주라는 지명이 그대로 쓰이고 있다. 이는 당시에 주라는 용어가 두 가지 의미로 사용되었기 때문에 나타난 현상이었다. 당시 신라에서는 여러 개 郡의 영역을 포괄하는 넓은 지역을 주라고 부르기도 하고, 1개 군 정도의 영역을 주라고도 하였다. 상주·하주는 전자에 해당하며, 사벌주·감문주·비자벌주는 후자에 해당한다.

상주·하주·신주 등의 州名은《삼국사기》권 40, 職官 下, 武官 六停條에도 보인다. 上州停·下州停·新州停 등의 6정 명칭이 바로 그것이다. 6정이 보병군단의 명칭이므로 상주·하주·신주 등의 주는 軍管區의 성격을 갖는다.[12] 따라서 상주·하주·신주 등의 주는 군관구의 성격을 지닌 廣域州라 할 수 있고, 사벌주·비자벌주·한성주 등의 주는 軍主가 주재하는 州治로서 협의의 주라 부를 수 있다.[13]

〈창녕비〉에는 比子伐停이라는 停名이 전하고 있다.《삼국사기》무관조에서는 신라인이 營을 정이라고 하였음을 알려 준다. 이에 따르면 비자벌정은 군주둔지 자체를 의미한다. 군주둔지가 아무리 크다고 하더라도 촌 하나의 크기 정도밖에 되지 않을 것이다. 따라서 비자벌정은 군정도 크기의 비자벌

11) 신라 중고기의 지방조직에 대한 연구사 정리는 姜鳳龍,《新羅 地方統治體制 研究》(서울大 博士學位論文, 1994)와 朱甫暾의 앞의 책을 참고할 수 있다.
12) 末松保和,〈新羅幢停考〉(《新羅史の諸問題》, 東洋文庫, 1954), 340~347쪽.
山尾幸久,〈朝鮮三國の軍區組織〉(《古代朝鮮と日本》, 龍溪書舍, 1975), 174쪽.
13) 李成市,〈新羅六停の再検討〉(《朝鮮學報》92, 1979), 40쪽.
李文基,《新羅兵制史研究》(一潮閣, 1997), 98쪽.

주보다는 훨씬 작은 영역을 차지하는 군주둔지였다.

광역주인 상주는 법흥왕 12년(525)에 설치되어 문무왕 5년(665)까지 같은 주명을 사용하였으나, 협의의 주인 사벌주는 법흥왕 12년에 두어져서, 진흥왕 18년(557)에 감문주, 진평왕 36년(614)에 一善州, 신문왕 7년(687)에 사벌주로 각기 이름이 바뀌면서 주치가 이동되었다. 하주는 진흥왕 16년에 설치되어 문무왕 5년까지 주명의 변경이 없었으나, 비사벌주는 진흥왕 16년에 설치된 이후 같은 왕 26년에 大耶州, 선덕왕 11년(642)에 押梁州, 무열왕 8년(661)에 대야주, 문무왕 5년에 居列州, 신문왕 5년에 완산주로 그 주치가 이동하면서 이름이 바뀌었다.

新州는 진흥왕 14년에 설치되어 진평왕 33년까지 그 존재가 확인되며 태종무열왕 7년경에 이르러 南川州로 州名이 변경되었고 문무왕 4년에 漢山州로 바뀌었다. 신주의 주치는 진흥왕 18년에 한성주에 두어진 이후 29년에 남천주, 진평왕 26년에 한산주로 명칭과 위치가 바뀌었으며 문무왕 4년 이후에 광역주와 주치의 명칭이 같아졌다.

지증왕 6년(505)에 두어진 悉直州는 13년에는 하슬라주로 바뀌었다. 법흥왕 11년(524)경에는 그 주치가 실직주에 있었음이 〈봉평비〉의 悉支軍主를 통해 확인된다. 〈창녕비〉(561)에서는 于抽·悉直·何西阿郡이라 하여 이 지역에 두었던 州가 폐지된 것으로 나타난다. 河西州는 진평왕 20년경에 다시 설치되었다.[14] 그 후 선덕왕 8년에는 실직주로, 무열왕 5년에는 다시 하서주로 그 주치와 州名이 바뀌었다. 비열홀주는 진흥왕 17년에 설치되어 29년에는 達忽州로, 선덕왕 6년에는 牛首州로, 문무왕 8년에는 비열홀주로, 13년에는 다시 우수주로 이름이 변경되었다. 이들 주의 경우에도 광역주와 주치의 명칭이 다른 시기가 있었다.[15]

사벌주·비자벌주·한성주 등 협의의 주에 임명되었던 지방장관은 軍主였다. 〈창녕비〉에는 상주·하주 등의 광역주에 州行使大等이 2명씩 임명된 것으로 전한다. 이들 복수의 주행사대등은 6정에 편성된 복수의 장군직과 관련

14) 이러한 사실은《三國史記》권 40, 志 9, 職官 下 武官조에 보이는 河西州弓尺이 진평왕 20년(598)에 두어졌다는 기록을 통해 확인할 수 있다.

15) 李文基, 앞의 책, 111~112쪽.

된 관직명이었다.16) 군주가 파견된 주치가 전방에 치우져 자리잡은 때문에 생기는 불편을 해소하기 위하여, 주행사대등을 임명하여 후방지역의 군에 수시로 나아가 지방장관의 역할을 수행하게 하고, 광역주를 단위로 편성된 행군조직에 장군으로 출전시키기도 하였던 것이다.

군주는 협의의 주에 파견된 지방장관이면서 동시에 왕경인으로 편성된 6정의 군단장이었다.17) 이에 따라 주치에는 군주를 비롯하여 道使·停助人 그리고 6정 소속의 군관과 병졸이 배치되어 있었다. 군주는 왕명을 받아 협의의 주내에서 행정권·사법권을 행사하고 6정과 군·성·촌의 법당 병력을 통솔할 수 있었다.

지증왕 6년(505) 이후에 郡의 설치를 전하는 첫 기록은 《삼국사기》 권 34, 지리지에 보인다. 법흥왕이 阿尸良國을 멸하고 그 땅을 군으로 삼았다는 기록과 법흥왕 19년(532)에 금관국을 멸하고 그 땅을 金官郡을 삼았다는 기록이 그것이다. 신라본기에서는 진흥왕 15년(554)에 '三年山郡의 高干 都刀가 백제왕(성왕)을 쳐죽였다'는 기록이 찾아진다.

금석문들을 살펴보면 〈봉평비〉(524)에는 보이지 않던 군이 〈명활산성비〉(551)에는 郡中上人, 〈창녕비〉(561)에는 우추·실직·하서아군 등으로 나타난다. 이것은 신라에서 군이 처음 설치된 시기가 법흥왕 11년에서 진흥왕 12년(551)경이었음을 의미한다. 〈남산신성 제9비〉(591)에는 伋伐郡이 기재되어 있다. 급벌군은 《삼국사기》 권 35, 지리지에서 보이는 及伐山郡으로 본래는 고구려의 군이었다고 전하고 있지만, 그러나 〈남산신성 제9비〉에서는 급벌군이 진평왕 13년(591)경에 신라의 군이었음을 보여 주고 있다. 이로써 우추군·실직군·하서아군과 함께 급벌군이 진흥왕 22년 내지 진평왕 13년경에는 신라의 군이었다는 사실이 증명되었다. 고구려 지배하에 들어간 濊가 독자적으로 혹은 고구려군과 함께 군사작전을 수행하고 있던 사례에 비추어 보면,18) 고

16) 李仁哲, 〈新羅 中古期의 地方統治體系〉(《新羅政治制度史硏究》, 一志社, 1993), 170쪽.

17) 軍主·幢主는 본래 남북조시대의 군관직명이었다(宮川尙志, 《六朝史硏究》 政治·社會篇, 日本學術振興會, 1956, 557~577쪽). 북제에서는 군주가 종7품, 당주가 종9품의 군관이었다(《隋書》 권 27, 志 22, 百官 中).

18) 《三國史記》 권 4, 新羅本紀 4, 진흥왕 9년·권 19, 高句麗本紀 7, 양원왕 4년.

구려가 오늘날 강원도 지역에 군을 설치하였다고 보기는 어렵다. 자연히 《삼국사기》 지리지 삭주 · 명주조에 본래 고구려의 군이었다고 기록되어 있는 대부분의 군들은 진평왕 13년(591) 이전에 신라가 설치한 군이었다고 하겠다. 《삼국사기》 지리지 尙州 · 良州 · 康州 · 漢州조에 기록된 군들 역시 신라의 영토확장에 따라 설치된 군이었다.

군에 파견된 지방관은 幢主였다.[19] 당주는 군주와 마찬가지로 지방관이면서 동시에 군관이었다. 〈적성비〉(551)에 보이는 鄒文村幢主와 勿思伐城幢主는 지방의 城 · 村에 편성되었던 外餘甲幢의 당주였다. 같은 비문에 기재된 高頭林城在軍主 2명 중의 한 사람인 金武力은 신주의 설치와 함께 진흥왕 14년(553)에 新州軍主가 되었다.[20] 추문촌당주와 물사벌성당주 역시 해당지역에 군이 설치되면서 郡幢主로 되었을 것이다.[21] 〈창녕비〉에는 「軍主 · 幢主 · 道使」가 나란히 기재되어 있고, 군주가 주장관이고 도사가 성 · 촌에 파견된 지방관이었던 사실도 당주가 주와 성 · 촌의 중간행정단위인 군의 지방관이었음을 보여 준다.

〈창녕비〉에 보이는 우추 · 실직 · 하서아군사대등은 군의 지방관이 아니라 우추 · 실직 · 하서아군이 準州의 성격을 가진 탓에 3개 군에 수시로 왕명을 받아 파견되던 중앙관이었다. 이는 같은 비문에 기록된 州行使大等이 상주와 하주내의 여러 군에 수시로 파견되던 중앙관이었다는 사실과 일치한다. 주행사대등을 통하여 국왕의 명을 받은 당주는 이를 다시 성 · 촌에 하달하였다. 〈창녕비〉에 신주행사대등과 비열홀주행사대등이 보이지 않는 까닭은 이들 주에는 진흥왕 21년(561) 당시까지 군의 설치와 당주의 배치가 완료되지 않았기 때문이었다. 〈남산신성 제9비〉(591)에 보이는 급벌군은 진흥왕 21년에서 진평왕 13년 사이에 이들 주에 군이 설치되었음을 알려 준다.

---

19) 李鍾旭, 〈南山新城碑를 통하여 본 新羅의 地方統治體制〉(《歷史學報》 64, 1974), 44~46쪽.
朱甫暾, 앞의 책, 79~89쪽.

20) 〈적성비〉가 세워질 당시 高頭林城在軍主 2명은 지방장관을 겸하지 않은 단순 무관으로 생각된다.

21) 李宇泰, 〈新羅의 村과 村主－三國時代를 중심으로－〉(《韓國史論》 7, 서울대, 1981), 76쪽.

6세기 후반 이후 군의 설치와 지방관의 파견은 점차 확대되었다. 이에 따라 〈명활산성비〉(551)와 〈남산신성비〉에는 邏頭가 보인다. 나두는 새로 증설된 군에 파견된 법당군관이면서 동시에 지방관이었다. 이렇게 설치된 군에는 4개 정도의 성촌이 있었다.[22] 당주 혹은 나두로 불리던 지방관의 명칭은 진평왕 16년(594)경에 군태수로 바뀌었다. 이러한 변화는 道使가 파견되었던 행정성·촌이 진평왕 33년경에 현으로 편제되고 그 지방관의 명칭이 소수 내지는 현령으로 바뀌는 상황과 궤를 같이한다.

지증왕 6년(505) 이후 진평왕 33년 이전까지 주·군 아래에 현이 설치되었다는 기록은 전하지 않는다. 이 시기에 주·군 아래의 지방 행정단위는 성·촌이었다. 성·촌에는 〈봉평비〉(524)의 居伐牟羅道使 그리고 〈남산신성비〉의 阿且兮村道使·仇利城道使·荅大支村道使 등을 통해 도사가 배치되었음을 확인할 수 있다. 〈봉평비〉는 3~4개의 촌 가운데 중심촌에만 도사가 배치되었고, 주변촌에는 지방민으로 使人이 임명되었음을 보여 준다.[23]

〈남산신성비〉는 군을 단위로 지방민을 역역에 동원하고 행정성·촌에 작업을 분담시켜 축성공사를 성공적으로 마쳤음을 보여 주고 있다. 이는 군 아래의 행정성·촌이 현과 유사한 역할을 수행했음을 의미한다. 진평왕 13년경에 이미 현이 설치될 수 있는 여건이 성숙되어 있었던 것이다. 이에 따라 당주가 임명되었던 행정성·촌은 진평왕 33년 이전에 이미 군으로 편제되었고, 그 이후에는 도사가 파견되었던 행정성·촌이 현으로 편제되었다.[24] 진평왕 33년 이후 군의 지방관은 大守였고, 현의 지방관은 小守 혹은 현령이었다. 지방 행정성·촌에는 지방민 중에서 임명된 촌주와 외위를 받은 인물들이 있어서 村政을 맡아보았다.

주·군·현 이외에 중고기의 지방 행정조직으로는 小京이 있었다. 소경은 지증왕 15년(514)에 아시촌(의성군 비안면), 진흥왕 18년(531)에 국원(충주), 선덕왕 8년(639)에 하슬라주(강릉)에 두어졌다. 소경은 수도의 偏在性을 보완하고 새로운 점령지에 신라의 정치·사회·문화를 확산시키기 위한 지방통치

22) 李宇泰, 위의 글, 100쪽.
23) 金在弘, 〈新羅 中古期의 村制와 지방사회 구조〉(《韓國史硏究》 72, 1991), 26쪽.
24) 이 때 郡으로 편제된 곳도 있었다(木村誠, 앞의 글, 12쪽).

의 거점으로 설치되었다. 소경에는 신라의 왕경인뿐 아니라 가야 혹은 고구려의 유민들을 사민시키기도 하였는데 이는 현지의 원주민과 신라인과의 갈등을 제3국인과의 갈등으로 대체시키는 효과를 가져오므로써 갈등의 다원화를 통해 지방통치를 성공적으로 이끌기 위한 고도의 정치적 책략에서 나온 것이었다. 소경의 통치는 지방장관인 仕大等이 직접 국왕의 명령을 받아서 집행하였다. 소경에는 사대등을 보좌하는 仕大舍와 小京餘甲幢의 군관들이 배치되어 있었다.[25]

2) 군사조직

신라 상고기의 군사조직으로는 6部兵과 지방의 城·鎭에 편성된 병력이 있었다. 6부병은 왕경의 6部人으로 편성된 부대로서 신라 초기의 영토확장에 중심적 역할을 하였다. 지방의 성·진에도 왕경인으로 편성된 군부대가 주둔하였다. 성·진의 병력은 적에 대한 공격과 방어의 임무를 수행했을 뿐 아니라 피정복소국의 반란에도 대비하였다.

성·진에는 왕경인뿐 아니라 지방인으로 편성된 군사조직도 있었다. 奈解王 14년(209)에 왕손 榇音으로 하여금 近郡 및 6부의 군사를 거느리고 가서 阿羅國을 구원하고 浦上八國의 군사를 쳐부수었다고 한 기록은[26] 지방의 성·진에 주둔한 군대가 지방민으로 편성된 경우가 많았음을 보여 준다. 이러한 사실은 儒禮王 10년(293)에 沙道城을 개축하고 사벌주(상주)의 豪民 80여 집을 옮겼다는 기록에서도 확인된다.

《삼국사기》의 기록은 탈해왕 8년(64) 이후에 왕경에서 출동하는 신라의 군사조직이 보병과 기병으로 편성되었음을 보여 주고 있는데, 이는 2세기 이후 경주지역의 고분에 매납된 무기·武裝의 출토 양상과 대체로 일치한다. 2세기경 경주고분에서 활·鐵矛·鐵鎌·鐵劍·環頭大刀·鐵斧 등과 함께 재갈이 출토되었기 때문이다. 3세기경의 정래동 토광묘에서 출토된 短甲은 당시에 신라군이 甲冑로 무장하였음을 보여 주며, 4세기 후반에 鐵製 鐙子와 함

25) 李仁哲, 앞의 책, 184~193쪽.
26) 《三國史記》 권 48, 列傳 8, 勿稽子.

께 출토되는 金銅製 갑주와 馬甲冑는 신라에 중장기병이 출현하였음을 알려준다. 5세기대의 대형 적석목곽분에서 금관을 비롯한 금제·은제·금동제 장신구가 부장되었고, 철제 갑주가 거의 부장되지 않은 대신에 비교적 소형분에만 철제 갑주가 매납되고 있다.[27] 이는 철제 갑주의 사용이 하위신분으로 확산되면서 실용화되었다는 증거이다.

5세기 중반 이후에는 개마와 기병용 갑주의 무장이 귀족들에게 보편화되고, 보병도 상당수가 板甲으로 무장하였다. 이는 6세기 초에 개마와 기병용 갑주의 무장이 좀더 낮은 신분으로 확대되면서 중장기병부대가 출현하게 된 것을 암시한다. 이 중장기병부대가 지방으로 이동·배치되면서 10정 가운데 伊火兮停이나 音里火停이 되었으며, 단갑으로 무장한 왕경의 보병은 6정 가운데 왕경에 배치된 大幢의 병졸로 편성되거나 지방에 배치된 6정의 군단본부 병력이 되었다.

5세기 후반 이후에 부산지역에서 출토되는 무기·무장도 이 지역에 보병·기병부대가 편성되어 있었음을 보여 준다. 부산지역에 집중적으로 배치되었던 군사력 가운데 기병은 6세기 중반경에 參良火停이나 召參停의 기간병력이 되고, 보병은 양산을 거쳐 창녕으로 이동하여 그 지역의 기존 병력과 합쳐져서 下州停의 기간병력으로 재편성되었을 것으로 생각된다.

경산·대구·칠곡 등지에서 출토되는 무기와 무장은 이들 지역에 보병부대가 배치되어 있었음을 보여 준다. 이 보병부대는 6세기에 접어들면서 上州停으로 이동되었을 것이다. 여타 지역의 고분에서도 철촉·철겸·도자·철부 등이 소량씩 출토되고 있는데, 이는 당시 성·촌에 편성되었던 농민군사들의 무장상태를 보여 준다.[28] 6세기 초기에 이루진 法幢의 편성과 6정·10정의 편제는 그 이전에 왕경과 지방의 주요 전략지점에 배치되었던 군사 조직과 성·촌에 편성되었던 농민군을 배경으로 이루어진 것이었다.

신라정부는 법흥왕 11년(524)경에 왕경의 6부병을 법당군단 가운데 京餘甲幢으로 편제하여 6畿停에 주둔시켰다. 지방 城鎭의 병력은 外餘甲幢으로 편

27) 宋桂鉉, 〈加耶出土の甲冑〉(《伽倻と古代東アジア》, 新人物往來社, 1993), 196쪽.
28) 李仁哲, 〈6~7世紀의 武器·武裝과 軍事組織의 編制〉(《韓國古代史論叢》 7, 韓國古代社會硏究所, 1995), 38~45쪽.

제했다. 지방의 성촌에 외여갑당이 편성되었음은 〈단양 적성비〉에 보이는 '鄒文村幢主'와 '勿思伐城幢主'를 통해서 확인할 수 있다.[29] 소경에도 법당을 편성하였는데 이를 小京餘甲幢이라 이름하였다. 이처럼 법흥왕대에 왕경·소경·주·군·성·촌에 편성된 법당의 군관은 왕경인으로 임명되었으며 병졸은 지방의 농민군사들이었다. 《삼국사기》에 당주 혹은 태수·소수·현령 등이 농민군사를 동원하여 전투를 수행하고 있는 기사가 자주 등장하는 까닭은 법당군관이 지방관을 겸직하였기 때문이다. 6정의 군단장인 軍主가 州장관을 겸직하였듯이 법당의 군관 역시 지방관을 겸직하였다.[30]

법당군단에는 또한 官司守衛의 임무를 맡은 百官幢과 특수 병기를 제작하여 각 부대에 공급하던 四設幢이 속해 있었다. 사설당은 弩幢·雲梯幢·衝幢·石投幢으로 조직되었는데 이들은 각기 弩·雲梯·衝車·抛車를 제작하여 각급 부대에 공급했다.[31]

진흥왕 5년(544)에 신라정부는 전국적인 규모로 보병군단인 6정과 기병군단인 10정을 편성하기 시작했다.[32] 이들 군단의 편성은 6세기 전반 이전에 이미 중앙과 지방에 배치되었던 군사조직을 근간으로 해서 이루어졌다. 《삼국사기》 직관지 무관조에 따르면, 6정은 大幢·上州停·漢山停·牛首停·河西停·完山停으로, 대당은 진흥왕 5년에, 상주정은 13년에 설치되었으며, 한산정은 본래 新州停이었고, 우수정은 본래 比列忽停이었으며, 하서정은 본래 悉直停이었고, 완산정은 본래 下州停이었다. 신주정은 진흥왕 14년에, 하주정은 16년에, 비열홀정은 17년에 각기 설치되었다.

하서정은 본시 실직정인데 무열왕 5년(658)에 실직정을 파하고 하서정을 두었다고 전한다.[33] 〈창녕비〉(561)에 우추·실직·하서아군으로 기재된 지역에 하서주가 설치된 시기는 진평왕 20년(598)경이었다. 이 때 두어진 하서정

29) 武田幸男, 〈中古新羅の軍事的基盤－法幢軍團とその展開－〉(《東アジア史における國家と農民》, 山川出版社, 1984), 221~257쪽.
30) 李仁哲, 〈新羅 法幢軍團과 그 性格〉(앞의 책), 294~324쪽.
31) 李仁哲, 위의 책, 292~294쪽.
32) 《三國史記》 권 40, 志 9, 職官 下 武官.
末松保和, 앞의 책, 323~367쪽.
33) 《三國史記》 권 40, 志 9, 職官 下 武官.

은 선덕왕 8년(639)에 실직정으로, 무열왕 5년에는 다시 하서정으로 되었다. 그러므로 신라 중고기의 보병군단인 6정은 진평왕 20년(598)경에는 그 설치가 완료되었다고 하겠다. 이같은 6정의 설치과정이나 설치 이후의 이동과정은 당시 신라의 영토확장과 밀접한 관련을 가지면서 전개되었다.[34)]

《삼국사기》 직관지에는 문무왕 13년(673)에 상주정을 貴幢으로 개칭했다고 전한다. 그러나 《삼국사기》 열전에서는 진흥왕 23년(562)에 사다함이 5천 명의 騎兵을 이끌고 貴幢裨將으로 출전했다고 하며,[35)] 진평왕 46년경의 기사에는「상주·하주·귀당·법당·서당」5軍이 나란히 기록되어 있고,[36)] 신라본기 문무왕 원년(661)조에도 貴幢摠管과 上州摠管의 임명기사가 앞뒤로 나란히 기재되어 있다. 이는 귀당이 왕경의 귀족들로 편성된 기병부대이며, 진흥왕 23년 이전부터 이미 상주정과는 계통을 달리하여 존속해 왔음을 의미한다. 중고기에 편성된 서당·四千幢·郎幢·罽衿幢 등의 부대와 마찬가지로 귀당은 6정에 포함되지 않는 채로 운영되어 온 부대였던 것이다. 문무왕 5년에 상주와 하주의 땅을 떼어 歃良州를 설치함으로써 상주·하주라는 지명이 사라지게 되었고 백제·고구려 양국의 멸망과 五州誓의 설치(672)로 귀당의 존속 필요성이 줄어들자, 신라정부는 기존의 귀당을 해체하고 문무왕 13년에 종래의 상주정을 귀당이라 고쳐 불렀던 것으로 생각된다. 《삼국사기》 직관지의 귀당 관련 기사는 이러한 사정의 결과만을 전하고 있는 것이다.

대당·귀당·한산정·우수정·하서정·완산정으로 최종 정비된 6정의 군사조직을 《삼국사기》 직관지 무관조를 통해서 보면, 각 군단 조직은 군단본부와 그 지원부대로 편성되었다. 군단본부의 군관 조직은「將軍－大官大監·隊大監－弟監－監舍知－少監·火尺」의 지위 순으로 편제되었다. 군관의

---

34) 6정의 이동과정은 앞에서 언급한 州治의 이동과정과 일치한다. 한편 《三國史記》 무관조의 軍號 六停이 大幢·貴幢·漢山停·牛首停·河西停·完山停만을 가리킨다고 하여 신문왕 5년(685) 이전에는 군호 6정이 존재하지 않았다고 보는 견해도 있다(李文基, 앞의 책, 70~82쪽). 그러나 이 글에서는 6정이란 왕경과 지방의 5주에 보병군단 1개씩을 둔 방위체제라고 보아, 6개 정이 병존한 진평왕 20년(598)경부터 군호 6정이 있어 왔다는 입장에서 통설에 따라 6정을 중고시대의 군사조직으로 설명한다.

35) 《三國史記》 권 44, 列傳 4, 斯多含·권 4, 新羅本紀 4, 진흥왕 23년.

36) 《三國史記》 권 47, 列傳 7, 訥催.

수는 해당 군단의 군사적 중요도에 따라 달리하였는데, 이는 해당 부대의 병졸 역시 군관의 수에 비례하여 차이가 있었다는 것을 의미한다. 6정의 각 군단본부에 소속된 군관과 병졸은 모두 왕경인으로 편성되었다.[37]

6정의 예하 지원부대로는 軍師幢·大匠尺幢·步騎幢·黑衣長槍末步幢이 있었다. 군사당의 군관으로 「당주(1)－감(2)－법당화척(5)」을 두었으며, 이들은 왕경인으로 임명되었다. 군사당의 병졸은 6정 주둔지의 성·촌에서 징발된 농민병사로 편성되었다.[38] 대장척당은 「당주(1)－감(1)」의 군관과 성·촌에서 징발된 지방인 병졸로 편성되었다. 대장척당은 지방의 성·촌에서 축성 기술자들을 징발하여 편성한 6정의 기술지원부대였다.[39]

보기당은 보병과 기병으로 편성된 부대였다. 군관은 「당주－감」으로 조직되었는데, 대당과 한산정에 배정된 「당주－감」은 각기 6명씩이고 여타 정에는 4명씩이 배정되었다. 흑의장창말보당에 대해서는 《삼국사기》에 대당 30인, 귀당 22인, 한산정 28인, 우수정 20인, 완산정 20인 등으로 당주의 숫자만 전하고 그 아래 군관직의 숫자는 전하지 않는다. 그 명칭으로 보아 흑의장창말보당은 검은 옷에 긴창을 든 보병부대였다. 보기당과 흑의장창말보당의 군관과 병졸은 모두 왕경인이었다.

법당군단과 6정군단 이외에 신라 중고기에 전국적인 규모로 편성된 기병군단으로 10정이 있었다. 10정군단은 기병부대인 10정과 그 예하 지원부대인 三千幢으로 조직되었다. 10정은 音里火停(현 경북 상주 청리면)·古良夫里停(현 충남 청양 청양면)·居斯勿停(현 전북 임실 청웅면)·參良火停(현 경남 밀양 삼랑진)·召參停(현 경남 함안 죽남면)·未多夫里停(현 전남 나주 남평면)·南川停(현 경기도 이천 읍내면)·骨乃斤停(현 경기도 여주)·伐力川停(현 강원도 홍천)·伊火兮停(현 경북 청송 안덕면) 등 모두 10개 기병부대로 조직되었다.[40] 10정의 각

---

37) 朱甫暾, 〈新羅 中古期 6停에 대한 몇가지 問題〉(《新羅文化》 3·4, 東國大, 1987), 44쪽.

38) 木村誠, 앞의 글, 16쪽.

39) 李仁哲, 〈新羅骨品體制社會의 兵制〉(앞의 책, 1993), 331쪽.
朴南守, 《新羅手工業史》(신서원, 1996), 149~156쪽.

40) 安鼎福, 《東史綱目》 권 3 上.
末松保和, 앞의 책, 360쪽.
金崙禹, 〈新羅十停과 所在地名 變遷考〉(《慶州史學》 7, 1988), 21쪽.

부대는「대대감(1)－소감(2)－화척(2)」의 군관으로 조직되었고 그 병졸은 4두품 이상의 왕경인으로 편성되었다.41)

《삼국사기》 직관지에는 10정이 진흥왕 5년(544)에 모두 설치되었다고 전한다. 5세기 중반 이후에 신라지역에서 출토되는 각종 마구와 기병용 갑옷과 투구가 6세기 중반경에 기병군단이 창설될 것을 암시하고 있다는 사실은 이미 앞에서 지적하였다. 그러나 진흥왕 5년경에 10정이 동시에 모두 창설된 것은 아니었다.

고량부리정·거사물정·미다부리정 등 3개 정은 당시에 백제의 영역 안에 있었고, 오늘날 경기도 지역에 설치되었던 남천정과 골내근정은 新州가 두어진 진흥왕 14년 이후에, 강원도 지역에 설치되었던 벌력천정은 비열홀주가 두어진 같은 왕 17년 이후에나 편성될 수 있을 것이기 때문이다. 따라서 10정은 진흥왕 5년에 음리화정·삼량화정·소참정·이화혜정 등 4개 정이 창설되고, 17년경을 전후하여 남천정·골내근정·벌력천정 등 3개 정이 설치되었으며, 백제영역을 거의 장악한 문무왕 5년(665)경에 나머지 고량부리정·거사물정·미다부리정 등 3개 정이 두어짐으로써 그 설치가 완료되었다고 하겠다. 10정 역시 6정과 마찬가지로 신라의 영토확장 과정에 비례하여 설치되었던 것이다. 아울러 이는 10정이라는 기병군단이 신라의 삼국통일 달성에 크게 기여하였다는 의미가 된다.

삼천당은 10정의 예하 지원부대였기 때문에 10정의 주둔지에 배치되었다. 삼천당의 군관은 주둔지별로 당주와 감이 각기 6인씩이고 병졸이 각기 15인이다. 9세기 초에 경주 〈高仙寺 誓幢和尙碑〉에 비문을 새긴 인물이 '음리화 삼천당주'였다고 한 기록,42) 〈崇福寺碑〉에 보이는 '삼천계를 망라하여 경계를 삼으며 5백 년을 셈하여 한 봄으로 삼는다'는 구절,43) 승려였던 驟徒가 병부에 나아가 삼천당에 속하기를 청하고 전쟁터에 나아가서 힘껏 싸우다 죽었다는 기록44) 등은 삼천당이 자원하여 종군한 僧兵으로 편성된 부대였음을

41) 李仁哲, 앞의 책, 382쪽.
42) 〈高仙寺誓幢和尙塔碑〉(《朝鮮金石總覽》, 1919), 41～43쪽.
〈新羅誓幢和尙碑新片〉(黃壽永 編, 《韓國金石遺文》, 1985), 72～74쪽.
43) 〈崇福寺碑〉(《朝鮮金石總覽》), 123쪽.
44) 《三國史記》 권 47, 列傳 7, 驟徒.

알려 준다. 각 부대에 병졸이 15인에 불과하고 대나마 이하의 관등을 소지하였다는 사실도 삼천당이 일반 양인을 편성해 넣은 부대가 아니라 자원한 승병으로 편성되었을 가능성을 높여 준다.

삼천당은 진평왕대에 10정의 예하 지원부대로 창설되었다. 삼천당이 모두 설치된 시기는 10정과 마찬가지로 문무왕 5년경이었다. 新三千幢이 문무왕 12년과 16년에 창설된 사실은 舊三千幢과 10정이 그 이전에 설치가 완료되었다는 의미가 된다. 신삼천당은 外三千이라 하여 우수주(춘천)·奈吐郡(제천)·奈生郡(영월)에 편성되었다. 삼천당이 10정의 주둔지에 편성되고 신삼천당 역시 지방에 배치된 점을 고려하면 진평왕 13년(591)에 창설된 四千幢은 왕경에 편성된 승병부대였을 것으로 판단된다.

지금까지 언급한 부대 이외에 삼국통일 이전에 설치된 군사조직으로 侍衛府·罽衿幢·二罽幢·二弓·誓幢·郎幢 등이 있었다. 시위부는 진평왕 46년에 창설되어 신문왕 원년(681)에 최종 정비된 부대로 궁성의 숙위와 국왕의 호종 및 경호를 담당하였다.45)

계금당은 무열왕 원년(654)에 창설된 기병부대로서「대대감(1)-제감(1)-감사지(1)-소감(1)-화척(7)」의 군관이 배치되어 있었다. 계금당은 왕경을 중심으로 활동한 기병부대였다. 이계당은 外罽라고도 하는데, 한산주 계당은 문무왕 17년에, 우수주 계당은 문무왕 12년에 창설되었다. 무열왕 7년에 罽衿卒 宣服이 급찬의 관등을 수여받았는데 이는 계금당과 이계당의 병졸이 4두품 이상의 기병으로 편성되었음을 말해 준다.

이궁은 外弓이라고도 하며 漢山州弓尺은 진덕왕 6년(652), 河西州弓尺은 진평왕 20년에 각각 창설되었는데 활을 주무기로 하는 부대였다. 서당은 진평왕 5년, 낭당은 7년에 창설되었다. 서당은 문무왕 12년에 綠衿誓幢으로, 낭당은 17년에 紫衿誓幢으로 재편되어 9서당에 편입되었다. 재편된 9서당의 조직을 통해 서당과 낭당은 보병·기병으로 편성된 부대였음을 알 수 있다.

군사작전의 수행은 기본적인 군사조직을 단위로 이루어졌다. 왕경·소경·군·성·촌(혹은 현)에 편성된 법당은 해당지역을 크게 벗어나지 않는 범

45) 李文基, 앞의 책, 149~175쪽.

위에서 전투를 수행했다. 軍主(뒤에는 都督)라 하더라도 왕의 명령없이는 군·성·촌의 법당을 함부로 이동시키거나 출동시키지 못했다. 군주의 병력 동원은 6정 군단의 자체 병력과 주치에 편성된 법당에 한정되었다. 그러나 왕의 명령이 있을 경우에는 6정의 군단장인 군주는 군·성·촌의 법당을 모두 동원하여 전투를 수행할 수 있었다. 신주군주였던 金武力이 삼년산군의 병력과 합세하여 管山城전투에서 승리했던 일이나 금산당주 奚論이 한산주도독 邊品과 함께 백제의 椵岑城을 빼앗은 일이 여기에 속한다.[46)]

대규모 전쟁이 일어났을 경우에는 行軍을 편성하였다. 무열왕 7년(660) 및 문무왕 원년(661) 7월 17일과 8년 6월 21일에 있었던 複數의 行軍摠管 임명 기사는 광역주를 단위로 편성된 행군조직의 장군 임명기사였다. 행군조직에는 왕의 명령에 따라 6정의 병력뿐 아니라 10정과 법당의 병력도 편성되었다. 이러한 사실은 문무왕 8년 6월 21일 대당총관에 임명되었던 仁問과 天存 그리고 한성주행군총관에 임명되었던 都儒가 바로 그 다음날인 6월 22일에 一善州 등 7郡과 漢城州兵馬를 통솔하였던 사실에서 여실히 드러난다. 이같은 행군조직은 대규모 전쟁을 앞두고 편성된 임시 군단으로 전쟁이 끝나면 해체되었다. 그러나 행군조직 속에 편제된 6정·10정·법당 등의 군단은 鎭軍組織으로서 일정한 지역을 배경으로 계속 작전을 수행하였다.[47)]

이상과 같은 군사조직의 편성과 군사작전의 수행과정을 전체적으로 조감해보면 매우 치밀한 계획에 의하여 군사조직의 편성과 배치가 이루어지고 작전이 수행되었으며, 삼국통일을 달성하는 시점에서 군사조직의 양적 팽창이 최고조에 달하였음이 드러난다. 이러한 당시인들의 치밀성과 열정이 신라로 하여금 삼국통일을 달성할 수 있도록 하였을 것이다.

3) 교통로 개척과 성곽시설

교통로란 사람과 車馬가 왕래하는 길이다. 생산의 지역적 전문화가 이루어져 잉여생산이 증대되면 물자가 교역되게 된다. 물자를 교역하기 위해서는 교

---

46) 《三國史記》 권 4, 新羅本紀 4, 진흥왕 15년·권 47, 列傳 7, 奚論.
47) 李仁哲, 앞의 책, 340~344·361~366쪽.

통로를 개척해야 한다. 그러나 교통로 개척에는 많은 어려움이 있어 상당한 노력이 필요하다. 우거진 수풀을 헤치고 일정한 넓이로 먼 길을 평탄하게 다듬어야 하며, 공사를 진행하는 동안에 각종 맹수의 위협으로부터 인명을 보호해야 하고, 그러한 교통로의 개척이나 교역체계를 반대하는 소국들의 무력행사도 막아내야 했다.

교통로는 물자의 교역만을 위해서 개척되는 것은 아니다. 이웃 나라를 정복하기 위한 군사적 목적에서 교통로가 개척되기도 하며, 정복상태를 계속적으로 유지하는 수단으로 교통로를 개척하기도 한다. 삼국통일 이전 신라의 교통로 역시 물자교역을 위해 만들어진 경우도 있었지만, 그보다는 다른 소국을 정복하고 그 정복상태를 계속 유지하며, 나아가 지방 행정단위로 편제하여 각종 조세와 공물을 수취하여 운반해 오기 위해 개척되었다.

철생산을 기반으로 국력을 증대시킨 신라는 주변 소국들을 정복해 나아가게 된다. 이웃 소국의 정복은 해당 소국에 이르는 교통로를 개척하는 수단이 될 뿐 아니라 그 다음 소국을 침략하기 위한 교통로 개척의 발판이 되었다. 이에 초기 신라가 주변의 소국을 정복해 나아간 방향에 따라 당시의 교통로를 상정해 볼 수 있겠다. 경주를 출발점으로 하여 음즙벌국(안강)·실직국(삼척)으로 통하는 길, 우시산국(울산)·거칠산국(동래)으로 통하는 길, 이서국(청도)·비지국(창녕)·초팔국(합천군 초계)에 이르는 길, 압독국(경산)·다벌국(대구)에 이르는 길 등이 바로 그것이다.

영천의 골벌국과 의성의 소문국을 제외한 오늘날 경북지역의 낙동강 以東에 있던 소국들을 모두 정복하게 된 신라는 낙동강을 이용하거나 그 동쪽 강변을 따라 문경·영주까지 북상할 수 있었던 것으로 보인다.[48] 이러한 교통로 개척의 연장선상에서 신라는 아달라왕 3년(156)에 雞立嶺(문경 조령)을 열었고, 그 5년에 竹嶺을 열었다. 여기서 '열었다'는 의미는 이들 두 고개의 통행권을 장악하고 있었던 기존세력으로부터 신라가 통행권을 쟁취하였음을 의미할 것이다.[49] 벌휴왕 2년(185)에 소문국을 정복하자, 영천의 골벌국은 조

48) 安春培, 〈신라와 가야의 土器〉(《韓國古代史論叢》 3, 1992), 278쪽.
49) 李賢惠, 《三韓社會形成過程硏究》(一潮閣, 1984), 189쪽.
朱甫暾, 앞의 책, 14쪽.

분왕 7년(236)에 스스로 항복하였다. 이로써 경주에서 영천－의성－안동－영주－죽령에 이르는 길이 원활하게 되었다.[50)]

조분왕 2년에 낙동강 서쪽으로 진출하여 감문국(김천)을 정복하고 첨해왕대에 사벌국(상주)을 점령함으로써 신라는 진한 12국의 정복을 완료한다. 감문국의 정복으로 인하여 영천－경산－대구까지 이른 길이 김천－금돌성(상주 모동)으로 연장되어 마한으로 통하는 교통로가 새로 열리게 되었고,[51)] 사벌국의 점령으로 영천－대구－선산－상주－문경－조령(혹은 상주－보은－청주)으로 이어지는 교통로를 원활히 이용할 수 있게 되었다.[52)] 이들 교통로 이외에도 정복된 소국과 소국을 연결하는 교통로도 개척되었다.

교통로 개척은 국가권력의 지방 침투를 용이하게 하고 지방세력을 약화시킴으로써 중앙집권국가의 출현을 촉진하였을 뿐 아니라 각종 물자유통을 원활하게 만들었다. 신라에 복속되었다가 다시 반기를 들었던 실직국·압독국·사벌국 등이 곧바로 신라군에 진압되고 그 지배층이 다른 지방으로 옮겨진 것도 신라군이 개척된 교통로를 따라 신속히 출동할 수 있었기 때문에 가능한 일이었다.

개척된 교통로는 국왕의 지방 순행, 조세·공물의 운반, 교역 물자의 수송, 병력 및 역역에 동원된 장정의 이동 등에 이용되었다. 물자와 인원의 유통이 활발하게 되자, 소지왕 9년(487)에는 사방에 郵驛을 두고 官道를 수리하였다. 이 우역은 《삼국사기》 권 37, 지리 4, 三國有名未詳地分조에 보이는 5門驛 가운데 兌門驛(西方)을 제외한 나머지 乾門驛·坤門驛·坎門驛·艮門驛에 해당될 것으로 생각된다. 이들 문역은 역시 삼국유명미상지분조에 보이는 5通 가운데 4통의 官道와 각기 연결되었다. 건문역(西北方)은 北傜通, 곤문역(西南方)은 東海通, 감문역(正北方)은 鹽池通, 간문역(東北方)은 北海通으로 나아가는 출발기점이었다. 5문역이나 5통의 이름은 신라통일기에 붙여진 것으로 생각되지만 우역이나 관도 자체는 소지왕대에 이미 정비되어 있었다.[53)] 관도의

50) 《三國史記》 권 3, 소지왕 22년조에는 소지왕이 古陁郡(안동)을 거쳐 㮈已郡(영주)에 여러 차례 다녀온 설화가 전해지고 있다.

51) 鄭永鎬, 〈尙州방면 및 秋風嶺 北方의 古代交通路 硏究〉(《國史館論叢》 16, 國史編纂委員會, 1990), 209~245쪽.

52) 申瀅植, 앞의 책, 198~200쪽.

정비로 물자 유통이 더욱 활발해지자 신라정부는 소지왕 12년에는 서울에 시장을 개설하고 사방의 화물을 통하게 하였다. 지증왕 6년(505)에 주군제를 실시하게 된 것도 관도의 수리로 국가 권력의 지방침투가 그만큼 더 용이해져서 지방관의 파견이 가능해졌기 때문이었다.

6세기 이후에는 신라의 교통로 개척이 더욱 확대되었다. 가야의 멸망으로 울산－부산－김해－함안－진주 일대로 진출하는 길(동해통)과 창녕－초계－합천－거창으로 나아가는 길이 열렸고,[54] 한강유역을 차지한 신라가 멀리 함흥 일대까지 진출함으로써 이들 지역으로 통하는 길도 열렸기 때문이다. 신라가 조령을 넘어 충주－여주－이천－용인－수원－남양만(당항성)으로 통하는 길(북요통)을 개척한 시기도 6세기 후반이었다. 경주에서 출발하여 영덕－울진－삼척－강릉에 도달했던 교통로(북해통) 역시 속초－고성－안변－원산－함흥까지 연장되었다.

백제를 멸망시키는 과정에서 교통로 개척이 더욱 확대되어 경주－청도－합천－남원－순창－나주에 이르는 길, 경주－대구－고령－거창－육십령－전주에 이르는 길, 경주(兌門驛)－양산－창녕－합천－거창－남원－무주－나주(海南通),[55] 경주－대구－김천－상주－대전－공주－부여에 이르는 길이 열렸다. 고구려의 평양성으로 통하는 교통로도 개척되었다. 문무왕 2년(662)에 김유신 등이 수레 2천여 량에 쌀 4천 석과 벼 2만 2천여 석을 싣고 평양으로 갔다고 한다.[56] 경주에서 출발하여 안동－죽령－원주－포천－신계－수안 등을 거쳐 평양에 도달했을 이 길(염지통)은 상당히 넓었던 모양이다. 우마차 하나에 13석씩 싣고 간 셈이니 우마차의 크기가 요즘과 별차이가 없었을 것으로 생

---

53) 井上秀雄, 〈新羅王畿の構成〉(《新羅史基礎硏究》, 東出版, 1974), 399~405쪽. 海南通은 井上의 연구에서 兌門驛을 출발하여 가야지역을 거쳐 남원－광주－나주에 이른 것으로 추정되는 바, 가야세력을 정복하지 못했던 소지왕대에는 이 교통로가 개척되지 않았다고 보아진다. 《三國史記》 권 38, 志 7, 職官 上의 京都驛은 5문역을, 권 39, 志 8, 職官 中의 尻驛典은 왕궁 부근의 驛亭을 관리하는 관서로 생각된다. 지방에도 우역이 있었는데, 屈井驛(울산?)(《三國遺事》 권 3, 塔像 4, 靈鷲寺)·褥突驛(충주)(《三國史記》 권 6, 新羅本紀 6, 문무왕 8년 10월 25일) 등이 그것이다.

54) 申瀅植, 앞의 책, 201쪽.

55) 井上秀雄, 앞의 책, 401쪽.

56) 《三國史記》 권 6, 新羅本紀 6, 문무왕 2년 정월.

각되기 때문이다. 이에 당시의 관도는 대체로 우마차 하나가 지나갈 수 있을 정도로 넓었으며, 큰 관도는 마주 오는 우마차가 비켜 갈 수 있을 정도로 넓었다고 보아야 하겠다.

이렇게 개척된 교통로는 신라군의 공격로였기도 하지만 적군의 침투로도 되는 만큼 주요 전략적 지점에는 성곽시설이 만들어졌다. 《삼국사기》 기록을 통해서 삼국시대에 신라가 축조한 성곽으로 추정할 수 있는 숫자는 100개 정도이고, 실제 답사를 통해 확인한 성곽의 숫자는 그보다 많아서 대략 160개소로 파악되고 있다.[57]

신라의 도성은 왕경을 둘러싼 長城이 별도로 축조되지 않고, 동에는 명활산성, 서에는 서형산성, 남에는 남산신성이 있어서 주위의 산성이 羅城의 역할을 하였다. 왕성인 月城을 보호하기 위한 성곽으로는 남산신성·서형산성·명활산성·경주남고루·도당산성·남산토성·고허성·부산성·귀성·작성·양동리성 등이 있었다.[58]

동해안을 따라 남하하는 말갈이나 고구려를 막기 위해 쌓아 놓은 성곽으로는 봉화의 도심리성, 청송의 상의동성과 주왕산성, 영덕의 주응동산성(달노산성)·축산동성, 영일의 남미질부성·북미질부성·성황동성·토성동성·장기목장성·문성산성·고읍성 등이 있다. 《삼국사기》에는 소지왕 3년(481)에 고구려가 말갈과 더불어 狐鳴城(청송 호명산) 등 7성을 취하고 彌秩夫(영일)로 진군하였다가 신라·가야·백제군에게 격퇴되었다고 하였으며, 지증왕 5년(504)에 波里(삼척)·彌實(영일)·珍德·骨火(영천) 등에 12성을 쌓았다고 하여, 당시 신라가 동해안을 따라 남하하는 고구려·말갈(동예)의 침입을 막기 위해 얼마나 많은 노력을 경주했는가를 알 수 있다. 영일지역에 쌓은 성들은 고구려·동예 세력뿐 아니라 바다로 침입하는 왜적을 격퇴하기 위한 목적도 있었을 것이다.

---

57) 朴方龍, 〈都城·城址〉(《韓國史論》 15, 國史編纂委員會, 1985), 337쪽. 한편 이 글에 제시된 성곽은 《文化遺蹟總覽》(文化財管理局, 1977)과 井上秀雄이 작성한 〈朝鮮城郭一覽〉(《朝鮮學報》 103·104·107, 1982·1983), 그리고 여타 성곽 관련 논문 및 조사보고서를 참고하였음을 밝혀 둔다.

58) 李元根, 《三國時代 城郭硏究》(檀國大 博士學位論文, 1980), 340~386쪽.
朴方龍, 위의 글, 338~387쪽.

왜적의 침입을 방지하기 위한 성곽으로는 울주의 강양리성·문수산성·언양읍성·천전리성(大甑山城), 양산의 순지리토성[59]·양산읍성·북부동산성·신기리산성·단조산성, 부산의 토성동성·배산성·금정산성이 있다. 부산과 양산지역의 성곽들은 김해의 금관가야를 압박하기 위한 목적도 있었을 것이다.

영주－안동－의성－군위－영천－경주로 통하는 교통로상에도 많은 성곽들이 자리하고 있다. 즉 영주의 죽령고관성·상을곡성, 안동의 상리동성, 의성의 치선동성·병방동성·수정동성·봉양동성·마령산성, 군위의 지곡성·하곡동성·성령산성·효령면성·팔공산성·읍내동성, 영천의 계지동성·치산동성·화남동성·연정동성·관기동성·당지동성·가산동성·금대동성·대의동성 등이 그것이다. 이들 성곽 중에는 의성의 수정동성(소문국 시기에 축성)처럼 진한 소국단계의 성이 포함되어 있다. 하지만 신라에 점령된 후에는 이들 성곽이 죽령을 넘어 경주 방향으로 침투해 오는 고구려와 동예의 방어에 이용되었을 것이라 생각할 수 있다.

달성·대구·경산지역에도 많은 성들이 분포하고 있다. 달성의 문산동성 등 10개 성, 대구의 달성·봉무동토성·용암산성·용두산토성·침산산성·검단동토성·노곡동산성, 경산의 용산성·미산동성·압량면성·내동성·구일동성·장산성 등이 그것이다. 이들 성곽 중에도 진한 소국단계에서 축성된 성곽도 있지만, 이들 성곽 역시 신라에 점령되었을 초기에는 가야의 침입을 방어하는 데 사용되었고, 나중에는 백제의 침략을 막아내는 데 중요한 역할을 하였을 것이다.

칠곡·금릉·상주지역에 있는 성곽들은 주로 백제의 침입을 방어하기 위해 축조된 성들이다. 삼국시대의 성곽으로는 칠곡의 관호동성·천생산성, 금릉의 동부동성·취적산성·속문산성(감문국 궁궐지)·교리성, 상주의 자산산성·병풍산성·금돌성·답달성·화달리성[60] 등이 있다. 문경에는 마고산성·명전리성·상촌리성·노고성·노모산성이 있고, 예천에는 매곡성·어림성·원산성이 있는데, 이들 성곽들은 백제 혹은 고구려의 침략을 방어할 목적으로 축조되었을 것이다.

---

59) 沈奉謹, 《梁山 蕁池里土城》(東亞大博物館, 1983).
60) 鄭永鎬, 《尙州地區古蹟調查報告書》(檀國大博物館, 1969).

청도·창녕·밀양지역에 있는 성곽들은 신라에 점령되었을 초기에는 가야세력의 방어에, 나중에는 백제의 침략 방어에 이용되었을 것으로 생각된다. 청도지역에는 仇刀城·率伊山城·驚山城·烏刀山城이 있었다는 기록이 있지만[61] 구도성을 제외하고는 구체적인 비정이 어렵다. 청도지역에 있는 삼국시대 성곽으로는 오례산성(仇刀城)·이서국읍성(토성)·백곡산성(이서국 궁터)·주구산성·성마루성·봉화성·성뚝산성·간미산성 등이 있다. 창녕에는 목마산성·화왕산성·신당산성·영취산성이 있고, 밀양에는 추밀화성·철마산성·백마산성이 있다.

경남 해안지역에는 삼국시대에 축조된 성곽이 26개 정도 있다. 이 가운데 신라가 축조하였음이 분명한 성곽은 진해의 배산성·귀산성,[62] 거제의 아주성, 진주·진양의 덕계산성·죽방산성, 하동의 고소성, 함안의 봉산성 등이다. 합천·산청·함양·거창 등 경남 내륙지역에는 삼국시대의 성곽 12개가 있으며 그 중에 신라가 축조한 성곽은 합천의 대야성와 함양의 팔량현고루 등 2개이다. 그 외에 연대미상의 성곽이 38개가 있다. 경북의 고령·성주 지역에도 삼한시대 성곽이 3개, 연대미상의 성곽이 19개가 있다. 이들 연대미상의 성곽 가운데 신라가 축조한 성곽이 다수 있을 것으로 생각된다.[63]

충청도·경기도·강원도·함경도지역에도 신라가 축조한 성곽들이 있다. 충청북도지역에 있는 신라의 성곽들은 보은의 삼년산성(오정산성)과[64] 함림산성(노고성, 백봉산성), 옥천의 굴산성(산계리 토성), 청원의 일모산성(연산성, 양성산성)과 낭성산성, 단양의 적성산성·온달성(성산성)과 공문성, 하늘재의 차단성, 중원의 야문성 등이 있다.[65] 다만 온달성은 고구려계로 축조된 이후 다시

---

61) 《三國史記》 권 34, 志 3, 地理 1 良州 大城郡.

62) 沈奉謹, 《鎭海 龜山城址》(東亞大博物館, 1984).

63) 진평왕 46년(624)에 速含(함양)·櫻岑·岐岑·烽岑·旗懸·穴柵 등 6성을 구원하러 간 신라군이 백제군의 공세에 눌려 진군하지 못하고 다만 부근에 6성을 쌓고 왔다고 한다(《三國史記》 권 47, 列傳 7, 訥催). 이 사료는 이 일대에 12개 이상의 신라 성곽이 있었음을 확인해 준다.

64) 成周鐸, 〈新羅三年山城硏究〉(《百濟硏究》 7, 忠南大, 1976), 131~160쪽.

65) 李元根, 앞의 글, 387~466쪽.

신라식으로 개수가 이루어진 성곽이라 한다.[66] 이러한 사실은 신라가 점령하기 이전 단계에 축조된 성곽을 신라군이 개수하거나 혹은 개수의 필요성이 없을 경우에는 기존 성곽을 그대로 사용하는 경우가 많았으리라는 점을 상정하게 한다.

강원도지역에는 춘천의 삼악산성·산천리성, 횡성군의 덕고산성, 철원의 토성리토성, 양구의 비봉산성, 강릉의 예국토성·장안성, 삼척의 갈야산고성 등 신라가 점령하기 전에 축조된 성들이 있고 그 외에 축성 연대를 알 수 없는 성들이 많이 있다. 자비왕 11년(468) 봄에 고구려와 말갈이 실직성을 침습하였다고 하고, 9월에 하슬라인 15세 이상을 징발하여 니하에 성을 쌓았다고 하며, 지증왕 5년(504)에 파리(삼척)·미실(홍해) 등에 12성을 쌓았다고 전하는 사실에 주목하면[67] 강원도지역에도 신라가 많은 성곽을 축조하였을 것이라 생각할 수 있다. 뿐만 아니라 동예가 축성한 기존의 성곽을 이용한 경우도 많았을 것이다. 그 대표적 예가 〈창녕비〉에 나오는 碑利城으로, 이 성은 〈廣開土王陵碑〉에도 보이는 바 동예가 축성한 성을 신라가 이용하였음이 분명하게 드러난다.

신라군은 북진을 계속하여 함경도지역에도 성곽을 축조하였다. 함경남도 홍원의 성령산성, 함주의 오로리산성, 정평의 봉대산성, 북청의 다탄대산성, 이원의 율지산성 등이 그것이다.[68]

경기도지역에 신라가 축성한 성곽은 여주의 신지리성, 하남의 이성산성, 광주의 남한산성, 안성의 금산산성 등이다. 그러나 이 지역에는 이들 성곽 외에도 백제가 축조한 성곽이 많이 있고, 고구려가 축조한 성곽도 있다. 이들 성곽은 대부분 신라에 점령된 후에 신라군에 의하여 이용되었다.[69]

성곽시설의 특징으로는 다음과 같은 사실이 지적되고 있다. 초기단계에는

66) 車勇杰, 〈竹嶺路와 그 부근 嶺路沿邊의 古城址 調査硏究〉(《國史館論叢》 16, 1991), 302~312쪽.

67) 《三國史記》 권 3, 新羅本紀 3, 자비마립간 11년·권 4, 新羅本紀 4, 지증마립간 5년.

68) 朴方龍, 앞의 글, 370~372쪽.

69) 《三國史記》 권 5, 新羅本紀 5, 진평왕 25년·선덕왕 7년 및 11년·태종무열왕 8년.

토성 또는 목책성이 축조되었다. 주로 하천을 낀 낮은 구릉지에 소규모 축성이 이루어졌으며, 성벽 속에 잡석을 넣어 다지는 石心土築한 토성이 많다. 석축성이 이루어지는 시기는 5세기 후반 이후이며,[70] 5세기 말에서 6세기 전반에는 외벽 기단 보축이 행해지고, 6세기 중엽 이후에는 기단외면 보축이 행해졌다.[71] 7세기경부터 해발 400m 이상의 고지에 산성을 구축하기 시작한다. 대체로 고지에 입지한 이 시기 성곽의 규모는 성벽 길이 2km 이상인 대규모 성곽이 주류를 이루었다.

성곽은 주요 교통로에서 가까우며 사방을 관망할 수 있는 험준한 지형을 택하여 최소한의 工力으로 守城과 攻城에 유리하도록 축성하였다. 경사도가 심한 낭떠러지가 있는 곳은 처음부터 축성하지 않았으며, 큰 바위가 있는 곳은 바위 옆과 위로 성돌을 쌓아 그대로 성벽이 되게 하여 자연을 최대한 이용하였다.[72]

신라의 성곽은 대부분 전투용 방어시설이었으며, 전쟁시에 인근 주민들이 모여 적에 항쟁하기 위하여 축조되었다.[73] 신라 초기에 지방의 주요 성곽에는 성주가 이끄는 戍卒이 주둔하였다.[74] 6세기 초반 이후에 변경과 內地의 수많은 성곽을 지킨 병력은 法幢에 편성된 농민군사들이었다. 6정과 10정은 주요 전략지점에 배치되어 있을 뿐이었다. 신라정부는 지방의 성곽에 지방관을 겸한 법당군관을 파견하여 해당 지역의 농민들로 법당을 편성하고, 이들이 적과 대치하고 있는 동안에 6정·10정 등의 병력을 출동시켜 적을 격퇴하는 전략을 구사했던 것이다.[75]

〈李仁哲〉

70) 朴方龍, 앞의 글, 387쪽

71) 朴鍾益, 〈古代山城의 築造技法에 대한 硏究〉(《嶺南考古學》 15, 1994), 115~168쪽.
高正龍, 〈韓國古代山城〉(《古代文化》 47-12, 1995), 715~716쪽.

72) 朴方龍, 앞의 글, 388쪽.

73) 李宇泰, 앞의 글, 88쪽.

74) 浜田耕策, 〈新羅の城村設置と州郡制の施行〉(《朝鮮學報》 84, 1977), 8~9쪽.

75) 《三國史記》 권 47, 列傳 7, 奚論 및 訥催.

3. 경 제

1) 농 업

(1) 철제 농기구와 우경의 보급

삼국시대 신라의 주요한 경제기반은 농업이었다. 농업은 신라인들의 기본적인 생산활동이었고, 상업과 수공업 등 모든 경제활동의 기초가 되었다. 따라서 농업에서의 생산증대, 즉 농업생산력의 발달은 당시 사회발전의 중요한 밑거름이었다.

신라 초기에는 청동기시대 이래 농업 생산기술의 전통 위에다 철제 농기구를 이용하여 농업생산이 이루어졌다. 청동기 시대인들은 목제의 따비와 괭이를 기초로 농사를 지었다. 1970년 대전 괴정동에서 발견된 이른바「농경문 청동기」에는 한 사람이 목제로 보이는 따비를 가지고 규칙적인 고랑과 이랑이 있는 네모진 밭을 가는 모습과 다른 한 사람이 목제 괭이로 땅을 파는 모습이 보인다. 여기서 사용된 따비는 따비날 부분이 상당히 길어 목제 자루의 약 2분의 1 정도이며, 날 부분은 두 갈래로 갈라진 형태를 하고 있다. 이 따비는 횡목에 발힘을 가하여 따비날 부분을 흙속에 넣은 다음에 자루를 지렛대를 움직이듯이 움직여 뒤로 후퇴하면서 밭을 가는 데 사용된 것이었다. 그리고 괭이는 갈이작업 이후 땅을 공그르는 작업에 이용되었다. 이외에도 괭이는 파종 후 培土작업·제초작업에도 쓰였고,[1] 또 根菜植物을 수확할 때도 사용되었다. 여기다가 당시는 곡물의 이삭 하나하나를 따는 수확도구로서 반월형석도가 널리 사용되어졌다. 신라 초기에 이르면 이러한 농기구들은 철제로 대체된다.[2]

1) 괭이는 묘 사이를 긁어 줌으로써 뿌리의 호흡을 촉진시켜 생장에 많은 도움을 주었다.

2) 최근 경상남도 창원시 다호리 1호분에서 두 종류의 따비가 출토되었는데, 하나는 폭이 좁고 길며 단면이 삼각형을 이룬 것이고, 다른 하나는 폭이 좀더 넓고 짧은 것이다. 그리고 모두 목제 자루가 끼워져 있으며, 자루와 날은 140도 각도

그러나 신라 초기에 철제 농기구의 보급은 제한적이었기 때문에 여전히 목제나 석제 농기구의 이용빈도가 높은 편이었다. 더구나 목제나 석제 농기구는 물론이거니와 철제로 만들어진 당시의 농기구들 역시 효율성이 매우 낮았다. 때문에 파종시기나 수확시기 등 농사철을 제때에 맞추기 위해서는 집중적이고 집단적인 노동력의 투입이 요구되었다. 이에 따라 당시 사람들의 사회생활도 집단적이고 공동체적인 모습을 띠게 되었다.[3)]

4세기 이후 철기 제작기술의 발달에 따라 철제 농기구의 개량이 촉진되었을 뿐만 아니라 보급도 확대되었다.[4)] 이 때 갈이작업에 주로 이용되었던 농구가 U字形 따비였다. 이것은 대부분 길이 약 15~20cm 내외, 너비 역시 15~20cm의 크기로서 삽이나 가래의 용도로 사용되었거나 또는 괭이형의 착장구에 연결시켜서 괭이와 같은 용도로 쓰이기도 하면서 주된 용도는 땅을 일구는 것이었다.[5)]

현재의 모습을 가지고 추정해 본다면, 손잡이와 더불어 밭을 갈 때 발로 힘을 주어 누를 수 있는 횡목을 가로 끼워 만든 자루의 끝에 U자형 따비날을 부착하는 형태였을 것이다. 그리고 가로 끼운 손잡이를 옆으로 돌린 다음, 뒤로 후퇴하면서 흙을 떠 엎는 형태로 땅을 일구었을 것이다. 이 U자형 따비가 갈이작업에 이용되면서 날이 좁고 긴 따비 종류보다 더 많은 양의 흙을 떠 엎는 것이 가능하였고, 그에 따라서 갈이작업의 효율성도 배가되었다. 이 이외에도 이 시기에는 철제 괭이와 쇠스랑의 보급도 확대되었다.

한편 이 시기 수확도구상에서의 커다란 변화는 낫의 보급에서 찾을 수 있

로 휘어진 형태로 결합되어 있다(李健茂 외, 〈義昌茶戶里遺蹟 發掘進展報告〉, 《考古學誌》 1, 韓國考古美術硏究所, 1989, 22쪽). 그런데 앞의 것은 두 갈래로 갈라진 부분만을 제외하면, 농경문청동기에 보이는 따비와 유사하다. 비슷한 모습의 따비가 삼국 초기의 무덤인 경주 조양동 고분이나 울산 하대 고분군 등에서도 출토되었다. 이외에 신라 초기에 철제 괭이와 鐵刀子도 제작되었다.

3) 《三國志》 권 30, 魏書 30, 東夷傳의 기록에서 3세기 단계 사람들의 사회생활 모습이 집단적이고 공동체적인 형태를 띠었던 것은 이와 관련이 있었던 것이다.

4) 4세기 초부터 주조와 단조방법을 적절히 배합함으로써 硬性·展性을 지녀 충격에 강하고 날 부분이 예리한 농구도 생산하는 것이 가능하였고, 최근에 발견된 경주시 황성동 제철 유적은 製鐵-鑄造-製鋼-鍛冶의 일괄공정을 갖추어서 철제 도구들을 대량으로 생산하였음을 확인시켜 주었다.

5) 金光彦, 〈新羅時代의 農器具〉(《民族과 文化》 1, 正音社, 1988), 50~53쪽.

다. 압록강 중류, 두만강 유역 등의 초기 철기시대의 유적지에서는 철도자와 낫이 공반 출토되고, 茶戶里 고분 등에서도 그것이 출토된 바 있다. 그러나 삼국 초기의 유적에서 발견되는 낫은 매우 소수였다. 그러다가 4세기 초 이후 낫은 한반도 전역의 유적에서 고르게 출토된다. 지역에 따라 차이는 있지만, 경상도지역의 경우 4세기 초 이후에는 수확도구 가운데 낫이 지배적인 위치를 차지하였다.6)

더욱이 이 때에 이르면 낫의 종류도 날이 곧게 뻗은 것과 약간 곡선을 이룬 형태로 나누어지고 있다. 전자는 날과 나무자루가 직각으로 연결되어져서 주로 곡식을 수확하는 데만 이용할 수 있었고, 후자는 날 부분 전체가 곡선을 이루거나 뾰족한 날 끝 부분만이 안으로 약간 구부러진 형태로서 수확뿐만 아니라 초목을 벨 때에도 사용되었다. 특히 후자와 같은 종류는 곡물이 미끄러지지도 않고, 또 구부러진 부분에 힘이 집중되어 쉽게 절단되는 효과가 있었다. 또 날 끝 부분이 뾰족하고 안으로 구부러져 있어서 다른 한 손이 부상당할 염려가 없었으며 작업시 곡물 사이로 잘 헤치고 들어가 작업능률을 높여 주었다.

반달칼이나 철도자는 곡물의 이삭 하나하나를 자르는 도구였기 때문에 한꺼번에 다량의 수확이 불가능하여 수확하는 데에 많은 시간이 소요되었다. 수확에 많은 시간이 걸리면 자칫 때를 놓쳐 이삭이 땅에 떨어지고, 또 완전히 익기도 전에 수확하게 되면 결국은 곡물 건조에 많은 시간이 걸린다. 또한 그 기간에 부패되기 쉬워서 이전에 아무리 작황이 좋았다 하더라도 손실이 클 수밖에 없다. 그러나 낫은 한꺼번에 여러 포기를, 그것도 그루터기를 뿌리째 베어낼 수 있으므로 많은 양의 수확이 가능하여 수확기에 상당한 노동력의 절감을 가져다주었을 뿐만 아니라 위와 같은 손실을 크게 줄여 주었다. 게다가 짚의 수확이 가능하였기 때문에 그것을 가축의 사료나 연료·퇴비 및 농민의 각종 수공업 재료로서 활용할 수 있는 부수적인 효과도 기대할 수 있다.

4세기 이후 U자형 따비(갈이작업), 괭이와 쇠스랑(整地作業과 中耕除草作業),

6) 李賢惠, 〈三國時代의 농업기술과 사회발전－4~5세기 新羅社會를 중심으로－〉(《韓國上古史學報》 8, 1991), 54쪽.

낫(수확작업)의 보급에 따라 농업생산기술에서 진전이 있었지만, U자형 따비 역시 인력을 이용하여 갈이작업을 한다는 점에서 일정한 한계가 있었다. 牛耕은 인력 대신 축력을 갈이작업에 이용하는 방법으로서 의미있는 농업기술상의 발전이었다.

신라에서는 智證王 3년(502)에 처음으로 우경을 이용하였다고 한다.[7] 그러나 이는 일반적으로 우경의 시작을 알려 준다기보다는 국가적 차원에서 우경을 장려한 조치로 이해되고 있다. 실제로 '犁耜를 제작하였다'라는 기록이 《三國遺事》 紀異篇 弩禮王條에 보이고 있다. 그리고 5세기 중엽에서 6세기 중엽 사이의 고구려 군사요충지였던 서울 구의동에서도 V자형의 홈이 파져 있는 보습 4점이 발견되었고,[8] 6세기 전반경으로 편년되는 진주 옥봉 7호분에서도 너비 27cm의 보습이 출토되었다.

U자형 따비의 형태에서 간단하게 사람이 끌 수 있는 형태로 전환시켜 쟁기를 만드는 것은 그리 어렵지 않다. 때문에 우경이 널리 보급되기 이전에는 사람이 쟁기를 끄는 人力耕이 갈이작업에 이용되었을 것이다. 물론 우경이 보급된 이후에도 소와 쇠보습을 모두 갖출 수 없었던 농민들도 그러하였다고 보인다. 6세기 중·후반 시기 인력경의 실시를 시사해 주는 자료가 바로 강원도 안변군 용성리 신라계 횡혈식 석실분에서 발견된 보습이다. 이것은 길이 약 24cm, 폭 10cm 정도의 소형으로서 우경보다는 인력경에 쓰였다고 보이기 때문이다.[9]

우경의 이용은 농업생산에 커다란 변화를 가져왔다. 먼저 한 사람이 따비나 인력경으로 밭을 갈 때보다 우경을 행할 때 훨씬 더 넓은 면적의 밭을 가는 것이 가능하였다. 그리고 우경은 개간을 촉진시켰다. 잡초의 뿌리가 깊고 조밀한 상태에서는 따비 종류나 괭이만으로 하는 갈이작업은 상당히 제약을 받을 수밖에 없었다. 그러나 이제 축력을 이용한 우경으로 그 이전 갈이작업이 불가능한 토지까지 개간이 가능해졌던 것이다. 한편 축력을 이용하

7) 《三國史記》 권 4, 新羅本紀 4, 지증왕 3년 3월.
8) 崔鍾澤, 〈九宜洞遺蹟出土 鐵器에 대하여〉(《서울大博物館年報》 3, 서울大, 1991), 28쪽.
9) 金光彦, 앞의 글, 48쪽.

여 갈이작업을 하게 됨에 따라 이제 深耕이 가능해졌다. 심경은 잡초와 병충해 제거에 크게 기여하였다.

또한 우경의 도입은 경지 이용방식의 효율성을 증대시켰다. 최근에 발견된 하남시 미사리 경작유구를 통하여 이를 확인할 수 있다. 여기에서는 제1·제2의 경작유구가 확인되었다. 제1경작유구는 고랑과 이랑 사이의 폭이 70~80cm 정도로 일정한 편이며, 고랑의 방향은 동서방향이고, 현재 확인된 전체 면적은 1,500여 평에 이른다. 그리고 고랑의 바닥에 30cm 폭으로 작물을 심었던 흔적이 남아 있다. 이에 반해 그 윗층에서 발견된 제2경작유구는 고랑과 이랑을 합한 폭이 약 100cm 가량이고, 그 길이가 약 160m 정도이며, 밭의 총면적은 약 3,000평 정도이다.[10]

이 경작유구는 오늘날의 밭과 마찬가지로 고랑과 이랑을 약 50cm 간격으로 규칙적으로 만들었던 것이 특징인데, 이렇게 160m에 이르는 고랑과 이랑을 50cm 간격으로 만들기 위해서는 우경의 사용이 전제되지 않고서는 불가능하다. 이에 반해 그보다 하층의 제1경작유구는 비교적 넓은 고랑과 이랑을 만들고, 또 고랑 바닥에 30cm 간격으로 작물을 심었던 것으로 보아 우경이 실시되기 이전 경지 이용방식의 일면을 보여 주는 것으로 짐작된다. 발굴보고자는 각각의 경작유구층에서 발견되는 토기와 유물을 통해 제1경작유구를 4~5세기 단계의 유적으로, 제2경작유구는 그보다 늦은 6세기를 전후한 무렵의 유적으로 편년하였다.

제1경작유구에서 제2경작유구로의 변화는 파종처의 확대를 의미할 뿐만 아니라 농법의 발달과도 관련되어 있었다. 중국의 경우 전국시대에 넓은 이랑과 고랑을 만들어 경작하였다고 한다. 이것은 이랑과 고랑을 번갈아 가면서 작물을 파종하기 위한 배려였다는 것이다.[11] 이러한 중국의 경우를 참조해 볼 때, 미사리 제1경작유구는 이랑과 고랑을 번갈아 가면서 작물을 파종하였던 단계의 유적으로 여겨진다. 반면 제2경작유구는 전단계보다 고랑과 이랑의 간격을 줄임으로써 토지이용을 극대화시켰던 단계의 유적이었을 것

10) 崔鍾澤, 〈美沙里遺蹟發掘調査〉(《서울大博物館年報》 4, 1992), 40쪽.

11) 崔德卿, 《中國古代 鐵製農具와 農業生産力의 발달》(建國大 博士學位論文, 1991), 180~192쪽.

이다. 매년 폭이 좁은 고랑과 이랑을 번갈아서 이용하였다면 常耕도 가능하였을 것이기 때문이다. 이것은 심경이 가능해지면서 지력의 회복기간이 단축된 데 힘입은 결과였다.12)

한편 우경의 보급은 家戶 단위의 자립적인 농업생산도 가능하게 만들었다. 이러한 변화는 농민들의 토지에 대한 私的 소유권의 발달을 촉진시키고, 그들의 계층분화를 초래하는 계기가 되었다.

(2) 수전의 확대

水田의 입지조건은 배수와 관개시설의 축조, 그리고 토목기술의 수준 정도에 따라서 변화한다. 비교적 철기의 보급이 미약하였던 삼국 초기에는 급수가 용이한 저습지에 수전이 조성되었다. 그러나 4세기 초 이후 철제 토목공구와 농기구가 널리 보급되면서 수전도 점차 저습지에서 半濕田·半乾田·乾田지역으로 확산되었다. 특히 삽과 가래 등의 보급은 비교적 규모가 큰 저수지나 제방의 축조를 가능케 만들면서 그러한 현상을 촉진시켰다.

먼저 訖解尼師今 21년(330)에 둑의 길이가 1,800步인 碧骨堤를 개축하였다고 전한다.13) 오늘날 벽골지가 전라북도 김제지역에 소재하기 때문에 위의 사실을 백제와 연관시키기도 하나, 그러나 여기에 언급된 벽골지의 정확한 위치에 대해서는 재검토의 여지가 많다. 한편《삼국유사》에서는 '벽골지의 둘레가 17,026步이고 □□가 166보, 수전이 14,070(結)'이라 기술하였다. 이 표현은《삼국유사》를 편찬할 당시의 사정을 전한 것일 개연성도 배제할 수 없지만, 하여튼 벽골지의 축조에 의해 상당한 양의 수전이 확보되었던 것은 분명하다고 하겠다.

또한 눌지마립간 13년(429)에는 둑의 길이가 2,170보인 矢堤를 축조하였

---

12) 중국의 경우 전국시대에 6尺의 이랑, 6尺의 고랑을 만들어 이랑 위에 작물을 재배하는 방식이 널리 쓰였고, 이후 점차 이랑 위의 파종면적을 늘려 경지이용의 효율화를 증대시키기 위하여 고랑을 3尺, 1尺으로 축소시켜 나가다가 우경이 도입되면서 1척의 이랑, 1척의 고랑으로 田地內의 파종처가 극대화되는 방향으로 나갔는데, 이는 우경의 도입으로 深耕이 가능해져 지력의 회복기간이 단축된 덕분이었다고 한다(崔德卿, 위의 글, 155~208쪽).

13)《三國史記》권 2, 新羅本紀 2, 흘해니사금 21년.

고,[14] 법흥왕 18년(531)에는 왕이 有司에게 堤防을 수리하라는 지시를 내리고 있다.[15] 일반적으로 제방이나 저수지는 水害와 旱害에 대비하기 위한 시설일 뿐만 아니라 반건전이나 건전지역까지 수전을 확대시킬 수 있게 해 주었다. 특히 永川 菁堤의 경우는 산곡간의 溪流를 한꺼번에 막아 그 계곡 아래에 펼쳐진 완만한 경작지에 안정적으로 급수하는 저수지가 당시에 많이 축조되었음을 알려 주는 사례의 하나다.

旱田에 그대로 볍씨를 뿌릴 때는 뿌리가 깊이 들어가지 않아서 한해를 만나게 되면 곧 벼가 말라 버리기 때문에 상당한 피해를 입게 된다. 반면에 水耕直播를 한다면 뿌리가 깊이 들어가기 때문에 한해를 만난다 해도 쉽게 말라 버리지 않는다. 그러므로 수전의 개간은 단위면적당의 수확량을 증대시키는데 크게 기여하였다. 게다가 수리관개시설의 확대는 토지의 이용을 증대시켰다. 즉 필요에 따라서 같은 땅에 수전농사를 짓기도 하고, 또 한전농사도 짓는「水陸兼種」이 가능하였던 것이다. 수전이 확대되면서 6세기 이후에는 벼의 재배가 크게 증대되었고, 이에 따라 주식 가운데 쌀이 차지하는 비중은 더욱 높아졌다.

(3) 맥류 재배의 확산

한반도 지역에서 일찍부터 五穀이나 벼가 재배되었음은 고대의 여러 기록에서 확인된다. 이 가운데 콩이나 조 등의 발작물은 보리나 벼에 비해 수분을 많이 필요로 하지 않을 뿐만 아니라 경작기술이 그리 높지 않아도 되기 때문에 이른 시기부터 널리 재배되었다.

이들과는 달리 보리를 비롯한 麥類는 삼국 초기 이전에 널리 재배되지 않은 것 같다. 청동기시대와 초기 철기시대의 유적에서 벼나 콩류, 기장·조 등에 비해 보리나 밀의 발견 예가 드물기 때문이다. 그러나 삼국 초기 이후 철제 농기구의 보급과 이에 따른 농업 생산기술의 발전으로 맥류, 특히 보리의 재배가 확산되기 시작하였는데, 이것은《삼국사기》초기 기록을 통하여 확인할 수 있다.

14)《三國史記》권 3, 新羅本紀 3, 눌지마립간 13년.
15)《三國史記》권 4, 新羅本紀 4, 법흥왕 18년 3월.

〈표 1〉 자연재해로 피해를 입은 작물현황(지증왕대 이전)

연 도	봄·여름	연 도	가 을
祗摩 3	春3月 雨雹麥苗傷	婆娑 30	秋7月 蝗害穀
奈解 27	夏4月 雹傷菽麥	祗摩 11	秋7月 飛蝗害穀
訥祗 41	夏4月 隕霜傷麥	逸聖 6	秋7月 隕霜殺穀
		阿達羅 8	秋7月 蝗害穀
婆娑 5	夏5月 南新縣麥連歧	阿達羅 17	秋7月 霜雹害穀
		奈解 10	秋7月 霜雹殺穀
		助賁 8	秋8月 蝗害穀
		味鄒 11	秋7月 霜雹害穀
		奈勿 34	秋7月 蝗穀不登
		實聖 5	秋7月 國西蝗害穀
		訥祗 4	秋7月 隕霜殺穀
		訥祗 15	秋7月 霜雹殺穀
		訥祗 38	秋7月 霜雹害穀

위의 〈표 1〉에서 가을에 피해를 입은 곡식을 단지 「穀」이라고만 표현하였는데, 그것이 벼를 의미하는 것인지 아니면 곡물 일반을 지칭하는 것인지 앞으로 좀더 세밀한 검토가 필요하다. 봄과 여름에 피해를 입은 곡식은 콩과 보리이다. 보리는 건조하고 차가운 기후에도 잘 견디므로 봄가뭄이 심한 우리 나라 기후조건에 적합한 작물이며, 무엇보다 성장기간이 짧고 쌀·조 등의 추곡이 바닥나는 6월경에 수확할 수 있어 농민들의 식량해결에도 큰 도움을 주었다. 맥류의 재배가 확산되면서 신라 초기부터 보리는 쌀과 함께 당시 신라인의 주식의 하나로서 확고한 위치를 점하게 되었다고 추정된다.

2) 수공업

철기는 청동기와 달리 원료의 채취가 쉽고, 대량 생산이 비교적 용이하였으므로 무기뿐만 아니라 토목공구·농기구 등에 이르기까지 사용되었다. 그런데 철기의 제작과 사용은 철광석의 채취·제련·제작과정에서 고도의 기술을 가진 숙련공을 필요로 하기 때문에 採鑛과 철기제작에 종사하는 전문적 匠人

集團을 전제로 한다. 초기에는 우수한 제철기술을 보유한 야장이 정치적 지배자로 부상하기도 하였다.[16] 그러나 어느 단계부터 정치적 지배자가 정치력을 강화하면서 철기만을 제작하는 전업적인 장인들이 생겨났던 것이다. 이들은 사로국이나 각 소국 수장층의 철저한 관리와 통제 아래 철기류를 생산하였고, 그 대가로 정치적으로나 사회적으로 상당한 대우를 받았다. 최근 발견된 경주시 황성동 제철 유적은 4세기 단계에 製鐵－鑄造－製鋼－鍛冶의 일괄 공정을 갖춘 제철공방을 중심으로 대량생산이 가능하였음을 보여 주고 있다.[17]

한편 신라에서는 일찍부터 금·은·동 등이 생산되었고, 가공기술도 매우 발전하여, 고대 일본인들은 신라를 「金銀의 나라」로 일컫기도 하였다.[18] 일반적으로 금·은·동의 원료는 산지가 매우 한정되어 있다. 또 원료의 채취에서 제품의 생산에 이르기까지 각 분야별로 전문화된 장인 내지 장인집단이 필요하고, 그 집단을 적재적소에 배치하면서 일관되게 움직이는 생산조직과 그 조직을 효율적으로 관리할 수 있는 강력한 정치세력의 존재가 필수적이다. 따라서 금은세공품을 가공할 수 있는 세력은 매우 제한될 수밖에 없다. '민간에서 금은의 사용을 禁한다'라는 기록이[19] 말해 주듯이 신라는 귀금속의 사용을 제한하거나 그 생산체계를 통제하였다. 철제품과는 달리 금으로 만든 귀중품은 경주지역 이외의 신라 영향권 아래에 있었던 경상도지역에서는 그 발견 예가 드문 것은[20] 이와 관련이 있다. 물론 각 소국마다 金銅製品을 생산하는 체제가 전혀 없었던 것은 아니었다. 5세기 초·중엽 이전 시기에 일부 소국에서는 出字形 立飾이 아닌 독특한 형식의 금동관을 제작하였던 사실에서 그것을 짐작할 수 있다.[21] 이후 낙동강 동안지역에서 발견된 금

---

16) 《三國遺事》 권 1, 紀異 2의 昔脫解 관련 설화에 석탈해 자신이 야장임을 밝힌 내용이 보인다.

17) 李榮勳, 〈경주 황성동 철기제작유구〉(《第34回 全國歷史學大會發表要旨》, 1991), 372~379쪽.

18) 《日本書紀》 권 9, 神功王后 攝政前紀(中哀天皇 9년 10월).

19) 《三國史記》 권 1, 新羅本紀 1, 일성니사금 11년.

20) 금제 귀걸이가 대구 내당동과 비산동 고분군, 양산 부부총, 동래 복천동 고분군 등에서 발견되었고, 또 양산 부부총에서는 금제 팔찌가 발견된 바 있다. 이외에 낙동강 동안지역의 경상도지역 고분들에서 발견되는 장식품들은 은이나 금동제가 대부분이며, 그 품질도 경주지역의 것에 비해 저열하다.

21) 이러한 형식의 金銅冠은 5세기 초·중엽 이전에 축조된 의성 탑리 고분, 동래 복천동 11호분에서 출토되었고, 성주지역에서도 발견된 바 있다.

동관이 출자형입식으로 획일화된 현상은[22] 그러한 제품들의 생산체제가 신라세력의 통제 아래 놓여 있었던 사정을 반영한다.[23] 장신구를 비롯하여 금은으로 만들어진 제품들의 대부분은 신라가 직접 제작하여 각 소국의 수장층과 지배층에게 사여한 것이었다고 보인다.[24]

5세기 이후 신라의 지방 소국 수공업 생산체계에 대한 통제력의 강화를 보여 주는 또 다른 유물이 바로 토기이다. 토기는 일상적인 용구이기 때문에 신석기시대 이래로 특별한 기술이 없어도 아무나 만들 수 있었다. 그러다가 2~3세기경 정치권력이 일찍 확립되는 곳에서부터 전업적 토기 생산체계가 갖추어져 陶質土器들이 대량으로 만들어지기 시작하였다. 그리고 거기로부터 토기 제작기술과 양식이 주변지역으로 서서히 전파되는 양상이 보인다.[25] 4세기 말 이후에 낙동강 동안지역(신라식 토기 : 성주 포함)과 낙동강 서안지역(가야식 토기)으로 토기의 양식이 분명하게 나누어지는 양상은 신라와 가야의 정치적 영향력이 주변으로 확대되는 과정과 관련이 깊다. 이 때 신라 영향권 아래에 있었던 각 소국들은 신라의 통제를 받으면서 그들 나름대로 각각 도질토기를 생산하기도 하였다.

또한 신라에서는 일찍부터 삼실과 명주실을 섞어 짠 縑布(거친 비단)가 생산되었다. 天馬塚(황남동 155호 고분)에서 나온 섬유질은 대부분 平織과 1/2綾織이고, 浸染에 의한 염색법과 夾纈에 의한 捺染法을 사용한 것으로서 5세기 단계의 직조 및 염색기술이 이미 상당한 수준에 달하였음을 알려 준다.[26] 이 섬유질은 전업적인 수공업자들에 의해 만들어진 고급 비단으로 추정된다.

신라 초기의 수공업체계는 6세기 무렵 각 소국의 해체와 그에 이은 중앙집

22) 出字形 立飾의 金銅冠은 동래 복천동 1호분, 창녕 교동 7호분, 경산 임당동 7호분, 대구 비산동 37호분, 양산 부부총에서 출토되었고, 선산지방에서도 그것이 수습된 바 있었다.

23) 全德在, 〈新羅 州郡制 成立背景硏究〉(《韓國史論》 22, 서울大, 1990), 43~45쪽.

24) 李漢祥, 〈5~6세기 新羅의 邊境支配方式－裝身具 分析을 중심으로－〉(《韓國史論》 33, 서울大, 1995), 46~52쪽.

25) 李盛周, 〈原三國時代 土器의 類型·系譜·編年·生産體制〉(《韓國古代史論叢》 2, 韓國古代社會硏究所, 1991), 294쪽.

26) 金相溶, 〈遺物을 통하여 본 古代 織物技術－경주 황남동 155號 고분 출토 섬유물의 분석고찰－〉(《직물검사》 2－2, 1974), 3~4쪽.

권적인 국가체제의 정비와 더불어 새롭게 재편되었다. 中古期에 국왕이나 왕실에서 필요로 하는 물품을 궁중 자체에서 생산하는 궁중수공업과 관청에서 필요로 하는 물품을 생산하는 관영수공업으로 수공업체계가 분화·정비되었는데,[27] 이 가운데 궁중수공업의 정비는 內省의 설치와 밀접한 관계를 지녔다. 眞平王 44년(622)에 金龍春을 內省私臣에 임명하고, 大宮·梁宮·沙梁宮을 관장하도록 하였다.[28] 진평왕 7년부터 3궁에 각각 私臣을 두어 관장케 한 바 있는데, 내성사신의 설치는 3궁의 관리체계를 일원화하겠다는 의도의 반영이다. 아마도 이 때 궁중에 필요한 물품을 조달하는 수공업 계통의 관청들도 체계적으로 정비되었을 것이다. 내성 관하에는 106개의 관청들이 있었으며, 그 가운데 수공업과 관련된 관청은 약 30여 개이다. 직관지에 전하는 내성 관하의 수공업 관청들과 그 업무를 정리하면 〈표 2〉와 같다. 내성 관하 수공업 관청 가운데 어느 것이 중고기에 설치된 것인지를 가려내기는 어렵다. 일단 여기서는 《삼국사기》 직관지의 내성 관하의 관청 가운데 수공업 관청을 모두 망라하였다.

직관지에는 내성 관하 수공업 관청의 운영체계에 대한 구체적인 기록은 전하지 않는다. 다만 각 관청의 직능을 통하여 대략적인 내용을 추론해볼 때 일부 제품의 경우는 분업화된 생산체계를 갖추고 있음을 확인할 수 있다. 예를 들면 직물류의 생산과 관련하여 누에고치에서 실을 켜는 일을 담당한 疏典, 精練한 후에 표백을 맡은 漂典, 염색을 담당한 染宮과 紅典, 직조 후 印染을 맡았던 攢染典, 직접 織品을 만드는 錦典과 朝霞房·綺典 등 원료의 채취에서부터 완제품 생산에 이르기까지 일련의 생산공정을 갖추었음을 살필 수 있다. 가죽제품의 생산에서도 皮典-打典-鞦典-皮打典-鞜典·靴典 등 서로 연관되는 분업체계를 갖추고 있음을 볼 수 있다.[29] 이외에 다른 제품의 경우에는 일련의 생산공정을 추론할 수 있는 분업체계는 보이지 않는데, 이

27) 홍희유, 《조선중세수공업사연구》(과학백과사전출판사, 1979 ; 지양사, 1988)에서는 신라의 관청수공업 내에 궁정수공업이 포함된 것으로 분류하였다. 한편 朴南守, 〈宮中手工業의 成立과 整備〉(《東國史學》 26, 東國大, 1992)에서는 궁중수공업을 관영수공업과 구별되는 국왕 직속 內省 산하의 수공업 경영형태로 이해하였다.

28) 《三國史記》 권 4, 新羅本紀 4, 진평왕 44년 2월.

29) 朴南守, 《新羅手工業史》(신서원, 1996), 109~112쪽.

러한 경우에는 貢賦의 형태로서 보완하였다고 추정된다. 궁중수공업은 신라 수공업 발전에 상당한 기여를 하였지만, 그러나 그것은 국왕을 비롯한 왕실과 일부 진골귀족들의 사치 욕구를 충족시키기 위하여 폐쇄적으로 운영되었다는 점에서 당시 사회전반의 수공업 발전 수준과 괴리를 보이기도 하였다.

〈표 2〉 궁중수공업 관청

官廳名	改名	職能
朝霞房		朝霞紬(고급비단) 생산
染宮		염색작업과 염료제조
疏典		누에고치에서 실을 뽑는 일
紅典		붉은 염색물 취급
蘇芳典		蘇木을 길러 붉은 물감을 채취하는 일
攢染典		옷을 염색하는 일
漂典		표백 담당
倭典		일본과의 무역에 필요한 수공업품 제조
錦典	織錦房	고급비단 생산
鐵鍮典	築冶房	각종 철기와 유기의 생산
漆典	飾器房	각종 그릇의 옻칠 담당
毛典	聚毳房	모직물 제작
皮典	鞄人房	가죽제품 생산
鞦典		마구에 쓰이는 가죽제품 생산
皮打典	韗工房	각종 가죽 북 제조
磨典	梓人房	각종 목공품 제조
鞜典		가죽신 제조
靴典		가죽장화 제조
打典		가죽제품의 무두질 관계
麻履典		각종 미투리(삼신) 제작
麻典	織房局	각종 의복 제조와 천 짜기
曝典		각종 제품을 햇볕에 말리는 일
阿尼典		
綺典	別錦房	고급비단 생산
席典	奉座局	돗자리를 비롯한 자리 제조
机概典	机盤局	밥상, 책상, 탁상 등 제조
楊典	司篚局	각종 광주리 제조
瓦器典	陶登局	각종 도기와 벽돌, 기와 등 제조
南下所宮	雜工司	각종 특수한 수공업품 제조
針房		의복과 자수품 제조

한편 관청에서 필요한 물품들을 생산하는 관영수공업은 국가조직의 분화가 미숙한 단계에서는 독자적인 영역으로 존재하였다고 보기 어렵다. 6세기 이후 신라가 중앙과 지방행정조직을 정비하면서 각 행정조직에 필요한 수공업 제품들의 수요가 증가하였고, 이에 따라 관영수공업이 궁중수공업 체계와는 다른 체계로서 분리되었던 것이다.

수공업 관계 행정부서로서 대표적인 것이 工匠府이다. 신문왕대에 공장부의 장관과 차관급인 令과 卿이 두어졌다 하더라도 그 하급 실무관리인 主書는 眞德王 5년(651)에 설치되었으므로 중고기에 이미 관영수공업을 관장하는 조직이 갖추어졌다고 볼 수 있다. 이외에도 병장기와 선박의 제조를 담당하던 兵部, 선박제조 등을 관리하던 船府, 국왕의 의장용 수레와 말을 관리하고 수레의 제작과 마구 등을 생산하는 수공업관청을 관리하던 乘府, 수도 경주의 성을 축조하거나 수리를 책임지던 六部少監典 등이 수공업과 관련된 관청들이다.

관영수공업은 크게 보아 관청이 직접 관리하는 수공업공장에서 그에 필요한 물품을 조달하거나 관청에서 필요한 물품을 장인들에게 貢賦의 형태로 바치게 하는 형식으로 운영되었다고 추정된다. 전자와 관련하여 수공업자들의 집단거주지로서 成의 명칭을 지닌 지명들을 주목할 필요가 있겠다. 검을 제작하던 寶劍成, 금을 생산하던 麗金成, 비단을 생산하던 進錦成과 濯金成 등이 대표적인 곳이다.[30] 수공업자의 집단거주지는 신라가 각 지방 소국을 州나 郡·村으로 재편하는 과정에서 각 소국의 일부 장인들을 집단적으로 거주케 한 것에서 기원하지 않았나 한다. 물론 삼국통일 이후에도 백제나 고구려 계통의 장인들을 그와 같은 곳에 거주시키는 경우도 적지 않았을 것이다. 당시 이 곳에 거주하던 사람들의 신분은 6두품인 强首와 釜谷(가맛골)에 사는 冶匠의 딸이 결혼한 것에서 보듯이 천민이 아니라 양인신분이었다.[31] 이들 지역은 어떠한 방법으로든 국가의 직접적인 관리와 통제를 받았을 것인데, 이러한 점에서 관청에서 요구하는 물품을 전문적으로 생산하는 공장이

30) 홍희유, 앞의 책, 7~10쪽.

31) 폐쇄적인 신분제사회인 신라시대에 야장의 자식과 6두품 신분이 결혼하였다는 것은 야장이 천민이 아닌 양인신분이었음을 말해 주는 것이다.

바로 이들 지역에 위치하였던 것으로 여겨진다.

한편 중고기에는 민간수공업도 분화되고 발전하였다. 우선 이 때 지방사회에서 전업적으로 수공업에 종사한 장인으로서 匠尺이 있었는데, 이들은 모두 외위를 수여받은 지방사회의 지배층이었다. 초기에 각 소국 수장층의 보호와 관리를 받던 이들은 6세기 이후에 각 촌에서 필요한 철제품이나 각종 수공업제품들을 자립적으로 생산한 다음 그것을 판매하여 상당한 경제적 富를 축적하였을 것이다. 그리고 장척층이 지방사회에서 이와 같은 위치를 차지하고 있음을 감안해서 국가는 그들에게 외위를 수여하고 지방사회의 지배자로서 인정하였던 것으로 믿어진다.[32] 국가는 대신 이들에게 부역의 의무를 부과시켰다. 그 의무로는 南山新城의 축조에서 보이는 것처럼 일정 기간 축성이나 중요한 건축물 조성 등의 요역에 동원되는 경우, 관영수공업 공장에 일정 기간 노역으로 동원되는 경우도 있었을 것이고, 또 어떤 사람들은 그가 만든 수공업 제품을 대신 바치는 경우도 있었을 것이다.[33] 이 당시 지방사회에서는 장척 이외에 다양한 기술을 가진 장인들이 존재하였는데, 비문에 보이는 雜工·工人·面石捉人·小石捉人 등이 바로 그들이다. 이들도 장척과 마찬가지로 외위를 수여받았다.

그리고 일부는 귀족 개인들의 수공업공장에서 일하였다. 중대에 황룡사의 종을 만든 사람이 「里上宅下典」이었는데,[34] 여기서 이상택하전은 33金入宅 가운데 하나인 里上宅에 예속된 장인을 말한다. 당시 재상가에는 奴僮이 3천명이 있었고, 甲兵과 牛·馬·猪도 그와 비슷한 숫자가 있었던 것에서 보듯이[35] 유력귀족들은 독자적인 수공업 공장을 차리고 그들의 생활에 필요한 물품과 무기들을 생산하였다. 후대의 경우를 통해서 미루어 볼 때, 중고기의 귀족들도 그러하였을 가능성이 매우 높다.

신라시대에 가내수공업으로 생산된 것 가운데 가장 대표적인 것이 직조물

---

32) 全德在, 앞의 글, 30~33쪽.

33) 일본 고대국가의 율령 조항에 백성들에게 賦稅로서 철제품을 바치게 한 규정이 있다(原島禮二, 〈8世紀における鐵の生産と流通〉, 《日本古代社會の基本構造》, 未來社, 1968, 390~397쪽).

34) 《三國遺事》 권 3, 塔像 4, 皇龍寺鐘 芬皇寺藥師 奉德寺鐘.

35) 《新唐書》 권 220, 列傳 145, 東夷 新羅.

이었다. 《梁書》에는 신라에 '뽕나무와 삼나무가 많았으며, 縑布(거친 비단)를 짰다'라는 내용이 전한다.[36] 그리고 신라 초기에 6부 여자들이 길쌈경기를 하기도 하였다.[37] 麻布는 백성들의 일상적인 옷감이었던 만큼 그들은 이것을 주로 자급자족적인 가내수공업으로 조달하였다. 그리고 마포는 초기부터 국가의 과세대상이기도 하였다. 당시 직조에 쓰인 방직기구는 고구려 쌍영총 고분벽화「직녀도」에서 보듯이 베틀의 구조와 바디·북·잉아 모양들이 조선시대에 흔히 쓰던 것과 거의 비슷한 수준이었다.[38]

3) 상 업

삼한에서는 중국의 郡縣·倭 등과 국제무역을 활발하게 전개하였다. 《三國志》에 의하면, 변한지역에서 생산된 철은 韓·濊·倭뿐만 아니라 중국 군현에 공급되었고, 이 때 그것은 교환수단으로서 돈과 같이 사용되었다고 한다.[39] 당시에 삼한 각 소국 간에도 교역이 이루어졌음은 물론이다.

당시 교역의 성격을 잘 보여 주는 유물이 실물화폐의 용도로서 사용된 鐵鋌이다. 철정이 발견된 고분들은 크기나 규모, 부장유물의 성격 등으로 보아 각 지역의 수장층이나 최고 지배층들의 무덤으로 추정된다.[40] 이와 같은 고고학적 증거는 당시 철정이 수장층과 일부 지배계층에게만 집중되었던 사실과 관계가 있을 뿐만 아니라 주로 각 소국이나 읍락의 지배층들을 중심으로 교역이 이루어졌던 사정을 반영한다.

그리고 3세기 단계에서 고구려가 漢 郡縣과의 경계지점에「幘溝漊」를 설치하여 중국과의 대외적인 교섭과 교역을 일원화하였다거나[41] 倭의 女王國(邪馬臺國)이 여러 소국에 관리를 파견하여서 교역을 감시하도록 하였던 예에

---

36) 《梁書》 권 54, 列傳 48, 諸夷 東夷 新羅.
37) 《三國史記》 권 1, 新羅本紀 1, 유리니사금 9년.
38) 홍희유, 앞의 책, 13쪽.
39) 《三國志》 권 30, 魏書 30, 烏丸鮮卑東夷傳 30, 弁辰.
40) 林孝澤, 〈副葬鐵鋌考〉(《東義史學》 2, 東義大, 1986), 3쪽.
41) 幘溝漊는 고구려 중앙정부에서만 中國 郡縣과의 대외교섭을 가질 수 있도록, 즉 대외교섭 창구를 일원화하기 위하여 현도군과의 경계지점에 설치한 교역지점을 말한다.

서[42] 보듯이 당시 사로국도 통상적인 교역루트를 장악하여 각 소국 사이의 교역행위를 통제하거나 감시하였다. 사로국이 일찍부터 낙동강 하류 수로교통의 요지인 양산의 黃山津을 장악하고 경상도 내륙지방과 백제·고구려를 연결하는 교통로로서 계립령과 죽령을 개통하여 그 곳을 통제하고,[43] 주요 교통로나 변방지역에 성을 쌓은 것은 이와 관련이 있다. 이 때 사로국은 교통의 요지에 관리를 파견하여 소국 자체뿐만 아니라 각 소국과 소국 사이의 교역까지도 감시케 하였는데, 양산지역에는 5세기 전반에 朴堤上을, 그 전에 대구지역에 위치한 達伐城에는 城主로서 克宗을 파견한 바 있었다.[44]

그러나 신라 초기에 각 소국이나 읍락 사이의 교역이 활발하였던 것에 반하여 각 소국이나 읍락집단 내부의 교역은 미미하였던 것 같다. 이 당시 각 소국은 國邑과 邑落으로 구성되어 있었는데, 읍락에는 공동체적인 관계의 유제가 강고하게 잔존하여 국읍의 主帥가 읍락에 雜居할 만큼 수장층의 정치적 지배력은 여전히 미약한 형편이었다. 동예에서는 타읍락집단과의 어떠한 접촉도 허용하지 않는 강고한 폐쇄성을 지니고 있었다. 이렇게 공동체적인 관계의 유제가 온존된 사회에서는 그들 내부 성원 사이의 교역은 거의 이루어지기 힘들었다. 대부분의 일상 생활용품들은 자급자족적인 형태로 조달되었기 때문이다. 읍락 내부에서 교역이 활발해지기 위해서는 사회분화가 좀더 진전되어 그 내부의 계층분화가 활발하게 이루어져야만 한다.

신라 초기의 상업은 6세기를 전후한 시기부터 그 양상이 새롭게 변하기 시작하였다. 그 변화의 계기는 4~6세기에 걸친 농업생산력의 발달이었다. 이것은 각 소국이나 읍락집단들을 신라의 州나 郡·村으로 재편하는 動因으로 작용하였다. 이에 따라 초기에 성행하던 각 소국 사이의 교역체계는 와해되기에 이르렀다.

여기에다 농업생산성의 증대는 교환경제의 발달을 촉진시켰다.《삼국사기》에서는 炤知麻立干 12년(490)에 신라가 처음으로 시장을 개설하였다고 전한

42)《三國志》권 30, 魏書 30, 烏丸鮮卑東夷傳 30, 倭.

43)《三國史記》권 2, 新羅本紀 2에 보면 阿達羅尼師今 3년과 5년에 각각 鷄立嶺路와 竹嶺을 열었다고 한다.

44) 全德在, 앞의 글, 13~15쪽.

다.[45] 이어서 지증왕 10년(509)에도 경주에 東市가 개설되고, 아울러 그것을 관리하는 市典이 설치되었다.[46] 경주는 각 지방에서 바치는 조세와 공물이 집중되는 곳일 뿐만 아니라 귀족들이 거주하던 곳이었으므로 그만큼 교역의 수요가 풍부한 지역이었다.

이처럼 6세기 이후 교환경제가 발달하면서 교환수단으로서 철정 대신 布가 널리 쓰이기 시작하였다.[47] 포는 이른바 「男耕女織」을 하는 일반 농민들이 생산할 수 있는 품목으로 곡물과 함께 국가 조세품목의 하나였다. 따라서 포가 교환수단으로 이용된 사실은 모든 백성들이 바로 교환경제 체제에 편입되었음을 의미하는 것이기도 하다. '시장에서는 모두 부녀자들이 물건을 사고 판다'라는 《新唐書》의 기록은[48] 통일신라시대에 부녀자들이 거래를 행하던 소규모 시장이 적지 않았음을 시사하는 자료이다. 위의 기록이 통일기의 사실을 전하는 것이라 할지라도, 그러한 시장들은 중고기 이래 일반 백성들 사이에서 상거래가 활발하게 진행된 결과를 반영한 것이었다.

또 일반 백성들의 교환행위는 고리대를 통해서도 이루어졌다. 본래 고리대는 빈농들에게 사원이나 귀족, 또는 부호농민들이 높은 이자로 곡식을 대여하는 행위를 말하는 것이다. 고리대는 고구려에서는 이미 3세기부터 성행하였고,[49] 신라에서는 文武王 9년(669) 고리대 원곡과 이자 탕감조치를 통하여[50] 그 이전에 고리대가 성행하였음을 알 수 있다. 고리대의 성행은 부수적

---

45) 《三國史記》 권 3, 新羅本紀 3, 소지마립간 12년 3월.

46) 《三國史記》 권 4, 新羅本紀 4에서는 지증왕 10년에 東市만을 설치하였다고 서술했다. 그러나 같은 책 職官志에서는 東市典을 설치했다고 언급하고 있으며, 그 설치 연대 또한 신라본기와 달리 지증왕 9년이라고 하였다. 이를 볼 때 지증왕 10년을 전후하여 동시와 그것을 관리하는 시전이 설치되었던 것으로 이해할 수 있다.

47) '都城 안의 시장 물건값은 布 1匹에 30碩 내지 50碩이었다'라는 《三國遺事》 권 1, 紀異 2, 太宗春秋公조의 기록과 '예전에는 絹布 10尋의 길이를 1匹로 하였는데, 이제 그것을 고쳐서 길이 7步, 너비 2尺으로서 1匹로 삼는다'라는 《三國史記》 권 6, 新羅本紀 6, 문무왕 5년조의 기록 등에서 布가 교환수단으로서 널리 이용되었음을 확인할 수 있다.

48) 《新唐書》 권 220, 列傳 145, 東夷 新羅.

49) 3세기 무렵인 故國川王代에 賑貸法을 실시하였는데, 이것도 일종의 고리대라고 할 수 있다.

50) 《三國史記》 권 6, 新羅本紀 6, 문무왕 9년 2월.

으로 토지매매의 증대와 더불어 계층분화를 더욱 촉진시켰다.

6세기 이후 교환경제의 발달은 운송수단과 교통로의 발달에 의해서도 뒷받침되었다. 신라는 訥祗麻立干 22년(438)에 民에게 牛車를 사용하는 법을 가르쳤으며, 炤知麻立干 9년(487)에는 4방에 郵驛을 설치하고, 官道를 수리하여 운송로를 정비하였다. 그리고 육상운송과 더불어 수로를 이용한 운송체계도 정비하였다. 즉 智證王 6년(505)에는 선박 이용제도를 새로이 정비하였고, 문무왕 18년(678)에는 船府를 설치하여 선박운송에 관한 업무를 전담케 하였던 것이다. 이전에는 병부의 大監과 弟監이 그것을 담당하였다. 이러한 운송수단과 교통로의 정비는 일차적으로 각 지방에서 바치는 조세나 공물들의 수송을 더욱 편리하고 빠르게 하기 위한 목적이었지만, 그러나 그것은 부수적으로 각 지방과 경주 사이뿐만 아니라 각 지방들 간의 교환을 촉진시키는 데도 기여하였다.

4) 토지제도와 조세·요역제도

(1) 토지제도

신라 초기에는 읍락내에 공동체적인 관계의 유제가 온존하였기 때문에 개별 농가의 자립성이 매우 미약하였다. 이 때 각 읍락내의 농민들은 비교적 차별이 없는 상태에서 개별적으로 토지를 점유하는 것이 일반적이었다. 따라서 신라 초기에는 토지소유의 주체들이 뚜렷하게 부각되기 힘들었고, 이로 인하여 국가적 차원에서 토지제도가 정비되기도 어려웠다. 물론 部나 읍락 그리고 소국의 지배층은 대규모 토지를 노비노동을 이용하여 경작하였다고 추정되기도 하나, 토지의 소유권 자체가 국가 차원에서 법제화된 흔적은 발견할 수 없다.

신라의 토지제도가 국가적 차원에서 정비된 것은 6세기 이후였다. 4~6세기 철제 농기구와 牛耕의 보급으로 인한 농업생산력의 발달은 농민들의 계층분화를 촉진시켰다.[51] 이 결과로 읍락내에서는 토지를 둘러싼 소유의 분화

---

51) 고구려에서는 3세기 무렵부터「力田自給」하는 계층과 더불어 고용농의 존재가

현상이 나타났고, 이러한 현상의 심화는 토지에 대한 사적 소유권을 확립시키는 계기로 작용하였다.[52] 한편 이 무렵에 신라는 이와 같은 사회변동에 대응하여 소국이나 읍락을 해체한 다음, 그 곳을 州나 郡·村으로 재편하여 전국에 걸친 일원적인 수취체계를 정비하려고 하였다. 이를 위해 국가에서는 전국의 모든 토지에 대한 소유관계를 파악할 필요가 있었고, 이 과정에서 국가적 규모에서 비로소 토지제도가 정비되었던 것으로 보인다.[53]

6세기 이후에 정비된 토지제도는 그에 관한 구체적인 기록이 전하지 않기 때문에 그 전모를 밝히기는 곤란하지만, 일단 현재 확인되는 토지의 종류로서는 국유지와 사유지, 촌락공유지 등을 들 수 있다. 그리고 국유지에는 왕실직속지와 국가소유지, 사유지에는 농민과 귀족들의 사유지가 있었다.[54]

먼저 왕실직속지는 내성에서 관리한 토지를 말한다. 문무왕 2년에 왕은 김유신과 김인문에게 내성 관하로 추정되는 本彼宮의 財貨·田莊·奴僕을 나누어 주었다.[55] 본피궁과 마찬가지로 內省私臣이 관장하였던 大宮·梁宮·沙梁宮에도 각각 그에 딸린 田莊이 있었을 것이다. 사량궁의 唱翳倉은 이들 전장에서 거두어들인 곡식을 저장하던 창고로 추정되기 때문이다. 또 왕실직속지와 관련된 토지로는 말기르는 목장인 馬阹가 있었다. 문무왕 9년에 왕실은 22곳의 마거를 하사받았다.[56] 마거는 섬 등의 변방지역에 산재하는 것이 보통이었다.

국가소유지는 국가에서 귀족들에게 下賜한 토지를 통해 그 존재를 확인할

확인되고, 〈광개토왕릉비〉을 통해서 「富足之者」가 각 촌락마다 상당수 존재하였음을 짐작할 수 있다. 신라에서도 4세기 말부터 유이민의 존재가 발견되며, 5세기 말에는 「游食百姓」들이 사회문제로 대두되었다(전덕재, 〈4~6세기 농업생산력의 발달과 사회변동〉, 《역사와 현실》 4, 한국역사연구회, 1990, 30~40쪽).

52) 전덕재, 위의 글, 35~37쪽.

53) 安秉佑, 〈6~7세기의 토지제도〉(《韓國古代史論叢》 4, 韓國古代社會硏究所, 1992), 278쪽.

54) 사유지는 개인에게 그 소유권이 귀속된 토지이면서 동시에 국가의 수취대상 토지를 말한다. 왕실직속지는 국가의 수취대상에서 제외된다는 점에서 사유지로 보기 힘들다.

55) 《三國史記》 권 6, 新羅本紀 6, 문무왕 2년 2월.

56) 문무왕 9년에 174곳의 馬阹를 官과 관리들에게 하사한 바 있는데, 이 때 왕실을 의미하는 所內가 22곳을 하사받았다(《三國史記》 권 6, 新羅本紀 6, 문무왕 9년 5월).

수 있다. 진흥왕 23년(562) 대가야 멸망에 공을 세운 斯多含에게 진흥왕이 良田을 하사하려 하였다.[57] 그리고 문무왕 2년에는 김유신에게 田 500結을 하사하였다.[58] 여기서 양전이라고 표현한다든지 또는 전 500결이라고 서술한 사실에서 사여대상 토지가 이미 경작하고 있는 토지임을 알 수 있다. 위의 인물들에게 사여되기 이전에 이들 경작지의 소유 주체는 국가였을 것이다.

국가소유지의 기원과 관련하여 김인문이 熊川州의 토지를 하사받은 사실을 주목할 필요가 있겠다.[59] 웅천주는 백제의 故地였으므로 김인문이 위의 토지를 하사받은 시점은 백제 멸망 후이다. 당시 일반 농민들의 토지는 특별한 사정이 없는 한 그대로 소유권을 인정해 주었다고 생각한다. 그렇다고 한다면 김인문이 하사받은 토지는 백제의 국가소유지나 백제왕실의 직속지, 또는 고위 귀족들의 사유지였다고 짐작된다. 여기서 국가소유지의 확보가 바로 신라가 멸망시킨 나라들의 위와 같은 성격의 토지들을 몰수하는 것에서 연원하였다고 추론해볼 수 있겠다. 물론 백제와 고구려뿐만 아니라 그 이전의 加耶諸國, 그리고 경상도 각 지역의 辰韓小國들을 병합하는 과정에서도 그와 같은 토지가 확보되었을 것이다. 초기에는 왕실직속지와 국가소유지는 뚜렷하게 구분되지 않았을 것이다. 하지만 행정조직의 정비와 더불어 이들 토지 역시 왕실직속지와 국가소유지로 구분되었다고 보인다.

한편 국가소유지 가운데 특수한 토지의 하나로서 변경지대 군대주둔지에 설치한 屯田을 들 수 있다. 통일전쟁이 한창이던 7세기 중반에 신라에서 둔전을 두었음이 확인된다.[60] 그리고 〈丹陽 赤城碑〉에 보이는「佃舍法」은 둔전경영과 관련된 법조항으로 보인다.[61]

왕실직속지와 더불어 국가소유지가 어떠한 방식으로 경영되었는지 알려주는 기록은 전하지 않는다. 그러나 기원 1세기경 漢人 1,500여 명이 진한인

57) 《三國史記》 권 4, 新羅本紀 4, 진흥왕 23년 7월.
한편 列傳 斯多含條에서는 사다함이 良田을 거부하고 閼川의 不毛之地를 請하여 사여받았다고 서술하였다.

58) 《三國史記》 권 42, 列傳 2, 金庾信.

59) 〈聖住寺朗慧和尙塔碑〉(《譯註韓國古代金石文》 3, 1992), 107쪽.

60) 《三國史記》 권 7, 新羅本紀 7, 문무왕 11년 7월 26일.

61) 安秉佑, 앞의 글, 319~324쪽.

에게 잡혀 노비가 되었고, 그들 가운데 한 사람이 밭에서 참새를 쫓았다고 전한다.[62] 이 때 노비들 대부분은 소국 수장층의 소유였을 것이다. 따라서 위의 경우는 수장들이 노비노동을 이용하여 토지를 경작하던 당시의 모습을 전한 것으로 이해할 수 있다. 그리고 더 나아가 사로국왕의 직속지에서도 그와 같은 방식으로 경작되었다고 추정할 수도 있다. 이를 통해서 6세기 이후 왕실직속지에서도 노비노동을 이용한 농업 경영방식이 존재하였을 가능성을 충분히 고려해봄직하다. 그렇지만 모든 왕실직속지가 그러하였는지는 여전히 숙제로 남겨진다. 물론 국가소유지의 경우도 마찬가지이다.[63]

소유권이 개인에게 귀속된 사유지는 신라 토지의 대부분을 차지하는 것이었다. 읍락공동체의 해체과정에서 농민들은 세습적으로 점유하던 토지를 자신들의 사유지로 확보하였다. 국가는 각 읍락이나 촌락에 거주하는 농민들의 토지소유관계를 조사하여 수취의 기준자료로 삼았다고 보이기 때문에 그 과정에서 농민들의 토지소유권을 인정해 주었을 것이다.[64] 통일신라시대에 이러한 농민들의 토지는 「烟受有田(畓)」으로 불리었다. 그리고 농민들의 토지는 제한적인 범위내에서 증여뿐만 아니라 매매까지도 가능하였다.

한편 농민들뿐만 아니라 귀족들도 대규모 사유지를 소유한 주체였다. 귀족들은 우선 국가로부터 토지를 하사받아 대규모 사유지를 확보할 수 있었다. 그리고 이외에도 여러 가지 방법으로 귀족들은 대규모 토지를 확보하였을 것이다.[65] 당시 귀족들의 대규모 사유지를 田莊이라고 불렀다.

---

62) 《三國志》 권 30, 魏書 30, 烏丸鮮卑東夷傳 30, 韓.

63) 통일신라시대의 官僚田이 佃戶制에 의하여 경영되었다고 본 견해가 있다(李喜寬, 〈統一新羅時代 官僚田의 支給과 經營〉, 《新羅文化祭學術發表會論文集》 13, 1992, 74쪽). 이러한 경영방식이 중고기의 왕실직속지와 국가소유지에도 존재하였으리라 짐작되지만, 그 비중이 얼마만큼이었는지는 확실치 않다.

64) 당시에 量田을 실시하지 않았다고 하더라도 각 촌마다 어느 곳의 논과 밭은 누구의 소유라는 정도는 관행상 모두에게 인지되는 사실이었다고 믿어진다. 아마도 국가는 그러한 관행을 그대로 추인해 주었지 않았을까 한다.

65) 귀족들의 대규모 토지소유의 연원과 관련하여 신라 초기에 骨伐國王 阿音夫가 사로국에 항복하고 田莊을 하사받은 사실이 주목된다. 초기의 기록이기 때문에 그대로 믿기 어렵지만, 그러나 한편 이것을 통해 신라국가에 귀속된 각 소국의 수장층이나 지배층들이 국가로부터 그와 같이 토지를 수여받았음을 시사받을 수 있다. 아마도 이 때 신라에서 수여한 토지의 대부분은 원래 소국 수장층이나 지배계층들이 보유하고 있던 토지였다고 생각된다.

사유지는 원칙적으로 국가의 수취대상 토지였다. 그리고 이들 토지들은 귀족이나 관리들이 부분적으로 수취권을 행사할 수 있는 食邑地와 祿邑地로도 설정되었을 것이다. 이 때 귀족들은 자신의 대토지가 위치한 지역의 고을을 자신들의 식읍지나 녹읍지로 수여받으려고 하였을 것이다. 실제로 신라에 항복한 金官國王 金仇亥는 김해지역을 식읍지로 수여받기도 하였다.

마지막으로 촌락공유지는 阿達城太守가 날짜를 정하여 일제히 성 밖에 나가 麻를 심도록 한《삼국사기》의 내용을[66] 통해 살펴볼 수 있다. 아달성은 말갈의 침입이 잦은 변경지방에 위치하였으므로 위의 조치는 그들의 침입에서 농민들을 보호하기 위해서였다. 그러나 이것만이 성민들이 일제히 나가 麻를 심은 이유의 전부였을까. 일반적으로 麻田의 경작은 매우 복잡한 과정을 거쳐야 하기 때문에 개별 가호가 독자적으로 그것을 경영하기는 힘들다고 한다.[67] 이와 같은 마전 경영의 특성을 염두에 둔다면, 위의 사실은 城民 전체가 공동으로 마전을 경영한 실례를 보여주는 자료로 볼 수 있다. 이렇게 촌민 전체로 경영되는 토지를「촌락공유지」라고 부를 수 있을 것이다.

(2) 조세·요역제도

신라 초기의 수취제도에 대해서는 자료가 별로 없는 편이어서 구체적인 내용은 알기 힘들다. 다만 三韓小國에서 무슨 일이 있거나 성곽을 쌓을 때 年少勇健者를 징발하였다는《三國志》魏書 東夷傳 韓條의 내용을 통해서 신라 초기에 部나 읍락의 지배층이 읍락민을 요역에 징발하였음을 짐작할 수 있다.《晋書》에서는 馬韓에 調役이 있었다고[68] 하였다. 당시에 요역과 군역을 뚜렷하게 구별하여 징발하였다고 보이지 않으며, 공공건물이나 城의 축조, 그리고 전쟁 등 국가에서 필요할 때마다 읍락민을 무작위로 징발하였을 것이다. 이와 같은 방식은 당시 사회생활이 집단적이고 공동체적인 모습을 띠었던 것과 관련이 있다.

---

66)《三國史記》권 47, 列傳 7, 素那.
67) 마전 경영의 구체적인 내용에 대해서는 安秉佑, 앞의 글, 310~312쪽이 참조된다.
68)《晋書》권 97, 列傳 67, 東夷 馬韓.
한편 진한은 마한과 풍속이 거의 같다고 하였다.

또한 신라 초기에 곡물을 저장하던 物藏庫와 그것을 관장하던 관리의 존재가[69] 확인되는데, 이것은 신라에서 일찍부터 일반민들로부터 부세를 거두었음을 알려 주는 자료이다. 초기에 신라는 내부의 통치에 대하여 자치력을 행사하는 6개의 부로 구성되었으므로[70] 당시 부세수취의 주체는 부의 지배층이었다고 할 수 있다. 이 때 부의 주요 수취대상은 읍락민의 대부분을 차지한 下戶였다. 고구려의 하호들이 지배층에게 양식과 생선·소금을 멀리서 져다 바쳤다고[71] 하였으므로 신라의 경우도 크게 다르지 않았을 것이다. 그러나 당시 부의 지배층이 어떠한 방식으로 부세를 수취하였고, 얼마만큼의 양을 거두었는지는 확인할 수 없다. 그리고 部集團은 왕권에 의하여 일정한 통제를 받았기 때문에 그들은 어떠한 방식으로든지 왕에게 공납물을 바쳤을 것으로 추정된다.

한편 신라 초기에 경주분지에 위치한 사로국은 주변의 진한소국들과 지배-복속관계를 형성하고 있었다. 이 때 각 소국은 복속의 표시로서 사로국에 공물을 헌상하였다.[72] 사로국은 소국들이 공물을 바치기를 거부하면 군대를 파견하여 그들을 응징하였다.[73] 그리고 때에 따라서는 사로국이 주변의 소국민들을 전쟁이나 축성 등에 징발하기도 하였다.[74]

신라의 수취제도가 국가적 차원에서 정비된 것은 6세기 이후였다. 이 무렵 신라는 중앙집권적인 국가체제를 정비하면서 종래의 部를 왕경의 행정구역으로, 소국이나 읍락을 주·군·촌으로 재편하고, 부민을 비롯하여 각 소국의 읍락민들을 국가의 公民으로 편제하였다. 이에 따라 수취제도상에서도 커다란 변동이 뒤따랐던 것이다.

먼저 가장 두드러진 변화는 요역의 체계적인 정비에서 찾을 수 있다. 《삼

69) 《三國史記》 권 2, 新羅本紀 2, 첨해니사금 5년.
70) 全德在, 《新羅六部體制硏究》(一潮閣, 1996), 10~38쪽.
71) 《三國志》 권 30, 魏書 30, 烏丸鮮卑東夷傳 30, 高句麗.
72) 예컨대 于山國(울릉도)에서 매년 토산물을 바쳤다든지, 古陁郡(安東)主가 婆娑尼師今 5년에 靑牛를, 助賁尼師今 13년에 嘉禾를 헌상한 사실 등이 바로 그러한 실례들이다.
73) 전덕재, 앞의 글(1990b), 8~12쪽.
74) 신라 초기에 자주 보이는 축성 기사는 사로국이 주변 소국민을 징발하여 축성하였던 실례를 보여 주는 자료라고 할 수 있다.

국사기》 신라본기 소지마립간 8년(486)에 '一善界 丁夫 3천 명을 징발하여 三年·屈山 2城을 改築하였다'고 한다. 이렇게 계량된 정부의 수까지 명기하여 요역을 징발한 것은 어느 한 지역의 주민을 무작위적이 아니라 국가가 의도적으로 계량한 15세 이상의 정부 3,000명을 징발하였음을 말하는 것이다. 즉 신라가 5세기 말 단계에 각 家戶마다의 사정을 참작하여 축성역에 人丁을 징발하였던 것이다.[75] 실제로 6세기 중반 〈단양 적성비〉에서 미성년 소년·소녀를 小子·小女로 표현하였듯이 신라가 각 가호마다의 연령별·성별 인구수를 파악하기도 하였다.

중고기 신라의 요역 징발체계는 지금까지 발견된 비문들을 통해 살필 수 있는데, 그 가운데 가장 대표적인 것이 〈南山新城碑〉이다. 이 비문은 남산신성을 쌓고 만약 3년 이내에 무너지면 그 책임자들이 처벌을 받겠다는 서약을 서술하고, 그들의 인적사항을 적기한 것으로 구성되어 있다. 〈남산신성 제1비〉와 〈제2비〉에서는 책임자들을 지방관(邏頭·道使 ; 왕경인)-재지지배자(村主·匠尺)-기술자 집단의 순으로 기록하였다. 이러한 비문의 구성을 볼 때, 役夫의 동원은 지방관과 재지지배자 등이 담당하였다고 할 수 있다. 그러나 최근에 발견된 또 다른 신성비문에는 지방관이 보이지 않고 다만 재지지배자만이 보이는데, 이것은 지방관의 개입 여부가 지역에 따라 차이가 있었음을 말해 주고 있다. 지금까지 발견된 비문을 통해서 볼 때, 중고기에는 국가가 郡 단위로 요역을 부과하였고, 다시 각 군은 〈남산신성 제1비〉와 〈제2비〉에서 보이듯이 특정한 한 촌이나 또는 여러 촌의 丁夫들을 요역에 징발하였던 것 같다.

한편 요역과 마찬가지로 군역 징발방식도 중고기에 체계적으로 정비되었다. 《隋書》 新羅傳에는 신라에서 건장한 남자를 모두 뽑아 군대에 편입시켰다고 하였다.[76] 그리고 《삼국사기》 薛氏女傳은 진평왕대 설씨녀의 아버지가 3년 기간의 군인으로 징발되었으나 嘉實이란 청년이 그것을 대신하였던 사정을 전해 주고 있다.[77] 특히 후자의 경우는 단혼소가족인 경우에도 예외없

---

75) 김기흥, 《삼국 및 통일신라 세제의 연구》(역사비평사, 1991), 91쪽.
76) 《隋書》 권 81, 列傳 46, 東夷 新羅.
77) 《三國史記》 권 48, 列傳 8, 薛氏女.

이 군역의 의무를 이행하였고, 그 기간은 일반적으로 3년이었음을 알려 주기까지 한다. 이 때 왕경민뿐만 아니라 지방민도 군역에 징발되었다.78) 물론 중고기 초에는 왕경인으로 구성된 군대와 지방민으로 구성된 부대는 엄격하게 구별되었다. 왕경인으로 구성된 군대는 四方軍主가 사령관으로 있었던 停에 주둔하는 것이 일반적이었다.

그런데 여기서 짚고 넘어가야 할 한 가지 문제는 군역과 요역과의 관계이다. 앞에서 언급하였듯이 6세기 이후 일반민들은 군역과 요역을 모두 부담하였다. 군복무 기간은 3년이었으므로 군에 징발된 사람들은 3년 동안 집을 떠나 오로지 국방의 의무에만 전념하여야 하였다. 따라서 군역을 지고 있는 사람의 입장에서는 다른 요역이나 조세부담을 감당할 여력이 없음은 물론이다. 특히 설씨녀의 집안처럼 가세가 곤궁한 경우를 생각하면 더욱 그러하다. 이에 따라 국가는 군사를 차질없이 징발하기 위하여 여러 가지 조치를 강구하였을 것으로 추정된다. 그 가운데 하나는 군사로 징발된 가족들에게 요역이나 조세부담을 감면시켜 주는 경우를 생각해 볼 수 있다. 隋와 唐나라에서는 府兵으로 징발된 人丁의 경우 租庸調의 부담을 면제시켜 주었음이 이와 관련하여 참고된다.79)

노동력과 더불어 중요한 수취대상의 하나는 현물이었다. 신라의 경우는 구체적인 기록이 없지만, 고구려나 백제의 경우 부세로서 米 또는 粟과 絹布를 바치게 하였다.80) 신라가 고구려·백제와 풍속·刑政·의복이 거의 같았으므로 신라의 賦稅制度 역시 그들과 비슷하였을 것이다.

중고기 초 수취관계를 총괄하던 중앙관부는 稟主였다. 이는 一名 租主라고도 불렀는데, 품주·조주라고 부른 이유는 바로 그 관부가 租를 거둔 다음 그것을 창고에다 저장하여 관리하는 것이 주 임무였기 때문이었다.81) 그리고 진평왕 6년(584)에 貢賦의 수취를 담당하는 調府가 설치되면서 품주에서 관장하던 수취관련 업무가 조부로 이관되었다.

78) 진흥왕대 관산성전투에서 三年山郡 高干 都刀가 이끄는 지방민 군대가 新州軍主가 지휘하는 州兵에 속하였던 것에서 이를 확인할 수 있다.
79) 樊樹志, 《中國封建土地關係發展史》(北京 ; 人民出版社, 1988), 155~158쪽.
80) 《周書》 권 49, 列傳 41, 異域 上, 高麗 및 百濟.
81) 李基白, 〈稟主考〉(《新羅政治社會史研究》, 一潮閣, 1974), 140~144쪽.

신라가 중고기에 어떠한 방식으로 부세를 거두었는가에 관한 구체적인 기록은 전하지 않으므로 고구려와 백제, 후대의 자료를 통해 그것을 유추할 수 밖에 없다. 먼저 고구려의 경우《수서》고려전에 '人稅는 布 5匹에 穀 5石이다. 遊人은 3년에 한 번을 내되 열 사람이 어울려서 細布 1匹을 낸다. 租는 (上:필자)戶는 1석, 다음은 7斗, 그 다음은 5斗를 낸다'라는 내용이 보인다. 여기서 알 수 있는 사실은 각 가호마다 조를 거두었다는 점이다.[82] 위의 기록에서 포 5필과 곡 5석은 중국 세제상에서 바로 戶調에 비견될 수 있고, 租는 부가세의 성격이 강한 戶稅의 일종으로 이해된다. 이와 같은 고구려의 부세제도를 가지고 짐작하건대, 중고기 신라의 경우도 각 가호마다 組의 명목으로 쌀 또는 다른 곡물을, 調의 명목으로는 絹과 布를 부과하는 賦稅制度가 있었던 것으로 생각된다. 더욱이《수서》신라전에 '혼례를 치를 때 단지 酒食을 차리는데, 빈부에 따라 그 輕重의 차이가 있었다'라고 하였듯이 중고기 신라사회에서는 빈부 격차가 심화된 상태였기 때문에 점차적으로 가호마다의 빈부 격차를 고려한 부세 징수체계를 정비하여 나갔다고 판단된다. 통일전쟁기를 거치면서 확립된 9등호제는 그와 같은 측면을 반영한 수취제도의 정비와 관련이 있을 것이다.

한편 통일기에 작성된 〈佐波理加盤文書〉에는 巴川村이 매달 1일마다 上米와 大豆를 바치는 예가 보인다. 그리고 〈村落文書〉에서는 통일기에 신라에서 수취의 기준자료로서 각 촌마다 計烟을 설정하였음을 알려 주고 있다. 이것

82) 기존에《隋書》권 81, 列傳 46, 高麗傳에 나오는 앞 규정을 근거로 고구려에서 人丁을 기준으로 부세를 부과하는 稅制 즉 人頭稅를 시행하였다고 보았다(金基興, 앞의 책, 50~59쪽). 그러나 중국이나 일본의 경우 人丁을 기준으로 곡물이나 布·絹을 부과하는 부세제도는 唐代 또는 율령국가 시기에 가서 마련되며, 그것도 국가에서 토지를 농민에게 균등하게 분급한 사실을 전제로 하여 정비되었다. 그 이전 단계에서는 주로 家戶 단위로 부세를 부과하는 방식이 채택되었던 것이다. 이러한 주변 나라들의 경우를 생각한다면, 위의 규정만을 근거로 고구려에서도 인정을 기준으로 부세를 부과하였다고 보기는 어렵다고 하겠다. 그리고 위에서 언급된 부세의 양이 인정 1인에게 부과한 것으로서는 지나치게 많다는 점에서도 더욱 그러하다. 이런 점에서 위의 규정은 국가에서 부세를 부과하기 위하여 정한 일정한 기준치를 모두 갖춘 家戶에게 부과한 양으로 보는 것이 타당하지 않을까 한다. 한편 遊人은 농업생산에 종사하지 않은 여타의 피지배층을 가리키는 표현으로 보이며, 그러한 이유로 국가에서는 농민들과 차등을 두어 부세를 거두었다고 짐작된다.

은 통일기에 촌을 단위로 요역과 조세, 貢賦를 거두었음을 알려 주는 자료들이다. 그런데 중고기에 요역을 촌 단위로 징발하였다. 즉 중고기의 요역 징발방식이 어느 정도 통일기에도 계승되었던 것이다. 부세의 수취도 역시 마찬가지였을 것이다. 아마도 국가에서 郡을 통해 촌마다의 사정에 따라 부세 수취량을 할당하고, 촌은 그 할당량을 다시 개별 가호마다 할당하여 거두어서 국가에 납부하는 형식이었을 것이다. 그러나 당시 농민들의 부세부담이 어느 정도였는지는 분명하게 말하기 곤란하다.[83)]

〈全德在〉

4. 사회구조

1) 신라사회의 대본이 되는 골품제도

최초 오늘날의 慶州 일원을 중심으로 하여 조그만 농업공동체로 출발한 斯盧國이 주변의 辰韓 동료 국가들을 모두 병합하여 대연맹왕국을 형성한 것은 대체로 4세기경의 일이었다고 생각된다. 다만 이 연맹왕국은 지역적으로는 매우 넓은 영역을 차지하고는 있었으나, 아직 조정의 통제력은 미약한 편이어서 다수의 城邑國家들이 망라된 모자이크 형태의 국가에 지나지 않았다. 그런데 奈勿麻立干 이래 1백 년 이상에 걸친 이른바 마립간시대를 통해서 왕권은 꾸준히 성장하고 이에 따라 신라조정의 지역사회에 대한 통제력도 크게 강화되어 6세기에 들어서면 연맹왕국시대의 부족적·다원적인 유제가 청산 극복되기 시작했다.

이 시기 신라조정이 중앙집권체제로의 질적 전환을 달성할 수 있었던 데는 두 가지 요인이 작용했다. 즉 그 하나는 전국적인 지방제도의 채택이었고 다른 하나는 律令의 반포였다. 신라는 智證麻立干 때 처음으로 州郡制度를

---

83) 다만 戶調制를 실시한 중국 北魏의 경우 一夫一婦가 粟 2石과 帛 2匹을 바쳤고, 租庸調制가 확립된 唐나라에서는 1丁當 租로서 粟 2石, 調로서 絹 2丈과 棉 3兩(또는 布 2丈 5尺, 麻 3斤)을 바쳤던 사실을 참고할 수 있겠다.

시행하여 그 동안 사로 연맹왕국에 참여해 온 여러 지방세력들을 강고한 전국적인 지배망 속에 결속시킬 수 있었다. 그리고 이에 뒤이어 法興王 7년(520)에 반포된 율령제도는 단편적인 지역세력들을 중앙의 통제 아래 통합시킬 수 있는 계기를 마련해 주었다. 그러니까 지방제도가 일종의 접착제의 구실을 하였다면 율령은 그야말로 용해제의 기능을 수행한 것이다. 이 주군제와 율령제 실시를 계기로 하여 바야흐로 신라사회에는 법제화·조직화의 시대가 전개되었는데, 이 시대가 되면 뭔가 통합된 단일국가로서의 전반적인 여러 기능이 서로 연관되어 작동하고 있다는 느낌을 받게 된다. 사회학자 뒤르켕의 용어를 빌린다면 그것은 부족의 同類性에 의한 소위 기계적 連帶에서 분업에 의한 유기적 연대로의 移行을 달성한 것에 비유할 수 있다.

이같은 시대적인 추이에 따라 신라사회는 줄곧 변화를 강요당하고 새로운 집단이 출현했을 것이다. 신라의 사회구조란 필경 이처럼 많은 서로 다른 집단들 사이의 사회관계를 합산해 놓은 것이었다고 볼 수 있다. 주지하듯이 세계의 어떤 민족사회·국가사회이건 간에 사회구조의 파악에서 가장 유력한 실마리가 되는 것은 경제·정치적 측면이다. 다만 우리들이 사회의 고유한 영역에 국한시켜 이를 고찰할 경우 무엇보다도 계급이 주요한 관심 대상이 된다. 이는 마르크스주의의 영향 때문이기도 하지만 확실히 여기에는 어떤 강점이 있다고 생각된다. 그러나 한편 산업사회에 이르러 비로소 그 개념이 전형적으로 형성된 계급개념을 사용하여 신라사회를 분석하는 데는 많은 무리가 따르게 된다. 실제로 우리들은 그러한 개념적 구조를 검증할 만한 구체적인 자료를 갖고 있지 못한 실정이다. 더욱이 계급만이 유일한 고려의 대상이 되는 것은 아니다. 이 밖에도 인종·지역사회·직업·가족·연령·性 등 많은 유대관계들이 사회구조와 상호 연관되어 있다. 그런데 신라사회에서는 직업이 곧바로 신분을 나타내고 있으므로 우리들은 사회구조의 양상을 신분제사회라는 틀 속에서 검토할 필요가 있는 것이다. 이 신분제사회의 세포는 물론 가족이지만, 이는 연합하여 지역적으로 村을 구성하고 있고 한편으로는 친족집단의 혈연조직망 속에 은폐되어 있는 까닭에 그 파악이 쉽지 않다.

중국 上海에 거주하면서 1860년대 후반에 전후 세 차례에 걸쳐 來韓하여 開港 통상을 요구한 바 있는 유태인 계통의 독일상인이었던 오페르트(Ernest

J. Oppert)는 한국의 풍속·습관·종교에 대해 기술하면서 한민족의 특색은 무엇보다도 엄격한 계급차별이라고 다음과 같이 논한 바 있다.[1)]

> 이같은 조선의 계급제도는 인도의 힌두족에 있어서 지배적인 계급제도(Caste)와 비슷한 점도 많이 있지만, 그러나 또 한편으로는 뚜렷한 차이를 보이고 있다. 즉 힌두족의 경우에는 이같은 계급 구별이 종교적인 규율과 관습에 의거하고 있는데, 한민족에 있어서는 종교적인 이유라고는 전혀 볼 수가 없고 오로지 정치적인 이유에만 근원이 있는 것이다.

과연 오페르트가 지적한 것처럼 카스트제도의 이데올로기적인 기반이 전적으로 브라만교의 가치체계에 있는 반면에 양반제도는 비록 유교의 가치관에 그 이데올로기적 기반을 두었다고는 하지만, 이 제도의 본질 자체는 종교적 차원이 아니라 오히려 정치적 차원에서 추구해야 할 성질의 것이다. 그런데 카스트제도와 같은 엄격한 계급차별은 韓國史上 양반제도보다는 오히려 신라의 骨品制度에서 찾아볼 수가 있다. 실로 골품제도야말로 신라의 사회적 본질을 관통하는 하나의 굵은 繫線이었다.[2)] 아니, 그것은 바로 신라사회의 大本이 되는 제도였다.[3)] 그러므로 우리들이 신라의 사회구조를 전반적으로 파악하려 할 경우 무엇보다도 이 골품제도에 주목할 필요가 있다고 생각한다.

2) 골품제도의 형성 배경

(1) 왕경 6부의 성립과 그 전개과정

골품제도는 6세기 전반에 王京 6部 사람들을 대상으로 하여 편제된 것이다. 그런 만큼 우리들이 골품제도의 형성 배경을 추구하려면 무엇보다도 이 6부의 역사를 검토하지 않으면 안된다. 그런데 6부야말로 초기 신라국가의 中核으로 그 형성사는 그대로 신라의 발전과정과 그 궤를 같이하고 있다. 그

1) Ernest J. Oppert, *Ein Verschlossenes Land, Reisen nach Korea,* Leipzig, 1880 ; 韓沽劤 譯, 《朝鮮紀行》(一潮閣, 1974, 75쪽).
2) 李德星, 《朝鮮古代社會硏究》(正音社, 1949), 85·123쪽.
3) 李基白, 《韓國史新論》(一潮閣, 1967), 91쪽.

러므로 우리들은 신라의 성장 및 발전과정 속에서 6부 성립의 계기를 포착할 필요가 있다.

일찍이 조선 英·正祖시대의 학자 李種徽는 시조 赫居世로부터 5세기 말의 炤知마립간에 이르기까지의 신라역사를 마치 道家의 이념이 구현된 매우 평화스러운 시대인 양 예찬한 바 있다. 즉 이 기간 중에 신라는 변화에 잘 순응하면서 無爲自然의 상태로 나라와 백성을 이끌어 갔으므로 가령 老子와 莊子가 맡아 다스렸다고 하더라도 그 이상의 통치는 기대할 수 없었을 것이라 하였다.[4] 사실 《三國史記》 新羅本紀 기사를 보면 上古시대에 신라의 王系는 朴·昔·金의 3姓이 交立하는 형편이었음에도 불구하고 전혀 무력적인 대결이 발생하지 않은 채 매우 평화적인 방법으로 왕실의 교체가 이루어진 것처럼 되어 있다. 이는 高句麗本紀와 비교해 볼 때 큰 차이가 나는 점이다.

그러나 소위 3성에 의한 왕실 교체가 역사서에 기록된 것처럼 항상 평화적으로만 이루어졌을 리는 없다. 어쩌면 왕실 교체는 때때로 무력 대결을 수반했을 터이다. 이 점과 관련하여 李德星의 다음과 같은 추측은 매우 흥미가 있다. 즉 그에 의하면 사로 6촌의 전설부터가 한 개의 정복수단의 표징이며, 박씨 시조라는 혁거세야말로 신라 역사상 최초의 정복자였다고 한다. 나아가 그는 석씨 시조라는 脫解가 경주에서 지배적인 위치를 차지한 것도 어디까지나 정복의식의 결과이며, 김씨 시조인 閼智의 경주 진출 역시 정복행동에 의해 이루어진 것으로 보았다. 그는 조정이 알지의 출현을 계기로 하여 국호를 始林에서 鷄林으로 바꿨다고 한 사실에서 어떤 중대한 의미를 찾으려고 했다. 그리고 그는 내물마립간의 석씨 왕실 제압을 비상수단에 의한 것으로 추측했다. 요컨대 그에 의하면 3성이 교립한 사로국 왕실에는 억제할 수 없는 정복의식의 저류가 흐르고 있었고, 王系의 교체는 항상 정복행위의 결과로 이루어졌다는 것이다.[5]

우리는 이 극단적으로 대립되는 두 가지 견해 중 어느 한 쪽을 택하여 신라 上古시대의 역사를 복원해야 하는 어려움에 직면해 있다. 하지만 의혹과 난관은 이뿐만이 아니다. 신라본기에 기술되어 있는 상고의 世系와 紀年에도

4) 李種徽 《修山集》 권 6, 史論, 新羅論 1.

5) 李德星, 앞의 책, 44·62~63·70·74· 110~111·123쪽.

많은 불합리한 점이 느껴지기 때문이다. 가령 세계는 그렇다고 치더라도 기년에 있어서는 어떤「합리적」인 조정이 불가피한 형편이다. 그리하여 그간 연구자들 사이에서 여러 가지 기년 조정안이 제안되기도 했으나, 아직까지 학계의 전폭적인 지지를 받고 있는 조정안은 나오지 못한 채 가설의 범주에 머물고 있을 따름이다.

이제 문제를 왕경 6부의 발생에 한정하여 생각해 보면,《삼국사기》와《三國遺事》에는 건국 당시부터 존재해 오던 6촌을 제3대 儒理尼師今 9년(32)에 6부로 개칭하면서 각 부에 姓氏를 부여했다고 기술되어 있다. 그러나 대다수의 연구자들은 이 기사의 내용을 그대로 믿을 수 없다는 데 의견이 일치하고 있다. 가령 성씨의 下賜와 같은 것은 신라통일기의 어느 때임이 분명한 것이다. 또한 6부 관련 기사에 뒤이어 17관등을 제정했다는 기사가 보이지만, 이 역시 훨씬 후대인 6세기 전반의 사실에 불과하다. 한편 6부의 성립이 종전의 6촌을 개편한 결과라는 역사서의 기록에도 의문이 없을 수 없다. 왜냐하면 6부는 역시 사로국의 진한 병합의 정치적 산물로 생각되기 때문이다. 바꿔 말하면 신라는 연맹왕국 형성과정에서 병합한 크고 작은 주변 성읍국가들의 지배층을 경주 일원에 이주시킴으로써 왕경 6부를 편제해 나갔다고 여겨지기 때문이다. 이렇게 본다면 6부의 성립 시기는 일단 내물마립간의 시대, 즉 4세기 후반경으로까지 거슬러 올라갈 수 있다는 것이다.6)

다만 6부의 성립시기와 관련하여 한 가지 생각해 볼 것은 과연 6부가 어느 한 시기에 성립된 것인가 어떤가 하는 점이다. 이러한 의문은 6세기경의 금석문자료에서 볼 때 6부 가운데 喙部(梁部)와 沙喙部(沙梁部) 2부의 압도적인 우세가 간파되기 때문이다. 사실 本彼部나 岑喙部(漸梁部 · 牟梁部), 斯彼部(習比部)는 매우 미약한 존재로 등장할 뿐이며, 韓岐部(漢只伐部 · 漢祇部)의 존재는 완전히 몰각되어 있다. 그리하여 6부의 원류는 대체로 5세기 初頭를 전후한 시기에 고구려의 군사적 영향 아래 탁부와 사탁부가 설치된 뒤 5세기를 통해서 牟梁部 이하의 4부가 增置되어 간 것으로 보는 견해가 나오고 있

6) 최근 신라본기의 초기 기록에 대한 긍정론이 대두하면서 6부의 성립시기를 사로국이 진한의 맹주국으로 등장했다고 보는 3세기 후반경으로 잡아보려는 견해도 나오고 있다(全德在,《新羅六部體制硏究》, 一潮閣, 1996, 10~37쪽 참조).

고,[7] 한편 마립간시대에 탁부·본피부·한기부의 3부가 먼저 성립되었다가 뒤에 탁부에서 사탁부와 잠탁부가, 본피부에서 사피부가 각기 분화된 결과 6부로 완성되었을 것이라는 견해도 나오고 있다.[8]

이처럼 6부가 5세기를 통해서 순차적으로 혹은 3부가 분화함에 따라서 성립된 것으로 보는 견해에는 그럼직한 점이 있다고 생각되지만, 다만 여기에도 문제가 없는 것은 아니다. 왜냐하면 거기에는 역사서에 보이는 6부 관련 기사와 충돌하는 듯한 면이 엿보이기 때문이다. 즉 탁부와 사탁부가 마립간시대 김씨 왕실 직속의 세력기반인 것은 분명하지만, 한편 김씨 이전에 왕실을 장악한 것으로 되어 있는 박씨와 석씨의 세력집단이 각기 모량부 혹은 한기부와 관련이 있는 듯이 역사서에 내비치고 있는 것이다. 가령《삼국유사》에 의하면, 智證王의 妃인 박씨나 진흥왕의 비인 박씨는 모두 모량부 출신으로 되어 있어, 어쩌면 모량부가 소위 박씨 족단의 장악 아래 놓여 있던 부가 아니었을까 하는 추측을 자아낸다. 한편 석씨 족단이 한기부와 관련이 있을 것이라는 주장은 일찍부터 제기되어 왔다.[9] 하긴 상고시기의 3성 교립에 대해서 의문이 있는 것도 사실이지만, 소위 중고시기의 박씨 왕비의 존재는 박씨의 실체가 밝혀지지 않은 채로 학계에서 크게 주목받고 있는 실정이다.

5세기경의 6부는 연맹왕국의 본질을 잘 반영하고 있다. 즉 국왕 직속의 부는 최초 탁부에 불과했고, 나머지 부는 국왕의 직접적인 통제로부터 어느 정도의 자율성을 보유했다. 조정은 6부의 대표자들로 구성되었으며, 그 정치 운영은 국왕과 6부 대표자들과의 합의 아래 이루어졌다. 그 뒤 사탁부가 국왕의 통제 아래 들어가면서 흔히 왕(금석문에는 寐錦王으로 표기됨)의 동생으로 임명되는 葛文王을 사탁부에 소속시켰다. 이처럼 왕실이 탁부와 사탁부를 발판으로 하여 정치적 기반을 확대하여 간 결과 다른 부 대표들의 조정에서의

---

7) 武田幸男,〈新羅六部와 그 展開〉(《碧史李佑成停年紀念 民族史의 展開와 그 文化》上, 창작과비평사, 1990), 123~125쪽.

8) 朱甫暾,〈三國時代의 貴族과 身分制-新羅를 中心으로-〉(한림과학원,《韓國社會發展史論》, 一潮閣, 1992), 11~18쪽.

9) 金哲埈,〈新羅上代社會의 Dual Organization〉上(《歷史學報》1, 1952, 29쪽)·〈新羅上古世系와 그 紀年〉(《歷史學報》17·18, 1962 ;《韓國古代社會研究》, 知識産業社, 1975, 74~76쪽).

입지는 약화되었을 것으로 보인다. 慈悲마립간 12년(469) 정월에 조정은 서울의 坊里에 이름을 정했는데, 종래 이를 6부 성립의 주요한 계기 내지 지표로 생각하기도 했었다. 그러나 이 방리는 6부지역 안의 행정구역 단위를 뜻하는 것으로 보이며, 따라서 이 조치는 각 부에 대한 국왕의 통제력 강화를 위한 시도로 볼 수 있다.[10]

(2) 율령의 수용과 신분층의 결정화 과정

골품제도는 법흥왕 7년(520) 중국 율령의 수용을 계기로 하여 제도적 기틀을 갖추기 시작한 것으로 짐작된다. 당시 제정된 율령의 구체적인 내용은 잘 알 수 없으나, 《삼국사기》 권 33, 志 2, 色服조에 법흥왕 때 처음으로 6부 사람들의 복색의 尊卑제도를 제정했다고 하면서 그 구체적인 制令이 기재되어 있는 것으로 미루어 볼 때 적어도 公服制가 포함되어 있는 것은 분명하다. 그런데 공복제는 이의 적용을 받는 관료집단의 존재를 전제로 하고 있으며, 이는 다름아닌 관등제도를 표시한 것으로, 그 배후에는 골품제도적인 신분제도가 전제되어 있다고 생각된다.[11] 그러니까 율령 반포를 계기로 하여 그 이전부터 시행해 오던 몇몇 관등이 17관등제로 정비되고 나아가 골품제도의 原型이 마련된 것으로 보아 잘못이 없다고 짐작된다.

중국사에서 보면 본디 율령은 황제권의 이념을 뒷받침할 목적에서 제정되었다. 그런데 율령을 수용할 당시 신라의 군주권은 종전의 소위 「6부체제」의 제약을 받아 아직 강고하지 못한 편이었다. 사실 국왕이라고 해도 초월적인 君主像과는 거리가 멀었다. 근래 세상에 알려진 〈迎日 冷水里 新羅碑〉(503)나 혹은 〈蔚珍 鳳坪里 新羅碑〉(524)에서 볼 수 있듯 국왕(寐錦王)은 탁부 출신이라는 그 소속 部名이 표기되어 있을 정도이다. 더욱이 〈냉수리비〉에서 보면 사탁부 소속의 갈문왕 이외에 관등을 보유한 유력자 6명이 일괄 「王」으로 總稱되어 있다. 본래 王이란 세계 어느 지역에서나 또한 어느 시대를

---

10) 全德在, 앞의 책, 30·79쪽.

11) 武田幸男, 〈新羅·法興王代の律令と衣冠制〉(朝鮮史硏究會編, 《古代朝鮮と日本》, 龍溪書舍, 1974), 85~93쪽.
———, 〈新羅官位制の成立〉(《旗田巍古稀記念 朝鮮歷史論集》上, 龍溪書舍, 1979), 167~173쪽.

묻지 않고 다소간 신성한 것이다. 그것은 왕이 전체사회를 상징하는 존재이기 때문이다. 그러니까 왕은 결코 전체사회의 어느 한 부분과 자신을 동일시한다거나 혹은 그것과 이해관계를 같이해서는 안되는 존재이다.[12] 요컨대 신성한 것은 왕 개인이 아니라 왕의 지위인 셈인데, 6세기 초반 무렵만 하더라도 신라의 국왕은 敎書 속에 자신이 특정한 部를 대표하고 있다는 사실을 명기해야만 하는 형편이었다.

그런 만큼 정책을 결정함에 있어서 국왕이 6부의 대표자들과 합의를 거친 다음 더욱이 그들과의 공동명의로 교서를 반포하고 있는 것도 하등 놀랄 일이 아니었다. 다만 530년대에 들어오면서 신라의 정치 운영에는 획기적인 변화가 있었다. 그것은 법흥왕 18년(531)에 上大等직이 설치되면서 지금까지 국왕이 주재하던 6부 대표자회의, 곧 귀족회의를 상대등이 대신 짊어지게 되었기 때문이다.[13] 또한 530년대에 이르면 국왕은 더 이상 소속 部名을 冠稱하지 않아도 되는「太王」이 되었다. 이는 국왕이 탁부뿐 아니라 전 6부의 실질적인 지배자로 그 位相이 올라간 것을 의미한다. 이같은 일련의 현상을 갖고「6부체제」의 해체에 따른 국왕 중심의 집권적 정치체제로의 변화로 파악하는 견해는 설득력이 있다고 생각된다. 즉 이 시기 왕권이 강화됨에 따라서 그 때까지 자치적인 단위정치체로서 기능했던 6부가 해체되고 그 대신 다만 행정구역의 의미를 띠게 된 것으로 파악할 여지가 크다.[14]

---

12) E. E. Evans-Pritchard, The Divine Kingship of the Shilluk of the Nilotic Sudan, *Essays in Social Anthropology,* Faber and Faber, 1962, p.84.

13) 李基白, 〈上大等考〉(《歷史學報》 19, 1962 ; 《新羅政治社會史硏究》, 一潮閣, 1974, 93~96쪽).

14) 全德在, 앞의 책, 111~140쪽. 전덕재는 〈울진 봉평 신라비〉에 보이는 本彼部와 岑喙部의 대표자가 갖고 있던「干支」를 관등으로 인정하지 않아(이 점은 徐毅植도 마찬가지이다. 徐毅植, 《新羅上代 '干'層의 形成·分化와 重位制》, 서울大 博士學位論文, 1994, 29쪽 참조), 법흥왕 11년(524) 당시까지 관등은 탁부와 사탁부 출신에게만 부여되었고 본피부와 잠탁부 출신에 대한 관등 부여는 530년대에 이르러 실현되었을 것이라고 주장했다. 하지만 여기에 보이는「간지」를 大阿飡보다 상위의 어쩌면 伊伐飡이나 伊飡, 혹은 迊飡에 상당하는 관등으로 보는 견해가 유력하다. 이에 대해서는 다음의 논문이 참조된다.
武田幸男, 앞의 글(1990), 111~112쪽.
朱甫暾, 〈6세기초 新羅王權의 位相과 官等制의 成立〉(《歷史敎育論集》 13·14, 慶北大, 1990), 257~260쪽.

율령은 바로 이같은 급격한 정치변화의 소용돌이 속에서 반포된 것이다. 따라서 그것은 신분제도의 편성에 그대로 반영될 수밖에 없었다. 즉 신분제도 편성의 원동력은 당시 중대일로에 있던 왕권이었지만, 그것이 아직 6부 세력을 완전히 압도하지 못한 상태였으므로, 골품제도는 기본적으로 6부에 소속된 왕경사람들이 지방사람들을 제압할 수 있도록 왕경 지배자 공동체의 배타적인 특권을 보장해 주는 방향으로 정착될 수밖에 없었다.[15] 비록 6부체제 자체는 약화의 길로 접어들었으나, 그 지배층은 골품제도에 포섭되어 골품귀족으로 再生 轉化함으로써 그 정치·사회적 명맥을 이어 갈 수 있게 되었다. 소위 중고시대를 통해서 귀족 연합체제적인 정치 운영방식이 근본적으로 변하지 않은 것도[16] 이 때문이었다. 당시 신라의 國制는 형식은 군주제였으나 실제적으로는 귀족제적 구성을 벗어나지 못했다. 결국 골품제도는 6부 귀족연합체제의 정치적 산물이었던 셈이다.

이같은 의미에서 법흥왕 때 정비된 신분제가 과연《삼국사기》職官志에 규정된 것과 같은 그 자체 정연하고 엄격성을 띠고 있는 골품제도와 완전히 일치하는 것인지 어떤지에 대해 의문이 제기되는 것은 당연한 일이다. 사실 眞骨과 6頭品 양 귀족이 구분되는 관등인 大阿飡과 阿飡 모두가 소위 干群 계열에 속하고 있으며, 6세기 초의 금석문 자료에서는 이들 사이에 신분적인 간극을 인정할 만한 명백한 근거를 찾기 어려운 실정이다. 따라서 골품제도가 직관지에서 볼 수 있는 것과 같은 형태로 확립된 시기를 아찬 관등에 6두품을 위한 特進제도로서 소위 重位制가 적용되었으리라고 짐작되는 7세기 중엽 무렵이 아닐까 하는 견해도 나오고 있다.[17] 골품제도와 같은 정연한 신

宣石悅, 〈迎日冷水里新羅碑에 보이는 官等·官職問題〉(《韓國古代史硏究》 3, 1990), 193~194쪽.

申衡錫, 〈5~6세기 新羅六部의 政治社會的 性格과 그 變化〉(《慶北史學》 15, 1992), 21~22쪽.

李仁哲, 〈新羅 律令官制의 運營〉(《新羅政治制度史硏究》, 一志社, 1993), 129~131쪽.

15) 武田幸男, 〈新羅の骨品體制社會〉(《歷史學硏究》 299, 1965), 7~8·10쪽.

16) 李基白, 앞의 책(1974), 94~101쪽.

17) 全德在, 앞의 책, 141~143쪽.
朱甫暾, 앞의 글(1992), 39~40쪽.

분 계층제가 확립되는 데는 필경 상당한 기간에 걸친 사회 成層의 結晶化 과정이 필요했을 것이고 특히 여기에는 진골귀족집단의 배타성도 작용했을 터이므로 이러한 견해는 시사하는 바 크다.[18]

사실 골품제적인 신분제도는 중고시대를 통해서 꾸준히 강고한 정치 사회적 토대를 구축해 갔다. 그것이 가능했던 까닭은 무엇보다도 이 신분제도가 율령의 보장을 받았기 때문이었다.[19] 당시는 신라의 관직제도 발달사에서 볼 때 창설기로부터 정비기에 해당했는데, 골품제도의 가장 큰 정치·사회적 기능은 바로 6부 사람들의 家格을 평가하여 각기 일정한 관직에 오를 수 있는 관등의 범위를 제한하는 것이었다. 이로써 골품제도는 관료집단 내부에 발생하는 기구상의 하이어라키가 곧바로 신분적 上下의 성격을 띠도록 규정했는데, 이것은 삼국통일 후 정상적인 관료제도 발달을 억제했을 뿐 아니라 나아가서는 궁극적으로 소위 中代정치를 파탄으로 이끈 기본적인 요인으로 작용했다.[20]

3) 골품제도의 계층 구성

골품제도는 크게 骨制와 頭品制라는 두 개의 신분계층으로 구성되었다. 이 중 골제는 왕족의 신분제였는데, 이는 다시 聖骨과 眞骨로 구별되었다. 崔致遠은 眞聖女王 때 지은 〈朗慧和尙碑〉에서 진골보다 높은 신분으로「聖而」가 있었다고 했는데, 이는 성골의 別稱이 아닐까 생각된다. 한편 두품제는 6頭品에서 1頭品까지 6개의 신분으로 구분되었다. 이처럼 골품제도는 모두 8개의 신분으로 구성되었으나, 이는 물론 신라사회를 통해서 일관된 것은 아니었고 어느 한 시기의 현상에 지나지 않았다. 주지하듯이 사회구조라든가

---

18) 사회적 등급에 대한 고질화된 관념은 항상 새로운 구별을 만들어 내려는 경향이 있다는 인류학자 로우이의 견해는 참고할 만하다(Robert H. Lowie, *Social Organization,* Rinehart & Company, 1948, p.278).

19) 李基東, 〈新羅의 骨品制度와 日本의 氏姓制度〉(《歷史學報》 94·95, 1982), 137~138쪽.

20) 李基東, 〈新羅 中代의 官僚制와 骨品制〉(《震檀學報》 50, 1980 ; 《新羅骨品制社會와 花郎徒》, 一潮閣, 1984, 131~141쪽).

신분제도는 본래 靜態的·無時間的일 수가 없는 것이다. 왜냐하면 사회는 필경 하나의 과정이며, 비교적 안정된 사회구조라 할지라도 動的인 힘이 다만 평형을 유지하고 있는데 불과하기 때문이다. 이제 신라사회의 신분계층을 편의상 골제와 두품제로 나누어 살펴보기로 한다.

(1) 골제-성골과 진골-

骨制의 원류를 생각할 때 먼저 고려의 대상으로 떠오르는 것이 신라왕실의 血族집단이다. 이 집단은 麻立干시대를 통하여 6부 가운데 가장 유력한 탁부(급량부 혹은 양부)와 사탁부(사량부)를 장악하고 있었다. 하지만 골제의 대상이 된 사회세력을 오로지 왕실 구성원만으로 한정하여 생각하는 것은 옳지 않다고 믿는다. 왜냐하면 6부 가운데서도 본피부나 혹은 모량부의 지배적인 씨족은 왕족에 준하는 대우를 받았을 개연성이 크기 때문이다. 앞에서 보았듯이 중고시대의 박씨 왕비들 중에는 이 모량부 출신의 존재가 두드러진다. 또한 신라에 병합된 지난날의 유력한 小國들의 지배층 일부도 골제의 적용을 받았음에 틀림없다. 법흥왕 19년(532) 신라에 병합된 金官伽耶의 왕족은 사탁부에 편입되면서 진골에 준하는 대우를 받았다. 이같은 예는 고구려 멸망 후 그 왕족인 安勝의 경우를 통해서도 확인된다. 즉 그는 전북 益山에 설치된 報德國의 왕에 임명되어 고구려 유민들을 다스리고 진골 출신의 여성과 혼인하기까지 했다. 보덕국이 해체된 뒤 그는 蘇判 관등을 받았다.

소위 중고시대에 골제는 성골과 진골의 두 계층으로 나누어졌다. 《삼국사기》와 《삼국유사》는 모두 金春秋가 654년 武烈王으로 즉위함으로써 왕통이 종래의 성골에서 진골로 바뀌게 되었다고 대서특필하고 있다. 즉 《삼국유사》 王曆에는 眞平王의 죽음과 함께 성골 남성이 없어져서 그의 딸 善德女王이 즉위했다고 되어 있고, 그 뒤 眞德女王의 죽음으로 성골 왕의 중고가 끝나고 새로이 진골 왕의 下古가 시작되었다고 기록되어 있다. 한편 《삼국사기》 신라본기 진덕여왕 8년조에도 여왕의 사망 기사에 뒤이어 國人의 말이라고 하면서 시조 혁거세로부터 진덕여왕에 이르기까지 28명의 왕들은 성골이요, 무열왕으로부터 마지막 왕(敬順王)에 이르기까지 28명의 왕들은 진골이라는 기사를 덧붙이고 있다. 이처럼 전통적인 역사서들은 신라 왕통에 있어서 성골에서 진골로의 변화에 매우 큰 역사적 의의를 부여하고 있는데, 한편 이들 역사서의 초기 기록에 대하여 비판적이었던 李德星은 이같은 견해에 무조건 따르고 있다. 즉 그는 골품제도가 전 사회적으로 조직되지 못한 채 오직 지배층의 建官의 기준이 되었을 뿐, 성골의 단절과 더불어 전면적으로 붕괴되어 갔다고 논했던 것이다.[21]

이같은 이유로 해서 종래 역사학계의 골품제도에 대한 관심은 무엇보다도 이 성골로부터 진골로의 왕통의 변화에 집중될 수밖에 없었다. 대다수의 연구자들은 그 변화의 원인을 탐구하는 일이야말로 곧 골품제도의 본질을 해명하는 것이라도 되는 양 생각했다. 그러나 같은 왕족의 骨種인 성골과 진골이 구별되는 事由가 구체적으로 드러나지 않았기 때문에 한편으로는 성골의 實在에 대해서 의문을 품기도 했었다. 그러니까 성골과 진골은 실질적으로는 전혀 구별이 되지 않았으며, 어쩌면 성골은 진성여왕으로부터 얼마 지나지 않은 시대에 고대의 王者를 聖王으로 崇尊하는 중국사상의 영향에 의해서 上代의 諸王을 追尊한 것이거나[22] 아니면 선덕 · 진덕 兩王의 소위 여왕 통치를 정당화할 필요에서 진덕여왕이 죽은지 얼마 지나지 않은 시기, 곧 武烈 · 文武 양왕 때에 성골을 추존한 것으로 보기도 했다.[23]

하기야 성골의 실재를 부인하기는 쉽다. 그러나 될 수 있는 한 여기에 어떤 역사적 근거가 있었던 것으로 보고 성골 생성의 배경이랄까 그 진골과의 차이를 탐구하는 것이 올바른 연구자세가 아닐까 생각된다. 이러한 의미에서 중고시대 왕실의 혼인관계에 관심을 기울이는 것은 일단 주목된다고 할 수 있다. 즉 중고시대 왕비의 아버지에게는 대개 갈문왕 칭호가 붙는데, 진골인 무열왕의 할아버지 眞智王의 왕비 아버지인 起烏公에게는 그것이 보이지 않아 어쩌면 성골에서 진골로의 변화, 즉 신분상의 降等은 혹 母系와 관련이 있지 않을까 추측하는 견해도 있었고,[24] 보다 일반적인 관점에서 성골은 父

21) 李德星, 앞의 책, 48 · 84 · 95쪽.

22) 池內宏, 〈新羅の骨品制と王統〉(《東洋學報》 28-3, 1941 ; 《滿鮮史硏究》 上世 2, 吉川弘文館, 1960, 569~572쪽).

23) 武田幸男, 〈新羅骨品制の再檢討〉(《東洋文化硏究所紀要》 67, 1975), 153~166쪽.

24) 今西龍, 〈新羅骨品考〉(《史林》 7-1, 1922 ; 《新羅史硏究》, 近澤書店, 1933, 211쪽).
———, 〈新羅骨品 '聖而'考〉(위의 책, 239~246쪽).

系와 母系가 모두 순수한 王種임에 대하여 진골은 그 중 어느 쪽의 한 代라도 非王種의 혈통이 섞인 까닭에 각기 구별된 것이라는 견해도 제시되었다. 요컨대 성골의 「聖」은 부모 兩系의 혈통이 모두 신성하다는 의식에서 취한 것이고, 한편 진골의 「眞」은 한 쪽은 非眞이나 다른 한 쪽이 眞種이라는 의미에서 취했다는 것이다.[25] 혹은 성골 남성이 '盡했다'는 역사서의 기록에 유의하여 骨의 계승이 성골 간의 족내혼으로 한정된 결과 성골이 차츰 감소되어 간 때문이 아닐까 하는 견해도 있다.[26] 한편 무열왕이 중고 왕실의 혼인 법칙인 성골 남녀 간의 족내혼을 어기고 파계적으로 금관가야 출신 여성과 혼인한 까닭으로 성골로서의 자격이 부정되었다가 즉위의 실현과 동시에 진골로서 긍정되었을 것이라는 견해도 있다.[27]

이처럼 성골에서 진골로의 변화 문제를 추구하는 과정에서 핵심적 관점으로 부각된 것이 중고 왕실의 혈족집단 문제였다. 그리고 그것은 족내혼의 문제로부터 혈족집단의 구성원리라는 범위 문제로 새롭게 확대되었다. 즉 성골의 계승에는 直系가 하나의 조건이 되며 무엇보다도 친족집단의 범위를 벗어나서는 안된다는 것이다. 무열왕이 성골에서 진골로 강등된 것은 가야 계통 여성과 혼인했을 뿐 아니라 마침 그가 박씨 왕비가 처음으로 등장하는 지증왕대로부터 7代째가 되어 소위 7世同一 친족집단의 말단에 속했기 때문이라고 한다. 이 견해에 따르면 신라시대에는 7세동일 친족집단이 사회편제의 기본단위였다고 한다.[28] 그 뒤 중고시대의 왕위계승 친족집단 구성원리로는 3代 家系說이 제기되고 성골 신분을 유지하는 혈족집단도 역시 이 원리

다만 진지왕의 아들인 龍春(혹은 龍樹)이 성골 신분임이 틀림없는 진평왕의 딸 天明夫人과 혼인한 점으로 미루어 볼 때 이같은 견해에는 따르기 어렵다.

25) 李丙燾, 〈古代南堂考〉(《서울大論文集》 1, 人文社會科學, 1954 ; 《韓國古代史硏究》, 博英社, 1976, 632~633쪽).

26) 三品彰英, 〈骨品制社會〉(《古代史講座》 7, 學生社, 1963), 192~200쪽.

27) 末松保和, 〈新羅三代考〉(《史學雜誌》 57-5·6, 1949 ; 《新羅史の諸問題》, 東洋文庫, 1954, 11~15쪽). 金庠基도 이와 비슷한 견해를 제시하여 놓은 바 있다(金庠基, 〈國史上에 나타난 建國說話의 檢討〉, 《建國大學術誌》 5, 1964 ; 《東方史論叢》, 서울大 出版部, 1974, 42~45쪽 참조).

28) 金哲埈, 〈新羅上代社會의 Dual Organization〉下(《歷史學報》 2, 1952), 99쪽.
———, 〈新羅時代의 親族集團〉(《韓國史硏究》 1, 1968 ; 앞의 책, 157~179쪽, 특히 169쪽).

와 일치한다는 견해가 나온 바 있다.[29] 그러나 진골 신분의 경우 世代數가 아무런 문제가 되지 않았던 것으로 미루어 볼 때 유독 성골 신분에만 그것이 적용되었다는 견해에는 따르기 어렵다고 생각된다. 하긴 같은 진골이라고 해도 정치적·사회적 지위에 있어서는 현실의 국왕과의 寸數 여하에 따라 그 우열에 차등이 있었을 터이지만, 그렇다고 하더라도 신분 자체에 어떤 변동이 발생되는 것은 아니었다.

왕족의 골제가 성골과 진골로 갈라지게 된 원인에 대해서는 현재까지 만족할 만한 설명이 나오지 않았다고 할 수 있다. 솔직히 말해서 이 문제는 해명하기 어려운 과제이다. 그러므로 우리들은 종전과는 다른 측면에서 이 문제에 접근할 필요가 있다고 생각된다. 이같은 의미에서 우리들의 관심을 끄는 것이 정치적 차원에서의 파악이다. 즉 7세기 중엽의 선덕·진덕·무열 3王代를 중심으로 한 왕족의식의 변화라는 일반적인 배경에, 다시 직접적으로는 선덕여왕 때의 정치·외교문제가 성골의식을 촉발시켜 마침내 성골이 만들어졌다는 견해가 바로 그것이다.[30] 이러한 발상법은 무엇보다도 성골·진골의 문제를「골품 降下」라는 면에서만 추구한 종래의 연구법과는 달리 적극적인 의미에서「성골 생성」의 면에 주목한 참신한 견해라고 할 수 있다. 다만 이 경우 선덕여왕 말년에 일어난 상대등 毗曇의 반란(647)을 진압하면서 마침 반란의 소용돌이 속에서 죽은 여왕의 후계자로 진덕여왕을 옹립한 김춘추 일파가 진덕여왕을 성골로 떠받들면서 정작 자신은 진골에 머물렀다는 점이 잘 납득이 가지 않는다.

성골의 성립은 중고시대 왕실 혈족집단의 分岐化과정에서 포착할 수 있다고 생각된다. 진골 최초의 왕인 무열왕의 가계집단을 보면 그 시조가 진흥왕의 次子인 眞智王이고, 한편 이와 對蹠的인 위치에 있던 가계로서는 진지왕의 맏형인 銅輪太子系가 상정된다. 진지왕은 동륜태자가 진흥왕 33년(572) 3월에 죽자 어린 조카 白淨을 제치고 즉위했으나, 재위 4년째 되는 해에 和白회의의 결의에 의해서 폐위되었다. 백정이 즉위하여 진평왕이 되었는데, 당

---

29) 李鍾旭,《新羅上代王位繼承硏究》(嶺南大 出版部, 1980), 148~162·266~279쪽.

30) 井上秀雄,〈新羅の骨品制度〉(《歷史學硏究》304, 1965 ;《新羅史基礎硏究》, 東出版, 1974, 304~312쪽).

시는 국가불교의 고조기로 진평왕은 자신의 가족 이름을 釋迦의 가족 이름에서 고스란히 빌려올 정도로 가계의 신성화 작업에 집착했다. 여러 가지 점으로 미루어 볼 때 성골은 바로 이 동륜태자의 직계 卑屬으로 구성된 왕실의 小家族집단이 일반 내물왕계 왕족의 진골 신분과 구별되는 상급 신분으로서 스스로 주장했을 개연성이 크다고 생각된다.[31] 이 점 성골의 개념이 불교 공인 후 불교의 종교적 신성 개념에서 도출되었을 것이라는 견해는[32] 참고할 만하다. 皇龍寺 丈六尊像·9층탑과 더불어 이른바 신라 3寶의 하나로 전해 내려오는 金玉으로 장식한 국왕의 寶帶는 본디 진평왕이 쓰던 것이었다. 그런데 이를 사람들이 「天賜帶」[33] 혹은 「聖帝帶」[34]라 불렀다는 것도 성골의식의 발생을 암시하는 한 자료로 볼 수 있다. 삼국간의 항쟁이 한창 치열하던 국가 비상시기에 진평왕의 딸 선덕여왕이 즉위할 수 있었던 것은 성골이라고 하는 특수한 왕족의식에 힘입은 바 컸던 것으로 짐작된다. 실제로 당시 신라인들은 여왕에게 「聖祖皇姑」[35]라는 칭호를 올렸다고 한다.[36]

(2) 두품제

두품제는 6頭品에서부터 1두품까지 모두 6개의 신분으로 구분되었는데, 종래 이를 왕경 6부와 관련이 있을 것으로 보아 왔다.[37] 실제로 골품제도는 6부 사람들을 대상으로 한 신분제였던 만큼 이같은 견해에는 기본적으로 아

---

31) 李基東, 〈新羅 奈勿王系의 血緣意識〉(《歷史學報》 53·54, 1972 ; 앞의 책, 31~35쪽).
32) 丁仲煥, 〈新羅 聖骨考〉(《李弘稙回甲紀念 韓國史論叢》, 新丘文化社, 1969), 33~52쪽.
33) 《三國遺事》 권 1, 紀異 2, 天賜玉帶.
34) 《高麗史》 권 2, 太祖 20년 5월 癸丑.
35) 《三國史記》 권 5, 新羅本紀 5, 선덕왕
《新唐書》 권 220, 列傳 145, 東夷 新羅傳.
36) 李基東, 앞의 글(1982), 142쪽.
辛鍾遠은 「聖祖皇姑」를 "신성한 祖先의 皇統을 이은 여인"으로 풀이하고, 이 칭호를 당시 신라인의 성골 관념을 보여 주는 표현으로 간주한 바 있다(辛鍾遠, 〈'三國遺事' 善德王知幾三事條의 몇가지 問題〉, 《新羅文化祭學術發表會論文集》 17, 1996, 45~48쪽 참조).
37) 今西龍, 앞의 책, 217쪽.
末松保和, 〈新羅六部考〉(《京城帝國大學記念論文集》 史學篇, 1936 ; 앞의 책, 307쪽).

무런 잘못이 없다. 다만 6부 중 가장 유력했던 及梁 · 沙梁 · 本彼의 3부가 6~4두품에, 그리고 3~1두품은 나머지 3부에 각기 대응하는 것이 아닐까 하는 견해[38]에는 오해의 소지가 있다고 생각된다. 왜냐하면 6부는 전체적으로 보아 그 우열에 차등이 있었던 것은 사실이지만, 한편 각 부의 소속원들이 모두 等質的인 성격을 띠었던 것은 아니기 때문이다. 사실 급량부나 사량부 소속원 중에서도 신분이 낮은 자가 있었던 반면 열세한 韓岐部나 習比部도 상대적으로 신분이 높은 자가 있었을 것이 틀림없다. 요컨대 각 부 소속원에게 일률적으로 같은 두품 신분을 부여했으리라고는 생각되지 않는 것이다.

두품제의 적용 대상이 된 족단 중에는 原新羅國을 구성했던 소위 斯盧부족 출신이 다수를 차지했을지도 모른다. 하지만 여기에는 신라가 연맹왕국을 형성해 가는 과정에서 흡수 병합한 각 지역의 크고 작은 족장세력들이 포함되었을 것이 틀림없다. 이들은 각기 6부에 편제되었을 터이다. 이같은 관점에서 지방의 基層에 있던 「干」이나 「上干」층이 4두품으로, 그보다 큰 것이 5두품으로, 다시 그 위에 성립된 대족장급으로서 국가 형성 때까지 그 세력을 유지했던 자가 6두품으로 편제되었을 것으로 보는 견해가 있다.[39] 대체로 옳은 견해라고 생각되지만 다만 이같은 구분에는 다소간 막연하다는 느낌이 들기도 한다. 또한 6~4두품이 지방세력만을 대상으로 하여 부여했다고도 생각되지 않는다.

두품 가운데 가장 높은 6두품은 崔致遠이 〈朗慧和尙碑〉의 협주에서 晋나라 陸機의 《文賦》를 인용하여 「得難」이라고 자부했듯이 매우 얻기 어려운 신분이었다. 그런데 이 신분의 기본이 되는 요소는 사로부족을 형성한 6촌 씨족장 가문 안에 포함된다는 견해가 유력하다. 즉 이에 의하면 6두품은 이 밖에도 사로부족이 팽창하는 과정에서 그에 병합된 성읍국가의 지배자들과 고구려 · 백제 멸망 후 신라에 포섭된 그 상급 귀족들, 또한 진골에서 한 등급 강등된 사람들이 여기에 첨가되어 갔을 것이라고 한다.[40] 이와는 달리 6

38) 武田幸男, 앞의 글(1975), 189쪽.
39) 金哲埈, 〈高句麗 · 新羅의 官階組織의 成立過程〉(《李丙燾博士華甲紀念論叢》, 一潮閣, 1956 ; 앞의 책, 138~152쪽).
40) 李基白, 〈新羅 六頭品 硏究〉(《省谷論叢》 2, 1971 ; 앞의 책, 1974, 39~57쪽).

두품은 중고시대 후반에 國士風의 하위 신분이 일부 특정한 진골세력에 대해 투철한 종속성과 충성심을 보임으로써 그 비호 아래 생성된 부류라는 견해도 있는데,41) 이는 당시의 신라사회를 족적인 제약과 部체제의 규제로부터 벗어나 개인적 차원에서 자유로이 새로운 인간관계를 추구할 수 있었던 시대라는 이미지를 토대로 하여 나온 것이다. 그런데 앞에서 보았듯이 6두품이 阿飡에서 級飡에 이르는 소위 干群 계열의 관등을 차지할 수 있었던 점이 주목된다. 사실 간군 계열의 관등은 진골이 독점할 만한 관등이다. 그렇다면 6두품은 어느 시기에 이르러 국가권력에 의해서 진골 신분의 下位계층을 별개의 신분층으로 下向 고정시킴으로 해서 성립된 것이 아닐까 하는 추측을 낳게도 한다.

그것은 어쨌든 두품제의 성립 및 그 骨制와의 化合·合一의 시기를 둘러싸고서도 학계에서 견해가 엇갈려 있다. 골제와 두품제 양자는 그 계통 내지 범주를 각기 달리하고 있다는 입장을 견지하고 있는 어떤 연구자는 두품제의 성립시기를 9세기 초로 보고, 그것이 골제와 결합하게 된 것은 憲德王 14년(822) 金憲昌의 반란을 겪고 나서부터의 일이라고 논단한 바 있다. 그는 그 근거로 興德王 9년(834)의 敎書에 보이는 골품제에 입각한 色服·車騎·器用·屋舍 등에 대한 규제의 내용이 두품제의 실태를 보여 주는 첫번째 자료인 점을 들었다.42) 이와는 달리 두품제의 성립시기를 6세기 후반에서 찾으려는 견해가 주목된다. 즉 두품제가 6두품에서부터 1두품까지로 되어 있듯 숫자가 많은 쪽을 上位로 하는 특이한 명칭인 점에 착안, 이를《周禮》春官 大宗伯 조에 보이는 九命制와 결부시켜 이 구명제를 정치이념으로 내걸었던 중국 북조국가인 周의 관제 영향을 받은 것이 아닐까 하는 점이다. 사실 최치원은 〈낭혜화상비〉의 「득난」에 대한 협주에서 "數가 많은 것을 貴히 여기는 것은 마치 一命에서 九命에 이르는 것과 같다"고 하듯 간접적으로나마

---

41) 徐毅植,《新羅上代 '干'層의 形成·分化와 重位制》(서울大 博士學位論文, 1994), 167~174쪽.

42) 井上秀雄, 앞의 책, 320~324쪽.
그런데 1978년 학계에 알려진 경덕왕 14년(755) 제작의《華嚴經》寫經 跋文에 同 관여자들 중의 한 사람인 經題筆師 同智 大舍의 신분이 6두품으로 적혀 있는 것으로 볼 때 이러한 견해가 명백히 잘못된 것임을 알 수 있다.

구명제에 대해 언급한 바 있다. 이같은 점을 근거로 하여 두품제의 성립시기를 진흥왕 18년(557) 이후의 어느 시기일 것으로 추측할 수 있다고 한다.[43] 이 6세기 후반 성립설은 그 뒤 지지자를 얻어 衣冠制와 稟主조직에 대한 분석을 통해서 이를 진평왕대 초, 대체로 중앙관제가 발전·확립되는 시기로 보여지는 580년대에 구하여 골제와의 결합시기도 이 때쯤으로 생각하는 견해가 제기되었다.[44] 이와 마찬가지로 관등제도와 골품제도와의 대응이 일단 정착을 본 시기를 이 580년대에서 구하려는 견해도 나왔다.[45]

그러나 이같은 견해에는 문제점이 없지도 않다. 앞서 지적한 대로 법흥왕 7년(520)의 율령반포 때에 17등 관등제도(京位)와 골품제도에 대한 규정이 포함되었을 것으로 보는 견해가 옳다고 생각되기 때문이다. 가령 숫자가 많은 쪽을 上位로 하는 것이 두품제의 특징이라고 하더라도 신라가 이러한 발상을 반드시 북주를 통해서만 얻었다고는 볼 수 없는 것이다. 이를테면 중국 남조국가인 梁의 武帝는 508년 18班 관제를 제정했는데, 이 역시 숫자가 많은 쪽을 상위로 하는 제도였다. 그러므로 신라가 직접 교섭을 갖지 않았던 북주의 제도를 '간접적으로 輸入'했다고 하기보다는 오히려 법흥왕 8년 이래 직접 교섭이 있었던 양의 제도를 모방했다고 보는 것이 보다 순리적인 해석이 아닐까 생각된다.[46]

두품제는 삼국통일 전쟁을 거치면서 차츰 사회적 분해작용을 겪은 듯하다. 신라가 관직에 나갈 수 있는 신분을 4두품 이상으로 제한한 결과 3두품 이하는 이를 세분할 의의를 잃게 되었다. 그리하여 일반 평민층과 하등 다를 바 없게 된 이들을 뒤에 平人 혹은 百姓이라 불렀다. 이처럼 골품제도는 한때 8등급으로까지 세분된 적이 있었으나 성골이 진덕여왕을 끝으로 소멸되고, 3두품·2두품·1두품이 평민으로 떨어진 결과 진골·6두품·5두품·4두품·백성의 5계층으로 정리되었다. 탈해가 龍城國의 사람인 양 말하였다는

---

43) 武田幸男, 앞의 글(1965), 13쪽.
———, 앞의 글(1975), 190~191쪽.
44) 木村誠, 〈6世紀新羅における骨品制の成立〉(《歷史學硏究》 428, 1976), 30~32쪽.
45) 三池賢一, 〈新羅官位制度〉下(《駒澤史學》 18, 1971), 21~22쪽.
46) 李基東, 〈新羅 骨品制 硏究의 現況과 그 課題〉(《歷史學報》 74, 1977 ; 앞의 책, 36쪽 주 92) 참조.

이른바 「八品姓骨」[47]은 신라인의 기억 속에 남아 있던 것을 기록한 듯하지만, 실은 이는 중고시대 말기 골품제도의 실태를 전하고 있는 데 불과하다.

(3) 불완전한 사회성층의 지표—화랑도

주지하듯이 골품제도는 골품, 즉 개인의 혈통의 尊卑·上下에 따라 정치적인 출세는 물론 혼인이라든가, 그 밖에 가옥의 크기, 의복의 빛깔, 장신구인 器用, 심지어는 牛馬車의 장식에 이르기까지 사회생활 전반에 걸쳐 여러 가지 특권과 제약을 가했다. 그러므로 이 제도는 그 族制的·세습적인 성격이나 제도 자체의 엄격성으로 보아 흔히 인도의 카스트제도와 비교되고 있다. 다만 골품제도는 카스트제도와는 달리 고유한 직업세습으로 분화되어 있지 않았을 뿐이다. 사실 이 점이야말로 족제적인 사회체제를 유지하는 데 커다란 약점이었다고 할 수 있다. 그러나 골품제도의 계급성에 沮害的인 요인으로는 무엇보다도 청소년집단으로서의 花郎徒의 존재에 주목할 필요가 있다. 사회학에서는 사회성층의 기초가 되는 성분 간의 결합이 약한 사회구조상의 상태를 「불완전한 성층」이라고 하는데, 그 하나의 기준으로서 흔히 거론되는 것이 연령집단이다. 그런데 前近代사회에서는 청소년집단이 보통 광범위한 연령집단을 이루는 조직의 일부를 구성하고 있다. 본디 청소년집단은 가족 내지 친족단위가 그 성원의 충분한 사회적 지위 달성을 보장할 수 없는 사회, 혹은 그것을 방해하는 듯한 사회에서 형성되는 경향이 있다. 그러니까 그것은 非親族的이며 또한 보편성의 원리 위에 규제되어 있는 사회에서 발생하는 것이다.[48]

이같은 사회학의 일반적인 知見을 갖고 볼 때 청소년집단으로서의 화랑도는 처음부터 골품제적인 사회에서는 발생하기 어려운 것이 사실이다. 그러나 역사가 증명하고 있듯이 화랑도는 진흥왕 때, 그러니까 골품제도가 제정되던 바로 그 시기에 조정에 의해서 개편된 뒤 약 1백년 간 전성을 누렸다. 그 때까지 촌락공동체를 기반으로 하여 성장해 온 청소년조직이 중앙에 흡수되면

---

47) 《三國遺事》 권 1, 紀異 2, 第四脫解王.
48) S. N. Eisenstadt, *From Generation to Generation. Age Groups and Social Structure,* The Free Press, 1956, p.133.

서 화랑도로 개편될 수 있었던 것은 율령의 수용에 따른 전반적인 법제화·조직화 시책 때문이었다고 생각된다. 그런데 앞에서 보았듯이 골품제도 역시 율령 수용의 산물이었다. 요컨대 화랑도와 골품제도는 법제화 시대의 雙生兒였다고 할 수 있다.

화랑도의 조직에서 특히 주목되는 것은 그것이 중앙집권화·법제화 시대의 산물이면서도 완전한 국가기구의 일부가 아니라 半官半民 단체의 성격을 띠고 있다는 점이다. 이는 종래의 청소년조직의 전통이나 遺制가 완전히 청산되지 않은 채 아직 강인하게 남아 있었기 때문이라고 생각된다. 이 역시 골품제도와 마찬가지로 종래의 전통적인 힘과 새로운 율령의 정신과의 타협의 소산이라고 할 수밖에 없다.

화랑집단의 구성에서 특이하게 여겨지는 것은 성원들의 자발적인 참여 아래 더욱이 誓約의 형식을 통해서 조직되어 있는 점이다. 실제로 당시 화랑집단 구성원 사이에서는 서약의 관념이 일반화되어 있었다. 이 점을 강하게 표현한다면 화랑도는 서약단체의 성격을 띠고 있다고 할 수 있다. 이것이 화랑도는 신라사회의 혈연 제일주의, 씨족적 결합주의를 초월한 하나의 자치단체적 성격을 띤 집단으로 볼 수 있는 근거가 된다. 나아가 이것이야말로 혈족집단을 토대로 하여 편제된 골품제도와는 그 구성원리상 서로 배치되는 점이다.[49] 더욱이 화랑집단은 서로 다른 여러 골품 출신으로 구성되어 있다. 집단의 수령인 화랑만은 진골귀족에서 뽑혔으나, 그를 따르는 낭도 중에는 왕경에 사는 진골 이하 하급 귀족, 그 밖에 일반 평민의 자제가 많이 포함되어 있었다.[50] 요컨대 화랑도의 조직 자체는 왕경 안의 거의 모든 사회계층을 연결·망라한 포괄적인 집단이었다. 그들은 盟友·死友관계로 맺어져서 같은 목표를 향해 몇 해 동안 함께 수련생활을 했다. 그런데 이 수련이란 필경 화랑 아래서의 낭도 상호간의 사회작용인 것이며, 이를 현대적인 의미로 표현한다면 화랑도 성원으로서의 一體性(Identity)을 추구하기 위한 운동이라 할

49) 李基東, 〈新羅 花郞徒의 社會學的 考察〉(《歷史學報》 82, 1979 ; 앞의 책, 332~335·353~354·356~357쪽).

50) 李基白, 〈韓國의 傳統社會와 兵制〉(《韓國史學의 方向》, 一潮閣, 1978), 198쪽.
———, 〈韓國社會發展史論〉(위의 책), 231쪽.

수 있다. 이는 화랑도가 골품제와 같은 엄격한 신분제사회에서 발생하기 마련인 신분간의 갈등·알력을 완화 조절하는 기능을 수행했다는 의미가 된다.

사회계층을 형성·유지하는 메커니즘의 하나가 歸屬원리에 못지 않게 排他性에 있다는 점을 고려할 때 화랑도 조직이 고취하고 있던 계층 간의 連帶性 제고 방향은 확실히 골품제도의 불완전한 성층 요인이라고 하지 않을 수 없다. 특히 청소년집단 내부에는 공통의 生涯 유형(Life Style)이 발전해 가는 경향이 있다. 다시 말하면 청소년집단 조직은 유년기부터 성년기, 다시 노년기에 이르기까지 매우 장기간의 생활을 규제하는 경향이 있다고 하는데,[51] 이같은 사실은 화랑도에서도 간파되고 있다. 《삼국유사》 권 2, 紀異 2 孝昭王代 竹旨郞조에 실려 있는 화랑 竹旨가 그 낭도였던 得烏를 비호했다는 이야기와 후일 득오가 죽은 죽지를 추모하여 향가를 지은 사실은 두 사람 사이의 돈독한 관계가 평생토록 지속했던 것을 보여 주며, 이는 화랑도 집단 성원 간에 공통의 생애 유형이 정착되고 있던 사실을 암시하는 자료로서 주목할 가치가 있다고 생각된다.

4) 골품제사회의 권력구조

다 아는 바와 같이 골품제도는 각자가 골품에 따라 차지할 수 있는 관등의 상한선을 규정해 놓았으며, 한편 관직은 관등의 고하에 따라 부여되었다. 이 점은 《삼국사기》 권 38~40, 職官志 상·중·하에 잘 나타나 있는데, 사실 골품제뿐 아니라 일반적으로 카스트제적인 계층사회의 力動性은 정치적인 그것과 긴밀히 연결되어 있다.[52] 그런 만큼 신라의 관등제도 및 관직체계에 대한 분석은 골품제사회의 권력구조를 해명하는 데 매우 긴요한 과제라고 할 수가 있다. 더욱이 관등제도와 골품제도는 그 확립 시기를 거의 같이하고 있으므로 양자를 서로 분리해서 파악할 수 없는 실정이다.

---

51) S. N. Eisenstadt, *Social Differentiation and Stratification,* Scott, Foresman and Company, 1971 ; 丹下隆一·長田攻一 譯, 《社會分化と成層》(早稻田大出版部, 1982, 94~95쪽).

52) Georges Balandier, *Political Anthropology,* Pelican Books, 1972, Chapter 4 Social Stratification and Power, 특히 p.86.

신라의 관등제도는 소위 京位와 外位로 크게 구별된다. 전자가 왕경 6부 사람을 대상으로 한 것이라면 후자는 왕경 이외의 지방 사람들을 대상으로 한 것이다. 그런데 왕경에 살던 사람들만이 골품제도에 편입되어 있었으므로, 엄격히 말하자면 외위를 가진 사람들은 탈락계층(the outcaste)이었을 뿐이다. 사실 외위를 받더라도 관직을 얻을 수 없었고, 이 점 경위와는 근본적인 차이가 있었다. 비록 그렇기는 하지만 외위제는 그 나름의 일정한 의의와 기능을 갖고 있었던 것도 사실이다. 그러므로 골품제사회의 권력구조를 이해하는 데 있어서 외위제는 빼놓을 수 없는 요인이 되어 있다. 이제 골품제사회의 권력구조를 경위제와 외위제를 중심으로 살펴보기로 한다.

(1) 경위제－골품제도와의 대응관계－

본디 관등은 사로국시대 부족회의에서의 석차·계층에서 원류한 것으로 짐작된다.[53] 그런데 많은 성읍국가를 망라한 연맹왕국 단계에 이르면 각기 서로 다른 관등이 그대로 조정의 관제 속에 중첩되어 관직과 관등을 구별할 수 없는 일종의 무질서 상태를 노출하게 되었다. 신라는 대체로 내물마립간 때로부터 辰韓 12개 국을 아우르는 큰 연맹왕국시대로 돌입했는데, 이 무렵 마련된 정청이 바로 南堂이었다. 이 남당에는 君臣의 좌석을 나타내는 소위 橛標가 있었던 것으로 역사서는 전하고 있다. 어쩌면 이 때쯤 되어서 관직의 서열에 따라 宮中 席次가 정해지는 정치체제를 갖추었을 것으로 생각된다.

지증왕 4년(503)에 만들어진 〈영일 냉수리 신라비〉에는 壹干支·阿干支·居伐干支·奈麻 및「干支」등의 관등 명칭이 보이고 있어 경위제가 마립간 시대의 산물임을 분명히 알 수 있다. 다만 그것이 17등 관등제로 완성된 것은 국가체제가 국왕을 중심으로 한 일원적인 체제로 재편성된 법흥왕 때였을 것으로 보인다. 그리고 그 직접적인 계기가 된 것이 바로 율령의 수용이었다. 본디 율령은 그 정치이념상 족제적인 신분제와는 상치하는 것이고, 관등제도 자체가 이미 율령의 규제를 받고 있다. 그럼에도 불구하고 율령 제정 때 관등제도가 족제적인 신분제도인 골품제도에 의해 규제되는 형태로 정착

53) 李丙燾, 앞의 글, 629~631쪽.
三品彰英, 앞의 글, 204쪽.

된 것은 당시 율령체제를 충실하게 강행할 수 있을 만큼 왕권이 성장하지 못한 데 起因한다고 생각된다.

경위제가 17관등제로 완성되기 이전 단계에 12관등제의 시대가 있었던 것으로 보는 견해도 있다. 즉 伊伐飡과 伊飡은 하나가 二分된 것이고, 大阿飡은 阿飡에서, 大奈麻는 奈麻에서, 大舍는 舍知(일명 小舍)에서 각각 분화하고 大烏와 小烏는 烏知에서 각각 2분된 것으로 보아 17등의 숫자는 12등으로 압축된다고 한다.[54] 한편 韓·中·日 삼국의 位階制를 서로 연관하는 것으로 파악하는 입장에서, 중국 品階制의 영향 아래 성립한 고구려 관등제도가 백제와 신라에 직접 영향을 주었다고 보아 신라의 관등제도가 17등급으로 移行하는 중간에 고구려와 같은 12관등(혹은 13관등)의 시대가 있었던 것이 아닐까 추측하기도 한다. 이 논자는 그 근거로 이벌찬에서 대아찬까지의 5개 관등이 어느 시기에 한 관등(대아찬)으로 취급되었을 가능성을 들고 있다.[55] 다만 이러한 견해는 근래 6세기 초두에 만들어진 신라 금석문자료가 잇달아 발견됨에 따라 사실과 다른 점이 확인된 바 있다.

17관등은 크게 干(Khan)群 계열과 非干群 계열의 두 개 群으로 나누어진다. 즉 이벌찬에서 級飡(級伐飡)까지의 9개 관등이 간군에 속하고, 대나마 이하 造位(先沮知)까지의 8개 관등은 그와는 다르다. 그러나 비록 비간군 계열이라고는 해도 어떤 점에서는 간군과 서로 통하는 일면이 엿보이고 있다. 이를테면 대나마와 나마는 나마(Na-maru)군이라 할 수 있는데, 이는 큰 지역(那)의 우두머리로 해석할 여지가 많다. 또한 (12)大舍와 (13)舍知는 사지(Maruchi)군이라 할 수 있는데, 이는 작은 지역 곧 마을(村)의 우두머리로 볼 수 있다. (15)大烏와 (16)小烏의 「烏」 역시 이를 訓借音으로 읽을 때 首·長과 서로 통한다.[56] 그러니까 간군과 비간군은 모두 일정한 지역세력의 우두머리를 가리키

---

54) 末松保和, 〈梁書新羅傳考〉(《靑丘學叢》 25, 1936 ; 앞의 책, 400~408쪽).

55) 宮崎市定, 〈三韓時代の位階制について〉(《朝鮮學報》 14, 1959), 253~280쪽.

56) 徐毅植, 앞의 책, 37쪽. 단 maru群 京位에 대응하는 것을 外位에서 발견할 수 없다는 이유를 들어 그것이 순전히 京位的인 성격, 전통적·토착적 성격을 보여 준다는 견해도 있다. 이에 대해서는 武田幸男, 〈新羅官位制の成立にかんする覺書〉(武田幸男編, 《朝鮮社會の史的展開と東アジア》, 山川出版社, 1997), 122쪽 참조.

며, 양자의 차이는 다만 지배하는 지역의 크고 작음에 지나지 않는다. 앞에서 보았듯이 왕경 6부 자체가 이처럼 사로국의 영토 확장과정에서 새로이 획득한 각 지역의 다양한 지배층을 왕경에 결집함으로써 성립된 것이었다. 종래 간군 관등과 비간군 관등의 성립 시기에 대해서 법흥왕대 초두에 邑落 首長의 신분서열로서 먼저 간군 경위가 창설되고 다시 진흥왕대에 이르러 나마—사지군 경위와 간군 외위가 추가적으로 설치됨으로 해서 진평왕 때 경위·외위가 완성되었다는 견해가 있었으나,[57] 법흥왕 11년(524)에 만들어진 울진 봉평리 소재 신라비석의 발견으로 말미암아 경위·외위제가 이미 법흥왕대 완성단계에 있었음을 확실히 알게 되었다.[58]

앞에서 언급했듯이 관등제도는 골품제적인 신분제가 전제가 되어 성립된 것이지만, 다만 우리들이《삼국사기》직관지의 규정을 통해서 알 수 있는 것과 같은 17관등과 여러 골품신분간의 대응관계가 정착된 시기를 둘러싸고서는 학계에서 약간의 논쟁을 빚고 있다. 직관지 규정에 제5관등인 대아찬 이상 제1관등인 이벌찬에 이르기까지는 "오직 진골만이 받을 수 있으며, 다른 신분은 안된다"고 명시되어 있듯이 진골은 관등 승진에 아무런 지장이 없었으나, 6두품은 그 승진 한계가 제6관등인 아찬으로 규제되어 있다. 한편 公服 빛깔로 미루어 볼 때 靑衣에 상당하는 5두품은 제10관등인 대나마, 黃衣에 상당하는 4두품은 제12관등인 대사로 각기 제한되어 있었던 듯하다. 그런데 제6관등으로부터 제9관등까지의 소위 간군 계열의 관등이 6두품에게「개방」된 것은 간군 관등이 분화된 결과로 볼 여지가 있으며, 이는 필경 본래의 상태에서 변질된 것으로 볼 수밖에는 없다.[59] 이같은 의미에서 6두품 신분은 종래의 干層에서 유래된 것이라기보다는 오히려 非干層이 그 간 신흥세력으로 성장한 결과로 볼 수도 있다.[60] 한편 진골귀족이 최고위 관등을 독점하는

57) 三池賢一,〈新羅官位制度〉上(《法政史學》22, 1970), 15~34쪽.
———, 앞의 글(1971), 15~34쪽.

58) 盧泰敦,〈蔚珍鳳坪新羅碑와 新羅의 官等制〉(《韓國古代史硏究》2, 1989), 183쪽.

59) 三品彰英, 앞의 글, 203~204쪽.

60) 徐毅植, 앞의 책, 167~171쪽. 다만 그는 "6두품은 그 하위의 신분이 진골귀족에게 國士로 인정받아 오르게 되는 말하자면 획득되는 신분"이라고 했는데(徐毅植, 위의 책, 172쪽), 이는 몇몇 특정한 사례를 갖고 6두품 전체에 해당하는 것인 양 확대 해석한 느낌이 든다.

배타적 · 독자적인 신분층으로서의 성격을 띠게 되는 것도 간군 관등이 어느 정도 분화된 시기의 현상으로 생각되며, 어쩌면 그 시기는 진골로서 관등을 가진 자에게 牙笏을 갖도록 한 교서가 나온 진덕여왕 4년(650) 4월 무렵으로 일단 생각해도 무방하지 않을까 한다.[61] 《삼국사기》 권 33, 志 2, 色服조에 의하면, 법흥왕 때의 制令에는 제5관등인 대아찬 이상 太大角干까지 紫衣를 입은 자나 혹은 제9관등인 급찬 이상 제6관등인 아찬까지 緋衣를 입은 자는 모두 아홀을 갖도록 하였다.

한편 관직은 관등의 규제를 받았다. 신라의 관직체제를 보면 중앙의 제1급 官府인 部 · 府의 경우, 제1등관으로서의 장관직인 令(집사부는 侍中, 位和府는 衿荷臣), 2등관으로서의 차관직인 卿(집사부는 侍郎, 병부는 大監), 3등관으로서의 대사, 4등관으로서의 사지 그리고 제5등관으로서의 史 등 5단계로 되어 있다. 이 5단계 조직은 神文王 5년(685)에 종전의 4단계 조직에 사지를 신설함으로 해서 완비되었는데, 그 중 특히 령은 대아찬 이상의 관등을 가진 자로 제한한 결과 진골만이 차지할 수 있었다. 그리하여 6두품은 차관직에 그칠 수밖에 없었다. 그 밖에 5두품은 대사직에, 4두품은 史직에 한정되지 않았을까 짐작된다. 또한 6停 · 9誓幢을 비롯한 주요 군부대의 지휘관인 장군직(정원 36명, 경덕왕 때 3명 증원)도 진골만이 차지할 수 있었으며, 부지휘관인 大官大監(정원 62명)의 경우 6두품에게 개방되기는 했으나 그 보임 관등이 대나마 이상 4重阿飡까지로 되어 있는데 비해 진골은 대나마보다 하위인 사지 이상이면 보임할 수 있도록 되어 있었다. 한편 지방장관직인 州의 都督도 보임 관등이 급찬~이찬으로 규정되어 있을 뿐 진골만이 할 수 있다는 단서 조항은 보이지 않으나, 이 역시 진골이 독점한 듯하다.[62] 결국 6두품은 군직으로는 최고로 서북 일선지대인 황해도 平山에 그 본영을 두고 있는 浿江鎭典(782년 설치) 장관직인 頭上大監을 차지하는 것이 고작이었으며, 지방관직으로는 도독 아래의 州助(일명 州輔)나 郡太守가 될 수 있는 데 불과했다. 실제

61) 徐毅植, 위의 책, 119쪽.

62) 邊太燮, 〈新羅官等의 性格〉(《歷史敎育》 1, 1956), 67쪽.
申瀅植, 〈新羅 軍主考〉(《白山學報》 19, 1975 ; 《韓國古代史의 新硏究》, 一潮閣, 1984, 212쪽).

로 6두품 출신으로 중앙의 執事部侍郎직과 패강진전 두상대감을 최후로 하여 관직에서 물러난 사례가 종종 발견된다.[63]

이처럼 골품제사회는 어디까지나 진골귀족 만능의 사회였다. 그 바로 밑의 6두품 신분은 얻기 어려운 신분이라는 뜻에서 「得難」이라 불려지기도 했으나, 역시 관직 진출에는 일정한 제약이 있었다. 《삼국사기》 권 47, 薛罽頭傳에 의하면 설계두는 비록 衣冠子孫이기는 했으나 신라가 사람을 등용함에 있어서 무엇보다도 골품에 입각하여 진정 그 족속이 아니면 아무리 큰 재주와 뛰어난 功이 있더라도 주어진 한계를 뛰어 넘을 수가 없음을 불만으로 여겨 진평왕 43년(621) 몰래 배를 타고 중국(唐)으로 망명했다는 사실이 기록되어 있다. 당시 薛氏가 대표적인 6두품 가문 중의 하나였던 점을 고려할 때 그는 6두품 출신이었음이 분명하다고 생각된다.[64] 6두품 출신이 느끼는 불만과 좌절이 이와 같았다면 5두품 이하의 경우는 더 말할 필요가 없을 것이다.

그렇지만 신라 조정이 6두품 이하에게 제한된 관등 범위 안에서나마 특진할 수 있는 길을 열어 놓았던 것은 사실이다. 소위 重位制가 바로 그것이다. 이에 의하면 6두품에게는 重阿飡으로부터 4重阿飡에까지 오를 수 있는 길을 터놓았고, 5두품에게는 重大奈麻로부터 9重大奈麻까지, 그리고 4두품에게는 일종의 특례로 重奈麻로부터 7重奈麻로까지 승진의 길을 터놓은 것이 아니었을까 생각된다.[65] 다만 나마 관등의 경우 그 중위를 인정하기 어렵다는 견해도 있다. 왜냐하면 4두품이 오를 수 있는 최고의 관등은 대사인 만큼, 만약 4두품을 위해서 특진제도를 마련했다면 그것은 마땅히 대사에 적용했어야만 한다는 것이다.[66]

또한 중위제의 제정 시기를 둘러싸고서도 학계에서는 견해가 엇갈리고 있

---

63) 李基東, 〈新羅 下代의 浿江鎭〉(《韓國學報》 4, 1976 ; 앞의 책, 222~224쪽).

64) 李基白, 앞의 책(1974), 39~40쪽.

65) 三池賢一, 앞의 글(1971), 20~21쪽. 그는 4두품 출신 國學 수학자에 대한 특전으로 마땅히 大舍(제12관등)에 적용해야 할 重位가 바로 그 위인 奈麻에 설정되었다고 주장한 바 있다.

66) 邊太燮, 앞의 글, 70~76쪽. 한편 奈麻 중위제를 인정하는 입장에서 이는 혹 삼국통일 후 신라에 歸附한 옛 백제인을 대상으로 한 것이 아닐까 하는 견해도 있다(權悳永, 〈新羅 官等 阿飡·奈麻에 對한 考察〉, 《國史館論叢》 21, 國史編纂委員會, 1991, 53~55쪽 참조).

다. 삼국 통일전쟁 기간 중에 몇 차례 걸쳐 단행된 文武官 전원에 대한 한 등급 관작 승진조치가 직접적인 계기가 되어 중위제가 성립된 것이 아닐까 하는 견해가 있는가 하면,[67] 내물마립간 때로부터 진평왕대에 이르기까지 순차적으로 설정되었다는 견해도 나오고 있다. 후자에 의하면, 마립간시대에 이미 나마 중위제가 古拙한 형태로나마 시행되기 시작했고 그 뒤 그것이 유명무실해지면서 아찬 중위제가 새로이 마련되었다는 것이다. 즉 아찬 중위제는 6두품이 독자적인 신분층으로 성립되어 있었던 진평왕 때 나타난 것으로, 이는 그 자체 비간층이 종전의 나마 중위제의 제약을 뛰어 넘어 간군 관등으로 진입하는 경향이 뚜렷해져 갔던 사정을 반영한다고 한다.[68] 이같은 견해는 논리적으로는 성립될 수 있겠으나, 다만 중고시대의 사회 분위기와는 부합되지 않는 것처럼 생각된다.

(2) 외위제—지방촌락사회의 계층구조—

앞에서 보았듯이 사로국의 정복과정에서 그에 의해 병합된 각 지역의 유력 首長層은 왕경으로 옮겨져 6부에 편제되었다. 하지만 전국에 걸쳐 지역 세포망을 구성하고 있던 村의 수장층들은 대부분 그대로 재지세력으로 남게 되었다. 외위는 바로 이들에게 주어진 관등이었다. 외위제의 제정 및 완성 시기는 경위제와 거의 같은 6세기 전반경이었음이 확인되고 있다. 즉 下干支 이하 阿尺에 이르는 하위 5개 관등은 법흥왕 11년(524)에 만들어진 〈蔚珍 鳳坪 新羅碑〉에 모두 나타나 있고, 540년대 말경으로 짐작되는 〈丹陽 赤城碑〉에는 撰干支가, 그리고 진흥왕 22년(561)에 만들어진 〈昌寧 眞興王 巡狩碑〉에는 述干 등 상위 관등이 등장하고 있어 늦어도 이 때쯤에는 11관등으로 완성되었음을 알 수 있다. 그러니까 비간군 외위가 6세기 초에 먼저 성립되고 뒤이어 6세기 중반경에 간군 외위가 성립된 것이 아닐까 짐작된다.[69]

---

67) 李基東, 앞의 책, 134~135쪽.
68) 徐毅植, 앞의 책, 162~178쪽.
69) 朱甫暾, 앞의 글(1990), 262~268쪽. 이와는 달리 逸聖尼師今 5년(138)경에 干・一尺・一伐・彼日・阿尺의 5등관제로 성립되었다가 법흥왕 7년(520)경에 干位에 上干・選干・貴干・高干・述干・嶽干 등이 설치되어 11관등제로 발전했다는 설도 있다(李仁哲, 앞의 책, 135쪽 참조).

외위 관등은 크게 간군 계열 7개 관등과 비간군 계열 4개 관등으로 되어 있다. 이 11개 관등은 그 제1관등인 嶽干이 경위 제7관등인 一吉湌에 대응하면서 차례로 경위 17등 체계에 맞추어 편성되었는데, 다만 이 가운데서 약간은 실제로 문헌 및 금석문 자료에는 전혀 나타나지 않아 그 실체를 둘러싸고 여러 가지 엇갈린 견해가 나오고 있다.[70] 한편 그 다음가는 述干·高干·貴干·撰(選)干·上干·干(下干) 등은 6세기 중엽 이후의 금석문이나 문헌에도 종종 등장하는데, 이 중 술간은 유력한 村主層에게 부여한 관등인 듯하다. 《삼국사기》 권 1, 祇摩尼師今조에는 先王인 婆娑王이 韓岐部의 伊湌 許婁에게 「酒多」를 주었다고 하는데, 이 「酒多」는 뒤에 角干(일명 舒弗邯)이라 일컬었다고 한다. 이는 「술한」으로 訓讀할 수 있어[71] 그 명칭의 연원이 매우 오래된 것임을 알 수 있다. 요컨대 외위제는 오랜 기간에 걸쳐 정비되었을 것으로 짐작되는데, 그 중 간군 계열 관등을 명칭상 借音표기 관등(述干·撰干)과 借訓표기 관등(嶽干·高干·貴干·上干·下干)으로 대별하여, 전자가 먼저 성립되고 후자는 훨씬 뒤에 성립되었을 것으로 보는 견해도 있다.[72]

그런데 외위 관등 중 비간군 계열에 속하는 一伐·一尺·彼日(波旦)·阿尺이 경위 관등의 一伐干(이벌찬)·一尺干(伊尺湌, 이찬)·波珍干(파진찬)·阿尺干(아찬)과 명칭상 서로 대응하고 있는 것이 흥미를 끈다. 즉 국왕 직속의 최고위 관등 명칭이 지방 수장층인 干 아래의 臣僚層에 해당하는 관등 명칭과 정확하게 대응하고 있는 것이다. 이는 국왕이 기층사회의 수장층인 간과 기본적으로 같은 성격이었음을 입증하는 것으로 볼 수 있다.[73] 다만 이들 경위 관등 명칭이 외위 명칭에서 기원한 것인지 어떤지는 확실하지 않다.

외위제는 어디까지나 경위제와 別個의 관등체계이고, 설령 외위 관등을 갖고 있더라도 관직을 받을 수는 없도록 되어 있었다. 그런 까닭으로 외위를

---

70) 李鍾旭, 〈南山新城碑를 통하여 본 新羅의 地方統治體制〉(《歷史學報》 64, 1974), 56~65쪽.
三池賢一, 앞의 글(1971), 28~29쪽.
武田幸男, 앞의 글(1977), 108쪽.
71) 李宇泰, 〈新羅의 村과 村主〉(《韓國史論》 7, 서울大, 1981), 114쪽.
72) 徐毅植, 앞의 책, 50~51쪽.
73) 徐毅植, 위의 책, 12~14쪽.

받은 재지세력가들은 村主·軍師·公兄 등의 직책을 받아 중앙에서 파견된 幢主 혹은 道使·邏頭와 같은 행정관을 도와서 촌락민으로부터 조세 및 力役을 징발하는 업무에 종사했다. 바꿔 말하면 외위제는 지방통치의 말단에서 행정관과 촌락민을 연결시켜 주던 행정고리의 역할을 수행했다.[74]

외위제의 기능은 이에서 그치는 것은 아니었다. 그것은 골품제도에 포섭되지 않는 지방민의 신분제로서도 기능했다. 외위 관등을 기준으로 하여 지방민의 신분 계층을 구분해 보면 대체로 세 등급으로 나누어진다. 즉 최상위 계층은 촌주로 대표되는 干群 관등을 가진 유력자들로, 이들은 지방민을 실질적으로 다스리는 계층이다. 두번째 계층은 非干群 관등을 가진 계층으로, 이들은 간군 계층과 일반 촌락민을 연결하는 사람들이다. 그리고 최하위 계층은 외위를 받지 못한 일반 촌락민이었다.[75]

신라는 삼국통일전쟁이 막바지 고비에 이른 7세기 중반경에는 軍功을 세운 軍師 등 지방세력가들에게 선별적으로 외위 대신 경위를 부여하기 시작했다. 그리고 통일전쟁이 끝난 직후에는 고구려·백제로부터 항복해 온 관인층에게 경위를 주었다. 그러던 중 문무왕 14년(674)을 기하여 모든 지방세력가들에게 외위 대신 경위를 부여하는 획기적인 조치를 취하기에 이르렀다. 이같은 경위 일원화의 방침에 따라 마침내 외위제는 폐지되었다. 그리하여 지방세력가의 새로운 신분개념으로 대체된 것이 眞村主·次村主제도가 아니었을까 생각되기도 하지만,[76] 그 자세한 내막은 잘 알 수 없는 실정이다.

〈李基東〉

---

74) 權悳永, 〈新羅 外位制의 成立과 그 機能〉(《韓國史硏究》 50·51, 1985), 93~103쪽.
75) 權悳永, 위의 글, 103~109쪽.
76) 權悳永, 위의 글, 109~110쪽.

V. 가야사 인식의 제문제

V. 가야사 인식의 제문제

1. 가야사 연구의 개관

1) 가야사 연구의 전통

고려 중기에 저술된《三國史記》에 加耶가 제외된 이래, 고대 수백 년간 경남 일대의 영역을 차지하면서 존속했던 가야는 역사상 소외되고 잊혀진 나라가 되었다. 고려 후기의 저술인《三國遺事》에 文宗朝의 金官知州事가 편찬한《駕洛國記》가 수록되면서 가야사의 일부는 보존될 수 있게 되었으나, 이는 金官國의 후손인 김해 김씨와 경원(인주) 이씨가 통일신라 및 고려시대에 상층 문벌귀족의 하나였던 것과 관련한 특수한 예에 지나지 않는 듯하다.

조선 초기에 여러 관찬사서가 편찬되었으나, 기존의 사서에 나와 있던 가야관계 사료들이 삼국의 역사 속에 편년체로 기록되었을 뿐이고, 조선 중기의 史略型 및 綱目體의 사찬사서들 속에서도 가야의 역사는 그다지 큰 관심을 끌지 못하였다.

가야사 연구의 전통은 조선 후기의 실학에서부터 비롯되었다고 할 수 있다. 처음에는 三韓의 위치를 어디로 고증하는가의 문제에 관심이 집중되어 있었으며, 17세기 초에 韓百謙이 삼한을 모두 한강 남쪽으로 보고 그 중에서 弁韓의 위치는 경상 서남 및 智異一帶이며 駕洛國이 그 곳에 있었다고 한 이후[1] 대부분의 학자들이 그의 설을 따르고 있다.

19세기 초에 韓致奫은 가야 및 임나에 대한 중국 및 일본의 역대 사료들을 모아서 가야사 연구의 기초 자료를 종합하였으며,[2] 韓鎭書는 가야·가락

1) 韓百謙,《東國地理志》, 後漢書 三韓傳·新羅 封疆 弁韓舊地.
2) 韓致奫,《海東繹史》권 16, 世紀 16, 諸小國 加羅·任那 및 권 41, 交聘志 9, 通日本始末.

은 곧 金海府로서 弁辰狗邪國과 같으며, 任那·彌摩那는 곧 고령현으로서 弁辰彌烏邪馬國이라는 고증을 추가하였다.[3] 丁若鏞은 금관국은 弁辰 12國의 總王이었으며, 가야는 해운조건을 이용하여 발전함으로써 신라를 속국으로 할 수 있었다는 등의 견해를 보였다.[4]

실학자들의 가야에 대한 연구가 그다지 많다고 할 수는 없지만, 이들은 가야사 연구의 효시를 이루었고 그 이후의 연구에 일정한 기준을 제시하였다. 다만 한백겸이나 정약용과 같이 가야사를 발전적인 관점에서 연구하려는 전통이 근대 이후 한동안 우리 손에 의하여 직접 계승되지 못한 것은 아쉬운 점이라고 하겠다.

20세기에 들어 근대적 서술 방법에 의한 가야사 연구의 역사가 시작된 지 거의 100년을 헤아리고 있으나, 아직까지 가야사는 체계적으로 설명되지 못하였다고 해도 과언이 아닐 것이다. 그 원인은 가야에 대한 사료가 절대적으로 부족하다는 점에도 있고, 또한 연구 시각이 처음부터 잘못 설정되었다는 점에도 있다.

가야사에 대한 기존의 연구 동향에는 倭 또는 백제가 가야를 어떻게 지배하였는가에 관심을 두는 임나 문제 중심의 연구와 가야의 지역 세력들이 어떻게 발전하고 멸망하였는가에 주목하는 발전과정 중심의 연구가 있으나, 모두 일정한 한계를 가지고 있다고 보인다. 그러므로 우선 기존 연구들의 성과를 제시하고 거기에 나타난 근본적인 연구 시각의 문제점들을 지적하면서 가야사를 재정립할 수 있는 방향을 모색하여 보자.

2) 임나 문제의 제학설

(1) 임나일본부설의 성격

가야사에 대한 근대 일본 학자들의 최초의 접근은 주로 《日本書紀》에 나오는 임나관계 한반도 지명에 대한 고증 작업으로 나타났다. 가야관계 지명

3) 韓鎭書, 《海東繹史》 續 권 3, 地理考 3, 三韓 弁辰.
4) 丁若鏞, 《疆域考》 권 2, 弁辰別考.

비정은 가야사 연구의 기초 작업으로서 필수적인 것이었으나, 그들의 연구는 처음부터 「왜의 임나 지배」라는 선입견에 의하여 이루어져 객관적인 연구성과가 나오지 않았다.

먼저 津田左右吉은 《일본서기》에 대하여 당시로서는 획기적일 정도의 비판을 가하면서 합리적 설명을 추구한 사람으로서, 가야 전역에 대한 지명 비정을 했다.[5] 그러나 그는 任那府 屬領을 찾아낸다는 측면에서 거의 모든 가야관계 지명을 경상남도 남해안 연변에 배열하다시피 하는 비합리적인 연구 결과를 낳고 말았다.

今西龍은 가야지방 전역에 대한 답사 및 고분·산성 등의 분포 조사에다가 문헌고증적 연구를 더하여 지표 조사보고서를 내놓고, 거기서 행한 지명비정에 점차 수정을 가하였다. 그 결과 가야 지명은 대개 낙동강의 서쪽, 섬진강의 동쪽으로 한정되어, 대체적인 역사 연구의 기초 작업은 이루어졌다.[6] 그의 일련의 연구는 지표답사와 문헌고증을 겸비하였다는 면에서 그 이전의 연구들에 비해 높이 평가할 점이 있지만, 그것이 당시 史觀의 한계성을 넘는 것은 물론 아니었다.

그러나 鮎貝房之進은 방대한 문헌고증을 통하여 임나의 지명 비정 범위를 경남·경북 및 충남·전남까지 확장시켜서, 임나는 경주지방 부근과 부여·공주 일대를 제외한 한반도 남부 전역을 가리키게 되었다.[7] 그것은 《일본서기》에 왜의 한반도내 지배 영역이었다고 상정된 「임나」의 범위를 넓혀잡기 위해 그가 문헌 비교 및 언어학적 추단을 거듭함으로써 얻어진 연구 결과였다고 여겨진다.

일제시기의 한국 학자로서 李弘稙은 고대 한일관계에 대하여 구체적인 언급을 하지는 않았으나 임나관계 일본인명에 대하여 문헌고증적 연구를 하였다.[8] 또한 池內宏은 《일본서기》에 대한 津田의 연구방법을 이어받아 엄격한 문헌사료 비판과 아울러 학문적 연구 차원의 고대 한일관계사를 정립해 보

---

5) 津田左右吉, 〈任那疆域考〉(《朝鮮歷史地理硏究》 1, 1913 ; 《津田左右吉全集》 11, 1964).
6) 今西龍, 〈加羅疆域考〉(《史林》 4-3·4, 1919) ; 《朝鮮古史の硏究》, 近澤書店, 1937).
7) 鮎貝房之進, 〈日本書紀朝鮮關係地名攷〉(《雜攷》 7 上·下, 1937).
8) 李弘稙, 〈任那問題を中心とする欽明紀の整理〉(《靑丘學叢》 25, 1936).

려고 모색하였다.[9] 이러한 문헌고증 차원의 연구들은 개별적인 관계기사에 대한 이해에 많은 도움을 주는 것들이나, 기본적으로 왜의 임나 지배를 전제로 한 것이면서 전체적인 체계화를 이루지 못하였다.

그 후 末松保和는 기존의 지명 고증을 비롯한 문헌고증 성과에 의존하면서 한국·중국·일본 등의 관계사료를 시대순에 따라 종합함으로써 고대 한일간 대외관계사의 틀을 마련하였다. 그리하여 최초로 학문적 체계를 갖춘 이른바「南韓經營論」을 완성시켰으니,[10] 그 설을 요약하면 다음과 같다.

첫째로《三國志》魏書 倭人傳에 '其北岸狗邪韓國'이라는 문구가 있는 것으로 보아, 3세기 중엽에 이미 왜인은 변진구야국 즉 임나가라를 근거지로 삼고 있었으며, 왜왕은 그 중계지를 통하여 諸韓國에 辰王보다 큰 통제력을 미치고 있었다.

둘째로《일본서기》神功皇后 49년조의 7國 및 4邑 평정 기사로 보아, 369년에 왜는 경상남북도 대부분을 평정하고 전라남북도와 충남 일부를 귀복시켜 임나 지배체계를 성립시켰으며, 또한 그 西方 정복지 중에서 제주도를 백제에게 주어 백제왕의 조공을 서약시켰다.

셋째로〈광개토왕릉비〉의 기사로 보아, 왜는 400년을 전후해서 고구려군과 전쟁을 통하여 임나를 공고히 하고 백제의 복속관계를 강화하였다.

넷째로《宋書》에 나오는 倭五王의 對中通交 당시의 작호로 보아, 일본은 5세기에 외교적인 수단으로 왜·신라·임나·가라뿐만 아니라 백제의 영유 내지 지배까지 송으로 하여금 인정시키려고 하였다.

다섯째로《南齊書》加羅國傳의 기사로 보아 479년에는 加羅王 荷知가 南齊에 사신을 보낼 정도로 일본의 통제력이 완화되기 시작하였으며,《일본서기》繼體天皇代의 기사로 보아 6세기 초에 일본은 백제에게 전남북 일대의 임나의 땅을 할양해 주기도 하고, 신라에게 남가라를 약탈당하기도 하면서 임나가 쇠퇴하였다.

여섯째로《일본서기》欽明天皇代의 기사들로 보아, 540년대 이후 백제와 임나일본부는 임나의 부흥을 꾀했으나, 결국 562년에 신라가 任那官家를 토

---

9) 池內宏,《日本上代史の一研究》(近藤書店, 1947).

10) 末松保和,《任那興亡史》(大八洲出版, 1949).

멸함으로써 임나가 멸망하였다.

일곱째로 그 후에도 일본은 大和 2년(646)까지 신라에 대해 多多羅 등 4邑의「임나의 調」를 요구하여 받아내었다. 즉 왜는 4세기 중엽에 가야지역을 비롯한 광역을 군사정벌하여 그 지배 아래 임나를 설치하고 6세기 중엽까지 한반도 남부를 경영하였다는 것이다.

그러나 일본의 고대사 및 고고학의 연구 수준이 향상된 1960년대 이후에는 畿內 大和세력이 일본열도내에서 九州地方까지 힘을 뻗쳐 상대적 우세를 확보한 시기를 대체로 5세기 후반 내지 6세기 전반으로 보고 있으며, 중앙집권세력이 열도내 각 지방세력에 대한 자치권을 통제하여 행정적인 지배체제를 정비한 것은 7세기 후반 정도에야 가능하였다고 보고 있다. 그렇다면 구주까지도 세력을 미치지 못하는 야마토국이 그보다 멀리 떨어진 남한을 4세기부터 경영하였다는 것은 인정할 수 없다고 하겠다. 또한 왜가 임나를 200년 동안이나 군사 지배를 하였다면 그 지역에 일본 문화유물의 영향이 강하게 나타나야 하는데, 가야지역 고분 발굴자료들에 의하면 4세기 이전의 유물문화가 5~6세기까지도 연속적으로 계승되는 양상이 나타난다.[11] 즉 일본에 의하여 지배당하였다는 증거는 그 문화유물에 반영되지 않았으므로, 末松의 문헌사료 해석이 잘못되었음이 입증되는 것이다.

그 후 1970년대에 들어와 일본사학의 성숙에 따라 기존의 남한경영론에 대한 반성이 일기 시작하였다. 새로운 연구동향은 이른바「임나 지배」의 성격을 달리 추정해보기도 하고 그 기간을 축소해보기도 하였으나, 모든 관점은「임나」문제에 집중되어 있었다.

山尾幸久는《일본서기》의 기사들을 재검토하고 백제사와의 관련성을 첨부하여, 왜국에 의한 임나 지배의 성격이 5세기 후반에는「직접 경영」이었고 6세기 전반에는 백제왕을 사이에 낀「간접 경영」이었다고 주장하였다.[12] 즉 우선 450년대부터 70년대에 걸쳐서 백제의 木羅斤資·木滿致가 임나를 일괄

11) 崔鍾圭, 〈陶質土器 成立前夜와 展開〉(《韓國考古學報》 12, 1982), 227쪽.
金泰植, 〈後期加耶諸國의 성장기반 고찰〉(《釜山史學》 11, 1986), 26~28쪽.

12) 山尾幸久, 〈任那に關する一試論〉(《古代東アジア史論集》 下, 末松保和博士古稀記念會, 1978).

하여 직접 경영하였는데, 목만치가 백제 東城王 시대에 왜국으로 이주하였으므로, 그를 구성원으로 삼게 된 왜국은 임나 경영의 역사적인 정당성을 계승하게 되었다. 둘째로 그 이후로 왜왕이 임나에 관리들을 파견하여 安羅國(함안) 소속의 한 작은 성읍에 왜왕의 신하들이 체류하고 있는 것이 임나일본부의 실태이고, 6세기 전반에 그 倭臣들을 사실상 움직이고 있던 자는 성주·고령의 가라 출신 사람과 왜인과의 혼혈아였다. 셋째로 6세기 전반의 임나제국에 대한 정치적 지배는 사실상 백제왕에 의해 행해졌으나, 왜국이 임나제국 지배체계의 처치에 대하여 역사적인 정당성을 가지고 있었기 때문에 백제왕은 왜왕을 교섭대상으로 삼지 않을 수 없었다는 것이다.

그의 연구 결과는 왜왕권에 의한 임나 경영의 개시 시기를 5세기 후반 이후로 늦추고 임나경영의 계기 및 방식을 백제와 연관하여 본 점에 의의가 있다고 하겠다. 그러나 5세기 후반 이전에는 백제가 가야지역을 지배하다가, 그에 관계하였던 백제 귀족이 왜국으로 망명한 결과 왜가 가야를 지배하게 되었다는 것이 논리적으로 가능한지 의문이다. 또한 540년대 欽明紀에 보이는 「在安羅諸倭臣」의 존재를 통해서 왜국에 의한 직·간접의 경영이라고 평가하였으나, 그들의 행동양식을 구체적으로 분석하지는 않았다.

大山誠一은 《삼국사기》와 《일본서기》의 기사를 혼합하여, 가야지역 상황을 배경으로 삼아 임나일본부의 성립과정을 논하려 하였다.[13] 즉 487년에 백제가 북부 가야를 군사적으로 제압하고 6세기 초에 신라가 남가라를 병합하자, 백제·신라에 의해 독립을 위협받던 加耶諸國과 在留日系人이 야마토국에 보호를 요청하므로, 532년에 近江毛野臣이라는 장군을 파견하여 일본부를 설치하였다는 것이다. 일본부는 야마토국에서 파견된 日本府卿과 현지의 日系人으로 임명된 日本府臣·日本府執事로 조직되어 단순한 야마토국의 출장기관이 아니라 가야 제국의 왕들과 합의체를 구성하고 있었다고 하였다.

이 연구 결과는 임나일본부 성립의 시기를 6세기 전반으로 늦춰잡고 그 원인을 가야로부터의 요청에 구한 점에 특색이 있으며 그만큼 진전된 것이라 하겠다. 다만 《일본서기》 顯宗紀의 紀生磐 說話를 토대로 지명 고증을 잘

13) 大山誠一, 〈所謂「任那日本府」の成立について〉 上·中·下(《古代文化》 32-9·11·12, 京都 ; 古代學協會, 1980).

못하여 487년에 백제가 북부 가야를 군사적으로 제압하였다고 본 점이나, 繼體紀 후반부 사료에 대한 무리한 편년 조작 등이 문제로 남는다.

鈴木英夫는 임나 성립에 대한 大山說을 받아들이면서 약간의 수정을 가하였다.[14] 즉 그는 기존설을 종합적으로 검토하여, 4~5세기에 왜국이 한반도 남부를 지배한 것은 금석문자료나 중국사료에서는 증명할 수 없고, 해당 시기의 《일본서기》 기재 내용도 신뢰할 것이 못되며, 「임나일본부」는 가야 재지지배층의 요청에 의하여 성립되었고, 이는 530년에 왜왕권에서 근강모야신이 군사 집단을 이끌고 안라에 파견되어 활동한 것이라고 보았다. 그런데 이러한 왜의 안라 진출은 그 이듬해인 531년에 백제의 안라 進駐에 의하여 종결되었으며, 백제가 가야의 「맹주」의 지위를 장악하자 「在安羅諸倭臣」은 백제왕의 통제에 복속하게 되었다는 것이다.

鈴木의 연구에 의하면 임나일본부는 단 1년간 안라에 존속되었을 뿐이므로, 이것은 임나일본부의 존립 시기와 그 의의를 극도로 축약해서 보여 준 것이다. 그러나 《일본서기》 소재 기사의 문맥으로 보아, 모야신의 성격은 점령군 장군이 아니라 단순한 외교사절의 성격을 띠고 있었을 뿐이며, 531년 이후의 「재안라제왜신」은 백제왕의 통제에 복속한 것이 아니라 안라왕의 통제에 복속하고 있었다고 보인다.

가야사에 대한 대외관계 중심의 연구, 특히 임나일본부설은 주로 일본 학자들에 의하여 이루어져 왔으며, 그 연구성과가 성숙되어 감에 따라 왜에 의한 임나 지배의 기간과 성격을 점차 축소시켜 보려는 경향이 나타나고 있다. 그러나 그 연구 시각이 기본적으로 가야사라기보다 가야피지배사에 놓여 있다는 한계성을 극복하지는 못하였다.

(2) 임나 문제에 대한 새로운 연구 경향들

전형적 관점의 임나일본부설은 여러 각도의 반론에 의해 폐기되어가고 있다고 하겠다. 그러나 그 반론들은 임나 문제를 혐오해서 단순히 피하기보다 오히려 새로운 각도에서 연구해야 할 필요성을 제기하기도 하였다. 그 대표

14) 鈴木英夫, 〈加耶・百濟と倭－「任那日本府」論－〉(《朝鮮史硏究會論文集》 24, 1987).

적인 학설들을 소개해 보기로 한다.

우선 가야사의 관점에서 보면 대외관계적 연구의 일환이지만, 국내 학자들의 연구 중에서 왜의 임나지배설을 근본적으로 부인하는 연구 성과가 있다. 즉 千寬宇는「왜의 임나 지배」가 아닌「백제의 가야 지배」라는 시각으로 가야사의 복원을 시도하였으며,15) 그 요점은 다음과 같다.

첫째로 변한은 원래 북방 요동에 있었는데 그 때부터 진한에 대하여 부용적인 지위에 있었으며, 기원전 2세기에는 남하하여 황해도 방면에 있었다. 그 후 기원 전후한 시기에 변한은 죽령·조령의 북방에서 진한과 함께「古之辰國」의 일부를 형성하고 있다가 기원후 2세기 중엽에 다시 남하하여 김해지역으로 정착하였다.

둘째로 3세기 초에 구야국은 급격히 약화되는데, 이는 구야국 지배층의 주력이 일본으로 빠져나간 것을 반영하는 듯하다. 가야의 首露下降神話와 일본의 天孫降臨神話가 비슷한 것은 그 때문일 것이다.

셋째로《일본서기》神功紀 49년조로 보아 백제의 근초고왕은 재위 24년(369)에 군사를 보내 낙동강 방면과 전남 해안 방면을 확보하였으며, 이 때 安羅(함안)·卓淳(대구)·加羅(고령) 등의 가야제국은 백제권에 편입되었다.

넷째로〈광개토왕릉비〉庚子年條의 기사는 400년에 고구려·신라의 연합군이 백제와 그 부용인 가야제국 및 원병인 왜의 연합세력과 낙동강 방면에서 충돌한 것을 전하는 자료이다.

다섯째로《일본서기》應神紀·雄略紀·顯宗紀의 기사로 보아, 5세기의 임나일본부는 백제가 낙동강 중·상류지역으로 진출한 시기에 가야 지배를 위해 김천 방면에 설치한 派遣軍司令部였다. 이것이《일본서기》편찬과정 중에 紀氏 일족과 같은 백제계 왜인들에 의하여 왜의 것으로 변조된 것이다.

여섯째로 계체기 전반부의 기사로 보아, 6세기 초에 백제 무령왕은 哆唎(의성군 다인)·己汶(김천시 개령)·帶沙(달성군 다사) 등의 낙동강 중·상류지역을 다시 점령하여, 가야 북부지역에 대한 지배권을 확립하고자 하였으며, 당시 가야의 중심세력은 고령의 대가야였다.

---

15) 千寬宇,〈復元加耶史〉上·中·下(《文學과 知性》28·29·31, 1977·1978;《加耶史硏究》, 一潮閣, 1991).

일곱째로 계체기 후반부의 기사로 보아, 법흥왕 14년(527) 이전에 신라가 김해의 남가라를 함락시키자, 백제도 낙동강 하류 방면으로 진출을 기도하여 聖王 9년(531)에 진주 방면에 군사령부를 설치하였다.

여덟째로 흠명기의 기사로 보아, 540년대 이후의 임나일본부는 함안 방면의 백제 군사령부로서, 이는 백제의 주도하에 가야의 제세력을 모아 對신라 방위전선을 모색하였으나, 562년에 신라의 공격에 의해 고령의 대가야와 함안의 백제 군사령부가 모두 최후를 맞았다.

이 연구 결과는 일본 학자들과 같이 《일본서기》를 주요 사료로 채택하였으면서도 왜에 의한 임나경영설을 벗어날 수 있었다는 점에서 높이 평가할 만 하며, 문헌사료의 종합만으로 가야의 前期 중심을 김해로 보고 後期 중심을 고령으로 구분하여 본 것은 매우 중요한 업적의 하나라고 하겠다. 그러나 4세기 중엽 이후 6세기 중엽까지의 기간에 걸쳐 가야가 백제 군사령부의 지배 아래 놓여 있었다고 추정한 점은 가야 지역의 고고학적 유물 출토 상황과 어긋난다. 또한 사료적 신빙성이 의문시되는 《삼국사기》 초기 기록과 《일본서기》 웅략기 이전의 기록들을 지나치게 중시하여 가설을 세운 점은 해당 논거에 대한 한계성이 아닐까 하며, 기존설을 그대로 이용한 것이긴 하나 卓淳國의 지명 비정 등에도 문제점이 남는다.

金鉉球는 6~7세기 백제·야마토 사이의 외교관계의 특징을 용병관계로 파악하여, 한 단계 진전된 연구결과를 보여 주었다.[16] 그 연구에서 임나관계의 요점은 다음과 같다. 즉 4세기 후반 近肖古王·近仇首王代 이후로 백제는 임나·신라의 국경 분쟁지대인 久禮山 근처에 「任那日本縣邑」이라는 직할령을 가지고 있었으며, 그 곳을 통할하는 지배기구가 「임나일본부」였다. 또한 6세기 전반 백제는 야마토국으로부터 용병을 받아 그 직할령에 배치하고, 郡令·城主로서 印岐彌·許勢臣 등의 日系 백제관료를 파견하여 그들을 지휘케 하였다고 보았다.

이 가설은 크게 보아 천관우의 연구 결과와 비슷하나 사료적 신빙성이 어느 정도 인정되는 흠명기의 기록만을 이용하여 도달한 결론이라는 점에 의

16) 金鉉球, 《大和政權の對外關係硏究》(吉川弘文館, 1985).

의가 있다. 특히 백제 성왕이 야마토로부터 용병 성격의 군사를 요청했으며, 실지로 550년대 이후 소규모의 왜병이 백제군에 편성되어 활약했다는 점은 인정된다. 그러나 흠명기 소재 기사에 나타난 백제 聖王의 언급 중에 '昔我先祖速古王·貴首王之世 安羅·加羅·卓淳旱岐等 初遣使相通 厚結親好 以爲子弟'라고 있는 것은 4세기 후반 당시 백제·가야 사이의 교역관계를 입증하는 자료는 될지언정 상하관계나 직할령 설치를 입증하는 것이라고 보기는 어렵다. 또한 임나일본부는 백제로부터 명령을 받거나 백제의 이익을 위해 행동하지 않고 오히려 反百濟的인 성향이 강하게 나타나므로, 그에 소속된 일본 계통 관인을 백제의 군령·성주와 동일시할 수 없다.

한편 이른바 「임나 경영」의 성격에 대하여 왜국이나 백제가 가야지역을 어떤 형태로든 군사 정벌하여 지배하였다는 임나지배설과 달리 외부세력에 의한 군사 정벌이나 지배를 상정하지 않는 견해의 하나로서 井上秀雄의 「僞倭說」이 있다. 그는 《일본서기》의 원전 사료를 추출해 내어 분석하는 방법론을 써서 좀더 객관적인 연구를 시도하였다.

井上說에 의하면 임나일본부는 야마토국의 出先機關 내지 남한 경영의 거점이 아니고, 이른바 「일본부의 군현」을 통치하는 기관이었다고 하였다. 또한 「일본부의 군현」이란 왜인으로 칭하는 임나의 지방호족이 통치하는 군현으로서 신라·백제와의 접촉지대에 있었으며, 그렇기 때문에 그들이 임나제국 방위의 역할을 맡아 임나집사의 외교권을 통제할 수 있었던 것이라 하였다. 게다가 〈廣開土王陵碑〉에 보이는 왜군의 대다수는 왜로부터의 渡來 有無에 관계없이 왜인을 칭하는 것이 정치적·군사적으로 유리하다고 판단했던 임나 제국의 지방호족들의 세력이었고, 《일본서기》에 인용된 《百濟記》에 보이는 「大倭 木滿致」는 왜인을 사칭한 자였다는 것이다.[17]

이 설을 그대로 받아들인다면 임나일본부는 자신의 지배군현을 가지고 있던 임나 제국의 독립소국의 하나이되, 그들이 정치적 필요에 의해 왜인을 사칭했다는 것이므로, 「임나일본부」는 곧 「僞倭의 임나소국」이라는 설이다. 또한 그의 주장 가운데에는 남한지방에 어느 정도의 왜인이 거주하고 있었고,

17) 井上秀雄, 《任那日本府と倭》(東出版, 1973).

임나일본부가 야마토국과의 직접적인 관계는 없었으나, 그 안에는 吉備·的·河內·爲哥(伊賀=三重縣) 등과 같이 일본 중앙·지방의 호족명을 자칭하는 자들이 있었다고 하였다. 그러니까 모두「위왜」로 되어 있었던 것만은 아니고, 거기에는 일본열도의 각지에서 온「任那 거주 왜인 집단」이 포함되어 있었다는 것이다.

이는 일본인 학자의 연구 결과 중에서 왜의 임나지배를 부인한 최초의 것으로서 주목된다. 그의 이러한 주장에는 일면의 진실이 들어있을 것으로 추정된다. 가야 제국의 연맹세력이 백제·신라 등의 외부적 압력에 대처하기 위해서 현지에 들어와 살고 있던 왜인 집단을 앞장세워 정치적으로 이용하였을 가능성은 충분히 인정된다.

그러나 임나일본부가 임나의 한 독립소국이었다고 할 때, 그 중심지는 안라왕이 통치하던 안라국에 있고 그 군현은 신라·백제와의 경계지대에 따로 떨어져 있던 국가가 있을 수 있는지 의문이다. 또한 井上은 같은 책에서「일본부의 군현」은 야마토국이 임나제국의 요청을 받아들여 해외에 있는 백제·신라의 분쟁지대에 설치한 직할령적인 존재이고, 일본부 관료 중에서 일본부경과 일본부집사, 파견장군 등은 일본에서 파견된 것이라고도 하였다. 이 논리는 임나일본부가 야마토국의 출장기관이 아니라는 자신의 기본 논지와 서로 배치되는 것이다. 그러나 그의 견해는《일본서기》의 사료 처리면에서 면밀한 태도를 보여, 뒤의 연구자들에게 여러 모로 영향을 미친 것이 사실이다.

「임나 경영」의 성격에 대하여 외부 세력에 의한 군사 정벌이나 지배를 상정하지 않는 또 하나의 견해로서 임나와 왜 사이의 외교나 교역의 측면을 중시하는「外交交易說」이 있다.

외교교역설 중에서도 우선 임나와 왜 사이의 상업적 교역을 중시한 설들이 있는데, 일찍이 이병도는 소위 임나일본부의 訓은「야마토노미코토모찌」로서 倭宰의 뜻이요 宰는 사신의 뜻이라 하고 나서,「임나부」는 후세의 倭館 관리와 같은 것으로서 본시 왜국이 加羅 諸國과의 무역관계를 위하여 설치한 公的 商館인데, 후에 가야 제국이 신라의 압력에 못이겨 왜인의 원조를 구하였기 때문에 이것이 다소 그 역할의 중심이 되었던 것 같다고 하였다.[18] 이 견해는 1930년대 당시로서는 매우 획기적인 착상이고 지금도 다시 검토해 볼만 한 가치가 있는 것이라 하겠는데, 아쉽게도 본인의 말대로 「힌트」만 제시하였을 뿐 사료상의 구체적인 검증이나 추론과정을 보여 주지 못하였다.

그 후 吉田晶은 왜국을 위주로 한 교역관계에 주목하여 임나 문제에 대한 기본 성격을 추구하였다. 즉 4세기 이래로 가야지역은 왜의 각지 세력들에 대한 鐵素材 및 생산기술의 공급지였는데, 차츰 기나이(畿內)세력이 일본열도에서 국가 형성의 주체세력으로 등장하게 되자, 그들은 가야 제국연맹이 유지하고 있던 회의체에 자기측의 관료를 참여시켜 보다 많은 선진문물을 기나이측에 독점적으로 수용하고자 노력하였던 것이므로, 그들이 파견한 관료로 구성된 임나일본부는 가야에 대한 통치기관이나 군정기관이 아니라 교역기관이었다는 것이다.[19] 吉田은 이병도의 견해를 인용하지는 않았지만 결국 그와 같은 결론에 도달한 것이다.

또한 李根雨는 6세기를 전후한 시기의 일본열도 내부상황에 대하여 吉田說을 받아들이면서도 임나일본부는 5세기 이전의 九州 왜왕조와 관련이 있는 문물 수용의 통로였던 것이고, 6세기 초 이후에야 국제적으로 등장하기 시작한 야마토세력과는 아무런 연관을 갖지 않는다고 보았다.[20]

서로 간에 약간의 차이점은 있으나 교역기관설은 임나 문제의 본질을 가야와 왜 사이의 교역, 특히 왜에 의한 가야문물의 수입 문제에 관련지어서 이해하였으며, 이러한 관점은 중시되어야 할 것이다. 다만 「임나일본부」는 기본적으로 백제·가야와 왜 사이의 교역기관의 성격을 갖는다고 보되, 그 설치 시기와 주체는 가야사의 전개과정과 연관시켜 재조정할 필요가 있다고 하겠다.

반면에 이병도에 의해 이미 제기되었던 견해의 일부이기도 하나, 請田正幸

---

18) 李丙燾, 〈三韓問題의 新考察〉 6(《震檀學報》 7, 1937 ; 《韓國古代史研究》, 博英社, 1976, 305쪽).
19) 吉田晶, 〈古代國家の形成〉(《岩波講座日本歷史》 2, 古代 2, 1975).
20) 李根雨, 〈日本書紀 任那關係 記事에 關하여〉(《淸溪史學》 2, 韓國精神文化研究院, 1985), 29~34쪽.

은 임나일본부의 訓을 검토하여 이를 왜가 가야 제국과의 외교 교섭을 위해 임시로 파견한 使臣團으로 보았고,[21] 李貞姬·李永植은 이를 적극 지지하였으며,[22] 鬼頭淸明은 請田說을 인정하면서도 그것이 야마토 정권과 별개의 정치 주체로서의 倭로부터 파견된 관인들의 殘存形態였다고 파악하였다.[23] 또한 奧田尙은 임나일본부가 가야와 왜 사이의 외교기관이기는 하되 그 설치 주체가 임나 제국이었다고 하였고,[24] 延敏洙는 이를 안라로 고정시켰으며,[25] 金泰植은 첫 설치 주체를 백제로 보되 이것이 중간에 안라의 주도로 변질되었다고 보았다.[26]

결국 외교기관설은 임나문제의 본질을 가야와 백제·신라·왜 사이의 정치적인 외교 문제에 관련지어 이해한 것이다. 국제간의 관계이니까 상호간에 사신단이 일시 파견될 수도 있고, 그들이 머무는 곳을 공식적인 기관으로 조성해 줄 수도 있었을 것이다. 또한 외국인들이라고 해도 한 지역에 오래 살다 보면 그 지역의 이익을 위하여 행동할 수도 있었을 것이다. 특히 《일본서기》 欽明紀의 자료에 즉응하여 볼 때, 안라가 일본부를 장악한 540년경부터 550년경까지는 그것이 결과적으로 안라의 외무관서의 역할을 하고 있었다고 보아도 좋을 것이다.

앞의 외교교역설 중에서 鬼頭淸明과 李根雨의 견해는 임나 문제에서 외교교역의 측면을 그다지 강조하지 않았으나 일본 내부의 상황에 대한 이해에 공통점이 있다. 즉 그들은 6세기 이전 일본열도의 주도세력이 야마토세력 이외의 어느 왜, 그 중에서도 九州의 倭이고, 임나일본부는 그 왜와 가야와의

---

21) 請田正幸, 〈六世紀前期の日朝關係－任那「日本府」を中心として－〉(《朝鮮史研究會論文集》 11, 1974).

22) 李貞姬, 〈古代日本의 政治的 勢力 成長에 對하여〉(《韓國傳統文化研究》 1, 曉星女大, 1985), 197～198쪽.
李永植, 〈古代日本の任那派遣氏族の研究〉(《富士ゼロックス·小林節太郎記念基金 1989年度研究助成論文》, 1990), 48～49쪽.

23) 鬼頭淸明, 〈『任那日本府』の檢討〉(《日本古代國家の形成と東アジア》, 校倉書房, 1976).

24) 奧田尙, 〈「任那日本府」と新羅倭典〉(《古代國家の形成と展開》, 吉川弘文館, 1976).

25) 延敏洙, 〈任那日本府論－소위 日本府官人의 出自를 중심으로－〉(《東國史學》 24, 東國大, 1990).

26) 金泰植, 〈530년대 安羅의 「日本府」 經營에 대하여〉(《蔚山史學》 4, 蔚山大, 1991).

사이에 있었던 기관이라고 하였는데, 이 지적은 매우 주목된다.《일본서기》 흠명기에 나오는 안라의 임나일본부가 5세기 이전부터의 것이었는지는 단정하기 어려우나, 그러한 대세 파악은 사실일 가능성이 있다고 생각되며, 만일 그 지적이 사실이라면 이른바 임나 경영의 문제는 원천적으로 다시 검토될 필요성이 있다고 하겠다. 임나 문제의 성격에 대한 이해는 이처럼 일본고대사 자체의 모호성 때문에 더욱 갈피를 잡기 어려운 것이다.

한편 가야사만을 다룬 것은 아니지만 가야를 비롯한 한반도 남부지역과 일본고대사를 거시적으로 연결짓는 연구들이 있다.

江上波夫는 일본고고학의 성과들을 종합하여 한일관계사에 응용함으로써, 거시적인 기마민족 정복왕조설을 발표하였다.[27] 즉 동북아시아 계통의 기마민족이 변한에 와서 한동안 남한을 지배하다가 변한의 辰王 자손이 4세기 초에 일본 북구주로 건너가 倭韓연합왕조를 건국하고 崇神天皇이 되었으며, 5세기 초에는 그의 자손인 應神天皇이 북구주에서 기나이로 진출하여 야마토국을 창시한 후 일본열도를 통합하고 한반도 남부를 경영하다가 7세기 중엽 이후 손을 뗐다는 것이다.

북한의 金錫亨은《일본서기》와 일본고고학 자료들을 가지고 일본열도내에서의 상황을 중심으로 한 고대한일관계사 영역을 개척하여서 이른바「分國說」을 내놓았다.[28] 그에 따르면 4~5세기의 일본 고분문화는 백제·가야 등 한반도로부터 영향을 받아서 이루어졌고 그 주체세력들은 모두 한국 계통 소국 즉 분국이었으며,《일본서기》에 나오는 모든 한반도 관계기사는 일본열도 내부의 한국 계통 소국들 사이의 일을 반영한다는 것이다.

이 연구 결과들은 고고학적 문화 전파의 방향을 올바로 제시하여 일본고대사 자체 및 임나일본부설의 취약성을 입증함으로써, 1970년대 이후 일본학계의 반성을 촉구하는 데 성공하였다. 그러나 기마민족설은 이른바「왜한연합왕조」라는 개념을 통하여 결과적으로는 남한경영설을 연장시킨 양

27) 江上波夫, 〈日本における民族と國家の起源〉(《東洋文化硏究所紀要》 32, 1964) ; 《騎馬民族國家》, 中央公論社, 1967).

28) 김석형, 〈삼한 삼국의 일본 렬도 내 분국들에 대하여〉(《력사과학》 63-1, 1963) ;《초기조일관계연구》, 사회과학원출판사, 1966).

면성이 있으며, 분국설은 《일본서기》를 비롯한 문헌사료들을 이용할 때 거의 모든 사료를 무리하게 일본열도에서의 사실로 억측함으로써 오히려 한반도내의 가야사를 포기한 결과를 초래하였다. 그럼에도 불구하고 이 연구들은 가야사 및 일본고대사에 대한 대중적인 관심 속에 그 명맥을 이어가고 있다.

3) 가야관계의 제학설

(1) 문헌사학 계통의 가야사 연구

해방 이후 국내 학자들은 가야 자체의 발전과정에 주목하는 연구를 시작하였다. 이는 어느 정도의 성과를 거둔 것도 사실이나 「임나일본부」라는 용어와 《일본서기》라는 책 자체가 금기시되어 가야사에 대한 논의가 그리 활성화되지는 못하였다.

1930년대 이래의 연구를 토대로 하여 해방 이후 출간된 국내 학자들의 가야사 관계 연구들은 낙동강 유역에 6가야연맹체가 520년간에 걸쳐 발전하고 있었다는 것을 논하였는데, 그 연구자들 중에 安在鴻·崔南善·李丙燾 등이 있다. 다만 안재홍이나 최남선의 연구는 조선 후기 실학자들의 연구를 뒤이어 「가라」의 語源에 대한 언어학적 고찰이나 6가야의 위치 비정에 머물렀으나,[29] 이병도의 연구는 거기서 한 걸음 더 나아가 가야의 발전과정을 개괄적으로 정리한 것이라는 점에서 차이가 난다.

이병도는 《삼국사기》의 초기 기록과 《일본서기》를 거의 배제하고 《三國志》·《三國遺事》 및 《삼국사기》 가야 멸망기사 등을 이용하여 가야관계의 짧막한 논문들을 몇 개 발표하였는데,[30] 그 요점을 정리해 보면 다음과 같다.

김해의 가락국이 부족국가로서 성립된 것은 기원전 2세기 이전의 일이며, 변진 소국들은 마한의 맹주인 진왕에게 소속되어 있었다. 변진의 일부 소국

---

29) 安在鴻, 〈六加羅國 小考〉(《朝鮮上古史鑑》 上, 1947).
崔南善, 《朝鮮常識》 地理篇－加羅(1948 ; 《六堂崔南善全集》 2, 玄岩社, 1973).

30) 李丙燾, 《韓國史》 古代篇(震檀學會, 1959).
——, 〈加羅史上의 諸問題〉, 《韓國古代史硏究》, 博英社, 1976, 305~350쪽).

들은 진왕에게서 벗어나 독립적인 6가야연맹체를 이루었는데, 그 최초의 맹주국은 고령의 대가야였다. 3세기 전반에 김해 금관가야(본가야)의 中始祖인 수로가 다시 6가야연맹을 결성하였다. 금관가야는 532년에 신라에 투항하였으며, 대가야는 562년에 신라에게 멸망당하였다. 이처럼 이병도가 사료 계통에 따라 서로 상반된 사실을 전하고 있는 문헌기록들을 세밀히 고증하여, 가야사의 전개과정을 이만큼이나마 정리해낸 것은 중요한 업적임에 틀림없다고 하겠다.

그 다음으로 金哲埈은 고대사 개설서의 일부분에서 가야의 발전과정을 개괄적으로 서술하였다.[31] 즉 3세기경에 철기문화를 소유한 북방유이민 등의 파급으로 가야지역 각지에 김해 가락국을 비롯한 부족국가들이 형성되었고, 그 후 대가야와 금관가야가 그 중에서 가장 강성하게 되자 이 둘이 대등하게 결속되어 上下加耶聯盟을 이룩하였으나, 더 발전하여 하나의 고대왕권을 이루지는 못하였다고 보았다. 이는 가야의 발전과정을 사회구조면까지 심화시켜 좀더 체계화하려는 시도였다는 점에서 주목된다.

위의 성과들은 연구 관점을 올바로 하여 가야의 발전과정을 적극적으로 밝히려는 개척적인 시도였다는 점에서 그 의의를 찾을 수 있다. 다만 고고학적 발굴 조사 및 연구가 충분치 못하였던 당시 학계상황의 제약으로 인하여, 가야사 연구의 기본적 한계성인 사료 부족을 극복할 새로운 방법론을 찾아내지 못함으로써 가야사 발전의 기본 방향과 편년 등을 오도한 한계성이 있다고 하겠다.

李基東은 가야사에 대한 기존의 연구 성과들을 광범위하게 검토한 결과 상당히 정리된 인식체계를 보여 주었다.[32] 즉 기원 1세기 이전에 성읍국가로서의 본가야가 김해에 성립되었으며, 3세기 중엽에는 변한 12나라가 있었다. 또한 4세기 이후 가야지역은 연맹왕국 수준으로 왕권이 성장하였으며, 처음에는 본가야가 가야 전체의 맹주로서 임나라고 불리웠으나, 그 후 대가야가 가야 제국의 맹주로 등장하게 되어 임나는 대가야를 지칭하게 되었다는 것

31) 金哲埈, 〈韓國古代國家發達史〉(《韓國文化史大系》 1, 民族·國家史, 高麗大, 1964), 484~487쪽.

32) 李基東, 〈加耶諸國의 興亡〉(《韓國史講座》 1, 古代篇, 一潮閣, 1982), 154~164쪽.

이다. 이 견해는 千寬宇의 문헌적 연구 성과와 金廷鶴의 고고학적 연구 성과를 대폭 수용하였기 때문에 가야사에 대한 기본 골격이 상당히 정리되었다고 보인다. 그러나 개설서의 성격상 지명 비정 및 고고학 편년상의 세부적인 문제점은 해결되지 않은 상태였다.

한편 李永植은 대외전쟁의 규모와 양상으로 보아 4세기 말 이전의 가야제국은 君長社會에 해당하며, 4세기 말 5세기 초 이후의 대가야·阿羅加耶와 같은 중심세력은 전쟁 규모가 1만 명 수준을 넘는 것으로 보아 도시국가에 해당한다고 하였다.[33] 白承忠은 《삼국사기》 초기 기사와 《晋書》 등의 자료들을 적극적으로 이용하여, 김해의 가야세력은 1~2세기 무렵에 급속히 성장하다가 3세기 초에 거의 몰락하였으며, 4세기에는 이미 진한 즉 신라에 복속되어 있었다는 주장을 폈다.[34] 이들의 연구 결과는 기존설에서 사료적 가치에 대한 의문으로 인하여 이용하지 않던 文字資料들을 중시하여 새로운 해석을 시도한 것이었으나, 결과적으로 사료해석 상의 무리한 점들이 노정되었으며 고고학 자료들이나 《삼국지》와 같은 다른 사료와 배치되는 점이 나타났다.

결국 순수하게 문헌적인 측면에서 가야의 발전과정을 다룬 연구들은 사료의 부족을 극복하지 못하여 가야의 발전추세 파악에 한계성을 드러내었으며, 이것은 가야사 연구에서 고고학자료의 활용의 중요성을 일깨워 주었다고 하겠다.

(2) 고고학 계통의 가야문화 연구

신라·가야지역에 대한 고고학적 연구조사는 1910년대부터 일본인 학자들에 의하여 시작되어 일련의 《朝鮮古蹟調査報告》가 출간되었으나, 발굴된 양이 많았던 데 비해 정식으로 조사 보고된 것은 절대적으로 빈약하여 오히려 신라·가야 유적의 상당수가 합법적으로 파괴된 측면이 있다고도 할 수 있

33) 李永植, 〈加耶諸國의 國家形成問題－「加耶聯盟說」의 再檢討와 戰爭記事分析을 중심으로－〉(《白山學報》 32, 1985).

34) 白承忠, 〈1~3세기 가야세력의 성격과 그 추이〉(《釜大史學》 13, 1989).
———, 〈3~4세기 한반도 남부지방의 제세력동향－초기가야세력권의 변화를 중심으로－〉(《釜山史學》 19, 1990).

다. 여하튼 이에 의해 신라·가야문화에 대한 대강의 윤곽은 드러났는데, 이를 개괄적으로 종합 정리한 것은 梅原末治였다.[35]

梅原은 신라·임나의 두 문화권을 미리 나누어서 서술하기는 어려우므로 일단 경주 부근의 묘제를 설명하고 기타의 한반도 남부지역 고분은 따로 서술한다는 임시 기준을 세워 제8장에서 「古新羅」의 이름 아래 경주의 묘제만을 논하고 제9장에서 「南鮮各地」의 이름 아래 대구·성주·창녕·양산·김해·진주·함안·고령·선산·개령 등지의 묘제를 살폈다. 그 결과 가야지방의 고분 중에서 일찍이 신라의 세력 아래 들어간 창녕·대구 등에는 횡혈식이 있으며 일부에 고신라의 적석총을 가미한 경향이 인정되나, 일본과의 국교가 밀접한 고령·함안의 묘제는 일본 上代의 古墓制에 보편적인 수혈식과 같은 계통에 속하고 있어서 일본사 연구자들에게 흥미를 줄 것이라고 결론지었다. 결국 그는 일본과 관련된 「임나」를 찾기 위해서 「경주를 제외한 남한 각지」를 잠정적으로 하나로 분류하여 따로 고찰하였으나, 구체적인 신라·임나문화권의 분류를 제시하지는 못하였다.

金元龍은 한국고고학자로서 신라·가야문화권의 구분 문제를 처음으로 체계화하여, 4·5·6세기의 신라토기는 경주·양산·달성·창녕 등의 낙동강 東岸지대의 토기와 낙동강 西岸 성주의 토기가 포함되는 「신라 중심군」과 김해·함안·진주·고령 등 낙동강 서안 특히 그 남부지방의 토기로 구성되는 「가야 중심군」으로 구분된다고 하였다.[36] 또한 全吉姬는 묘제의 측면에서 이를 확인하여, 5세기 초부터 6세기 말까지의 시기에 달성·창녕 등의 낙동강 동안지방(성주 포함)은 羨道가 없는 횡혈식 석실분(B1式)이 주류를 이루고, 김해·진주·고령 등 낙동강 서안지방은 수혈식 석실분(A式)이 축조되다가 그 말기에 이르러 연도가 달린 횡혈식 석실분(B2式)으로 변화하여 문화권이 서로 구분된다고 하였다.[37]

위의 두 연구 성과는 5~6세기의 신라·가야문화권 구분에 대한 하나의

35) 梅原末治, 《朝鮮古代の墓制》(座右寶刊行會, 1946).
36) 金元龍, 《新羅土器의 硏究》(乙酉文化社, 1960), 6쪽.
37) 全吉姬, 〈伽耶墓制의 硏究〉(《梨大史苑》 3, 1961), 52쪽.

기준을 제시하여 주었으며, 특히 김원룡은 낙동강 서안의 토기양식을「加耶群」이라고 명명함으로써 가야문화권으로서의 개념을 분명히 하였다. 그러나 전길희는 현상 파악을 제대로 하였음에도 불구하고 낙동강 동안의 묘제까지「가야 묘제」의 이름 아래 거론함으로써 후세의 연구자에게 혼동의 여지를 남겼는데, 이는 梅原末治의 초창기 연구 결과를 비판없이 수용한 때문인 것으로 보인다.

1970년대 이후 국내의 발굴자료가 점차 증가함에 따라 고고학자들은 일련의 연구논문을 통하여 가야지역의 토기·고분묘제 및 편년에 대한 종합적인 이해체계를 마련하였다. 우선 李殷昌은 3세기 후반 이후의 낙동강 유역 출토 토기를 모두 가야토기로 보되, 낙동강 동·서안지역에서 양식상의 차이가 나는 것이라고 보았다.[38]

가야관계 유물·유적의 편년에 대해서는 가야토기 및 고분의 형식 변천을 중심으로 하여 발생기(100~200), 전기(200~350), 중기(350~550), 후기(550~650)로 시기구분하였다. 또한 金廷鶴은 가야에 대한 고고학과 문헌사학의 통합을 시도하여,[39] 고고학적 유적들을 邑落國家에 해당하는 先加耶時代(기원전)와 읍락국가연맹에 해당하는 가야시대 전기(1~3세기), 가야시대 후기(4~6세기)로 구분하고 나서, 가야 전기의 맹주국은 김해가야였으며, 그것이 가야 후기의 말기에 고령의 대가야로 바뀌었다고 하였다. 가야관계 유물·유적의 분포권 즉 가야연맹의 영역에 대해서는 그 東界를 조령에서 낙동강 입구 동래까지로, 그 西界를 소백산맥과 섬진강 線까지로 보았다.

이 연구 결과들은 방대한 고고학 자료에 대한 정리를 통하여 가야의 발전 추세를 개괄적으로 파악하는 데 공헌한 바 크다고 하겠으나, 그 분석에 있어서 유물·유적의 지역구분 및 편년 기준이 모호하다는 문제점을 남기고 있다. 특히 이들은 이전의 연구 성과를 발전적으로 지양하지 못하고 경주를 제

---

38) 李殷昌, 〈新羅·伽耶土器 編年에 關한 硏究〉(《曉星女子大學校硏究論文集》 23, 1981).
———, 〈伽耶古墳의 編年 硏究〉(《韓國考古學報》 12, 1982).
39) 金廷鶴, 〈古代國家의 發達(伽耶)〉(《韓國考古學報》 12, 1982).
———, 〈加耶史의 硏究〉(《史學硏究》 37, 1983).

외한 영남지방 일대를 모두 「가야」라고 지칭하는 관례만을 계승하여 확대시켰다고 보이니, 이는 결국 가야문화와 신라문화의 구분을 모호케 함으로써 가야사에 대한 이해에 일정한 지장을 초래하기도 하였다.

그에 비하여 최근 고고학계의 발굴이 점차 활성화되고 연구수준이 성숙되면서, 영남지역의 고대 문화에 대하여 기존의 것들보다 많은 정보를 제시하는 발굴보고서가 양산되고, 출토된 유물·유적을 세밀하게 종합 분류하여 나가는 연구 성과가 나타나고 있다. 특히 진변한 및 신라·가야의 묘제와 토기 형식 등에 대한 분류 및 편년 연구에 상당한 진전이 있었다고 보인다.[40] 아직 엄밀한 형식 분류의 기준과 편년이 정착된 것은 아니지만, 이러한 연구 성과들이 축적되어 가는 것은 가야사 연구를 위하여 바람직한 경향이라고 하겠다.

지금까지 가야 자체의 발전과정에 주목한 연구의 현황과 그 문제점을 지적하였는데, 그 전반적인 경향을 개괄하여 보고자 한다.

국내 학자들의 연구 경향은 우선 가야사를 발전적인 시각에서 다루려 하였다는 점에서 그 공로가 인정된다. 그러나 문헌사학 계통의 연구에서는《일본서기》소재의 사료나 고고학자료를 이용하지 못하고, 몇몇 단편적인 기사나 신화류만을 이용하여 가야사를 복원하려고 하였기 때문에 편년이나 지역 발전추세 등의 면에서 체계적인 이해를 갖추지 못하였다. 또한 고고학 계통의 연구에서는 편년이나 발전추세의 대강을 바로잡았음에도 불구하고 문헌사료의 인도를 받지 못하여, 묘제 및 유물자료가 나타내 보여 주는 가야문화의 성격과 범위를 제대로 구분하여 내지 못한 한계성을 드러냈다. 가야사 연구의 이러한 문제점은 가야사 및 일본고대사뿐만 아니라 신라사·백제사의 연구에도 일정한 제약을 주고 있으며, 특히 신라의 성장 기반을 올바로 이해하기 어렵게 만들고 있다.

---

40) 李賢惠,《三韓社會形成過程硏究》(一潮閣, 1984).
金鍾徹,〈北部地域 加耶文化의 考古學的 考察〉(《韓國古代史硏究》1, 1988).
崔秉鉉,《新羅古墳硏究》(一志社, 1992).

2. 가야사의 범위

1) 가야의 명칭과 6가야

가야사는 그 본기의 立傳이 史書에 따로 존재하지 않을 뿐 아니라 그를 가리키는 명칭도 사료의 계통에 따라 일정치 않기 때문에, 그 연구의 대상을 어느 문헌에 근거하여 어떻게 잡아야 하는가라는 기본적 문제가 대두된다. 그러므로 우선 「가야」·「가라」라는 명칭의 기원을 살펴 보고, 그를 가리키는 借字들의 종류와 그 특징을 살펴보고자 한다.

「가야」·「가라」의 어원에 대해서는 이를 그 사람들이 쓰고 다니는 뾰족한 모자의 지칭인 「가나」에서 나왔다든가, 南方 잠語의 개간한 평야를 가리키는 말인 「가라」(kala)와 같은 것이라든가, 또는 가ㅅ나라(邊國), 가람(江), 겨레(姓·一族), 구루(城邑) 등의 어휘가 변한 것이라든가 등의 여러 가지 견해가 있다. 그 중에서도 퉁구스어와 만주어 등의 알타이 諸語에서 一族을 가리키는 가라(xala·kala)가 가야(kaya)를 거쳐 겨레(kyŏre)로 음운 변화해 왔다는 연구가 설득력을 얻고 있는 편이나[1] 더 이상 알 수 없다.

지명·국명으로서의 「가야」·「가라」를 가리키는 借字의 용례로는 「狗邪·拘邪·加耶·伽耶·伽倻·加羅·伽羅·迦羅·呵囉·柯羅·加良·伽落·駕洛」 등의 10여 종이 있어서, 이들의 출전 및 사용빈도를 정리해 보면 〈표 1〉과 같다.

〈표 1〉에서 보면 「가야」에 대한 문헌사료 중에서 가장 많이 나타나는 차자는 「加羅」(47회)이고, 그 다음으로 「加耶」(31회)·「伽倻」(28회)와 「駕洛」(15회)·「伽耶」(14회) 등이 있으며, 기타의 것은 1, 2회만 나오는 예외적인 것에 지나지 않는다. 또한 「가야」의 차자로서 가장 먼저 나타난 것은 「狗邪」(《삼국지》)와 「加羅」(〈광개토왕릉비〉)이고, 그 다음으로 「加耶」·「伽耶」·「駕洛」(모두 《삼국사기》)이 나오며, 마지막으로 「伽倻」(《고려사》 지리지)가 나타난다.

1) 崔鶴根, 《國語方言研究》(서울大 出版部, 1968), 6쪽.
───, 《韓國語 系統論에 關한 硏究》(明文堂, 1988), 225쪽.

〈표 1〉 「가야」·「가라」 借字의 출전 및 사용빈도표

借字(頻度)	初見出典	最頻出典	出典(使用頻度)
狗邪(2)	三國志	三國志	三國志 魏書 東夷傳 弁辰韓(1)·倭人(1)
拘邪(1)	三國志	三國志	三國志 魏書 東夷傳 韓(1)
加耶(31)	三國史記	三國史記	三國史記 新羅本紀(19)·樂志(2)·地理志(3)·列傳(4), 高麗史 地理志(2), 東國輿地勝覽(1)
伽耶(14)	三國史記	三國遺事	三國史記 地理志(1), 三國遺事 王曆(1)·五伽耶(8)·駕洛國記(4),
伽倻(28)	高麗史	東覽	高麗史 地理志(3), 東國輿地勝覽(25)
加羅(47)	廣開土王陵碑	日本書紀	廣開土王陵碑(1), 宋書 倭國傳(3), 南史 倭國傳(3), 南齊書 加羅國傳(2)·倭國傳(1), 通典 新羅傳(1), 日本書紀(29), 新撰姓氏錄(1), 三國史記 新羅本紀(2)·樂志(2)·列傳(2)
伽羅(1)	梁書	梁書	梁書 倭傳(1)
迦羅(2)	隋書	隋書·北史	隋書 新羅傳(1), 北史 新羅傳(1)
呵囉(1)	三國遺事	三國遺事	三國遺事 魚山佛影(1)
柯羅(3)	日本書紀	日本書紀	日本書紀(3)
加良(2)	三國史記	三國史記	三國史記 新羅本紀(1)·强首傳(1)
伽落(1)	三國史記	三國史記	三國史記 地理志(1)
駕洛(15)	三國史記	三國遺事	三國史記 金庾信傳(1), 三國遺事 王曆(1)·五伽耶(1)·第四脫解王(1)·駕洛國記(5), 東國輿地勝覽(6)

한편 그 이름이 가장 많이 나오는 출전을 중심으로「가야」가 가리키는 지명들을 살펴보면, 3세기 이전 시기를 주로 다룬《삼국지》·《삼국유사》의「狗邪」·「駕洛」은 모두 김해를 가리키고, 6세기 이후를 주로 다룬《일본서기》의「加羅」는 대부분 고령을 가리킨다. 또한《삼국사기》이후의「加耶·伽耶·伽倻」는「某가야」의 형태로 표기된 것을 제외하고는 김해 또는 고령 중의 하나를 가리킨다고 생각된다.

이상의 자료를 근거로 하여 판단해 볼 때,「가야」라는 이름은 김해세력의 지칭으로 처음 사용되었으며, 어느 때부터인가는 고령의 세력이 이를 그대로 이어받아 사용하였다고 보인다. 그러므로 가야사는 우선 이 두 지역을 포괄하

여 다루어져야 할 것이다. 또한 그렇게 볼 때「가야」의 차자로는 둘 중 하나만을 주로 가리키는 狗邪·駕洛·加羅 등은 적절치 않고, 둘을 모두 가리키는 加耶·伽耶·伽倻 중에서 택하는 편이 낫다. 그 중에서「加耶」가 가장 먼저 쓰이기 시작하였고 사용빈도도 높으며 한국고대사의 기본사료인《삼국사기》에서 일반적으로 사용된 것이니, 이를 가장 적합한 것이라고 해야 할 것이다.

그런데「가야」라고만 하였을 때는 김해나 고령의 소국을 가리킨다고 해도,《삼국사기》金庾信傳이나《일본서기》에는「南加耶」또는「南加羅」가 나오고,《삼국사기》·《고려사》지리지나《동국여지승람》등의 지리지 관계기록과《삼국유사》五伽耶條 등에는「大加耶」·「古寧加耶」·「阿那加耶」·「小加耶」및「金官伽耶」·「星山伽耶」(碧珍伽倻)·「非火伽耶」등이 나타나고 있다(〈표 2〉 참조). 이「某가야」형태의 기록들을 어떻게 처리해야 할까.

〈표 2〉 문헌사료에 나오는「某가야」의 분포표

사료 / 某가야	三國史記 本紀·列傳	三國遺事 五伽耶	本朝史略 五伽耶	三國史記 地理志	高麗史 地理志	東國輿地勝覽	日本書紀
남가야 금관가야 (金海市)	加耶 任那加良? 南加耶 *金官國	駕洛國 大駕洛 伽耶國	金官伽耶	*金官國 伽落國 伽耶	駕洛 伽倻 *金官國	駕洛 伽倻 *金官國	南加羅
대가야 (高靈邑)	加耶 加羅	大伽耶		大加耶	大伽倻	大伽倻	加羅 *伴跛
아라가야 (伽倻邑)	*阿羅國	阿羅伽耶 阿耶伽耶	阿羅伽倻	*阿尸良國 阿那加耶	*阿尸良國 阿那加耶	*阿尸良國 阿那伽倻	*安羅
고령가야 (咸昌邑)		古寧伽耶	古寧伽倻	古寧加耶	古寧伽倻	古寧伽倻	
소가야 (固城邑)		小伽耶			小加耶	小伽倻	*久嗟 *古嵯
성산가야 (星州邑)		星山伽耶 碧珍伽耶	星山伽倻 碧珍伽倻			星山伽倻 碧珍伽倻	*比自炑
비화가야 (昌寧邑)			非火伽耶				

*표는「某가야」가 아닌 다른 형태의 국명

〈표 2〉에서 보면 《삼국사기》 본기 · 열전 및 《일본서기》 등의 자료(《삼국지》 위서 동이전 포함)에는 남가야를 제외하고는 「모가야」라는 것들이 나타나지 않고 있으나, 기타의 「모가야」들은 《삼국유사》 · 《본조사략》의 5가야조나 《삼국사기》 · 《고려사》 · 《동국여지승람》 등의 지리지 관계기사에서만 나타난다. 그러므로 일단 「본기 계통의 기사」와 「지리지 계통의 기사」를 분리하여 보되, 《삼국사기》 본기 · 열전의 지명 표기방식이 원전 편찬시기가 가장 앞선다고 보이는 《일본서기》의 그것과 대체로 일치한다는 것을 주목하여야 한다.

본기 계통의 기사에 근거해 볼 때, 앞에서 본 駕洛 · 加耶 · 加羅國을 제외한 「모가야」 계통 소국들이 존재하던 당시의 이름은 김해의 南加耶 또는 金官國 또는 南加羅國, 고령의 半路國 또는 伴跛國 또는 叛波國, 함안의 阿羅國 또는 安羅國, 고성의 古資彌凍國 또는 古嵯國(久嗟國), 창녕의 比自炑國 등이 있을 뿐이다. 이들은 자기 이름을 가진 채로 전기 또는 후기 가야연맹 속에 포함되어 있었으며, 이름 자체가 「모가야」는 아니었을 것이다.

반면에 《삼국유사》에는 고려 초에 정착된 전승자료인 《가락국기》와 연관이 있는 5伽耶의 이름들이 나오고, 《本朝史略》에는 고려 太祖 天福 5년 庚子(940)에 5가야의 이름을 고쳤다는 기사도 나오며, 그 후의 지리지 관계기사에서는 이 5가야를 일부 인정하기도 하고 또는 인정치 않기도 하여 이들 某가야의 구성은 일정하지 않다. 게다가 星山加耶의 지역으로 추정되는 성산동 고분군이 있는 성주군 성주읍 일대는 본래 지명이 本彼縣으로서 신라 一利郡(고령군 성산면)의 領縣이었는데, 신라 중대 말기의 경덕왕이 이를 新安縣으로 이름을 고치고 星山郡의 영현으로 삼았던 곳이다. 그렇다면 「성산가야」라는 국명은 후대의 명칭이로되 성산군 일대의 지역 중심이 京山府(성주읍)로 옮겨진 신라 말 고려 초 이후의 것이 아닐까 한다. 또한 古寧加耶의 지역인 상주시 함창읍은 위치상 가야 계통의 일국으로 보기에는 너무 떨어져 있다. 그러므로 남가야를 제외한 「모가야」라는 것들은 그들이 존재하던 당시의 이름이 아니고 후대 즉 나말여초 이후의 것임을 추정할 수 있다.

한편 5가야에 남가야(금관국) 또는 대가야를 포함하여 일컫는 이른바 「6가야연맹」이라는 명칭은 이미 보편화되어 있는데, 여기서 「6」이라는 숫자는 《삼국유사》 五伽耶條와 《가락국기》의 6卵 설화에 의해 생긴 개념이다. 그러나 후술하듯이 《삼국지》에는 3세기 당시의 弁辰狗邪國을 포함한 변한 12국의 명칭이 나타나고, 《일본서기》에는 6세기 당시의 加羅國을 포함한 10여 국의 명칭이 나타난다. 그러므로 「6」의 숫자 및 「6가야」의 명칭은 가야 계통의 여러 소국들이 정치적 연맹체를 이루고 있을 당시의 것으로 보기 어려우며, 구태여 논하자면 신라 6部 姓氏에의 대응 및 나말여초 本貫制의 성립과 관련이 있지 않을까 한다.

그러나 사료가 부족한 가야사에서 후대의 기록일망정 그대로 지나칠 수는 없다 하겠으며, 후대의 인식에서 어떤 지역세력이 신라나 백제가 아닌 가야의 한 세력이었다는 주장을 하는 것은 「가야」라는 세력이 언젠가 커다란 세력권을 영유한 적이 있었던 경험을 바탕으로 나올 수 있는 것이라고 생각된다. 그러한 의미에서 본다면, 사료상으로 「가야」라는 이름이 김해나 고령뿐만 아니라 그를 포함한 주변의 廣域을 가리킨 직접적 사례가 분명치 않다고 하더라도, 다른 대안이 없는 한 가야사에서 가야를 비롯한 모가야들의 지역까지 포괄하여 다룰 수밖에 없는 것이라고 하겠다.

2) 변한 및 임나와의 관계

앞에서 논한 바와 같이 가야사의 범위를 약간 확대해 볼 때, 이것과 《삼국지》의 변한 및 《일본서기》의 임나와의 관계를 정리할 필요가 생긴다. 변한과 임나는 그 용어가 가리키는 지역 범위와 시기가 가야와 일정하게 중복되고 있기 때문이다.

우선 「변한」 또는 「弁辰」은 《三國志》 魏書 東夷傳 韓條에서 韓族을 정치 상황에 따라 馬韓·辰韓·弁韓의 셋으로 구분한 것 중의 하나이고, 弁辰狗邪國을 비롯한 彌離彌凍國·接塗國·古資彌凍國·古淳是國·半路國·樂奴國·彌烏邪馬國·走漕馬國·安邪國·瀆盧國 등 12소국을 통칭하여 쓰이는 이름이다. 그러므로 김해의 구야국 즉 가야국이 2~3세기 당시에 변한이라는 정치체에 속하여 있고 그 정치체는 가야를 비롯한 주변의 여러 소국의 연맹 형태로 이루어져 있었음을 알 수 있으나, 《魏志》 韓傳에서는 마한과 달리 변한에 대해서는 그를 대표하는 맹주국의 존재를 직접적으로 명시하여 놓지 않아서 변한과 가야의 관계를 더이상 추정하기 어렵다.

그러나 《삼국사기》 新羅本紀의 초기 기록에는 설화자료를 편년체로 편찬하는 과정의 한계성 때문에 사료상의 문제점은 있다 하여도, 赫居世王 19년(기원전 19) 정월조에 「卞韓」이 와서 항복하였다는 상징적인 기사와 婆娑王 23년(102) 8월조에 「金官國」 首露王이 분쟁을 중재하였다는 설화기사를 제외하고는 이 낙동강 유역의 세력을 모두 「加耶」라고 표기하고 있다. 이는 신라 초기에 신라의 서쪽에 인접하여 있던 세력의 대표를 加耶라고 여기던 후세 인식의 반영이며, 앞에서 언급한 파사왕 23년조에서는 금관국 즉 가야의 수로왕이 신라왕의 초대를 받아 사로국 주변의 音汁伐國과 悉直谷國의 분쟁을 중재하였다고 하므로, 가야의 맹주적 위치에서의 역할을 확인할 수 있다. 그리고 《三國志》 魏書 韓傳의 기록으로 보아, 마한의 진왕이 마한과 변한 12국을 대표하는 공식 칭호에는 마한系 2국의 臣智와 함께 변한系인 安邪國과 狗邪國의 신지들이 聯名되었던 것으로 생각되니, 변한에서 구야국의 중요성을 가늠하여 볼 수 있다.

그러므로 《삼국지》와 《삼국사기》의 기사들을 종합해 볼 때, 1~3세기의 낙동강유역에는 10여 국으로 구성된 변한소국연맹이 있었으며 그 실질적인 대표 즉 맹주국은 김해의 가야(구야국)였음을 인정할 수 있다. 그렇다면 가야 중심의 변한소국연맹은 혹은 三韓史의 일부로서 또는 더 세분하여 각 소국마다 따로 다룰 수 있지만, 신라에게 멸망되는 6세기 이전까지 이 지역 전체의 독립적 역사를 종합한다는 관점에서는 모두 아울러서 가야사에 포함시켜 논의해야 할 것이다.

가야지역을 가리키는 또 하나의 용례로서 「任那」라는 이름이 있는데, 이 임나와 가야와의 관계를 생각하여 보기 전에 우선 「임나」를 가리키는 借字인 「任那·彌摩那」 등의 出典 및 사용빈도를 정리하여 보면 〈표 3〉과 같다.

〈표 3〉 「임나」 借字의 출전 및 사용빈도표

借字(頻度)	初見出典	最頻出典	出典(使用頻度)
任那(237)	廣開土王陵碑	日本書紀	廣開土王陵碑(1), 眞鏡大師塔碑(1), 三國史記 強首傳(1), 宋書 倭國傳(4), 南齊書 倭國傳(1), 梁書 倭傳(1), 南史 倭國傳(5), 通典 新羅傳(1), 新撰姓氏錄(7), 日本書紀(215)－崇神紀(2), 垂仁紀(2), 應神紀(2), 雄略紀(6), 顯宗紀(4), 繼體紀(12), 宣化紀(3), 欽明紀(133), 敏達紀(9), 崇峻紀(4), 推古紀(29), 舒明紀(1), 皇極紀(1), 孝德紀(7)－
彌摩那(1)	日本書紀	日本書紀	日本書紀 垂仁紀(1)
彌麻奈(2)	新撰姓氏錄	新撰姓氏錄	新撰姓氏錄(2)
御間名(1)	〃	〃	新撰姓氏錄(1)
三間名(2)	〃	〃	新撰姓氏錄(2)

〈표 3〉에서 보면, 「임나」 또는 「미마나」의 차자 243회 중에서 국내사료인 〈광개토왕릉비〉·〈眞鏡大師塔碑〉와 《삼국사기》 強首傳의 3例와 중국사료인 《宋書》 倭國傳의 4例 등을 제외하고는 모두 일본측 사료의 용례임을 알 수 있다.

그런데 「임나」의 차자로서 처음 나오는 〈광개토왕릉비〉의 「任那加羅」[2]와 〈강수전〉의 「任那加良」[3]은 어디를 가리키는지 그것만으로는 짐작할 수 없고, 〈진경대사탑비〉의 「任那」[4]는 그것이 「新金氏」 또는 「興武大王」과 관련되어 쓰였으므로 일단 그 위치를 김해로 추정해볼 수 있으나 아직 분명치 않다. 그러한 사정은 任那와 加羅를 두 개의 「國」으로 간주한 《송서》 왜국전에서도 다를 바 없으며, 《송서》의 용례는 5세기의 倭側의 것을 그대로 답습한 것에 지나지 않는다. 그렇다면 일단 「임나」의 뜻을 《일본서기》를 비롯한 일본사료에서 어떻게 간주하고 있는가를 살펴볼 필요가 있다.

---

2) 廣開土王陵碑(王健群의 釋文) 永樂 10년(400) 庚子條.
3) 《三國史記》 권 46, 列傳 6, 強首.
4) 昌原 鳳林寺眞鏡大師寶月凌空塔碑(許興植, 《韓國金石全文》 古代篇, 亞細亞文化社, 1984), 257쪽.

우선 《일본서기》 崇神紀에 '任那者 去筑紫國 二千餘里 北阻海 以在雞林之西南'이라는 기록이 나오고, 《신찬성씨록》 未定雜姓 右京條에 '三間名公 彌麻奈國主 牟留知王之後者'의 기록이 나온다. 숭신기에서 임나의 위치는 김해를 가리키는 듯하고, 《신찬성씨록》에서 미마나국주 「牟留知王」이 「朱留知王」의 오기라면 이는 首露王을 가리킨다고 보아[5] 여기서의 「미마나」도 김해를 가리킨다고 할 수 있다.

그러나 《일본서기》에서 사료의 신빙성이 인정되기 시작하는 繼體紀로부터 시작하여 「任那」라는 용어가 133회나 나오는 欽明紀를 포함하여 孝德紀까지에서의 「임나」는 좀더 넓은 의미로 쓰이고 있다. 여기서의 임나는 왜가 이를 총괄하여 지배 또는 경영한다는 전제 아래에서의 인식이기는 하지만, 분명히 한반도 남부의 신라나 백제에 복속되지 않은 소국들의 총칭 또는 그 지역 전체의 뜻으로 쓰이고 있다. 그 단적인 사례가 흠명기의 '任那滅焉 總言任那 別言加羅國·安羅國·斯二岐國·多羅國·卒麻國·古嵯國·子他國·散半下國·乞飡國·稔禮國 合十國'이라는 기사이다. 그리고 이 임나는 멸망 당시의 상황을 말하는 것이고, 그 이전 계체기나 흠명기 초년의 기사로 보아서는, 여기에다 上哆唎·下哆唎·娑陀·牟婁의 4縣과 己汶·帶沙의 2地 및 喙己呑·南加羅·卓淳의 3국 등을 더해야 할 시기도 있었다고 추정된다. 이렇게 볼 때 《일본서기》에서의 「임나」는 대체로 5~6세기 당시의 한반도 남부에서 신라나 백제에 복속되어 있지 않은 諸小國의 총칭을 가리킨다고 보아도 좋을 것이며, 이는 당시의 이들 제소국이 신라나 백제와 구분되는 하나의 세력권을 이루고 있었던 사실의 반영이라고 하겠다.

한편 《삼국사기》에서 법흥왕 9년(522)에 신라와 國婚을 하였다는 「加耶」는 《동국여지승람》의 기록과 대비하여 보면 고령의 대가야를 가리킴에 틀림없으므로, 이는 6세기 초 당시에 고령세력이 가야지역의 대표자로서 인정받고 있었던 사실을 반영한다. 또한 《삼국사기》 樂志의 于勒十二曲의 곡명에 上·下加羅都, 達已, 思勿, 勿慧, 上·下奇物, 居烈, 沙八兮 등 여러 지역의 郡樂들이 포함되어 있고 이를 가야의 악사인 우륵이 모두 정리하고 있었으

5) 李丙燾, 《韓國古代史硏究》(博英社, 1976), 341쪽.

므로 당시 가야 즉 고령 대가야의 맹주적 위치를 짐작할 수 있다. 그리고 백제와 왜 사이의 國書에서 「百濟」나 「百濟王」 뒤에 「加羅·安羅」 또는 「安羅王·加羅王」 이 聯名되어야 하였던 것으로 보아,[6] 당시의 총칭 임나에서 대가야의 중요성을 가늠해 볼 수 있다.

그러므로 《일본서기》와 《삼국사기》의 기사들을 종합해 볼 때, 5~6세기의 한반도 남부에는 신라나 백제와 구분되면서 10여 국으로 구성된 諸小國聯盟이 있었으며 그 실질적인 대표 즉 맹주국은 고령의 加耶(加羅國)였음을 인정할 수 있다. 그렇다면 《일본서기》에서 5~6세기 당시의 이 諸小國연맹 지역을 총칭하여 부르는 「任那」라는 명칭을 써서 왜의 간섭이라는 관념이 담긴 任那史로 다룰 것이 아니라, 이 지역 전체의 前代부터의 역사와 구분하면서 종합한다는 관점에서 이 모두를 加耶史로 다루어야 할 것이다.

3) 가야사의 시기 구분

《삼국유사》 왕력에 의하면 김해 駕洛國은 後漢 光武帝 建武 18년 壬寅(42)에 시조 首露王이 개국하고, 梁 武帝 中大通 4년 壬子(532) 즉 제10대 仇衡王 12년에 멸망하였으니, 그 전체 歷年은 490년이다. 한편 《삼국사기》지리지 및 신라본기에 의하면 고령 大加耶國은 시조 伊珍阿豉王이 서기 42년에 개국하고, 제16대 道設智王에 이르러 신라 진흥왕 23년(562)에 멸망하였으니, 그 전체 역년은 520년이다. 그러므로 그 둘을 포괄한 가야사의 전체 시기는 42년부터 562년까지의 520년간이라고 볼 수 있다. 그러나 대가야의 경우에는 왕의 계보가 전해지지 않은 상태이고, 가락국의 경우는 《삼국유사》에 왕의 계보가 모두 전하나 각 왕의 재위 연수가 王曆의 것과 《駕洛國記》의 것이 서로 달라서 일정치 않다.

한편 《삼국사기》 신라본기에는 가야국 관계기사가 전쟁 및 교빙관계 위주의 것이 나오는데, 좀더 세부적으로 살펴보면 탈해왕 21년(77)부터 奈解王 17년(213)까지 가야국 관계기사 12개조가 나오다가 끊어지고, 다시 소지왕 3년

6) 《日本書紀》 권 19, 欽明天皇 13년 5월조 참조.

(481)부터 진흥왕 23년(562)까지 가야국 기사 8개조가 나온다. 또한 탈해왕 즉위년조와 파사왕대 및 법흥왕대에 걸쳐 金官國 관계기사 3개조가 나온다. 여기서 금관국은 김해의 가락국을 가리키는 것이나, 가야국은 서로 달라서, 나해왕대 이전의 加耶·加羅는 모두 김해 가락국을 가리키고, 소지왕대 이후의 加耶·加良은 모두 고령 대가야국을 가리키는 듯하다.

위와 같이 한국고대사의 기본 문헌인《삼국사기》·《삼국유사》를 통하여 볼 때 가야사의 시작은 서기 42년으로, 그 종말은 562년으로 산정할 수 있으나, 사료의 미비 상태로 인하여 이를 다시 세분하여 시기 구분을 한다는 것은 불가능하다. 그러나 여기에다 가야지역에서 출토된 고고학 자료와《삼국지》·《일본서기》·〈광개토왕릉비〉 등의 가야 관계 기사들을 추가하면 대체적이나마 시기를 좀더 세분할 수 있다.

문헌상으로 보아 「가야」라는 이름을 쓰는 국가는 둘이 있다. 400년경까지는 김해의 가락국이 가야라고 칭하였고, 5세기 후반 이후로는 고령의 대가야국이 가야라고 칭하였다. 고고학적으로 보아 4세기 이전의 문화 중심은 김해지역이고, 5세기 이후의 문화 중심은 고령지역이었다. 그러므로 일단 4세기 이전을 전기 가야시대, 5세기 이후를 후기 가야시대로 구분할 수 있다. 김해 駕洛國(狗邪國·本加耶) 중심의 전기 가야시대에 고령지역 소국의 국명은 伴跛國(半路國)이었던 듯하며, 고령 대가야국 중심의 후기 가야시대에 김해지역 소국의 국명은 南加羅國(南加耶國) 또는 금관국이었다.

전기 가야사는 1~4세기 동안 김해 가락국을 중심으로 한 경남해안 및 낙동강 유역의 변진 12국의 역사를 말한다. 이 시대를 세분하면, 철기를 수반하는 토광목관묘 문화가 시작되는 기원전 1세기부터 기원후 1세기경까지를 가야문화 기반 형성 시기로 볼 수 있고, 토광목곽묘 문화가 형성되는 기원후 2세기대를 加耶 諸國 성립 시기, 3~4세기는 김해지역의 우월성이 드러나는 전기 가야연맹 시기이면서 가야문화의 전성기로 볼 수 있다. 그러나 전성기의 말미인 400년경에 국제관계에 휘말려 중심 소국들이 고구려·신라 연합군의 공격으로 일단 멸망함으로써 전기 가야연맹은 해체되었다.

후기 가야사는 5~6세기 동안 고령 대가야를 중심으로 한 경상 내륙 및 낙동강 西岸 10여 소국들의 역사를 말한다. 그 시대를 세분하면, 수혈식 석곽묘 문화가 각지에서 나타나기 시작하는 5세기 전반기를 가야제국 복구 시기로 볼 수 있고, 5세기 후반부터 520년대까지는 고령 대가야의 우월성이 두드러지는 후기 가야연맹 시기이면서 가야문화의 중흥기로 볼 수 있다. 520년대 후반 이후는 가야연맹이 소멸과정을 겪는 시기이니, 그 중에서도 530년대는 신라·백제의 침투로 인하여 남부지역의 일부 소국들이 멸망하는 시기, 540년대는 대가야(고령)·안라(함안)의 南北二元體制로 분열된 시기, 550년대는 백제의 부용체제로 들어간 시기였다. 그러나 백제의 관산성 패전 이후 562년에 대가야국이 신라의 공격으로 함락되면서 후기 가야연맹은 종식되었다.

이것은 결국 문헌자료와 고고학적 자료를 종합하여, 가야의 정치적 전개과정을 기준으로 삼고 사회·문화의 발전단계를 고려하여 구분한 것으로 정리하면 대략 다음과 같다.

전기 가야시대	① 가야문화 기반 형성기	: 기원전 1세기~기원후 1세기경.
	② 가야 제국 성립 시기	: 2세기.
	③ 가야연맹 전성기	: 3~4세기.
후기 가야시대	④ 가야 제국 복구 시기	: 5세기 전반.
	⑤ 가야연맹 중흥기	: 5세기 후반~520년대.
	⑥ 가야연맹 소멸 시기	: 530년대~562년.

〈金泰植〉

Ⅵ. 가야의 성립

1. 가야의 풍토와 지리
2. 가야의 건국 설화
3. 가야 제국의 성립
4. 가야연맹의 형성

Ⅵ. 가야의 성립

1. 가야의 풍토와 지리

가야 계통 소국들이 점유하고 있었던 지역이 늘 일정한 것은 아니었으나, 비교적 오랫 동안 근거지로 삼았던 곳은 낙동강 및 그 지류인 남강유역 일대의 땅이었다. 그 경계는 크게 보아 서쪽으로 소백산맥의 지리산·덕유산 등으로 둘러싸이고, 동쪽으로 迦智山·琵瑟山 등으로 둘러싸였으며, 남쪽으로는 남해에 면하였다. 외부와의 교통 여건으로 보아 서쪽 및 북쪽으로는 지세가 험하여 거의 막혀있는 형세이며, 동쪽으로는 산세가 있다 해도 드문드문 뚫려 있는 형편이다.

가야지역은 기후가 온난하고 땅이 비옥하여 강변 및 해안을 따라 골고루 평야가 발달하였으나 곳곳에 나지막한 지맥이 뻗어 있어 광활한 평원은 존재하지 않는다. 이를 지리적인 조건에 따라 둘로 나눈다면 낙동강 하류지역을 비롯한 경남 해안지대와 낙동강·남강 상류지역을 비롯한 경상 내륙 산간지대로 나눌 수 있으며, 이들은 해상교통 및 농업기반의 면에서 서로간에 상당한 차이를 가지고 있었다.

우선 해운 입지조건의 면에서 볼 때 가장 두드러지는 것은 김해지역이다. 《三國志》 魏書 東夷傳에 의하면 3세기 무렵에 낙랑에서 배가 출발하여 서해·남해 연안을 따라 항해하는데 狗邪韓國에 들렀다가 해협을 건너 倭地로 향하였다고 한 것으로 보아 김해지역의 입지적 중요성을 인식할 수 있다. 또한 조선시대 후기의 기록이기는 하지만 《擇里志》에서 동해는 바람이 높고 물결이 험해서 서남해의 선박이 잘 닿지 않는 데 비해, 서남해는 물결이 완만하여 전라·경상으로부터 한양·개성·황해·평안까지 商賈가 이어지며 낙동강 입구에서는 강줄기를 따라 상주·진주까지 배가 미치니, 경상도에서는 그러한 南北海陸之利를 김해가 모두 관장한다고 말하고 있다.[1] 이와 같은 상황이 고대의 조건에서도 마찬가지였다면 당시에도 김해는 정치적 조건이 허락하는 한도에서 한반도 서북지방과 경상 내륙지방 및 왜지 등을 연결하는 해운의 구심점으로 기능하고 있었다고 볼 수 있다. 한편 김해만큼은 미치지 못하지만 부산·양산·밀양도 낙동강의 수운을 이용할 수 있는 곳이고, 그 서쪽의 창원·마산·고성·사천의 경우 내륙 수로는 없어도 서남해의 해상교역에는 어느 정도 참여할 수 있는 위치에 있었으며, 함안은 직접 해안에 면해 있지는 않아도 그들 배후의 육상교통 요지에 있었다.

지원전 1세기 이후 4세기 무렵까지 김해를 비롯한 경남 해안지대에서의 활발한 교역상은 고고학자료를 통해서도 확인할 수 있다. 유물상으로 보아 김해패총에서 출토된 王莽錢, 김해 良洞里 토광묘의 後漢代 尙方鏡, 창원 茶戶里 목관묘에서 나온 前漢代 星雲鏡·五銖錢·琴形帶鉤·小銅鐸, 창원 성산패총에서 나온 五銖錢 등은 낙랑과의 교역을 방증해 주는 것들이다. 또한 김해 池內洞 옹관묘에 부장된 야요이(彌生) 중기의 袋狀口緣土器나 김해 良洞里 목곽묘의 廣形銅矛, 김해 大成洞 목곽묘에서 나온 4세기경의 筒形銅器·巴形銅器·碧玉製紡錘車形石製品 등은 왜와의 교역 또는 이와 밀접한 연관성을 보여 주는 것들이다.

이에 비하여 낙동강 상류지역을 비롯한 가야지역 내륙 산간지방은 해운 입지조건이 불리하다고 할 수 있으나, 한편으로 그와 다른 장점인 농경의 이점을 보유하고 있었다. 고고학적으로 이 지역의 농경문화 전통은 유래가 깊어서 기원전 6~5세기 이래 고령 良田洞, 산청 江樓里, 진양 大坪里 등지에서 지석묘·무문토기 단계의 농경 주거 유적이 발견되었다.

원래 한반도 남부지방은 여름철에 고온다우하고 벼의 생육기간이 넉넉하여 水稻作 농경의 최적지라고 할 수 있는데, 그 중에서도 경상 내륙 산간지방은 전국에서 가장 기름진 땅이었다. 그 지역의 농업 입지조건이 매우 양호한 것이었음은 慶尙右道의 땅에 대한 조선 후기 農書 또는 地志의 언급을 통해서도 확인할 수 있다. 특히 伽倻川 유역의 성주·고령·합천과 지리산

---

1) 李重煥,《擇里志》卜居總論 生利.

동쪽의 진주 등은 가장 비옥한 땅으로서 단위면적당 수확량이 한반도에서 가장 많고 농업용수가 풍부해서 旱災를 겪지 않았으며, 안음·거창·함양·산음 등도 상당히 비옥하였다고 한다.[2] 조선 후기의 상황이긴 하지만 토지가 비옥하다는 척도로 보아 경상우도 중에서도 내륙 산간지방에 대한 언급은 이렇게 장황한 반면에, 그보다는 평야가 넓은 경남 해안지대에 대한 언급이 전혀 없다는 것은 주목해야 할 점이다. 즉 이 지역에 광활한 평야가 펼쳐져 있지 않은 것은 일정한 한계성이라 하겠으나, 별다른 수리기구가 없는 전근대적인 농업기술하에서는 범람이 잦은 큰 강변의 평야는 농경에 불리하고, 오히려 계곡 사이의 물을 쓸 수 있는 산 밑의 좁은 들이 농업 입지조건의 측면에서 훨씬 더 안정적이고 유리하였던 것이다.[3]

한편 가야지역의 또 하나의 장점은 이 지역에 鐵産地가 상당히 많이 존재하고 있었다는 점이다. 당시의 생활 유적지에서 철기 제작의 부산물인 鐵滓가 나온 곳만 해도 김해 회현동·부원동 패총, 고성 패총 등이 있어서 고대 鐵産의 전통을 확인할 수 있으며, 조선 초기《世宗實錄地理志》에는 김해 甘勿也村과 창원 夫乙無山의 沙鐵 생산을 기록하고 있다. 冶鐵址가 드러난 창원시 성산패총의 경우에 최하층에 무문토기 계통의 유물이 존재하고 그 바로 윗 면이 야철지로 추정되며 그 위의 패각층에서 오수전·김해토기 및 철도자 등의 유물이 나타나는 현상은 매우 시사적이다. 이는 철자원 개발 및 철기 제작기술의 보급에 따른 야철 그 자체가 이 지역의 발전 및 그에 따른 패총문화의 형성에 기본 동력으로 작용하였음을 반영한다고 보겠다. 철산과 해운의 두 가지 이점이 연결되어 당시의 경남 해안지대에서는《三國志》魏書 韓傳 弁辰條에 보이듯이 鐵鋌을 돈처럼 쓰기도 하고 韓·濊·倭·二郡에 철을 수출하기도 하였다.

또한 낙동강 상류지역의 경상 내륙 산간지방에는 아직 야철지가 발굴된 바 없으나 고령·거창·함양·산청·합천·삼가 등지의 高塚고분에서는 다

2) 李重煥,《擇里志》卜居總論 生利·山水 및 八道總論 慶尙道.
徐有榘,《林園經濟志》本利志 권 3, 東國土品 八域可居地.
3) 丁若鏞,《與猶堂全書》5, 권 22.

량의 철제 무기와 갑주 등이 부장품으로서 출토되었다. 이는 그 지역에 존재하는 풍부한 鐵鑛자원의 존재와 연결시켜 보아야 할 듯하다. 후대의 자료로서《世宗實錄地理志》에 합천군 冶爐縣 心妙里의 鐵場과 산음현 馬淵洞山, 삼가현 毛台亦里 欖頂山의 철장 등이 보이는 것으로 보아 이 지역 철산업 개발의 가능성을 추정할 수 있다. 특히 야로현의 철장은 조선 초기 歲貢正鐵 9,500근을 내던 풍부한 것으로서 당시 한반도 3대 철산의 하나였으므로 가야지역내에서 그 철산지의 중요성은 컸을 것이다.

위와 같이 정리하여 볼 때 가야지역은 질좋은 철광산이 산재한 낙동강변을 중심으로 하여 발전하였으며, 그 하류지역의 김해·부산·양산 일대는 해운의 이점을 가지고 있었고, 합천·고령·성주 등의 상류지역 일대는 안정적이고 양호한 농업 입지조건을 갖추고 있었다. 반면에 낙동강에서 멀리 떨어진 서부 경남지역은 상대적으로 낙후되어 제한적이나마 창원·고성·사천 등의 해안지대는 해운을 유지할 수 있었고, 산청·함양·거창 등의 산간지대는 농경조건이 좋은 편이었다. 그러므로 전반적으로 가야지역의 지리 및 풍토 여건은 양호하였으나 역사의 전개란 지리적인 요소와 함께 다른 여러 가지 상황이 복합되어 결정되는 것이라고 하겠다.

〈金泰植〉

2. 가야의 건국 설화

가야의 건국 설화에는 두 종류의 것이 있는데, 고려 文宗代 후반 金官知州事가 찬술한《駕洛國記》에 김해 駕洛國 首露王 神話가 전하고, 신라 말기 崔致遠이 찬술한〈釋利貞傳〉에 고령 大加耶國 伊珍阿豉王 神話가 전하고 있다. 같은 가야국의 시조가 이름이 서로 다른 두 명이고, 그 신화가 두 지역에 각기 다른 내용으로 전하는 것은 매우 이례적인 일로서 이는 가야사의 전개과정이 평범하지 않을 것임을 예시한다.

1) 가락국 수로왕 신화

우선 수로왕 신화는 김해지역에 하나의 통합된 정치집단이 형성되는 과정을 전하는 자료로서 주목된다. 이 기록은 오랜 기간에 걸쳐 여러 가지의 전승이 복합되어 그 성격을 속단할 수는 없으나, 전통의 현재성을 강조하는 전설의 성격상 개개의 호구수나 편년 기록, 강역 범위 등은 그대로 믿기 어렵다.

수로왕 誕降 전에 九干이 거느리는 아직 이름도 없는 촌락의 전체 호구수가 100호 75,000인이었다고 하였다. 《三國志》 魏書 韓傳에 辰弁韓의 大國은 4, 5천 家이고 마한의 대국은 만여 가였다고 하였으니 1호당 구성원수가 5명이라는 일반적인 통념에 비추어 1국당 25,000인 또는 50,000인 정도가 될 수 있었다고 볼 때, 가락국의 인구 75,000인이 터무니없는 숫자는 아니라고 하겠으나 어느 시대의 상황을 전하는 것인지 불분명하다. 더욱이 1호당 750인이 있었다는 것은 이해하기 어려워서 이에 대한 여러 해석이 있으나, 「1백 호」는 혹시 「1만 호」의 誤刻이 아닐지 모르겠다.

수로가 後漢 建武 18년(42)에 천강하였다는 것도 그 연대를 신빙할 근거가 부족하고, 다만 기원 전후한 시기의 이 지역에 철기문화가 보급되는 것과 연관하여 대략의 개연성을 인정할 수 있을 뿐이다. 이 연대에 대한 문제는 건국시기와 관련하여 뒤에서 좀더 자세히 논급할 예정이다.

또한 가락국을 포함한 이른바 「6加耶」의 강역을 동쪽은 黃山江, 서남은 滄海, 서북은 地理山, 동북은 伽耶山, 남쪽은 國尾라고 하였다. 이를 확대해석하여 수로왕은 가락국의 시조가 아니라 3세기 정도에 가야연맹을 결성한 中始祖로 보아야 한다는 견해도 있으나[1)] 연맹 결성의 시기와 계보관계의 여부를 수로왕 신화의 내용만으로 확인하기는 어렵다. 역시 이는 건국 직후의 강역이 아니라 가야연맹이 대체로 어느 정도의 범위를 차지하고 있었던가에 대한 후대 인식의 한 증거일 뿐이다.

그러나 我刀干·汝刀干 등 9간의 무리가 龜旨峰에 모여 龜旨歌를 부르자

1) 李丙燾, 《韓國古代史硏究》(博英社, 1976), 317쪽.

하늘에서 金卵 6개가 내려오고, 이것이 我刀家에서 변화하여 동자로 되자 9간 등의 무리가 이 중 한 사람을 추대하여 수로왕으로 삼았다는 줄거리는 일정한 역사성을 반영하고 있다고 보인다. 그 줄거리에서 추론해낼 수 있는 의미를 정리하여 보면 다음과 같다.

첫째로 수로왕 신화에서는 수로왕보다 「9간」의 이름과 그들의 행위가 신화 초두에 먼저 나오는데, 이 점이 고조선 또는 고구려 계통의 天神이 먼저 나오는 정복형 신화와 기본적으로 다른 점이다. 9간은 김해지역에 산재하던 소단위 세력집단들인 9村의 酋長들로서, 그들은 수로 강림 전부터 이미 존재하던 재지세력이었을 것이다.

둘째로 일반적인 영웅 신화처럼 수로왕 신화의 기본적인 내용은 최고통치권자 또는 귀족계급의 대표자인 「王」의 출현을 알리는 것인데, 9간 등이 불렀다는 「구지가」는 集團降雨呪術 또는 祈雨祭의 변종으로서 원시농경사회에 일반적인 것이므로 구지가는 전체 신화구조 속에서 다른 것보다 오래된 요소 중의 하나이다. 그런데 신화의 내용에서는 여러 사람이 모여 구지가를 부르자 그 힘에 의하여 비 대신에 수로왕이 내려왔다. 그렇다면 봄의 특정한 날에 9간을 비롯한 200~300인이 구지봉에 모여 구지가를 부르며 共同祭儀를 벌이는 협동체제는 하늘에서 들려온 수상한 목소리에 따라 처음으로 연출된 것이라기보다 수로왕의 출현 이전부터 이 지역에 형성되어 있었던 것이라고 추정할 수 있다.

셋째로 수로왕 출현 장면의 묘사에 의거해 볼 때 하늘에서 붉은 보자기에 싸인 금빛 상자가 내려오고 그 안에 금빛 알이 6개 들어 있었고 그 중 하나가 깨어 수로왕이 나왔다고 하였으니, 곧 고조선 및 고구려 계통 신화와 같은 天降 및 卵生의 요소를 포함하는 것이다. 이는 가락국 지배계층의 神聖수식 관념이 한반도 북방 계통의 민족과 그리 다르지 않다는 것을 의미하나 그 천강 난생의 神異性이 크게 강조되지는 않았다.

넷째로 하늘에서 내려왔다는 수로왕이 9간과 같은 재지세력의 한 사람인지 아니면 당시에 다른 곳에서 온 이주민인지는 분명치 않으나, 대체로 이주민이거나 또는 이주민으로서의 명분을 아직 잃지 않은 사람으로 추정된다. 신화적 요소가 많이 탈색된 《삼국사기》 김유신전에 나오는 가야 개국전설에는 “어디에서 왔는지 알 수 없는 수로라는 사람이 龜峯에 올라 駕洛 9村을 바라보고 그 땅에 가서 개국하여 가야라고 이름하였다”고 되어 있으니, 이 경우에는 이주민임을 나타내고 있다.

다섯째로 천강의 명분을 지니는 수로를 9간들이 합의하여 왕으로 추대하였으므로, 결국 재지세력들의 합의에 의하여 누군가를 선출함으로써 왕권이 창출되었다는 것을 알 수 있다. 또한 수로왕은 천강한 이후 金卵 상태로 我刀의 집으로 옮겨지고 그 곳에서 태어났다고 하였으므로 재지세력의 대표격인 아도간과 어떤 밀접한 연관을 가지고 있었음을 부인할 수 없다. 그 추대를 토대로 수로왕은 가락국을 건국하여 9간이 다스리던 전체지역을 신성한 권위를 가지고 다스렸다.

그러므로 수로왕 신화는 김해지방에 이미 소단위 재지 권력집단들의 연맹체인 「9촌연맹」이 존재하고 있는 상태에서 각각의 지배자인 9간이 합의하여 이주민 계통의 수로왕을 추대함으로써 가락국이라는 소국이 출현하게 되었음을 반영하는 시조 탄생 및 건국 신화라 할 수 있다. 그들이 하나로 통합된 정치체제를 이룬 후 수로왕이 또다른 이주민 계통의 세력으로 보이는 脫解의 도전을 물리쳤다는 설화가 이어지는 것으로 보아, 소국 결성의 계기는 내부적인 요인보다 당시의 시대상황이라는 외부적인 요인에 있었다고 하겠다.

그런데 여기서 6卵 즉 6인이 한꺼번에 나타났다는 것은 비합리적인 요소로서 설화의 원형을 잃은 것이라고 하겠다. 왜냐하면 신화의 전체 구조에서 수로왕 탄강의 요소에 비하여 나머지 5卵은 내용상으로 본질적인 연관성이 없이 부가되어 있을 뿐이며, 논리적으로 볼 때 김해에서 천강의 명분을 얻어서 다른 지역으로 간 사람들이 해당 지역 주민들에게 통치 명분을 인정받기는 어려울 것이기 때문이다. 또한 조선 초기의 《高麗史》 地理志 및 《世宗實錄地理志》 金海條에 기록된 수로왕 신화에는 금란이 1개로 되어 있어 「6가야」에 대한 인식이 빠져 있는데, 오히려 이것이 신화의 원형에 가까운 것이라고 하겠다. 그러므로 6난의 요소는 후대의 조작이든지 아니면 어느 시기엔가 가락국이 주도하여 이른바 「6가야연맹」을 형성하였던 후대의 경험이 복합적으로 반영된 것으로 보인다. 6가야연맹설의 문제점은 앞에서 상술한 바 있으므로 재론하지 않는다.

또한 《가락국기》의 수로왕 신화는 다른 신화들과는 달리 가락국 건국 이후에 阿踰陀國 공주 許黃玉과의 신이한 결혼을 자세하게 서술하고 있으며, 아유타국의 소재지와 관련하여 여러 가지 가설들이 분분한 상태이다. 아유타국이 인도·태국·중국·일본의 어느 곳에 있었는지, 또는 실제로 허왕후가 그 중의 한 곳에서 온 것인지는 분명치 않다. 역사상의 우연한 일이 실지로 벌어졌던 것인지도 모르고, 아니면 신화의 신비성을 더하기 위해 누군가 자신이 알고 있는 지리적 지식을 더한 것일 뿐인지도 모른다. 하여튼 그 중의 어느 나라에서 허왕후가 실지로 왔다고 해도, 그것이 가야의 역사 전개에 큰 영향을 주었던 것 같은 흔적은 없다. 다만 허왕후가 배에 錦繡綾羅·衣裳疋段·金銀珠玉·瓊玖服玩器 등의 물건을 많이 싣고 왔다고 하였고 이를 뒤에 다시 「漢肆雜物」이라고 표현한 것을 보면, 이는 해운을 이용하여 가야지역에 와서 漢系 문물을 교역하던 낙랑 상선의 도래와 관련된 염문일 수도 있다.

2) 대가야국 이진아시왕 신화

대가야 이진아시왕 신화는 내용이 매우 간단하다. 그 전문은 다음과 같다.

> 伽倻山神 正見母主가 천신 夷毗訶之에게 감응되어 大伽倻王 惱窒朱日과 金官國王 惱窒靑裔 두 사람을 낳았다. 뇌질주일은 伊珍阿豉王의 별칭이고, 청예는 수로왕의 별칭이다.

위에서 신화의 전체적인 구조는 천신과 지모신의 결합에 의한 출생 신화로 되어 있어서 우리 나라의 일반적인 신화 구조와 크게 다르지 않다. 여기서 난생의 요소는 보이지 않으나, 이는 〈釋利貞傳〉이라는 전기의 성격상 계보만 간략하게 소개되었기 때문인 듯하다. 고령 良田洞 암각화 소재지의 지명이 「알터」라든지, 또는 정견모주가 알을 두 개 낳아 하나는 머물러 두고 하나는 낙동강 하류로 흘려 보냈다는 민간전승이 있는 것에서도 난생 요소가 원래 있었을 것임을 추측할 수 있다.

또한 대가야 시조신화의 특징으로 가야산신 정견모주의 강조를 들 수 있다. 즉 천신 이비가지가 나오기는 하나 수로왕 신화와 달리 降臨의 여부가 분명치 않고 단순한 感應에 그치고 있고, 그보다 가야산신의 권위가 선행된다는 점에서 삼한시대 이래 고령지방의 토착 재지세력이 중시되고 있음을 알 수 있다. 〈釋順應傳〉에 대가야국 月光太子를 '이비가지의 10세손'이 아닌 '정견의 10세손'이라고 표현한 것으로 보아 그 점은 다시 확인된다.

가장 문제되는 것은 고령과 김해 양 지역 신화 사이의 관계인데, 대가야국과 금관국(가락국)은 둘 다 그 국명을 「大加耶」·「加羅」 또는 「大駕洛」·「加耶」라고 칭하고 있으니, 이는 주변지역 전체의 소국연맹 즉 가야연맹에서 그 둘이 연맹장직을 맡았던 경험이 있음을 나타낸다고 볼 수 있다. 다만 그 둘이 동시에 가야지역을 둘로 나누어 분할통치한 것인지 아니면 전체지역을 번갈아 통치하였는지가 문제가 된다.

대가야 신화의 내용은 대가야국 시조 이진아시왕과 금관국 수로왕은 형제관계로 되어 있으며, 《삼국사기》 樂志에 전하는 대가야 악사인 于勒의 12曲에 「上加羅都」와 「下加羅都」의 이름이 있다. 이것을 보면 상하 가야연맹에 의한 분할 통치의 형태를 상정할 수도 있으나, 이는 대가야측의 통치 명분이었을 뿐일 수도 있다.

혹자는 대가야국이 금관국보다 앞서 가야연맹의 연맹장직을 맡았다고 보기도 하였으나[2] 오히려 그 반대일 가능성이 더 높다. 이 문제를 풀기 위해서는 국명의 사용 기간을 따져 보아야 하는데, 〈석이정전〉의 기록을 통해서 고령이 대가야국이었을 때 김해는 금관국이었음을 알 수 있다. 그러나 《가락국기》를 통해서는 김해가 가락국 또는 대가락국이었을 때 고령의 국명은 알 수 없다. 그런데 《삼국사기》 김유신전 서두에는 수로가 개국하여 이름을 가야라고 하였는데 뒤에 금관국으로 고쳤다는 기록이 나온다. 그러므로 이들을 연결지어 보면 초기에 김해가 가야국일 때 고령은 변경의 약소한 세력이었고, 뒤에 고령이 대가야가 되었을 때 김해는 금관국의 명칭을 사용하였다고 할 수 있다.

가야지역에서 발굴 조사된 유적들에 대한 고고학적 연구상황을 정리해 볼 때 4세기 이전 토광목곽묘 계통 분묘의 규모와 부장품의 양은 김해지역의 것이 가장 크고 많으며, 당시의 고령지역의 것은 거의 없다시피 하다. 반면

---

2) 李丙燾, 위의 책, 311쪽.

에 5세기 이후 수혈식 석곽묘 계통 고총고분에서는 고령지역의 것이 가장 크고, 당시의 김해지역의 것은 비교가 되지 않을 정도로 작다. 지금까지 발굴조사된 결과가 충분한 것은 아니라고 해도 일단 그 추세를 인정할 수 있다면, 이를 신화연구 결과에 대비해 볼 때 초기에는 김해의 가야국이 연맹장이었고 후기에는 고령의 대가야국이 연맹장이었으며, 고령과 김해의 대등한 형태의 상하 가야연맹은 있을 수 없다고 하겠다.

김해세력이 고령세력보다 먼저 연맹장직을 맡았었음에도 불구하고 이진아시왕이 수로왕의 형이라고 한 것은 대가야 시조신화가 고령 중심의 후기 상황만을 반영하는 것이기 때문이다. 즉 이진아시왕 신화는 가야연맹의 패권이 김해 금관국에서 고령 대가야국으로 옮겨 간 이후의 사실을 반영하고 있으며, 결국 가야지역 연맹장 교체의 이념이 종래의 시조신화에 부가되어 변형된 것이라고 할 수 있다.

〈金泰植〉

3. 가야 제국의 성립

1) 성립 배경

한반도 남부의 경상도지역에 국한하여 볼 때 기원전 6~5세기경부터 지석묘·홍도·무문토기 계통의 농경문화가 시작되었다. 정착 농경생활이 계속되면서 점차 富가 축적되고 읍락내의 신분 차이가 심화되어 거대한 지석묘를 축조할 수 있는 小君長세력들도 나타났고, 기원전 3~2세기경에는 그들 사이에 우열의 차이가 나타나서 일부 지역에서는 충청·전라지역의 값비싼 청동기를 소량이나마 구입하여 소유하기도 하였다.

그러한 상태에서 기원전 1세기경에 위만조선의 유이민과 그들의 문화가 경상도지역에 직접 파급되어 오면서 발달한 청동기와 소박한 철기문화를 배경으로 한 사회통합 기반이 조성되기 시작하였다. 다만 유이민 이주의 정도는 지역에 따라 차이가 있어서 한반도 서북지방 문화의 직접적 자취가 대구·경주 등의 辰韓지역에 창원 등의 경남 해안지대보다 상대적으로 많이 남아 있다. 그러나 경상도지역의 기존 농경문화 기반도 상당한 것이어서 새로운 금속기 문화의 파급이 즉각적인 사회구조의 변동을 가져오지는 못하였다고 보인다. 그 선진 제철기술 및 관련 문화양식은 先住세력들과의 상호연관 아래 점진적으로 토착화되면서 주변으로 널리 퍼져 나갔을 것이다.

그리하여 기원후 1~2세기경에는 지역에 따라 상당한 문화 축적을 이루어 경상도지방의 경주·김해 등지에 좀더 큰 단위의 고분 및 생활 유적을 영위하는 세력들이 나타나게 되었다. 그들은 기존의 축적 기반을 토대로 삼아 당시 한반도 주변에서 가장 선진문화를 보유한 중국의 상업기지인 樂浪과 직·간접적으로 교류를 가지면서 발전을 도모하여 갔다고 보인다. 특히 해운 입지조건이 좋은 경남 해안지대의 세력들은 좀더 적극적인 낙랑과의 교역을 통하여 진한지역에 대한 상대적 열세를 극복하고자 도모하였을 것이다.

경상도지역 각 지방세력들이 이처럼 비슷한 사회문화적 배경을 토대로 하여 발전해 나간 결과 2~3세기에 이르러서는 토기 양식 등의 유물에 보이는 문화성격이나 수준으로 보아 경남 해안지역과 대구·경주지역은 별다른 차이를 보이지 않고 대등한 문화기반 아래 성장하고 있었음을 알 수 있다. 그러한 상황은《三國志》魏書 東夷傳에서 辰·弁韓의 여러 문화요소가 거의 같다고 지적하고 있음을 보아서도 확인할 수 있다. 그렇게 볼 때 당시 진·변한이 구분된 이유는 문화 성격의 차이에 있는 것이 아니라 정치적인 면에서의 어떠한 차이에 있었으리라고 추측할 수 있다.

여기서 시야를 좁혀 2~3세기경의 가야지역 즉 변한지역에 한정하여 유적의 분포 상황을 살펴볼 때 우선 주목되는 것은 생활 유적 및 고분 유적을 막론하고 대부분의 유적들이 낙동강 하류 부근의 경남 해안지대에 집중되어 있고, 낙동강 상류 및 서부 경남의 내륙 산간지방에는 그 유적의 분포가 비교적 드물다는 점이다. 그러므로 변한지역 가운데에서도 주로 경남 해안지대의 활발한 발전상이 이 지역에 초기의 가야 제국들이 성립되는 원동력이 되었으리라고 추정할 수 있다.

2) 성립 시기

초기 가야 제국의 성립 과정을 보여 주는 기록으로는 앞서 검토하였던 《駕洛國記》와 《三國志》 魏書 韓傳밖에 없으므로 이것과 고고학자료들을 토대로 그 중 하나인 가락국 즉 弁辰狗邪國과 그를 비롯한 가야소국들의 성립 시기를 살펴 보도록 한다. 앞에서 《가락국기》 소재 수로왕 신화에 대한 분석을 통하여 9간으로 상징되는 김해지역의 소단위 재지집단들이 자체 의사에 의하여 수로왕을 추대하면서 하나로 통합되어 가락국이 형성되었다는 사실을 살펴 보았다. 그런데 수로왕 신화에 보이는 가락국 개국 연대인 後漢 建武 18년(42)은 어느 정도의 신빙성을 가지고 있는 것일까.

《가락국기》의 개국기원 연대는 그 말미에 인용된 《開皇曆》 등에 의거한 것이라 생각되는데 가락국 왕력이 포함되었을 이 책의 편년은 신라의 삼국통일을 전후하여 신라 왕력과 밀접한 관계 아래 정해졌으리라고 보인다. 가야 왕력 중에서 가장 이해하기 힘든 대목은 수로왕의 수명 및 재위 연대가 42년부터 199년까지 158년간에 이르는 것이다. 이는 수로왕이 昔脫解(57~79)의 신라왕위 획득 전에 그와 경쟁을 벌였다는 설화 및 수로왕이 婆娑尼師今代(79~112)에 音汁伐國과 悉直谷國 사이의 영토분쟁을 중재했다는 설화 등을 충족시키기 위한 때문이 아닌가 한다. 즉 수로왕이 그들과 같은 시기에 활동하였다는 설화로 인하여 그의 즉위 연대가 이에 따라 상향 조정된 듯하다.

그런데 《삼국사기》 신라본기에서 5세기 전반 신라 訥祇王 때의 인물인 朴堤上이 열전에는 2세기 전후한 시기에 재위한 婆娑尼師今의 5世孫으로 되어 있고, 열전에서 박제상의 祖父라는 阿道葛文王이 신라본기에서는 逸聖尼師今 15년(148)에 갈문왕으로 봉해진 기사가 나오므로, 박제상의 가계에 문제가 없다면 신라본기 초기 왕력 편년에 문제가 있다고 할 수밖에 없다.[1] 그러므로 신라본기를 중심으로 한 《삼국사기》 초기 기록의 편년에 문제가 없지 않다는 것은 분명한 일이라고 하겠으며, 그와 밀접한 연관 아래 작성된 《가락국

---

1) 金哲埈, 〈新羅上古世系와 그 紀年〉(《歷史學報》 17·18, 1962 ; 《韓國古代社會硏究》, 知識産業社, 1975), 106쪽.

기》의 가야 왕력도 그대로 믿을 수는 없다고 하겠다. 다만 《삼국사기》 초기 기록들의 대부분의 기사들은 연대를 다소 인하시켜야 할 필요성이 인정되는 반면에 이를 더욱 인상시켜야 할 필요성은 인정되지 않는다. 따라서 문헌사료만으로 가야의 개국 연대를 추구한다고 할 때, 《가락국기》의 後漢 建武 18년 즉 42년은 가야 기원 추정의 상한선일 뿐이고 실제는 그보다 더욱 내려갈 가능성이 있다.

가락국의 존재는 3세기 중엽 이전의 사실을 기록하고 있는 《삼국지》 위서 한전을 통해서 확인할 수 있는데, 그 곳에 변진 12국의 하나로서 「狗邪國」 즉 가야국이 나타나기 때문이다. 이를 景初中(237~239)에 魏 明帝가 樂浪・帶方太守를 통하여 諸韓國臣智에게 邑君・邑長의 印綬를 주는 과정과 관련하여 파악된 것으로 본다면, 그 중의 하나인 구야국의 성립은 3세기 전반을 하한으로 삼을 수 있다고 하겠다. 다만 3세기 전반의 구야국은 당시의 辰王의 공식 칭호에 聯名되는 등 이미 변진 12국 중의 지도적인 위치에 있었다고 보이므로 국가세력의 정상적인 발전과정을 감안할 때 구야국의 성립 시기는 늦어도 2세기 후반 이전으로 올려 보아야 할 것이다.

가야의 시초에 대한 문제를 고고학적으로 살펴볼 때 기원전 1세기경의 창원 茶戶里 1호묘를 필두로 하여 김해지역 良洞里 등지의 토광목관・목곽묘와 김해패총 등의 철기문화 유적이 나타나기 시작하는데, 가락국은 이러한 문화 발전을 토대로 성립되었을 것이다. 그렇다면 고고학적 견지로는 어느 정도의 시기를 가락국 성립기로 인정할 수 있을까.

영남지역의 분묘 유적들을 시기별로 정리해 볼 때 기원전 1세기 전반의 시기는 토기의 근본적인 변화없이 외래의 세형동검 관계유물이 그에 추가되었을 뿐이고, 목관의 규모나 유물의 성격에서 기술이나 부의 축적이 충분하다고 느껴지지 않는다. 그러므로 이 시기는 영남지방에 외래문화가 이주해 들어옴으로써 구야국과 같은 정치세력이 나타날 수 있는 문화기반이 성립된 시기로 의미를 축소해 보아야 할 것이 아닌가 한다.

반면에 2세기 후반이 되면 목관의 규모가 커져서 대형 목곽묘가 나타나고 전반적으로 유물의 양이 많아진 상태에서 有蓋臺附長頸壺(直口壺)・火爐形土器・短頸壺 등의 신식 와질토기가 나타나며, 철도자・철부・철낫 등의 농공

구뿐만 아니라 철검·철모·철촉 등의 다량의 철제 무기와 함께 環頭大刀가 새로이 등장하니, 이 정도면 단위정치체로서의 소국이 형성되어 있었다고 볼 수 있지 않을까 한다. 그런데 이러한 변화는 그 이전 시기의 회색타날문토기 제조기술 및 철기 제조기술의 보편화를 계기로 하여 이루어지기 시작하는 것으로 판단되며, 국가의 무력독점적 성격을 감안해 볼 때 철제 무기의 증가는 특히 중요한 의미를 가진다. 이런 의미에서 목곽의 시초 형식이 나타나고 부장유물에서 철제 무기가 증가하기 시작하는 시기를 찾아보면 조금 더 올려잡을 가능성이 있을 것이다.

위와 같이 가락국의 개국 연대는 대략 2세기대로 한정할 수 있는데, 가락국은《三國志》魏書 韓傳에「弁辰狗邪國」의 이름으로 나타나며 이는「변진 12국」중의 하나였다. 그러므로 나머지 변진 소국들의 성립과정 및 시기도 가락국의 경우와 큰 차이는 없었을 것으로 추정된다.

3) 존재 형태

《三國志》魏書 韓傳은 낙동강 유역에 김해의 가락국과 같은 소국들이 널리 존재한 이후인 3세기 전반의 상태를 서술하고 있다. 이제 그 기록을 통하여 변진 12국, 즉 가야 소국들의 존재 형태를 추론해 보자.

3세기 전반 당시에 변진 12국은 각기 2,000戶 정도를 지배하는 독립세력이로되 상대적인 규모의 차이는 존재하는 상태였으며, 이러한 상태는 마한 50여 국이나 진한 12국의 경우에도 대략 비슷하였다. 사회단계를 논하는 데 있어서 보다 중요한 것은 인구의 규모 그 자체보다도 그를 통제하는 방법의 성격이겠지만, 인구 규모의 증가에 의한 압박이 그 내부의 통치 구조를 변화시키는 요인으로 작용할 것이라는 점에서 볼 때 인구 규모의 문제도 중시되어야 한다. 그런데 소국당 2,000호라는 규모는 하나의 고대국가로 보기에 조금 미흡하지 않을까 한다. 그 중에서 한 나라의 戶數의 최대치인 5,000호와 최소치인 600호의 경우에 그 차이는 무려 8~9배에 해당하는 것으로서 규모의 엄청난 차이가 존재하는데, 이를 동일한 성격으로 서술한 것은 그 내부 구조의 동질성 때문인 것으로 보인다.

그렇다면 규모가 작기는 하지만 독립적 정치집단인 변진 소국들의 내부 구조는 어떠한 것이었을까. 변진의 경우 이 문제를 추정할 수 있는 기록은 거의 찾아볼 수 없으나 위에서 살핀 바와 같이 삼한의 대외적인 존재 형태나 규모가 대략 비슷하였다고 하였으므로 마한의 자료도 포함해서 살펴보면 다음과 같다.

우선 마한의 경우 國邑에 비록 主帥가 있으나 邑落들이 잡거하여 서로 잘 제어하지 못한다는 것으로 보아 소국 내부의 권력이 국읍을 포함한 다수의 읍락집단에게 분산되어 있음을 시사해 주고 있다.[2] 다만 변진한에서는 길을 양보하는 습속이 있었다 하고, 변진에서는 그 법속이 특히 엄준하였다 하므로, 변진 소국의 정치 기강 즉 국읍의 우월적 지배가 마한보다 좀더 확립되어 있지 않았을까 한다. 그렇다고 해도 물론 이 변진 소국들의 경우도 그 권력이 국읍 주수에게 독점되어 있지 못한 상태에 있어서 각 읍락의 渠帥들에게도 상당한 권력이 분산되어 있는 기본 성격까지 차이가 났다고 보기는 어려울 것이다.

또한 구슬을 귀하게 여겨 몸에 치장한다 하므로 이미 사치품을 선호하는 귀족계급이 분화되어 있었음을 알 수 있다. 그러나 금은·비단은 보배로 여기지 않았다고 하므로 그들의 사치품 수요는 중국 물품에 대한 무조건적 선호가 아니라 자생적 계급 성장에 따라 유발된 것이었으며, 아직은 충분히 성장하지 못한 상태라고 보아야 할 것이다.

나라 안에 일이 있거나 관가에서 성곽을 쌓고자 할 때 年少勇健者들이 고역을 치렀다고 하는데, 이는 소국 단위에 행정실무를 담당하는 관가가 존재하고 있었으며 이들의 정치적 필요에 의하여 인력을 동원하는 체제가 있었다는 점에서 주목된다. 그리고 국읍내에 정치적 기능을 담당하는 주수와 달리 천신에 대한 제사를 주관하는 천군이 있었다고 하므로 소국 지배권력의 성격이 초기 왕권의 神權的 또는 제정일치적 성격에서 진일보한 제정분리 단계의 것이나, 아직 그 기본 구조에서 완전히 벗어나서 초월적인 왕권을 구축하지는 못한 단계라고 생각된다.

---

2) 李賢惠,《三韓社會形成過程硏究》(一潮閣, 1984), 104쪽.

즉 각 소국은 그 안에서 국읍과 읍락간의 중층구조를 이루면서 권력이 분산되어 있고 미약하나마 귀족계급이 형성되어 있고, 행정권력에 의한 인력동원이 이루어지고 있었으며, 그 지배권력의 성격은 제정분리의 초기 단계에 머물러 있었다는 점 등을 추측할 수 있었다. 그러나 국읍의 주수가 각 읍락의 거수들로부터 권력을 독점하지 못하고 또한 천군의 종교적 권위를 초월하지 못한 한계성을 지니고 있었기 때문에, 각 소국은 자기가 통합하고 있는 지배영역의 범위를 쉽사리 확장할 수 없었던 것으로 추정된다. 그러므로 3세기 전반의 변진 소국들은 문헌자료를 통하여 볼 때 내부 구조적으로 정복활동을 통하여 영역을 확대하고 이를 중앙집권적으로 통치하는 고대국가 단계까지는 도달하지 못하고 그에 이르기 이전의 단계에 있었다고 보는 것이 타당할 것이다.

〈金泰植〉

4. 가야연맹의 형성

1) 가야연맹의 성립

김해 가락국(구야국)을 비롯한 12개의 변진 소국들이 언제 연맹체를 결성하였는지는 알 수 없다. 다만《三國志》魏書 韓傳을 통하여 3세기 중엽에는 연맹체를 형성한 상태에 있었다고 추정할 정도이다.

우선 변진은 진한과 雜居하고 또한 성곽이 있으며 의복과 거처가 진한과 같고 언어와 법속도 서로 비슷하나 귀신에게 제사지내는 것은 차이가 있다고 하였으므로, 변진은 지리적 위치나 민족적·문화적 성격에서 진한과 비슷하나 신앙습속 즉 정치적 태도면에서 차이가 있었다고 보인다. 그러므로 진한과 변진은 서로 구분되는 정치집단이었다. 그런데 그 진·변한 24국 중의 12국, 아마도 변진 12국이 진왕에게 속했다고 하는데, 그 속했다는 것의 의미는 무엇일까.

그런데 진왕은 늘 마한인이 되어 여러 세대를 이어왔으며 진왕은 스스로 왕위에 오를 수 없었다고도 하는데, 이는 마한의 진왕이 마한 54국뿐만 아니라 변진 12국을 대표하는 존재이지만 독점적인 지배권력을 배경으로 유지되는 지위라기보다 소국 臣智들의 선출에 의하여 결정되는 존재라는 뜻을 나타내는 것이 아닐까 한다.

한편 마한조에 진왕은 目支國을 다스리고, (목지국의) 신지는 때로 우월을 더하여 臣雲遣支報·安邪踧支·濆臣離兒不例·拘邪秦支廉의 칭호를 일컬으며, 그 관리에는 魏率善邑君·歸依侯·中郞將·都尉·伯長이 있다는 기록이 나온다. 이는 진왕이 실질적으로는 목지국의 신지에 불과하나 중국과 교섭 때에 삼한 소국들의 대표 역할을 맡고 있었기 때문에 별도의 칭호와 여러 擬制的인 관리가 있었음을 보여 준다.

진왕의 관리라는 사람들 중에 위솔선읍군 내지 백장 등은 소국 신지와 같은 군장 또는 그 이하 규모 읍락의 小군장들을 의미하니, 이들은 평상시에 각기 독립적으로 낙랑·대방과 교역하지만 의제적으로는 마한 진왕에 소속한 관리임을 내세웠던 듯하다. 이는 중국 군현과 대등한 크기의 교역 주체를 내세우기 위해 韓 소국들이 만들어내고 유지해 오던 제도였을 것이다. 중국인들도 진왕이 목지국을 다스리는 신지에 불과하다는 것을 파악하고 있었으나 교역의 편의상 그대로 왕의 예우를 인정하였을 가능성이 높다.

목지국 신지가 때로 우월을 더하여 칭한다는「신운견지보·안야축지·분신리아불례·구야진지렴」의 칭호는 마한계 臣雲·濆臣離兒 2개 국과 변진계 安邪·狗邪 2개 국 신지들의 직위를 의미하는 것인데, 낙랑과의 교역문서 등에서 진왕이 마한 및 변진 12국 전체를 대표하기 위해서는 결국 그 4개 국 군장들의 동의를 얻어 그들의 직함을 聯名하여야 했던 것이다.[1)] 진왕이 스스로 왕위에 오를 수 없었던 이유도 결국은 이들의 선출 또는 동의를 필요로 했기 때문일 것이다.《晋書》四夷傳에 마한의 교역 사실은 보이는데 변한의 교역 사실은 나타나지 않는 것으로 보아 對중국교역상의 이러한 외형은 적어도 3세기 후반까지는 지속되었던 듯하다.

---

1) 金泰植, 〈加耶의 社會發展段階〉(韓國古代史硏究會 編,《韓國古代國家의 形成》, 民音社, 1990), 68~69쪽.

또한 목지국 진왕이 상대적으로나마 다른 소국들에 비하여 권력이 우월하였다는 흔적을 문헌상으로나 유적상으로나 찾을 수 없어서 목지국의 위치조차 확정지을 수 없다는 것은 시사하는 바가 크다. 즉 진왕은 원래 진국의 왕을 가리키는 것으로서 세형동검 문화단계에는 비교적 韓諸國 전반에 대한 우월성을 유지한 적이 있으나, 철기문화가 보급된 2~3세기에는 이미 그 지위가 종교적·상징적인 명분을 가지는 대표자의 지위로 전락하고, 실제로는 신운국·분신리아국과 안야국(함안)·구야국(김해)이 각각 마한 및 변진에서 실권을 행사하고 있지 않았을까 하는 것이다. 그러므로 당시의 변진 12국은 명분상 진왕에 소속되었지만, 실제로는 구야국·안야국을 중심으로 통합되어 정치적으로 진한과 구분되면서 한·예·왜·2군과 교역하는 등 독자적인 행위를 하였던 것이다. 그렇기 때문에 당시인들로부터 韓에는 마한·진한·변한의 세 가지 종류가 있다고 인식되었을 것으로 보인다.

다만《삼국사기》신라본기의 초기 기록에 가야국(또는 금관국)이 신라의 주요 경쟁상대로 나타나는 점, 김해지역에 1~4세기의 유물·유적이 풍부하게 출토된 점 등으로 보아 안야국보다는 구야국이 좀더 우월하였을 것이고, 그런 상대적인 차이가 후대인의 인식에 남아《삼국유사》의 수로왕 신화와 5가야조에 김해 중심 6가야연맹의 전승을 남기게 하였을 것이다. 위의 여러 가지 증거들을 적극적으로 수용한다면, 여러 가지 한계성이 있기는 해도 3세기 전반에 변진 12국은 김해의 구야국(가야국)을 중심으로 통합되어 변한소국연맹 즉 전기 가야연맹을 이루고 있었다고 말할 수 있을 것이다.

2) 전기 가야연맹의 영역

김해 가락국을 중심한 전기 가야연맹의 세력 범위는《삼국사기》초기 기록의 전쟁 기사와《삼국지》위서 한전의 변진 12국 관계 자료 및 해당 지역의 유적·유물 자료를 통해서 추정할 수 있다.

우선《삼국사기》신라본기에 脫解尼師今 21년(77)부터 祇摩尼師今 5년(116)까지에 걸쳐 신라·가야 사이의 전쟁 기사가 나온다. 그 관계 기사에서 편년은 그대로 믿을 수 없으나, 가야와 신라 사이의 主戰場은 黃山津口·黃山河

및 加召城·馬頭城으로 나타난다. 여기서 황산하는 지금의 梁山郡 院洞面 院洞里 부근(옛 지명 玉池淵 즉 伽倻津)으로부터 낙동강 하구 을숙도(옛 지명 鷲島) 부근까지를 가리키며, 가소성과 마두성은 그 위치를 무리하게 비정하기보다 보류해 두는 것이 좋을 듯하다. 그렇다면 이 관계 기사에서 신라·가야가 황산하 즉 양산·김해 사이의 낙동강을 경계로 하여 대치하던 시기(아마도 3~4세기)가 있었다는 것을 확인할 수 있고, 당시의 김해 중심 가야연맹의 세력권은 대략 황산하까지였다고 추측할 수밖에 없다.

다음으로 전기 가야의 공간적 범위를 살펴보기 위한 자료는 현재까지 알려진 이 시기의 토광목관묘 및 목곽묘 등에서 출토한 고고학적 유적·유물 자료와 3세기 전반에 대한 기록인《三國志》韓傳의 弁韓관계 문헌자료밖에 없다고 해도 과언이 아니다. 그런데 한전에서 변진한은 잡거하며 의복·거처가 진한과 같고 언어·법속도 서로 비슷하다는 기록이 있는 것처럼, 3세기까지의 영남지방에서 출토한 고고학적 유물·유적은 그 내용이 거의 구분할 수 없을 만큼 비슷한 공통 문화기반을 가지고 있어서, 지금까지 축적된 고고학자료만으로는 진한·변한 또는 초기 신라·가야문화권의 구분을 할 수가 없을 정도이다.

앞으로 좀더 광범위한 발굴 자료가 축적되면 이 시기의 지역간 문화 양상의 미세한 차이가 드러날 수 있을 것이나, 그렇다고 해도 지금까지 나타난 결과에 보이는 전반적인 추세는 그리 크게 바뀌지 않을 것이다. 진·변한의 문화 성격이 이처럼 공통적인 양식을 띠게 된 이유는 진·변한을 이루는 각 단위 정치세력인 소국들의 문화기반 및 수준이 서로 비슷하고 상호간의 정치적인 대립상이 그리 크지 않았기 때문이었을 것이라고 추정할 수 있다. 그 차이는 이 단계에서는 아직 그리 크지 않았을지 모르나 양 지역간에 각기 구심세력이 대두함에 따라 점차 증폭되어나갈 가능성이 존재하는 것이라고 하겠다.

그러므로 1~3세기의 변한 즉 전기 가야의 영역을 추정할 수 있는 자료로서 현재 이용할 수 있는 것은《三國志》魏書 韓傳 소재 변진 12국의 위치밖에 없는데, 그 지명 비정 결과를 정리하면 〈표 4〉와 같다.

〈표 4〉 변진 12국의 위치비정표

번호	국 명	위 치	근 거
1	弁辰彌離彌凍國	밀양시	古名 密城郡·推火郡, 密陽市 內二洞 土壙墓유적
2	弁辰接塗國	함안군 칠원면	
3	弁辰古資彌凍國	고성군 고성면	古名 固城郡·古自郡, 固城郡 固城邑 東外洞貝塚 및 下一面 松川里 솔섬 石棺7墓
4	弁辰古淳是國	산청군 단성면	古名 闕支郡·乞飡國(?)
5	弁辰半路國	고령군 개진면	半跛國의 잘못이라면, 伴跛·叛波와 관련하여 고령에 비정
6	弁辰樂奴國	×	
7	弁辰彌烏邪馬國	창원시	
8	弁辰甘路國	김천시 개령면	古名 甘文國
9	弁辰狗邪國	김해시	古名 駕洛國·加耶國, 金海貝塚, 金海市 府院洞貝塚, 金海市 酒村面 良洞里 土壙墓 유적
10	弁辰走漕馬國	함양군 함양읍	古名 卒麻國(?)
11	弁辰安邪國	함안군 가야읍	古名 阿尸良國·安羅國, 咸安郡 伽倻邑 沙內里 土壙墓 유적
12	弁辰瀆盧國	부산시 동래구	古名 東萊郡,「與倭接界」, 東萊貝塚, 釜山市 金井區 久瑞洞 土壙墓群, 老圃洞 土壙墓 유적

위의 〈표 4〉에 의거해 볼 때 거의 확실하게 위치 비정이 되는 곳은 밀양·고성·김해·함안·동래 정도에 지나지 않지만 일단 추정해 둔 단성·고령·개령·진주 등을 포함하여 보면, 변진 12국은 대체로 지금의 경상남도의 영역과 비교가 되면서 약간 차이가 나는 정도이다. 이를 좀더 세분하여 보면, 변한 즉 전기 가야의 영역은 김해·함안·밀양·동래 등의 낙동강 하류지역을 중심으로 하여, 고령·개령 등의 낙동강 중상류지역과 고성·단성·함양 등의 서부 경남지역이 포함된다고 할 수 있다(〈도면 1〉 참조).

〈도면 1〉 전기 가야 12국의 위치비정도

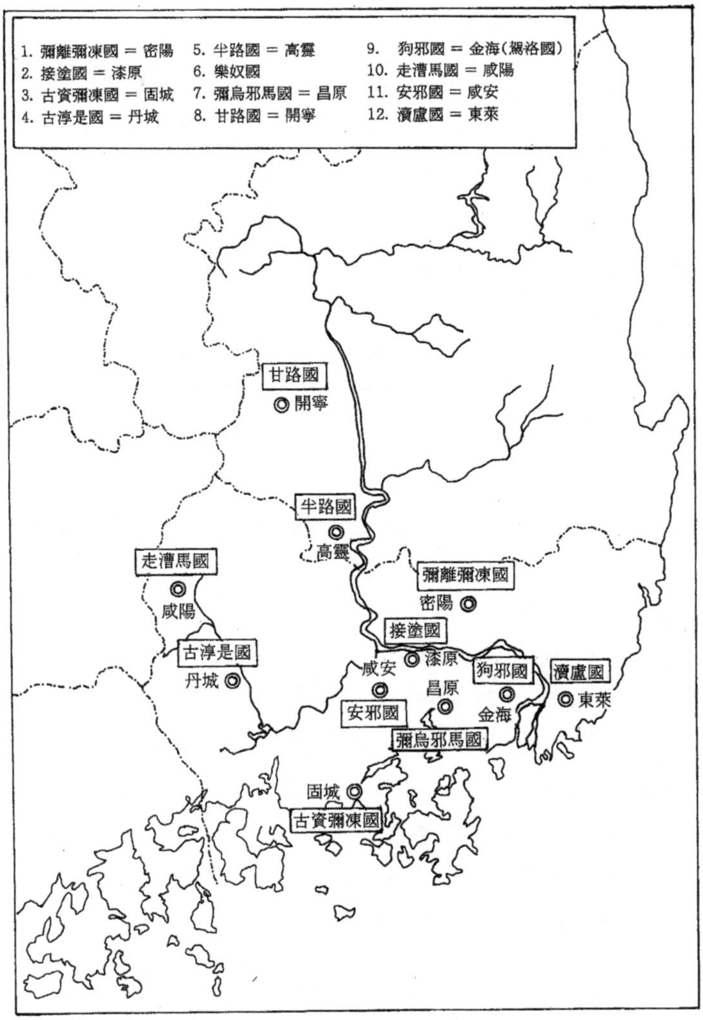

여기에다가 약간의 지역을 좀더 포함시킨다면, 옛 지명의 유사성에 대해서는 알 수 없어도 토광묘 관계 유적이 발견된 지역 중에서 위의 영역 안에 들어가는 창원과 합천·성주지역을 전기 가야(변한)의 공간적 범위에 추가해 넣을 수 있을 것이다.

3) 전기 가야연맹의 해체

전기 가야연맹의 발전 원동력은 낙랑군을 통한 원거리 교역과 그를 통한 선진물자 취득 및 대왜 교역에 있었는데, 313년에 낙랑군과 대방군이 고구려에게 멸망되자 그 기본 구도는 일단 흔들리게 되었다고 보인다.

《삼국사기》奈解尼師今紀와 勿稽子傳 및《三國遺事》勿稽子條에 나타나는 이른바「浦上八國의 亂」이 그것이다. 즉 신라 나해왕 14년(209)에 保羅國·古自國·史勿國 등의 포상 8국이 가야를 침략하려고 하자 가야 왕자가 와서 구원을 청하였고, 이에 신라군이 구원하러 가서 8국 장군을 죽이고 6천 명을 잡아 돌아왔으며, 그 3년 후에도 또 한 차례의 침공을 물리쳤다는 것이다.

포상 8국이 연합하여 가야국을 공격하였다는 것은 단순한 교역상의 경쟁관계를 반영하는 것이 아니라 어떤 문화적인 단절관계를 반영하는 것이 아닐까 한다. 무언가 예전과는 다른 급격한 변동 속에서 전쟁은 나타나는 것이고, 그러한 상태를 야기할 만한 사건은 4세기 초 낙랑군·대방군의 소멸과 관련하여 생각해 보아야 할 것이다.

선진문물 보급의 핵이 사라졌다는 것은 정치 사회적으로도 영향을 미쳐서 진변한 소국을 비롯한 지역세력들은 그 때까지의 문화 축적을 토대로 하여 각지에서 자기 지역 기반을 기초로 한 통합 운동을 일으키게 되고, 그런 과정 속에서 경상도지역이 새로운 분열·통합을 경험하게 되었을 것이다. 포상 8국의 난은 4세기대의 그러한 혼란상을 배경으로 나타난 사건이라고 볼 수 있다. 다만 사건의 결과 가야국이 왕자를 신라에 인질로 보냈다고 되어 있으나 이러한 상태가 오래도록 지속된 것 같지는 않다.

낙랑군의 멸망으로 인하여 한반도 남부에 위와 같은 변화가 초래되고 있을 무렵 낙랑·대방군을 소멸시킨 당사자인 고구려는 옛 대방지역을 사이에 두고 백제와 대립하게 되었다. 한반도 북부의 이 대립상황은 그대로 한반도 남단까지 영향을 미쳐서 신라와 가야의 문화는 각기 서로 다른 방향으로 분기되어 나간다. 즉 경주세력은 진한의 맹주라는 역할을 계속 유지하면서 한편으로는 고구려의 부용이 되어 그 제도 및 문물을 수입하여 주변의 다른 소국들에게 분배함으로써 자기 지역에 대한 통솔을 더욱 공고히 해나갔고, 김해세력은 곧 혼란을 수습하고 낙랑·대방을 대신한 백제와 교역을 계속해 나갔다.

이리하여 신라는 3세기 단계의 진·변한문화 공통기반을 토대로 한 위에 고구려 계통의 색채를 가미한 문화를 발전시켜 나갔으니, 4세기 중엽 이후의 적석목곽분·관모·신라토기 등에서 보이는 강건한 분위기는 그러한 요소를 반영하는 것이다. 경주 月城路 고분에서 출토한 북방계 短甲이나 고구려계 綠釉土器는 신라와 고구려 사이의 직접 통교 사실을 시사하고 있다.

이에 반하여 가야지역은 3세기 단계의 진·변한문화 공통기반을 큰 수정 없이 거의 그대로 계승하면서 발전하였다. 이는 당시 백제의 영향력의 성격이 낙랑—가야—왜로 연결되던 고대 상업적 교역관계를 유지시키는 데 그쳤다는 것을 반영하는 것이다. 특히 백제는 4세기 후반에 들어 중국 南朝 東晋과의 교역에서 얻은 선진물자를 가지고 한반도 서남해안—일본열도를 연결하는 교역로를 장악하여 신라를 견제하려고 하였다. 이 과정에서 가야는 그 중개역을 맡으면서 자기 지역에 대한 패권을 더욱 강화하고 왜와의 교역을 더욱 강화해 나갔다. 김해 大成洞 고분군에서 보이는 유적 규모의 증대 및 왜 계통 유물의 증가는 이를 반영하는 듯하다.

그러나 고구려·백제의 대립에 따른 신라·가야의 분화 발전은 오래가지 못하고 4세기 말 5세기 초에 걸쳐 한번 더 큰 변혁을 거치게 된다. 이는 고구려·백제 사이의 패권 다툼에서 백제가 대패하고 광개토왕의 고구려군 步騎 5만이 신라를 도와 낙동강 하류지역까지 쳐내려와 가야를 토벌함으로써 비롯되었다. 그 결과 가야지역은 타격을 입고 약화되며 중심지역이었던 경남 해안지방의 잔여세력 중 일부는 전 단계의 자신의 영향력이 미치던 다른 지역으로 흩어지거나 또는 일단 연맹의 핵을 잃고 쇠잔하여진 듯하다. 즉 김해·창원지역에는 초기 유적이 풍부하여 그것이 무난하게 성장하면 경주와 같은 상당한 전제권력을 이룰 가능성이 많았으리라고 예측되는데, 5세기 이후 그것이 정상적인 발전을 보이지 못하고 있음은 그러한 한 차례의 파산을 반영한다고 보는 것이 합리적이다. 그러한 과정을 거치면서 김해 등 중심세력은 현저히 퇴락하고, 동래·성주 등의 일부 세력은 고구려의 문화를 받아들이며 세력을 키워나가던 경주 중심의 신라지역으로 이탈하여 들어갔다고 보이므로 이와 함께 전기 가야연맹은 해체된 것이라고 하겠다.

〈金泰植〉

Ⅶ. 가야의 발전과 쇠망

1. 가야연맹의 발전
2. 가야연맹의 약화
3. 가야의 멸망

Ⅶ. 가야의 발전과 쇠망

1. 가야연맹의 발전

전기 가야연맹의 해체 이후 5세기 가야지역의 유적 상황은 4세기 이전에 비하여 상당한 변화를 보인다. 우선 패총 및 대형 목곽분 등이 다량 출토된 김해를 중심으로 한 경남 해안지대에서는 5세기에 들어오면서 갑자기 고분 유적의 수효가 줄어들고 규모도 소형 석곽분 정도로 위축되었다. 이러한 현상은 그 지역에서 번성하였던 전기 가야연맹의 소멸을 직접적으로 반영하는 것이라고 생각된다.

반면에 5세기 가야지역 중에서 고령·합천·거창·함양 등지의 산간 내륙지방은 점차 시간이 지나면서 많은 大形 墳丘墓(고총고분)가 나타나는 등 번성하였다. 묘제나 유물의 성격면에서 그들은 4세기 이전 진·변한 문화 공통기반을 계승하여 상호간에 현저한 유사성을 보였고, 신라문화권의 고분들과는 구별되었다. 이러한 유적 상황은 이 지역이 동일한 문화기반 밑에 있으면서 전반적인 경제력 및 지배권력이 크게 성장한 것을 반영한다.

원래 이 지역은 최상의 농업 입지조건을 안정적으로 영유하고 있으면서 전쟁의 피해를 입지 않고 있다가, 전기 가야연맹 해체 시기에 이르러 경남 해안에 선진문화의 파급으로 철산지 등이 개발되면서 급속히 발전하였던 듯하다. 그 중에서도 가장 특징적인 것은 고령 池山里 고분군의 출현이라고 하여야 할 것이다. 여기서는 소형 석곽묘의 단계를 거쳐 점차 석곽과 봉분의 규모가 커져서 5세기 후반에는 봉토 직경이 50미터급의 단계에 이르는 대형 고총고분이 나타났으며, 출토 유물도 가야지역의 다른 고분군과 비교하여 유례를 찾기 어려울 정도로 화려하고 많았다.

고령을 비롯한 가야 북부지방의 발전에 힘입어 차츰 가야 남부지방의 함안・창원・김해 등에서도 복구의 기운이 일어났다. 이 중에서 김해지역 고분의 경우에는 일시적으로 신라 계통 유물이 복합되는 현상이 나타나기도 하였지만, 그를 포함하여 전반적인 유물 성격은 낙동강 東岸 신라지역의 고분 유물과 분명히 구분되었다.

내부적으로 그러한 차이는 인정되지만, 위에 말한 가야문화권은 5세기 후반에 들어 고령・함양・함안・김해 등지를 포괄하는 지역에 후기 가야연맹이 형성되는 기반으로 작용하게 되는 것이다. 이제 그러한 고고학적 배경을 토대로 해서 가야지역의 추이를 다시 살펴보자.

1) 후기 가야연맹의 형성

전기 가야연맹의 소멸과 함께 일시적으로 약화되었던 가야지역이 5세기에 걸쳐 지속적으로 발전하고 있을 때 국제 환경에는 또다른 변화가 일고 있었다. 우선 신라는 5세기 전반부터 중엽에 걸쳐 고구려의 간섭을 배제하고 독자적인 고대국가의 기반을 닦아가면서 백제와 화친을 맺었다. 이에 대하여 고구려의 장수왕은 평양 천도를 단행한 이후 남하정책을 추구하더니 결국 재위 63년(475)에 백제를 쳐서 수도 慰禮城(서울)을 함락시켰다. 그리하여 백제는 부득이 熊津(공주)으로 남천하고, 신라는 그 기회를 틈타 추풍령을 넘어 三年山城(보은)까지 진출하는 등 국제관계가 크게 동요하게 되었다.

5세기 후반에 이르러 주변 정세가 이처럼 급변하자, 이에 대해 위기의식을 느낀 옛 가야지역의 소국들 사이에 재결속의 기운이 일게 되었을 것이다. 《삼국사기》 등의 문헌사료에 한동안 보이지 않던 「가야」의 이름이 이 무렵부터 다시 나타나는 점, 그리고 이 지역 고분군의 규모나 유물의 양이 이 무렵부터 크게 증대되는 점 등은 가야지역의 재통합 움직임과 직결된 결과였다고 보인다. 그 재통합을 새로이 주도하던 세력은 고령 지산리 고분군을 축조하던 집단이 아니었을까 한다.

그런데 전기 가야연맹 시기에는 김해의 가락국이 大駕洛 즉 大加耶였는데, 당시의 고령세력의 국명은 무엇이었으며 그들은 어떻게 대가야로 국명을 바꾼 것일까.

우선《日本書紀》繼體紀에 보면 加羅 즉 대가야를「伴跛」로 지칭한 사례가 몇 번 나오며,《梁職貢圖》百濟國使傳에도 주변 소국의 하나로서 대가야 대신「叛波」가 나오고 있다. 그러므로 叛波 또는 伴跛가 5세기 후반 이후로「대가야」을 표방한 고령지방의 前主體勢力의 하나였다고 추측할 수 있지 않을까 한다.

또《三國志》魏書 韓傳의「弁辰半路國」의 존재가 주목되는데, 여기서「半路」의「路」字가「跛」의 오기였다면, 이것도 같은 곳을 지칭하는 것이라고 할 수 있다. 이렇게 볼 때 고령은 원래 伴跛(半跛·叛波)國을 칭하면서 변한연맹 또는 전기 가야연맹의 한 후진세력으로 남아있었으며, 4세기에서 5세기에 걸치는 변란기에는 김해·함안과는 달리 심한 타격을 입지 않은 채로 자기 세력을 유지시키면서 실력을 축적해 나가다가, 5세기 후반에 들어 대가야라는 이름으로 예전의 김해 중심 가야연맹의 판도를 복구하고자 하였던 것이라고 추측된다.

고령지방에 전하고 있는 대가야 시조신화도 5세기 후반의 그러한 상황으로 미루어 다시 해석할 필요가 있다. 즉 이는 고령세력이 수로왕과의 시조대부터의 형제관계를 표방함으로써 전기 가야연맹의 정통성을 계승한다는 인식 아래 가야지역을 재통합하려고 한 것이다. 고령세력이 옛 이름인「가야」를 따서「대가야」라는 국호를 사용한 이유는 낙동강 서안의 소국들이 당시 크게 성장한 신라에게 쉽사리 포섭될 가능성을 우려하여 옛 가야연맹으로서의 동질감을 고취시키자는 배려를 한 것이라고 추정된다.

이제 5세기 후반에 들어 활발한 활동을 함으로써 여러 계통의 문헌기록에 나타나기 시작하며 국제관계의 한 변수로 작용하게 되는 고령 지산리세력 즉 대가야의 움직임을 살펴보기로 하겠다. 그 첫번째로서《南齊書》의 기록이 눈에 띄는데, 즉 479년에 加羅王 荷知가 사신을 보내 조공하므로 輔國將軍本國王을 제수하였다는 것이다.[1)]

이 기사에서 가라왕 하지는 고령 대가야왕이라고 보는 것이 가장 온당하다.「하지」는 加耶琴을 만들었다는 가야국 嘉悉王과 이름이 유사하여 동일인

1)《南齊書》권 58, 列傳 39, 東南夷傳 加羅國.

으로 추측할 수 있는데, 가야금 및 가실왕 관계 전설이 고령지역에 전하고 있으므로 하지가 고령 대가야의 왕이라는 추정을 더욱 뒷받침할 수 있다.

당시의 대가야는 일단 육로로 河東지역으로 나와 해로로 중국에까지 교통하였을 가능성이 높은데, 그 교통로를 보유하기 위해서는 가야지역 내부의 통솔관계를 분명히 하고 해로에 대해 백제·고구려가 가하는 제약을 극복해야만 하였을 것이다. 이러한 내적·외적 제약을 극복하고, 가라왕 하지가 對中交易을 독자적으로 성공시켜 남제로부터 제3품에 해당하는 벼슬을 받았다는 점은 가야지역에 신라나 백제에 의존치 않는 독립적인 지배권력의 성장이 있었다는 증거로서 제시될 수 있다.

그 후 가야는 481년에 고구려가 말갈과 함께 신라 狐鳴城 등 7성을 빼앗고 다시 彌秩夫(흥해)로 진군하는 것을 백제와 함께 원병을 보내 신라군을 도와 막았다고 하였다.[2] 즉 가야는 이제 삼국관계에서도 하나의 세력변수로 등장하여, 고구려가 동해안로를 따라 신라까지 깊숙이 공략하려는 것을 신라·백제와 함께 공동 대처하는 모습을 보이고 있는 것이다. 또한 490년대에 들어 신라는 백제 동성왕의 청혼을 받아들이고 고구려의 남하정책에 백제와 공동 대처하면서 한편으로는 그 허약함을 틈타 추풍령의 안팎지역에 축성하며 팽창하고 있었다. 496년에 가야는 신라에게 白雉를 보내[3] 호의를 표시하였다. 가야가 신라에게 호의를 표한 것이 백제와의 분쟁 때문이었는지의 여부는 사료의 결핍으로 알 수 없으나, 여하튼 연맹 결성 이후로 대가야 중심의 후기 가야연맹이 국제관계에서 「가야국」의 이름 아래 지속적으로 대처해 나가는 모습을 확인할 수 있다.

2) 대가야 세력권의 확립

삼국 및 가야 사이의 국제관계는 6세기에 접어들어서도 큰 변화는 없어서 고구려·백제는 계속하여 변경을 다투며, 백제·신라는 서로 충돌하지 않았으나 변경을 정비하는 정도의 암투는 있었다. 신라는 그런 속에서 지증왕대

---

2) 《三國史記》 권 3, 新羅本紀 3, 소지마립간 3년 3월.
3) 《三國史記》 권 3, 新羅本紀 3, 소지마립간 18년 2월.

에 들어 州縣制를 정하는 등 제도를 정비하고, 한편으로는 波里(원덕)·彌實(흥해)·珍德·骨火(영천) 등 12城을 쌓고 悉直州軍主를 두는 등 삼척방면의 동해안로 경영에 힘을 기울였다. 이렇게 고구려의 침입에 대비한 변경 정비와 영역 확보에 주력하느라고 신라는 백제·가야와 다툴 수 없었다.

그러므로 대가야로서는 이 시기에 자기 세력을 정비하고 영역을 확보해 나갈 수 있는 조건이 조성되어 있었다고 할 수 있다. 당시 대가야의 세력권은 고령에서부터 서쪽으로 확산되어 합천·거창·함양 등을 거쳐 지리산 북록의 남원군 아영면 즉 阿莫山城까지 미치고 있었는데, 이는 고고학적으로 월산리 고분군과 건지리 고분군의 유적·유물성격이 고령 계통의 것임을 보아 확인할 수 있다.

한편 백제는 6세기 초 무령왕대에 南遷의 후유증을 거의 극복하고 남방경영을 서둘러서 지리산 방면으로 진출하였다. 그 결과 백제의 남방경영과 대가야의 西進政策이 부딪쳐서 대가야와 백제는「己汶」을 놓고 영역을 다투게 되는데, 당시에 기문은 대가야에 속해 있었다. 이 사실은《백제본기》를 토대로 하여 개작된 듯한《日本書紀》소재의 사료에 보인다.[4] 여기서의 기문은 가야 계통 국명의 하나로서《新撰姓氏錄》吉田連條에 上·中·下의 3기문이 나오고,《梁職貢圖》소재의 百濟旁小國 중에 상기문이 나오며,《삼국사기》樂志의 우륵 12곡명 중에 상·하의 奇物이 나온다. 기문은 상·하 또는 상·중·하로 나뉘는 것으로 보아 넓은 지역임을 알 수 있으며, 그 위치는 지금의 남원(옛 지명 古龍郡) 및 임실(옛 지명 任實郡 居斯勿縣)지방으로 비정된다.[5]

그러므로 5세기 말 내지 6세기 초 무렵에 대가야는 서쪽으로의 영토 개척을 더욱 추구하여 이미 소백산맥을 넘어 전라북도 남원·임실지방을 영유한 것을 알 수 있다. 그런데 우륵 12곡 중에 이들의 지명과 같은 상기물·하기물의 두 곡이 있는 것으로 보아, 기물 즉 기문은 상당 기간 대가야의 영유 아래 있었을 것이다. 왜냐하면 우륵 12곡은 대가야 왕정에서 특별한 의식 때

4)《日本書紀》권 17, 繼體天皇 7년 6월.

5) 古龍의 발음은「komil」로 추정된다. 己汶의 위치에 대한 자세한 고증은 金泰植, 〈5세기 후반 大加耶의 발전에 대한 硏究〉(《韓國史論》12, 서울大, 1985), 78~87쪽 참조.

연주되던 궁정음악 및 연맹체 소속국들의 음악을 궁정악사인 우륵이 듣고 가야금곡으로 편곡한 것이라고 추정되기 때문이다. 그러므로 대가야의 의식 때 기문국이 사람을 보내 고유음악을 연주케 할 정도였다면, 그 취득 방식도 백제의 부진함에 실망한 기문국이 자진하여 신흥 대가야의 연맹체에 편입되었을 가능성이 높다.

6세기에 들어와 왕권의 안정을 회복한 백제는 이에 대해 문제의식을 느꼈을 것이다. 그리하여 백제측은 대가야가 기문을 「약탈」하였다는 것을 대외적으로 알림으로써 침공의 명분을 만들고, 왜에 五經博士 段楊爾를 보내는 등 문화 전수를 통하여 국제여론을 유리하게 만든 다음 곧바로 반격하여 기문을 강압적으로 회복하였다. 6세기 전반의 것으로 추정되는 남원 초촌리 고분군의 문화 성격은 백제의 지방지배력이 본격적으로 이 지역까지 침투해 왔음을 반영한다. 그 결과 가야와 백제는 소백산맥과 지리산을 자연적 경계로 삼게 되었다.

또한 백제는 그 사실을 국제사회에 공표함으로써 힘을 과시하고, 성공의 여세를 몰아 가야의 커다란 이권의 하나였을 왜와의 교역 항구인 *滯沙* 즉 *帶沙津*·*多沙津*(하동)을 빼앗으려고 시도하였다. 이 경우에도 백제는 무리하게 대가야를 자극하지는 않고, 자기의 우수한 물품을 미끼로 왜를 하동으로 유인하여 그 곳에 대한 대가야의 기존 독점권을 유린하려 한 것이다. 이에 왜는 백제의 문화에 경도되어 백제측에 동조하였던 듯하다.[6] 즉 가야의 무역권과 백제의 무역권이 경쟁하게 되자, 왜는 보다 이익이 많아 보이는 백제와 연결코자 한 것이다. 이에 대해 대가야는 구태의연하게 왜의 한 세력에게 무역선을 보내 교역을 자청하였으나, 이미 백제가 사전 공작을 벌여 선수를 친 뒤라 효력을 보지 못하였다.

앞서 5세기 후반에 후기 가야연맹체를 형성시키고 그 맹주로 대두한 대가야는 얼마 후 그 여세를 몰아 소백산맥을 넘어 남원·임실지방까지 진출하여 일시적으로 성공하였으나, 6세기 초에 이르러 백제의 반격과 세련된 대처방안에 휘말려 실패하고 도리어 하동 방면까지 위협받게 된 것이다. 이러한

6) 《日本書紀》 권 17, 繼體天皇 7년 11월. 사료에서 왜가 己汶과 *帶沙*를 백제에게 주었다고 표현한 것은 그런 정도의 상황에 대한 왜곡일 것이다.

국제관계의 힘의 원리에 시달리면서 대가야는 점차 자기 세력 자체내의 결속을 강화해 나가는 수성기로 돌입하게 된 듯하다.

그리하여 대가야는 팽창을 멈추고 주변과의 경계지역에 성을 쌓음으로써 자기 세력권을 안으로 정비해 나가게 된다. 즉 대가야는 子呑(진주)과 대사(하동)에 성을 쌓아 滿奚(광양)에 이어지게 하고, 烽候와 邸閣을 설치하여 백제 및 왜국에 대비하였다. 또한 爾列比(의령 부림)와 麻須比(창녕 영산)에 성을 쌓아 麻且奚(삼랑진)·推封(밀양)에까지 뻗치고, 사졸과 병기를 모아서 신라를 핍박하였다.[7] 대가야의 축성 범위로 보아 후기 가야연맹 중에서도 대가야의 영향력이 직접적으로 미치는 세력권은 일단 소백산맥으로 서쪽 경계를 이루고, 동남쪽으로는 낙동강과 남강으로 경계를 이루는 것을 볼 수 있다. 이는 고령 계통 토기유물의 분포 범위와도 일치한다.

또한 대가야는 당시에 대내외적으로 상당한 무력을 행사하여 사방에서 공포의 대상이 되었다. 이는 그 영역을 확고히 지키기 위한 것일 수도 있고, 좀더 좁혀서 생각한다면 가야연맹의 영역내에서 왜와 백제·신라 사이의 교역이 이루어지지 못하도록 대비를 한 것일 수도 있다. 이듬해 왜에 갔던 백제사신의 선박이 500명 정도의 수군을 태운 왜의 선박들을 거느리고 돌아오는 길에 沙都嶋(거제도)에 이르렀는데, 伴跛人 즉 대가야가 한을 품고 사납게 군다는 말을 듣고는 근처에 상륙을 못하여, 백제사신은 신라를 통하여 상륙하였고 왜의 선단은 곧장 帶沙江(섬진강 하구)에 이르러 정박하였을 정도였다. 그러나 대가야는 그것도 용납하지 않고 6일만에 그들을 공격하여, 옷을 벗기고 가진 것을 빼앗고 천막을 모두 태웠으며, 왜선들은 달아나서 간신히 목숨을 건지고 汶慕羅(섬 이름, 미상)에 정박하였다.[8]

多沙津 즉 하동은 전통적으로 가야와 왜 사이의 교역항구였는데, 백제가 이를 빼앗아 왜와의 교역에 이용하려 한 것이고, 대가야는 이미 그 곳에 축성해 두고 지키고 있다가 저지하려 한 것이다. 왜의 선단은 지난번 기문을 둘러싼 백제·가야의 영역 다툼 이후로 백제의 우월성을 믿고 다사진에 와서 백제측의 교역 상대가 오기를 기다리다가 이를 용납치 않는 대가야의 공

7) 《日本書紀》 권 17, 繼體天皇 8년 3월.
8) 《日本書紀》 권 17, 繼體天皇 9년 2월 및 4월.

격을 받아 도망친 사실을 반영하는 것이다. 대가야는 왜에 대한 중개무역의 주도권을 백제에게 빼앗길지 모르는 우려감에서 군사력을 행사해서라도 하동지방의 이용을 억제한 것이라고 하겠다.

그러나 섬에 후퇴해 있던 왜인들은 그 다음 해에 결국 기문에까지 도착하였으며, 백제는 이들을 도성까지 불러들여 衣裳·斧鐵·帛布 등을 주어 후한 교역을 이루었다.[9] 여기서 왜인 일행이 기문까지 어떻게 들어왔는 지는 불문하고, 그들이 일년 이상이나 기다렸다는 점이나 대가야의 방해를 무릅쓰고 통과하여 기문까지 도달하였다는 점으로 보아, 당시의 왜는 백제와의 교역에 대하여 집요하고 적극적인 자세를 취하고 있었으며, 백제는 그들을 우월한 교역물품으로 유인하는 여유있는 태세였다고 생각된다.

사건의 결과 대가야는 다사진 영유권 분쟁에서는 백제에게 이기고 하동을 지켜냈으나, 對倭貿易 경쟁에서는 결국 선진문물을 앞세운 백제에게 패배한 꼴이 되었다. 그 이후로 백제와 왜는 가야를 제쳐두고 빈번한 교역을 성립시켰을 것이므로 가야는 아직 내부체제도 정비하지 못한 중에 대외적인 고립에 직면하게 된 것이었다.

3) 후기 가야연맹의 영역

5~6세기 후기가야의 영역을 살펴보기 위한 고고학 자료로는 해당 시기 영남지방의 수혈식 석곽묘를 위주로 한 고분 유적 자료가 있다.

토광목곽묘 문화 말기 이래로 영남지방의 고분 유적·유물의 계통은 크게 2개의 문화권으로 양분되기 시작하며, 그러한 현상은 그에 중복되면서 이어지는 석곽묘 유적에까지 계속된다. 이러한 문화권 양분은 곧 신라·가야 세력권의 분리와 관계가 없지 않을 것이며, 이는 고구려의 배경 아래 경주세력의 주도로 일어나는 신라의 영역 팽창과 가야연맹권의 축소에 따른 결과로 파악된다. 그 시기는 문헌사료에서 신라가 고구려의 강한 영향 아래 있었다고 생각되는 신라 奈勿·實聖·訥祇麻立干代 즉 4세기 중엽에서 5세

9) 《日本書紀》 권 17, 繼體天皇 10년 5월.

기 초에 걸치는 시기였으리라고 추정된다. 특히 전기 가야연맹의 일국이었던 瀆盧國의 유적으로 추정되는 동래지방이나 6가야와 관련하여 그 연맹권에 포함되었을 것으로 거론되는 창녕·성주지방의 고분군에서 5세기 이후로 신라 계통 일색의 유물들이 출토되는 것은 가야연맹권의 축소를 반영하는 것이 아닐까 한다.

이를 구체적으로 살펴보기 위하여 지금까지 발굴된 유적을 중심으로 해당 시기의 영남지방 석곽묘관계 유적·유물을 묘제와 토기를 중심으로 구분해 보면 다음과 같다.10)

신라문화의 특징은 묘제의 측면에서 積石木槨墳·橫口式 石槨墓·橫穴式 石室墓·竪穴式 石槨墓(짧은 장방형 평면)가 다양하게 나타나고, 토기양식은 二段交列透窓有蓋高杯와 臺附長頸壺를 기본으로 한다. 이는 진변한 공동 문화기반에서 일단의 변화를 일으킨 것이라고 보인다. 그러한 문화를 공통적으로 보유한 신라 영역은 대체로 낙동강 동안의 경상좌도지역이며, 세부적으로는 경주를 중심으로 하여 의성·안동·경산·대구·칠곡·성주·선산 등의 신라 북부지역과 창녕·울산·양산·부산 등의 신라 남부지역으로 구분된다.

가야문화의 특징은 묘제의 측면에서 좁고 긴 장방형 평면의 수혈식 석곽묘가 보편적으로 나타나고, 토기양식은 이단직렬투창유개고배와 有蓋長頸壺·器臺를 기본으로 한다. 이는 후기 가야문화가 前代 이래 진변한 공동의 문화전통을 거의 그대로 계승 발전한 측면을 보여 준다. 그러한 문화를 공통적으로 보유한 가야 영역은 대체로 낙동강 서안의 경상우도지역이며, 세부적으로는 고령을 중심으로 하여 합천·거창·함양 및 남원 동부 등의 가야 북부지역과 함안·고성·사천·진주·산청·하동·김해·창원 등의 가야 남부지역으로 구분된다.

그러므로 후기 가야 문화권을 전기 가야 시기와 비교해 볼 때 문화 성격은 그리 변하지 않았으나, 문화 중심은 김해를 비롯한 경남 해안지대에서 고령을 비롯한 경상 내륙 산간지방으로 옮겨 왔으며, 문화권은 고령 이남의 낙

10) 金泰植, 〈가야사연구의 시간적·공간적 범위〉(《韓國古代史論叢》 2, 韓國古代社會研究所, 1991), 49~75쪽 참조.

동강 서안지방으로 축소되어, 전기 가야연맹에 속해 있다고 거론되던 지역 중에서 동래·창녕·성주·개령 등이 제외되었음을 알 수 있다. 이러한 문화 중심의 이동과 영역의 축소 현상은 전기 가야연맹의 해체를 전후한 4세기 후반부터 5세기 전반 사이에 일어난 것이었다고 하겠다.

위에서 고고학자료에 의하여 구분된 5~6세기 가야문화권의 범위는 문헌 사료를 통하여 추정되는 후기 가야의 세력범위와 어떤 관계에 있는지 살펴 보자. 당시 가야의 세력범위를 알 수 있는 문헌자료로는 《일본서기》가 있다. 《일본서기》 欽明紀 23년(562)조에 「任那 10國」 즉 加羅國·安羅國·斯二岐國·多羅國·卒麻國·古嵯國·子他國·散半下國·乞飡國·稔禮國이 나오고, 同 2년(541) 4월조에는 530년대에 이미 멸망한 喙己呑·南加羅·卓淳의 3국이 나온다. 그러므로 한동안 가야지역에 속하였다가 6세기 초에 백제에게 빼앗긴 상·하기문국(남원·임실 등)을 제외하더라도 6세기 전반의 가야지역에는 13소국이 존재하였으며, 이를 지명 비정하면 아래의 〈표 5〉와 같다.

〈표 5〉 후기 가야 13국의 위치비정표

번호	국 명	위 치	근 거
1	加羅國	고령군 고령읍	古名 大加耶國, 高靈郡 高靈邑 池山里·古衙里·本館里·快賓里·中和里·錦山, 雲水面 月山里, 雙林面 高谷里·龍里, 德谷面 後岩里 고분군, 谷面 桃津里 고분군, 陜川郡 冶爐面 金坪里 고분군
2	安羅國	함안군 가야읍	古名 阿尸良國, 咸安郡 伽倻邑 末山里·道項里·沙內里·新音里 고분군, 郡北面 院北里·沙道里 고분군, 宜寧郡 宜寧邑 西洞·中里·上里, 嘉面 鳳頭里 고분군
3	斯二岐國	의령군 부림면	古名 辛爾縣, 宜寧郡 富林面 新反里·景山里 고분군, 正谷面 竹田里, 芝正面 柳谷里 고분군
4	多羅國	합천군 합천읍	古名 大良州郡, 陜川郡 陜川邑 陜川里·盈倉里, 龍洲面 城山里·高品里·龍旨里, 栗谷面 文林里, 大陽面 正陽里 고분군, 大幷面 倉里, 鳳山面 苧浦里·鳳溪里·界山里·松林里 고분군
5	卒麻國	함양군 함양읍	문헌고증 불능, 咸陽郡 咸陽邑 白川里, 水東面 院坪里·上栢里 고분군, 南原郡 阿英面 月山里·淸溪里, 東面 乾芝里 고분군

번호	국 명	위 치	근 거
6	古嵯國	고성군 고성읍	古名 古自郡, 固城郡 固城邑 松鶴洞・栗岱里 고분군, 下一面 悟芳里 고분군, 泗川郡 正東面 禮樹里, 龍見面 松旨里 고분군, 固城郡 東海面 內山里・陽村里, 統營郡 光道面 黃里 고분군
7	子他國	진주시	문헌고증 불능, 晉州市 水精洞・玉峯洞・中安洞・新安洞・加佐洞 고분군, 晋陽郡 大谷面 臥龍里, 晋城面 中村里 고분군, 陜川郡 三嘉面 良田里・一部里・소오리 고분군
8	散半下國	합천군 초계면	古名 草八兮縣, 陜川郡 雙冊面 城山里・多羅里・上浦里・烏西里 고분군
9	乞飡國	산청군 단성면	古名 闕支郡, 山淸郡 新安面 中村里 고분군, 新等面 丹溪里 고분군, 車黃面 長位里 고분군, 生草面 於西里 고분군
10	稔禮國	의령군 의령읍	古名 獐含縣, 宜寧郡 宜寧邑 中洞里・上里・中里・下里・서동리・정암리・무전리 고분군
11	卓淳國	창원시	낙동강 이남, 新羅와 安羅 사이, 久斯牟羅 부근, 昌原市 加音丁洞・道溪洞 고분군, 馬山市 구암동・玆山洞 고분군, 鎭海市 熊川1洞 고분군, 義昌郡 東面 茶戶里, 北面 花川里・東田里, 鎭北面 新村里・大坪里, 鎭田面 임곡리, 龜山面 內浦里・龜伏里 고분군
12	喙己呑國	창녕군 영산면 (+밀양?)	加羅(高靈)와 新羅(慶州) 사이, 卓淳國의 北境, 昌寧郡 靈山面 竹紗里・城內里・東里, 桂城面 舍里・桂城里, 都泉面 友江里 고분군, 密陽市 府北面 月山里 고분군
13	南加羅國	김해시	古名 金官國(駕洛國), 金海市 大成洞・龜山洞・七山洞 고분군, 大東面 禮安里 고분군, 酒村面 良洞里 고분군, 釜山市 江西區 生谷洞 고분군

위의 〈표 5〉에서 대다수의 안정적인 지명 비정에 이어 약간 불확실한 임례국・졸마국을 추가하여 보면, 《일본서기》에 나타나는 6세기 전반의 이른바 「임나 13국」 즉 후기 가야 13국의 위치는 고령・함안・부림・합천・함양・고성・진주・초계・단성・의령・창원・영산・김해 등지에 비정되어, 크게 보아 고령 이남의 낙동강 서안지방으로 한정할 수 있다. 이는 앞에서 본 5~6세기 무렵의 고고학적 유물・유적에 의한 가야문화권 범위와 그대로 일치하는 것이며, 임나와 관련하여 가야영역을 과대평가하였던 기존설에 비해 어느 정도 그 범위의 축소조정이 이루어진 결과라고 하겠다(〈도면 2〉 참조).

〈도면 2〉 후기 가야 13국 위치비정도

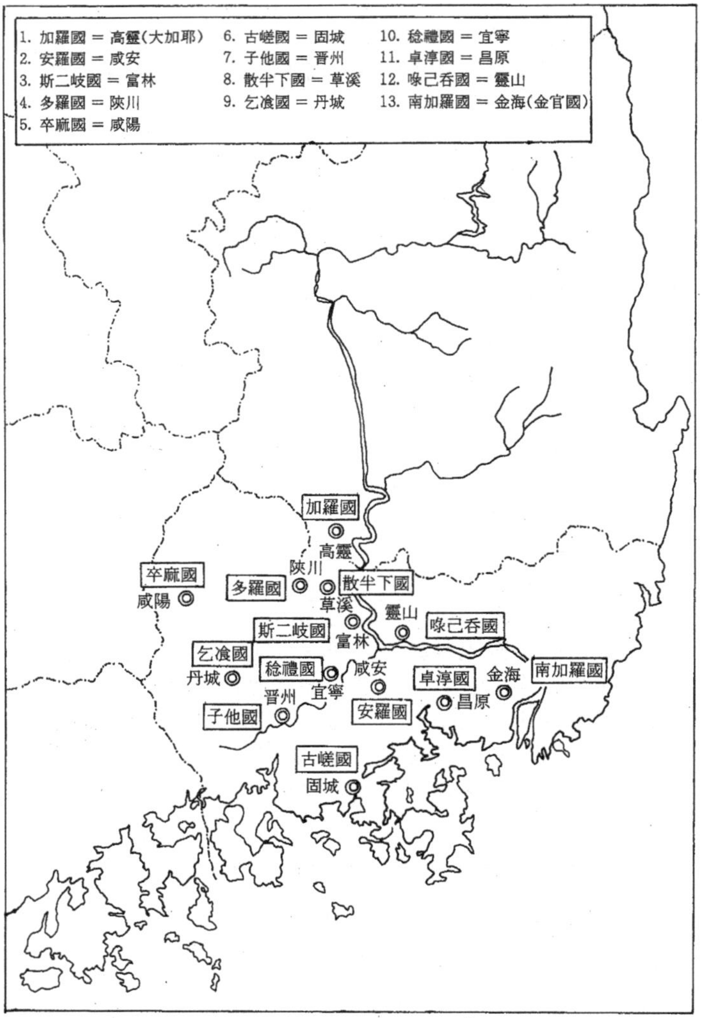

〈金泰植〉

2. 가야연맹의 약화

5~6세기의 후기 가야연맹 남부지역은 문화유물면에서 구분되어, 진주·사천·고성·함안 등의 서남부지역과 창원·김해·밀양 등의 동남부지역으로 나뉘어진다. 가야 서남부지역은 독자적인 문화기반을 형성하고 있었고, 그 동남부지역은 일단 5세기 초 이후 신라세력권 아래 편입되어 있었다. 그러나 5세기 중엽·후반 이후 두 지역 모두에 대하여 고령 대가야의 영향이 미치게 되면서 이들은 일단의 세력 성장을 이루게 된다. 그렇다고 해도 이들이 대가야에 복속되었다거나 완전 동조를 하였던 것 같지는 않고 어느 정도의 독립성은 그대로 유지하였던 것으로 보인다. 그 가운데서 특히 가야 동남부지역은 고유문화를 계승하고 있으면서도 시기에 따라 대가야·신라 등의 영향을 받으면서 문화의 일관성을 유지하지 못하고 있었다. 가야 남부지역의 이러한 문화적 특성은 이들이 가야지역 중에서도 먼저 소멸하게 되는 배경을 짐작케 한다.

1) 탁기탄국의 신라 투항

520년대의 가야 주변 국제정세는 심상치 않아서 백제는 무령왕 후반기에 들어 변경의 소규모 전투에서나마 고구려를 연속 격파하여 다시 강국이 되었음을 선언할 정도였고, 신라는 법흥왕이 율령을 반포하는 등 국가체제 정비면에서 가야연맹보다 앞서 나가고 있었다. 특히 백제는 한편으로는 왜와의 교역을 트고, 한편으로는 중국 남조 梁과의 교역을 재개하면서 신라를 이에 동행시키는 등 국제교역의 중심으로 대두되었다.

그런데 대가야는 연맹 결성 이후 영역을 팽창하는 중에 백제와 대립되어, 백제는 가야를 사이에 두지 않고 직접 왜와 교역하기를 모색하였으므로 가야연맹은 백제를 중심으로 한 이러한 국제질서에서 소외되었다. 백제가 가야지역내에서 마음대로 왜와 교역하는 것을 막지 못한다면 가야연맹은 깨질 수밖에 없었다. 그러므로 대가야는 이를 군사력으로 저지할 수밖에 없었으나 국제교역상의 고립이란 심각한 문제였다. 백제의 태도가 변하지 않는한 대가야는 고립을 탈피하기 위하여 신라와 우의를 다질 수밖에 없었을 것이다.

그리하여 대가야는 신라와의 결혼동맹을 추구하여 522년에 고령 대가야의 異腦王이 신라에 청혼하자 법흥왕이 伊湌 比助夫의 누이동생을 보내 주어 결혼이 성립되었다.[1] 비조부가 신라왕실에서 어떤 계보에 속하는 자인지는 알 수 없으나 진골 이상만이 가질 수 있는 벼슬인 이찬의 관등을 가지고 있는 것으로 보아 신라왕족임에는 틀림없을 것이다.

당시의 신라는 미숙하나마 고대국가 체제를 완비하여 정복전쟁 및 영토확장의 잠재력을 갖춘 상태였으나, 조금 앞서 있다고는 해도 가야연맹을 일시에 함락시키기는 쉽지 않았을 것이다. 게다가 고구려의 남하정책에 대비하여 백제와 동맹을 맺은 상태에서 섣사리 가야지역에 대한 정복에 나설 수는 없었다. 그런 상태에서 가야에서 청혼이 들어오자 이를 통합의 좋은 계기로 보고 수락하였을 것이다.

이렇게 성립된 가야·신라 사이의 동맹관계는 얼마동안 우호적으로 지속된 듯하다. 그리하여 시기는 분명치 않으나 대가야에 시집온 신라왕녀는 아들 月光太子를 낳았으며, 결혼 2년 후인 524년에는 신라국왕이 남쪽 경계를 돌아보며 땅을 개척하는데 가야국왕이 와서 만나기도 하였다.[2] 이는 당시 가야연맹의 대표세력인 고령 대가야의 왕이 신라 법흥왕과 마차해(삼랑진)·추봉(밀양) 방면에서 만나서 영토의 경계를 상호 확인하기 위해 회담을 가졌던 사실을 기록한 것이 아닐까 한다. 그 회담의 결과는 알 수 없으나 대체로 합의가 되었는지 그 직후 별다른 분쟁기사가 나타나지 않는다.

그러나 얼마 후 가야·신라 사이에는 결혼동맹을 둘러싸고 분쟁이 일어났다. 신라가 처음 왕녀를 보낼 때 100명의 종자를 함께 딸려 보냈는데, 대가야왕은 가야연맹의 맹주로서 신라왕실과 결혼관계를 맺은 것을 널리 과시하기 위해 그녀의 종자들을 각 지방에 흩어 두었다. 그러나 몇 년 후인지는 분

---

1) 《三國史記》 권 4, 新羅本紀 4, 법흥왕 9년.
《新增東國輿地勝覽》 권 29, 高靈縣 建置沿革 所引 釋順應傳.

2) 《三國史記》 권 4, 新羅本紀 4, 법흥왕 11년 9월.

명치 않으나 신라측에서는 비밀리에 그녀의 종자들에게 신라의 의관을 입도록 하여 오히려 신라의 정치적 위엄을 과시하려 하였다. 이에 대해 가야연맹 소속의 국가들은 대가야왕이 신라측에 굴종적인 밀약을 맺지 않았는가 의심을 품고, 그 중 하나인 탁순국(창원)의 阿利斯等이 대가야왕의 허락없이 자신의 고유직권으로 자기 지역내에 있던 종자들을 신라로 쫓아버리고 말았다.[3)]

그러자 신라측에서는 이를 트집잡아 대가야에게 결혼동맹 자체의 폐기를 요구하였으며, 이에 대가야왕 己富利知伽는 아이까지 낳았는데 어찌 그럴 수가 있느냐고 하여 동맹 자체를 폐기할 뜻은 없음을 밝혔다. 결국 대가야는 이 분쟁을 떠맡아 해결하지 않고 그 책임을 연맹 소속국인 탁순국에게 전가시킨 셈이 되었으며, 이는 신라가 탁순을 문책해도 문제삼지 않겠다는 입장을 보인 것이다. 신라는 탁순을 문책하러 가는 길에 刀伽·古跛·布那牟羅(모두 지명 미상)의 세 성과 탁순 북쪽 변경의 다섯 성을 함락시켰는데, 이는 곧 창원 북쪽지역과 낙동강 건너편의 영산 또는 밀양지방의 몇몇 성을 가리키는 듯하다. 그 결과 가야 소국의 하나로서 유일하게 낙동강 동안에 있으면서 신라와 경계를 접하고 있던 喙己呑國(영산·밀양)은 신라의 공격 및 위압에 눌려 멸망하였다.

탁기탄의 멸망 원인에 대하여 훗날 백제 성왕은 두 차례에 걸쳐 언급하였다. 첫번째로는 탁기탄은 위치가 대가야와 신라의 접경에 있어서 늘 공격을 당하는데 임나 즉 가야연맹이 구원할 능력이 없었던 것이 원인이었다고 하였다. 두번째로는 喙國의 函跛旱岐가 대가야에 두 마음을 품어서 신라에 내응한 것이 원인이라고 언급한 바 있다.[4)] 즉 탁기탄은 분쟁의 마지막 단계에 신라의 힘에 눌리고 또 대가야를 믿을 수 없게 되어 신라에 내응하여 쉽사리 멸망한 것을 짐작케 하며, 이는 앞에 서술한 상황에 비추어 그대로 인정되는 바이다. 그리하여 탁기탄국은 후기 가야연맹내에서 신라에게 가장 먼저 멸망당한 나라가 되었는데, 그 멸망 연대는 대략 529년을 전후한 2, 3년간의

3) 《日本書紀》 권 17, 繼體天皇 23년 3월. 卓淳國의 위치비정에 대해서는 金泰植, 〈6세기 전반 加耶南部諸國의 소멸과정 고찰〉(《韓國古代史硏究》 1, 1988), 192~205쪽 참조.

4) 《日本書紀》 권 19, 欽明天皇 2년 4월 및 5년 3월.

어느 시기로 추정된다.

이로써 신라의 법흥왕은 애초의 결혼동맹 당시부터의 가야지역 병합 목표를 1단계 성공시킨 셈이 되었고, 대가야는 결혼동맹으로 인한 신라의 술책에 빠져 탁기탄국을 상실하였다. 가야연맹은 그 동남부지역 국가들의 멸망 또는 이탈로 와해되기 시작한 것이다. 이 지역이 신라에 내응하여 쉽사리 병합되었다는 것은 고고학적으로 이 지역이 5세기 이후로 상당 기간에 걸쳐서 신라문화권에 복합되어 있었다가 5세기 후반 이후에 대가야 계통의 문물이 복합되어 나타났다는 사실과 무관하지 않을 것이다.

2) 백제의 안라 걸탁성 진주

앞에서 본 것처럼 탁순국이 신라로부터 공격을 받아 타격을 입고 탁기탄국이 신라에 병합되자, 가야연맹내의 남부 제국은 그것을 저지하지 못하고 방조한 고령의 대가야를 불신하게 되어, 자구책으로 자체내의 단결을 도모하게 되었다. 이는 그 지역 중에서 가장 강성했던 함안의 안라국이 주도하게 되었다. 그러한 움직임은 진주·사천·고성·함안·산청·하동 등의 가야 서남부지역의 고분출토 유물에서 엿보이는 문화적 공통성에 기반을 둔 것으로 보인다.

그 단결을 주도한 안라는 우선 새로 높은 건물[高堂]을 지어서 새로운 정치적 합의체의 맹주로서의 면모를 갖추고, 백제·신라·왜 등의 사신을 초빙하여 몇 달 동안이나 지속되는 국제회의를 개최하였다.[5] 이 안라회의의 명분은 탁기탄을 멸망시킨 신라에게 외교적 압력을 가해 그를 다시 회복하려는 것이었으나, 그 실질적인 목적은 국제회의 개최를 통해 가야 남부 제국내에서 안라의 맹주로서의 위치를 고착시키고 이를 대외적으로 과시하려는데 있었을 것이다. 그리하여 가야 남부 제국 중에서 안라의 뜻에 동조하는 소국들로부터 대표자들이 먼저 와서 안라회의에 참석하였다.

이러한 회의가 개최되자 전통적으로 가야 남부지역을 통해 교역하던 왜의

---

5) 《日本書紀》 권 17, 繼體天皇 23년 3월.

한 세력으로부터 한 사신이 왔으며, 그가 近江毛野臣이라고 인식되는 자였다. 그들은 親安羅的인 성향을 띠고 있었으며, 그들의 대외적인 후원을 백제와 신라에게 과시하려던 안라측의 요청에 의하여 상당한 수행병력도 거느리고 온 것으로 추정된다.

백제는 당시에 신라와는 교빙관계에 있었으나, 가야지역의 대표세력인 대가야와는 대왜 무역경쟁 이후로 적대관계에 있었기 때문에 신라가 탁기탄국을 함락시키고 가야 제국이 분열을 일으키는 상태를 중시하였을 것이다. 그래서 聖王은 佐平級의 고위관직자를 사신으로 파견하여 안라 등의 가야 남부 제국에 대한 백제의 영향력을 증대시킬 방안을 모색하였다.

한편 신라는 탁기탄의 병합이 그의 자발적인 내응에 의한 편입이었다는 정당한 명분을 가지고 있었고, 아직까지는 친신라적인 성향을 포기하지 않은 대가야를 그대로 가야지역의 대표자로 공식 인정해 둘 필요가 있었을 것이다. 그래서 신라는 이 안라회의 자체에 대하여 그다지 큰 의미를 부여하지 않았으므로 의례적으로 奈麻級의 외교사절을 파견할 뿐이었다.

그런데 이 회의를 자기의 영향력 확대의 기회로 삼으려던 백제의 의도는 안라의 자주적인 태도에 의하여 무산되었고, 오히려 안라의 친왜정책에 대해 깊은 소외감과 우려를 느꼈던 것으로 보인다. 예전에 대가야와의 투쟁에 의해 획득해낸 대왜교역상의 주도권을 안라에 의해 다시 위협받게 되었던 것이다.

그리하여 백제는 안라의 자주적이고 친왜적인 성향을 주목하다가 결국은 비상수단을 써서 군사력으로 이를 저지하려 한 듯하다. 당시 백제의 행동을 보여 주는 자료로서 《일본서기》 繼體紀 25년 12월조의 細注에 인용된 《백제본기》 소재의 기사가 있다.

> 太歲 辛亥 3월 군대가 나아가 安羅에 이르러 乞乇城을 영위하였다. 이 달에 高麗가 그 王 安을 시해하였다. 또 듣건대 일본천황과 태자·皇子가 모두 홍거하였다고 한다.

윗 글에서 《백제본기》의 紀年에 의한 신해년은 531년에 해당하는데, 이 해는 《삼국사기》 고구려본기의 安藏王 崩年과도 일치하므로, 그 편년은 계체기의 일반 연대와는 달리 그대로 따라도 무방하다고 생각한다. 또한 일본천황과 태자·황자가 모두 죽었다는 것이 반드시 大和國에서의 사건인지 아니면 북구주 등 다른 지역에서의 사건인지는 확정지을 수 없으나 어쨌든 왜지내에서 어떤 중대한 변고가 있었음은 틀림없다.

이러한 사료고증을 전제로 하면서 위의 기사를 해석해 보건대, 백제는 531년 당시에 고구려가 내부 정변을 겪고 있는 와중이므로 북방의 변경을 침공할 우려가 없고 왜지에서도 어떤 중대 변고가 일어나 외부에의 개입을 못할 것이라는 정보를 입수한 다음에 안라로 침공해 들어가서 걸탁성을 영위하게 된 것이다. 당시에 백제는 남방 경영을 거의 마무리지어 전남 섬진강 하구까지 직접 통치하고 있었으므로, 그 곳에서부터 강을 건너 하동으로 상륙하여 진주 남강의 남안을 거쳐 함안까지 진공해 들어온 것이 아닌가 추정된다. 여기서 걸탁성의 위치에 대해서는 정확히 알 수 없으나, 안라 즉 함안의 인근에 있는 성임은 틀림없겠다.

이러한 백제의 치밀한 공격을 받게 되자, 毛野臣 등의 倭使 일행은 이를 피하여 다른 곳으로 쫓겨나고 말았고, 안라 및 그 서남부의 가야 소국들은 백제의 정치적 영향력 아래 놓이게 되었다고 보인다. 다만 백제의 영향력이라는 것은 신라와 같은 군현 편제에 의한 직접적 통제가 아니라, 在地의 지배체제를 그대로 인정하고 그 내부에 백제의 군사적 거점을 일부 확보해 놓는 과도적·간접적 통제방법이었던 것으로 보인다. 이로써 안라 以西의 가야 서남부 지역은 백제의 일정한 영향력을 받게 되어, 그 소국들이 멸망한 것은 아니더라도 그 주권의 일부는 백제에 의하여 소멸된 것이라 하겠다.

3) 남가라국(금관국)의 신라 투항

탁기탄이 신라에 병합되고 안라에 백제군이 진주해 들어와서 이제 가야 남부지역에서 독립세력은 낙동강 하구 부근의 남가라와 탁순만 남게 되었다. 이들은 이후 자체내의 결집을 통하여 힘으로 자기를 보존하기는 어렵게 되었으므로, 그 지역이 대왜교역상의 요충지라는 점을 빌미로 하여 자기 지배체제를 보존시키려고 하였던 듯하다.

그리하여 탁순국왕 아리사등 즉 己能末多干岐는 백제·신라 양쪽으로부터의 침공상황에 대하여 우려하고 있다가 자기 지역에 가까이 와 있던 모야신을 중재인 자격으로 두고, 신라·백제왕에게 탁순·남가라지역을 일종의 비무장지대로 인정시키기 위한 평화회담을 요청하였다. 그러나 양국에서 모두 상위 관직자를 보내지 않는 무성의한 태도를 보였다. 이미 백제는 안라로부터 그 서쪽에 대한 견제력을 지니고 있었고 신라는 백제의 그러한 움직임을 경계하고 있었기 때문에 양국 모두 이 지역에 대한 평화협정 정도로는 신뢰할 수 없었을 것이다.

곧이어 신라는 중요한 해운기지인 김해지역까지 백제나 왜의 영향에 휩쓸릴 것을 경계하여 서둘러 上臣 伊叱夫禮智干岐 즉 異斯夫를 파견하였으며, 그는 3천 병사를 이끌고 多多羅原(다대포)에 주둔하면서 군사적 시위를 하였다. 신라가 거기서 석달 동안이나 기다렸다는 것은 그의 남가라 침공에 대한 가야·백제·왜 등의 태도를 살피기 위해서였다고 생각된다. 그런데 그 동안 백제나 가야나 왜로부터 이의제기나 적극적인 간섭이 들어오지 않았다.

이에 신라는 낙동강을 건너 서서히 공략을 전개하여 고립무원의 多多羅·須那羅·和多·費智 4村을 함락시켰고, 그 와중에 신라에 투항한 사람들을 비롯한 수많은 인원을 신라영토내로 옮겨 놓았다.[6] 이 때 함락된 4촌 가운데 다다라(安多)는 다대포, 수나라(金官)는 김해, 비지(背伐)는 웅천 부근에 해당하므로, 이로 인하여 南加羅國 즉 金官國은 멸망한 것이라고 하겠다. 남가라국의 멸망 연대에 대해 여러 가지 설이 있으나,《삼국사기》신라본기 법흥왕 19년의 紀年을 따라 532년으로 보는 설이 가장 타당하다고 하겠다.

마지막으로 남가라국 즉 금관국의 멸망 원인에 대하여 사료별로 차이가 있어서 약간의 의문점이 남으므로 이를 고찰해 보자. 우선《삼국사기》신라본기에 따르면, 金官國主 金仇亥는 보물을 가지고 그 가족들과 함께 항복하였으므로 신라가 이를 예우하여 上等의 位 즉 眞骨로 삼았으며 본국으로 食邑을 삼게하였다고 되어 있다. 둘째로《삼국유사》소재《가락국기》에 의하면, 신라 眞興王이 군대를 일으켜 다가와서 쳤는데 仇衡王은 인원부족으로 대적할 수가 없어서 王子·上孫과 함께 항복하여 신라에 들어갔다고 하였다.

---

6)《日本書紀》권 17, 繼體天皇 23년 4월.

셋째로 《일본서기》 계체기에서는 위에 설명한 바와 같이 신라 上臣 이사부가 남가라 4촌을 정벌하고 사람들을 모두 데리고 본국으로 돌아갔다고 하였으며, 흠명기에 나오는 성왕의 언급에 의하면 남가라는 작고 협소하여 갑자기 준비하지 못하고 의탁할 곳을 몰랐기 때문에 망했다고 하였다.7)

이를 종합해 볼 때 신라가 군대로 금관국 즉 남가라국을 정벌한 것이 멸망의 직접적인 원인이 된 것은 틀림없으며, 남가라는 어느 정도 대항하다가 항복한 것이다. 다만 여기서 신라가 작고 협소한 나라일 뿐인 남가라국 왕손에게 진골의 신분을 사여한 것은 그들을 신라왕족과 대등한 수준의 가야연맹 맹주국의 왕족으로 간주한 것을 의미한다. 이는 곧 신라가 훗날 가야전역을 병합하기 위한 명분 축적이라 하겠으며, 대가야의 맹주권을 부인한다는 의미를 내포한 것이기도 하였다. 한편 《삼국사기》 地理志 金官小京條에 의하면 신라는 금관국을 금관군으로 편제하였다.

4) 백제의 구례모라성 축성과 안라 경영

기능말다간기가 倭使 모야신을 중재인으로 삼아 웅천에서 회의를 소집하여 김해·창원일대의 국제적 안정을 도모하고자 하였을 때, 모야신은 이에 전혀 도움을 주지 못하고 오히려 백제·신라에게 의구심만 안겨 주었으며, 신라의 남가라 침공에 대해서도 물러나 관찰만 하였을 뿐이었다. 그래서 창원의 탁순국은 모야신이 왜지에서의 대표성도 없고 문제해결 능력도 없다고 판단하여 그를 쫓아내려 하였다.

그러나 모야신은 久斯牟羅(창원)에 두 해 동안이나 머물러 있으면서 그 곳에 자기 세력을 부식시키려고 획책하였다. 그리하여 탁순국 아리사등은 이번에는 왜인 사신을 제외시키고 탁순·백제·신라의 3자협정으로 지역 안정을 도모하고자 하여, 신라·백제에 각기 사신을 보내 왜세력 배척의 명분으로 약간의 군사도움을 요청하였다. 그러자 이번에는 안라의 걸탁성까지 진주해 있던 백제가 선수를 쳐서 背評(위치 미상)에서 모야신을 공격하였으며, 모야

7) 《日本書紀》 권 19, 欽明天皇 2년 4월.

신은 여기서 패배하여 다시 구사모라로 쫓겨 들어왔다.[8)]

백제는 이 기회에 탁순국까지 점령하여 신라에게 선점당한 해운교역 주도권을 차지하고자 탁순국 자체를 공격하여 그 북방의 久禮牟羅(칠원)에 성을 쌓아 군대를 주둔시키고 철군을 하였다. 그리고 그 곳까지의 통로를 확보하면서 신라로부터의 반격에 대비하고자 그 근처의 騰利枳牟羅·布那牟羅·牟雌枳牟羅·阿夫羅·久知波多枳 등 5성을 함락시켰다. 그 결과는 탁순국 자체의 멸망이 아니라 그 주변 요지인 久禮山 5성에 대한 백제의 축성과 군대주둔으로 나타났는데, 이는 안라에서의 경우처럼 백제의 상투적인 수법이었다고 볼 수 있다. 즉 백제는 일단의 목표를 달성하게 되었으며, 이를 터전으로 삼아 탁순국에 대한 정치적 압박을 지속적으로 가하였을 것으로 보인다.

가야 서남부지역에 군대를 주둔시켜서 신라의 진출을 일단 억제한 백제는 530년대 후반의 어느 시기에 안라에 친백제 왜인관료 印岐彌를 파견하여 이른바「任那日本府」즉「安羅倭臣館」을 설치하였다.[9)] 백제는 아마도 자기 나라에 온 왜국사절인 인기미를 포섭하여 왜에 가까운 안라의 館舍에 주재케 한다는 명분으로 일을 추진하였으되, 그에게 맡긴 직무는 백제와 왜왕조 사이의 통상적인 교역의 대행이었을 가능성이 높다.

즉 백제는 성왕 12년(534)에 구례모라성(구례산 5성)을 축조하여 탁순에 압력을 넣을 수 있게 된 계기를 맞이하여, 5세기 후반 이래의 대왜교섭 부진을 만회하려고 노력하였을 것이 예상된다. 그러면서도 당시 화친관계에 있던 신라나 해당 지역에 있는 가야 제국으로 하여금 강한 거부감을 가지지 않도록 할 필요가 있었다. 그래서 백제는 가야연맹 남부 제국의 새로운 영도자로 대두할 가능성이 있는 안라에 친백제계 왜인들이 상주하는 기구를 설치하고, 그를 매개로 하여 대왜교섭에 유리한 卓淳路를 설치 운영코자 하였다. 그것이 백제가 안라에 인기미를 파견한 이유이고, 그 시기는 백제의 가야 남부지역 공략이 일단 완료된 성왕 12년(534) 이후 그리 멀지 않은 때였을 것이다.

한편 백제의 구상은 안라를 비롯한 가야연맹제국의 독립성을 전제로 한 것

8) 이 해에 毛野臣은 倭使는 倭地로 돌아가는 도중 對馬島에서 죽었다고 한다(《日本書紀》 권 17, 繼體天皇 24년 是歲).

9) 《日本書紀》 권 19, 欽明天皇 5년 3월 및 11월.

이라고 보이므로, 안라를 비롯한 가야 남부 제국과 왜국의 입장에서 볼 때도 그와 같은 구상이 그리 나쁘다고만은 할 수 없었다. 그리고 현실적으로 안라 동쪽의 구례모라성에 백제군대가 주둔해 있는 상태에서는 부득이한 일이라고 보아 안라는 백제의 조치에 대하여 협력하지 않을 수 없었을 것이다.

이렇듯 왜국과는 거의 무관하게 백제의 의도와 안라의 부응에 의하여 안라왜신관이 성립되었다고 보인다. 그러므로 성립 당시의 안라왜신관은 안라에 위치하는 왜국사절 주재관의 명분을 지니되 실제적으로는 친백제계 왜인들로 구성된 백제·왜 사이의 교역기관, 다시 말하자면 「백제의 대왜무역 중개소」와 같은 성격을 띠는 것이었다고 하겠다.

그럼으로써 백제는 안라·탁순을 거쳐 왜로 통하는 교역로를 잠정적으로 확보하고, 그러한 교역을 빌미로 하여 신라와의 마찰을 피하고 가야지역의 동향을 감시하면서 백제에 가까운 지역인 「任那之下韓」에 郡令·城主를 파견하여 행정구역화해 나갔다. 여기서 임나의 하한이란 경남 서남부지역의 하동·산청·함양 일대에 해당하며, 군령·성주의 성격은 백제의 지방 군현을 통치하는 지방관과 같은 것이라고 볼 수 있다. 이리하여 후기 가야의 남부지역 소국들은 백제·신라의 분할 점령으로 인하여 거의 소멸되었으리라고 보인다. 다만 신라에게 병합된 가야 동남부지역의 탁기탄·남가라는 그 자립성을 잃고 군현으로 편제된 것에 비하여, 백제에게 점령당한 가야 서남부지역의 구례모라성 서쪽의 소국들은 자립성을 보유한 채로 백제의 영향권 아래 들어가게 된 것에서 차이가 난다. 다만 그 상태에서 백제는 가까운 하동·함양·산청 등지를 서서히 행정구역화해 나가고 있었다.

대가야 중심의 후기 가야연맹은 5세기 후반 이후 6세기 초에 걸쳐서 세력을 떨치며 영역을 확대해 나갔다. 그러나 아직 그 영역을 제도적으로 정비하지 못한 6세기 전반에 들어와 그보다 고대국가 성장도가 우월한 백제·신라의 조직적인 침투에 의하여 분열되어 그 남부 제국을 잃었다. 그 결과 후기 가야연맹은 남부지역의 영토 및 주권이 축소되는 과정 중에 약화되어서 「가야」로서의 통합 움직임은 상당한 타격을 입고만 것이다.

〈金泰植〉

3. 가야의 멸망

6세기 중엽의 가야지역은 전반적으로 묘제 및 토기유물 등의 면에서 앞 시대 이래의 문화기반을 거의 그대로 유지하면서 존속하였다. 다만 고령·거창·합천 등 주로 대가야문화권은 그에 대한 추가 요소로서 횡혈식 석실분 및 三足土器 등 백제 문물의 요소들이 약간 나타났다. 반면에 함안·고성·사천 등의 가야 서남부지역은 여전히 기존의 문화기반을 유지·발전시킬 뿐 상대적으로 백제 문물의 영향이 희박하였다. 또한 후기 가야지역의 고분군 중에서 개개의 봉분 및 고분군의 규모가 가장 큰 것은 고령 지산리 고분군과 咸安 末山里 고분군이다. 이러한 고분 분포상황은 고령과 함안의 지배세력들이 가야 말기에 문화성격이 서로 구별되는 가야 북부 및 남부지역의 중심세력이었을 것을 추정케 한다.

1) 대가야·안라 이원체제로의 분열

가야 남부 諸國이 소멸과정을 밟는 530년대에 고령의 대가야국을 비롯한 가야 북부 제국이 어떠한 상태에 있었는지에 대해서는 사료가 전혀 없어서 알기 어렵다. 다만《일본서기》흠명기의 여러 가지 기록에 다시「가라」등의 이름이 열거되는 것으로 보아, 이 당시의 가야 북부 제국은 자기 기반을 그대로 유지하면서 백제·신라로부터의 개입을 막아낼 수는 있었으나, 그 남부 제국이 신라·백제라는 외세에 의하여 소멸되는 것을 막아줄 만한 여력 또는 통합력을 아직 가지지 못한 듯하다. 그리고 백제·신라의 일차적 침공방향이 일단 해운기지를 확보하려는 것이어서 가야 북부 제국은 그 적극적인 대상이 되지 않았는지도 모른다.

한편 탁순국은 가야 남부지역의 유일한 독립지대였지만 그 북부의 구례산성을 점령하고 있었던 백제로부터 지속적인 압박을 받고 있었고, 결과적으로 일부 백제에 부응하는 귀족세력도 생겨난 듯하다. 그러던 중 백제가 내부적인 요인으로 대외적인 관심이 흐트러져 있을 때 창원의 탁순국은 신라에 투항하였다. 탁순국의 멸망 원인에 대하여 훗날 백제 성왕이 언급하기를, 탁순은 상하가 서로 다른 마음을 품고 있었는데, 결국 탁순국주가 스스로 종속되기를 원해서 신라에 내응하여 신라도적을 불러들인 것이 주 요인이었다고 하였다.[1] 그러므로 탁순국왕은 신라측으로부터 정치적 제의를 받고 「도적」 즉 신라군을 불러들여 附百濟輩를 소탕함으로써 스스로 신라에 편입된 것임을 알 수 있다. 탁순국이 신라에게 멸망된 시기는 백제가 구례모라에 축성한 534년 이후부터 성왕의 탁순국 멸망에 대한 언급이 있었던 541년 이전까지의 사이에 해당하되, 백제가 사비 천도 등으로 인하여 대외적인 문제에 적극적인 대응을 하기 어려운 538년 직후의 어느 시기였을 것으로 추정된다.

또한 신라는 탁순국 병합 이후 한걸음 더 나아가 구례산성에 주둔해 있던 백제군사를 물리쳐 쫓아냈다.[2] 이로써 신라는 탁순국의 영유를 확고히 할 수 있었지만, 반면에 백제는 가야 병합을 위한 전진기지를 상실하게 되었다. 그러자 백제가 함안의 안라국에 설치하였던 倭臣館도 그 무력적 배경을 잃어버려 혼돈에 빠졌을 것이다. 이에 안라는 백제의 의사와는 관계없이 왜신관의 인원을 친안라 왜인관료들로 재편성함으로써 그 기구를 장악하였다. 다만 이 당시에 안라가 왜국과 어느 정도의 연관을 맺고 있었는지는 분명하지 않다.

그 결과 540년대의 「在安羅諸倭臣」 즉 안라왜신관의 관료는 안라가 왜와의 연관 아래 또는 독자적으로 임명한 왜인인 的臣(卿)·吉備臣(執事)·河內直과 백제가 임의로 파견한 왜신인 印支彌·許勢臣, 안라측의 입장을 대변하는 가야계 왜인인 移那斯·麻都 등으로 구성되었다. 그 이후 안라왕은 실제적으로 이나사·마도 등을 통하여 안라왜신관을 지휘 운영하여, 눈앞의 구례산성에 주둔하고 있는 신라와 교통케 함으로써 안전을 도모하기도 하였다. 즉 안라왕은 이를 가야연맹 제국이 신라와 백제로부터의 외부 압력을 막아내는 방패막이로 활용하였고, 그런 과정 중에 가야연맹내에서 안라의 지위를 높이려고 하였다.

---

1) 《日本書紀》 권 19, 欽明天皇 2년 4월 및 5년 3월.
2) 《日本書紀》 권 19, 欽明天皇 5년 3월의 聖王 회고담.

그러므로 그 후의 안라왜신관은 대외적으로는 성립 당시와 같이 왜국사절 주재관이라는 명분을 유지하되, 실제적으로는 안라왕의 지휘를 받아 안라를 비롯한 가야연맹 제국의 독립 보장을 위하여 활동하는 외교지원기관 즉「안라의 특수외무관서」로 변질되었다고 하겠다. 그러한 성격의 기구를「임나일본부」라고 부르는 것은 적합치 않으며, 안라에 위치하고 안라가 운영하는 왜인관료 주재관이라는 뜻에서「안라왜신관」이라고 부르는 것이 적절할 것이다. 안라는 그 후 세력을 주변의 가야 남부지역으로 확대함으로써 북부의 대가야에 버금가는 또 하나의 중심세력으로 대두할 수 있었다.

가야 남부지역에 안라국이 주도하는 자주적 성격의 연맹 주체가 형성되자, 백제는 가야지역의 최대세력인 대가야와 그에 동조하는 가야 북부지역에 대해서는 이전의 적대관계에서 벗어나서 적극적으로 포섭코자 일단의 문물공세를 편 듯하다. 그러한 과정에서 가야 북부의 대가야측 소국들은 신라의 배반과 남부지역 안라측 소국의 독립적 태도에 대응하기 위하여 쉽사리 친백제적인 성향으로 기울어졌으며, 고령·거창·합천 등 대가야문화권 일부에서 나타나는 백제문물의 요소는 그의 반영이라 하겠다.

이제 안라는 왜국과의 친분을 내세움으로써 백제에 대하여 좀더 독자적인 자세를 취할 수 있게 되었고, 대외적으로 대가야에 못지 않는 가야연맹 중심세력의 하나로 대두하게 된 것이다. 이러한 안라의 대두로 말미암아 이제 가야연맹은 남북으로 분열되어 명실상부하게 대가야·안라 이원체제 시대로 돌입한 것이다.3)

2) 가야연맹의 자구노력과 백제 부용화

540년대 당시의 신라는 진흥왕이 즉위하여 제도 정비와 함께 팽창을 도모하고 있었고, 백제도 성왕이 사비 천도 이후 중흥을 모색하고 있었다. 신라와 백제는 아직 중앙집권적인 대응태세를 채 갖추지 못한 가야지역을 선점함으로써 상대적인 우위를 차지하고자 하였으나, 그들은 북방의 강국인 고구

---

3) 金泰植, 〈6세기 중엽 加耶의 멸망에 대한 연구〉(《韓國古代史論叢》 4, 1992).

려의 남하정책에 함께 대항하여야 하였기 때문에 가야지역에 대한 패권을 둘러싸고 즉각적인 무력 충돌을 벌일 수는 없었다.

반면에 가야연맹은 내부적으로는 10개 정도의 소국들이 대가야 및 안라를 중심한 남북의 이원체제로 갈라져 있었으나 대외적인 면에서는 동일한 보조를 취하였다. 그리하여 가야연맹은 신라와 백제가 서로 경쟁하는 사이에서 보다 유리한 조건을 차지하기 위해 공동의 외교적인 노력을 기울였다. 가야연맹은 우선 두세 차례나 신라에게 회의를 요청하였다가 거절당하였다. 그리하여 다시 백제에게 요청했는데, 가야의 회의 요청이 백제의 이해관계와도 합치하는 바가 있어서 둘 사이에 외교 교섭이 이루어졌다.

541년 4월에 안라・가라・졸마・산반해・다라・사이기・자타 등 가야지역 7개 소국의 한기들과 안라왜신관 관리, 즉 가야연맹을 대표하는 사신단이 백제에 모였다.[4] 여기서 회의장소인「백제」는 곧 천도 직후의 새로운 수도인 泗沘의 王庭을 가리키는 것이 틀림없다. 그러므로 일단 이 회의를 제1차 사비회의라고 지칭할 수 있을 것이다.

여기서 가야연맹의 사신단은 자신들의 독립보장 및 백제와 화친하게 될 때 예상되는 신라의 공격에 대한 방비책을 함께 요구하였다. 이에 대하여 백제는 자신들이 왜로부터 임나 건립을 위임받았음을 주장하고, 만일 신라가 쳐들어오면 자신이 가서 구해줄 것이라는 말을 하고 물건들을 줄 뿐이었다. 백제는 안이한 자세로 신라보다 먼저 가야연맹 제국을 부용으로 삼으려고 한 것이다.

그러나 가야연맹 제국은 백제로부터 군령・성주 축출건에 대한 언급이 없고 가야의 독립 보장도 불철저한 백제와의 제1차 교섭 결과에 불만을 품고 곧바로 신라와 재접촉을 시도하였다. 신라와의 교류 내용은 알 수 없으나, 어쨌든 제1차 사비회의는 상호간의 이해관계 조정에 실패한 것이다. 가야・백제 사이의 제1차 교섭은 상호간의 구체적인 요구사항이 쟁점화되지 못하고 잠복해 있는 상태에서 별다른 성과를 내지 못하고 끝났다.

그 후 안라와 백제는 외교를 자기측에 유리하게 이끌기 위하여 각기 제3

4) 《日本書紀》 권 19, 欽明天皇 2년 4월.

자인 왜국에 사신을 보내 지원을 요청한 듯하다. 이에 대해 왜의 사신이 543년 11월에 한반도에 와서 안라왜신관을 옹호하는 입장을 취하였다. 왜국은 임나의 하한에 들어와 있는 백제 군령·성주를 왜신관 즉 안라에 귀속시켜야 한다는 주장을 내세운 것이다. 왜측이 안라 및 가야연맹 전체에 유리한 국서를 백제에게 전달한 것은 왜신관을 지휘하는 안라의 외교활동이 성공한 결과였다고 보인다.

이에 대하여 백제는 이 사태의 주모자가 안라에 있는 왜신관 관리들 중 하내직·이나사·마도 등임을 알고, 그들을 외교적 압력으로 쫓아내려고 하였다. 즉 가야연맹 제국 및 왜와의 대외적 협조관계를 해치지 않으면서 왜를 이용한 독자노선 추진집단을 몰아내려는 것이었다. 그리하여 이번에는 백제가 가야연맹과의 제2차 사비회의를 요구하였다.

그러나 가야연맹은 시간을 끄는 방식으로 이에 응하지 않았으며, 백제의 독촉이 급해지자 倭臣館卿 또는 왜왕의 동의가 없었다는 핑계를 대기도 하였다. 그러므로 백제는 이제 임나건립을 위하여 실지로 왜를 끌어들여 자신의 우방으로 만들고 이를 가야측에 입증하여야만 하였다. 이에 백제는 왜에 사신을 보내 대임나정책 실패의 모든 원인인 왜신관의 인원들 중 일부의 축출을 요구하였다. 왜는 응답을 하지 않았다고 하니 무응답이란 보류 또는 무관함의 표시이다. 왜는 안라를 통하여 신라 및 백제 어느 쪽과 교역하는 것이 유리한지 선불리 판단할 수 없었을 것이며, 그것은 실상 중개역인 안라의 의사에 달린 것이었을 가능성이 높다.

그러나 백제는 왜에 갔던 사신이 돌아온 것을 빙자하여 즉시 가야연맹과의 제2차 사비회의를 소집하였다. 이번에는 가야연맹 집사들이 별다른 구실을 찾지 못한 채 그에 응함으로써 회의가 성립되어, 544년 11월에 안라·가라·졸마·사이기·산반해·다라·자타·구차 등 8국의 대표들과 왜신관 관리가 백제에 갔다.[5] 제2차 사비회의에 임하는 가야연맹 집사들의 태도는 적극적이지 않고 형식적이었는데, 이는 백제의 가야 부용화 방안을 대체로 짐작하기 때문이었다.

5) 《日本書紀》 권 19, 欽明天皇 5년 11월.

반면에 백제 성왕은 이 회의에서 세 가지 계책을 제시하였다. 이는 ① 임나 보호를 위하여 왜군사를 요청하는 문제, ② 군령·성주를 내보낼 수 없다는 변명, ③ 길비신·하내직·이나사·마도 등을 本處로 송환하는 문제 등 지금까지 백제가 제시하였던 것들과 같은 취지의 것이지만 기존의 주장들보다 훨씬 더 구체적인 것이었다. 우선 첫번째 계책에서 백제는 임나를 보호하기 위하여 함안 안라국 동북방의 낙동강변에 6성을 쌓고, 그 곳에 왜의 3,000 병사와 백제군을 함께 주둔케 하되 그 비용은 백제가 부담한다고 하였다. 즉 백제는 그 6성을 왜 및 가야연맹의 협조 아래 경영하고, 그 대외적 명분을 바탕으로 신라군을 공략하여 530년대 후반에 빼앗긴 칠원의 구례산 5성을 회복하며 아울러 탁순로를 다시 장악하고자 하는 것이었다.

백제의 첫번째 계책에 대해서 가야연맹 제국도 그 정도면 타협할 수 있다고 보았을 것이다. 왜냐하면 백제의 그 계획에 의하면 신라의 공세를 어느 정도 막아낼 수 있을 것이고, 백제의 가야에 대한 독점적인 성격도 상당히 희석되어 나타났기 때문이다. 그러나 문제는 백제의 두번째 및 세번째 계책에 있었다. 가야인의 눈으로 볼 때 가야지역 일부에 대한 백제의 군령·성주 설치는 강권에 의한 영토 침탈에 지나지 않는 것이었으며, 이는 앞으로의 장기적인 백제의 침탈방향을 예고하는 것이었기 때문이다. 또한 길비신 등의 本邑 송환 요구는 안라 중심의 독자세력 추진집단인 안라왜신관을 무력화시킴으로써 가야지역내에 친백제세력을 부식시키는 데 대한 장애요인을 제거하려는 것이었다.

성왕의 3책 제안에 대하여 가야연맹 집사들은 최종 답변을「일본대신」및 안라왕·가라왕의 3인에게 미루었다. 여기서 가야연맹내에서 최고 의사결정권자로서 안라왕·가라왕의 존재가 확인된다. 다만 여기서「일본대신」은 임나에 있는 왜신관의 대신 즉 的臣을 가리키는 것으로서, 그는 가야지역내에서 안라왕의 권력 및 대표성을 보완해 주는 간판에 지나지 않는다. 가야연맹 집사들이 최종 답변을 그들 3인에게 미룬 것은 백제의 세 가지 계책 제안을 완곡하게 거절한 것이었다. 결국 이로써 가야연맹과 백제 사이의 제2차 사비회의는 결렬되었다. 가야·백제·왜 사이의 논의가 몇 년에 걸쳐 계속되는 중에 각국 사이의 이해관계는 분명히 드러났으며, 그 결과 그들이 합치할 수 없음은 이제 확인된 것이다.

가야·백제 사이의 제2차 사비회의 결렬 이후 국제정세는 큰 변화가 없어서, 고구려에 대항하여 신라·백제간의 우호가 유지되는 상태에 있었다. 그런 가운데 백제는 왜 및 가야에 대한 지속적인 문물 공급 및 인원 파견을 함으로써, 그 댓가로 가야지역에 대한 기존의 세 가지 계책을 관철시키려고 노력하였던 듯하다. 즉 백제는 聖王 23년(545)부터 25년까지의 사이에 가야연맹 제국의 세력가들에게 선진문물을 나누어 주기도 하고, 왜에 방물을 주거나 기술자 또는 학자 등을 연이어 파견하기도 하였다.[6] 그에 대한 화답으로 왜는 말 70필과 배 10척을 보내 백제와의 교역 선호 의사를 표명하였고, 결국은 성왕 26년 정월에 왜 병사를 보내 줄 것을 약속하였다. 백제의 세 가지 계책 중 하나가 왜와의 동조 아래 이루어지려는 순간이었다.

이에 대하여 안라국은 불안을 느꼈을 것으로 보인다. 백제장군이 지휘하는 백제·왜연합군이 안라 부근의 6성에 주둔하게 되면, 안라의 자주적 태세의 안정판 역할을 하는 안라왜신관의 인원 구성에 대하여 백제의 압력이 강화되고, 이는 곧 안라국이 백제 부용화로 가는 길이기 때문이다. 그리고 가야지역 일부 세력들은 백제의 거듭되는 선진문물 증여에 의하여 차츰 경계심이 이완되다가 결국 친백제적인 태도로 돌아서는 경우도 있었을 것이다. 그래서 안라는 대항체제를 다시 정비할 여유를 얻기 위하여 고구려에게 백제 정벌을 요청하였다.

얼마 후 548년 정월에 고구려가 濊兵 6천을 보내 백제의 獨山城 즉 馬津城(예산군 예산읍)을 공격해 왔으며, 백제는 신라에게 구원군을 청할 정도로 어려운 상태에 빠졌다. 그러자 신라가 백제의 요청을 받아들여 신속하게 장군 朱珍과 군사 3천을 보내 독산성 아래에서 고구려군을 대적하였다.[7] 그런데 이 사태는 예상치 못한 방면으로 번져 고구려가 쉽사리 패배하고, 전투에서 잡힌 고구려측 포로가 '이 전쟁의 발단이 안라국 및 왜신관이 백제의 처벌을 요청하였기 때문'이라고 증언함으로써 고구려와 안라 사이의 밀통이 발각되었다. 그러한 증거를 잡은 백제가 안라 및 왜신관의 소환을 요청하였지

6) 《日本書紀》 권 19, 欽明天皇 6년 5월·9월, 7년 6월, 8년 4월.
7) 《三國史記》 권 26, 百濟本紀 4, 성왕 26년 정월.

만 그들은 번번이 응하지 않았다. 그러자 백제는 가야 외곽지역에 왜군 및 백제군을 배치하는 데 필요한 왜 및 가야연맹의 협조를 확신할 수가 없어서 왜에 병사 파견 중지요청을 내렸다.

한편 백제가 안라뿐만 아니라 「왜신관」의 잘못을 지적하였으므로 왜는 백제의 의심에 대하여 변명하지 않을 수 없었을 것이다. 그래서 왜는 자신은 이 사태에 연루되지 않았으므로 의심하지 말아 달라고 부탁하였다. 그리고는 그에 대한 무혐의 증명을 위한 형식으로 약간의 사람을 보내 안라가 도망한 空地를 채우겠다고 자청하였다. 그리고 얼마 지난 후에는 한술 더 떠서 왜는 이나사·마도가 몰래 고구려에 사신 보낸 것을 따지겠다고 하면서 백제편을 들었다.[8)]

백제에 대하여 더 이상 대항할 논리도 계책도 사라진 상태에서 안라의 상층부는 무력화되었다. 이제 성왕이 전에 주장하였던 세 가지 계책은 실행할 필요가 없어진 것이다. 이후로는 가야연맹의 어느 일국이나 왜가 백제의 의사에 반하여 행동하는 기사가 나타나지 않는다. 즉 백제 성왕은 549년 및 550년 초에 걸쳐서 가야연맹에 대한 부용화를 끝마쳤으며, 왜에 대해서도 선진문물을 매개로 하여 영향력을 미치는 大盟主의 위치에 섰다.

541년부터 550년까지의 약 10년간에 걸쳐 가야연맹은 안으로는 대가야와 안라가 남북으로 갈라진 패권을 하나로 모으려는 내부 경쟁을 계속해왔으며, 밖으로는 백제·신라·왜·고구려 등의 사이에서 상호간의 경쟁관계를 이용하여 독립세력을 유지할 수 있는 방안을 외교적으로 모색해 왔다. 그러나 백제 성왕이 신라와 외면적인 화친을 유지하면서 선진문물을 이용하여 가야연맹제국 및 왜를 포섭하는 외교전략을 펴나감에 따라 결국 그에 휘말려 가야연맹은 독자적 세력을 수립키 위한 자기 구제노력이 모두 수포로 돌아간 채 백제의 부용으로 전락하였다. 백제의 부단한 노력으로 백제와 왜의 교역관계가 정상화되자 실질에 기반을 두지 않는 안라의 왜신관은 구실로서 통하지 않게 된 것이다.

---

8) 《日本書紀》 권 19, 欽明天皇 9년 4월.

3) 가야연맹의 신라 복속

늦어도 550년 初까지 가야연맹 제국은 백제에게 半종속상태로 있었다. 또한 같은 시기인 550년 3월에 백제가 빼앗은 고구려의 道薩城(괴산군 도안면)과 고구려가 함락시킨 백제의 金峴城(진천군 진천읍)을 신라가 다시 빼앗아 가졌다. 그러나 이런 문제는 신라와 백제간의 갈등 요인으로 부각되지 않았다. 왜냐하면 당시에 신라와 백제는 고구려의 내분상황을 포착하고, 공동으로 북진하여 한강유역을 탈취하려고 모색하는 중이었기 때문이다.

결국 551년에 백제와 신라는 한강유역 탈환에 나서, 백제는 하류지역을 공략하고 신라는 상류지역을 공략하였다. 이 때 가야는 백제군을 따라 전쟁에 동원되었다. 이 당시 신라 진흥왕은 娘城(청주)에까지 순수해 갔는데, 가야에서 투항한 우륵과 그 제자 尼文을 불러 그 음악을 들었다고 하였다.[9]

우륵은 省熱縣 즉 斯二岐國 출신의 사람으로 대가야의 궁정악사였다. 그러한 인물이 대가야가 멸망하기도 전인 551년 3월에 이미 신라에 투항해 있었다는 것은 대가야의 몰락을 예견시키기에 부족함이 없다. 가야연맹의 백제 부용화가 확정되자, 그는 자신의 12곡의 존재 의미를 상실하고 신라로 망명한 것이라고 하겠다. 우륵이 지었다는 12곡은 寶伎·師子伎 등을 제외하고는 지명으로 보이는데, 이는 가야연맹에 소속된 여러 소국들에 전하는 특징적인 음악들과 몇 가지의 伎樂이 합쳐진 것으로서 우륵은 이를 琴曲으로 다시 만든 것이다. 진흥왕은 이를 신라인에게 전수시켰는데, 이는 가야지역 병합에 대한 그의 관심을 간접적으로 나타낸 것이라고 하겠다.

한강유역 탈환전이 성공한 후 552년의 시기에 가야연맹은 그 패권이 대가야국과 안라국의 둘로 나뉘어 있는 채로 백제에게 종속적으로 연합되어 대외관계면에서 백제와 보조를 같이하고 있었다. 또한 백제는 왜에 불상·경론 등의 문물 전수를 하면서 군병을 요청하였고, 왜는 선진문물이 궁하여 백제의 요청을 승낙할 수밖에 없었다.[10] 백제는 가야연맹의 군대와 아울러 왜의

9) 《三國史記》 권 4, 新羅本紀 4, 진흥왕 12년 3월.

10) 《日本書紀》 권 19, 欽明天皇 13년 5월·10월, 14년 정월·6월.

군대도 계속적으로 동원하는 체제를 모색 중이었다고 보이며, 그 궁극적인 목적은 신라에 대한 공격이었을 것이다.

그런데 이러한 백제의 遠謀가 실효를 거두기도 전에 신라는 553년 7월에 백제의 한강 하류지역 땅을 기습적으로 빼앗고 新州까지 설치하였다. 이에 대하여 백제는 왜로부터 1천 명의 군병을 받고, 그 직후인 554년 7월에 적어도 3만 명 이상의 백제·가야·왜 연합군을 조직하여 신라의 管山城 공격에 착수하였다. 이 전쟁의 장소는 관산성 즉 충북 沃川지방이었으나 실질적으로는 한강 하류유역과 가야지역에 대한 패권을 다투는 일대결전이었다.

가야연맹 제국은 백제에 의하여 동원되어 이 전쟁에 임하고 있었으나 이들은 자신의 명운을 걸고 싸우기보다는 전황의 대세를 점치는 방관자적인 군대였을 가능성이 크다. 그리하여 전쟁 초기의 상황은 공격을 개시한 백제측이 유리하여 관산성을 불질러 함락시키는 등 상당한 전과를 거두었으나, 신라의 전선을 깨뜨리고 깊숙이 쳐들어간 왕자 餘昌을 위문하려고 백제 성왕이 찾아가다가 복병에게 시해되자 백제·가야연합군은 단번에 무너져서 크게 패배하였다.[11)]

그런데 백제가 이러한 큰 패배를 당하는 틈을 타서 북방 고구려가 백제 熊川城(공주?)을 침범해 왔으나, 백제는 고구려로부터의 공격을 쉽사리 방어해 냈다. 이로 보아 전쟁의 결과는 백제에게도 타격을 주었으나 그 직접적인 상처는 그리 크지 않았던 것을 알 수 있으며, 그에 상응하여 가야측의 피해가 훨씬 컸음을 어렵지 않게 추측할 수 있다. 그러므로 관산성을 둘러싼 이 전쟁의 결과 가야연맹은 큰 피해를 입은채 멸망 직전까지 몰리게 된 것이라고 보인다.

그 후 555년부터 558년에 걸친 일련의 한강유역 경영을 대략 마치고 나서 신라는 가야연맹에 대한 병합에 착수하기 시작하였다. 그러자 560년경에 안라국이 먼저 신라에 병합된 듯하다. 왜냐하면 안라를 대표로 하는 가야 남부지역은 상당히 오랜 기간 동안 대왜교역의 중심지였는데, 신라가 이 때부터 왜에 사신을 보내기도 하고, 한편으로「阿羅 波斯山」에 성을 쌓아 왜에 대비하기도 하였으며, 기록에 따라서는 임나가 560년에 멸망하였다는 이설이 보

11)《三國史記》권 4, 新羅本紀 4, 진흥왕 15년 7월.
《日本書紀》권 19, 欽明天皇 15년 12월.

이기도 하기 때문이다.[12] 다만 안라가 어떠한 과정을 거쳐서 멸망하였는가를 알 수는 없는 일이지만, 신라의 강압과 회유에 안라가 저항없이 이에 응함으로써 병합된 것으로 추정된다. 실상 안라는 기존에 이나사·마도 등에 의한 친신라적 교류도 상당히 있었으므로, 백제로부터 직접적 연관이 모두 끊긴 상태에서는 쉽사리 신라에게 투항할 가능성이 있으리라고 추측된다.

그러나 대가야를 비롯한 가야 북부지역은 조금 사정이 달랐을 것이다. 대가야는 왜나 백제와의 교역보다는 자체의 제철능력이나 안정적인 재지농경에 기반을 두고 있었으며, 말기에는 백제측의 문물을 수용하면서 자발적으로 친백제적인 성향을 유지하고 있었으므로, 신라에 대하여 좀더 독자적인 자세를 유지할 수 있었던 듯하다. 대가야가 허물어지지 않는 한 그 주변의 가야연맹 제국도 쉽사리 신라에게 투항하지는 않았을 것이다.

신라로서도 고구려나 백제측의 동정을 살피지 않고 무작정 전쟁을 일으키기는 쉽지 않았던 듯하다. 그리하여 신라 진흥왕은 재위 22년(561) 즉 辛巳年 2월 초하루에 상당수의 중앙관료들과 比子伐·漢城·碑利城·甘文의 四方軍主들을 대동하고 창녕지역까지 巡守해 와서 軍勢 시위를 하고 일련의 사면조치도 취하였는데, 이는 가야연맹 제국에 대하여 위협과 유화의 시위를 한 것이라고 생각된다.

신라측의 이러한 위협에 대하여 대가야가 어떠한 조치를 취하였는지는 알 수 없다. 그 즉시로 전쟁을 일으켰다거나 투항하였다는 흔적도 없다. 그러므로 아마도 대가야는 백제와 신라측의 동향 등을 면밀하게 살피면서, 한편으로는 신라측의 압박을 받아 스스로의 투항을 위한 조건을 타진하는 등 여러가지 눈치를 보는 중이 아니었을까 한다.

그런데 대가야가 어떠한 선제 군사행위를 취한 흔적이 보이지 않는 상태에서 사다함의 5천 기병이 대가야 국도까지 먼저 쳐들어갔다. 신라측 기록에 의하면, 진흥왕이 이사부에게 가라국을 「습격」케 하였으며, 가라 사람들은 '뜻밖에 신라 군대가 갑자기 쳐들어오므로 너무 놀라서 막을 수가 없었다'고 하였다.[13] 그러므로 대가야는 신라 대군의 기습 공격에 의해 멸망하였던 것이다.

---

12) 《日本書紀》 권 19, 欽明天皇 21년 9월 및 22년·23년 정월 細注.

13) 《三國史記》 권 44, 列傳 4, 斯多含.

이를 마지막으로 하여 나머지 대부분의 가야연맹 제국은 대세에 눌려서 거의 일시에 신라에게 항복하고 말았다고 추측된다. 흠명기 23년(562) 춘정월조의 이른바 임나 10국 멸망기사는 멸망 시점이 정확히 표기된 것으로 여겨지지는 않지만, 이러한 최종 투항사태를 반영하는 것이라고 해도 과언이 아니다. 결국 562년 9월 가라국 즉 대가야의 멸망을 전후하여 안라국·사이기국·다라국·졸마국·고차국·자타국·산반하국·걸손국·임례국 등의 가야 10국은 멸망하고 말았다.

전통적으로 왜와의 교역에 전념하지 않는 신라가 관산성전투 이후 백제측의 동향마저 무시하고 무력 병합에 나서자 가야연맹 제국은 자체 저항 외에 다른 수단이 없었으나 역부족이었던 것이다.

〈金泰植〉

Ⅷ. 가야의 대외관계

1. 백제·야마토왜의 접근과 중개외교
2. 대백제관계의 심화와 부용외교
3. 백제·신라의 각축과 분열외교

Ⅷ. 가야의 대외관계

근래 고대 한반도 남부지역에 대한 역사 연구는 괄목할 만한 성과을 거두고 있다. 그러나 당시 한반도 남부의 일각을 이루고 있던 가야에 대한 역사 연구는 그 사료의 한계성 때문에 답보상태를 면치 못하고 있는 실정이다. 따라서 고대 한반도 남부의 역사상 재구성은 가야사연구의 진전 여부에 달려 있다고 해도 과언이 아니다.

그런데 가야사에 관한 중요 문헌사료인 《三國史記》나 《日本書紀》에 보이는 가야 관계기사는 대부분이 당시 한반도내의 각국이나 일본측이 각각 자국의 입장에서 가야와의 관계를 서술한 것들이다. 따라서 그러한 사료의 성격 때문에 가야사연구는 먼저 대외관계를 명확히 하지 않고서는 한 발자국도 앞으로 나아갈 수 없는 상태에 있다. 여기에 가야의 대외관계 연구의 필요성이 있다.

한 나라의 역사는 국내적인 요인뿐만 아니라 국내적인 요인과 국제적인 계기를 통합적으로 검토함으로써 보다 입체적으로 이해할 수 있다. 이는 가야사 연구의 경우에도 예외가 될 수 없다. 따라서 올바른 가야사상의 재구성을 위해서도 가야의 대외관계 연구는 필수불가결한 문제라고 생각한다.

가야의 대외관계를 논하는 경우에도 아직 가야 자체에 대한 연구가 확립되어 있지 못한 만큼 먼저 어느 단계의 가야를 주체로 해야 하고 당시 가야의 범위가 어디까지였는가를 명확히 하지 않으면 안된다고 생각한다. 그런데 가야가 삼한의 소국단계에서 가야로 발전하는 것이 4세기부터라고 하는 것이 학계에서 통설적인 지위를 점하고 있다. 따라서 여기서는 가야가 삼한 소국가단계에서 가야로 발전하는 4세기부터 가야가 최종적으로 멸망하는 6세기 후반까지를 검토의 대상으로 하려 한다. 그리고 가야의 범위는 가야가 김해나 고령을 지칭하고, 「某가야」라고 하는 것은 그들이 존재하고 있던 당시의 이름이 아니고 신라말이나 고려 초 이후의 인식이기는 하지만, 일찍부터 가야가 「모가야」들을 포괄하는 의미로 사용되어 온 만큼[1] 여기서는 가야를 「모가야」 내지는 한반도 남부의 신라나 백제에 속하지 않은 모든 지역을 포괄하는 의미로 사용하기로 한다.

그런데 구체적으로 가야의 대외관계를 논하는 경우에도 가야가 여러 개로 분립되어 있던 만큼 어느 가야를 주체로 할 것인가 하는 문제가 제기된다. 따라서 먼저 가야 제국 중에서 관계되는 가야를 명확히 한 위에 그 가야를 중심으로 가야의 대외관계를 논해야 하리라고 생각한다. 그러나 현재 관계가 되는 가야를 일일이 밝히는 것은 불가능하다. 따라서 대외관계의 주체가 되는 가야를 분명히 알 수 있는 경우를 제외하고는 모든 가야를 포괄하는 의미로써의 가야를 주체로 해서 대외관계를 논하고자 한다.

본고에서는 가야의 대외관계를 그 특징에 따라서 세 단계로 나누어서 논하려고 한다. 1장에서는 4세기대의 중개외교,[2] 2장에서는 5세기대의 부용외교, 그리고 3장에서는 6세기의 분열외교를 그 대상으로 한다.

1. 백제·야마토왜의 접근과 중개외교

1) 4세기의 대신라관계

4세기 가야의 대외관계를 논하기 위해서는 먼저 당시 가야의 상태를 이해하지 않으면 안된다고 생각한다. 그런데 당시 가야지역의 상태를 보여 주는 문헌사료가 별로 남아 있지 않는 것이 현재 학계의 실정이다. 따라서 현재로서는 당시 가야 제국의 상태를 정확히 알 수 없다.

학계에서는 4세기에 가야 제국이 금관가야를 중심으로 하나의 연맹체를 이루고 있었다는 소위 가야연맹체설이 일반적으로 인정을 받고 있는 것 같

1) 金泰植, 《加耶諸國聯盟의 成立과 變遷》(서울大 博士學位論文, 1992), 22~27쪽.
2) 제1장은 그 성격상 金鉉球, 〈4세기 가야와 백제·야마토왜의 관계〉(《韓國古代史論叢》 6, 韓國古代社會硏究所, 1994)를 주축으로 하고 있다.

다.[3] 그러나 당시 가야지역에 소국가들이 분립해 있었으며 그 중에서 금관가야가 다른 소국가들에 비해서 약간 우위에 있었던 것처럼 보이기는 하지만 가야 제국이 연맹체라고 불릴 만한 공동의 행동을 취한 증거는 어디에도 없다.[4] 따라서 본고에서는 4세기의 가야지역을 고대국가 전단계의 소국가들이 분립하고 있던 단계로서 이해하고자 한다.

지정학적인 면에서 당시 가야가 가장 밀접한 관계를 갖고 있었으리라고 생각되는 나라는 신라였다. 그런데 《삼국사기》에 의하면 가야와 신라와의 관계는 212년에 가야가 그 왕자를 신라에 볼모로 보내는 기사를 끝으로 481년까지 269년간 공백으로 되어 있다. 그리고 이 기간에는 가야 자체에 관한 기사도 전혀 보이지 않아 그야말로 가야사의 공백기라고 하지 않을 수 없다. 따라서 4세기 가야의 대내외 정세는 고고학적 성과를 바탕으로 추측할 수밖에 없다고 생각한다.

최근 김해 대성동이나 동래 복천동의 고분발굴 결과 소위 제2류 목곽묘의 출현과 함께 陶質토기를 필두로 철제 갑주·마구·각종 철제 무기류 등이 다량으로 발견되고 순장의 습속이 확인되고 있다. 이와 같은 기층문화와 무기체제의 변화, 그리고 지배·피지배의 명확한 분리 등을 바탕으로 학계에서는 제2류의 목곽묘 출현을 가지고 국가발전의 한 획기로 생각하기에 이르렀다.[5] 특히 무기체제의 변화와 각종 철제 무기류의 다량 출현은 이 때부터 대규모 정복전쟁의 수행이 가능하게 되었음을 시사해 주는 것으로 3세기 후반부터 김해와 동래지역을 중심으로 소국가간의 통합이 가속화되었으리라고 생각한다.

그런데 당시에는 신라도 경상북도지역의 여러 소국을 병합하면서 영토확장을 위하여 주변의 가야지역에 압력을 가하고 있었다.[6] 따라서 남과 동에

3) 金泰植, 〈加耶史研究의 現況〉(《韓國史 市民講座》 11, 一潮閣, 1992).
4) 李永植, 〈加羅聯盟說の再檢討〉(《加羅諸國と任那日本府》, 東京 ; 吉川弘文館, 1993).
5) 申敬澈, 〈金官加羅의 成立과 對外關係〉(《伽倻와 東아시아》, 伽倻史國際學術會議, 金海, 1992)는 제2류의 목곽묘의 출현에서 변한(삼한)과 가라(삼국)의 획기를 구하고 있다. 일반 통설도 삼한 소국단계에서 가야로 변하는 시기를 4세기 초로 보고 있다.
6) 李鍾旭, 〈廣開土王陵碑 및 『三國史記』에 보이는 '倭兵'의 정체〉(《韓國史 市民講座》 11, 一潮閣, 1992)는 4세기에 이미 신라가 경상북도 여러 소국을 병합하

서 국가간의 통합이 이루어지고 있는 속에서 가야 제국들은 의지할 수 있는 세력을 주변에서 찾지 않으면 안되었으리라 생각한다. 그 경우 지리적 여건이나 당시의 세력관계로 보아 금관가야나 신라의 세력확대를 저지하기 위해서 가야 제국이 주변에서 의지할 수 있는 나라는 백제를 제외하고는 없었다고 생각된다.

2) 대백제관계의 시작

잔존하는 문헌 사료상 4세기 가야가 최초로 관계를 맺은 나라는 백제로 되어 있다. 그런데 가야가 364년에 백제와 최초로 관계를 맺기 전까지 백제는 주로 신라를 대상으로 전쟁을 되풀이하고 있었다.[7] 그러나 4세기 중반 고구려가 백제와 고구려 사이에서 완충지대 역할을 하고 있던 낙랑(313)과 대방(314)을 멸망시킨 뒤 백제를 직접 공격하기 시작하자[8] 백제도 그 공격의 방향을 신라로부터 고구려로 돌리지 않을 수 없게 되었다.[9] 371년 백제가 고구려의 평양성을 공격하여 고국원왕을 전사시킨 사건을 계기로 양국간에는 4세기 내내 전쟁이 끊이지 않게 되었다.[10] 따라서 당시에는 대외관계에서 백제의 지배층을 규제하고 있던 최대의 과제는 고구려와의 전쟁문제였다고 생각된다.

백제는 고구려와의 전쟁을 수행하기 위해서 직접 배후를 이루고 있던 가야나 신라, 그리고 바다 건너의 왜나 중국과의 관계까지도 확고히 할 필요가 있었다. 그 경우 백제가 최우선적으로 타개해야 할 과제는 가야와의 관계였다고 생각된다. 가야는 직접 배후를 이루고 있을 뿐만 아니라 신라나 야마토

고 영토확장을 위하여 가야에 압력을 가하고 있었음을 지적하고 있다.

7) 《三國史記》에 의하면 167년부터 283년까지 116년간 양국 사이에는 16차례나 전쟁이 있었다고 되어 있다. 이에 반해서 백제와 다른 나라들과의 전쟁기사는 거의 눈에 띄지 않고 있다.

8) 《三國史記》 권 24, 百濟本紀 2, 근초고왕 24년·26년·30년조에는 고구려의 침략기사가 보인다.

9) 《三國史記》에는 이 때부터 신라와의 전쟁기사가 보이지 않는다.

10) 《三國史記》에 의하면 371년부터 400년까지 29년동안 양국간에는 전후 14차에 걸친 전쟁이 있었던 것으로 되어 있다.

왜로 가는 길목에 위치하고 있었으므로 신라나 야마토왜와 관계를 갖기 위해서도 불가결한 관계였기 때문이다.

그런데 당시 가야는 여러 소국가들로 분립되어 있었다. 따라서 백제는 먼저 가야 제국 중에서도 수도 한성에서 통하기 쉽고 신라나 야마토왜로 가는 길목에 위치하고 있는 나라와 관계를 맺어야만 했다.

그런데 《일본서기》[11] 神功紀 46년(366)조에 의하면 그 해에 卓淳을 방문한 야마토왜의 斯摩宿禰(시마스쿠네)에게 卓淳王 末錦旱岐가 갑자년(364)에 백제의 久氐 · 彌州流 · 莫古 등 3인이 일본으로 가는 길을 찾아서 왔기에 바다를 건너야만 일본에 갈 수 있다고 했더니 그들은 야마토왜의 사자가 오면 알려 달라는 부탁을 하고 돌아갔다고 말해 준 것으로 되어 있다. 그 이야기를 들은 야마토왜의 사마숙례가 종자 爾波移(니하야)와 탁순인 過古 두 사람을 백제에 보냈더니 백제의 近肖古王이 심히 기뻐하면서 오색채견 각 한 필, 뿔화살 · 철정 40개 등을 주었다는 것이다.

이 기사에는 신공 46년에 야마토왜의 사인 사마숙례가 탁순에 온 것으로 되어 있다.[12] 그런데 이 때 내방한 사마숙례에게 탁순왕 말금한기가 말한 바에 의하면 갑자년 즉 364년 7월에 백제의 사인 구저 · 미주류 · 막고 등 3인이 탁순에 온 것으로 되어 있다. 따라서 지금의 대구에 자리잡고 있어서 백제의 수도 한성에서 가깝고 신라로 가는 길목에 위치하고 있을 뿐만 아니라 낙동강 상류에 위치하고 있어서, 낙동강을 이용해서 야마토왜와도 쉽게 통할 수 있는 탁순[13]에 백제가 최초로 사자를 파견한 것은 364년이 되는 셈이다.

---

11) 본고에서 사용하는 《日本書紀》는 1967년판 岩波書店本(日本古典文學大系)이다.

12) 三品彰英, 《日本書紀朝鮮關係記事考證》 上(東京 ; 吉川弘文館, 1982), 96쪽에 의해서 신공기의 한국관계 기사는 《日本書紀》 연대보다 120년을 더해야 실제 연대와 일치된다는 사실이 밝혀졌다. 따라서 신공 46년은 《日本書紀》의 연대로는 246년이지만 실제 연대로는 366년이 된다.

13) 鮎貝房之進, 〈日本書紀朝鮮地名攷〉(《雜攷》 7 上, 143~151쪽 · 7 下, 72~102쪽)는 음의 유사성을 들어 탁순을 「達句火」(대구)로 비정한 데 대해서 김태식, 앞의 책, 188~198쪽은 고고학적 유물의 분포와 《日本書紀》에 보이는 卓淳 중심의 세력관계를 근거로 탁순을 「昌原」에 비정하고 있다. 그러나 《일본서기》에 보이는 지명의 고증은 먼저 《일본서기》에 보이는 중요기사에 대한 사료비판이 이루어진 뒤에 그를 근거로 이루어져야 하리라고 생각되는데, 탁순 중심의 세력관계 고찰은 그 이용 사료에 문제점이 있고(金鉉球, 〈'任那日本府' 연구의 현황과

그런데 《일본서기》 신공기 49년(369)조[14]에 의하면 그 해 백제장군 木羅斤資가 탁순을 근거로 해서 比自炑·南加羅·喙國·安羅·多羅·卓淳·加羅 등 소위 加羅 7국을 평정한 것으로 되어 있다. 따라서 369년 백제는 가야 7국 평정에 즈음하여 탁순으로부터 그 전진기지를 제공받은 셈이 된다. 이것이 사실이라면 백제가 탁순으로부터 가야 7국 평정기지를 제공받기 위해서는 그 이전에 탁순으로부터 허락을 얻지 않으면 안되었다고 생각된다. 그런데 백제가 가야 7국 평정 전에 탁순과 접촉하였음을 보여 주는 유일한 기록이 갑자년(364)에 백제의 사자인 구저 등이 내방했다는 탁순왕 말금한기의 말이다. 따라서 갑자년에 백제의 사인 구저 등이 탁순에 왔었다는 탁순왕 말금한기의 말은 사실로서 인정해도 좋다고 생각한다.

단 《일본서기》 신공기 46년조에는 백제사 구저 등의 갑자년 탁순 내방의 목적이 탁순 방문에 있는 것이 아니라 일본에 가는 길을 찾기 위한 것으로 되어 있다. 그러나 왜와 중국과는 그 때까지 이미 400년 이상 교통이 있었는데[15] 그 중간에 위치하고 있던 백제가 일본에 가는데 배를 이용해야 한다는 사실을 몰랐다는 것은 있을 수 없는 일이다. 따라서 백제사 구저 등의 탁순 내방 목적이 일본에 가는 길을 찾기 위한 데 있다는 내용은 《일본서기》 편자의 작문으로 진짜 목적은 다른 데 있었다고 생각된다.

갑자년 구저 등의 탁순 내방이 369년 탁순을 근거지로 한 가야 7국 평정 이전의 백제와 탁순과의 유일한 접촉이었던 것으로 보아 갑자년 구저 등의 내방이 가야 7국 평정시 백제가 탁순을 그 기지로 사용하게 된 바탕이 되었음은 명백하다. 그러나 그들의 내방은 탁순이 가야 7국 평정기지를 제공하게 되는 369년보다 5년이나 앞선 것으로 보아 그 직접적인 목적이 369년의 가야 7국 평정기지를 제공받는 데 있었다고 보기는 어렵다.

문제점〉, 《韓國史 市民講座》 11, 一潮閣, 1992), 그 세력관계에도 어긋나는 면이 있으므로(白承玉, 〈4~6세기 比斯伐加耶의 性格과 그 推移〉, 釜山大 碩士學位論文, 1991, 35~36쪽), 여기서는 아직 음의 유사성을 근거로 한 대구설을 대체할 설이 없다는 생각에서 대구설을 취하기로 한다.

14) 神功紀 49년조에 대한 자세한 분석은 金鉉球, 《任那日本府硏究》(一潮閣, 1993), 30~42쪽 참조.

15) 《後漢書》 권 85, 列傳 75, 東夷 倭 및 《三國志》 권 30, 魏書 30, 倭傳 등에 의하면 이미 기원전부터 倭가 중국과 교통하고 있었던 것으로 되어 있다.

그런데 갑자년 백제사 구저 등의 탁순 내방 2년 후에 해당되는 近肖古王 21년(366)에 백제가 탁순을 매개로 해서 야마토왜와 첫 교섭을 갖게 되는 것이다.[16] 그리고 야마토왜와 통교한 같은 해에 백제가 사신을 보내서 신라와도 교빙한 것으로 되어 있는데[17] 이 때에도 지리적 관계로 보아 백제사의 신라 방문은 탁순을 경유하는 통로가 이용되었을 가능성이 크다고 생각한다. 결국 갑자년 백제사 구저 등의 탁순 내방 2년 후에 백제는 탁순을 경유해서 신라·야마토왜와 관계를 맺었던 것이다. 따라서 갑자년 백제사 구저 등의 탁순 내방은 탁순으로부터 가야 7국 평정기지를 제공받는 등의 문제와도 무관하지 않지만 신라나 야마토왜와의 통로를 확보하는 데도 그 목적이 있었다고 생각된다.

그리고 백제가 갑자년에 탁순과 관계를 맺고 그 탁순과의 관계를 바탕으로 근초고왕 21년에는 야마토왜·신라와도 관계를 맺은 것은 근초고왕 24년과 26년의 대고구려전을 앞두고 후방을 안정시키기 위한 조치였다. 그것은 백제가 근초고왕 27년에는 중국에도 눈을 돌려 동진에까지 사신을 파견함으로써[18] 고구려와의 전쟁을 전후해서 당시 고구려를 제외한 모든 주변국가들과 관계를 맺은 사실로도 입증된다.

한편 갑자년(364) 백제사 구저 등의 내방을 탁순이 적극적으로 수용하고[19] 그 2년 뒤에는 백제가 탁순을 경유해서 신라·야마토왜와의 교류까지도 허용한 것은 백제의 목적이 탁순의 국제적 이해관계에 배치되지 않았기 때문이었다고 생각된다. 탁순으로서는 남쪽과 동쪽에서 세력을 확대하고 있던 금관가야와 신라를 견제하기 위해서 백제와 관계를 맺는 것은 이전부터 노리던 바였다. 탁순으로서는 백제가 탁순을 경우해서 신라와 교빙하는 것이 동쪽에서 세력을 확대하고 있던 신라를 견제하는 데 있어서 나쁘지 않은 방법이었다고 생각되며 백제가 탁순을 매개로 야마토왜와 관계를 갖게 하는 것

16) 金鉉球, 앞의 글, 124쪽 참조.
17) 《三國史記》 권 24, 百濟本紀 2, 근초고왕 21년.
18) 《三國史記》 권 24, 百濟本紀 2, 근초고왕 27년.
19) 탁순이 구저 등의 내방을 적극적으로 수용했음은 그 뒤 백제가 탁순을 매개로 신라·야마토왜와 관계를 맺고 가야지역에 진출하는데 탁순이 적극 협력한 사실로도 추측된다.

도 남쪽의 금관가야를 견제할 수 있는 하나의 방법이 될 수 있었기 때문이다. 따라서 탁순으로서는 갑자년 백제의 접근과 탁순을 통한 2년 후의 신라·야마토왜와의 교류를 거절할 이유가 없었다고 생각된다.

3) 대야마토왜관계의 시작

가야지역 특히 금관가야의 전신인 狗邪韓國은 이미 기원전부터 왜의 대중국교섭의 중간 기착지로서 역할을 한 것이 《三國志》 위서 왜인전 등에 의해서 확인되는데, 이는 가야가 일찍부터 왜와 활발한 관계를 가져왔음을 시사한다. 북구주의 죠몽(繩文) 전기의 櫛木文土器, 죠몽 중기 후반의 稻作文化, 야요이(彌生)시대의 도작인의 이주, 청동기·철기 등의 전파가 한반도, 특히 가야지역의 영향하에 이루어진 것은 이미 잘 알려져 있는 사실이다.[20] 이와 같은 사실은 《삼국지》 한조의 "나라에 철이 나서 韓·濊·倭가 모두 이를 얻어간다"는 내용으로도 뒷받침된다. 그리고 김해 池內洞 옹관묘에 부장된 袋狀口緣土器, 김해 부원동 패총에서 나온 二段口緣形土器, 김해 대성동 고분군에서 출토된 筒形銅器·巴形銅器·長方鐘車形石製器 등도 김해지역과 왜와의 교류를 잘 보여 주고 있다.[21]

그런데 양 지역에 소국가가 분립된 상태에서 이루어진 이와 같은 교류는 4세기에 들어서면서 중대한 변화를 일으키는 것으로 생각된다. 먼저 일본열도에서는 아직 지방세력이 잔존하기는 하지만 야마토왜가 우위를 확립한 후 서일본까지도 그 세력하에 편입시킴으로써 일본열도내에 있어서 가야의 주 교섭대상으로서 등장하기 시작한다.[22] 그리고 가야지역에서도 구나한국이 금관가야로, 다시 말하면 삼한 소국단계에서 가야로 전환되는데 이 과정에서 김해지역을 중심으로 국가간의 통합이 가속화되고 금관가야가 그 중심적 역할을 하였던 것으로 생각된다. 따라서 가야지역에서 우월한 지위를 확보한

---

20) 大塚初重, 〈考古學から見た伽耶と倭〉(《伽倻와 東아시아》, 주 1) 참조.

21) 金泰植, 앞의 책, 36쪽 참조.

22) 申敬澈, 〈最近 加耶地域의 考古學的 成果〉(《加耶史硏究의 成果와 展望》, 고려대 한국학연구소 국제학술회의, 1992)에서 4세기에 들어서면서 가야의 주 대상이 북구주에서 야마토 및 畿內로 전환하였다는 견해는 이런 사실을 잘 말해 주고 있다.

위에 전대부터 왜의 대중국교섭의 중간 기착지로서의 역활을 해왔던 구나한국을 계승한 만큼 금관가야가 야마토왜의 한반도에 있어서의 주 교섭대상으로 등장하지 않을 수 없게 된다.[23]

4세기에 들어서면서 양 지역에서 통합이 가속되어감에 따라 필연적으로 지금까지의 산발적인 교류는 점차 정치적인 관계로 전환되지 않을 수 없었으리라고 생각된다. 그러나 금관가야를 위시한 가야 제국이 언제부터 야마토왜와 정치적인 목적의 교섭을 갖기 시작했는지는 알 수 없다.

그러나 그에 대한 시사적인 내용이 〈광개토왕릉비〉에 보인다. 이 비문에 의하면 400년과 404년에 왜가 한반도에 침입하여 고구려와 싸운 것으로 되어 있다. 그런데 지리적으로 보아 야마토왜가 고구려와 싸우기 위해서는 가야를 통과하지 않으면 안되었다고 생각된다. 그리고 400년 싸움에서 고구려군이 야마토왜를 추격하여 고령의 임나가야에[24] 이른 것으로 되어 있는데, 이는 야마토왜가 대고구려전에서 고령가야를 그 전진기지로 이용했다는 것을 의미한다. 다시 말하면 고령가야가 야마토왜에게 400년과 404년에 대고구려전의 전진기지를 제공했다는 것이다.

그런데 고령가야가 400년과 404년 싸움에서 야마토왜에게 전진기지를 제공하였다는 것은 그 이전에 이미 야마토왜와 긴밀한 관계를 맺고 있었다는 것을 의미한다. 그리고 고령가야의 남쪽에 있던 금관가야는 고령가야보다도 이전에 이미 야마토왜와 공식적인 관계를 갖고 있었던 셈이 된다. 따라서 가

---

23) 申敬澈은 위의 글에서 김해 대성동고분 발굴 유물중 倭와 관련된 것으로서 筒形銅器 · 巴形銅器 · 碧玉製紡錘車形石製品 등을 제시하여 4세기의 김해지역과 왜와의 교류사실을 입증하고 있다.

24) 〈광개토왕릉비〉에 보이는 임나가야가 고령가야인 것은, 당시 백제가 가야지역을 그 세력하에 두고 있으면서 왜를 동원한 것으로 생각되므로, 왜가 고구려와 싸우기 위해서 이용한 기지인 임나가야는 백제가 제공한 것으로 생각되고, 이 임나가야는 대고구려전의 전진기지로서 당연히 가야의 북반부에 위치하고 있어야 한다는 데서 추측한 것이다. 또 당시 백제가 고령가야에 상비군을 두고 있었고, 백제가 왜를 대고구려전에 끌어들여 그 기지를 제공할 만큼 고구려와 가까운 지역으로서 왜와 백제군의 합동작전이 가능했던 곳에 위치하고 있었던 것이 고령가야라는 사실에서도 임나가야는 고령가야라고 생각된다(金鉉球, 앞의 책, 101쪽). 서보경, 〈「任那」의 지명비정에 대한 一考察〉(高麗大 敎育大學院 碩士學位論文, 1993년)에도 〈광개토왕릉비〉에 보이는 임나가야가 고령가야임이 잘 증명되어 있다.

야가 야마토왜와 관계를 맺은 상한선이 언제였는가 하는 문제가 제기된다.

앞에서 제시한 신공기 46년조에 의하면 야마토왜의 사자가 탁순을 매개로 해서 366년에 백제를 방문한 것으로 되어 있다.[25] 그런데 366년에 야마토왜의 사자가 백제를 방문하기 위해서는 지리적으로 보아 탁순을 거쳐야 하는 만큼 당시 야마토왜의 사자가 백제에 간 것이 틀림없는 사실이라면 그가 백제에 가기 전에 탁순에 들렀다는 내용도 사실이라고 생각된다. 다시 말하면 탁순과 야마토왜와의 첫 접촉은 366년에 이루어졌다는 것이다.

신공기 46년조에는 야마토왜의 사자인 사마숙례가 366년 왜 탁순에 왔는지 그 이유가 전혀 제시되어 있지 않다. 그런데 탁순에 온 야마토왜의 사자가 결과적으로 탁순의 중개로 백제에 갔다. 이것은 야마토왜의 사자가 탁순에 온 목적 중의 하나가 탁순을 경유해서 백제로 가는 데 있었음을 의미한다. 그리고 야마토왜의 사자가 백제에 간 목적은 백제의 근초고왕이 재위 21년(366) 백제를 방문한 사마숙례의 종자인 이파이에게 준 품목 중에 철정 40개가 들어 있던 것으로 보아 고대국가로 발전하는 과정에서 수요가 증대하고 있던 철 등의 선진문물을 구하기 위한 것이 아니었던가 생각된다.[26]

그러나 야마토왜의 사자인 사마숙례가 탁순에 온 목적이 백제에 가기 위한 통로의 확보에만 있었다면 백제와는 보다 편리한 해상통로가 있었던 만큼 해상통로를 이용하였으리라고 생각된다. 따라서 야마토왜의 사자 사마숙례의 탁순 내방은 백제에 가기 위한 통로의 확보뿐만 아니라 또 다른 목적이 있었다고 생각된다. 그런데 야마토왜의 사자 사마숙례의 탁순 내방의 다

---

25) 金鉉球, 앞의 책, 24쪽 참조.

26) 철정은 당시 고대국가로 성장하고 있던 야마토왜가 정복전쟁의 수행을 위해서 가장 필요로 했던 선진문물이었다(森浩一, 〈古墳鐵鋌について〉, 《古代學硏究》, 1960). 그런데 백제에서 당시에 양질의 철이 생산되고 있었음은 신공기 52년조의 "신의 나라 서쪽에 강이 있습니다. 水原은 谷那의 鐵山에서 나오고 있습니다. … 이 산의 철을 취해서 길이 성조에 바치겠습니다"라고 백제가 七支刀를 일본에 보내면서 한 말로도 알 수 있다. 따라서 5세기 단계까지도 스스로 철을 생산할 수 없었는 데도 불구하고(大塚初重, 앞의 글) 4세기에서 5세기에 걸친 일본의 應神陵部塚アリ古墳, 奈良縣 高塚古墳 등에 부장되어 있는 대량의 鐵鋌(大塚初重, 위의 글 및 三品彰英, 위의 책, 103쪽)은 한반도에서 수입된 것이라고 밖에는 생각할 수 없다.

른 목적을 알아보기 위해서는 먼저 당시 야마토왜의 동아시아 속에서의 위치를 검토해 볼 필요가 있다고 생각된다.

가야성립 이전부터 왜가 중국과 한반도 남부에서 선진문물을 구해 갔다는 것은 잘 알려져 있는 사실이다. 《삼국지》 위서 왜전 이래의 기록들이나 일본에서 '景初 3년(239)'의 연호 등이 새겨져 있는 三角緣神獸鏡이 300개 이상 출토된 사실로서[27] 왜가 일찍부터 중국으로부터 선진문물을 구입해 갔다는 사실이 입증되고 있다. 그리고 북구주에 야요이 시대의 벼농사, 청동기와 철기 등의 존재는 야마토왜가 한반도 남부에서도 선진문물을 구해 갔음을 잘 보여 준다.[28]

그런데 야마토왜가 본격적으로 고대국가로 발전하던 시기에는 중요한 선진문물 도입처의 하나였던 중국과의 관계가 단절되었던 것이다. 야마토왜는 265년의 견사를 끝으로 413년에 국교를 재개할 때까지 150여 년간 중국과의 국교가 중단되어 있었다.[29] 이는 야마또왜와 중국과의 관계를 중개하고 있었던 낙랑·대방군의 몰락과 그들을 멸망시킨 고구려의 방해가 주원인이었던 것으로 생각된다.[30] 그런데 야마토왜는 고대국가로 발전되어 감에 따라서 선진문물에 대한 수요는 증대되고 있었다. 그러므로 야마또왜는 구나한국이나 그 후신인 금관가야에서만의 도입으로는 증대되는 선진문물에 대한 수요를 감당할 수 없었으리라고 생각된다. 따라서 야마토왜로서는 선진문물의 수입처를 금관가야 이외의 한반도 내륙지역으로 확대해 나가지 않을 수 없었다고 생각된다.

실제로 야마토왜가 4세기 이후 낙동강을 거슬러 올라가면서 선진문물의 수입처를 한반도 내륙지역으로 확대하였다는 사실은 大阪府 陶邑의 TK3號窯 등의 초기 須惠器의 조형이 합천·고령의 도질토기이고,[31] 북구주의 朝倉窯址

27) 近藤喬一, 〈三角緣神獸鏡の硏究史〉(《三角緣神獸鏡》, 東京大出版會, 1988).
28) 大塚初重, 앞의 글.
29) 栗原朋信, 〈上代の對外關係〉(《對外關係史》, 東京 ; 山川出版社, 1978).
30) 《宋書》 권 97, 列傳 57, 倭國전에는 야마토왜가 중국에 통하는데 고구려의 방해를 받고 있는 모습이 잘 나타나 있다.
31) 大塚初重, 앞의 글.

土器의 원류지가 백제와 가까운 가야지역이며,[32] 백제지역에서 직접 또는 백제에서 가야지역을 거쳐서 들어간 마구가 일본열도에 등장하는 마구의 원류가 되었던 사실[33] 등에 의해서도 잘 입증된다. 그리고 4~5세기 고분의 부장품에 갑자기 철정 및 철기류가 급증하는 현상도[34] 금관가야에서만의 도입으로는 설명될 수 없다.

야마토왜에서는 낙동강을 거슬러 올라오면 탁순에 이르게 된다. 그런데 백제가 근초고왕 21년(366) 신라 및 야마토왜와 관계를 맺을 때 탁순을 경유한 점이나 같은 왕 24년 가야 7국 등 한반도 남부지역을 정벌할 때도 탁순을 그 집결지로 이용한 점 등으로 미루어 볼 때, 탁순은 한반도 남부 제지역에 통할 수 있는 교통의 요충지임을 알 수 있다. 바꾸어 말하면 야마토왜로서는 당시 선진문물을 도입해야 할 백제를 비롯한 한반도 내륙의 제지역과 통하기 위해서는 반드시 탁순과 관계를 가져야만 했다는 것이다. 따라서 366년 야마토왜의 사자 사마숙례가 탁순을 방문한 것은 중국으로 가는 통로가 차단된 상태에서 급증하는 선진문물을 구하기 위한 내륙통로의 확보에 그 중요한 목적의 하나가 있었음에 틀림없다.[35]

한편 야마토왜의 사자가 366년에 탁순에 왔다는 것은 야마토왜가 탁순의 남쪽에 자리잡고 있던 금관가야와는 그 이전에 이미 관계를 맺고 있었다는 것을 의미한다. 이 야마토왜의 금관가야 접근이 선진문물의 수용에 있었음은 지금까지 발굴된 고고학적 유물에 의해서도 충분히 입증된다. 이에 반해서 금관가야가 366년 야마토왜의 사자 사마숙례의 탁순방문에 협력한 의도는 분명치 않다.

그런데 한일의 어떠한 사료에도 당시 신라와 야마토왜는 일관되게 적대관

---

32) 崔柄鉉, 〈考古學的으로 본 加羅와 日本과의 관계〉(《韓國史 市民講座》 11, 1992).
33) 崔秉鉉, 위의 글.
34) 大塚初重, 앞의 글.
三品彰英, 앞의 책, 103쪽.
35) 田中俊明, 《大加羅聯盟の興亡と任那》(東京 ; 吉川弘文館, 1992), 219쪽의 '일본에 있는 가야계 문물의 압도적 양에 비해서 가야에는 이것밖에는 없는가 하고 생각될 정도로 아주 미미한 정도밖에는 일본계 유물이 없다'는 지적도 이를 뒷받침해 주고 있다.

계로 서술되어 있다.[36] 그리고 금관가야에게 최대의 위협적인 존재는 신라였을 것이다. 따라서 금관가야가 366년 야마토왜의 사인 사마숙례의 탁순방문에 협력한 것은 야마토왜가 백제와 관계를 갖는 것이 신라를 견제하는 데 나쁘지 않다고 판단했기 때문이 아니었는가 생각된다. 그것은 야마토왜의 신라공격이 신라의 세력확대에 위기감을 느낀 금관가야의 요청일 가능성이 크다는 연구결과에 의해서도 뒷받침된다.[37]

한편 남쪽으로부터 금관가야의 압력에 직면해 있던 탁순으로서는 야마토왜에게 선진문물을 얻기 위한 내륙통로를 제공하는 것이 야마토왜에 대한 영향력의 증대를 가져오는 것으로 금관가야를 견제하는 데도 도움이 되었을 것으로 여겨진다. 그리고 당시 탁순으로서는 금관가야 못지 않게 위협적인 존재가 그 동쪽에 있던 신라였는데, 야마토왜는 언제나 신라와는 적대관계였으므로 야마토왜를 백제와 연결시켜 주는 것이 신라를 견제하는 데도 나쁘지 않다고 생각되었을 것이다.[38] 여기에 탁순이 야마토왜에게 내륙통로를 제공한 이유가 있었다.

그런데 366년 탁순이 야마토왜와 백제와의 관계에서 중개역할을 하기 시작했다는 것은 백제와의 관계에서 뿐만 아니라 야마토왜와의 관계에 있어서도 탁순이 금관가야를 대신해서 가야제국의 대외관계에 있어서 중심적인 역할을 하기 시작했다는 것을 의미한다.

4) 대백제관계의 진전

탁순이 야마토왜의 사자를 백제에 안내한 것은 백제의 요구를 적극 수용한 셈이다. 그런데 백제가 탁순이나 야마토왜와의 관계를 추구한 의도는 대고구려전에 있어서의 배후세력을 강화하는 데 있었다. 따라서 364년에 맺은

---

36) 《三國史記》나 《日本書紀》 등 고대한일의 양국 사서에 신라와 왜와의 관계가 대부분 적대관계로 기록되어 있다.

37) 田中俊明, 앞의 책, 215쪽.

38) 田中俊明(위의 책, 215쪽)은 야마토왜가 신라와 적대관계에 있었던 것은 선진문물을 도입하던 금관가야의 요청에 의한 것으로 생각하고 있다.

탁순과의 관계를 바탕으로 신라·야마토왜와도 관계를 맺음으로써 일단 배후를 안정시켰다고는 하지만 고구려와의 대결이 눈앞에 다가올수록 백제는 배후의 안정을 보다 구체화할 필요가 있었다고 생각된다. 그 경우에는 직접 배후를 이루고 있는 가야 제국과의 관계가 그 핵심이 되지 않을 수 없다. 그리고 탁순 이외의 가야 제국과의 관계는 이미 관계가 성립된 탁순이 그 발판이 될 수밖에 없었다.

그런데 백제가 탁순을 발판으로 가야 제국과의 관계를 확대해 나가는 내용이《일본서기》신공기 49년(369)조에 보인다. 그 중요한 내용은 369년에 백제가 한반도 남쪽의 옛 마한 지역의 정벌에 나서서 목라근자가 이끄는 일군은 탁순에 집결한 다음에 비자벌·남가야·탁국·안라·다라·탁순·가라 등 7국을 평정하고 한반도 서남쪽의 古奚津(현 강진)으로 향하고, 근초고왕 부자는 한성에서 막바로 고해진으로 직행하여 합류했더니 그 사이에 있던 옛 마한 세력이 투항해 왔다는 것이다.[39]

신공기 49년조의 백제가 근초고왕 때에 가야 7국과 상하관계를 맺었다는 내용은 欽明紀 2년(541) 4월조 등에서 찾아지는 근초고왕 때에 백제가 가야 제국과「부자관계」를 맺었다는 내용과도 일치한다.[40] 따라서 이것은 역사적 사실임에 틀림이 없다고 생각된다. 그런데 백제가 가야 7국을 평정했다는 369년부터 13년 후에 해당되는 신공 62년에 이번에는 신라의 침입을 받은 고령가야의 구원요청에 응해서 백제가 군을 파견하여 가야를 구원해 주는 사건이 발생한다.[41]

이 때 가야 구원군이 백제에서부터 출병하였다는 것으로 보아서 382년 단계에서는 아직 백제군이 가야에 상주해 있지는 않았던 것으로 생각된다. 그러므로 백제가 가야 7국을 평정하였다는 369년 단계에서는 백제가 한반도 남부의 정토과정에서 가야 제국과「부자관계」라는 형식적인 상하관계를 맺기는 하였지만, 이 관계는 상호선린의 우호관계를 유지하는 정도가 아니었는가 생

39) 이 기사에 대한 분석은 金鉉球, 앞의 책, 30~42쪽 참조.
40)《日本書紀》권 19, 欽明紀 2년 4월·2년 7월·5년 11월조 등에는 백제와 가야 제국이 근초고왕 때에 부자관계를 맺었음이 기록되어 있다.
41) 金鉉球, 앞의 책, 50~54쪽.

각된다.[42] 백제와 가야 제국과의 관계가 형식적인 상하관계에 머물러 있었다는 것은 백제의 가야 7국 평정작전의 최종목표가 가야 7국 평정 그 자체에 있었던 것이 아니고 한반도 서남부의 옛 마한 세력의 정토에 있었던 점으로도 뒷받침된다.

한편 탁순은 왜 백제에게 가야 7국 평정기지를 제공하고 백제와 상하관계를 맺었는가 하는 문제가 제기된다. 그런데 형식적인 상하관계라고는 하지만 탁순이 백제군으로 하여금 그 영토를 통과하게 하고 또 백제와 상하관계를 맺는다고 하는 것은 남과 동으로부터 금관가야와 신라의 압력을 동시에 받고 있었던 탁순으로서는 금관가야나 신라를 직접적으로 견제할 수 있는 보호자를 얻은 셈이 된다. 그리고 백제와의 관계에서도 가야 제국을 대표해서 주도적인 역할을 할 수 있게 되었음을 의미한다. 따라서 탁순이 백제에게 가야 7국 평정기지를 제공하고 상하관계를 맺은 것은 그 때까지 백제와의 단순관계를 바탕으로 한 금관가야나 신라에 대한 간접견제 대신에 직접견제를 하기 위한 것이었으며 또한 가야 제국내에서의 주도권을 확보하기 위한 것이었다고 생각된다.

이는 366년이래 금관가야를 대신해서 야마토왜와의 관계에서 중심적인 역할을 해 왔던 탁순이 백제와의 관계에서도 주도적인 역할을 하기 시작함으로써 가야 제국의 대외관계에서 중심적 역할을 하기 시작하게 되었음을 의미한다. 그러나 백제나 야마토왜와의 관계에 있어서 탁순의 주도적인 역할이라고 하는 것은 탁순의 주체적인 역량에 의한 것이라기 보다는 당시의 국제정세에 따른 것으로 결국 국제정세의 변화에 따라서는 바뀔 수밖에 없는 것이었다. 여기에 탁순이 중심이 된 4세기 후반 가야의 대외관계의 한계가 있었던 것이다.

〈金鉉球〉

42) 비사벌가야만의 예이기는 하지만, 비사벌가야가 4세기 중엽 이후 백제에 부용적 입장이면서도 자체 발전을 하고 있었음을 고고학적 성과를 바탕으로 한 정밀한 연구로서 백승옥, 앞의 글이 주목된다.

2. 대백제관계의 심화와 부용외교

1) 신라・고구려의 침입과 대백제관계의 심화

369년 가야 7국이 백제와 상하관계를 맺은 직후부터 백제와 고구려 사이에는 전쟁이 본격화된다.《삼국사기》에 의하면 369년부터 389년까지 20년간 백제와 고구려 사이에는 전후 8차에 걸친 전쟁이 있었다. 이 전쟁은 거의 고구려의 先攻에 의한 것으로[1] 이는 고구려가 양국간에 완충지대를 형성하고 있던 대방・낙랑을 멸망시킨 연장선상에서 일어난 당연한 현상이었다.

그런데 백제로서는 가야는 신라나 야마토왜와의 관계의 전제가 될 뿐만 아니라 대고구려전의 배후로서도 대단히 중요한 위치를 차지하고 있었으므로 고구려와의 대립이 심화되면 심화될수록 가야를 직접 후방기지화할 필요가 있었다고 생각된다. 그리고 고대국가로 발전하고 있던 신라의 압박을 받고 있던 가야로서도 신라의 압박이 강화되면 강화될수록 백제에 대한 의존을 심화시키지 않을 수 없는 처지에 있었다. 바로 이런 때에 가야와 백제의 관계가 심화될 수 있는 사건이 발생했다.

《일본서기》 신공기 62년(382)조에 의하면 신라가 야마토왜에게 불봉하므로 야마토왜가 임오년(382)에 신라를 치려했으나 신라가 미녀를 바치자 신라를 치지 않고 오히려 가야를 쳤다는 것이다. 이에 백제로 피난한 가야왕이 사람을 보내서 야마토왜에게 구원을 청하므로 야마토왜가 백제의 장군인 목라근자로 하여금 가야의 사직을 부활시켜 주었다는 것이다.

신공기 62년조에는 가야가 야마토왜의 침략을 받은 것으로 되어 있다. 그런데 당시 주위에서 고령가야에 침입할 만한 세력은 신라와 야마토왜밖에 없었다고 생각되는데, 야마토왜는 지리적 여건으로 보아 한반도 남부지역을 건너뛰어 내륙의 고령가야를 침략할 수 없었다고 생각되므로 이 때 가야를

---

1) 《三國史記》에 의하면 이 기간에 8차의 싸움이 있었고, 그 중에서 5번이 고구려의 선공에 의한 것으로 되어 있다.

침략한 세력은 바로 이웃에 있던 신라가 아니었는가 생각된다.

한편 신라의 침입에 대해서 고령가야의 왕이 몸은 백제로 피난해 있으면서 구원은 야마토왜에게 요청했다는 것은 명백한 모순이다. 그런데 고령가야의 왕이 피해 있던 곳이 백제였을 뿐만 아니라 실제 고령가야를 구원한 것이 백제의 장군인 목라근자이고 백제는 지리적으로도 고령가야와 이웃하고 있었으며 백제와 고령가야는 이미 상하관계에 있었던 만큼 당시 고령가야가 구원을 요청하고 이에 응해서 고령가야를 구원한 나라는 야마토왜가 아니라 백제였음에 틀림이 없다고 생각된다. 그리고 가야지역을 후방기지화하기 위해서 지속적인 관심을 보이고 있던 백제가 고령가야의 구원요청에 목라근자를 보내서 구원해 준 것도 당연한 처사였다고 생각된다.

그런데 382년에 가야구원군이 백제에서부터 출동한 것으로 보아서 당시에는 아직 백제군이 가야에 상주하는 데까지는 이르지 않았던 것으로 보인다. 그러나 신라의 침입을 받은 가야왕이 백제로 피난을 하고 백제의 구원으로 위기를 모면하게 됨에 따라서 369년 이래의 백제와 가야와의 형식적인 상하관계는 이 때에 이르러 실질적인 상하관계로 전환되지 않을 수 없었다고 생각된다.

한편 〈광개토왕릉비〉에 보이는 400년과 404년 백제가 끌어들인 야마토왜와 고구려와의 전투에서 고령가야는 야마토왜에게 대고구려전의 전진기지를 제공하고 있다. 그런데 382년 이래 고령가야는 실질적으로 백제의 영향권 안에 들어가 있었다. 그리고 고령가야는 백제와 대립관계에 있던 고구려의 남하에 따른 제일의 피해자였다. 따라서 고령가야는 고구려와 싸우고 있던 백제와 그 지원세력인 야마토왜를 지원하지 않을 수 없는 입장에 있었다. 결국 고령가야가 야마토왜에게 대고구려전에서 전진기지를 제공한 것은 백제의 요청에 의한 것이기도 하였지만 고령가야로서도 불가피한 선택이었다. 이것은 또한 백제로 하여금 고령가야의 예속을 심화시키지 않을 수 없게 하였다고 생각된다.

369년 이래 백제와 상하관계를 맺고 있던 가야는 4세기 말에서 5세기 초에 걸친 신라의 침입과 고구려의 남하에 대항해서 더욱 백제에 의존하지 않을 수 없게 되었다. 그 과정에서 지금까지의 가야와 백제와의 형식적인 상하관계는 실질적인 상하관계로 전환되지 않을 수 없게 되었다. 그리고 고령가야는 백제의 직접 구원을 받고 야마토왜에게 전진기지를 제공하게 됨으로써 지금까지 백제와의 관계에서 중심적인 역할을 하던 탁순을 제치고 백제와의 관계에서도 중심적인 역할을 하기 시작하게 되는 것이다.

2) 야마토왜에 대한 군사기지 제공

내륙의 탁순이 366년 야마토왜와 관계를 맺고 백제와의 관계를 중개함으로써 금관가야가 중심이 되었던 야마토왜와의 관계가 탁순이 중심이 된 관계로 바뀌기 시작하였다는 것은 이미 지적한 대로다. 그런데 《일본서기》 신공기 49년조에 의하면 369년 탁순을 근거로 한 백제의 가야 7국 평정군에 야마토왜의 沙沙奴跪(사사나코)가 참여한 것으로 되어 있다. 따라서 탁순과 야마토왜의 366년 이래의 단순관계가 이 때에 와서 군사관계로 전환된 것처럼 되어 있다.

그런데 야마토왜가 탁순을 근거로 한 백제의 가야 7국 평정군에 참여하기 위해서는 지리적으로 보아 한반도 남부의 금관가야를 통과해야 하는데 평정의 대상인 가야 7국 중의 하나인 금관가야가 야마토왜의 가야 7국 평정군 참여를 좌시할 턱이 없다. 그리고 만약 평정대상인 가야 7국 중의 하나인 금관가야가 야마토왜의 통과를 용인했다면 백제의 가야 7국 평정에 협력했다는 이야기가 되는데, 백제와 금관가야의 상하관계는 백제의 가야 7국 평정의 결과로써 성립된 만큼 그런 이야기는 성립될 수 없다.

《일본서기》 신공기 62년조에 보이는 382년 야마토왜의 고령가야 침략을 사실로서 인정하여 당시 야마토왜가 남부가야 및 내륙의 고령가야까지도 그 세력하에 넣고 있었다고 하는 견해도 있다.[2] 그러나 이는 369년의 가야 7국

---

2) 田中俊明은 이 내용이 442년의 사실로 '이전부터 우호관계에 있던 금관 내지는 안라국을 발판으로 해서 독자적으로 대가야에 진출하여, 거기에 패권을 확립하려고 했으나 대가야의 구원요청을 받은 백제의 공격에 의해서 실패했다'고 하여 가야를 구원한 것이 백제인 점은 인정하고 있으나, 이 사건을 야마토왜가 가야지역에 패권을 확립하기 위한 것으로 생각하고 있다(田中俊明, 《大加羅聯盟の興亡と任那》, 東京 ; 吉川弘文館, 1992, 97쪽). 그러나 이는 그 이전에 야마

평정이 야마토왜에 의한 것이라는 주장이나 기존의 임나경영설을 전제로 한 것으로서 성립되지 않는다. 따라서 382년 야마토왜가 고령가야를 침략했다는 것도 있을 수 없는 일이다. 결국 366년 이래의 야마토왜에 대한 탁순의 단순한 중개자로서의 관계는 그 후에도 별 진전이 없었던 것으로 생각된다.

그런데 위에서 지적한 것처럼 400년과 404년 야마토왜와 고구려의 싸움에서 고령가야가 야마토왜에게 대고구려전의 전진기지를 제공하고 있었던 것이다. 따라서 5세기에 들어서면서 가야와 야마토왜와의 366년 이래의 단순관계가 군사관계로 전환되었음을 알 수 있다.

한편 고구려의 남하는 가야 제국에게도 직접적인 위협이 될 수 있었기 때문에 백제의 요청에 의한 것이라고는 하지만 가야 제국은 야마토왜의 대고구려전에 협력하지 않을 수 없는 입장에 있었다. 그런데 이 때에 이르러서 고령가야와 야마토왜와의 관계가 군사기지를 제공하는 정치적 협력관계로 발전했다고 하는데, 그것은 고령가야와 야마토왜와의 관계에서 결정된 것이 아니고 가야와 백제와의 관계에서 결정된 것이라고 할 수 있다. 따라서 이 때의 가야와 야마토왜와의 관계는 가야와 백제와의 관계에서 결정되는 종속적인 관계였다고 할 수 있을 것이다.

그런데 야마토왜에게 군사기지를 제공한 것이 고령가야라는 사실은 고령가야가 백제와의 관계에서와 마찬가지로 야마토왜와의 관계에서도 탁순을 대신해서 가야 제국 중에서 중심적인 역할을 하게 되었음을 의미한다. 그러나 이것도 고령가야의 주체적 역량에 의한 것이라기 보다는 당시의 국제정세에 따른 것이었다. 여기에 4세기 말에서 5세기 초에 걸쳐 고령가야가 중심이 된 가야의 대외관계에 한계가 있었던 것이다.

토왜가 금관가야나 안라가야 등 한반도 남부지역을 이미 그 세력권하에 넣고 있었다는 것을 전제로 하고 있는 것으로서 가야 7국 평정이 야마토왜에 의한 것이 아니라는 자신의 설파도(위의 책, 87쪽) 모순된다. 그리고 백제가 이미 가야 7국과 상하관계를 맺고 있었고 이 기사에서도 야마토왜가 사사나코를 파견했기 때문에 야마토왜에 구원을 청한 것으로 되어 있으나, 구원을 백제에 청했다면 사사나코로 표시된 사람을 파견한 나라도 백제가 되어야 하는 점이나 지리적인 관계 등으로 보아 가야를 친 나라를 야마토왜로 보기는 어렵다고 생각된다.

3) 백제군의 주둔

언제부터인가 정확한 시기는 알 수 없지만《일본서기》應神紀 25년(474)조에는 가야가 백제의 영향하에 들어가 있었음을 보여 주는 기사가 보인다. 그 중요한 내용은 목라근자가 신라를 쳤을 때 신라의 부인을 취해서 얻은 木滿致가 부 목라근자의 공로를 배경으로 가야의 국정을 마음대로 했다는 것이다.[3] 결국 이 기사는 목라근자가 369년 가야 7국 평정, 그리고 382년의 가야 구원을 바탕으로 그 후에도 계속 가야지역에 영향력을 갖고 있었음을 보여 주고 있다. 그 결과 아들인 목만치도 부 목라근자의 세력을 바탕으로 가야의 국정을 마음대로 전단하였다는 것이다. 그런데 382년의 가야 구원 후에도 목라근자와 그 아들 목만치가 가야에 대해서 지속적으로 영향력을 갖고 있었다는 것은 백제가 그들의 행위를 뒷받침할 수 있는 힘을 가야지역에 갖고 있었다는 것을 의미한다. 다시 말하면 382년 가야 구원 후의 어느 시기부터인가 백제세력이 직접적으로 가야지역에 작용하기 시작했다는 것이다.

그런데 가야의 요청으로 백제군이 가야에 들어와서 상주하게 되었다는 기록이《新撰姓氏錄》吉田連조에 있다. 그 내용은 가야가 三己汶을 놓고 신라와 분쟁이 끊이지 않기 때문에 삼기문을 야마토왜에게 바치므로 吉大尙의 8대조인 塩乘津이 야마토 조정의 명을 받아 삼기문에 진주하여 그 곳을 진수하기 시작하였다는 것이다. 그러나 가야의 요청으로 삼기문에 들어가서 군을 상주시킨 것은 야마토왜가 아니고 백제이며, 그 주체가 백제에서 야마토왜로 바뀐 것은 삼기문에 진주한 염승진의 8대손인 길대상이 백제가 멸망한 뒤(663) 일본에 망명하여 왜인을 칭함으로써 그 조상도 백제인에서 야마토왜인으로 되어버린 결과인 것이다.[4] 다시 말하면《신찬성씨록》의 기사는 가야가 신라와의 분쟁지역에 야마토왜의 세력을 끌어들인 사실을 보여 주고 있는 것이 아니라 백제군을 끌어들인 사실을 보여 주고 있는 것이다. 이 경우에 백제군이 가야의 요청으로 삼기문에 들어가 상주하기 시작한 시기가 문제인

3) 이 기사에 대한 분석은 金鉉球,《任那日本府硏究》(一潮閣, 1993), 55~61쪽 참조.
4) 金鉉球, 위의 책, 118~120쪽 참조.

데 그 시기는 목라근자가 369년 가야 7국을 평정하고 382년에는 가야를 구원했으며, 그 결과 5세기에 들어가서는 그 아들인 목만치가 가야의 국정을 마음대로 전단한 것으로 보아서 4세기 말에서 5세기 초가 아닌가 생각된다.

한편 《일본서기》 顯宗紀 3년(487) 是歲조에는 백제군이 가야에 상주 정착하고 있음을 보여 주는 기사가 보인다. 그 중요한 내용은 가야에 주둔하고 있던 야마토왜의 紀生磐宿禰(기노오히하노스쿠네)가 고구려와 교통하면서 삼한의 왕이 되기 위해서 가야에 있던 백제의 適莫爾解를 죽이고 백제에 대항하므로 백제가 古爾解 등을 보내어 그를 격파했다는 것이다. 다시 말하면 야마토정권의 기생반숙례가 가야를 근거로 현지에서 왕이 되려고 반란을 일으켰다는 것이다.

이 내용은 《일본서기》 흠명기 5년(544) 2월조에도 뒷받침되는 내용이 보여[5] 그 사실성이 입증되고 있는데 기생반숙례가 반란에 즈음해서 먼저 백제와 가야 사이에 대산성을 쌓아 백제의 동도를 차단하여 임나 주둔 백제군을 기근에 빠뜨린 것으로 보아 백제군이 대산성 동쪽의 가야지역에 주둔하고 있었음을 알 수가 있다. 그리고 이 난을 진압한 것이 백제이고, 역사적으로 당시 가야에 군을 주둔시킬 수 있는 관계에 있는 나라는 백제밖에 없었다. 따라서 이 난은 야마토왜의 가야 주둔군이 일으킨 것이 아니라 백제의 가야 주둔군이 일으킨 반란이었다고 생각된다. 다시 말하면 이 난을 일으킨 기생반숙례는 백제의 가야 주둔군 장군이 야마토왜의 장군으로 바뀌었다는 것이다.

그런데 언제부터인지는 알 수 없으나 적어도 백제군이 가야에 주둔하고 있었고 그 주둔 책임자가 현지에서 왕이 되기 위해서 반란을 시도했다는 것은 적어도 487년 단계에서는 이미 백제군이 가야에 장기적으로 상주하고 있었다는 이야기가 된다. 이 경우에 백제군이 가야에 들어와서 주둔하기 시작하는 시기는 가야의 요청으로 백제군이 삼기문에 들어가서 상주하기 시작하는 4세기 말 내지는 5세기 초로 보아도 무리가 없다고 생각된다. 이와 같은 백제군의 뒷받침이 있었기 때문에 4세기 후반에서 5세기에 걸친 군사적 협

5) 李鎔賢, 〈6世紀 前半頃 伽耶의 滅亡過程〉(高麗大 碩士學位論文, 1988).

력[6]과 목만치의 가야국정에 대한 전단이 가능했던 것이 아닌가 생각된다.

한편 형식적이라고는 하지만 369년 백제와 상하관계까지 맺은 만큼, 내외의 압력이 강화되면 강화될수록 가야 제국의 백제에 대한 의존은 심화되지 않을 수 없었으리라고 생각된다. 따라서 382년 신라의 침입을 받은 고령가야가 백제에 구원을 요청한 것은 당연한 결과였다고 할 수 있을 것이다. 그리고 신라와의 대립이 본격화됨에 따라서 마침내 군의 상주까지도 요청하지 않을 수 없게 되었다는 것이다. 그리고 5세기에 들어가면서 백제군이 상주하기 시작함에 따라서 369년 이래의 형식적인 상하관계는 실질적인 상하관계로 전환되고 목만치의 국정참여가 가능하게 된 것이다.

그런데 479년에는 가야가 중국에 조공하여 輔國將軍本國王이라는 작위를 받아 대내외적으로 그 존재를 과시하고 있었다.[7] 그리고 481년에는 백제와 함께 신라의 구원요청에 응하는 기록이 보이므로 그 국력과 자주성을 짐작할 수 있다.[8] 이와 같은 사실은 매우 이례적인 일로 고구려에 의한 475년 한성의 함락과 임나경영에 중심적인 역할을 하던 목씨의 중심 인물인 목만치가 한성의 함락에 즈음해서 야마토왜에 구원을 요청하러 갔다가 그대로 정착함에[9] 따라서 생긴 힘의 공백이 하나의 원인이 된 것이 아닌가 생각된다. 그리고 487년의 가야주둔 백제군이 본국에 대해서 반란을 일으켰다는 사실도 가야에 대한 백제의 영향력이 약화되었음을 보여 주고 있다.

그러나 479년의 중국조공은 백제의 도움 없이는 불가능한 일이었다고 생각된다. 가야의 사신이 중국에 들어가기 위해서는 어떠한 길을 택하던 백제의 영토나 해안을 통과하지 않고서는 불가능했기 때문이다.[10] 그리고 487년

---

6) 382년 백제의 가야구원과 〈광개토왕릉비〉에 보이는 5세기 백제의 대고구려전에 대한 가야의 협조는 잘 알려진 사실이다.

7) 《南齊書》 권 58, 列傳 39, 東南夷 加羅國條에는 479년에 加羅王 荷知가 南齊에 사자를 보내어 輔國將軍本國王에 배수된 것으로 되어 있다.

8) 《三國史記》 권 3, 新羅本紀 3, 소지왕 3년 3월조에는 가야와 백제가 고구려의 신라침입을 구원하는 기사가 보인다.

9) 임나경영에 관여하던 목만치가 군원을 요청하러 갔다가 그대로 일본에 정착하는 과정은 金鉉球, 앞의 책, 54~61쪽 참조.

10) 당시 대가야 사신의 入中루트는 李文基, 〈大伽耶의 대외관계〉(《伽耶史硏究》, 慶尙北道, 1995)에 자세히 서술되어 있다.

의 가야주둔 백제군의 반란사건에서 볼 수 있는 바와 같이 당시에도 가야에 백제군이 상주하고 있었다. 따라서 5세기 후반 가야가 취한 일련의 조처도 백제의 의도를 벗어나는 것은 아니었다고 생각된다. 더구나 가야가 취한 중국에 대한 조공이나 신라지원은 고구려와의 힘겨운 싸움으로 배후의 가야뿐만 아니라 신라나 중국과도 관계를 강화하지 않으면 안될 처지에 놓여 있던 백제의 정책에 잘 합치하고 있는 것이었다. 결국 가야의 자주적인 것처럼 보이는 일련의 움직임도 독자적이라기 보다는 백제가 북방문제에서 파생된 남방의 힘의 공백을 가야와의 강화로 메우려 한 배려였다고 생각된다.[11)]

〈金鉉球〉

3. 백제·신라의 각축과 분열외교

1) 신라의 진출

한국측 자료에는 보이지 않지만 신라의 가야진출은 일찍부터 시도되었다. 4세기 말에는 신라가 고령가야에 진출하려다가 백제의 저지로 실패한 사실이 있고, 5세기 초에 가야가 백제군의 진주를 요청한 것도 신라의 압력을 벗어나기 위한 것이었다. 그런데 5세기 후반에 고구려의 남하정책으로 인하여 백제의 가야에 대한 영향력이 약화됨에 따라서 6세기 초에 伴跛 등이 세력확대를 시도하자 위기의식을 느낀 백제가 도리어 가야지역에 대한 직접지배를 시도하게 되었다. 그러나 백제의 반파 등에 대한 직접지배의 시도는 당연히 그들과 국경을 맞대고 있었던 신라를 자극하지 않을 수 없었다. 더욱이 고구려의 남하정책으로 인하여 당시 백제의 가야지역에 대한 영향력이 약화된 상태에 있었다. 따라서 6세기에 들어서면서 신라의 가야진출이 본격화되기 시작한다.

11) 이런 점에서 497년 남제에 대한 조공이나 481년의 가라구원군 파견을 대가야의 독자적인 대외관계(李文基, 위의 글)로 보는 것은 옳지 않다고 생각된다.

《삼국사기》에 의하면 신라의 법흥왕이 재위 9년(522)에는 가야 왕실과 혼인관계를 맺고 11년에는 남경에 출진하여 가야왕과 회합을 갖는다. 그리고 법흥왕 19년에는 드디어 남부가야의 대표적인 존재였던 금관가야를 통합하였다.[1] 그런데 《일본서기》 흠명기 2년(541) 4월조 등에는 탁순이나 탁기탄 등의 멸망 사실이 언제나 금관가야의 멸망과 함께 논의되고 있는 것으로 보아 그들도 금관가야가 신라에 통합된 532년을 전후한 시기에 신라에 통합된 것으로 생각된다.

그런데 신라의 탁순·탁기탄·금관가야 등에 대한 통합은 평화적인 방법에 의존하고 있다는 데 그 특징이 있다. 흠명기 2년 4월조에 보이는 백제 성왕의 이야기에 의하면 탁기탄은 신라와의 국경선에 있었기 때문에 해마다 침공을 받아서, 남가야는 땅이 협소하여 졸지에 방비할 수 없고 의탁할 곳이 없어서, 그리고 탁순은 상하가 분열되어 있고 군주가 신라에 내응해서 멸망한 것으로 되어 있다. 그런데 흠명기 5년 3월조에는 성왕의 말로써 탁기탄도 그 한기가 가야국에 다른 마음이 있어서 신라에 내응하여 망한 것으로 되어 있다. 그리고 《삼국사기》에 의하면 남가야도 신라와의 합의에 의해서 통합된 것으로 되어 있다.[2] 결국 신라의 탁순·탁기탄·금관가야 등에 대한 통합은 전부 평화적인 방법에 의해서 이루어졌음을 알 수 있다.

당시 신라는 가야지역에 대해서는 백제와 각축을 벌이고 있었지만 북방에서는 고구려의 남하정책에 대해서 백제와의 공수동맹으로 대항하고 있었다. 따라서 가야지역에서 백제와 직접 충돌을 일으키는 것은 북방의 대고구려전에 파탄을 초래하지 않을 수 없는 처지에 있었다. 그러므로 신라로서는 백제와의 충돌을 피하면서 가야지역에 진출하기 위해서는 평화적인 방법을 취할 수밖에는 없었다고 생각된다.

그러나 신라가 금관가야 등을 평화적인 방법으로 통합할 수 있었다는 것은 가야의 지배층이 신라에 내응하거나 신라와의 통합에 적극 응했기 때문이라고 하지 않을 수 없다. 그런데 백제의 가야지역에 대한 군의 상주나 직접지배의 시도는 이미 백제의 세력하에 있던 지역은 별개로 치더라도 여타

1) 《三國史記》 권 4, 新羅本紀 4, 법흥왕 9년·11년·19년.
2) 《三國史記》 권 4, 新羅本紀 4, 법흥왕 19년.

지역으로서는 일대 위기가 아닐 수 없다. 탁순과 탁기탄의 지배층이 지금까지의 백제 영향력에서 벗어나 친백제파와 친신라파로 분열되고 남가야가 신라에 접근한 데는 여기에 그 이유가 있지 않았는가 생각된다.

그러나 비교적 백제의 영향이 덜 미치고 신라가 통합한 금관가야 등과 이웃하고 있던 안라가야 등은 금관가야 등의 대신라 접근과 그들에 대한 신라의 통합에 대해서 불안을 느끼지 않을 수 없었다고 생각된다. 그 경우 그들이 의지할 수 있는 유일한 세력은 백제밖에 없었다. 따라서 그들로서는 가야지역에 대한 백제의 세력강화나 531년 안라가야에 대한 군의 진주까지도 용인할 수밖에는 없었다. 그리고 이 과정에서 중심적인 역할을 한 것이 남서부의 안라가야이다.

2) 백제의 직접지배 시도

5세기 후반 백제가 고구려의 공격으로 가야지역에 대한 영향력이 약화될 즈음 성주의 반파가 백제가 장악하고 있던 己汶을 빼앗는 사건이 일어났다. 이 사건을 둘러싸고 백제와 반파 사이에 분쟁이 일어나는데 결국 백제가 기문을 다시 장악하게 된다.[3] 이는 고구려의 공격으로 가야에 대한 영향력이 약화된 틈을 타서 북부가야 지역의 반파 등이 독자적인 색채를 보인 데 대해서 백제가 적극적으로 대처하였음을 보여 주는 내용이라고 생각된다. 백제로서는 대고구려전에 있어서 후방기지에 해당되는 가야지역의 반백제적인 움직임을 방치할 수는 없는 일이었기 때문이다.

그런데 기문을 둘러싸고 반파와 백제가 분쟁을 계속하고 있을 즈음에 신라도 본격적으로 가야에 진출하기 시작하여 532년에는 금관가야 등의 통합에 이르게 된다. 그러나 백제로서는 그 세력하에 있던 가야에 대한 신라의 진출은 더욱 용납할 수 없는 일로 가야에 대한 지배력을 강화하지 않으면 안될 입장에 처하게 되었다.

《일본서기》 흠명기 4년(543)조와 5년조 등에는 백제가 가야에 배치한 군령

---

3) 《日本書紀》 권 17, 繼體紀 7년 6월·11월.

·성주와 일계 백제관료(일본의 성과 씨를 가진 백제의 관료를 지칭함)들의 송환 문제를 둘러싸고 안라가야 등과 백제가 논란을 벌이는 내용이 보인다. 그런데 「郡令」이나 「城主」는 그 명칭으로 보아서 지방장관의 명칭임에 틀림없을 것이다. 따라서 늦어도 6세기 중반까지는 백제가 그 지방장관을 가야지역에 배치하여 직접지배를 시도한 셈이 된다.

그런데 백제가 임나지역에 배치한 지방장관으로서 최초로 확인되는 인물이 穗積臣押山(호즈미노오미오시야마)이다. 그에 관한 기사에는 문제가 없는 것은 아니지만 그는 백제가 파견한 가야 下哆唎의 지방장관으로 등장하고 있다.[4] 따라서 그가 지방장관으로서 등장하는 529년경에는 백제가 가야지역에 지방장관을 배치하기 시작한 것이 아닌가 생각된다.

따라서 백제가 가야지역에 지방장관을 배치한 것은 반파 등의 독자적인 움직임과 신라가 가야지역에 본격적으로 진출하기 시작하여 금관가야의 통합에 이르는 5세기 전반에 가야에 대한 통제력을 강화하는 과정에서 취한 조치가 아닌가 싶다. 그런데 백제군의 가야 진주나 지방장관의 배치는 남가야가 멸망하는 532년까지는 고령가야를 중심으로한 북부 가야지역에 한정되어 있었던 것으로 여겨진다. 그와 같은 사실은 《일본서기》 흠명기 2년 4월조의 남가야가 의탁할 곳이 없어서 갑자기 멸망했다는 내용이나 지방장관이 배치되었다는 것보다는 군의 주둔이 선행되었으리라고 생각되는데 금관가야가 멸망하기 직전인 531년에야 백제군이 남부의 안라가야지방에 진주하고[5] 있는 사실로도 입증된다.

한편 《일본서기》 흠명기에는 백제가 신라와의 직접적인 충돌을 피하기 위하여 신라와 가야 사이에 배치한 일본으로부터의 용병인 일계 백제관료들[6]의 본국송환 문제를 둘러싸고 백제와 안라가야 등 가야 제국 사이에 대립이 있었던 것으로 되어 있다. 그런데 일계 백제관료로서 최초로 확인되는 인물도 역시 수적신압산인데 그가 일계 백제관료로서 최초로 확인되는 것이 529

---

4) 그가 《日本書紀》 권 17, 繼體期 6년조와 7년조에도 등장하는데, 23년 3월조에는 백제 下哆唎의 장관으로 등장하고 있다.

5) 《日本書紀》 권 17, 繼體紀 25년조의 분주에는 백제군이 531년에 안라가야에 진출하는 모습이 보인다.

6) 일계 백제관료에 대해서는 金鉉球, 앞의 책 참조.

년이다.[7] 따라서 백제가 일계 백제관료를 가야지역에 배치한 것도 반파의 독자적인 움직임과 6세기 전반 신라의 가야진출에 맞추어서 취한 조치가 아니었는가 짐작된다.

따라서 백제는 반파의 세력확대에 대항해서 기문·다사를 점령하는 한편 일계 백제관료와 군령·성주라는 지방장관을 배치하여 직접지배를 시도한 셈이 된다. 그러나 기문·다사의 점령이나 군령·성주 및 일계 백제관료의 배치가 반파의 기문점령에서 촉발되기는 했지만 그것이 궁극적으로는 고구려와 신라에 대항하기 위한 것이었음은 말할 나위가 없다.[8]

그런데 일찍부터 가야 제국이 백제의 세력권에 있었다고는 하지만 백제의 직접지배체제의 구축은 가야 제국의 협력없이는 불가능했을 것이다. 당시 신라의 금관가야 등에 대한 통합에 불안을 느낀 이웃의 안라가야 등으로서는 신라세력을 저지하기 위해서는 백제를 끌어들일 수밖에 없었을 것이다. 여기에 백제의 가야지역에 대한 직접지배체제의 구축과 안라가야에 대한 군의 진주가 가능했던 원인이 있지 않았는가 생각된다.

그런데 신라와의 직접 충돌만은 피해야 할 입장에 있던 백제로서는 신라의 세력확대를 저지하면서 가야지역에 대한 지배력을 강화할 수밖에 없었다. 그러나 백제의 이런 태도는 가야지역에 대한 백제의 세력확대에 불과한 것으로 백제의 세력하에 있던 가야나 신라에 통합된 금관가야 등을 중심으로 한 지역을 제외한 가야 제국의 입장에서 볼 때는 신라의 가야 통합에 못지않는 위협인 것이다. 따라서 안라가야 등 가야 제국과 백제와의 사이에는 불화가 생기지 않을 수 없었다. 그리고 그 중심이 된 것이 안라가야로 군령·성주 등의 지방장관과 일계 백제관료의 본국송환을 주장하기에 이른 것이다. 그 과정에서 안라가야가 가야 제국의 대외관계에 있어서 중심적인 역할을 하게 되었던 것이다.

---

7) 《日本書紀》 권 17, 繼體紀 23년 3월.

8) 그와 같은 사실은 《日本書紀》 권 19, 欽明紀 5년(544) 11월조에 보이는 것처럼 가야의 군령·성주 등의 철수요구에 대해서 백제가 그들의 배치는 신라·고구려세력을 막기 위해서 불가피함을 설득하여 가야 제국을 납득시키고 있었던 점으로도 입증된다.

3) 가야의 멸망

《일본서기》의 관계 기사에 의하면 흠명 2년(541)경부터 안라가야 등이 백제에 대하여 군령·성주 등 백제가 가야지역에 배치한 지방장관과 일계 백제관료들의 철수를 요구하기 시작하여 백제와 가야 제국간의 대립이 표면화되고 있다. 그런데 안라가야 등이 백제가 가야지역에 배치한 일계 백제관료나 군령·성주 등의 본국송환을 주장하는 가장 큰 이유는 백제가 배치한 일계 백제관료나 군령·성주 등 지방장관들이 남가야 등의 부흥에는 힘쓰지 않고 오히려 신라와의 친선만을 추구한다는 것이다.[9)]

그런데 5세기에 들어서면서부터 고구려가 평양으로 서울을 옮기고 본격적으로 남하정책을 추진하기 시작하자 이에 위협을 느낀 백제와 신라는 고구려에 대항하기 위해서 나제동맹을 맺게 된다.[10)] 이런 때에 신라가 가야지역에 본격적으로 진출하기 시작하고 백제도 가야지역에 대한 직접지배를 시도함으로써 양국간에 긴장이 고조되기 시작한 것이다. 그런데 고구려의 주된 공격의 대상은 신라보다는 백제였으므로 백제로서는 가능한 한 대고구려관계에서 협력관계에 있던 신라와 가야지역에서 직접적인 충돌을 피하지 않으면 안될 입장에 있었다.

따라서 백제가 가야지역에 파견한 일계 백제관료나 지방장관들도 신라가 통합한 남부가야 등을 적극적으로 회복하려고 하기보다는 그 이상 신라의 세력이 확대되지 못하도록 가야에 대한 지배력을 강화하면서 신라와의 충돌을 회피하기 위해서 노력하지 않으면 안될 입장에 있었다. 백제가 지방장관을 배치하여 가야에 대한 직접지배를 시도하는 한편 가야와 신라 사이에 백제군이 아니고 제3국의 군대인 일본으로부터의 용병을 배치한 것도 이런 이유 때문이었던 것이다. 그러나 백제가 금관가야 등의 회복보다는 신라와의 현상유지에만 힘을 쓰는 것은 가야 제국의 입장에서는 가야지역에 대한 백

---

9) 《日本書紀》 권 19, 欽明紀 5년 3월.

10) 盧重國, 〈高句麗·百濟·新羅 사이의 力關係 변화에 대한 一考察〉(《東方學志》 28, 1981).

제의 세력확대를 의미하는 것으로 좌시할 수 없는 일이다.

541년경부터 가야가 일계 백제관료와 백제가 배치한 지방장관의 철수를 요구한 데 대해서 백제측이 대안으로서 소위 3책이라는 것을 제시하고 있다.[11] 그 내용은 고구려와 신라의 가야침략을 저지하기 위해서 군령·성주 등의 지방장관은 그대로 두고, 吉備臣(기비노오미)·河內直(카와치노아타히) 등 일계 백제관료는 본국으로 송환시키며, 탁순 등의 부흥을 위해서 안라가야와 신라의 사이에 6성을 쌓은 다음 야마토왜에서 빌린 군대와 백제군을 배치한다는 것이다.

그런데 《삼국사기》에 의하면 554년의 관산성전투에서 가야가 백제와 함께 신라와 싸운 것으로 되어 있다. 따라서 541년경부터 가야지역에 대한 직접지배의 시도 문제를 둘러싸고 가야 제국과 백제 사이에 알력이 있기는 했지만 소위 3책을 바탕으로 타협이 이루어진 것으로 생각된다. 신라의 위협하에 놓인 가야 제국으로서는 백제에 대한 의존을 심화시킬 수밖에는 없었다는 이야기이다. 따라서 종국적으로 가야 제국은 백제와 그 운명을 같이 할 수밖에 없게 된다.

《삼국사기》에 의하면 554년 관산성전투에서 가야와 백제의 연합군이 신라에게 괴멸적인 패배를 당한 것으로 되어 있다. 그런데 562년 대가야의 멸망에 즈음해서 백제가 가야지역에 출병한 것으로 되어 있다.[12] 그리고 당시 고령의 대가야 멸망은 대가야가 신라에 반하였으므로 신라에게 토벌당한 결과인 것으로 되어 있다. 따라서 562년 고령가야의 멸망기사는 544년 관산성 싸움 후에 실질적으로 신라의 세력하에 들어간 대가야가 562년 백제와 더불어 가야의 부흥을 꾀하다가 실패한 사실을 보여 주는 내용이라 여겨진다.

결국 가야 제국은 554년 관산성전투의 패배로 실질적으로는 신라의 세력하에 들어가게 되었다. 따라서 백제와 가야 제국과의 369년 이래의 관계도 554년의 단계에서 거의 끝난 것이 아닌가 생각된다.

〈金鉉球〉

---

11) 《日本書紀》 권 19, 欽明紀 5년 11월.

12) 《日本書紀》 권 19, 欽明紀 23년(562)조에 의하면 가야의 멸망에 즈음해서 야마토왜가 출병한 것으로 되어 있다. 그러나 실제 출병한 것은 야마토왜가 아니고 백제였다(金鉉球, 앞의 책, 144~146쪽).

Ⅸ. 가야인의 생활

1. 산업의 발달
2. 종교와 풍속

Ⅸ. 가야인의 생활

1. 산업의 발달

산업이란 생산을 영위하는 일로 자연물에 인공을 가하여 그 사용가치를 만들어 내고 또한 그 가치를 증대시키기 위해서 형태를 바꾸거나 혹은 이전하는 경제적 행위인 것이다. 이러한 행위에는 농업·수산업·목축업·임업·광업·공업·상업 및 무역 등이 포함될 수 있다.

그런데 사회 발전단계상에서 볼 때 가야사회를 이처럼 세분하여 그 산업의 양상을 밝히기에는 현재 이용할 수 있는 자료로서는 어려움이 있기 때문에 여기서는 농업과 어업 그리고 수공업 분야와 이러한 산업발달에 수반되는 교역문제에 한정하여 살펴보기로 한다.

문헌상 가야사회는 경상남북도 서부지역에 분포하고 있었던 小國의 통칭으로 이해되며, 좁은 의미로서는 金海의 金官加耶, 高靈의 大加耶로 대표되는 개념이다. 이는 철기문화의 확산에 의한 이 지역에서의 弁韓소국들의 사회통합이 지속적으로 추진되어 작용한 결과일 것이다.

소국간의 통합 결과 2·3세기대에 이르면 洛東江유역 일대는 김해를 중심으로 하여 소국연맹을 이루게 되는데 이를 대체로 前期 加耶聯盟으로 볼 수 있을 것이다. 이후 4세기 말에서 5세기 초에 걸친 한반도의 정세는 전기 가야연맹의 세력을 약화시키는 직접적인 요인으로 작용하여, 5세기 후반에 이르면 그 정치세력의 중심지는 내륙의 고령지방으로 옮겨지게 되는데, 이것이 고령의 대가야를 중심으로 한 後期 加耶聯盟으로 이해되는 시기인 것이다. 여기서는 이러한 역사적 시기구분을 바탕으로 하여 가야의 산업에 대해서 살펴보기로 한다.

1) 전기 가야의 산업

전기 가야시대 산업으로는 稻作을 중심으로 한 농업과 남해안 일대의 풍요한 해산물을 바탕으로 한 어업을 들 수 있다. 그리고 풍부한 철을 바탕으로 한 철기생산 및 토기·길쌈[1] 등의 수공업을 생각할 수 있을 것이다.

한반도에서 古代米 출토 유적의 일반적인 특징은 대부분이 동일 유구나 유적 넓게는 동일지역에서 다른 밭작물과 동반된다는 사실이다. 이러한 점은 쌀만 검출된 扶餘 松菊里,[2] 慶州 각지의 고분, 金海 會峴里, 三千浦 勒島 유적 등도 인접지역에서 밭작물이 경작되었을 것이라는 추정을 하게 한다. 즉 부여 송국리 유적의 경우 출토된 碾石의 존재로 보아 조[粟] 등의 밭작물이, 김해 회현리 유적의 경우는 인접한 府院洞 유적[3]에서 쌀과 보리[大小麥], 콩과 팥[大小豆], 조·밀 등이 함께 출토된 사실로 확인할 수 있다.[4] 이와 같은 현상은 한반도의 선사·고대농업이 밭농사가 우세하였거나 밭농사와 논농사가 혼합된 형태로 경작[5]되었음을 나타내는 것이라고 볼 수 있다.

한편 한반도의 도작농업[6]이 靑銅器시대에 이미 청동기·石器·土器·墓制 등의 복합문화체로서 남부지방에서 일본으로 전파되었다는 사실과 이 시기 김해지역에서의 철기문화 발달을 염두에 둔다면 상당히 발전된 단계에 도달해 있었으리라고 생각된다.

육지에서 떨어진 늑도와 같은 섬은 논농사가 부적합한 곳이기 때문에 출토된 쌀은 교역 대상품으로 반입되었을 가능성이 높은 것으로 생각된다.[7]

---

1) 《三國志》 권 30, 魏書 30, 東夷傳 弁辰傳에 의하면 "蠶桑을 익히 알고 縑布를 짤 줄 안다"라고 기록되어 있다.
2) 國立中央博物館, 《松菊里 Ⅰ》(국립박물관 고적조사보고 11, 1981).
3) 東亞大博物館, 《金海府院洞遺蹟》(고적조사보고 5, 1981)
4) 郭鍾喆, 〈한국과 일본의 고대 농업기술〉(《韓國古代史論叢》 4, 韓國古代社會硏究所, 1992), 65쪽.
5) 이 점은 《三國志》 권 30, 魏書 30, 東夷傳 弁辰傳의 "土地가 肥美하여 五穀과 稻를 심기에 좋다"라는 기사를 통해서도 확인할 수 있다.
6) 한반도의 도작농업에 대해서는 沈奉謹, 〈韓國 先史時代 稻作農耕〉(《韓國考古學報》 27, 1991), 5~61쪽 참조.
7) 이 경우 陸稻의 재배도 배제할 수 없으나 지형조건을 고려해 볼 때 반입의 가

다시 말해 쌀이 섬 주민의 식량으로서의 역할보다 상품 내지 전략물자로서의 상업적 의미를 가진 교역대상물이었다고 보여지는 것이다.[8] 이것은 해당 출토 유적이 해안평야의 砂原이나 離島·海岸 砂州 등에 입지한다는 점으로 추측할 수 있는 것이다. 따라서 이 점은 김해를 중심으로 한 전기가야의 해안부 도작 유적의 입지조건과 유사한 부분이 적지 않기 때문에 검토할 필요성이 있는 가설이라고 생각된다.

그리고 당시의 도작 유적을 경영한 집단의 산업활동은 농업과 어업이 혼합된 경제구조로서 양자의 생산력이 중복되거나 어업에 보다 많이 치중한 양상을 보이고 있는데, 이 점은 해안지역을 무대로 한 당시의 생산·교역체계를 염두에 둔다면 쉽게 이해할 수 있을 것이다.

다음은 전기가야의 어업에 대하여 살펴보면 어업활동에는 어로·양식·수산제조의 의미가 포함되어 있으나 당시의 기술수준으로는 어패류를 포획하는 것이 주된 활동이었을 것이다.[9] 먼저 문헌에서 전기 가야시대 타지역에서 보이는 어업활동에 관한 내용을 참고로 살펴보면, 어로(①) 외에 해조류의 채취(②), 해서동물의 포획(③), 건어물·소금 생산활동(④·⑤) 등이 있었다고 보아진다.

① 마침 浦邊에 한 노파가 있어 이름을 阿珍義先이라 하니 赫居王의 고기잡이 할미였다(《三國遺事》 권 1, 紀異 2, 第4 脫解).
② 하루는 延烏가 바다에 가서 海藻를 따고 있는 중 홀연히 한 바위가 있어 싣고 日本에 가버렸다(《三國遺事》 권 1, 紀異 2, 延烏郞 細烏女).
③ 그 바다에서는 班魚皮가 생산되었다(《三國志》 권 30, 魏書 30, 東夷傳, 濊).
④ 또 (魏의 顯祖가) 詔書로 말하기를 "…바친 바의 錦布海物은 비록 다 이르진 않았으나 卿의 至心이 명백하므로 지금 雜物을 별도로 주는 것이다" 하다(《三國史記》 권 25, 百濟本紀 3, 蓋鹵王 18년).

능성이 더 높다고 생각된다.

8) 이와 같이 해상무역을 하는 상인이나 해양 어민들에 의해서 경영되고 있는 상업적이며 비정착적인 형태의 도작을 'Gambler의 稻作'으로 파악한 견해도 있다(高谷好一 《コメをどう捉えるか》, 東京 ; 日本放送出版協會, 1990, 106~157쪽).

9) 그렇다고 하여 당시의 어로기술이 미숙하였다고 볼 수는 없다. 왜냐하면 고도의 포획기술을 요하는 捕鯨業이 이미 선사시대에 행하여졌다는 사실은 蔚州 盤龜臺의 巖刻畵가 이를 입증하고 있기 때문이다.

⑤ (高句麗에) 貊布와 魚鹽·海中植物을 千里나 짊어지고 갔다(《三國志》 권 30, 魏書 30, 東夷傳, 東沃沮).

이러한 사실로 보아 가야사회도 이와 동등한 어업활동을 하였을 것으로 추측된다. 특히 주목되는 것은 해산물이 자급자족의 경제에서 벗어나 대외교역물로서 상품화되었다는 점(④·⑤)이다. 아울러 이는 해산물을 가공하여 보존하는 기술이 발달하였다는 것을 의미한다고 볼 수 있다.

고고학적인 자료를 통해 볼 때 당시 김해 중심의 해안을 생활 근거지로 한 경제활동에 대한 그 일면의 추측을 가능하게 하는 것은 패총이다. 김해를 중심으로 한 패총의 입지와 조개류[貝類] 조성을 비교해 보면, 전기 가야시대 이전의 유적들은 김해지역에 해수가 침입한 이후에 해수면의 변동으로 인하여 外海와 內灣에 분포하여 그 위치에 차이를 보이고 있다. 그러나 전기 가야시기가 되면 패총의 위치는 대체로 그 구별이 없어진다. 이 점은 당시 이 지역의 어업활동이 세분화됨에 따라 생산 담당계층이 분리·분화되어 단순한 어로활동에서 보다 높은 수준의 경제구조로 바뀌어 갔다는 사실을 보여주는 것이다.

그런데 전기 가야시대보다 앞선 시기에는 패총에 묻혀진 패류의 종류가 패총이 위치하고 있는 지역에 따라서 결정되는데, 이는 패류를 포획하는 집단의 활동이 패총을 형성한 지역을 중심으로 생활을 영위하고 있었다는 사실을 의미한다. 하지만 전기 가야시대에 이르면 이러한 양상은 약간의 변화를 보이게 된다. 즉 새로이 灣의 안쪽에 형성된 회현리·부원동 패총의 경우, 그 위치가 만의 안쪽인데도 불구하고 출토된 패류의 종류에는 외해에서 서식하고 있던 패류가 적지 않게 포함되어 있는 것이다.10) 이러한 사실은 이들 패총을 형성한 집단이 어업활동의 내용에 따라 외해계와 내만계로 분리되었을 것이라는 추측을 가능하게 하는 것이다. 사실 외해계 어업은 잠수어

10) 양 패총은 그 입지 때문에 內灣의 굴류·백합·바지락 등의 潮間帶群集이 주종을 형성하지만 패류 가운데에는 外海에서 灣口部 사이에 서식하는 패류가 적지 않게 검출되고 있다. 예를 들자면 참전복·시볼트전복 등의 전복류와 긴뿔고둥·눈알고둥·명주고둥·테두리고둥·보말고둥 등의 고둥류 및 홍합·대복·조선백합·국자가리비 등이다.

법[11]에 의한 패류·해조 등의 포획이나 해서동물의 포획과 같은 독특한 기술체계를 가지고 있기 때문에 내만계의 어로활동과 구분된다.[12]

그리고 당시의 대외 교역활동의 담당 집단이 이들 외해계 어민들이었다는 사실은, 이 시기의 것으로서 김해지역에 보이는 패총의 지리적 입지가 단순히 어업만을 목적으로 해서 형성된 것이 아니라는 점을 반영한다. 다시 말해서 패총과 분묘 등에서 출토되는 외래계 반입품은 당시의 대외교역활동이 加耶諸國 집단간의 교역범위를 벗어나 중국·일본과도 이루어지고 있었다는 것을 나타내는 것이다.

다음은 수공업으로서의 철 문제이다. 철은 고대국가 형성에 중요한 역활[13]을 한 것으로 낙동강 하류의 김해지역은 초기 철기 유적이 많이 분포되어 있는 곳의 하나이다. 조사 결과에 따르면 경상남도지역의 17개 소의 鐵鑛床 가운데 13개 소가 김해 부근에 분포하고 있다는 것이다.[14] 또한 김해군 상동면에서 야철지가 확인[15]되고 있는데, 이는 다음의 내용과 관련이 있다고 보아진다.

> 나라에는 鐵이 나는데 韓·濊·倭가 모두 와서 이것을 취해 갔다. 모든 賣買에는 모두 鐵을 사용하는데 中國에서 錢을 사용함과 같다. 또한 二郡에 供給한다(《三國志》 권 30, 魏書 30, 東夷傳, 弁辰).

철을 매개로 한 전기 가야의 교역활동을 문헌과 유물을 토대로 하여 살펴보면, 낙랑지역이 중국과의 중개무역으로 번성하고 있었다면 전기 가야의 김해지방은 낙랑의 선진문물을 수입하여서 낙동강 수로를 통하여 경상 내륙지

---

11) 이러한 잠수어업에 대해서는 "또 한 바다를 건너 千餘里를 가면 末盧國에 이른다. …고기와 전복잡기를 즐겨 물이 깊고 얕음이 없이 모두 물밑에 가라앉아 이를 취한다"(《三國志》 권 30, 魏書 30, 烏丸鮮卑東夷傳 30, 倭)라는 기록이 참고된다.

12) 郭鍾喆, 〈洛東江 河口 金海地域의 環境과 漁撈文化〉(《伽倻文化硏究》 2, 釜山女大, 1991), 70쪽.

13) 李龍範, 〈高句麗의 成長과 鐵〉(《白山學報》 1, 1966).

14) 李南珪, 〈韓國初期 鐵器文化의 一考察〉(《韓國考古學報》 13, 1982), 42쪽.

15) 安春培, 〈伽倻社會의 形成過程硏究〉(《伽倻文化硏究》 창간호, 1990), 60~61쪽.

방의 가야 여러 소국이나 신라 등지에다 팔아서 그 부를 축적하고 있었을 것이다. 그리고 對馬島와 壹岐島를 거쳐 倭國에도 선진문물을 수출함으로써 막대한 중개무역의 이익을 축적하는 중개기지로서 번성하였으리라고 추정된다. 최근 김해지역에서 출토된 중국거울·일본계 청동기 등이 이를 증명해 주고 있다.

그런데 전기 가야의 김해를 중심으로 한 이러한 산업양상은 낙랑의 소멸에 따른 낙랑과의 교역단절, 이어 전개되는 한반도내에서의 일련의 정세변화로 그 중심지가 고령을 중심으로 한 경상 내륙 산간지방으로 옮아가게 되었던 것이다.

2) 후기 가야시기

4세기에 들어와 한반도 북부에서 한 차례의 정치적 파동이 일어나고 그 여파는 한반도 남부에 직접 영향을 미치게 된다. 4세기 초의 고구려에 의한 樂浪郡·帶方郡의 점령은 전기 가야에 있어 해상교역 기지의 상실로 인한 경제적 손실을 초래하였고, 4세기 말에서 5세기 초에 걸친 고구려의 가야지역 정벌로 인해 다시 한번 큰 타격을 입게 되었다.

이처럼 4세기부터 5세기 초까지의 일련의 정치적 파동은 가야사회에 몇가지 변화를 초래하였다. 우선 전기 가야의 중심이었던 김해를 비롯한 경남 해안지역은 큰 타격을 입어 정치·경제적 영향력을 잃게 되었으며, 그 세력의 일부는 주변의 가야지역으로 이동하여 후기 가야사회를 형성시키는 데 기여하였다고 보아진다. 이에 반해 당시 가야지역내에서도 후진지역이었던 고령을 중심으로 한 거창·함양 등지의 내륙 산간지역은 전화를 입지 않았기 때문에 토착세력을 기반으로 착실한 성장을 이루어 나갈 수 있었던 것이다. 한편 가야지역 가운데에서도 비교적 신라와 가까운 지역에 위치하였던 성주·창녕 등지의 가야세력은 신라의 세력권 아래로 점차 잠식되어가는 현상을 보였다고 추측된다.

당시의 경상 내륙 산간지방은 5세기 초의 전화도 입지 않았고 게다가 최상의 농업 입지조건을 안정적으로 영유하고 있었으므로 이곳에 철기·토기 등의 선진문화 기술을 보유하고 있던 유이민들이 들어오면서 농경사회 전체의 발전속도가 그 이전보다 가속화되어 나갔을 것이라는 점은 충분히 추측할 수 있는 일이다.[16]

경상 내륙 산간지방에서의 농경문화 전통이 경상 해안지방보다 뒤지지 않는다는 사실은 고령 良田洞·山淸 江樓里·晋州 大坪里 유적에서 보이는 볍씨자국의 무문토기편에서도 쉽게 추측할 수 있는 것이다. 지금의 김해지방은 삼각주 평야지대로 농경에 적합한 지대로 이용되고 있지만, 낙동강의 대규모 제방이 구축되기 이전의 김해지역은 저습지 혹은 해안지대로서 거의 해마다 홍수피해를 입어 농경에 좋지 못한 환경이었던 것이다.[17] 따라서 농업은 오히려 내륙지방에서 더욱더 활발하였으리라고 보아진다. 내륙 산간지방은 비록 김해지역과 같이 넓게 펼쳐진 평야지대의 입지는 아니지만 아직 저수시설과 수리제어기술이 미흡하여 산간의 계류를 이용한 관개시설 방식의 농경[18]을 하였던 고대인들에게는 이러한 곳이 오히려 최상의 안정적인 농업 입지조건을 갖춘 지역이었다고 할 수 있을 것이다.

다음으로 철산지의 확보라는 점인데, 비록 후대의 자료이긴 하지만 가야지역내의 鐵場으로는 《世宗實錄地理志》에 陜川郡 冶爐縣 心妙里의 철장과 山陰縣 馬淵洞山·三嘉縣 毛臺亦里 檻頂山의 철장 등이 보이고 있다. 이러한 사실은 당시 이 지역을 중심으로 철산업이 발달하였을 것이라는 추측을 가능하게 한다. 그리고 각 군현의 歲貢조를 참고해 보아도 야로현의 철장은 조선 초기에 正鐵 9,500근의 세공을 바쳤을 정도로 철이 풍부하게 생산되었던 곳으로 가야지역내에서 다른 어느 철산지와도 비교될 수 없는 곳이었다. 그러므로 후기 가야는 이를 장악한 고령을 중심으로 발전할 수 있었던 것이다.

〈沈奉謹〉

16) 金泰植, 〈後期加耶諸國의 성장기반 고찰〉(《釜山史學》 11, 1986), 15쪽.
17) 潘鏞夫·金元經, 〈金海地域의 地形과 聚落〉(《伽倻文化硏究》 2, 1991), 7쪽.
18) 李賢惠, 〈三國時代의 농업기술과 사회발전〉(《韓國上古史學報》 8, 1991), 52쪽.

2. 종교와 풍속

종교와 신앙이란 학술적으로 엄격하게 구별하여 정의를 내리기 쉽지 않은 용어 중의 하나이다.[1] 협의의 의미에서 종교란 불교 또는 기독교와 같이 내세관을 가지며 교리·교단 등을 갖춘 것으로 이해되지만, 「초자연적인 존재에 대한 믿음」이란 측면에서 본다면 신앙도 종교에 포함되는 의미로 해석할 수 있을 것이다. 외래종교인 불교가 들어오기 전단계의 시기에 있어서는 양자의 구별은 더욱 불명확하며 고대사상과도 혼동[2]하여 사용되고 있다. 그리고 이러한 것들은 사회집단의 생활 내부에서 발생하였으므로 풍속으로 이해되는 부분도 있는 것이다.[3]

일반적으로 가야시대는 문화적·사상적인 측면에 있어서도 주변 삼국과 마찬가지로, 사회집단내에 존재하였던 이질성 즉 상고시대 이래 이어져 온 샤머니즘·토테미즘·애니미즘 등의 종교적 갈등이 점차 해소되고 정돈되면서 세계성을 가진 외래종교인 유교·불교·도교 등의 사상을 받아들여 독자문화를 이루어 가는 시기였다고 이해할 수 있을 것이다.

이러한 이해를 토대로 여기서는 문헌기록과 고고학적 자료에 보이는 가야시대의 종교·신앙과 풍속을 중심[4]으로 고찰해 보기로 한다.

---

1) 사전에서 종교와 신앙의 의미를 찾아보면 다음과 같다.
宗敎란 신이나 초인간적인 존재의 능력을 믿고 숭배하여 삶의 평안을 추구하는 정신문화의 한 갈래라 하고, 신앙이란 불합리하고 불완전한 인간성을 완전하신 하느님의 인격에 접근시키려는 의식적인 노력이라고 한다(한글학회, 《우리말 큰사전》, 어문각, 1992).

2) 예를 들면 태양숭배사상·산신숭배사상·조상숭배사상 등과도 혼용하여 사용되기도 한다. 이런 점에서 보면 사상이란 신앙이 종교의 형태로 체계화되기 전단계를 의미한다고 볼 수 있을 것이다.

3) 예를 들면 금기시한다든가 신성시하는 행위가 종교적인 영역이라고 생각된다.

4) 본고에서는 용어상의 혼동을 피하기 위하여 유교·불교·도교가 고대국가에 수용되기 이전의 종교는 신앙으로 표현하기로 한다. 이 가운데 유교는 현실적 윤리도덕의 규범을 강조하고 있으므로 종교라고 볼 수 없다는 견해도 있을 수 있으나, 유교경전인 《詩經》·《書經》을 비롯한 五經에 초인간적·초자연적 존재인 「上帝」와 「天」 등이 숭배의 대상으로 나타나 있고, 종교의식인 祭儀가 존재하므로 광의의 의미에서 종교라고 보아도 무리는 없을 듯하다.

1) 문헌에 보이는 가야의 종교

(1) 불 교

고대국가 가운데서도 가장 문헌이 남아있지 않는 국가가 가야이다. 따라서 불교전래 사실도 주변의 삼국이 비교적 명확하게 기록을 남기고 있는 데 비해 보이지 않고 있다. 고대삼국 가운데 처음 불교가 공인된 국가는 고구려로, 제10대 小獸林王 2년(372)에 前秦의 順道가 불교를 전하였다. 백제는 고구려보다 12년 뒤인 제15대 枕流王 원년(384)에 東晉으로부터 인도승 摩羅難陀(Malananta)가 들어와서 불교를 전하였다. 신라는 그 후인 訥祇麻立干代(417~458)에 고구려를 거쳐온 墨胡子(阿道)에 의해 불교가 전래되었으나 널리 퍼지지 못하였고 法興王 때 異次頓의 순교와 더불어 공인되었던 것이다.

그러나 가야의 불교전래에 대해서는 자료가 극히 미비하여 그 전반적인 실상은 알 수 없다. 다만 문헌기록으로 《삼국유사》와 여기에 수록된 《駕洛國記》에 다음과 같은 불교관계 기사가 남아 있기 때문에 가야에도 불교가 전래되었다고 추측은 할 수 있지만 전래 연대에 대해서는 확정할 수 없다.

① 왕이 가로되 내가 서울을 정하고자 한다.…이 땅이 蓼葉과 같이 협소하나 (地勢가) 秀異하여 가히 16羅漢의 살 곳이 될 뿐 아니라 하물며 1에서 3을 이루고 3에서 7을 이루는 7聖이 살 곳으로 적합한 곳이다(《駕洛國記》).

② 妾은 본래 阿踰陀國의 공주인데 姓은 許씨이고 이름은 黃玉이며 나이는 16세입니다(《駕洛國記》).

③ 金官 虎溪寺의 婆娑石塔은 옛날 이 고을이 金官國으로 되었을 때 世祖 首露王의 妃 許皇后 黃玉이 東漢 建武 24년 甲申에 西域 阿踰陀國에서 싣고 온 것이다(《三國遺事》 권 3, 塔像 4, 金官城 婆娑石塔).

④ 銍知王 혹은 金銍王이니 元嘉 28년에 즉위하여 이듬해에 世祖와 許黃玉 왕후를 위하여 처음에 세조와 合御하던 곳에 명복을 빌려고 王后寺라는 절을 짓고 논 10결을 바쳐 충당케 하였다(《駕洛國記》).

사료 ①의 16나한이라든지 7성[5]이 살 곳이라 한 점은 금관가야의 도읍지

5) 16羅漢과 7聖에 대해서는 '16나한은 부처님의 大弟子들이고 7성은 곧 7佛(과

가 불교와 관련이 있다는 설화이고, ②·③에 의하면 수로왕 妃인 허황옥은 불교 발생지인 인도의 일국인 아유타국 출신이라 하여 역시 불교와 관련이 있다는 점을 강하게 반영한다고 보여지는 것이다. 그러나 현 단계에서 금관가야의 건국이 불교와 관계성을 가진다고 보기에는 많은 문제점이 있다. 또한 앞서 살펴보았듯이 주변 삼국에의 불교전래가 4·5세기였던 점을 감안한다면 이들 설화는 불교가 들어온 뒤에 이루어진 것이라고 보는 것이 타당할 것이다. 이런 맥락에서 사료 ④에 보이는 王后寺의 창건을 元嘉 29년(452)이라고 기록한 기사는 어느 정도 역사성을 가진다고 보아도 좋을 것이다.[6)]

그러나 가야에의 불교전래가 백제를 통해 전래되었는지 혹은 설화에 보이는 것과 같이 해로를 통해 중국 또는 인도로부터 들어왔는지 하는 점은 문제로 남는다.[7)] 아울러 4면이 각이 진 오층석탑인 婆娑石塔은 재질면에 있어 이 지방에서 구할 수 없는 석질이란 점에서 고고학적·미술사적으로도 검토의 여지를 남기고 있다고 하겠다.

한편 후대의 사료인《新增東國輿地勝覽》에는《삼국사기》地理志를 주석하는 형식으로 신라 말의 학자인 崔致遠이 찬한 〈釋利貞傳〉과 〈釋順應傳〉의 일문을 인용하고 있다.

> 가야산신 正見母主는 곧 천신 夷毗訶之에 응감한 바 되어, 대가야왕 惱窒朱日과 금관국왕 惱窒靑逸 두 사람을 낳았다. 대가야국의 月光太子는 正見의 10대손이다(《新增東國輿地勝覽》권 144, 高靈縣).

여기서 가야산신을 정견모주라고 하고 있는데 이 역시 불교적인 색채로 윤색되어 있음을 알 수 있다. 정견이란 불교의 八正道[8)] 가운데 처음의 것으

거 6불에 釋迦를 더하여 7불)을 말함이다'라고 보는 견해가 있다(丁仲煥,《加羅史草》, 釜山大, 1962, 65쪽). 또는 隨信行 등 불교의 7성을 의미한다고 한다(李丙燾,《譯註 三國遺事》, 廣曺出版社, 1981, 286쪽).

6) 이에 대해 金煐泰는 銍至王 2년(452)을 金官加耶에 불교가 初傳된 시기라고 보았다(金煐泰, 〈駕洛佛敎의 傳來와 그 展開〉,《佛敎學報》27, 1991).

7) 金煐泰는 금관가야에 전래된 불교는 백제나 중국보다 인도 쪽에서 들어 왔을 가능성이 높다고 보고 있다. 또한 가야의 불교가 신라불교에 영향을 미쳤다고 추측하고 있다(金煐泰, 위의 글, 46~47쪽).

8) 八正道란 正見·正思·正語·正業·正命·正精進·正念·正定을 말한다.

로 바른 견해를 가진다는 뜻이다.

위 설화의 내용은 가락국의 시조를 하늘에서 내려 온 난생의 사람이라 비유한 데 반해, 대가야의 시조는 천신과 산신의 감응에 의해 탄생하였다고 하는 것이다. 이것은 금관가야 뿐만이 아니라 대가야에도 불교가 전래되었다는 사실을 역사적으로 반영하는 것[9]이라고 볼 수 있을 것이다.

(2) 유 교

유교는 중국의 상고신앙을 바탕으로 초월적·절대적 존재로서의 上帝 혹은 天을 중시하는 사상에서 인간 중심의 사회현실을 중시하는 사상으로 발전하였다.[10] 그러므로 유교는 윤리도덕의 규범을 강조함과 동시에 종교·철학·정치·교육·사상 등의 학문으로도 발전할 수 있는 요인을 가지고 있었다. 그 가운데에서도 유교는 인간생활에 직접적 영향을 미치는 정치와 깊은 관계를 가지고 있다고 할 수 있다. 이러한 측면이 유교를 민본주의를 근본으로 하는 德治主義와 王道政治를 강조하는 정치사상으로 발전시켰던 것이다.

가야를 비롯한 고대 삼국도 유교문화의 영향을 받으면서 각국의 고유문화를 성립시켜 나갔다고 보아진다. 일반적으로 삼국시대를 불교사상을 토대로 한 시기라고 이해하지만, 실제로는 유교가 보다 먼저 전래되어 고대문화의 일부분을 형성하였다. 이는 유교전래의 하한을 고구려 小獸林王 2년(372)의 太學 설립의 기록에서 찾고 있기 때문이다. 백제에서도 近肖古王代(346~375)에 박사 高興에 의해 《書記》가 편찬되었다는 기록에서 유교가 전래된 사실을 확인할 수 있다. 신라의 경우 眞興王 6년(545)에 이르러 《國史》가 편찬되었던 점과 교육기관인 國學이 神文王 2년(682)에 설치되었다는 점에서 본다면 유교가 상당히 늦게 전래되었다고 할 수 있다. 그러나 訥祗麻立干代에 박

---

9) 대가야의 불교 전래 경로에 대해서 금관가야로부터 유입되었다고 보는 설(金煐泰, 앞의 글)과 백제로부터 유입되었다고 보는 설(金福順, 〈大加耶의 불교〉, 《加耶史硏究》, 1995)이 있다. 한편 南齊로부터 유입 가능성을 시사하는 설도 있다(田中俊明, 《大加耶聯盟の興亡と'任那'》, 吉川弘文館, 1992).

10) 상고신앙으로서의 유교는 공자에 이르러 인간적 가치를 존중하는 사상으로 체계화 되었다. 공자는 인간의 의지를 넘은 존재로서의 「天」 또는 「天命」에 대한 외경심을 표시하였으나, 이는 주체적으로 각성된 인간성을 통하여 심화되는 세계로 보았던 것이다.

제상이 고구려에 인질로 가 있던 王弟 卜好를 데려오기 위해《春秋左氏傳》과《詩經》의 문구를 인용하여 고구려왕을 설복시켰던 점[11]을 생각한다면 이미 유교의 오경사상이 전래되어 지배층에 널리 읽혀졌다고 추측할 수 있다.

한편 가야의 유교사상을 엿볼 수 있는 서술 부분[12]을《가락국기》에서 추출하여 열거하여 보면 다음과 같다.

① 假宮을 짓게 하여 入御하였으나 질박하고 검소하고자 하여 茅茨(지붕에 덮은 띠)를 자르지 않고 흙 계단은 三尺이었다.
② 宮闕과 屋舍는 농한기를 이용하여 건축하였다.
③ 王이 대답하기를 하늘이 나를 명하여 즉위케 하여 장차 중국을 편안히 하고 下民을 안도케 함이니 감히 天命을 어기어 位를 주지 못할 것이고 또한 우리 나라의 백성을 너에게 맡길 수도 없다.
④ 그 아래 官僚는 周의 規例와 漢의 제도로써 정하니 이것이 革古鼎新하고 設官分職하는 도리였다.
⑤ 이에 나라와 집안이 질서있게 되고 人民을 자식과 같이 사랑하니 그 敎化는 엄숙치 아니하여도 위엄이 서고 그 정치는 엄하지 아니하여도 다스려졌다.

위의 내용으로 알 수 있는 사실은 가야시대에도 정치사상으로서 유교가 전래되었다는 점이다. 즉 현실 정치를 담당한 위정자의 자질에 필요한 왕도정치와 덕치주의(①·⑤), 추구하는 정치의 근본인 민본주의(②), 도덕성과 역사의식의 근거인 天命思想(③), 그리고 유교적 국가제도의 정비 등의 요소가 보이고 있다.

이처럼 유교가 불교보다 앞서 그리고 별다른 마찰없이 가야를 비롯한 고대사회에 쉽게 받아들여질 수 있었던 이유는 중국의 유교사상과 한국 고대의 사상이 모두 인간을 근본으로 하고 현세를 중시하는 동질성이 있었기 때문이었다고 생각된다.

---

11)《三國史記》권 45, 列傳 5, 朴堤上條 참조.
12)《駕落國記》의 내용에는 후대의 수식이 더해진 부분이 많기 때문에 문제성이 있다. 그러나 금관가야가 일찍부터 낙랑과 빈번한 통교가 있었던 점을 감안한다면 문물뿐만이 아니라 중국의 유교사상도 동시에 전래되었을 가능성이 높다고 생각되어지기 때문에 사료로 이용하였다.

(3) 도 교

道敎란 민간신앙인 神仙思想을 기반으로 不老長生을 주요 목적으로 하고 현세의 吉福을 추구하는 종교이다. 도교는 자연발생적인 요소를 가지고 있기 때문에 고대 한국에서도 도교를 수용할 수 있는 토착적인 신앙적 기반이 있었다고 보아진다. 즉 檀君神話에 보이는 산악숭배신앙과 신선설 및 각종 方術[13]에 관한 기록이 그것을 반증하고 있다.

먼저 삼국에의 도교 전래를 살펴보면, 먼저 고구려의 경우 《삼국유사》에 기록이 보이고 있다.

> 高(句)麗本記에 말하기를 麗末인 武德·貞觀[14]년간에 國人이 다투어 五斗米敎[15]를 신봉하였다. 唐 高祖가 이를 듣고 道士를 시켜 天尊像을 보내고 道德經을 강연케 하였다. 왕이 국인과 함께 聽講하였는데 즉 榮留王 즉위 7년인 무덕 7년 甲申(624)이었다(《三國遺事》 권3, 興法 3, 寶藏奉老 普德移庵).

이 기사에 의하면 고구려에 도교가 공식적으로 전래된 것은 영류왕 7년(624)이지만 원시도교의 하나인 오두미교의 전래는 시간적으로 상당히 올라간다고 볼 수 있다.[16] 이후 고구려에서는 寶藏王 2년(643) 淵蓋蘇文의 건의에 의해 재차 도교의 도입이 시도되었으나 정략적으로 행하여졌기 때문에 민중에 뿌리를 내리지 못했다고 생각된다.

백제의 경우 문헌상 도교전래에 관한 기록이 보이지 않아서 종교로서의 도교는 형성되지 못했다고 볼 수 있으나, 《삼국사기》와 《일본서기》의 기사를 참고로 하여 볼 때 백제에도 도교가 전해져 있었다고 추측할 수 있다.[17]

---

13) 방술이란 사람의 힘이 미치지 못하는 모든 문제를 해결할 수 있다는 방법과 기술을 말한다.

14) 武德은 唐 高祖의 연호(618~626)이며, 貞觀은 唐 太宗의 연호(627~649)이다.

15) 「五斗米敎」란 입교자에게 쌀을 닷말씩 바치게 한 데서 유래된 이름으로 後漢 桓·靈(147~188)帝 때 張陵으로부터 시작된 도교의 한 祖型이다.

16) 오두미교의 전래 상한에 관한 기록은 "중국이 크게 어지러워 漢人들이 난을 피해 내투하는 자가 심히 많았다"(《三國史記》 권 16, 高句麗本紀 4, 고국천왕 19년)는 기사일 것이다.

17) 백제는 369년경에 이미 도교에 관한 서적이 전래되어 지배층 사이에 읽혀지고 있었으며(《三國史記》 권 24, 百濟本紀 1, 근구수왕) 또한 백제가 도교적 잡술

신라에서도 고구려와 같은 공식적인 도교의 전래를 전하는 사료는 보이지 않는다. 그러나 眞平王 9년(587)에 大世·仇柒 같은 이가 신선의 도를 배우기 위해 중국으로 유학갔다는 기록[18]이 있고 도교와 관련있는 방술을 구사하는 인물[19]에 관한 기사가 남아 있는 점으로 보아 신라에도 도교는 전래되어 있었다[20]고 보아도 좋을 것이다.

한편 가야에 있어서의 도교전래도 그 실상을 파악하기가 어렵다. 다만《가락국기》에 수로왕이 탈해와 왕위를 다툴 때 독수리나 새매 등으로 둔갑하였다는 도교적 잡술에 관한 내용이 보이고 있으며, 수로왕이 157세로 향수하였다는 설화는 신선설과 상통하는 것으로 도교와 관련이 있다고 볼 수 있을 것이다. 그 외에 도교와 관련되어 가야의 다음과 같은 기록이 보인다.

> 招賢臺 …俗에 전하기를 駕洛國 居登王이 七點山 旵始仙人을 초청하니, 旵始는 배를 타고 거문고를 가져왔다. 서로 더불어 기뻐하였으므로 그대로 이름하였다(《新增東國輿地勝覽》 권 32, 金海都護府 古跡).

이와 같이 선인과 관련이 있는 지명에 관한 기록을 남길 만큼 가야사회에도 도교가 영향을 미치고 있었다고 생각된다.

이상에서 가야의 종교를 살펴보았다. 삼국사회에 있어 불교가 고대종교로서 수용되었는 데 비해 유교는 정치사상에 영향을 미치면서 전개되었고, 도교는 고대신앙과 연관성을 가지면서 한국 고대사회에 정착하여 각국의

인 遁甲方術의 책을 일본에 전래시켰던 점(《日本書紀》 권 22, 推古天皇 10년)과, 백제 武王이 연못에 섬을 만들어 三神山의 하나인 方丈山에 비유한 점(《三國史記》 권 27, 百濟本紀 5, 무왕 35년)으로 볼 때 백제에서는 일찍부터 도교에 대한 이해가 있었을 것으로 생각된다.

18) 《三國史記》 권 4, 新羅本紀 4, 진평왕 9년.

19) 金庾信을 들 수 있는데,《三國遺事》와《三國史記》에 의하면 그는 7曜의 정기를 타고 났기 때문에 7星의 무늬가 있었다(《三國遺事》 권 1, 紀異 2, 金庾信)고 하고, 17세에는 어떤 노인으로부터 비법을 전수받았다(《三國史記》 권 41, 列傳 1, 金庾信 上)고 하는데 이러한 것들은 모두 도교와 관련이 있는 내용이다.
또한 그의 증손인 金巖은 중국에서 도교적 잡술을 배워 와서 메뚜기의 재해를 물리쳤다고 한다(《三國史記》 권 41, 列傳 3, 金庾信 下).

20) 그 외에도 仙桃山 神母를 地仙이라 했다든가, 花郎을 國仙이라 하고 화랑의 역사서를 仙史라 하였던 점에서도 추측 가능하다.

고유문화를 형성하는 데 기여하였다고 볼 수 있을 것이다. 가야사회도 이러한 범주내에서 고유신앙과 사상체계를 바탕으로 불교·유교·도교의 영향을 받아들이면서 독자의 문화를 형성하여 나갔다고 보아진다.

2) 가야의 신앙과 풍속

외래종교인 불교·유교·도교가 전래되기 이전, 가야에는 종교로 체계화되지 못한 여러 민간신앙이 존재하였을 것으로 생각된다. 또한 이 시기의 신앙은 샤머니즘·토테미즘·애니미즘의 원시적인 영역을 벗어나지 못하였다고 보아진다. 여기서는 그 가운데 문헌에 보이는 몇 가지만 추출하여 살펴보기로 한다.

(1) 소도신앙

삼국형성 이전 삼한사회에서는 마을단위의 부락제가 행하여져 왔는데, 연맹국가로 발전되어 가는 과정에서 국가적인 祭天儀禮[21]로 발전되었다. 이러한 제의가 행해지던 곳이 蘇塗이다.

> 또 여러 나라에는 각각 別邑이 있어 그것을 蘇塗라고 하는데, 큰 나무를 세우고 방울과 북을 매달아 놓고 귀신을 섬긴다(《三國志》 권 30, 魏書 30, 東夷傳 韓).

그리고 귀신의 제사를 주관하는 자를 天君이라 하고, 그 지역을 신성시하여 범죄자라도 도망쳐 들어가면 잡지 않았다고 한다. 이러한 소도신앙은 읍락공동체의 결속을 위한 부락제의 유습으로, 이것이 발전하여 귀신을 제사하는 성격을 띠게 되었다고 보아진다. 따라서 5월과 10월에 파종이 끝나거나 추수가 끝나면 음주하면서 노래부르고 춤추는 행위 자체가 제사였던 것이다.

그런데 당시의 제사의식은 제천과 귀신이 분리되지 않은 채 행하여졌기 때문에 소도신앙에서 숭상된 대상은 天神일 수도 있겠지만 주로 귀신으로

---

21) 소도에서 행하여진 의례를 제천의례라고 볼 수 있을 지는 확실하지 않지만 적어도 부락제에서 발전된 것만은 틀림없을 것이다.

불려진 다양한 신이었던 것이다.[22]

한편 《가락국기》에도 수로왕을 하늘로부터 맞아들이는 의례가 보인다.

> 또 말하기를 皇天이 나에게 명하기를 이곳에 와서 나라를 새롭게 하여 임금이 되라 하였으므로 이곳에 일부러 내려 왔으니 너희는 마땅이 峯上에서 흙을 파면서 노래하며 "거북아 거북아 머리를 내밀지 않으면 구어 먹으리라"하고 舞蹈하면, 대왕을 맞이하여 歡喜勇躍할 것이라고 하였다.

이러한 설화는 가야에서도 하늘을 받드는 신앙풍습이 존재하였다는 사실이 반영된 것이라 생각된다.

(2) 태양신앙

태양은 고대 농경사회에 있어서 가장 중요한 자연조건의 하나였기 때문에 고대로부터 숭배의 대상으로 여겨져왔다. 그런데 이 「태양숭배신앙」은 자연숭배의 측면만이 아니라 고대국가의 시조전설과 연관되어서 「조상숭배사상」으로도 발전하였으며, 또한 卵生說話와 결부되어 전개되기도 하였던 것이다.

> 九干 등이 그 말과 같이 모두 기뻐서 歌舞하다가 얼마되지 아니하여 쳐다보니 紫色줄이 하늘에서 내려와 땅에 닿았다. 줄 끝을 찾아보니 붉은 폭에 금합이 싸여 있었다. 열어보니 해와 같은 둥근 여섯 개의 황금 알이 있었다.…여섯 알이 화하여 童子가 되었는데, 용모가 매우 깨끗하므로 상에 앉히고 여럿이 拜賀하고 극진히 위하였다.…처음으로 나타났다고 하여 諱를 首露 혹은 首陵이라 하고 나라를 大駕落 또는 伽耶國이라 일컬었다. 곧 6가야의 하나이며 나머지 5인은 각각 가서 5가야의 主가 되었다(《駕洛國記》).

이와 같이 태양숭배신앙은 난생설화와 결합하여서 가야의 6가야의 시조 개국설화를 성립시켰던 것이다. 그런데 이런 유형의 시조설화로는 이 가야의 설화뿐만이 아니라 고구려의 東明王, 신라의 朴赫居世·金閼智·昔脫解 설화 등도 있다.

---

22) 이와 같은 풍습은 당시의 고구려와 부여·예 등의 사회에도 남아 있었는데, 제사대상의 신으로는 천신 외에도 隧神(高句麗)·호랑이(東濊) 등이 있었다.

(3) 산악신앙

국토의 대부분이 산악으로 이루어져 있는 우리 나라는 지형적 영향에 의해 생활의 터전을 산에 의지하여 온 부분이 많았기 때문에 고대로부터 산악에 대한 신앙과 숭배가 행하여졌다. 이러한 산악숭배는 태양·나무 등의 자연숭배신앙과 더불어 고대 가야인 신앙세계의 한 부분을 차지하여 왔던 것이다. 그리고 산악은 개국시조의 강림지로서 또는 개국의 성지로서 인식되기도 하였으며 불교가 전래된 뒤에는 불교사상과 융합되어 통시대적인 민간신앙으로 발전되어 왔다.

단군신화에 보이는 桓雄의 태백산 강림설화를 비롯하여 건국과 관련된 기록에 산이 등장하는 것도 이 산악신앙과 무관하지 않을 것이다. 가야의 산악신앙을 엿볼 수 있는 기사가 《가락국기》에 보이고 있다.

> 後漢 光武帝 建武 18년 壬寅年 3월 禊浴日에 그 곳 북쪽 龜旨에서 수상히 부르는 소리가 있었다.…皇天이 나에게 명하기를 이곳에서 나라를 새롭게 하여 임금이 되라 하였으므로 이에 내려오게 되었다.

이 사료에서 알 수 있듯이 가야인들에게 있어 구지봉은 시조가 강림한 신성한 곳으로 생각되었던 것이다. 이같은 사상은 다른 삼국의 건국설화에도 보이고 있다. 즉 고구려가 句麗山 아래에서 建都하였다든지, 신라 6촌의 시조가 모두 산에서 내려왔다든지 하여 고대국가의 건국을 산악과 관련시키고 있는 점은 고대인의 산악신앙관의 일면을 엿보게 하는 것이다.

그 외 가야인의 신앙으로 연해안이나 섬에 사는 주민들에게 널리 퍼져 있었던 龍信仰이 있었으리라 추측되며, 《가락국기》의 「禊浴日」이란 말에서 엿볼 수 있듯이 禊浴·禊飮의 풍속[23]도 있었을 것으로 본다.

---

23) 이에 대해서는 丁仲煥, 〈三國遺事와 日本書紀에 보이는 祓禊思想〉(《東國史學》 15·16, 1981), 137~148쪽 참조.
그 밖의 풍속을 《三國志》 권 30, 魏書 30, 東夷傳 弁辰傳을 통해 보면, ① 牛馬의 乘駕풍속, ② 嫁娶의 隷屬에 있어 男女有別의 풍속, ③ 歌舞와 飮酒를 즐기는 풍속, ④ 褊頭풍속, ⑤ 文身풍속, ⑥ 부엌을 서쪽에 두는 풍속, ⑦ 의복이 潔淸하고 長髮하는 풍속, ⑨ 法俗이 준엄한 풍속, ⑩ 길 가다 사람을 만나면 길을

3) 유물자료에 보이는 신앙과 풍속

(1) 장례 풍속

가. 부장 풍속

古墳에서는 그 주인공이 살아 생전에 사용하였던 물건뿐만 아니라 부장하기 위하여 특별히 만든 물품들도 출토되고 있다. 이런 부장 풍속은 죽은 사람이 살아있을 때와 같은 생활이 계속되기를 바라는 신앙에서 유래되는 것이다.[24] 그러므로 동물을 殉葬[25]한다거나 馬具 또는 동물 형상을 한 토기를 함께 매장하고 있다.

가야지역에서 마구가 출토된 예를 살펴보면, 陜川 玉田古墳에서 馬面冑가 출토되었으며 咸安 道項里에서는 馬甲이 출토되었다. 그리고 말 형상을 한 토기의 예로는 金海 출토라고 전하는 騎馬人物土器, 府院洞 출토 馬形土偶[26] 등이 있다.

한편 물새모양의 鴨鳥形土器도 발견되고 있는데, 이는 다음의 기사와 관련이 있어 보인다.

> 큰 새의 깃털로써 죽은 자를 葬送하는데 그 뜻은 죽은 사람으로 하여금 날아 올라 가도록 함에 있다(《三國志》 권 30, 魏書 30, 東夷傳 弁辰).

가야 사람들은 하늘을 자유롭게 날아 다니는 큰 새의 깃을 함께 매장하면 죽은 사람의 영혼이 천계로 올라갈 수 있을 것이라고 생각하였던 듯하다. 그래서 압형토기를 昇天乘駕로서의 기능을 가진 것이라 하기도 하고, 또는 오리는 낙동강에 무리 지어 서식하고 있어 고대인의 주요 식량원의 하나로서

사양하는 풍속 등이 있었다고 한다.

24) 副葬풍습은 사후세계에 대한 내세적 신앙이 확립되는 시기에 이르면 양적으로 풍부하여졌다고 생각된다.

25) "牛馬를 탈 줄 모르고 우마는 죽은 사람을 葬送하는 데 모두 쓰였다"(《三國志》 권 30, 魏書 30, 烏丸鮮卑東夷傳 30, 韓) 등에서 알 수 있다.'

26) 이러한 것들은 말 토테미즘의 유습과 관련이 있어 보인다.

死者에 대한 식량을 상징하는 明器로서 부장된 것일 수 있다고 추축되기도 하였다.27) 가야의 압형토기로는 咸安 34호분 출토품과 金海 大成洞 고분 출토품 등이 있다. 그 밖에 죽은 자의 영혼을 저승으로 운반한다는 뜻과 승천길을 안녕히 돌아가기를 기원한다는 의미28)를 지닌 土履·車形車輪土器 등도 가야지역에서 출토되었다.

나. 순장풍속

물건을 부장하는 외에 한 집단의 지배계층에 속한 인물이 죽었을 때 그 뒤를 따라 자발적이든 강제적이든 하위계층의 사람을 같이 묻는 것을 殉葬이라 한다. 이러한 풍속도 피장자가 죽은 뒤에도 평상시의 생활이 재현된다는 내세사상에서 비롯한 것으로 보인다. 따라서 왕이나 귀족들이 죽으면 그 첩이나 신하 혹은 노예 등을 함께 매장하였던 것이다. 순장풍습은 세계적으로 보이고 있으며 우리 나라에서도 순장을 행하였다는 기록이 남아 있다.

> 사람을 죽여 순장하는데 많은 자는 百數를 헤아린다(《三國志》 권 30, 魏書 30, 東夷傳 扶餘).
>
> 3년 춘3월에 슈을 내려 순장을 금지하였다. 前 國王이 죽자 남녀 각각 5사람을 순장하였기 때문에 이를 금지한 것이다(《三國史記》 권 4, 新羅本紀 4, 智證麻立干).

이러한 순장 기록은 가야의 경우에는 보이지 않으나 고고학적 발굴조사 자료를 보면, 고령 池山洞 45호분29)과 창녕 校洞 3호분30) 등에서 순장이 행해진 사실이 확인되었다. 그 가운데 지산동 45호분에서는 출토유물의 분석결과 侍者와 창고지기·무사 등이 主槨인 석실묘에 각각 순장되어 있었다.

그 외 신라지역인 梁山 夫婦塚과 義城 塔里, 順興 읍내리, 東萊 福泉洞 등의 고분에서도 순장풍속을 확인시켜 주는 자료가 나온 바 있다.

---

27) 金元龍, 〈新羅·伽耶 動物形土器 小考〉(《韓國美術史硏究》, 一志社, 1987), 585~586쪽.
28) 尹世英, 〈古墳에 副葬된 土器의 一考察〉(《三佛金元龍敎授停年退任紀念論叢》 I 考古學篇, 一志社, 1987), 416쪽.
29) 高靈郡, 《大加耶古墳發掘調査報告書》(1979).
30) 東亞大博物館, 《昌寧校洞古墳群》(1992).

(2) 점복풍속

사람의 능력으로 예측할 수 없는 미래에 일어날 일을 추측·판단하는 주술적 행위를 占이라 하며, 이러한 행위는 인류의 생활과 더불어 일찍부터 발달하여 왔다. 고대 한국의 占卜은 중국 영향을 받아 행하여졌는데, 점복이란 獸骨과 龜甲을 사용하는 점인 것이다. 대체로 수골은 짐승의 肩甲骨을, 귀갑은 복부의 甲을 사용하였던 듯하다. 문헌에 의하면 부여에서는 전쟁이 있으면 하늘에 제사하고 소를 죽여 그 발굽으로 길흉을 점쳤다고 한다. 즉 발굽이 갈라진 것은 흉한 것이고 합한 것은 길한 것이라 판단하였던 것이다.[31)]

한편 우리 나라에서도 卜骨이 출토되고 있는데 그 가운데 가야지방의 것으로는 김해 府院洞과 鳳凰洞에서 출토된 것들을 들 수 있다. 이것들은 사슴 견갑골을 이용한 無字卜骨인데, 동반된 유물로 보아 1~2세기대에 해당하는 것이다. 그 외 함경북도 무산 호곡동, 부산 朝島, 진해 熊川 등지에서도 출토되었다.

(3) 기 타

그 외 태양숭배사상의 상징물로서 銅鏡을 제작하여 숭배하였다. 鏡은 단순히 얼굴을 비춰보는 용도만이 아니라 태양 또는 일광을 상징하는 샤먼적인 요소가 강하게 담겨 있다. 우리 나라에서는 청동기시대 이래 만들기 시작하여 가야시대까지 그 전통을 남기고 있는데, 金海 良洞里 제55호 木棺墓에서 동경과 함께 劍·玉의 3寶가 출토된 점으로 보아 3보가 귀하게 여겨졌다는 것을 알 수 있다. 이러한 사상은 일본에도 전파되어 神社의 숭배 대상이 되었다.

한편 김해 부원동 유적에서 馬形토우와 함께 남성 성기 모양의 토우가 출토되었는데, 이것은 고대인들의 생식과 생산 및 식량 획득·풍요·辟邪 등의 주술적인 의미가 담긴 儀器로서 가야인들의 사상을 반영하고 있는 것으로 볼 수 있다.

〈沈奉謹〉

---

31)《三國志》권 30, 魏書 30, 東夷傳 夫餘.

집 필 자

개 요 …………………………………………………………………… 이기동

Ⅰ. 신라의 성립과 발전

1. 건국신화와 시조신화 ……………………………………………… 최광식
2. 성립과 발전 ………………………………………………………… 이우태

Ⅱ. 신라의 융성

1. 나제동맹의 결성과 정치적 발전 …………………………………… 이우태
2. 정치체제의 정비 …………………………………………………… 이우태
3. 영토의 확장과 왕권강화 …………………………………………… 이우태

Ⅲ. 신라의 대외관계

1. 중국과의 관계 ……………………………………………………… 신형식
2. 왜국과의 관계 ……………………………………………………… 김은숙

Ⅳ. 신라의 정치·경제와 사회

1. 중앙통치조직 ………………………………………………………… 주보돈
2. 지방·군사제도 ……………………………………………………… 이인철
3. 경 제 ……………………………………………………………… 전덕재
4. 사회구조 …………………………………………………………… 이기동

V. 가야사 인식의 제문제

VI. 가야의 성립

VII. 가야의 발전과 쇠망

VIII. 가야의 대외관계

IX. 가야인의 생활

한국사 7

삼국의 정치와 사회 3 – 신라, 가야

편찬간행 **국사편찬위원회**

초판1쇄 2003년 11월 30일
2쇄 2013년 6월 4일

번각발행 **탐구당**

등록일 1950년 11월 1일
등록번호 서울 제 03-00993 호

주소 서울특별시 용산구 한강대로 62 나길 6
전화 (02) 3785-2211(대표)
팩스 (02) 3785-2272
홈페이지 www.tamgudang.co.kr
전자우편 tamgudang@paran.com

ISBN 978-89-8236-573-7
978-89-8236-566-9(세트)

값 17,500 원